2010 年
全国高校社科统计资料汇编

2010 Nian
Quanguo Gaoxiao Sheke Tongji
Ziliao Huibian

教育部社会科学司　编

高等教育出版社·北京
HIGHER EDUCATION PRESS　BEIJING

图书在版编目（CIP）数据

2010 年全国高校社科统计资料汇编/教育部社会科学司编．—北京：高等教育出版社，2012.2

ISBN 978-7-04-033488-3

Ⅰ．①2… Ⅱ．①教… Ⅲ．①高等学校-社会科学-统计资料-汇编-中国-2010 Ⅳ．①G649.28-66

中国版本图书馆 CIP 数据核字（2011）第 227270 号

策划编辑　王　楠　　责任编辑　王　楠　　封面设计　张　志　　版式设计　王艳红

责任校对　杨凤玲　　责任印制　毛斯璐

出版发行	高等教育出版社	咨询电话	400-810-0598
社　址	北京市西城区德外大街 4 号	网　址	http://www.hep.edu.cn
邮政编码	100120		http://www.hep.com.cn
印　刷	北京中科印刷有限公司	网上订购	http://www.landraco.com
开　本	787mm×1092mm　1/16		http://www.landraco.com.cn
印　张	39.5	版　次	2012 年 2 月第 1 版
字　数	970 千字	印　次	2012 年 2 月第 1 次印刷
购书热线	010-58581118	定　价	112.00 元

物 料 号　33488-00

出 版 说 明

本资料汇编的统计范围是：截止到2010年12月31日按国家规定审批程序批准的全日制普通高等学校中的社会科学、综合、师范、体育类院校（包括大学、专门学院和高等专科学校），以及工、农、林、医、本科院校的数据。其中，学校的名称和分类是以教育部2010年12月底公布的数据为依据。

教育部社会科学司

2011年10月

目　录

一、2010 年全国高等学校分布表

省市自治区名称	合计	按规格划分		按隶属关系划分			按类型划分								
		本科院校	专科院校	教育部直属院校	部委院校	地方院校	综合大学	理工农医院校	师范院校	语言院校	财经院校	政治院校	艺术院校	民族院校	体育院校
合计	963	721	242	73	31	859	189	403	159	22	87	39	33	13	18
北京市	57	53	4	23	9	25	5	23	2	7	5	5	7	1	2
天津市	19	18	1	2	1	16	1	10	2	1	2	0	2	0	1
河北省	30	28	2	0	1	29	2	13	10	0	3	1	0	0	1
山西省	17	16	1	0	0	17	5	6	4	0	2	0	0	0	0
内蒙古自治区	12	10	2	0	0	12	5	4	2	0	1	0	0	0	0
辽宁省	45	37	8	2	3	40	6	23	4	1	5	2	2	1	1
吉林省	32	25	7	2	0	30	4	14	6	1	3	2	1	0	1
黑龙江省	41	25	16	1	2	38	9	16	6	0	5	2	1	1	1
上海市	30	29	1	8	1	21	3	12	2	1	6	3	2	0	1
江苏省	49	43	6	7	3	39	8	27	8	0	2	2	1	0	1
浙江省	31	30	1	1	0	30	5	14	5	3	2	1	1	0	0
安徽省	96	40	56	1	1	94	8	54	16	2	12	2	1	0	1
福建省	21	18	3	1	1	19	7	7	4	0	2	1	0	0	0
江西省	22	18	4	0	0	22	7	9	4	0	1	1	0	0	0
山东省	45	41	4	2	0	43	15	18	5	0	3	1	2	0	1
河南省	42	30	12	0	1	41	2	21	14	0	3	2	0	0	0
湖北省	44	35	9	7	1	36	9	19	5	0	5	1	2	2	1
湖南省	53	27	26	2	0	51	18	18	4	2	6	2	2	0	1
广东省	42	33	9	2	2	38	18	13	4	1	2	1	2	0	1
广西壮族自治区	23	18	5	0	0	23	5	8	5	0	2	0	1	1	1
海南省	14	6	8	0	0	14	5	4	2	0	2	1	0	0	0
重庆市	34	17	17	2	0	32	9	14	2	2	4	2	1	0	0
四川省	34	29	5	4	2	28	8	15	7	0	1	0	1	1	1
贵州省	19	15	4	0	0	19	3	3	9	0	2	1	0	1	0
云南省	31	17	14	0	0	31	4	13	9	0	1	1	1	1	1
西藏自治区	2	2	0	0	0	2	1	0	0	0	0	0	0	1	0
陕西省	31	31	0	5	1	25	5	14	6	1	1	1	2	0	1
甘肃省	18	12	6	1	1	16	5	4	6	0	1	1	0	1	0
青海省	4	3	1	0	0	4	1	0	1	0	0	1	0	1	0
宁夏回族自治区	7	4	3	0	1	6	2	1	1	0	2	0	0	1	0
新疆维吾尔自治区	18	11	7	0	0	18	4	6	4	0	1	2	1	0	0

二、社科研究

1. 各省、市、自治区高等学校人文、社会科学研究与发展概况表(一)

省市名称	社科活动人员(人)												合计	
	合计		按职称划分								其他人员			
			小计		高级		中级		初级					
合计	440 506		435 363		165 735		186 578		83 050		5 143		262 377	
北京市	30 644	1	30 540	1	14 651	1	12 851	1	3 038	13	104	20	28 027	1
天津市	8 998	22	8 920	22	3 834	21	3 715	23	1 371	27	78	23	8 182	16
河北省	15 237	14	15 155	14	6 112	13	6 370	14	2 673	15	82	22	8 938	13
山西省	8 613	23	8 484	23	2 679	24	3 718	22	2 087	22	129	17	6 200	20
内蒙古自治区	6 568	27	6 510	27	2 364	26	2 543	27	1 603	23	58	25	2 268	27
辽宁省	19 620	10	19 382	10	8 208	7	8 454	10	2 720	14	238	11	11 581	9
吉林省	14 266	16	14 225	16	5 618	15	5 235	16	3 372	8	41	28	10 207	11
黑龙江省	15 084	15	14 947	15	6 270	12	6 020	15	2 657	17	137	14	6 284	19
上海市	17 895	12	17 786	12	7 274	9	8 198	11	2 314	19	109	19	12 098	6
江苏省	24 321	3	24 253	3	9 760	2	11 139	2	3 354	9	68	24	15 100	4
浙江省	20 330	8	20 208	8	7 530	8	9 605	5	3 073	12	122	18	18 205	2
安徽省	20 303	9	19 941	9	5 356	16	8 822	8	5 763	1	362	4	8 558	15
福建省	12 488	17	12 235	17	4 409	17	4 647	20	3 179	10	253	9	5 605	22
江西省	11 603	19	11 510	19	4 174	19	4 664	19	2 672	16	93	21	4 927	23
山东省	26 197	2	26 018	2	9 676	3	11 103	3	5 239	3	179	12	10 510	10
河南省	21 477	7	21 200	6	6 411	11	9 387	6	5 402	2	277	6	9 854	12
湖北省	21 571	6	21 154	7	8 858	5	8 558	9	3 738	6	417	1	12 081	7
湖南省	22 623	5	22 253	5	8 715	6	9 239	7	4 299	5	370	2	14 697	5
广东省	23 991	4	23 621	4	9 006	4	10 129	4	4 486	4	370	2	15 775	3
广西壮族自治区	10 203	21	9 906	21	3 300	22	4 419	21	2 187	21	297	5	7 605	17
海南省	4 299	28	4 163	28	1 053	28	1 521	28	1 589	24	136	15	1 217	28
重庆市	11 956	18	11 824	18	4 256	18	5 221	17	2 347	18	132	16	8 563	14
四川省	18 077	11	17 829	11	6 481	10	7 656	12	3 692	7	248	10	11 642	8
贵州省	7 745	24	7 699	24	2 967	23	3 600	24	1 132	28	46	27	3 433	24
云南省	11 264	20	10 991	20	4 055	20	4 739	18	2 197	20	273	7	5 683	21
西藏自治区	791	31	791	31	265	31	343	31	183	31	0	31	113	31
陕西省	15 886	13	15 624	13	5 654	14	6 843	13	3 127	11	262	8	7 389	18
甘肃省	7 172	26	7 150	26	2 648	25	3 063	26	1 439	25	22	30	2 984	25
青海省	1 663	30	1 639	30	925	29	472	30	242	30	24	29	720	30
宁夏回族自治区	2 189	29	2 137	29	902	30	788	29	447	29	52	26	961	29
新疆维吾尔自治区	7 432	25	7 268	25	2 324	27	3 516	25	1 428	26	164	13	2 970	26

研究发展人员(人)										研究发展经费(百元)					
按职称划分						其他人员		折合全时人员(人年)		当年拨入		其中:科研事业费		当年内部支出	
高级		中级		初级											
112 596		85 180		25 525		2 463		68 971.40		72 126 556.91		27 791 902.03		64 358 574.59	
11 837	1	6 829	2	941	13	245	2	7 433.5	1	14 322 856.83	1	6 039 203.2	1	12 395 133.26	1
3 270	16	2 187	19	591	22	67	16	2 260.3	13	1 927 325.56	12	756 968.51	10	1 532 093.69	13
3 846	12	3 465	12	1 139	9	110	9	2 121.4	16	845 462.18	20	254 870.2	23	776 406.98	20
2 265	22	1 913	20	700	18	72	15	1 611.1	20	880 071.72	19	334 347.7	20	833 270.77	19
1 086	27	830	27	264	27	11	27	623.2	26	385 133	26	116 893	27	257 837.68	27
5 669	6	3 774	8	754	15	113	8	3 121.5	9	1 535 227.48	16	498 161.02	16	1 411 089.56	15
4 524	11	3 019	13	1 561	2	185	3	2 755.9	10	1 592 514.15	15	606 504.18	14	1 611 405.27	12
2 935	19	2 321	18	745	16	15	25	1 898.9	18	677 281.32	24	211 368.53	25	635 190.71	22
4 906	8	2 955	14	563	23	83	12	4 183.1	3	6 615 929.92	3	3 121 272.32	2	5 800 572.23	3
6 360	4	4 680	4	1 027	11	40	21	3 722	6	4 161 758.6	6	1 908 379.23	4	3 731 211.16	6
7 150	2	6 969	1	1 557	3	182	4	4 367.7	2	7 751 727.24	2	1 898 158.86	5	6 495 811.49	2
3 136	18	3 662	10	1 304	8	55	18	2 307.4	12	1 674 664.16	14	601 669.57	15	1 521 233.16	14
2 606	21	1 799	23	744	17	84	11	1 436.8	21	1 727 962.79	13	632 718.8	13	1 404 595.37	16
2 214	23	1 861	22	789	14	41	20	1 119.2	23	835 826.09	21	320 331.5	21	680 265.55	21
4 877	9	3 696	9	1 327	7	122	7	3 554.6	8	2 061 265.24	11	690 330.37	11	2 008 620.28	11
3 608	14	4 131	6	1 972	1	25	23	2 255	14	1 178 488.07	18	387 115	18	1 064 385.75	18
5 518	7	3 603	11	1 063	10	105	10	3 608.5	7	4 413 400.91	5	1 765 995.45	6	4 085 624.86	5
6 300	5	4 561	5	1 334	6	124	6	3 956.7	5	2 510 719.38	8	1 113 992.8	7	2 401 802.81	8
7 108	3	5 052	3	1 374	5	268	1	4 111.8	4	5 237 558.96	4	2 273 548.6	3	5 134 462.26	4
3 230	17	2 761	15	982	12	82	13	1 942.6	17	1 346 556.6	17	486 729.68	17	1 232 891.45	17
562	28	413	28	203	28	17	24	238.3	28	97 236.7	30	35 902.5	30	87 014.95	30
3 723	13	2 673	16	693	20	66	17	2 238.2	15	2 179 068.81	10	668 092.69	12	2 131 938.18	9
4 747	10	3 779	7	1 468	4	76	14	2 635.7	11	3 292 161.08	7	758 453.13	9	2 879 425.27	7
1 616	24	1 427	24	369	24	8	28	595.4	27	651 957.98	25	202 893	26	506 288.25	25
2 607	20	1 867	21	594	21	167	5	1 308.8	22	731 221.24	22	364 298.53	19	630 574.16	23
48	31	54	31	11	31	0	31	28.3	31	38 330	31	22 740	31	22 198.9	31
3 308	15	2 370	17	699	19	29	22	1 666.3	19	2 181 016.92	9	1 067 277.66	8	2 058 083.66	10
1 319	26	843	26	288	26	2	30	779.5	24	685 164.6	23	313 497	22	573 529.47	24
432	30	145	30	53	30	5	29	226.9	29	103 269.4	29	57 426	28	93 203.7	29
437	29	381	29	99	29	13	26	216.2	30	109 121	28	51 621	29	104 402.45	28
1 352	25	1 160	25	317	25	51	19	646.6	25	376 278.98	27	231 142	24	258 011.31	26

2. 各省、市、自治区高等学校人文、社会科学研究与发展概况表(二)

省市名称	研究与发展课题								著作	
	课题总数(项)		当年投入人数(人年)		当年拨入经费(百元)		当年支出经费(百元)		著作(部)	
合计	226 226		68 240.5		45 498 539.88		36 601 929.63		26 230	
北京市	22 632	1	7 421.3	1	10 491 033.81	1	8 152 640.35	1	4 639	1
天津市	6 413	17	2 250.4	13	1 177 205.87	12	865 037.79	14	703	12
河北省	6 618	15	2 118.5	16	354 298.88	24	311 345.52	23	409	21
山西省	2 968	23	1 604.4	20	399 278.57	23	426 618.4	18	321	23
内蒙古自治区	1 773	26	622.5	26	269 522	26	142 244.68	26	290	25
辽宁省	8 218	10	3 113.7	9	874 606.16	14	742 313.53	15	1 683	3
吉林省	5 419	19	2 737.7	10	864 437.62	15	887 342.24	13	625	16
黑龙江省	3 657	22	1 896	18	313 561.9	25	272 470.28	25	633	15
上海市	14 991	3	4 159.8	3	3 724 989.54	3	3 095 187.12	3	2 493	2
江苏省	13 721	5	3 718.9	5	2 936 922.52	6	2 437 549.95	6	1 338	6
浙江省	19 019	2	4 357.7	2	4 481 250.7	2	2 580 316.71	5	1 273	7
安徽省	7 750	12	2 302.2	12	681 114.79	17	560 227.44	17	691	13
福建省	7 163	14	1 434	21	1 242 916.79	11	989 776.37	12	579	18
江西省	6 451	16	1 097.2	23	509 162.58	20	383 842.38	21	424	20
山东省	10 349	9	3 423.5	8	1 135 776.53	13	1 065 706.06	11	1 167	8
河南省	7 999	11	2 247.7	14	543 963.59	18	420 863.27	19	931	10
湖北省	11 781	7	3 591.3	6	3 305 342.83	5	2 842 489.13	4	1 650	4
湖南省	12 022	6	3 577.5	7	1 343 844.2	8	1 093 749.31	10	1 026	9
广东省	14 305	4	4 057.7	4	3 722 999.58	4	3 597 969.4	2	1 474	5
广西壮族自治区	4 926	20	1 941.1	17	768 316.25	16	622 110.43	16	356	22
海南省	912	28	238.1	28	48 512.5	30	39 393.25	30	201	26
重庆市	6 172	18	2 234	15	1 295 297.17	9	1 130 869.07	8	673	14
四川省	10 758	8	2 631.7	11	2 002 432.45	7	1 495 533.83	7	812	11
贵州省	2 823	24	594.9	27	413 083.48	22	301 315.3	24	166	27
云南省	4 590	21	1 306.9	22	526 368.03	19	419 683.86	20	531	19
西藏自治区	245	31	28.3	31	24 610	31	8 761.9	31	24	31
陕西省	7 243	13	1 666.6	19	1 262 281.54	10	1 128 674.04	9	623	17
甘肃省	2 669	25	778.2	24	444 212.1	21	357 407.84	22	299	24
青海省	271	30	227	29	62 581.4	29	52 505.7	29	31	30
宁夏回族自治区	728	29	216.1	30	73 816	28	68 907.45	28	73	29
新疆维吾尔自治区	1 640	27	645.6	25	204 800.5	27	109 077.03	27	92	28

研究与发展成果								获奖成果数(项)			
学术论文(篇)				研究与咨询报告(篇)				合计		其中:国家级和部级	
合计		其中:国外学术刊物发表		提交有关部门数		其中:被采纳数					
318 038		7 082		6 464		3 545		3 312		250	
34 157	1	1 738	1	473	5	248	4	215	7	45	1
6 806	22	149	15	190	13	164	9	178	10	6	14
8 526	16	61	20	116	17	86	13	177	11	0	25
3 420	25	18	27	48	23	40	19	159	12	0	25
2 902	27	43	23	10	29	9	28	226	4	0	25
12 181	10	332	7	466	6	66	16	205	8	16	5
8 833	15	227	12	133	16	74	15	218	6	1	21
8 471	17	122	18	40	24	14	25	340	2	1	21
20 455	3	827	2	434	7	388	2	351	1	13	7
21 562	2	376	5	306	10	203	7	7	23	7	12
14 340	9	498	3	598	2	242	6	11	22	11	8
9 340	14	70	19	70	20	30	20	5	24	4	17
7 590	19	366	6	169	14	141	11	14	21	14	6
7 072	20	147	16	22	26	18	23	0	30	0	25
15 185	8	307	8	315	9	146	10	203	9	5	15
15 444	7	229	11	662	1	350	3	138	13	10	10
18 178	5	268	9	513	4	495	1	40	16	35	2
18 235	4	255	10	222	12	75	14	102	15	4	17
17 872	6	395	4	393	8	245	5	19	19	18	4
7 028	21	28	24	67	21	55	17	282	3	11	8
1 786	28	9	29	12	28	10	27	0	30	0	25
9 549	13	131	17	564	3	181	8	35	17	2	20
11 861	12	161	14	242	11	140	12	221	5	21	3
5 014	24	13	28	82	18	48	18	32	18	1	21
8 053	18	52	21	60	22	0	29	104	14	9	11
337	31	0	30	0	30	0	29	1	27	1	21
12 128	11	167	13	135	15	25	22	5	24	5	15
6 148	23	52	21	38	25	15	24	1	27	0	25
706	30	0	30	0	30	0	29	3	26	3	19
1 594	29	19	26	71	19	26	21	19	19	7	12
3 265	26	22	25	13	27	11	26	1	27	0	25

3. 本科学校人文、社会科学研究与发展概况表(一)

学校名称	社科活动人员(人)													
	合计		按职称划分								其他人员		合计	
			小计		高级		中级		初级					
北京大学	1 395	11	1 390	11	1 120	2	252	257	18	683	5	232	1 755	10
中国人民大学	1 817	2	1 817	2	1 197	1	584	14	36	611	0	494	1 659	12
清华大学	1 250	30	1 250	29	767	10	451	64	32	635	0	494	2 082	4
北京交通大学	649	207	648	205	343	121	284	206	21	675	1	422	1 522	15
北京工业大学	685	185	678	185	260	184	335	143	83	367	7	179	957	46
北京航空航天大学	485	346	483	345	215	238	229	309	39	591	2	347	256	317
北京理工大学	489	340	489	335	186	305	250	262	53	511	0	494	561	113
北京科技大学	452	386	447	385	205	259	216	341	26	659	5	232	217	371
北方工业大学	288	586	288	580	107	515	162	471	19	680	0	494	146	478
北京化工大学	334	533	334	527	129	460	150	504	55	503	0	494	137	497
北京工商大学	609	232	609	228	268	174	276	218	65	457	0	494	652	96
北京服装学院	323	543	323	540	118	486	184	421	21	675	0	494	319	254
北京邮电大学	319	551	319	548	113	500	122	576	84	364	0	494	499	133
北京印刷学院	271	607	271	606	103	528	132	553	36	611	0	494	162	455
北京建筑工程学院	157	684	156	683	64	644	76	666	16	693	1	422	168	446
北京石油化工学院	234	636	232	632	84	587	122	576	26	659	2	347	136	500
中国农业大学	394	451	394	445	262	180	115	594	17	689	0	494	871	61
北京农学院	167	672	166	672	65	638	75	668	26	659	1	422	60	646
北京林业大学	379	478	379	470	182	323	144	519	53	511	0	494	472	151
首都医科大学	280	598	278	597	109	513	143	523	26	659	2	347	328	242
北京中医药大学	159	682	159	680	52	671	74	673	33	629	0	494	43	670
北京师范大学	1 009	74	1 009	70	712	13	295	196	2	721	0	494	1 024	37
首都师范大学	937	93	937	90	496	53	417	82	24	667	0	494	1 462	19
首都体育学院	280	598	279	595	143	414	118	585	18	683	1	422	240	346
北京外国语大学	835	121	835	120	384	96	390	91	61	474	0	494	363	218
北京第二外国语学院	525	306	525	298	190	293	300	191	35	616	0	494	660	94
北京语言大学	732	167	729	161	317	139	363	118	49	533	3	300	484	144
中国传媒大学	1 231	35	1 231	32	525	41	627	5	79	383	0	494	1 293	25
中央财经大学	895	105	895	102	517	43	328	156	50	526	0	494	456	161
对外经济贸易大学	845	118	841	118	472	62	311	177	58	486	4	258	523	125
北京物资学院	502	328	492	331	202	269	252	257	38	598	10	110	338	233
首都经济贸易大学	815	133	815	129	429	74	292	199	94	309	0	494	1 093	31
外交学院	288	586	286	584	116	494	131	556	39	591	2	347	122	524

研究发展人员(人)										研究发展经费(百元)					
按职称划分						其他人员		折合全时人员(人年)		当年拨入				当年内部支出	
高级		中级		初级								其中:科研事业费			
634	16	117	243	9	520	2	158	649	6	2 033 080	2	909 736	1	1 835 400	1
1 149	1	455	8	29	271	0	310	704.6	4	1 801 943.59	4	253 042.3	18	1 308 078	5
691	11	254	65	13	465	1	206	429.1	16	1 843 599.84	3	545 692.5	6	1 576 384	4
282	98	125	231	8	542	2	158	255	52	510 920.61	24	185 861.6	30	494 201.2	22
332	73	243	71	40	191	2	158	178.2	92	339 854.94	45	275 916.3	16	265 322.4	55
102	343	84	357	10	509	5	87	53.2	383	182 814.5	89	105 690	63	150 247.5	99
132	269	76	388	2	645	0	310	213.1	72	241 150	66	139 295	50	233 435.8	66
122	288	50	490	5	596	5	87	79.3	264	200 159.54	81	99 813.58	69	152 201.3	97
44	547	46	516	0	689	0	310	48	414	51 389	280	17 724	264	50 177	264
64	469	20	638	0	689	0	310	41.7	454	31 329.62	378	10 310	355	33 167.02	348
227	137	112	260	11	494	3	132	128.5	136	115 434.16	150	34 066.7	168	105 214.5	135
116	300	135	197	20	373	0	310	83.7	250	176 993.96	91	69 870.5	98	164 803.2	84
238	124	113	255	63	93	5	87	127	141	117 232	146	15 347.5	284	122 706.7	119
81	410	63	434	11	494	2	158	46.1	423	61 299	250	43 671	140	43 477.24	291
79	420	82	364	2	645	1	206	61.8	340	43 301.8	323	4 101.5	515	25 711.4	391
81	410	51	485	2	645	1	206	39.6	465	52 665.91	275	20 067	239	41 667.24	305
298	91	106	281	5	596	0	310	168.4	98	315 601.51	50	184 257.3	31	278 492.3	50
26	637	30	583	1	664	0	310	25.7	550	36 971	350	19 330	248	32 119.25	353
156	223	81	368	31	254	2	158	87.9	231	130 148.56	131	73 833.47	91	123 385.7	116
106	331	152	162	8	542	16	32	99.2	204	48 588	293	14 800	294	59 124.7	235
12	686	23	614	8	542	0	310	7.4	688	3 545	683	800	671	3 245	685
565	24	258	64	3	628	39	11	226	64	862 043.24	13	370 815.5	12	768 605	13
662	15	310	36	22	341	4	104	293.6	38	222 796.75	70	155 819.7	41	243 335.3	63
134	264	63	434	11	494	4	104	75.1	279	141 870	114	125 470	56	115 344	128
218	142	116	247	5	596	6	71	67.8	308	242 602	64	144 254	45	211 018	69
304	86	224	80	27	287	0	310	123.6	146	123 513.14	137	90 605.21	78	122 760.1	118
203	153	138	190	51	129	7	61	191.5	80	270 760.43	59	40 177.5	151	257 498.8	57
729	8	393	16	46	154	4	104	327.3	26	191 348.38	85	16 641.55	271	158 783.5	92
187	168	148	168	14	442	0	310	113.9	161	581 491.62	17	221 896.8	21	285 379	47
257	108	152	162	21	368	5	87	234	61	384 300.48	32	225 980.3	19	368 811.71	33
162	208	137	193	17	401	7	61	106.6	178	242 567.46	65	171 090.1	35	237 353	65
598	21	228	78	22	341	7	61	259.9	50	315 639.48	49	211 652.4	24	300 257.9	46
74	434	39	543	4	613	2	158	44.1	443	104 587	162	76 173	90	76 115	193

学校名称	社科活动人员(人)												合	
	合计		按职称划分								其他人员		计	
			小计		高级		中级		初级					
中国人民公安大学	475	358	475	356	272	170	192	392	11	704	0	494	146	478
国际关系学院	217	645	217	642	103	528	84	650	30	646	0	494	110	551
北京体育大学	547	284	547	278	232	208	152	497	163	109	0	494	341	229
中央音乐学院	330	536	324	538	160	365	113	600	51	519	6	208	82	602
中国音乐学院	284	592	283	588	102	533	121	579	60	479	1	422	102	562
中央美术学院	384	470	383	463	174	341	143	523	66	452	1	422	69	629
中央戏剧学院	267	611	267	611	119	483	112	605	36	611	0	494	30	690
中国戏曲学院	299	570	299	566	122	475	134	547	43	563	0	494	11	715
北京电影学院	372	486	359	497	148	400	153	495	58	486	13	77	364	217
北京舞蹈学院	251	623	249	623	79	604	113	600	57	491	2	347	19	703
中央民族大学	1 213	38	1 212	37	503	49	580	16	129	194	1	422	450	163
中国政法大学	1 031	67	1 031	65	603	30	324	163	104	286	0	494	1 338	23
华北电力大学	527	304	525	298	224	223	212	347	89	338	2	347	139	492
南开大学	1 239	32	1 230	33	850	7	347	129	33	629	9	127	2 854	1
天津大学	433	407	432	403	210	248	183	424	39	591	1	422	271	298
天津科技大学	380	474	376	476	146	407	176	442	54	507	4	258	166	450
天津工业大学	625	223	623	219	261	182	331	154	31	643	2	347	456	161
中国民航大学	285	591	285	586	92	571	137	537	56	498	0	494	227	360
天津理工大学	509	320	506	314	167	358	237	290	102	289	3	300	258	313
天津农学院	221	640	218	641	61	652	134	547	23	670	3	300	204	393
天津医科大学	162	679	158	681	48	679	68	682	42	570	4	258	78	611
天津中医药大学	140	694	134	698	30	707	69	681	35	616	6	208	131	509
天津师范大学	1 036	64	1 036	62	437	69	413	85	186	69	0	494	1 086	33
天津工程师范学院	261	616	259	614	113	500	67	684	79	383	2	347	109	555
天津外国语学院	736	163	727	163	290	152	249	263	188	67	9	127	249	325
天津商业大学	679	188	678	185	289	155	315	172	74	411	1	422	340	230
天津财经大学	778	145	763	147	289	155	327	157	147	146	15	61	783	71
天津体育学院	392	454	380	467	151	389	145	517	84	364	12	88	436	173
天津音乐学院	311	559	311	555	101	537	132	553	78	389	0	494	33	688
天津美术学院	301	567	298	567	121	477	117	588	60	479	3	300	127	514
河北大学	1 336	19	1 332	18	564	35	572	18	196	55	4	258	1 485	18
河北工程大学	506	323	506	314	187	304	203	366	116	242	0	494	312	262
石家庄经济学院	545	288	545	282	199	277	218	335	128	200	0	494	258	313

续表

研究发展人员（人）										研究发展经费（百元）					
按职称划分						其他人员		折合全时人员（人年）		当年拨入		其中：科研事业费		当年内部支出	
高级		中级		初级											
100	356	41	535	1	664	1	206	28.4	537	24 051.65	425	12 838.65	312	25 191.17	399
59	484	27	594	6	583	1	206	31	519	27 538.2	397	13 840	303	24 432.02	404
177	183	87	342	48	142	3	132	91.7	223	375 024	36	272 232	17	369 208	32
51	512	20	638	8	542	0	310	28.9	534	26 860	403	10 260	357	93 987.73	155
61	478	20	638	3	628	1	206	16.8	620	23 957	427	20 525	232	18 332	461
27	632	14	662	0	689	1	206	32.7	504	61 970.23	245	42 401.1	145	47 044.32	275
26	637	4	710	0	689	0	310	13.1	645	51 600	279	43 100	142	51 516.63	257
10	695	1	718	0	689	0	310	3.3	714	41 730	332	40 800	148	24 587.5	403
145	243	78	380	15	432	23	22	83.2	252	173 393.83	94	46 469.62	135	140 639.4	104
8	705	6	702	0	689	0	310	5.2	705	91 573.59	184	90 491.59	80	91 449.59	162
287	96	113	255	5	596	1	206	203.1	77	339 426.66	46	110 115.3	61	332 851.6	40
549	26	285	49	17	401	0	310	345.8	24	380 779.71	34	150 585.1	43	363 796.1	34
64	469	56	471	13	465	1	206	54.7	375	45 350	306	21 540	222	38 351.4	316
945	4	304	41	16	419	0	310	958.6	1	867 939	12	469 941	8	598 279	16
175	185	86	350	10	509	0	310	93.2	220	29 008	390	14 424	297	29 908	369
75	432	60	447	30	263	1	206	30.9	522	18 531	481	4 270	507	17 955.26	463
185	171	189	122	13	465	0	310	179.2	90	118 735.01	143	31 234.01	183	118 137.1	123
100	356	67	416	7	561	0	310	57.6	359	129 391.4	133	10 040	362	83 682.1	178
105	335	107	278	46	154	0	310	73.5	285	73 832	215	8 453	394	74 867	198
62	474	128	222	12	476	0	310	71.3	295	9 747	588	2 426	572	8 973	587
29	622	30	583	18	389	1	206	14.6	635	7 872	615	3 000	552	5 285.1	643
52	510	49	496	22	341	1	206	24.4	560	7 429	628	1 256	641	6 454.03	626
493	35	353	18	204	6	1	206	205.8	75	134 292.36	125	42 852.5	144	131 222.8	111
72	444	13	667	24	322	0	310	33.2	499	19 326.6	472	7 063	423	17 548.1	467
121	289	77	385	28	279	0	310	55.2	369	62 995.3	243	4 514	491	62 989.1	227
165	202	156	153	19	382	0	310	87	233	96 190.01	176	7 106	422	98 693.55	143
323	80	197	111	61	100	58	6	115.7	157	146 768	110	35 115	164	121 506	122
148	234	143	178	38	206	2	158	117.6	154	144 482.88	111	91 591	77	86 200.18	172
21	655	10	684	2	645	0	310	5.4	703	3 523	684	1 508	627	3 095.9	687
33	605	45	520	6	583	3	132	62.5	335	35 104	357	15 660	280	46 746	276
607	20	562	2	251	1	14	37	297.7	35	190 477.52	87	67 875	102	185 770.6	74
109	316	110	267	93	42	0	310	103.6	187	12 145	556	1 545	621	12 210	540
116	300	100	303	33	233	0	310	71.9	291	73 819.67	216	18 780	256	73 586.94	202

学校名称	社科活动人员(人)												合计	
	合计		按职称划分								其他人员			
			小计		高级		中级		初级					
华北水利水电学院	246	627	244	627	66	633	122	576	56	498	2	347	71	626
河北工业大学	376	481	376	476	146	407	196	379	34	622	0	494	232	354
河北理工大学	557	275	545	282	204	262	242	280	99	296	12	88	383	203
河北科技大学	665	200	661	198	227	220	301	187	133	185	4	258	424	180
河北建筑工程学院	121	705	120	705	44	687	43	706	33	629	1	422	84	599
河北农业大学	475	358	475	356	159	367	186	414	130	192	0	494	185	421
河北医科大学	239	631	237	629	81	600	102	621	54	507	2	347	52	658
河北北方学院	350	516	348	515	152	385	119	583	77	392	2	347	184	424
承德医学院	115	707	115	707	52	671	36	711	27	653	0	494	96	574
河北师范大学	1 407	10	1 400	9	724	11	606	8	70	427	7	179	737	80
保定学院	493	336	489	335	189	297	192	392	108	272	4	258	329	238
唐山师范学院	548	281	548	277	224	223	252	257	72	420	0	494	149	474
廊坊师范学院	722	170	722	169	289	155	302	184	131	190	0	494	610	106
衡水学院	386	463	386	455	101	537	107	613	178	81	0	494	255	318
石家庄学院	485	346	481	349	203	266	185	417	93	314	4	258	167	449
邯郸学院	361	497	361	493	159	367	140	531	62	467	0	494	268	302
邢台学院	488	342	488	337	177	332	221	326	90	331	0	494	62	643
石家庄铁道学院	215	650	213	647	112	505	84	650	17	689	2	347	56	651
山西大学	1 044	61	1 034	63	429	74	396	89	209	41	10	110	1 920	8
太原科技大学	414	425	413	422	115	497	206	358	92	321	1	422	203	396
中北大学	470	366	470	361	103	528	312	176	55	503	0	494	227	360
太原理工大学	671	197	663	197	230	214	333	150	100	294	8	153	395	194
山西农业大学	217	645	199	654	82	594	60	694	57	491	18	47	86	591
长治医学院	115	707	99	714	24	715	31	715	44	561	16	57	4	724
山西师范大学	864	113	855	114	311	144	380	101	164	104	9	127	988	42
太原师范学院	672	193	646	207	213	242	316	170	117	235	26	26	118	535
山西大同大学	606	236	605	233	195	284	234	301	176	85	1	422	159	460
晋中学院	433	407	429	406	83	590	159	483	187	68	4	258	130	512
长治学院	313	557	300	564	62	651	124	572	114	248	13	77	127	514
运城学院	458	380	448	384	101	537	180	431	167	100	10	110	69	629
忻州师范学院	464	376	456	376	112	505	180	431	164	104	8	153	168	446
山西财经大学	1 005	75	1 003	72	431	72	462	57	110	264	2	347	953	48
内蒙古大学	783	143	779	140	252	192	374	106	153	126	4	258	222	364

续表

研究发展人员(人)										研究发展经费(百元)					
按职称划分						其他人员		折合全时人员(人年)		当年拨入				当年内部支出	
高级		中级		初级								其中:科研事业费			
18	666	46	516	6	583	1	206	20.7	588	9 870	587	3 840	525	9 332	582
72	444	96	317	7	561	0	310	136	126	18 718	478	4 318	501	18 490	458
141	249	141	183	46	154	0	310	110.1	170	32 185	371	11 245	338	32 225.75	352
173	191	169	143	68	80	1	206	63.6	324	18 395	482	3 730	534	19 950	446
39	582	30	583	14	442	1	206	12	654	4 060	672	2 260	581	4 080	673
81	410	64	427	19	382	0	310	61.9	339	21 245	449	10 385	353	14 534	508
25	641	18	651	9	520	0	310	14	639	2 740	700	640	679	2 740	695
81	410	62	438	41	187	0	310	38.5	468	6 540	635	1 260	639	6 528	625
45	541	34	561	17	401	0	310	16.3	624	2 929	696	391.5	696	2 887.71	690
408	50	273	54	22	341	28	19	128.1	138	98 793	170	70 275	96	46 019.93	282
150	232	150	164	27	287	2	158	84	247	16 847.7	496	1 273	638	15 451.07	492
94	376	47	509	8	542	0	310	28.8	535	5 800	646	500	685	6 229.5	629
224	138	310	36	76	73	0	310	86.9	234	21 805.6	443	1 515	625	22 055.6	424
102	343	92	329	56	116	5	87	46	424	6 065	643	315	699	6 074	632
94	376	59	457	14	442	0	310	45	433	9 386	593	2 436	570	8 088	601
109	316	111	263	47	147	1	206	61.7	341	11 642	566	1 727	612	12 713	527
21	655	32	573	9	520	0	310	14.9	632	2 840	698	140	714	2 791.5	693
35	596	20	638	1	664	0	310	13.3	643	7 820	618	1 850	605	6 720.41	621
667	13	466	7	148	13	15	35	439.8	15	429 033.27	28	193 244.2	29	409 212.4	27
57	495	58	460	27	287	0	310	80.8	261	15 805	511	3 740	533	15 725	487
79	420	132	206	16	419	0	310	32.9	503	8 235	609	2 790	559	6 645	623
161	210	148	168	32	243	1	206	140	122	46 422	301	12 547	317	40 948.6	308
40	577	19	647	22	341	5	87	15.2	630	14 260	525	700	676	15 267.01	494
3	719	0	721	1	664	0	310	1	724	480	723	300	700	491	722
386	57	340	22	80	68	14	37	291.7	39	104 791.95	161	15 540	281	91 349.28	163
84	403	31	579	1	664	0	310	33.5	496	39 375	337	31 970	179	36 625	325
104	338	46	516	7	561	2	158	69.7	305	21 979.5	442	6 906.5	429	11 203.5	558
44	547	60	447	26	299	0	310	24.4	560	5 640	648	1 620	619	5 633	637
27	632	64	427	36	217	0	310	24.5	559	4 945	658	1 250	642	4 845	650
42	563	19	647	8	542	0	310	11.2	664	11 080	571	6 400	443	7 305	616
74	434	56	471	30	263	8	56	47.1	419	8 937	600	1 190	649	10 253	567
352	70	203	99	52	126	4	104	282.5	41	159 042	101	52 960	122	166 187	83
104	338	105	286	10	509	0	310	123.8	144	89 171	191	37 733	157	40 111.5	310

学校名称	社科活动人员(人)													
	合计		按职称划分								其他人员		合计	
			小计		高级		中级		初级					
内蒙古科技大学	315	554	303	560	103	528	88	643	112	256	12	88	56	651
内蒙古工业大学	411	430	411	424	159	367	178	434	74	411	0	494	113	544
内蒙古农业大学	489	340	487	339	190	293	167	458	130	192	2	347	125	517
内蒙古医学院	203	654	201	653	42	688	60	694	99	296	2	347	48	662
内蒙古师范大学	1 005	75	1 003	72	409	85	415	83	179	77	2	347	548	116
内蒙古民族大学	643	211	636	211	250	193	238	288	148	141	7	179	197	405
赤峰学院	499	330	499	326	219	230	178	434	102	289	0	494	66	639
内蒙古财经学院	1 024	68	1 024	66	367	105	411	87	246	17	0	494	726	81
辽宁大学	994	78	994	76	462	66	427	78	105	284	0	494	935	52
大连理工大学	544	290	530	297	269	172	240	283	21	675	14	66	996	40
沈阳工业大学	459	379	459	375	188	301	219	332	52	517	0	494	97	573
沈阳航空工业学院	271	607	271	606	92	571	126	567	53	511	0	494	290	285
沈阳理工大学	461	378	452	379	127	469	256	252	69	434	9	127	207	390
东北大学	762	149	736	158	241	201	304	182	191	63	26	26	339	231
辽宁科技大学	321	547	321	544	111	511	161	475	49	533	0	494	76	613
辽宁工程技术大学	506	323	506	314	204	262	265	238	37	603	0	494	142	485
沈阳化工学院	236	634	236	631	75	612	126	567	35	616	0	494	85	595
大连交通大学	332	534	327	533	98	550	166	460	63	464	5	232	87	589
大连海事大学	365	490	365	489	229	216	126	567	10	706	0	494	121	525
大连工业大学	685	185	671	192	168	355	365	113	138	166	14	66	79	608
沈阳建筑大学	476	357	476	354	139	431	220	331	117	235	0	494	36	685
辽宁工业大学	274	603	273	601	159	367	96	630	18	683	1	422	58	647
沈阳农业大学	240	630	226	635	84	587	97	627	45	550	14	66	115	540
大连水产学院	193	660	189	659	67	631	77	662	45	550	4	258	160	457
中国医科大学	129	699	129	699	41	691	70	679	18	683	0	494	50	660
辽宁医学院	225	639	224	636	63	648	107	613	54	507	1	422	55	655
大连医科大学	179	666	179	664	81	600	79	657	19	680	0	494	137	497
辽宁中医药大学	115	707	114	708	47	682	35	712	32	635	1	422	20	700
沈阳药科大学	155	685	153	686	57	663	91	642	5	719	2	347	22	699
辽宁师范大学	669	199	653	204	365	107	261	242	27	653	16	57	531	123
沈阳师范大学	1 449	7	1 433	6	648	23	574	17	211	40	16	57	1 521	16
渤海大学	770	148	766	146	358	111	300	191	108	272	4	258	721	82
鞍山师范学院	475	358	470	361	206	256	188	406	76	400	5	232	113	544
大连外国语学院	473	362	473	360	172	344	228	311	73	415	0	494	204	393

续表

研究发展人员(人)										研究发展经费(百元)					
按职称划分						其他人员		折合全时人员(人年)		当年拨入		其中:科研事业费		当年内部支出	
高级		中级		初级											
23	649	13	667	14	442	0	310	19.1	602	4 256	668	1 200	648	5 296	640
51	512	50	490	11	494	0	310	45.1	430	18 671	480	10 950	343	16 918.5	475
86	398	34	561	5	596	0	310	23.1	568	11 715	563	6 690	435	18 560.13	457
25	641	11	676	10	509	2	158	8.3	683	1 365	715	120	716	1 355	714
270	102	194	118	31	254	7	61	113.4	163	159 825	100	25 140	205	77 929.15	189
106	331	65	426	22	341	0	310	63	329	14 670	522	7 110	421	17 100.4	473
40	577	19	647	7	561	0	310	31.6	516	25 140	417	3 840	525	25 522	395
298	91	298	43	112	26	1	206	162.8	104	43 940	317	13 480	308	44 575	286
462	40	410	12	44	171	0	310	212	73	135 155.08	123	48 699	128	98 941.16	142
297	93	221	82	12	476	7	61	311.4	29	116 051	148	34 816	165	144 379.8	102
51	512	23	614	4	613	0	310	40.3	463	29 740.4	385	14 686.4	295	20 899.4	431
131	271	114	253	12	476	3	132	78.1	267	24 432	421	3 990	520	21 615	427
100	356	89	339	18	389	0	310	33.2	499	21 671	444	8 600	390	15 624.18	491
106	331	98	311	27	287	2	158	92.7	221	117 371.55	145	54 776.69	118	95 541.19	151
29	622	33	569	7	561	0	310	9.4	676	7 885	614	2 140	587	7 725	608
67	463	57	466	4	613	0	310	37.8	473	14 155	527	1 975	590	18 475	459
28	627	50	490	7	561	0	310	43.6	444	13 230	537	4 010	518	10 185	569
48	526	37	550	2	645	0	310	34.5	490	17 120	493	6 700	434	17 217.5	469
84	403	28	590	0	689	0	310	33	501	99 629.37	169	19 800	242	95 309.97	152
44	547	29	587	4	613	2	158	29.3	531	15 456	514	4 300	503	14 900.4	502
16	668	16	655	4	613	0	310	18.5	607	4 290	667	420	692	6 054	633
42	563	8	693	0	689	0	310	11.1	665	3 860	675	880	669	3 397.5	682
50	516	47	509	12	476	1	206	37.8	473	10 460	581	3 260	542	9 677	576
89	389	48	499	22	341	1	206	27.5	542	11 110	570	1 080	656	9 315	583
18	666	27	594	5	596	0	310	23.6	566	28 068.1	394	5 140	471	21 252.17	430
26	637	25	603	4	613	0	310	9.1	678	3 830	677	1 050	661	3 370	683
70	452	48	499	7	561	0	310	31	519	7 740	621	400	694	7 347.5	614
14	680	5	705	1	664	0	310	4.5	709	1 360	716	550	683	2 008	707
12	686	10	684	0	689	0	310	6.1	698	14 822	521	9 856	366	8 182	598
300	89	128	222	9	520	6	71	102.8	189	55 250	265	20 210	238	49 632	269
692	10	474	6	121	19	39	11	578	8	139 271.1	117	20 279.6	236	132 553.1	110
382	60	199	108	57	114	17	30	246.2	57	50 479.4	285	21 641	221	46 305.17	278
56	498	34	561	23	332	0	310	20	596	10 925	572	1 750	608	10 654.5	564
118	296	69	408	6	583	0	310	62.1	337	25 450	414	10 000	363	19 654.96	450

学校名称	社科活动人员(人)												合计	
	合计		按职称划分								其他人员			
			小计		高级		中级		初级					
东北财经大学	1 032	66	1 021	67	509	47	389	93	123	215	11	98	629	100
中国刑事警察学院	391	455	386	455	205	259	135	544	46	544	5	232	297	276
沈阳体育学院	575	261	574	257	229	216	264	241	81	371	1	422	274	296
沈阳音乐学院	923	98	923	94	329	128	444	67	150	134	0	494	148	476
鲁迅美术学院	499	330	488	337	186	305	161	475	141	160	11	98	70	627
吉林大学	1 763	3	1 761	3	997	4	603	9	161	114	2	347	1 991	7
延边大学	1 223	37	1 223	36	369	102	500	35	354	1	0	494	296	278
长春理工大学	467	369	466	367	183	320	207	356	76	400	1	422	366	216
东北电力大学	386	463	375	479	140	428	150	504	85	355	11	98	84	599
长春工业大学	576	259	575	255	216	237	282	210	77	392	1	422	895	57
吉林建筑工程学院	160	681	160	679	69	625	52	700	39	591	0	494	58	647
吉林化工学院	174	668	174	667	52	671	82	652	40	586	0	494	222	364
吉林农业大学	350	516	350	508	123	473	164	465	63	464	0	494	260	311
长春中医药大学	165	674	165	674	88	582	48	703	29	650	0	494	132	507
东北师范大学	1 362	17	1 362	15	648	23	561	20	153	126	0	494	1 453	20
北华大学	784	141	784	139	348	117	303	183	133	185	0	494	310	265
通化师范学院	359	503	357	498	113	500	93	639	151	131	2	347	315	259
吉林师范大学	722	170	722	169	237	206	282	210	203	46	0	494	545	117
吉林工程技术师范学院	383	472	383	463	136	438	123	575	124	213	0	494	290	285
长春师范学院	618	226	615	224	157	374	141	529	317	4	3	300	491	136
白城师范学院	299	570	296	569	112	505	110	608	74	411	3	300	293	281
长春税务学院	741	160	738	156	264	179	347	129	127	206	3	300	363	218
吉林体育学院	170	669	167	670	58	662	82	652	27	653	3	300	92	580
吉林艺术学院	482	351	481	349	180	324	125	570	176	85	1	422	65	641
黑龙江大学	1 068	57	1 066	57	468	63	472	47	126	209	2	347	644	97
哈尔滨工业大学	415	422	413	422	256	186	140	531	17	689	2	347	119	532
哈尔滨理工大学	291	579	291	575	189	297	93	639	9	707	0	494	101	563
燕山大学	695	182	691	183	227	220	292	199	172	90	4	258	823	69
哈尔滨工程大学	515	315	483	345	225	222	224	319	34	622	32	16	160	457
黑龙江科技学院	480	353	480	351	148	400	239	286	93	314	0	494	245	336
大庆石油学院	356	511	354	504	151	389	158	484	45	550	2	347	89	585
佳木斯大学	833	123	833	121	347	118	375	104	111	260	0	494	421	183
黑龙江八一农垦大学	315	554	312	553	132	447	146	516	34	622	3	300	68	634
东北农业大学	323	543	323	540	130	452	171	452	22	672	0	494	292	282

研究发展人员(人)										研究发展经费(百元)					
按职称划分						其他人员		折合全时人员(人年)		当年拨入				当年内部支出	
高级		中级		初级								其中:科研事业费			
389	55	188	124	51	129	1	206	214.8	71	161 881.41	97	44 806	138	183 086.5	75
172	193	86	350	39	201	0	310	76	273	23 710	429	8 600	390	36 604	326
159	217	94	322	14	442	0	310	58.7	353	68 484.3	227	53 679.3	120	41 284.52	306
77	426	10	684	1	664	0	310	29	533	12 720	545	1 520	623	12 470	533
36	593	26	598	7	561	0	310	14.7	634	12 790	544	1 080	656	12 490	532
886	5	353	18	69	79	126	1	446.1	14	414 393.3	30	203 474.7	26	405 260.7	28
141	249	105	286	22	341	0	310	99.4	203	53 618.04	273	26 330	200	42 886.05	295
175	185	154	159	37	209	0	310	132.3	132	33 510	364	6 750	433	35 552.8	331
54	504	22	627	8	542	0	310	24	564	6 392	639	1 250	642	6 011	634
414	47	334	26	95	39	0	310	232.9	62	66 266	232	16 500	273	57 528.9	241
24	645	18	651	16	419	0	310	19.4	599	5 156	654	2 400	575	5 289	642
87	395	94	322	40	191	1	206	45.1	430	8 170	612	400	694	8 094.7	600
105	335	87	342	28	279	2	158	51.8	391	13 380	534	3 550	538	17 353.56	468
72	444	36	553	24	322	0	310	19.3	601	3 668	680	500	685	4 923.5	647
740	7	442	9	113	24	35	16	413.8	17	582 100.28	16	198 438.5	27	627 107.8	15
146	238	106	281	24	322	0	310	70	303	26 190	408	13 500	307	25 568	394
127	277	79	377	91	44	1	206	73.6	284	30 276	383	9 500	373	31 700	356
184	174	188	124	159	10	14	37	165.3	102	66 520	231	11 250	337	76 200	192
109	316	97	314	83	60	1	206	113.4	163	20 780	455	6 430	439	20 780	434
165	202	124	232	186	7	1	206	161.5	108	46 724	298	19 600	244	45 977	283
153	227	94	322	45	162	1	206	133.1	131	16 280	505	1 880	600	16 722	478
153	227	112	260	49	141	0	310	96.6	212	40 430	335	26 630	198	33 021	350
39	582	37	550	16	419	0	310	20.6	590	27 871	395	19 971	241	29 018	371
20	658	16	655	29	271	0	310	25.5	551	37 630	346	16 030	277	33 468	345
275	100	272	56	43	175	4	104	242.7	58	118 395.9	144	60 717.53	110	78 783.01	187
71	450	35	557	10	509	0	310	21.3	582	8 703	602	4 203	512	8 338	595
64	469	36	553	1	664	0	310	31.7	515	14 834	520	4 824	481	13 884	515
233	129	275	52	112	26	39	11	189.9	81	66 700.7	230	10 305.7	356	73 276.7	204
101	350	48	499	2	645	1	206	53.1	384	80 731	202	56 457	115	73 491.77	203
93	378	115	251	37	209	0	310	93.9	218	32 131	372	5 107	473	30 388	364
41	568	34	561	11	494	1	206	20.7	588	17 203	492	3 450	539	15 134.8	497
211	149	153	160	56	116	1	206	162.6	105	26 480	404	1 470	630	25 722	390
43	557	21	634	4	613	0	310	20.1	595	6 390	640	2 520	566	7 085	618
121	289	135	197	9	520	0	310	32	511	24 528	420	5 540	462	26 026.45	388

学校名称	社科活动人员(人)												合计	
	合计		按职称划分								其他人员			
			小计		高级		中级		初级					
东北林业大学	522	309	512	310	217	236	249	263	46	544	10	110	290	285
哈尔滨医科大学	296	574	280	594	117	490	107	613	56	498	16	57	54	657
黑龙江中医药大学	158	683	158	681	59	655	57	697	42	570	0	494	86	591
牡丹江医学院	164	676	164	676	83	590	57	697	24	667	0	494	30	690
哈尔滨师范大学	1 386	15	1 379	13	600	32	546	21	233	26	7	179	744	79
齐齐哈尔大学	816	131	816	128	341	122	384	98	91	323	0	494	436	173
牡丹江师范学院	520	313	520	306	151	389	211	349	158	121	0	494	164	453
哈尔滨学院	662	201	660	199	331	125	261	242	68	438	2	347	270	300
大庆师范学院	380	474	380	467	132	447	117	588	131	190	0	494	210	385
绥化学院	394	451	394	445	93	568	131	556	170	93	0	494	208	387
哈尔滨商业大学	657	204	657	201	300	147	315	172	42	570	0	494	470	153
哈尔滨体育学院	380	474	380	467	144	411	136	541	100	294	0	494	48	662
复旦大学	1 322	23	1 322	20	780	9	467	52	75	403	0	494	1 235	26
同济大学	875	110	867	110	407	88	415	83	45	550	8	153	483	145
上海交通大学	943	91	937	90	502	50	375	104	60	479	6	208	490	137
华东理工大学	536	298	534	294	249	195	258	246	27	653	2	347	203	396
上海理工大学	704	178	692	182	207	255	384	98	101	291	12	88	435	175
上海海事大学	413	427	404	430	140	428	207	356	57	491	9	127	183	427
东华大学	562	268	549	275	206	256	290	203	53	511	13	77	369	213
上海电力学院	351	514	349	510	59	655	191	396	99	296	2	347	129	513
上海应用技术学院	389	458	383	463	106	518	226	314	51	519	6	208	175	439
上海海洋大学	267	611	267	611	106	518	149	506	12	701	0	494	243	340
上海中医药大学	274	603	272	603	65	638	156	490	51	519	2	347	176	438
华东师范大学	1 392	12	1 392	10	717	12	611	6	64	461	0	494	2 814	2
上海师范大学	1 229	36	1 227	34	589	33	535	24	103	287	2	347	488	141
上海外国语大学	906	102	902	101	319	138	390	91	193	61	4	258	157	462
上海财经大学	875	110	875	109	486	57	357	120	32	635	0	494	999	39
上海对外贸易学院	679	188	677	187	239	203	301	187	137	171	2	347	309	267
上海海关学院	128	702	127	702	48	679	73	675	6	715	1	422	186	420
华东政法大学	592	246	591	241	290	152	236	297	65	457	1	422	268	302
上海体育学院	385	467	385	459	176	335	177	438	32	635	0	494	281	293
上海音乐学院	305	564	300	564	109	513	111	606	80	376	5	232	117	537
上海戏剧学院	284	592	283	588	107	515	114	597	62	467	1	422	61	645

续表

研究发展人员(人)										研究发展经费(百元)					
按职称划分						其他人员		折合全时人员(人年)		当年拨入				当年内部支出	
高级		中级		初级								其中:科研事业费			
100	356	97	314	22	341	1	206	56.9	362	21 391	448	7 226	417	20 608.88	437
23	649	9	690	2	645	0	310	12.4	650	7 680	624	5 680	461	15 046.12	498
21	655	23	614	16	419	0	310	32.6	505	2 990	694	90	718	3 555	677
22	653	7	696	1	664	0	310	11.8	658	2 510	703	220	709	2 490	701
361	65	269	58	114	21	0	310	278.5	42	103 027	165	17 437	265	106 949	133
177	183	206	96	17	401	0	310	139.7	123	34 710	360	4 890	478	33 540	344
86	398	38	546	40	191	0	310	48.6	409	14 994	518	2 514	567	14 554	507
181	177	69	408	15	432	5	87	42.5	451	9 055	599	415	693	8 889	588
73	438	87	342	50	138	0	310	47.7	416	11 614	568	1 618	620	11 080	560
51	512	67	416	90	46	0	310	57.6	359	12 704	546	1 513	626	12 551	530
216	145	189	122	44	171	0	310	153.1	111	38 690	341	8 320	396	40 740	309
28	627	8	693	7	561	0	310	19.1	602	12 400	553	6 100	452	11 825	545
628	17	294	44	19	382	33	17	706.8	3	1 354 148.2	5	791 979.1	3	1 099 374	7
245	118	140	184	15	432	2	158	181.8	88	274 998	58	140 500	49	276 938	51
284	97	102	297	11	494	1	206	220	67	568 371.5	18	137 661.5	51	510 103.1	20
147	236	50	490	1	664	0	310	69.9	304	115 247.4	151	42 937	143	93 704.48	157
153	227	129	220	17	401	0	310	67.1	310	91 425	185	33 014	173	83 518.55	179
73	438	55	475	5	596	1	206	45.6	425	68 374	228	9 800	368	68 187.6	215
118	296	43	529	7	561	0	310	168.1	99	208 251.64	75	29 631	191	151 861.4	98
37	587	66	424	26	299	0	310	33	501	31 914.7	374	12 242	323	37 743.85	317
76	428	87	342	12	476	0	310	58.5	354	69 958.61	223	22 914.5	213	67 844.11	217
91	384	116	247	14	442	0	310	47.5	417	52 304	277	21 230	227	44 195.41	288
47	532	75	391	38	206	0	310	54	380	103 970	163	87 010	83	37 342	320
618	19	242	73	14	442	5	87	835.8	2	1 150 339.96	8	483 482.7	7	1 090 462	8
256	109	131	213	12	476	0	310	154.1	110	327 078.74	47	141 695	47	307 492.7	44
83	406	66	424	8	542	0	310	121.5	148	106 494	160	14 889	292	104 362	137
529	30	196	114	8	542	0	310	304.1	32	443 521.12	26	217 562.6	23	314 734.7	43
164	204	94	322	34	223	0	310	85.7	241	122 806.62	138	46 638.71	134	130 159.6	113
81	410	74	397	14	442	16	32	42.5	451	19 707.98	469	8 011.5	402	13 210.19	520
159	217	96	317	8	542	0	310	59.9	349	160 841	98	114 046	59	104 899.8	136
121	289	48	499	11	494	1	206	109.3	171	140 685.84	116	78 040	88	157 311.7	94
58	491	25	603	18	389	6	71	51.3	393	115 583.75	149	97 015.75	73	49 592.11	270
35	596	23	614	3	628	0	310	37.1	477	70 781.34	221	60 471.84	111	87 537.37	169

学校名称	社科活动人员(人)													
	合计		按职称划分								其他人员		合计	
			小计		高级		中级		初级					
上海大学	1 458	5	1 458	5	495	54	720	1	243	20	0	494	959	45
南京大学	957	88	957	86	706	14	239	286	12	701	0	494	827	68
苏州大学	1 145	48	1 145	46	564	35	430	75	151	131	0	494	991	41
东南大学	672	193	664	196	351	115	276	218	37	603	8	153	948	50
南京航空航天大学	437	401	436	397	212	244	193	386	31	643	1	422	136	500
南京理工大学	357	507	357	498	184	313	153	495	20	678	0	494	114	542
江苏科技大学	488	342	487	339	153	383	240	283	94	309	1	422	249	325
中国矿业大学	638	212	638	210	208	251	321	167	109	269	0	494	745	78
南京工业大学	323	543	323	540	128	466	189	404	6	715	0	494	96	574
江苏工业学院	324	541	323	540	130	452	161	475	32	635	1	422	151	468
南京邮电大学	386	463	386	455	135	441	182	425	69	434	0	494	233	352
河海大学	552	278	550	273	185	309	237	290	128	200	2	347	221	366
江南大学	836	120	836	119	289	155	422	79	125	212	0	494	560	114
南京林业大学	276	600	273	601	66	633	111	606	96	304	3	300	169	445
江苏大学	635	214	635	213	266	176	327	157	42	570	0	494	316	258
南京信息工程大学	619	224	619	220	197	282	389	93	33	629	0	494	434	176
南通大学	762	149	762	148	367	105	327	157	68	438	0	494	545	117
盐城工学院	454	383	452	379	167	358	218	335	67	448	2	347	127	514
南京农业大学	513	318	513	309	211	246	232	302	70	427	0	494	850	62
南京医科大学	184	663	184	662	59	655	95	636	30	646	0	494	150	472
徐州医学院	202	656	193	656	51	676	101	622	41	580	9	127	79	608
南京中医药大学	284	592	283	588	64	644	99	624	120	227	1	422	132	507
中国药科大学	206	652	205	650	59	655	118	585	28	652	1	422	98	569
南京师范大学	1 181	41	1 181	41	651	22	443	68	87	348	0	494	721	82
徐州师范大学	936	94	934	92	406	89	475	44	53	511	2	347	1 350	22
淮阴师范学院	727	168	727	163	247	196	307	180	173	88	0	494	160	457
盐城师范学院	415	422	415	418	150	393	190	400	75	403	0	494	292	282
南京财经大学	793	138	793	135	371	100	305	181	117	235	0	494	385	201
江苏警官学院	472	364	465	369	172	344	218	335	75	403	7	179	324	248
南京体育学院	233	637	215	646	77	610	97	627	41	580	18	47	208	387
南京艺术学院	482	351	482	348	198	280	199	374	85	355	0	494	297	276
苏州科技学院	497	333	494	329	200	273	270	226	24	667	3	300	249	325
常熟理工学院	348	523	347	517	106	518	172	450	69	434	1	422	123	521

续表

研究发展人员(人)										研究发展经费(百元)					
按职称划分						其他人员		折合全时人员(人年)		当年拨入				当年内部支出	
高级		中级		初级								其中:科研事业费			
398	52	273	54	33	233	6	71	264.9	48	554 841.34	20	354 932.2	13	509 390.9	21
507	34	132	206	17	401	3	132	306.9	31	878 064.12	11	408 425	9	775 114.1	12
449	41	291	47	92	43	0	310	185	85	191 380.4	84	120 880	58	172 743.4	79
307	84	193	119	12	476	6	71	140.2	121	151 505	106	79 940	85	161 824	88
85	401	26	598	2	645	0	310	75.7	275	78 005.5	207	30 204	190	76 438	191
37	587	29	587	3	628	0	310	76.5	272	94 715.6	181	52 710	123	37 611.2	319
109	316	80	372	16	419	2	158	54.6	378	35 060	358	14 670	296	30 123	366
147	236	156	153	82	64	1	206	149.7	114	130 479.4	129	20 226.4	237	128 836.9	114
57	495	33	569	1	664	0	310	25.9	547	63 168.96	242	40 675.2	149	33 586.36	343
79	420	62	438	9	520	1	206	18.5	607	13 596	533	2 560	565	12 428	536
73	438	63	434	21	368	0	310	43.5	446	50 712	283	20 515	233	51 922	253
95	374	67	416	17	401	0	310	83.8	249	382 595.27	33	219 085.6	22	369 495.4	31
250	115	174	137	63	93	1	206	179.6	89	224 334.33	69	23 351	210	251 413.4	60
44	547	61	443	25	310	0	310	42.1	453	32 096	373	17 730	263	19 545	452
132	269	143	178	17	401	0	310	131.7	133	114 750	152	47 950	131	108 737	130
235	126	187	127	12	476	0	310	75.4	277	79 488	204	46 394	136	51 804.5	254
319	81	155	156	26	299	0	310	94.1	216	57 546.28	261	26 230	202	38 983.78	312
76	428	44	526	7	561	0	310	21.1	584	14 399	524	1 894	599	11 660	550
199	156	143	178	28	279	6	71	274.1	43	250 892.54	61	169 361	36	246 797.7	62
38	584	47	509	12	476	0	310	26.4	545	13 182	539	6 082	454	11 513	554
15	673	45	520	18	389	1	206	15	631	7 275	629	1 665	616	5 291	641
68	461	47	509	15	432	0	310	23	569	7 948	613	3 820	528	7 646	610
48	526	42	532	8	542	0	310	21.8	578	17 405	490	4 235	510	17 737	466
396	53	186	128	40	191	0	310	188.3	83	157 866	103	97 837	70	163 577	85
388	56	333	27	61	100	5	87	252.3	54	180 878	90	78 320	87	163 112.7	87
97	369	52	480	11	494	0	310	31.8	513	72 250	218	30 670	186	74 472	199
111	312	136	195	45	162	0	310	86.5	236	30 400	382	9 880	365	28 015	377
199	156	137	193	27	287	2	158	56.4	364	67 620	229	35 810	162	79 978.5	184
178	180	111	263	32	243	2	158	65.8	317	35 847.85	354	11 390	334	27 151.09	380
56	498	67	416	31	254	5	87	55.3	368	23 980	426	8 830	382	12 460.6	534
118	296	99	307	60	104	0	310	56.5	363	137 335	119	88 670	82	70 941.44	208
126	279	100	303	10	509	0	310	66.3	312	27 153.5	401	10 543.5	348	29 713	370
59	484	57	466	7	561	0	310	56.2	366	23 667	431	4 702	486	20 581.18	438

学校名称	社科活动人员(人)												合计	
	合计		按职称划分								其他人员			
			小计		高级		中级		初级					
浙江大学	1 252	29	1 252	28	865	6	374	106	13	699	0	494	1 103	29
杭州电子科技大学	548	281	545	282	201	271	282	210	62	467	3	300	502	131
浙江工业大学	979	82	968	82	346	119	471	48	151	131	11	98	830	67
浙江理工大学	776	147	773	142	239	203	467	52	67	448	3	300	703	85
浙江海洋学院	399	445	396	443	133	445	213	346	50	526	3	300	324	248
浙江林学院	700	180	691	183	193	289	335	143	163	109	9	127	833	66
温州医学院	250	624	250	622	45	685	96	630	109	269	0	494	249	325
浙江中医药大学	291	579	290	577	70	621	158	484	62	467	1	422	265	307
浙江师范大学	1 262	27	1 262	26	529	40	508	31	225	31	0	494	953	48
杭州师范大学	1 149	46	1 147	44	480	60	514	28	153	126	2	347	988	42
湖州师范学院	708	177	706	177	208	251	350	127	148	141	2	347	311	263
绍兴文理学院	588	253	579	252	232	208	301	187	46	544	9	127	362	220
台州学院	632	217	626	217	176	335	360	119	90	331	6	208	448	165
温州大学	983	80	970	80	386	94	461	59	123	215	13	77	507	130
丽水学院	458	380	453	378	148	400	224	319	81	371	5	232	353	223
浙江工商大学	1 202	40	1 193	39	508	48	603	9	82	369	9	127	1 015	38
嘉兴学院	596	242	594	238	190	293	266	236	138	166	2	347	532	122
中国美术学院	748	157	744	154	275	168	364	115	105	284	4	258	458	160
中国计量学院	451	387	443	388	145	410	230	305	68	438	8	153	359	222
安徽大学	984	79	980	79	416	81	435	73	129	194	4	258	390	196
中国科学技术大学	165	674	165	674	86	584	77	662	2	721	0	494	151	468
合肥工业大学	437	401	437	395	232	208	191	396	14	698	0	494	178	434
安徽工业大学	564	266	561	264	199	277	277	217	85	355	3	300	196	407
安徽理工大学	302	565	302	561	82	594	182	425	38	598	0	494	131	509
安徽工程科技学院	475	358	475	356	121	477	273	222	81	371	0	494	306	271
安徽农业大学	360	500	360	494	70	621	151	501	139	163	0	494	86	591
安徽医科大学	166	673	166	672	64	644	75	668	27	653	0	494	156	463
蚌埠医学院	177	667	177	665	34	703	95	636	48	539	0	494	81	606
皖南医学院	138	697	135	695	25	712	70	679	40	586	3	300	67	636
安徽中医学院	137	698	137	694	41	691	81	654	15	697	0	494	73	622
安徽师范大学	1 075	56	1 069	56	486	57	496	36	87	348	6	208	556	115
阜阳师范学院	360	500	334	527	112	505	142	526	80	376	26	26	194	408
安庆师范学院	635	214	633	214	172	344	342	134	119	229	2	347	119	532

续表

研究发展人员(人)										研究发展经费(百元)					
按职称划分						其他人员		折合全时人员(人年)		当年拨入				当年内部支出	
高级		中级		初级								其中:科研事业费			
483	36	203	99	18	389	2	158	296.7	36	2 612 236.34	1	741 323.5	4	1 662 838.38	3
239	123	200	106	15	432	2	158	182.5	87	139 100	118	31 853	180	136 594.4	108
326	77	370	17	64	90	5	87	165.6	101	276 815.38	57	40 877	147	274 650.8	53
279	99	350	20	24	322	5	87	128.5	136	378 640.35	35	122 337.3	57	316 273.3	42
160	214	130	216	34	223	0	310	81.8	257	39 183	338	5 002	477	38 667.88	313
243	121	318	34	119	20	2	158	235.5	60	130 915	128	18 611	258	112 567	129
93	378	113	255	43	175	0	310	38.1	471	16 711.5	498	5 004	476	15 880	485
68	461	118	241	51	129	4	104	58.8	352	24 634.28	419	12 499.28	318	20 667.51	436
412	48	344	21	130	15	56	7	227.6	63	391 726.26	31	90 604	79	370 388.2	30
536	29	331	29	61	100	19	26	265.7	47	368 441.81	40	70 771	94	278 870.2	49
140	251	133	204	36	217	2	158	96.3	213	75 944	209	16 396	275	51 792	255
170	194	166	145	25	310	1	206	102	195	69 183	224	15 182	286	68 852	213
159	217	253	66	29	271	7	61	150	113	68 901	225	11 716	330	68 289.6	214
260	106	160	151	23	332	20	25	134.6	128	192 075.8	83	19 035	252	171 570.8	80
142	247	155	156	56	116	0	310	88.2	230	39 043.1	339	6 155	450	39 137.5	311
439	44	403	13	42	183	0	310	310.1	30	780 480.41	15	224 274.8	20	765 431.6	14
231	134	216	84	81	66	4	104	115.1	159	132 277.51	126	13 902	302	107 546.5	131
185	171	162	147	95	39	3	132	100.7	198	567 919.22	19	54 643	119	527 350.1	18
128	276	161	149	47	147	3	132	110.3	168	143 151.29	112	43 588.6	141	144 899	101
216	145	101	300	13	465	1	206	127.9	139	245 109.3	63	136 910	52	226 688	68
34	600	25	603	1	664	0	310	54.7	375	75 616	210	60 864	109	55 993	244
109	316	22	627	0	689	0	310	63	329	110 908	156	59 778	113	98 155	145
91	384	64	427	13	465	0	310	84	247	54 682	267	12 205	324	52 971	252
33	605	80	372	18	389	0	310	19.9	597	12 402	552	4 360	497	11 715	547
110	315	134	201	26	299	0	310	50.4	398	54 485	269	8 830	382	47 375	274
34	600	25	603	25	310	0	310	37.2	476	43 400	321	26 240	201	30 430	363
44	547	42	532	12	476	0	310	65.9	316	21 607.29	445	5 291.57	468	15 656.79	490
19	661	50	490	12	476	0	310	13.6	641	4 920	660	300	700	4 764	653
9	698	37	550	19	382	2	158	11.8	658	4 172	671	350	698	4 074	674
33	605	40	539	0	689	0	310	25.8	549	7 800	619	2 110	588	6 237.35	628
314	82	199	108	14	442	1	206	141.6	119	159 940	99	48 070	130	148 754.8	100
81	410	72	401	27	287	14	37	48.9	407	28 650	392	16 540	272	28 951	372
44	547	60	447	14	442	1	206	102.7	191	58 820	257	4 820	482	56 320	243

学校名称	社科活动人员(人)													
	合计		按职称划分								其他人员		合计	
			小计		高级		中级		初级					
淮北煤炭师范学院	593	245	586	246	230	214	324	163	32	635	7	179	190	413
黄山学院	401	443	389	450	73	618	203	366	113	251	12	88	193	410
皖西学院	414	425	408	427	117	490	181	429	110	264	6	208	152	467
滁州学院	396	448	390	448	82	594	187	408	121	224	6	208	138	494
安徽财经大学	1 017	70	1 016	69	356	112	491	39	169	97	1	422	1 088	32
宿州学院	360	500	360	494	65	638	162	471	133	185	0	494	150	472
巢湖学院	485	346	485	342	100	541	215	344	170	93	0	494	142	485
淮南师范学院	436	403	433	400	102	533	195	384	136	173	3	300	133	505
铜陵学院	522	309	507	313	141	423	243	279	123	215	15	61	408	190
厦门大学	1 389	13	1 360	16	698	15	447	66	215	39	29	19	677	90
华侨大学	1 022	69	989	77	337	124	428	77	224	33	33	14	508	128
福州大学	819	130	809	133	276	167	354	123	179	77	10	110	464	156
福建工程学院	404	440	403	433	127	469	182	425	94	309	1	422	252	321
福建农林大学	742	158	738	156	199	277	266	236	273	12	4	258	277	295
集美大学	930	95	913	96	364	108	355	122	194	58	17	53	336	237
福建医科大学	228	638	223	637	52	671	96	630	75	403	5	232	78	611
福建中医学院	262	615	255	619	68	628	96	630	91	323	7	179	232	354
福建师范大学	1 336	19	1 306	23	602	31	505	32	199	51	30	18	566	112
闽江学院	528	303	520	306	178	329	225	317	117	235	8	153	208	387
武夷学院	313	557	306	559	99	547	121	579	86	353	7	179	146	478
泉州师范学院	798	135	793	135	231	212	283	208	279	10	5	232	368	214
漳州师范学院	677	190	675	189	164	364	206	358	305	6	2	347	90	584
南昌大学	1 117	51	1 116	50	428	76	370	108	318	3	1	422	301	273
华东交通大学	367	487	367	486	165	363	160	481	42	570	0	494	144	481
东华理工大学	496	334	496	327	184	313	240	283	72	420	0	494	534	120
南昌航空大学	504	326	501	324	123	473	200	372	178	81	3	300	489	139
江西理工大学	258	619	258	616	104	524	115	594	39	591	0	494	45	667
景德镇陶瓷学院	473	362	469	365	130	452	193	386	146	149	4	258	249	325
江西农业大学	296	574	293	572	119	483	110	608	64	461	3	300	137	497
江西中医学院	109	712	109	711	29	709	45	705	35	616	0	494	42	672
赣南医学院	124	704	122	704	30	707	30	717	62	467	2	347	49	661
江西师范大学	1 147	47	1 142	47	372	99	475	44	295	8	5	232	441	168
上饶师范学院	442	395	442	391	166	361	163	468	113	251	0	494	286	290

续表

研究发展人员(人)										研究发展经费(百元)					
按职称划分						其他人员		折合全时人员(人年)		当年拨入				当年内部支出	
高级		中级		初级								其中:科研事业费			
102	343	70	404	0	689	0	310	75.7	275	30 896.25	380	8 075	398	26 407.9	384
46	538	110	267	37	209	0	310	33.4	497	17 420	489	6 070	455	15 248.4	496
59	484	51	485	42	183	0	310	50.7	394	34 925	359	10 615	347	33 022	349
37	587	80	372	21	368	0	310	34.5	490	15 110	516	2 920	554	14 842	503
412	48	544	4	94	41	9	54	290.9	40	203 223	79	68 613	101	182 788.4	76
42	563	77	385	31	254	0	310	44.4	438	12 228	555	1 914	595	12 337	538
37	587	73	398	32	243	0	310	36.8	479	16 695	500	7 405	412	13 045	522
50	516	70	404	13	465	0	310	36	485	27 217	400	8 060	400	24 408	405
170	194	171	140	67	82	0	310	78.5	266	57 558	260	6 090	453	55 102.75	248
372	62	118	241	29	271	2	158	261.6	49	996 964.41	10	326 259.8	14	807 637.7	11
199	156	149	167	26	299	46	9	159.9	109	82 060	201	15 710	278	76 059	194
208	150	150	164	37	209	1	206	106.8	177	72 218	219	41 680	146	72 848	205
100	356	119	239	33	233	0	310	64.9	321	16 120	506	2 182	584	15 886.4	484
90	387	98	311	89	49	0	310	72.7	288	63 970	238	39 170	154	67 735	218
196	161	99	307	23	332	0	310	42.7	449	38 521	344	10 465	351	33 434.12	346
35	596	28	590	12	476	3	132	22.2	575	6 524	636	1 950	591	4 752	654
69	456	71	402	85	54	4	104	50.5	397	14 995	517	7 405	412	14 064.79	514
299	90	171	140	54	124	7	61	131.3	134	201 635.38	80	109 610	62	137 256.4	107
109	316	78	380	20	373	1	206	29.4	528	44 383	314	34 022	169	12 356	537
50	516	60	447	34	223	2	158	45.3	429	25 893	410	1 679	614	17 152	472
155	225	130	216	75	74	7	61	106.9	176	43 085	324	11 340	336	38 610	315
41	568	27	594	22	341	0	310	12.7	648	7 186	631	2 386	576	6 686	622
174	190	84	357	43	175	0	310	42.7	449	184 076	88	49 095	127	104 100	139
87	395	51	485	6	583	0	310	8.7	681	56 985.5	262	18 805.5	255	49 115	272
246	116	224	80	64	90	0	310	118.8	152	42 693	327	19 523	245	43 156	292
146	238	196	114	127	16	0	310	89.3	227	47 156.58	297	13 237	309	35 365.38	332
19	661	23	614	3	628	0	310	9.3	677	11 690	564	6 900	430	9 500	578
126	279	90	334	33	233	0	310	70.7	300	32 925	368	21 479	224	23 506	410
42	563	54	479	40	191	1	206	20.6	590	25 701	412	11 997	327	26 117	387
20	658	16	655	6	583	0	310	19	605	2 960	695	1 060	658	2 710.8	696
15	673	12	673	22	341	0	310	13.1	645	3 785	678	260	706	3 890	675
152	230	186	128	100	33	3	132	104.5	186	83 606.01	200	38 390	156	85 516.01	175
133	265	108	274	45	162	0	310	76	273	22 030	440	4 110	514	21 758	426

学校名称	社科活动人员(人)															
	合计		按职称划分								其他人员		合计	
			小计		高级		中级		初级					
宜春学院	500	329	496	327	178	329	256	252	62	467	4	258	201	402
赣南师范学院	758	153	757	149	323	135	294	197	140	161	1	422	262	310
井冈山大学	550	280	549	275	221	225	251	260	77	392	1	422	263	309
江西财经大学	1 126	50	1 121	49	495	54	407	88	219	34	5	232	326	244
山东大学	1 925	1	1 901	1	1 064	3	593	11	244	19	24	31	390	196
中国海洋大学	466	372	466	367	214	239	182	425	70	427	0	494	9	719
山东科技大学	970	85	970	80	324	133	456	60	190	66	0	494	839	64
中国石油大学(华东)	483	350	483	345	184	313	259	245	40	586	0	494	178	434
青岛科技大学	589	251	582	249	203	266	244	275	135	176	7	179	241	343
济南大学	961	87	959	85	381	97	468	50	110	264	2	347	1 026	36
青岛理工大学	546	286	546	280	190	293	190	400	166	101	0	494	44	669
山东建筑大学	467	369	467	366	185	309	275	221	7	712	0	494	98	569
山东轻工业学院	353	513	352	506	149	396	178	434	25	666	1	422	166	450
山东理工大学	681	187	677	187	275	168	241	281	161	114	4	258	258	313
山东农业大学	499	330	463	373	168	355	229	309	66	452	36	13	95	576
青岛农业大学	507	321	506	314	129	460	193	386	184	71	1	422	58	647
潍坊医学院	309	563	308	557	98	550	131	556	79	383	1	422	220	368
泰山医学院	366	489	366	488	97	555	198	375	71	423	0	494	200	403
滨州医学院	294	577	294	571	100	541	136	541	58	486	0	494	85	595
山东中医药大学	111	710	111	709	31	706	74	673	6	715	0	494	9	719
济宁医学院	217	645	217	642	74	615	77	662	66	452	0	494	58	647
山东师范大学	1 159	44	1 153	43	513	46	438	71	202	47	6	208	621	103
曲阜师范大学	1 087	54	1 081	53	402	91	429	76	250	14	6	208	291	284
聊城大学	884	108	879	107	284	160	288	205	307	5	5	232	628	101
德州学院	560	271	560	265	184	313	230	305	146	149	0	494	244	339
滨州学院	672	193	672	191	176	335	332	153	164	104	0	494	233	352
鲁东大学	893	106	893	103	328	129	367	111	198	52	0	494	678	89
临沂师范学院	972	84	964	83	324	133	421	80	219	34	8	153	326	244
泰山学院	589	251	588	244	210	248	210	351	168	99	1	422	422	182
济宁学院	397	446	390	448	120	481	143	523	127	206	7	179	190	413
菏泽学院	527	304	510	312	141	423	197	377	172	90	17	53	82	602
山东经济学院	846	116	846	115	426	77	368	110	52	517	0	494	612	105
山东体育学院	433	407	433	400	159	367	194	385	80	376	0	494	62	643
山东艺术学院	394	451	393	447	147	405	151	501	95	307	1	422	75	615

续表

研究发展人员(人)										研究发展经费(百元)					
按职称划分						其他人员		折合全时人员(人年)		当年拨入		其中:科研事业费		当年内部支出	
高级		中级		初级											
101	350	88	341	11	494	1	206	44.2	441	19 300	473	12 765	313	11 972.9	543
129	275	100	303	32	243	0	310	86.1	238	45 270	307	23 280	211	45 330	284
127	277	107	278	29	271	0	310	50.3	400	14 645	523	3 730	534	12 783	526
233	129	79	377	14	442	0	310	94.6	215	111 690	155	65 170	104	105 732.7	134
244	120	123	235	10	509	4	104	143.8	117	302 858.45	54	172 839.4	32	359 470.7	37
4	716	5	705	0	689	0	310	5.2	705	3 850	676	1 950	591	5 310	639
255	110	232	76	81	66	79	3	113	165	42 940	325	19 370	247	42 793	297
101	350	75	391	2	645	0	310	44.3	439	95 810	177	8 584	392	95 746.75	149
136	260	50	490	27	287	0	310	72.5	289	45 518.7	304	15 028	289	50 506.9	262
527	31	434	11	48	142	8	56	252.6	53	121 751	139	34 330	167	95 589.42	150
28	627	12	673	4	613	0	310	28.6	536	17 468	488	828	670	17 750	465
60	479	38	546	0	689	0	310	33.4	497	29 728.5	386	11 390	334	25 618	393
88	391	69	408	8	542	0	310	44.6	437	24 220	424	3 120	546	24 680	402
157	220	68	411	32	243	1	206	37	478	61 747	247	18 200	259	51 470.4	258
45	541	33	569	13	465	4	104	32.3	507	15 150	515	7 430	411	18 330	462
41	568	14	662	3	628	0	310	24.9	555	25 790	411	11 520	333	22 820	417
100	356	83	360	37	209	0	310	62.5	335	20 325	462	7 200	418	20 882	432
56	498	122	237	22	341	0	310	50.1	401	12 822	543	1 330	634	12 568	529
28	627	40	539	17	401	0	310	39.3	466	9 059	598	616	680	9 189	585
8	705	1	718	0	689	0	310	4.2	711	1 140	718	240	707	1 110	716
16	668	34	561	8	542	0	310	55	371	11 740	562	140	714	11 625	551
327	76	140	184	30	263	4	104	311.8	28	71 733.59	220	17 030	268	63 362.6	226
103	342	104	288	58	108	0	310	173.7	94	97 045	175	47 595	133	95 852	148
221	139	192	121	169	9	1	206	299.4	34	50 934	282	15 500	282	62 903	228
101	350	85	352	58	108	0	310	48	414	12 390	554	4 630	489	11 706.1	548
84	403	87	342	62	96	0	310	101.9	196	45 598	303	12 470	319	42 914.5	294
329	74	197	111	142	14	10	48	250.4	55	88 380	194	34 725	166	93 320	158
131	271	138	190	51	129	6	71	40.4	461	53 020	274	9 400	375	31 843	355
235	126	134	201	51	129	0	310	114	160	28 802	391	7 390	414	30 715.5	361
90	387	56	471	43	175	1	206	61.4	343	13 920	528	2 160	586	14 074	513
35	596	22	627	25	310	0	310	17.3	616	5 588	649	940	667	5 588	638
363	64	217	83	14	442	0	310	163.2	103	174 095	93	73 070	92	167 118.8	82
25	641	33	569	4	613	0	310	32	511	23 800	428	7 810	407	22 352.25	421
43	557	16	655	16	419	0	310	9	679	9 328	594	1 330	634	10 067	570

学校名称	社科活动人员(人)												合计	
	合计		按职称划分								其他人员			
			小计		高级		中级		初级					
郑州大学	1 451	6	1 388	12	538	39	632	4	218	38	63	3	416	185
河南理工大学	592	246	585	248	148	400	315	172	122	219	7	179	490	137
郑州轻工业学院	465	374	465	369	143	414	201	370	121	224	0	494	247	332
河南工业大学	631	218	613	226	209	250	311	177	93	314	18	47	654	95
河南科技大学	542	296	538	291	93	568	238	288	207	44	4	258	212	381
中原工学院	578	258	557	268	138	435	223	322	196	55	21	38	373	209
河南农业大学	275	601	268	608	86	584	124	572	58	486	7	179	91	582
河南科技学院	465	374	455	377	120	481	193	386	142	157	10	110	241	343
河南中医学院	144	690	142	691	56	665	63	690	23	670	2	347	28	692
新乡医学院	254	621	254	621	70	621	124	572	60	479	0	494	113	544
河南大学	1 388	14	1 348	17	605	29	593	11	150	134	40	11	440	170
河南师范大学	1 052	60	1 047	60	397	93	565	19	85	355	5	232	508	128
信阳师范学院	649	207	648	205	219	230	283	208	146	149	1	422	411	187
周口师范学院	596	242	582	249	147	405	258	246	177	83	14	66	415	186
安阳师范学院	718	172	717	171	198	280	269	228	250	14	1	422	526	124
许昌学院	626	222	614	225	137	437	258	246	219	34	12	88	298	274
南阳师范学院	655	205	655	203	149	396	236	297	270	13	0	494	187	419
洛阳师范学院	760	152	750	153	231	212	348	128	171	92	10	110	595	107
商丘师范学院	816	131	815	129	232	208	335	143	248	16	1	422	183	427
河南财经学院	609	232	603	235	267	175	248	268	88	343	6	208	245	336
郑州航空工业管理学院	715	174	713	173	191	291	340	136	182	73	2	347	594	108
武汉大学	1 436	8	1 422	7	912	5	453	63	57	491	14	66	1 899	9
华中科技大学	825	128	815	129	412	84	281	215	122	219	10	110	473	149
武汉科技大学	797	136	728	162	305	145	343	133	80	376	69	2	246	334
长江大学	574	262	574	257	229	216	251	260	94	309	0	494	15	710
武汉工程大学	443	393	443	388	189	297	217	338	37	603	0	494	202	400
中国地质大学	551	279	531	296	233	207	249	263	49	533	20	41	446	166
武汉科技学院	572	263	559	266	247	196	271	224	41	580	13	77	411	187
武汉工业学院	344	525	336	526	121	477	177	438	38	598	8	153	501	132
武汉理工大学	902	103	893	103	546	38	325	161	22	672	9	127	318	256
湖北工业大学	477	356	474	359	200	273	206	358	68	438	3	300	346	225
华中农业大学	405	438	402	436	180	324	177	438	45	550	3	300	499	133
湖北中医学院	154	687	154	684	42	688	61	691	51	519	0	494	39	676
华中师范大学	1 114	53	1 072	54	674	18	310	179	88	343	42	9	579	110
湖北大学	638	212	636	211	265	177	253	256	118	231	2	347	513	127

续表

研究发展人员(人)										研究发展经费(百元)					
按职称划分						其他人员		折合全时人员(人年)		当年拨入		其中:科研事业费		当年内部支出	
高级		中级		初级											
133	265	200	106	83	60	0	310	209.2	74	211 380.59	74	94 070	75	157 099.7	95
190	163	231	77	34	223	0	310	85.9	239	65 353.5	235	4 380	496	55 387.5	246
107	326	99	307	25	310	0	310	48.5	410	31 273	379	8 708	389	27 104	381
221	139	333	27	97	37	3	132	141.5	120	38 537	343	4 307	502	36 930	323
41	568	114	253	57	114	0	310	31.2	518	21 052	452	5 030	474	11 108.6	559
101	350	133	204	100	33	4	104	63	329	78 611	205	18 200	259	79 673	185
46	538	41	535	4	613	0	310	26.6	544	11 741	561	6 065	456	13 606	518
92	380	95	320	52	126	2	158	70.4	302	15 701	513	4 286	505	14 251	511
12	686	11	676	5	596	0	310	5.5	702	5 360	651	2 425	573	4 590	663
32	609	61	443	20	373	0	310	28.1	538	9 598.98	590	690	678	9 002.98	586
292	95	101	300	22	341	0	310	65.7	318	86 811	199	63 061	105	85 176.5	177
234	128	244	70	27	287	0	310	161.8	107	155 276	105	36 190	161	159 185	91
204	152	142	181	62	96	0	310	84.5	246	47 855	295	12 280	322	46 035	281
124	286	208	93	83	60	0	310	84.6	245	12 620	548	1 190	649	12 620	528
137	256	165	146	224	2	0	310	106.6	178	78 540	206	14 090	301	60 207	232
107	326	104	288	84	57	3	132	59.7	350	20 332	461	9 420	374	20 002	445
41	568	64	427	82	64	0	310	58.5	354	18 860	477	8 860	381	16 773	476
181	177	263	61	149	11	2	158	121.2	149	33 615	362	20 815	231	31 435	357
76	428	59	457	48	142	0	310	44.9	435	16 430	502	4 340	498	15 034.5	499
123	287	89	339	29	271	3	132	43.2	447	24 430	422	16 930	270	20 155	441
228	136	264	59	102	30	0	310	149	115	35 846	355	19 630	243	35 146	334
949	3	306	39	28	279	12	44	686.1	5	1 233 946	7	400 377.9	11	1 103 729	6
221	139	107	278	24	322	2	158	223.4	65	231 770.3	67	97 785.74	71	189 367	73
146	238	80	372	11	494	3	132	101.5	197	59 191	256	11 200	339	55 200.2	247
13	684	2	714	0	689	0	310	2.9	718	17 793	487	3 980	521	21 920	425
126	279	75	391	1	664	0	310	67.3	309	59 737	254	8 810	384	57 789	238
245	118	148	168	26	299	17	30	108.4	174	149 733	107	26 540	199	125 109.9	115
160	214	195	116	9	520	6	71	60.3	346	97 426	173	13 110	311	93 773	156
246	116	203	99	19	382	3	132	85	243	27 405	399	10 260	357	23 583.58	408
187	168	60	447	2	645	1	206	97.2	210	116 453	147	30 248	188	86 578.88	170
166	200	147	171	33	233	0	310	77.5	268	50 514	284	12 145	326	50 162.42	265
125	283	116	247	34	223	1	206	113.6	162	140 791.3	115	105 206.3	64	123 248.8	117
12	686	13	667	14	442	0	310	15.5	627	5 525	650	1 900	598	4 200	671
304	86	103	292	17	401	8	56	377.4	21	824 194	14	582 203	5	845 796.5	9
232	132	181	134	65	86	0	310	168.7	97	110 680	157	19 030	253	122 077.2	121

学校名称	社科活动人员(人)												合计	
	合计		按职称划分								其他人员			
			小计		高级		中级		初级					
湖北师范学院	531	301	525	298	200	273	219	332	106	281	6	208	373	209
黄冈师范学院	450	388	447	385	130	452	179	433	138	166	3	300	86	591
湖北民族学院	375	484	375	479	115	497	163	468	97	301	0	494	142	485
襄樊学院	487	344	479	352	170	351	258	246	51	519	8	153	89	585
中南财经政法大学	1 290	24	1 276	24	697	16	494	38	85	355	14	66	939	51
武汉体育学院	523	307	503	321	242	200	149	506	112	256	20	41	99	568
湖北美术学院	337	531	326	534	97	555	81	654	148	141	11	98	181	432
中南民族大学	556	276	554	271	299	149	219	332	36	611	2	347	322	251
湖北汽车工业学院	252	622	248	624	66	633	97	627	85	355	4	258	151	468
孝感学院	487	344	484	343	128	466	230	305	126	209	3	300	321	252
湘潭大学	861	114	860	113	420	79	354	123	86	353	1	422	1 051	35
吉首大学	793	138	793	135	368	104	314	175	111	260	0	494	323	250
湖南大学	1 344	18	1 317	22	625	27	501	34	191	63	27	24	1 415	21
中南大学	977	83	955	87	575	34	329	155	51	519	22	35	540	119
湖南科技大学	886	107	882	106	370	101	440	69	72	420	4	258	1 294	24
长沙理工大学	726	169	723	168	316	140	322	166	85	355	3	300	575	111
湖南农业大学	558	273	553	272	214	239	236	297	103	287	5	232	700	86
中南林业科技大学	693	184	693	180	256	186	244	275	193	61	0	494	252	321
湖南中医药大学	116	706	116	706	37	698	61	691	18	683	0	494	27	693
湖南师范大学	1 239	32	1 237	31	629	26	496	36	112	256	2	347	2 025	6
湖南理工学院	591	249	563	262	214	239	265	238	84	364	28	21	136	500
湘南学院	512	319	503	321	203	266	193	386	107	279	9	127	183	427
衡阳师范学院	568	264	564	261	195	284	276	218	93	314	4	258	258	313
邵阳学院	534	300	524	301	204	262	185	417	135	176	10	110	339	231
怀化学院	628	221	626	217	183	320	237	290	206	45	2	347	115	540
湖南文理学院	507	321	504	320	175	340	170	453	159	119	3	300	370	212
湖南科技学院	619	224	609	228	185	309	215	344	209	41	10	110	325	247
湖南人文科技学院	435	404	426	411	197	282	139	533	90	331	9	127	338	233
湖南商学院	791	140	768	144	331	125	282	210	155	123	23	33	161	456
南华大学	448	389	425	412	188	301	191	396	46	544	23	33	105	560
中山大学	1 234	34	1 224	35	670	19	522	26	32	635	10	110	1 122	28
暨南大学	1 255	28	1 249	30	659	21	456	60	134	182	6	208	1 102	30
汕头大学	418	418	405	429	221	225	116	592	68	438	13	77	373	209

续表

研究发展人员(人)										研究发展经费(百元)					
按职称划分						其他人员		折合全时人员(人年)		当年拨入				当年内部支出	
高级		中级		初级								其中:科研事业费			
178	180	145	174	46	154	4	104	105.8	181	74 956	213	13 763	305	74 979	196
30	615	34	561	22	341	0	310	12.1	652	21 590	446	14 950	290	17 780	464
44	547	45	520	22	341	0	310	31.8	513	22 064	438	11 130	341	19 667	449
43	557	38	546	7	561	1	206	37.6	475	47 610	296	7 970	404	46 375	277
379	61	215	86	30	263	1	206	343.1	25	369 110.7	39	162 535.6	37	256 851.3	58
50	516	22	627	5	596	3	132	29.3	531	54 285	271	24 985	206	51 645	256
62	474	32	573	34	223	4	104	50.7	394	91 335	186	33 620	172	88 370	168
198	159	109	272	13	465	0	310	105	183	65 223	236	39 174	153	64 765	225
58	491	49	496	44	171	0	310	34.4	492	22 870	435	4 135	513	22 830	416
130	274	145	174	46	154	0	310	62.9	332	22 048	439	3 798	530	23 185	413
554	25	246	69	78	70	2	158	518	9	341 830.4	44	160 086	39	334 377.1	39
186	170	123	235	14	442	0	310	102.4	193	92 619	183	69 100	99	85 587.2	174
621	18	292	46	45	162	29	18	401.2	19	342 852.89	42	172 314.4	33	361 143.3	35
335	72	132	206	20	373	4	104	246.8	56	246 345	62	126 813	55	238 349.5	64
385	59	318	34	43	175	0	310	301	33	142 910	113	70 270	97	130 348.6	112
261	103	150	164	12	476	0	310	220	67	118 968.5	142	33 953.5	170	89 882.5	166
255	110	320	33	99	35	5	87	189.3	82	44 382	315	15 280	285	50 022	267
139	252	82	364	31	254	0	310	39.2	467	54 403.47	270	40 640	150	23 261.37	412
16	668	11	676	0	689	0	310	3.8	712	1 634	713	700	676	1 984	708
575	23	395	15	86	51	15	35	480.2	13	306 530	53	99 900	68	317 527.9	41
63	473	55	475	17	401	1	206	25.1	553	26 454	405	20 440	234	22 714	418
80	417	77	385	26	299	0	310	24.9	555	16 924	495	7 060	424	13 667	517
100	356	112	260	46	154	0	310	65.5	319	54 717	266	32 307	177	50 833	260
190	163	94	322	54	124	1	206	116.1	156	33 050	366	9 350	376	34 240	338
41	568	49	496	25	310	0	310	12.1	652	15 815	510	9 700	369	12 235	539
175	185	145	174	47	147	3	132	60	348	23 700	430	7 000	427	24 000	406
114	305	117	243	90	46	4	104	46.8	421	18 056	484	6 970	428	16 068.5	482
162	208	128	222	48	142	0	310	55	371	23 616	433	6 760	432	22 433	420
99	364	47	509	12	476	3	132	99.7	201	99 967.59	168	21 887	219	68 159.29	216
69	456	34	561	2	645	0	310	51.7	392	49 750	288	21 200	229	49 660	268
543	28	264	59	20	373	14	37	496.7	11	1 253 301.08	6	861 154	2	1 728 612	2
546	27	260	62	23	332	0	310	375.9	22	419 640.9	29	207 208	25	336 590.4	38
184	174	58	460	16	419	25	21	125.3	143	89 090.53	192	30 237.73	189	81 112.49	182

学校名称	社科活动人员（人）													
	合计		按职称划分								其他人员		合计	
			小计		高级		中级		初级					
华南理工大学	739	162	739	155	341	122	284	206	114	248	0	494	670	92
华南农业大学	963	86	954	88	300	147	510	30	144	152	9	127	619	104
广东海洋大学	658	203	656	202	174	341	346	131	136	173	2	347	438	172
广州医学院	102	713	102	712	35	701	51	701	16	693	0	494	68	634
广东医学院	236	634	232	632	37	698	117	588	78	389	4	258	121	525
广州中医药大学	194	659	191	657	59	655	88	643	44	561	3	300	89	585
广东药学院	249	625	246	626	69	625	158	484	19	680	3	300	110	551
华南师范大学	1 335	21	1 321	21	642	25	545	22	134	182	14	66	1 637	13
韶关学院	565	265	521	303	176	335	208	353	137	171	44	8	66	639
惠州学院	385	467	384	461	104	524	165	463	115	245	1	422	477	147
韩山师范学院	588	253	586	246	179	327	237	290	170	93	2	347	298	274
湛江师范学院	699	181	693	180	241	201	290	203	162	112	6	208	406	192
肇庆学院	631	218	630	215	253	190	237	290	140	161	1	422	214	379
嘉应学院	546	286	537	293	204	262	226	314	107	279	9	127	147	477
广州体育学院	409	435	402	436	176	335	141	529	85	355	7	179	362	220
广州美术学院	472	364	470	361	166	361	206	358	98	299	2	347	287	289
星海音乐学院	328	538	328	531	143	414	148	508	37	603	0	494	65	641
广东技术师范学院	716	173	708	175	239	203	320	168	149	138	8	153	106	558
海南大学	1 043	62	1 018	68	354	113	435	73	229	29	25	30	482	146
深圳大学	1 001	77	995	75	484	59	367	111	144	152	6	208	425	179
广东商学院	1 066	58	1 054	59	465	64	440	69	149	138	12	88	767	77
广西大学	1 166	43	1 089	52	500	51	522	26	67	448	77	1	780	73
广西工学院	430	412	430	404	149	396	255	254	26	659	0	494	377	207
桂林电子科技大学	411	430	403	433	149	396	200	372	54	507	8	153	368	214
桂林工学院	257	620	255	619	143	414	106	616	6	715	2	347	241	343
广西医科大学	324	541	302	561	53	669	67	684	182	73	22	35	16	707
右江民族医学院	216	649	216	644	69	625	87	646	60	479	0	494	37	681
广西中医学院	181	665	177	665	70	621	78	660	29	650	4	258	31	689
桂林医学院	90	717	88	718	29	709	51	701	8	711	2	347	11	715
广西师范大学	1 152	45	1 146	45	514	45	468	50	164	104	6	208	1 514	17
广西师范学院	674	192	674	190	254	189	339	138	81	371	0	494	836	65
河池学院	298	572	298	567	56	665	147	512	95	307	0	494	247	332
玉林师范学院	602	238	594	238	130	452	301	187	163	109	8	153	473	149
广西艺术学院	411	430	379	470	143	414	157	487	79	383	32	16	55	655

续表

研究发展人员(人)										研究发展经费(百元)					
按职称划分						其他人员		折合全时人员(人年)		当年拨入		其中:科研事业费		当年内部支出	
高级		中级		初级											
294	94	135	197	26	299	6	71	150.2	112	548 274.26	21	151 341.9	42	415 883.3	25
261	103	274	53	41	187	0	310	170.9	95	224 449.71	68	93 993.03	76	174 429	78
197	160	213	89	27	287	0	310	115.2	158	61 087	251	9 539	372	57 764.95	239
30	615	28	590	2	645	5	87	14.5	636	4 843	662	1 735	610	4 486.95	666
29	622	58	460	34	223	0	310	24.2	563	9 455	591	1 050	661	7 791	607
40	577	32	573	5	596	1	206	14.4	638	8 218	610	4 850	479	8 184.25	597
50	516	55	475	5	596	0	310	17.2	617	8 364	605	2 885	557	4 939.12	646
675	12	438	10	67	82	73	4	364.1	23	370 356.84	37	144 880	44	373 146.8	29
48	526	15	659	3	628	0	310	19.4	599	37 260	348	33 740	171	26 161	386
189	165	197	111	90	46	1	206	86.7	235	64 826.2	237	11 030	342	58 654.2	236
144	246	110	267	40	191	4	104	52.3	389	44 767	312	6 277	446	42 013	300
195	162	134	201	77	72	0	310	127.1	140	87 640	197	21 866	220	97 570.2	146
108	323	60	447	46	154	0	310	32.3	507	33 187	365	11 595	331	32 626.75	351
72	444	67	416	8	542	0	310	55	371	7 225	630	4 040	516	7 345	615
173	191	104	288	33	233	1	206	103.5	188	38 372.1	345	22 197.1	217	36 360.33	328
92	380	128	222	50	138	1	206	100.3	199	204 677.38	78	103 559	65	81 336.72	181
38	584	14	662	8	542	1	206	15.3	629	51 118	281	32 700	175	28 158.33	375
47	532	45	520	14	442	0	310	47.2	418	32 756	369	19 981	240	25 387	396
251	114	183	132	27	287	2	158	74.5	280	32 958	367	10 750	346	35 352.07	333
258	107	104	288	25	310	0	310	135.3	127	205 601.6	76	61 466	108	208 156	70
366	63	234	75	18	389	65	5	187.7	84	212 703	72	70 760	95	159 939.1	90
396	53	201	104	16	419	38	14	168.9	96	215 729.82	71	55 504.82	116	163 389	86
118	296	213	89	38	206	0	310	71.2	296	30 012	384	7 054	425	30 707.35	362
169	197	128	222	56	116	1	206	77.4	269	73 925.99	214	21 990.61	218	74 050.67	201
138	255	102	297	0	689	1	206	41.6	455	93 830	182	7 200	418	69 460	211
5	714	2	714	9	520	0	310	7.2	691	1 884	708	300	700	2 428	702
9	698	19	647	9	520	0	310	9.7	674	1 968	707	480	689	1 768	711
24	645	6	702	1	664	0	310	5.4	703	5 836	645	5 200	469	4 613	662
4	716	7	696	0	689	0	310	2.6	721	465	724	175	711	446	724
754	6	399	14	75	74	0	310	410.4	18	471 733.73	25	282 728	15	453 447.9	23
354	69	330	31	78	70	10	48	240.9	59	135 743.2	122	21 170.6	230	138 050.9	106
60	479	124	232	63	93	0	310	71.1	298	15 860	509	2 320	580	13 566	519
189	165	199	108	84	57	1	206	109.3	171	35 498	356	11 132.5	340	34 760.7	337
34	600	14	662	3	628	4	104	20.9	586	12 547.62	549	2 900	556	14 933.62	501

学校名称	社科活动人员(人)												合计	
	合计		按职称划分								其他人员			
			小计		高级		中级		初级					
广西民族大学	912	100	863	112	321	137	341	135	201	49	49	5	446	166
百色学院	243	628	241	628	50	677	103	618	88	343	2	347	56	651
四川大学	1 696	4	1 686	4	817	8	689	3	180	75	10	110	1 532	14
重庆大学	734	164	734	159	359	110	333	150	42	570	0	494	789	70
西南交通大学	608	234	604	234	293	150	254	255	57	491	4	258	461	158
电子科技大学	457	382	449	383	180	324	224	319	45	550	8	153	213	380
西南石油大学	342	527	339	525	132	447	148	508	59	484	3	300	329	238
成都理工大学	645	210	616	223	219	230	324	163	73	415	29	19	408	190
重庆邮电大学	429	413	429	406	160	365	212	347	57	491	0	494	343	227
重庆交通大学	409	435	404	430	110	512	181	429	113	251	5	232	376	208
西南科技大学	740	161	726	165	220	228	327	157	179	77	14	66	700	86
成都信息工程学院	440	398	437	395	171	349	175	444	91	323	3	300	188	418
四川理工学院	734	164	725	166	261	182	267	233	197	53	9	127	441	168
西华大学	734	164	714	172	262	180	334	148	118	231	20	41	680	88
中国民用航空飞行学院	241	629	221	638	68	628	108	612	45	550	20	41	15	710
四川农业大学	273	605	272	603	89	579	134	547	49	533	1	422	211	383
西昌学院	289	583	287	583	116	494	110	608	61	474	2	347	239	347
重庆医科大学	163	678	163	678	47	682	79	657	37	603	0	494	85	595
泸州医学院	283	595	277	599	81	600	130	559	66	452	6	208	98	569
成都中医药大学	144	690	144	689	67	631	75	668	2	721	0	494	75	615
川北医学院	282	596	279	595	57	663	113	600	109	269	3	300	74	620
西南大学	1 409	9	1 402	8	685	17	609	7	108	272	7	179	2 071	5
四川师范大学	1 288	25	1 274	25	461	67	538	23	275	11	14	66	891	58
重庆师范大学	1 015	71	1 007	71	313	142	449	65	245	18	8	153	891	58
西华师范大学	784	141	777	141	269	172	356	121	152	130	7	179	326	244
绵阳师范学院	849	115	843	117	206	256	484	41	153	126	6	208	430	177
内江师范学院	514	316	506	314	177	332	271	224	58	486	8	153	218	369
宜宾学院	506	323	502	323	155	377	187	408	160	116	4	258	294	280
重庆文理学院	598	240	587	245	186	305	300	191	101	291	11	98	271	298
重庆三峡学院	495	335	494	329	184	313	217	338	93	314	1	422	343	227
四川文理学院	440	398	440	394	129	460	134	547	177	83	0	494	410	189
长江师范学院	523	307	521	303	144	411	244	275	133	185	2	347	175	439
乐山师范学院	544	290	542	289	194	286	293	198	55	503	2	347	468	155

续表

研究发展人员(人)										研究发展经费(百元)					
按职称划分						其他人员		折合全时人员(人年)		当年拨入				当年内部支出	
高级		中级		初级								其中:科研事业费			
232	132	127	227	30	263	10	48	120.6	150	62 278	244	27 250	196	55 392.93	245
16	668	15	659	25	310	0	310	19.1	602	10 856	574	2 720	562	7 000.26	619
514	33	278	51	31	254	0	310	502.6	10	1 064 522	9	159 698	40	844 654	10
242	122	188	124	15	432	0	310	266.2	46	441 557.67	27	160 451.7	38	448 901.1	24
254	112	145	174	17	401	0	310	109.1	173	167 493	95	84 954	84	160 979	89
50	516	44	526	0	689	0	310	53.1	384	107 395.02	159	29 545	192	90 035.02	165
142	247	108	274	43	175	0	310	87.2	232	73 059.63	217	4 440	494	70 145.67	210
149	233	184	131	51	129	0	310	62.1	337	44 319.5	316	8 522.5	393	42 504.95	299
120	293	136	195	25	310	0	310	78.7	265	56 984.99	263	18 979.99	254	54 620.99	249
133	265	84	357	20	373	0	310	82.5	254	88 420	193	50 215	126	81 380	180
185	171	249	68	105	29	1	206	117.7	153	49 594.02	290	14 915	291	41 963.02	301
104	338	57	466	8	542	0	310	61	345	119 928.6	140	21 337.6	225	94 356	154
253	113	132	206	56	116	0	310	76.7	270	54 680	268	12 289	321	50 901.5	259
311	83	243	71	84	57	6	71	136.1	125	111 954.98	154	6 366.5	444	103 809.5	140
7	709	7	696	1	664	0	310	1.7	723	4 244	669	1 230	645	3 407	680
80	417	87	342	42	183	0	310	49.5	405	43 759.02	319	5 880	458	41 936.02	302
115	302	90	334	33	233	1	206	36.2	483	13 835	529	2 955	553	14 462.5	509
36	593	20	638	1	664	0	310	17	619	10 250	583	5 850	459	8 304	596
30	615	46	516	21	368	1	206	23.9	565	7 870	616	1 870	601	8 595.37	591
34	600	40	539	1	664	0	310	17.1	618	13 078	541	5 128	472	13 204.5	521
15	673	34	561	25	310	0	310	17.6	615	1 492.5	714	1 392.5	633	851.5	720
1 044	2	529	5	125	18	5	87	590.2	7	534 222.13	23	130 194	53	564 649.5	17
476	37	272	56	97	37	1	206	184.6	86	299 198.02	55	22 617	216	275 139.5	52
324	79	325	32	179	8	6	71	143.8	117	156 895	104	47 730	132	143 990	103
139	252	113	255	74	77	0	310	110.3	168	136 184.49	120	37 040	159	116 979.6	125
157	220	208	93	64	90	1	206	83.1	253	75 409	211	4 265	509	72 757.5	206
98	367	98	311	22	341	0	310	76.7	270	68 533.9	226	3 136	545	69 240.8	212
102	343	90	334	102	30	0	310	49.7	404	23 525	434	2 725	561	17 157.55	471
137	256	127	227	7	561	0	310	71.2	296	58 151	258	13 136	310	46 174	280
137	256	155	156	51	129	0	310	53.9	382	48 150	294	21 215	228	50 101.2	266
126	279	135	197	149	11	0	310	86.5	236	46 535.65	300	4 290	504	47 391	273
57	495	108	274	9	520	1	206	35.3	487	13 000	542	7 130	420	11 235	557
217	144	206	96	23	332	1	206	123.2	147	95 177	179	8 030	401	88 626	167

学校名称	社科活动人员(人)													
	合计		按职称划分								其他人员		合计	
			小计		高级		中级		初级					
四川外语学院	677	190	665	195	253	190	269	228	143	156	12	88	216	374
西南财经大学	1 010	73	1 001	74	519	42	338	140	144	152	9	127	917	54
西南政法大学	827	126	822	126	386	94	370	108	66	452	5	232	848	63
成都体育学院	410	433	410	426	186	305	174	447	50	526	0	494	329	238
四川音乐学院	438	400	434	398	169	352	197	377	68	438	4	258	230	358
四川美术学院	417	421	404	430	131	451	175	444	98	299	13	77	159	460
西南民族大学	896	104	888	105	290	152	268	230	330	2	8	153	472	151
贵州大学	1 372	16	1 372	14	622	28	585	13	165	103	0	494	878	60
贵阳医学院	144	690	142	691	39	695	40	708	63	464	2	347	20	700
遵义医学院	193	660	188	660	65	638	86	647	37	603	5	232	142	485
贵阳中医学院	129	699	129	699	46	684	48	703	35	616	0	494	72	623
贵州师范大学	912	100	912	97	413	82	379	103	120	227	0	494	424	180
遵义师范学院	479	355	477	353	177	332	209	352	91	323	2	347	216	374
铜仁学院	387	462	387	453	99	547	196	379	92	321	0	494	135	504
安顺学院	282	596	282	592	75	612	156	490	51	519	0	494	125	517
毕节学院	316	553	315	551	100	541	168	456	47	542	1	422	72	623
凯里学院	289	583	289	578	107	515	148	508	34	622	0	494	116	538
黔南民族师范学院	358	505	355	502	154	380	152	497	49	533	3	300	156	463
贵州财经学院	829	125	818	127	361	109	380	101	77	392	11	98	486	143
贵州民族学院	561	270	557	268	246	198	302	184	9	707	4	258	140	491
云南大学	1 240	31	1 188	40	473	61	483	42	232	28	52	4	676	91
昆明理工大学	753	155	753	150	303	146	391	90	59	484	0	494	477	147
云南农业大学	336	532	328	531	129	460	157	487	42	570	8	153	165	452
西南林学院	298	572	289	578	78	606	114	597	97	301	9	127	52	658
昆明医学院	96	715	94	715	39	695	23	719	32	635	2	347	11	715
大理学院	361	497	313	552	106	518	118	585	89	338	48	6	204	393
云南中医学院	65	722	63	722	21	717	33	714	9	707	2	347	18	704
云南师范大学	945	90	907	99	400	92	365	113	142	157	38	12	906	56
曲靖师范学院	493	336	492	331	184	313	184	421	124	213	1	422	303	272
红河学院	443	393	442	391	118	486	247	270	77	392	1	422	182	430
云南财经大学	1 036	64	1 032	64	409	85	463	55	160	116	4	258	662	93
云南艺术学院	412	429	395	444	178	329	100	623	117	235	17	53	111	548
云南民族大学	762	149	751	151	312	143	292	199	147	146	11	98	388	200

续表

研究发展人员(人)										研究发展经费(百元)					
按职称划分						其他人员		折合全时人员(人年)		当年拨入				当年内部支出	
高级		中级		初级								其中:科研事业费			
119	295	45	520	4	613	0	310	79.6	263	87 682	196	19 180	250	79 609	186
420	46	225	79	39	201	51	8	139.2	124	313 000.98	51	195 294.4	28	306 115.5	45
449	41	237	74	60	104	38	14	272.2	44	158 800	102	44 500	139	156 360	96
108	323	83	360	22	341	0	310	102.8	189	77 676	208	22 800	214	62 349.4	230
74	434	106	281	48	142	2	158	25	554	36 420	351	9 900	364	16 750.63	477
40	577	36	553	21	368	0	310	45.4	427	101 757.12	166	760	674	96 028.05	147
168	198	132	206	113	24	1	206	98.1	207	103 227	164	48 600	129	85 287	176
447	43	337	23	91	44	2	158	133.4	129	360 334.48	41	71 033	93	251 644.3	59
7	709	10	684	2	645	1	206	7.6	687	1 844	709	720	675	1 814	710
69	456	64	427	9	520	0	310	18.1	610	5 131	655	1 672	615	4 283	668
30	615	25	603	16	419	1	206	8.2	684	3 310	688	2 080	589	2 795	692
261	103	138	190	15	432	1	206	71.8	292	44 926.5	311	24 646	207	33 970.11	339
87	395	101	300	28	279	0	310	28.1	538	10 775	575	4 500	492	11 680.4	549
55	503	61	443	19	382	0	310	20.4	593	7 720	622	1 870	601	8 510.5	593
27	632	64	427	34	223	0	310	23	569	10 482	580	3 842	524	10 895	561
13	684	47	509	12	476	0	310	12.6	649	49 140	291	6 420	440	49 440	271
59	484	48	499	9	520	0	310	21.9	576	20 007	465	14 826	293	12 966	523
73	438	58	460	25	310	0	310	29.7	526	10 494	579	5 180	470	6 591.9	624
230	135	186	128	65	86	2	158	126.8	142	60 409	252	31 058	184	64 812	224
75	432	64	427	0	689	1	206	16.3	624	21 439	447	13 820	304	16 584	479
303	88	169	143	83	60	81	2	102.1	194	63 465	240	36 660	160	75 851.82	195
218	142	106	281	1	664	0	310	70.6	301	40 093.2	336	22 997.4	212	36 286.02	329
64	469	73	398	16	419	0	310	54	380	20 364	460	10 064	361	20 044	444
15	673	25	603	6	583	0	310	10.2	667	6 731.51	634	4 820	482	6 166.62	631
5	714	3	712	3	628	0	310	3.3	714	1 800	710	1 400	632	3 044	688
78	423	75	391	33	233	18	28	57.9	357	19 703	470	9 660	371	23 722	407
9	698	7	696	2	645	0	310	9	679	3 290	689	1 940	593	2 012	706
407	51	336	24	56	116	45	10	294.1	37	148 947.67	108	76 484.13	89	158 589.9	93
139	252	103	292	61	100	0	310	79.9	262	30 482	381	14 280	298	31 073.14	360
49	524	90	334	43	175	0	310	39.8	464	13 642	532	7 006	426	11 331	556
386	57	193	119	47	147	6	71	96.9	211	191 080.65	86	113 574	60	98 226.6	144
60	479	23	614	26	299	2	158	38.2	469	8 344.31	607	3 090	547	8 571.22	592
152	230	57	466	30	263	3	132	43	448	55 654	264	23 380	209	36 529	327

学校名称	社科活动人员(人)													
	合计		按职称划分								其他人员		合计	
			小计		高级		中级		初级					
西藏大学	321	547	321	544	115	497	113	600	93	314	0	494	7	721
西藏民族学院	470	366	470	361	150	393	230	305	90	331	0	494	106	558
西北大学	824	129	811	132	408	87	316	170	87	348	13	77	912	55
西安交通大学	982	81	963	84	456	68	437	72	70	427	19	46	780	73
西北工业大学	395	450	373	481	179	327	161	475	33	629	22	35	138	494
西安理工大学	357	507	351	507	112	505	196	379	43	563	6	208	209	386
西安电子科技大学	325	540	325	536	125	471	139	533	61	474	0	494	155	465
西安工业大学	364	492	364	490	100	541	202	368	62	467	0	494	95	576
西安建筑科技大学	590	250	580	251	191	291	216	341	173	88	10	110	120	531
西安科技大学	384	470	381	466	74	615	196	379	111	260	3	300	133	505
西安石油大学	388	460	379	470	113	500	189	404	77	392	9	127	123	521
陕西科技大学	350	516	340	523	94	565	117	588	129	194	10	110	76	613
西安工程大学	423	417	415	418	122	475	164	465	129	194	8	153	232	354
长安大学	466	372	465	369	208	251	231	304	26	659	1	422	242	341
西北农林科技大学	448	389	428	408	139	431	222	323	67	448	20	41	121	525
陕西中医学院	162	679	151	687	48	679	67	684	36	611	11	98	18	704
陕西师范大学	919	99	918	95	465	64	388	97	65	457	1	422	1 068	34
延安大学	606	236	595	237	218	234	222	323	155	123	11	98	234	350
陕西理工学院	547	284	546	280	169	352	296	195	81	371	1	422	289	288
宝鸡文理学院	562	268	555	270	138	435	282	210	135	176	7	179	207	390
咸阳师范学院	555	277	550	273	155	377	201	370	194	58	5	232	285	291
渭南师范学院	517	314	506	314	154	380	217	338	135	176	11	98	190	413
西安外国语大学	795	137	786	138	316	140	352	126	118	231	9	127	296	278
西北政法大学	779	144	767	145	351	115	334	148	82	369	12	88	310	265
西安体育学院	585	256	571	259	184	313	249	263	138	166	14	66	402	193
西安音乐学院	268	610	268	608	88	582	130	559	50	526	0	494	12	714
西安美术学院	434	405	424	413	130	452	144	519	150	134	10	110	47	665
兰州大学	694	183	694	179	282	163	364	115	48	539	0	494	487	142
兰州理工大学	275	601	275	600	95	563	132	553	48	539	0	494	168	446
兰州交通大学	415	422	415	418	142	420	198	375	75	403	0	494	141	489
甘肃农业大学	248	626	248	624	106	518	71	678	71	423	0	494	121	525
西北师范大学	846	116	846	115	432	70	339	138	75	403	0	494	774	76
兰州城市学院	385	467	385	459	153	383	176	442	56	498	0	494	143	484

续表

研究发展人员(人)										研究发展经费(百元)					
按职称划分						其他人员		折合全时人员(人年)		当年拨入				当年内部支出	
高级		中级		初级								其中:科研事业费			
4	716	2	714	1	664	0	310	2.8	719	16 320	504	16 320	276	7 820	605
44	547	52	480	10	509	0	310	25.5	551	22 010	441	6 420	440	14 378.9	510
358	67	301	42	65	86	6	71	145	116	198 885	82	141 490	48	261 753.8	56
329	74	195	116	27	287	3	132	199.7	78	281 882.57	56	96 521	74	248 719.6	61
59	484	25	603	2	645	0	310	68.2	307	21 008.5	453	8 732.5	387	16 284.18	481
53	507	61	443	5	596	0	310	62.7	334	94 803	180	32 801.9	174	90 083	164
53	507	23	614	9	520	0	310	65.2	320	31 576	376	7 270	416	19 821.3	447
29	622	52	480	14	442	0	310	32.1	509	8 257	608	1 060	658	10 035.2	571
85	401	23	614	5	596	0	310	21.2	583	134 529.91	124	18 140	261	115 655.2	126
44	547	68	411	17	401	2	158	22.7	572	57 778	259	3 880	522	60 750	231
67	463	47	509	9	520	0	310	22.6	573	37 005	349	9 133	378	26 912.84	382
47	532	23	614	6	583	0	310	9.7	674	19 858	467	3 020	549	14 735	504
83	406	70	404	43	175	2	158	59	351	42 662	328	6 020	457	41 182	307
115	302	85	352	3	628	2	158	54.7	375	109 962.06	158	61 625.06	107	86 204.76	171
54	504	40	539	0	689	0	310	24.7	557	34 306	361	17 364	266	31 349	359
7	709	7	696	4	613	0	310	7	694	3 000	693	1 850	605	1 935	709
520	32	281	50	85	54	10	48	203.2	76	539 366.2	22	403 380.2	10	520 268.7	19
107	326	80	372	35	221	1	206	52.3	389	20 298	463	8 800	386	25 665.66	392
113	307	140	184	34	223	2	158	97.9	209	24 378	423	4 675	488	23 171.75	414
83	406	102	297	22	341	0	310	35.5	486	45 245	308	13 530	306	23 485	411
102	343	97	314	86	51	0	310	48.9	407	29 725	387	21 310	226	25 267.5	397
73	438	78	380	39	201	0	310	68.6	306	22 150	437	5 400	466	21 470	428
145	243	94	322	45	162	0	310	41.3	458	90 188	189	68 840	100	71 908.2	207
214	147	92	329	3	628	1	206	92.4	222	114 359.68	153	56 632	114	107 001.5	132
156	223	153	160	32	243	0	310	102.7	191	43 330	322	22 790	215	38 660	314
9	698	3	712	0	689	0	310	6	699	2 050	706	1 150	651	2 579	698
27	632	11	676	9	520	0	310	7.4	688	4 922	659	2 220	583	5 952	636
166	200	116	247	2	645	0	310	219.7	69	341 848	43	171 955	34	270 345.9	54
96	372	56	471	5	596	1	206	43.6	444	36 124	352	12 677.5	315	27 667	378
67	463	28	590	20	373	0	310	41.5	457	25 601.5	413	10 068.5	360	20 880	433
70	452	25	603	14	442	0	310	21.9	576	8 549	604	4 826	480	7 797.6	606
344	71	182	133	47	147	1	206	179.1	91	135 968.6	121	60 016	112	140 588.8	105
78	423	60	447	5	596	0	310	25.9	547	8 716	601	3 296	541	9 444.2	581

学校名称	社科活动人员(人)														
	合计		按职称划分								其他人员		合计	
			小计		高级		中级		初级					
陇东学院	339	530	324	538	98	550	148	508	78	389	15	61	91	582
天水师范学院	543	293	543	287	168	355	221	326	154	125	0	494	124	519
河西学院	330	536	329	530	118	486	138	536	73	415	1	422	79	608
兰州商学院	646	209	646	207	272	170	278	216	96	304	0	494	308	268
西北民族大学	630	220	630	215	265	177	205	362	160	116	0	494	217	371
青海大学	453	384	451	382	219	230	161	475	71	423	2	347	212	381
青海师范大学	543	293	539	290	325	132	127	565	87	348	4	258	235	349
青海民族学院	545	288	538	291	328	129	142	526	68	438	7	179	273	297
宁夏大学	926	97	905	100	432	70	325	161	148	141	21	38	389	199
宁夏医科大学	145	689	135	695	59	655	42	707	34	622	10	110	46	666
宁夏师范学院	198	658	191	657	52	671	64	688	75	403	7	179	37	681
新疆大学	1 084	55	1 071	55	413	82	526	25	132	189	13	77	643	98
塔里木大学	321	547	319	548	54	667	186	414	79	383	2	347	175	439
新疆农业大学	265	613	258	616	91	574	125	570	42	570	7	179	82	602
石河子大学	840	119	833	121	284	160	420	81	129	194	7	179	313	261
新疆医科大学	169	670	167	670	45	685	88	643	34	622	2	347	26	694
新疆师范大学	811	134	807	134	245	199	337	141	225	31	4	258	492	135
喀什师范学院	514	316	486	341	135	441	202	368	149	138	28	21	121	525
伊犁师范学院	559	272	547	278	142	420	258	246	147	146	12	88	260	311
新疆财经大学	952	89	947	89	344	120	481	43	122	219	5	232	236	348
新疆艺术学院	300	568	295	570	83	590	162	471	50	526	5	232	178	434
天津城市建设学院	261	616	258	616	96	558	135	544	27	653	3	300	144	481
河北科技师范学院	650	206	641	209	256	186	317	169	68	438	9	127	83	601
呼伦贝尔学院	445	392	430	404	171	349	169	455	90	331	15	61	20	700
辽宁对外经贸学院	446	391	446	387	146	407	245	273	55	503	0	494	534	120
上海工程技术大学	431	410	423	415	82	594	226	314	115	245	8	153	203	396
浙江万里学院	601	239	593	240	172	344	383	100	38	598	8	153	232	354
安徽建筑工业学院	365	490	360	494	83	590	156	490	121	224	5	232	192	411
安徽科技学院	293	578	292	574	64	644	137	537	91	323	1	422	229	359
枣庄学院	402	442	402	436	117	490	119	583	166	101	0	494	144	481
山东工艺美术学院	386	463	386	455	136	438	165	463	85	355	0	494	182	430
黄淮学院	493	336	490	334	117	490	245	273	128	200	3	300	489	139
平顶山学院	544	290	544	286	102	533	205	362	237	23	0	494	45	667

续表

研究发展人员(人)										研究发展经费(百元)					
按职称划分						其他人员		折合全时人员(人年)		当年拨入				当年内部支出	
高级		中级		初级								其中:科研事业费			
41	568	24	612	26	299	0	310	14.5	636	5 949	644	1 536	622	4 551	665
50	516	52	480	22	341	0	310	36.6	481	12 437	550	6 432	438	7 214.6	617
24	645	36	553	19	382	0	310	9.9	673	4 505	666	2 245	582	3 204	686
135	261	81	368	37	209	0	310	44.8	436	21 166	451	9 680	370	18 364	460
113	307	62	438	22	341	0	310	64.3	322	52 359.5	276	15 150	287	34 873.01	335
121	289	63	434	24	322	1	206	83.7	250	35 935	353	15 140	288	27 407.8	379
163	206	51	485	11	494	4	104	44.3	439	17 330	491	10 940	344	19 561.5	451
148	234	31	579	18	389	0	310	98.9	205	50 004.4	287	31 346	182	46 234.4	279
202	154	129	220	31	254	1	206	104.9	184	63 230	241	32 380	176	57 749.4	240
15	673	9	690	15	432	2	158	20.5	592	4 045	673	150	713	4 568.6	664
7	709	15	659	12	476	3	132	5.9	701	3 220	690	1 820	607	2 665	697
305	85	211	92	31	254	28	19	133.4	129	90 146.5	190	55 502	117	66 352.45	219
34	600	108	274	32	243	1	206	30.2	524	19 228	474	12 700	314	14 945.5	500
43	557	31	579	6	583	2	158	32.1	509	11 600	569	3 840	525	24 924.2	401
137	256	140	184	34	223	2	158	63.8	323	45 409	305	29 350	193	25 215	398
12	686	7	696	2	645	1	206	5.2	705	3 690	679	3 060	548	2 943	689
207	151	174	137	89	49	5	87	117	155	128 700.4	134	103 100	66	53 664	251
56	498	48	499	14	442	2	158	29.4	528	10 088	585	2 450	568	8 502.8	594
112	309	103	292	41	187	4	104	45	433	8 180	611	1 230	645	9 967	573
145	243	85	352	6	583	0	310	61.1	344	20 260.08	464	8 810	384	16 438.36	480
81	410	83	360	12	476	2	158	34.6	488	10 857	573	2 920	554	10 248	568
69	456	57	466	18	389	0	310	36.1	484	13 315	536	5 538	463	12 881.5	524
59	484	23	614	0	689	1	206	17.9	612	8 350	606	1 650	618	7 700	609
20	658	0	721	0	689	0	310	12	654	7 580	625	5 780	460	4 630	661
180	179	306	39	44	171	4	104	85.1	242	42 752.62	326	1 029	664	41 714.7	304
45	541	78	380	28	279	0	310	93.7	219	118 998	141	45 458	137	117 710.2	124
99	364	126	229	7	561	0	310	66.3	312	87 009	198	38 644.5	155	66 285.36	220
23	649	78	380	85	54	6	71	62.8	333	28 350	393	4 712	485	23 115	415
60	479	110	267	58	108	1	206	63.5	325	16 725	497	7 790	408	15 265	495
41	568	58	460	45	162	0	310	48.4	411	13 700	531	6 140	451	13 700	516
67	463	91	332	24	322	0	310	98.3	206	54 022	272	4 330	499	58 184	237
146	238	215	86	126	17	2	158	94	217	29 009	389	6 449	437	28 081.5	376
12	686	20	638	13	465	0	310	21.7	579	4 880	661	1 680	613	4 220	669

学校名称	社科活动人员(人)													
	合计		按职称划分								其他人员		合计	
			小计		高级		中级		初级					
黄石理工学院	341	529	340	523	74	615	128	564	138	166	1	422	317	257
咸宁学院	521	311	512	310	141	423	249	263	122	219	9	127	267	304
郧阳医学院	296	574	286	584	53	669	145	517	88	343	10	110	87	589
安徽三联学院	261	616	259	614	33	705	98	626	128	200	2	347	67	636
吉林华桥外国语学院	410	433	407	428	121	477	116	592	170	93	3	300	285	291
贵阳学院	323	543	320	547	90	577	187	408	43	563	3	300	121	525
昌吉学院	328	538	326	534	100	541	137	537	89	338	2	347	199	404
唐山学院	350	516	349	510	92	571	144	519	113	251	1	422	92	580
沈阳大学	633	216	618	221	352	114	225	317	41	580	15	61	189	416
上海立信会计学院	480	353	476	354	154	380	216	341	106	281	4	258	203	396
淮阴工学院	350	516	350	508	91	574	186	414	73	415	0	494	254	320
常州工学院	397	446	397	441	134	443	221	326	42	570	0	494	139	492
浙江科技学院	467	369	460	374	113	500	302	184	45	550	7	179	216	374
宁波工程学院	291	579	291	575	96	558	152	497	43	563	0	494	265	307
合肥学院	379	478	379	470	130	452	247	270	2	721	0	494	252	321
厦门理工学院	537	297	519	308	143	414	241	281	135	176	18	47	463	157
青岛大学	1 134	49	1 132	48	423	78	583	15	126	209	2	347	111	548
烟台大学	712	175	708	175	194	286	364	115	150	134	4	258	337	236
潍坊学院	832	124	825	125	287	159	470	49	68	438	7	179	242	341
洛阳理工学院	576	259	576	253	144	411	257	251	175	87	0	494	15	710
新乡学院	617	228	617	222	183	320	237	290	197	53	0	494	75	615
江汉大学	835	121	829	123	327	131	413	85	89	338	6	208	391	195
三峡大学	598	240	590	242	279	164	222	323	89	338	8	153	450	163
长沙学院	346	524	344	520	152	385	162	471	30	646	2	347	216	374
广州大学	1 115	52	1 109	51	562	37	389	93	158	121	6	208	963	44
成都学院	758	153	734	159	201	271	298	194	235	24	24	31	255	318
西安文理学院	535	299	534	294	212	244	208	353	114	248	1	422	118	535
琼州学院	426	416	419	416	100	541	185	417	134	182	7	179	69	629
中国人民武装警察部队学院	388	460	388	451	159	367	192	392	37	603	0	494	221	366
广东警官学院	405	438	402	436	136	438	147	512	119	229	3	300	249	325
扬州大学	1 037	63	1 037	61	431	72	505	32	101	291	0	494	460	159
三江学院	203	654	203	651	25	712	129	563	49	533	0	494	16	707
中华女子学院	272	606	272	603	94	565	133	551	45	550	0	494	319	254

续表

研究发展人员(人)										研究发展经费(百元)					
按职称划分						其他人员		折合全时人员(人年)		当年拨入				当年内部支出	
高级		中级		初级								其中:科研事业费			
89	389	113	255	114	21	1	206	89.2	228	17 003.83	494	3 004	551	17 216.33	470
114	305	117	243	33	233	3	132	71.4	294	19 897	466	5 420	465	19 060	454
23	649	39	543	24	322	1	206	14	639	9 126	596	1 520	623	7 430	613
10	695	35	557	22	341	0	310	11.7	661	7 514	626	264	705	7 553	611
72	444	109	272	99	35	0	310	60.3	346	12 404	551	10	723	12 876	525
43	557	67	416	11	494	0	310	18	611	15 748	512	7 290	415	7 449	612
88	391	83	360	28	279	0	310	48.4	411	13 200	538	3 680	536	11 622	552
46	538	32	573	14	442	0	310	26	546	7 040	632	2 360	578	6 899	620
125	283	55	475	5	596	4	104	31.4	517	44 977	310	30 570	187	28 824	373
107	326	76	388	17	401	3	132	71.8	292	61 920.2	246	15 710	278	62 670.44	229
106	331	124	232	23	332	1	206	63.2	327	24 871	418	7 704	409	20 379.51	439
70	452	60	447	9	520	0	310	21.4	581	61 717	248	1 860	603	50 223	263
71	450	132	206	13	465	0	310	45.6	425	59 495.83	255	8 251	397	44 136.59	289
107	326	131	213	27	287	0	310	88.8	229	65 933	234	6 306	445	65 372.5	222
96	372	156	153	0	689	0	310	36.4	482	25 975	409	10 350	354	18 654	456
175	185	216	84	62	96	10	48	112.5	166	45 103	309	6 620	436	37 299.91	321
100	356	11	676	0	689	0	310	74	282	43 680	320	19 280	249	44 280	287
92	380	147	171	58	108	2	158	220.9	66	100 735	167	21 510	223	78 109	188
102	343	132	206	8	542	0	310	108.1	175	66 176	233	12 190	325	66 076	221
9	698	5	705	1	664	0	310	6.3	695	3 520	685	1 120	653	3 401	681
30	615	22	627	20	373	3	132	23.4	567	5 160	653	480	689	4 720	657
200	155	162	147	22	341	0	310	70.9	299	165 913	96	52 317	124	168 838	81
233	129	99	307	30	263	1	206	81.4	259	175 131.58	92	32 212.93	178	182 457	77
109	316	95	320	11	494	1	206	29.8	525	20 558	459	14 260	299	20 108.9	442
578	22	213	89	58	108	4	104	162	106	212 512	73	53 361	121	200 137	71
111	312	82	364	59	106	3	132	49.2	406	43 906.56	318	19 443.81	246	50 820.18	261
86	398	32	573	0	689	0	310	14.8	633	7 768	620	4 680	487	10 837	562
45	541	18	651	6	583	0	310	21.5	580	16 323.5	503	12 413.5	320	10 729	563
120	293	85	352	8	542	8	56	72.4	290	45 952	302	8 000	403	54 003	250
104	338	96	317	40	191	8	56	66.1	315	32 351	370	3 240	543	33 348.92	347
183	176	100	303	12	476	1	206	129.2	135	80 417.8	203	25 306.8	204	64 899.2	223
8	705	8	693	0	689	0	310	4.9	708	3 030	691	90	718	2 577	699
115	302	160	151	32	243	11	46	81.6	258	37 300.69	347	8 728.43	388	37 627.41	318

学校名称	社科活动人员(人)												合计	
	合计		按职称划分								其他人员			
			小计		高级		中级		初级					
齐齐哈尔医学院	144	690	144	689	66	633	37	710	41	580	0	494	69	629
北京信息科技大学	418	418	418	417	104	524	221	326	93	314	0	494	378	206
河北体育学院	358	505	349	510	141	423	188	406	20	678	9	127	266	305
大连大学	618	226	576	253	322	136	247	270	7	712	42	9	715	84
吉林工商学院	442	395	442	391	185	309	192	392	65	457	0	494	321	252
南京工程学院	168	671	168	669	65	638	77	662	26	659	0	494	67	636
南京审计学院	660	202	660	199	277	166	333	150	50	526	0	494	345	226
蚌埠学院	406	437	401	440	85	586	157	487	159	119	5	232	110	551
池州学院	311	559	308	557	65	638	121	579	122	219	3	300	111	548
三明学院	389	458	388	451	141	423	137	537	110	264	1	422	170	443
龙岩学院	288	586	283	588	94	565	76	666	113	251	5	232	56	651
江西科技师范学院	826	127	826	124	293	150	337	141	196	55	0	494	217	371
南昌工程学院	376	481	376	476	98	550	170	453	108	272	0	494	114	542
山东警察学院	441	397	433	400	139	431	177	438	117	235	8	153	101	563
安阳工学院	286	589	278	597	61	652	121	579	96	304	8	153	85	595
湖北警官学院	219	643	219	640	95	563	86	647	38	598	0	494	24	697
荆楚理工学院	543	293	543	287	139	431	265	238	139	163	0	494	82	602
湖南工程学院	380	474	377	474	152	385	164	465	61	474	3	300	385	201
仲恺农业工程学院	289	583	282	592	78	606	94	638	110	264	7	179	100	567
五邑大学	291	579	288	580	96	558	147	512	45	550	3	300	234	350
攀枝花学院	391	455	387	453	106	518	175	444	106	281	4	258	43	670
玉溪师范学院	418	418	415	418	148	400	187	408	80	376	3	300	72	623
楚雄师范学院	383	472	372	482	129	460	166	460	77	392	11	98	164	453
云南警官学院	343	526	325	536	156	376	130	559	39	591	18	47	141	489
昆明学院	670	198	668	194	194	286	346	131	128	200	2	347	427	178
榆林学院	364	492	357	498	90	577	152	497	115	245	7	179	112	547
商洛学院	204	653	203	651	34	703	130	559	39	591	1	422	39	676
安康学院	391	455	384	461	82	594	166	460	136	173	7	179	149	474
甘肃政法学院	503	327	501	324	174	341	211	349	116	242	2	347	194	408
北方民族大学	558	273	558	267	213	242	228	311	117	235	0	494	390	196
中国矿业大学(北京)	140	694	140	693	63	648	66	687	11	704	0	494	184	424
中国石油大学	220	642	216	644	89	579	110	608	17	689	4	258	131	509
中国地质大学(北京)	187	662	186	661	84	587	80	656	22	672	1	422	523	125

研究发展人员(人) 按职称划分 高级		中级		初级		其他人员		折合全时人员(人年)		研究发展经费(百元) 当年拨入		其中:科研事业费		当年内部支出	
32	609	20	638	17	401	0	310	22.6	573	4 685	664	165	712	4 765	652
112	309	179	135	40	191	0	310	73.1	286	42 275.51	329	8 450	395	41 827.19	303
98	367	130	216	29	271	9	54	50.6	396	16 704.99	499	5 029	475	15 810.49	486
360	66	170	142	11	494	23	22	99.6	202	41 976	330	14 257	300	33 943	340
161	210	131	213	28	279	1	206	46.2	422	6 160	642	3 800	529	4 777	651
31	614	35	557	1	664	0	310	24.7	557	9 920	586	2 740	560	9 553	577
189	165	139	188	17	401	0	310	120	151	129 955.55	132	61 913.19	106	99 478.84	141
37	587	48	499	24	322	1	206	27.8	540	11 650	565	2 440	569	10 300	566
38	584	48	499	25	310	0	310	29.7	526	11 965	557	2 370	577	11 749	546
97	369	44	526	29	271	0	310	33.8	493	6 443	638	1 260	639	6 167	630
48	526	5	705	3	628	0	310	10	671	13 368	535	11 860	328	12 550	531
102	343	70	404	45	162	0	310	54.6	378	49 600	289	6 260	447	34 844	336
47	532	52	480	15	432	0	310	15.9	626	27 452	398	4 553	490	22 106	423
56	498	43	529	2	645	0	310	21	585	9 433	592	4 320	500	9 731.43	575
24	645	39	543	22	341	0	310	16.6	622	4 520	665	0	724	4 220	669
19	661	5	705	0	689	0	310	3	716	3 020	692	1 660	617	2 530	700
41	568	31	579	10	509	0	310	12	654	3 580	681	1 060	658	4 135	672
164	204	172	139	47	147	2	158	85.8	240	23 633	432	6 250	448	20 166.75	440
32	609	25	603	39	201	4	104	18.4	609	25 441	415	23 896	208	23 539.55	409
78	423	122	237	32	243	1	206	33.7	494	63 592	239	1 030	663	57 208.46	242
30	615	13	667	0	689	0	310	6.3	695	15 932.01	507	5 465	464	15 348.01	493
42	563	23	614	7	561	0	310	16.8	620	4 984	657	1 910	596	4 632.3	660
69	456	58	460	37	209	0	310	58	356	17 910	486	6 890	431	20 060	443
80	417	48	499	6	583	7	61	20.2	594	18 700	479	7 920	406	14 705	505
168	198	208	93	51	129	0	310	105.4	182	33 574	363	10 840	345	33 779.4	342
52	510	38	546	22	341	0	310	13.6	641	7 688	623	2 415	574	8 691.5	590
9	698	27	594	3	628	0	310	4.5	709	4 175	670	2 800	558	3 458	679
45	541	42	532	62	96	0	310	19.7	598	10 510	577	3 605	537	10 000	572
76	428	67	416	45	162	0	310	56.4	364	20 695	456	9 295	377	19 004	455
161	210	202	103	22	341	5	87	63.3	326	31 866	375	15 351	283	31 411.95	358
29	622	9	690	0	689	1	206	30.9	522	19 064.82	476	4 000	519	26 279.55	385
45	541	30	583	1	664	0	310	45.4	427	90 419.5	188	50 673.3	125	74 105.5	200
77	426	68	411	7	561	0	310	98	208	130 959	127	97 490	72	91 591.88	161

学校名称	社科活动人员(人)													
	合计		按职称划分								其他人员		合计	
			小计		高级		中级		初级					
北京联合大学	1 273	26	1 260	27	377	98	714	2	169	97	13	77	588	109
北京城市学院	342	527	342	522	75	612	190	400	77	392	0	494	116	538
河北金融学院	311	559	311	555	104	524	161	475	46	544	0	494	177	437
长春工程学院	321	547	321	544	116	494	114	597	91	323	0	494	75	615
吉林农业科技学院	200	657	199	654	77	610	75	668	47	542	1	422	36	685
上海电机学院	302	565	288	580	59	655	160	481	69	434	14	66	101	563
南京晓庄学院	453	384	452	379	188	301	174	447	90	331	1	422	95	576
江苏技术师范学院	607	235	607	232	221	225	244	275	142	157	0	494	246	334
浙江财经学院	1 174	42	1 170	42	490	56	486	40	194	58	4	258	1 670	11
浙江警察学院	311	559	302	561	101	537	113	600	88	343	9	127	215	378
福建警察学院	214	651	211	648	93	568	78	660	40	586	3	300	89	585
莆田学院	469	368	443	388	172	344	127	565	144	152	26	26	278	294
山东交通学院	351	514	348	515	81	600	187	408	80	376	3	300	211	383
河南工程学院	464	376	464	372	128	466	208	353	128	200	0	494	153	466
武汉音乐学院	238	632	237	629	96	558	96	630	45	550	1	422	23	698
湖南城市学院	563	267	563	262	202	269	267	233	94	309	0	494	245	336
湖南工学院	269	609	268	608	82	594	103	618	83	367	1	422	104	561
湖南工业大学	742	158	725	166	369	102	248	268	108	272	17	53	925	53
广东金融学院	592	246	590	242	205	259	273	222	112	256	2	347	440	170
广西财经学院	777	146	769	143	208	251	335	143	226	30	8	153	775	75
重庆科技学院	376	481	372	482	112	505	184	421	76	400	4	258	109	555
西安财经学院	1 013	72	985	78	330	127	455	62	200	50	28	21	202	400
湖北经济学院	752	156	751	151	220	228	340	136	191	63	1	422	470	153
钦州学院	429	413	427	410	72	619	193	386	162	112	2	347	191	412
中国青年政治学院	317	552	317	550	159	367	142	526	16	693	0	494	328	242
北华航天工业学院	217	645	208	649	66	633	96	630	46	544	9	127	109	555
沈阳工程学院	221	640	221	638	102	533	85	649	34	622	0	494	266	305
上海金融学院	404	440	403	433	134	443	178	434	91	323	1	422	171	442
淮海工学院	485	346	484	343	189	297	187	408	108	272	1	422	123	521
宁波大学	1 059	59	1 059	58	499	52	473	46	87	348	0	494	2 581	3
浙江传媒学院	596	242	596	236	200	273	261	242	135	176	0	494	781	72
南阳理工学院	583	257	575	255	157	374	270	226	148	141	8	153	218	369
茂名学院	349	522	346	518	99	547	167	458	80	376	3	300	179	433
海南师范大学	588	253	567	260	250	193	227	313	90	331	21	38	224	362

续表

研究发展人员(人)										研究发展经费(百元)					
按职称划分						其他人员		折合全时人员(人年)		当年拨入		其中:科研事业费		当年内部支出	
高级		中级		初级											
274	101	252	67	47	147	11	46	175.5	93	40 634.8	333	8 891.8	380	36 655.71	324
37	587	68	411	9	520	2	158	36.8	479	3 363	687	910	668	3 363	684
73	438	93	328	11	494	0	310	41.6	455	18 321	483	1 915	594	19 522.76	453
33	605	24	612	18	389	0	310	13.2	644	14 168.53	526	4 390	495	12 457.8	535
12	686	14	662	10	509	0	310	17.7	613	3 937	674	1 300	636	3 510	678
32	609	51	485	17	401	1	206	41.2	459	26 988	402	3 300	540	32 063.18	354
66	467	23	614	6	583	0	310	29.4	528	11 962	558	4 230	511	9 203	584
133	265	91	332	22	341	0	310	57.3	361	38 593	342	18 037	262	29 963.79	368
728	9	670	1	210	4	4	104	381.5	20	310 403.9	52	89 672.5	81	412 567.7	26
97	369	85	352	15	432	18	28	40.7	460	98 000	171	30 735	185	92 502	159
58	491	22	627	9	520	0	310	10.2	667	3 560	682	1 500	628	4 669.2	658
157	220	81	368	36	217	1	206	55.2	369	9 665	589	1 490	629	9 479.82	580
70	452	103	292	37	209	1	206	61.7	341	8 680	603	1 910	596	7 873	603
43	557	68	411	42	183	0	310	50.4	398	18 030	485	4 270	507	15 705	488
8	705	12	673	3	628	0	310	11.6	662	5 100	656	1 100	655	4 923	648
54	504	126	229	65	86	0	310	32.4	506	21 186	450	16 980	269	21 316	429
47	532	43	529	14	442	0	310	12.8	647	11 850	560	4 030	517	9 834	574
439	44	307	38	108	28	16	32	194.2	79	50 259.9	286	26 720.9	197	44 612.9	285
175	185	203	99	56	116	4	104	96.1	214	60 254	253	20 335	235	59 238.7	234
238	124	331	29	205	5	1	206	256.3	51	97 326.22	174	27 850	194	91 751.43	160
48	526	45	520	16	419	0	310	18.9	606	22 716	436	3 796	531	22 193.05	422
125	283	67	416	10	509	0	310	52.9	386	97 474	172	25 740	203	104 200	138
213	148	201	104	56	116	0	310	74.1	281	46 649	299	18 699	257	60 100.56	233
49	524	90	334	52	126	0	310	50	402	7 860	617	1 450	631	7 860	604
112	309	110	267	9	520	0	310	91.3	225	123 892.44	136	67 670.01	103	95 017.3	153
40	577	62	438	7	561	0	310	33.6	495	12 660	547	1 300	636	11 989	542
146	238	87	342	30	263	0	310	38.2	469	11 640	567	1 735	610	11 545.3	553
60	479	79	377	32	243	0	310	81.4	259	38 775	340	17 330	267	42 738	298
62	474	41	535	20	373	0	310	20.8	587	13 723	530	8 070	399	11 372	555
666	14	548	3	66	85	0	310	486.1	12	369 278.66	38	100 453.5	67	360 687.1	36
326	77	335	25	114	21	6	71	165.9	100	148 764.5	109	40 019	152	133 647.4	109
72	444	106	281	40	191	0	310	57.9	357	16 479	501	4 479	493	16 045	483
62	474	81	368	36	217	0	310	40.4	461	20 937.5	454	3 005	550	17 050.8	474
135	261	60	447	23	332	3	132	52.5	388	14 991	519	6 195	449	11 992	541

学校名称	社科活动人员(人)												合计	
	合计		按职称划分								其他人员			
			小计		高级		中级		初级					
重庆工学院	612	230	608	231	218	234	267	233	123	215	4	258	379	204
西安邮电学院	354	512	349	510	169	352	64	688	116	242	5	232	75	615
山东工商学院	672	193	671	192	260	184	232	302	179	77	1	422	379	204
长春大学	548	281	545	282	211	246	154	494	180	75	3	300	314	260
河南城建学院	300	568	293	572	78	606	104	617	111	260	7	179	185	421
辽东学院	615	229	609	228	284	160	292	199	33	629	6	208	184	424
重庆工商大学	881	109	876	108	417	80	389	93	70	427	5	232	957	46
黑龙江工程学院	332	534	332	529	129	460	185	417	18	683	0	494	170	443
海南医学院	125	703	124	703	35	701	73	675	16	693	1	422	38	680
东莞理工学院	364	492	362	492	130	452	168	456	64	461	2	347	197	405
山东财政学院	873	112	867	110	405	90	335	143	127	206	6	208	136	500
河北经贸大学	1 326	22	1 326	19	661	20	463	55	202	47	0	494	634	99
上海政法学院	400	444	397	441	142	420	205	362	50	526	3	300	307	270
贺州学院	362	496	353	505	79	604	156	490	118	231	9	127	119	532
浙江树人学院	350	516	346	518	98	550	173	449	75	403	4	258	185	421
九江学院	929	96	929	93	279	164	464	54	186	69	0	494	308	268
广东工业大学	942	92	909	98	228	219	462	57	219	34	33	14	418	184
广东外语外贸大学	1 213	38	1 210	38	515	44	512	29	183	72	3	300	1 163	27
佛山科学技术学院	431	410	424	413	151	389	205	362	68	438	7	179	224	362
徐州工程学院	712	175	710	174	193	289	353	125	164	104	2	347	269	301
大连民族学院	364	492	364	490	167	358	144	519	53	511	0	494	329	238
湖南第一师范学院	493	336	491	333	152	385	268	230	71	423	2	347	338	233
上海第二工业大学	413	427	411	424	124	472	196	379	91	323	2	347	110	551
上海商学院	357	507	357	498	140	428	147	512	70	427	0	494	40	674
安徽新华学院	434	405	434	398	68	628	133	551	233	26	0	494	189	416
湖南涉外经济学院	701	179	701	178	132	447	268	230	301	7	0	494	151	468
海口经济学院	531	301	524	301	96	558	136	541	292	9	7	179	74	620
山东女子学院	359	503	355	502	91	574	190	400	74	411	4	258	42	672
中国劳动关系学院	314	556	312	553	103	528	172	450	37	603	2	347	249	325

续表

研究发展人员(人)										研究发展经费(百元)					
按职称划分						其他人员		折合全时人员(人年)		当年拨入				当年内部支出	
高级		中级		初级								其中:科研事业费			
161	210	103	292	23	332	0	310	106	180	87 939	195	12 599	316	85 893	173
59	484	13	667	3	628	0	310	10.1	669	41 877	331	10 403	352	30 047	367
163	206	130	216	86	51	0	310	90.1	226	90 713	187	31 480	181	70 240	209
135	261	75	391	102	30	2	158	112	167	20 670	457	3 870	523	22 520	419
58	491	59	457	68	80	0	310	22.9	571	5 350	652	770	673	5 199	644
105	335	71	402	7	561	1	206	66.3	312	19 080	475	2 430	571	20 705	435
467	38	294	44	45	162	7	61	272.2	44	259 124.4	60	128 797	54	231 249.2	67
92	380	76	388	2	645	0	310	74	282	15 930	508	3 780	532	15 665	489
12	686	23	614	3	628	0	310	8	685	2 632	701	971	666	2 039	705
91	384	73	398	33	233	0	310	46.9	420	29 524	388	10 084	359	28 764.53	374
101	350	26	598	9	520	0	310	82	256	130 203	130	35 260	163	122 220	120
355	68	204	98	72	78	1	206	217.6	70	95 650	178	19 100	251	80 010	183
160	214	111	263	26	299	6	71	75.4	277	127 001.54	135	79 320	86	115 477.1	127
48	526	60	447	9	520	2	158	24.3	562	6 824	633	1 740	609	5 180.4	645
66	467	87	342	32	243	0	310	27.6	541	44 485.6	313	7 536.6	410	36 973.61	322
111	312	146	173	51	129	0	310	99.8	200	25 174	416	5 394	467	19 740.8	448
170	194	139	188	80	68	4	104	123.8	144	204 710	77	37 184	158	194 688.8	72
463	39	291	47	50	138	13	42	320.6	27	318 641.5	48	144 080	46	280 665.4	48
88	391	111	263	22	341	3	132	52.6	387	70 360	222	8 915	379	77 410.5	190
108	323	117	243	39	201	0	310	91.6	224	52 269	278	10 469	350	43 097	293
178	180	115	251	35	221	0	310	82.5	254	61 470.25	249	27 610.03	195	42 864.24	296
155	225	142	181	41	187	0	310	85	243	40 441.38	334	10 475	349	33 780.07	341
44	547	41	535	24	322	1	206	45.1	430	48 922.44	292	4 280	506	43 708.02	290
15	673	11	676	14	442	0	310	11.8	658	19 730	468	2 680	564	25 885.07	389
30	615	92	329	67	82	0	310	54.9	374	13 140	540	1 860	603	14 135	512
50	516	75	391	14	442	12	44	63.1	328	20 650	458	11 590	332	9 500	578
36	593	21	634	17	401	0	310	11.6	662	6 480	637	1 240	644	4 730	656
19	661	20	638	3	628	0	310	11.9	657	1 730	711	230	708	1 475	713
95	374	119	239	31	254	4	104	72.8	287	74 960	212	16 500	273	74 960	197

学校名称	社科活动人员(人)												合计	
	合计		按职称划分								其他人员			
			小计		高级		中级		初级					
浙江越秀外国语学院	610	231	610	227	155	377	221	326	234	25	0	494	311	263
宁波大红鹰学院	428	415	428	408	54	667	235	300	139	163	0	494	351	224
中南民族大学工商学院	219	643	173	668	13	721	31	715	129	194	46	7	101	563
哈尔滨德强商务学院	396	448	369	484	150	393	163	468	56	498	27	24	48	662
山西大学商务学院	521	311	521	303	89	579	191	396	241	21	0	494	627	102
金陵科技学院	379	478	377	474	97	555	237	290	43	563	2	347	251	324
四川外语学院重庆南方翻译学院	367	487	367	486	23	716	135	544	209	41	0	494	5	722
重庆工商大学融智学院	94	716	94	715	12	722	25	718	57	491	0	494	11	715
吉林建筑工程学院建筑装饰学院	100	714	100	713	26	711	13	722	61	474	0	494	98	569
安徽财经大学商学院	140	694	135	695	37	698	58	696	40	586	5	232	94	579
安徽大学江淮学院	84	719	78	719	1	724	7	723	70	427	6	208	15	710
安徽工程科技学院机电学院	110	711	110	710	40	694	61	691	9	707	0	494	39	676
安徽工业大学工商学院	52	724	39	724	2	723	2	724	35	616	13	77	5	722
安徽农业大学经济技术学院	69	721	69	721	19	719	20	721	30	646	0	494	17	706
安徽师范大学皖江学院	155	685	154	684	21	717	54	699	79	383	1	422	37	681
阜阳师范学院信息工程学院	62	723	62	723	25	712	34	713	3	720	0	494	26	694
淮北煤炭师范学院信息学院	129	699	129	699	50	677	72	677	7	712	0	494	40	674
成都医学院	89	718	89	717	38	697	39	709	12	701	0	494	70	627
黑河学院	373	485	369	484	133	445	139	533	97	301	4	258	206	392
海南大学三亚学院	357	507	349	510	42	688	68	682	239	22	8	153	124	519
合肥师范学院	286	589	285	586	78	606	99	624	108	272	1	422	138	494
湖北第二师范学院	361	497	343	521	119	483	151	501	73	415	18	47	69	629
太原工业学院	164	676	164	676	41	691	92	641	31	643	0	494	26	694
河海大学文天学院	80	720	78	719	14	720	23	719	41	580	2	347	16	707
贵州师范学院	151	688	151	687	63	648	75	668	13	699	0	494	34	687
浙江外国语学院	264	614	264	613	118	486	103	618	43	563	0	494	80	607
齐鲁师范学院	182	664	182	663	61	652	79	657	42	570	0	494	37	681
山东青年政治学院	238	632	229	634	71	620	115	594	43	563	9	127	39	676

续表

研究发展人员(人)										研究发展经费(百元)					
按职称划分						其他人员		折合全时人员(人年)		当年拨入				当年内部支出	
高级		中级		初级								其中:科研事业费			
88	391	177	136	46	154	0	310	50	402	31 563	377	363	697	30 175.6	365
99	364	215	86	18	389	19	26	66.9	311	26 195.5	407	1 213.4	647	25 043.31	400
11	694	21	634	59	106	10	48	27.5	542	6 380	641	450	691	6 380	627
15	673	32	573	1	664	0	310	7.3	690	1 680	712	180	710	1 662	712
131	271	260	62	213	3	23	22	104.6	185	7 470	627	2 690	563	7 919	602
74	434	161	149	16	419	0	310	44.2	441	26 217	406	11 842	329	35 753	330
1	722	4	710	0	689	0	310	2.8	719	520	722	40	722	450	723
1	722	6	702	4	613	0	310	3	716	990	720	100	717	856	719
27	632	13	667	58	108	0	310	16.6	622	1 100	719	550	683	1 100	717
32	609	48	499	9	520	0	310	17.7	613	5 765	647	1 000	665	4 910	649
6	713	2	714	7	561	0	310	6	699	3 420	686	1 110	654	1 200	715
14	680	21	634	4	613	0	310	8.4	682	1 141	717	270	704	1 098	718
0	724	0	721	5	596	0	310	2.4	722	680	721	80	720	680	721
3	719	1	718	13	465	0	310	10.1	669	2 210	704	280	703	2 210	704
9	698	10	684	18	389	0	310	10	671	2 760	699	560	682	2 800	691
16	668	10	684	0	689	0	310	6.2	697	10 162	584	7 940	405	10 452	565
14	680	26	598	0	689	0	310	7.1	693	2 910	697	580	681	2 780	694
28	627	35	557	7	561	0	310	15.4	628	9 066.2	597	4 728.8	484	6 009.95	635
83	406	82	364	40	191	1	206	48.2	413	11 879	559	490	688	11 851	544
26	637	22	627	75	74	1	206	34.6	488	10 510	577	2 330	579	8 850	589
53	507	62	438	23	332	0	310	56.1	367	27 777	396	6 410	442	26 508.85	383
19	661	29	587	8	542	13	42	7.8	686	2 114	705	1 144	652	2 293	703
14	680	11	676	1	664	0	310	12.2	651	2 576	702	500	685	3 662	676
2	721	0	721	14	442	0	310	7.2	691	4 705	663	60	721	4 651.5	659
10	695	20	638	4	613	0	310	3.8	712	10 692	576	9 820	367	4 414	667
47	532	26	598	7	561	0	310	31	519	19 494	471	2 164	585	14 693.56	506
25	641	11	676	1	664	0	310	10.5	666	10 319	582	3 150	544	4 732	655
22	653	17	654	0	689	0	310	38.1	471	9 225	595	800	671	8 161	599

4. 本科学校人文、社会科学研究与发展概况表(二)

学校名称	研究与发展课题									
	课题总数(项)		当年投入人数(人年)		当年拨入经费(百元)		当年支出经费(百元)		著作(部)	
北京大学	1 061	37	648	6	1 390 480	4	979 199	4	306	7
中国人民大学	2 970	2	702.6	3	1 694 160	2	1 198 233	3	322	5
清华大学	1 393	16	427.5	15	1 803 600	1	1 385 891	2	261	10
北京交通大学	888	47	259	49	496 400.6	16	479 681.2	11	33	196
北京工业大学	419	144	178	92	97 914.65	106	81 213.91	103	52	122
北京航空航天大学	284	228	53.1	381	174 938	57	142 371	56	51	126
北京理工大学	100	506	213.1	70	220 098	44	212 383.8	38	50	133
北京科技大学	284	228	79.3	261	189 265.5	49	99 915.83	90	42	162
北方工业大学	99	509	48.1	412	43 229	209	42 017	174	44	160
北京化工大学	89	523	41.5	453	22 935.62	296	24 773.02	244	6	541
北京工商大学	319	208	128.3	136	86 574.16	117	49 165.13	158	88	59
北京服装学院	234	275	83.5	247	118 990	90	141 693.2	57	41	164
北京邮电大学	298	216	127	139	96 388	107	99 832.24	91	45	152
北京印刷学院	94	515	46.1	422	46 362	195	18 263	301	51	126
北京建筑工程学院	110	486	61.7	338	27 450.2	270	15 752.11	319	22	286
北京石油化工学院	78	552	39.5	463	30 849.91	252	19 851.24	287	16	359
中国农业大学	607	90	167.7	97	297 287.1	28	260 177.9	29	58	106
北京农学院	90	521	25.6	549	31 313	248	26 461.25	235	57	111
北京林业大学	264	241	87.8	229	119 718.6	89	119 885.7	69	40	169
首都医科大学	218	298	98.7	204	34 780	236	53 411.25	154	66	93
北京中医药大学	22	682	7.4	687	1 805	643	1 770	616	3	605
北京师范大学	1 994	9	225.6	62	808 941.2	9	583 426.1	9	348	3
首都师范大学	519	108	293	37	91 621.75	111	62 160.26	138	171	24
首都体育学院	151	406	74.9	277	37 670	223	35 944.36	186	30	215
北京外国语大学	324	204	67.9	306	13 864	377	12 857.1	361	241	12
北京第二外国语学院	476	124	123.2	145	89 155.56	113	75 107.8	115	115	46
北京语言大学	363	173	190.3	80	45 717.55	198	42 380.79	172	74	81
中国传媒大学	1 142	28	329	25	148 958.4	67	118 031.1	71	165	28
中央财经大学	1 152	26	113	162	325 971.8	24	268 639	27	229	13
对外经济贸易大学	404	153	234	59	160 075.5	63	106 358.1	84	178	22
北京物资学院	223	293	106.4	176	36 189.3	226	22 477.37	266	71	87

研究与发展成果								获奖成果数(项)			
学术论文(篇)				研究与咨询报告(篇)							
合计		其中:国外学术刊物发表		提交有关部门数		其中被采纳		合计		其中:国家级和部级	
2 314	7	196	4	56	28	9	71	32	22	5	14
3 665	2	426	1	46	37	44	16	30	26	0	67
1 959	13	157	6	88	14	76	7	9	90	1	37
305	348	7	188	11	108	9	71	2	209	0	67
527	168	3	260	0	322	0	240	3	172	0	67
435	230	0	430	0	322	0	240	0	335	0	67
1 389	21	179	5	4	188	3	150	0	335	0	67
398	271	8	166	12	100	0	240	1	257	0	67
501	180	79	16	0	322	0	240	0	335	0	67
182	502	0	430	0	322	0	240	0	335	0	67
696	106	15	101	2	241	0	240	5	138	0	67
254	400	0	430	0	322	0	240	0	335	0	67
224	433	41	42	0	322	0	240	2	209	0	67
413	247	1	359	0	322	0	240	0	335	0	67
235	422	2	302	0	322	0	240	0	335	0	67
171	523	3	260	0	322	0	240	1	257	0	67
492	187	26	59	0	322	0	240	2	209	0	67
162	529	24	68	3	216	0	240	1	257	0	67
531	166	15	101	4	188	4	132	1	257	0	67
179	503	5	216	2	241	0	240	0	335	0	67
27	697	1	359	0	322	0	240	0	335	0	67
3 090	6	58	28	37	47	18	46	31	24	5	14
937	58	19	85	25	64	2	177	13	68	0	67
374	292	8	166	0	322	0	240	1	257	0	67
722	96	61	22	0	322	0	240	3	172	0	67
609	132	31	50	17	75	8	80	1	257	0	67
446	223	21	76	8	133	8	80	4	152	0	67
1 697	17	43	41	39	43	38	19	5	138	1	37
1 087	41	33	46	55	29	7	94	6	124	2	30
1 079	42	63	21	16	80	15	53	10	84	2	30
973	51	3	260	0	322	0	240	1	257	0	67

学校名称	研究与发展课题								著作	
	课题总数（项）		当年投入人数（人年）		当年拨入经费（百元）		当年支出经费（百元）		（部）	
首都经济贸易大学	610	88	258.9	50	148 412.5	69	113 589.3	75	113	47
外交学院	80	547	45.5	426	65 718	151	61 687	140	73	84
中国人民公安大学	325	201	28.6	535	17 876.65	329	19 016.17	292	36	184
国际关系学院	84	533	31.1	518	21 460	307	13 477.02	348	27	239
北京体育大学	169	379	91.5	221	292 724	29	286 908	25	59	103
中央音乐学院	68	576	28.9	532	13 430	382	13 462.73	351	16	359
中国音乐学院	100	506	17	618	9 600	437	6 717.78	455	18	335
中央美术学院	138	426	32.6	502	54 395.23	174	39 469.32	182	93	57
中央戏剧学院	29	669	11.4	662	3 900	565	375.94	697	3	605
中国戏曲学院	11	705	3.3	714	40 930	216	23 387.5	257	24	263
北京电影学院	265	240	83.2	249	11 270	411	10 984.27	378	58	106
北京舞蹈学院	13	701	5.2	704	5 348	519	5 224	498	5	561
中央民族大学	568	98	204.6	75	258 856.8	35	232 971.1	34	155	30
中国政法大学	1 128	31	343	23	238 599.7	38	121 095.7	68	204	16
华北电力大学	121	460	54.6	374	28 200	266	25 566.4	240	3	605
南开大学	2 301	6	952.5	1	623 439	12	387 537	16	218	14
天津大学	129	445	92.8	218	15 974	351	16 874	313	47	144
天津科技大学	181	361	32.6	502	11 281	410	8 330.46	428	5	561
天津工业大学	242	265	179.2	90	79 504.01	126	77 906.14	112	11	449
中国民航大学	190	343	57.6	358	120 697.4	88	74 788.1	116	10	468
天津理工大学	357	183	73.3	281	55 826	173	56 861	149	23	275
天津农学院	76	556	71.1	293	2 661	601	1 858	605	7	523
天津医科大学	47	620	14.6	634	3 200	588	613.1	683	8	501
天津中医药大学	45	622	24.4	559	1 256	662	281.03	703	9	486
天津师范大学	1 171	25	205.6	74	85 990.36	120	73 282.18	121	80	67
天津工程师范学院	138	426	33.2	497	10 269	425	8 490.5	425	12	429
天津外国语学院	84	533	55.2	368	5 882	508	3 471.1	542	24	263
天津商业大学	487	121	86.9	230	42 952	210	48 460.4	162	82	65
天津财经大学	500	114	115.5	154	79 835	125	79 835	109	81	66
天津体育学院	202	325	113.2	160	24 216.1	287	15 433.4	322	21	299
天津音乐学院	67	578	5.4	702	1 903	636	1 475.9	639	1	661
天津美术学院	53	607	62.8	329	1 150	669	630	679	31	205

续表

研究与发展成果								获奖成果数(项)			
学术论文(篇)				研究与咨询报告(篇)							
合计	合计	其中:国外学术刊物发表	其中:国外学术刊物发表	提交有关部门数	提交有关部门数	其中被采纳	其中被采纳	合计	合计	其中:国家级和部级	其中:国家级和部级
812	81	12	124	20	71	0	240	7	110	4	19
223	436	13	115	0	322	0	240	1	257	0	67
278	374	3	260	0	322	0	240	0	335	0	67
159	535	3	260	1	269	0	240	1	257	0	67
409	254	25	65	3	216	0	240	4	152	2	30
99	616	3	260	0	322	0	240	1	257	0	67
120	585	0	430	0	322	0	240	0	335	0	67
185	496	7	188	0	322	0	240	0	335	0	67
51	671	0	430	0	322	0	240	3	172	0	67
90	624	0	430	0	322	0	240	2	209	0	67
108	602	0	430	5	166	0	240	1	257	0	67
40	682	0	430	0	322	0	240	1	257	0	67
775	88	16	96	0	322	0	240	16	52	15	2
1241	32	69	17	8	133	5	114	8	98	4	19
283	367	0	430	0	322	0	240	2	209	0	67
2035	9	46	38	142	7	122	4	69	8	5	14
388	280	15	101	2	241	0	240	14	61	1	37
247	407	0	430	0	322	0	240	6	124	0	67
254	400	2	302	1	269	1	198	7	110	0	67
257	395	3	260	5	166	5	114	1	257	0	67
540	161	12	124	0	322	0	240	0	335	0	67
150	549	3	260	0	322	0	240	0	335	0	67
97	617	0	430	0	322	0	240	0	335	0	67
54	669	0	430	0	322	0	240	1	257	0	67
553	157	8	166	0	322	0	240	27	30	0	67
154	542	0	430	2	241	0	240	6	124	0	67
230	428	9	153	5	166	5	114	8	98	0	67
673	112	26	59	1	269	1	198	10	84	0	67
469	200	16	96	25	64	23	34	23	36	0	67
173	518	4	234	3	216	3	150	2	209	0	67
55	667	0	430	0	322	0	240	0	335	0	67
179	503	0	430	4	188	4	132	0	335	0	67

学校名称	研究与发展课题									
	课题总数（项）		当年投入人数（人年）		当年拨入经费（百元）		当年支出经费（百元）		著作（部）	
河北大学	1 180	24	296.7	34	82 801.52	124	78 094.62	110	52	122
河北工程大学	90	521	103.6	186	1 785	645	1 850	606	1	661
石家庄经济学院	268	238	71.7	289	66 779.67	149	66 546.94	130	13	414
华北水利水电学院	86	530	22.4	574	9 870	430	9 332	407	23	275
河北工业大学	82	540	136	125	4 318	551	3 490	541	16	359
河北理工大学	192	337	110.1	168	11 585	405	11 625.75	369	20	307
河北科技大学	209	312	63.6	322	8 855	449	10 400	389	27	239
河北建筑工程学院	31	661	12	652	2 260	627	2 260	580	3	605
河北农业大学	353	186	61.7	338	11 945	400	5 234	497	13	414
河北医科大学	25	676	14	638	640	690	640	678	4	583
河北北方学院	98	510	38.5	466	1 820	642	1 803	611	3	605
承德医学院	45	622	16.3	623	484	701	442.71	694	0	678
河北师范大学	805	51	128	137	26 725	274	20 103.53	284	62	100
保定学院	154	403	83.8	245	1 653	648	256.37	704	0	678
唐山师范学院	188	346	28.8	534	1 480	656	1 909.5	599	17	346
廊坊师范学院	405	152	86.9	230	2 880	596	3 130	553	13	414
衡水学院	108	491	46	423	530	698	539	689	0	678
石家庄学院	285	227	45	431	3 086	591	1 788	613	3	605
邯郸学院	207	316	61.7	338	2 387	617	1 784	614	4	583
邢台学院	22	682	14.9	631	140	718	91.5	718	1	661
石家庄铁道学院	59	599	13.2	642	5 220	525	4 120.41	520	7	523
山西大学	1 047	38	437.3	14	217 298.1	45	266 438.4	28	68	89
太原科技大学	60	597	80.8	259	5 320	520	5 240	496	20	307
中北大学	125	452	32.9	500	3 300	585	1 710	625	9	486
太原理工大学	188	346	139.3	123	16 257	346	7 348.6	441	14	393
山西农业大学	25	676	15.2	629	7 660	472	9 117.01	411	14	393
长治医学院	4	721	1	724	300	708	154	715	0	678
山西师范大学	541	104	289.8	39	21 710	303	11 354.91	374	28	232
太原师范学院	45	622	33.5	494	13 870	376	10 080	393	17	346
山西大同大学	176	368	69.4	303	7 311.5	481	1 998.5	594	20	307
晋中学院	44	629	24.4	559	1 320	660	1 263	649	22	286
长治学院	61	593	24.5	558	1 760	646	1 660	628	8	501

续表

研究与发展成果								获奖成果数(项)			
学术论文(篇)				研究与咨询报告(篇)							
合计		其中:国外学术刊物发表		提交有关部门数		其中被采纳		合计		其中:国家级和部级	
1 225	33	4	234	16	80	16	52	33	21	0	67
120	585	0	430	3	216	2	177	6	124	0	67
271	379	0	430	21	70	21	39	8	98	0	67
348	312	2	302	0	322	0	240	9	90	9	9
177	511	0	430	12	100	8	80	8	98	0	67
271	379	1	359	5	166	3	150	4	152	0	67
184	499	0	430	4	188	4	132	15	57	0	67
47	677	0	430	0	322	0	240	0	335	0	67
299	353	9	153	2	241	1	198	11	78	0	67
42	680	0	430	0	322	0	240	1	257	0	67
152	545	0	430	0	322	0	240	1	257	0	67
50	674	0	430	0	322	0	240	2	209	0	67
608	133	10	141	2	241	1	198	28	29	0	67
352	308	2	302	1	269	1	198	2	209	0	67
292	359	1	359	1	269	0	240	3	172	0	67
358	304	0	430	1	269	0	240	1	257	0	67
343	317	1	359	0	322	0	240	1	257	0	67
172	520	0	430	0	322	0	240	2	209	0	67
111	598	0	430	0	322	0	240	0	335	0	67
408	255	0	430	0	322	0	240	0	335	0	67
107	606	0	430	5	166	5	114	7	110	0	67
403	265	6	203	14	90	12	60	72	5	0	67
272	377	1	359	0	322	0	240	6	124	0	67
172	520	0	430	0	322	0	240	6	124	0	67
262	392	0	430	20	71	19	42	3	172	0	67
63	658	0	430	0	322	0	240	2	209	0	67
13	712	0	430	0	322	0	240	0	335	0	67
345	314	2	302	0	322	0	240	20	41	0	67
216	445	1	359	0	322	0	240	17	47	0	67
230	428	0	430	0	322	0	240	0	335	0	67
69	648	1	359	0	322	0	240	0	335	0	67
79	637	0	430	0	322	0	240	0	335	0	67

学校名称	研究与发展课题									
	课题总数（项）		当年投入人数（人年）		当年拨入经费（百元）		当年支出经费（百元）		著作（部）	
运城学院	26	675	11.2	663	3 400	580	1 714	623	3	605
忻州师范学院	83	537	46.8	418	1 490	654	1 548	635	9	486
山西财经大学	272	234	281.4	40	89 942	112	97 737	93	65	97
内蒙古大学	611	87	123.9	143	70 601	141	21 541.5	274	75	76
内蒙古科技大学	31	661	19.1	602	1 200	667	2 240	581	0	678
内蒙古工业大学	130	443	45.3	427	11 906	401	10 153.5	392	5	561
内蒙古农业大学	148	410	23.1	567	8 250	462	15 095.13	328	13	414
内蒙古医学院	12	703	8.3	682	120	720	110	717	0	678
内蒙古师范大学	309	212	113.4	158	135 245	77	53 349.15	155	47	144
内蒙古民族大学	61	593	62.7	332	7 110	484	9 540.4	402	15	375
赤峰学院	35	649	30.7	523	3 840	570	4 240	516	25	258
内蒙古财经学院	372	168	163	104	19 520	320	20 155	281	71	87
辽宁大学	750	60	212	71	65 641	152	27 242.15	228	74	81
大连理工大学	674	67	309.4	28	67 801	148	96 129.83	95	60	102
沈阳工业大学	123	454	40.1	461	22 486.4	298	13 645.4	345	28	232
沈阳航空工业学院	96	513	78	265	14 812	362	11 835	367	22	286
沈阳理工大学	146	415	33.2	497	15 031	358	8 984.18	418	0	678
东北大学	361	179	92.1	220	96 319.55	108	74 489.19	117	58	106
辽宁科技大学	33	654	9.4	676	5 885	507	5 725	483	5	561
辽宁工程技术大学	145	419	37.8	471	4 705	541	6 865	451	15	375
沈阳化工学院	42	635	43.6	442	4 510	545	1 465	640	2	638
大连交通大学	129	445	34.4	488	9 500	439	8 550	424	6	541
大连海事大学	226	289	33	499	95 309.97	109	86 268.97	99	292	8
大连工业大学	68	576	28.9	532	9 636	436	9 080.4	414	38	177
沈阳建筑大学	37	646	18.5	606	590	693	590	685	19	320
辽宁工业大学	23	679	11.1	664	1 880	638	1 417.5	642	11	449
沈阳农业大学	42	635	37.6	472	3 260	587	2 477	571	14	393
大连水产学院	112	482	27.5	541	6 860	490	5 065	499	21	299
中国医科大学	34	651	23.6	565	23 268.1	293	16 452.17	315	3	605
辽宁医学院	30	666	9.1	678	1 430	657	970	659	2	638
大连医科大学	48	616	31	519	1 540	651	1 147.5	654	0	678
辽宁中医药大学	40	640	4.5	708	550	696	1 198	653	12	429

续表

研究与发展成果								获奖成果数(项)			
学术论文(篇)				研究与咨询报告(篇)							
合计		其中:国外学术刊物发表		提交有关部门数		其中被采纳		合计		其中:国家级和部级	
210	454	0	430	0	322	0	240	0	335	0	67
145	553	0	430	0	322	0	240	0	335	0	67
696	106	7	188	14	90	9	71	32	22	0	67
495	183	28	54	9	125	9	71	61	11	0	67
130	571	0	430	0	322	0	240	0	335	0	67
126	577	0	430	1	269	0	240	17	47	0	67
107	606	1	359	0	322	0	240	9	90	0	67
25	698	0	430	0	322	0	240	1	257	0	67
465	204	8	166	0	322	0	240	57	13	0	67
288	363	0	430	0	322	0	240	4	152	0	67
218	439	0	430	0	322	0	240	7	110	0	67
641	120	6	203	0	322	0	240	62	10	0	67
460	212	24	68	55	29	23	34	51	16	0	67
420	242	32	49	3	216	0	240	8	98	0	67
193	481	47	37	0	322	0	240	12	73	0	67
157	539	0	430	0	322	0	240	0	335	0	67
150	549	0	430	0	322	0	240	0	335	0	67
435	230	10	141	0	322	0	240	7	110	0	67
139	559	10	141	0	322	0	240	0	335	0	67
301	350	0	430	0	322	0	240	0	335	0	67
146	552	0	430	0	322	0	240	2	209	0	67
91	622	3	260	0	322	0	240	0	335	0	67
785	84	0	430	1	269	1	198	9	90	0	67
65	654	0	430	0	322	0	240	0	335	0	67
0	722	0	430	1	269	0	240	1	257	0	67
106	609	0	430	0	322	0	240	0	335	0	67
133	565	11	132	2	241	0	240	0	335	0	67
212	449	1	359	0	322	0	240	0	335	0	67
64	656	0	430	0	322	0	240	0	335	0	67
69	648	0	430	0	322	0	240	0	335	0	67
65	654	0	430	0	322	0	240	0	335	0	67
14	710	0	430	0	322	0	240	0	335	0	67

学校名称	研究与发展课题									
	课题总数（项）		当年投入人数（人年）		当年拨入经费（百元）		当年支出经费（百元）		著作（部）	
沈阳药科大学	14	699	6.1	697	13 542	381	6 902	450	0	678
辽宁师范大学	300	215	102.9	188	15 560	355	10 918	380	182	19
沈阳师范大学	569	97	577	8	21 687.1	304	14 319.08	334	78	72
渤海大学	413	150	244.6	55	24 311	285	20 136.77	282	48	139
鞍山师范学院	110	486	20	595	1 840	641	1 569.5	632	21	299
大连外国语学院	119	464	62.1	335	13 250	385	7 454.96	440	113	47
东北财经大学	1 244	19	214	69	131 881.41	80	153 086.5	51	188	18
中国刑事警察学院	209	312	75.9	272	9 910	429	22 804	262	19	320
沈阳体育学院	240	267	58.7	351	53 809.3	176	26 609.52	234	36	184
沈阳音乐学院	466	127	29	531	7 520	475	7 270	443	5	561
鲁迅美术学院	37	646	14.7	633	7 080	485	6 780	454	4	583
吉林大学	1 242	20	445.9	13	320 193.3	26	354 060.7	18	112	50
延边大学	133	433	99.1	202	28 768.04	263	18 036.05	305	27	239
长春理工大学	211	311	131.7	131	7 050	487	9 092.8	413	13	414
东北电力大学	24	678	24	563	1 250	663	869	663	29	224
长春工业大学	381	164	232.7	60	21 510	305	18 748.9	298	11	449
吉林建筑工程学院	30	666	19.4	598	2 400	616	2 533	569	0	678
吉林化工学院	84	533	45.1	429	954	679	473.1	691	3	605
吉林农业大学	149	408	51.8	389	7 080	485	10 211.56	390	11	449
长春中医药大学	32	658	19.3	600	500	700	666	675	9	486
东北师范大学	1 114	33	412	16	324 156.3	25	337 410.9	20	168	25
北华大学	74	563	70.7	298	7 590	474	6 968	447	14	393
通化师范学院	187	350	73.3	281	8 655	454	9 526	403	4	583
吉林师范大学	253	251	164.9	102	14 910	359	16 165	316	17	346
吉林工程技术师范学院	117	470	113.1	161	8 780	452	8 780	420	18	335
长春师范学院	190	343	160.8	108	25 150	282	23 403	256	31	205
白城师范学院	119	464	133.1	129	2 090	630	1 722	621	5	561
长春税务学院	158	398	96.2	211	26 630	275	19 221	290	22	286
吉林体育学院	60	597	20.6	589	19 641	317	19 497	289	39	171
吉林艺术学院	115	475	25.5	550	3 930	562	2 340	578	10	468
黑龙江大学	544	103	240.2	57	67 895.9	147	29 262.26	216	121	41
哈尔滨工业大学	97	511	21.3	582	5 203	527	3 567	538	8	501
哈尔滨理工大学	87	527	31.7	514	11 114	415	10 164	391	12	429

续表

研究与发展成果								获奖成果数(项)			
学术论文(篇)				研究与咨询报告(篇)							
合计		其中:国外学术刊物发表		提交有关部门数		其中被采纳		合计		其中:国家级和部级	
256	397	0	430	0	322	0	240	0	335	0	67
1 189	35	27	57	25	64	3	150	12	73	0	67
799	83	14	109	7	143	3	150	31	24	0	67
408	255	5	216	15	86	7	94	7	110	0	67
375	290	0	430	0	322	0	240	1	257	0	67
210	454	25	65	0	322	0	240	0	335	0	67
1 325	25	2	302	257	2	18	46	24	34	0	67
370	296	22	74	0	322	0	240	2	209	1	37
734	93	67	18	66	23	1	198	5	138	0	67
285	364	0	430	0	322	0	240	3	172	0	67
14	710	0	430	0	322	0	240	1	257	0	67
2 124	8	26	59	50	34	50	13	77	3	1	37
493	184	80	15	6	153	6	102	10	84	0	67
370	296	60	25	0	322	0	240	4	152	0	67
337	324	0	430	0	322	0	240	0	335	0	67
131	567	4	234	0	322	0	240	5	138	0	67
61	660	0	430	0	322	0	240	0	335	0	67
123	581	0	430	0	322	0	240	0	335	0	67
167	525	0	430	10	118	0	240	7	110	0	67
148	551	16	96	0	322	0	240	0	335	0	67
1 727	15	12	124	6	153	6	102	57	13	0	67
330	330	6	203	42	41	11	62	13	68	0	67
159	535	1	359	0	322	0	240	5	138	0	67
587	140	1	359	0	322	0	240	13	68	0	67
144	555	3	260	0	322	0	240	0	335	0	67
270	383	3	260	0	322	0	240	3	172	0	67
344	316	0	430	0	322	0	240	2	209	0	67
271	379	7	188	2	241	1	198	16	52	0	67
59	663	1	359	0	322	0	240	0	335	0	67
35	689	0	430	0	322	0	240	0	335	0	67
977	50	23	71	14	90	8	80	129	1	0	67
67	651	1	359	0	322	0	240	6	124	0	67
204	468	9	153	4	188	1	198	9	90	0	67

学校名称	研究与发展课题									
	课题总数（项）		当年投入人数（人年）		当年拨入经费（百元）		当年支出经费（百元）		著作（部）	
燕山大学	341	190	189.9	81	36 320.7	225	33 696.7	192	31	205
哈尔滨工程大学	241	266	53.1	381	71 587	140	64 347.77	134	28	232
黑龙江科技学院	167	383	93.9	215	12 412	393	10 669	383	15	375
大庆石油学院	33	654	20.7	588	11 770	402	10 473.3	384	8	501
佳木斯大学	218	298	162.6	105	2 380	618	1 622	630	49	135
黑龙江八一农垦大学	31	661	20.1	594	2 520	609	2 780	562	7	523
东北农业大学	141	423	32	508	16 560	339	18 058.45	304	11	449
东北林业大学	226	289	56.9	361	14 391	367	13 608.88	346	11	449
哈尔滨医科大学	39	643	12.4	648	5 680	512	13 046.12	357	6	541
黑龙江中医药大学	23	679	32.6	502	90	723	655	677	2	638
牡丹江医学院	11	705	11.8	656	220	712	200	710	0	678
哈尔滨师范大学	599	92	278.1	41	52 897	178	56 819	150	54	116
齐齐哈尔大学	169	379	139.7	122	6 770	493	5 600	487	48	139
牡丹江师范学院	87	527	48.6	407	2 844	598	2 404	574	47	144
哈尔滨学院	116	472	42.5	449	415	704	239	706	10	468
大庆师范学院	115	475	47.7	414	2 433	613	2 049	591	7	523
绥化学院	111	483	57.6	358	2 336	621	2 183	584	5	561
哈尔滨商业大学	176	368	153	111	8 370	459	10 420	387	37	181
哈尔滨体育学院	63	590	19.2	601	3 000	595	2 560	567	1	661
复旦大学	2 775	3	699.4	4	482 753.2	18	277 204	26	340	4
同济大学	731	61	181.6	87	235 046	39	231 926	35	67	91
上海交通大学	1 065	36	217.4	67	518 898.5	14	460 630.1	12	135	35
华东理工大学	489	118	69.5	302	99 170.4	102	77 627.48	113	75	76
上海理工大学	320	207	67.3	307	78 005	131	82 238.55	102	49	135
上海海事大学	236	271	46.5	420	61 864	158	59 927.6	144	51	126
东华大学	208	315	167.6	99	170 156.6	60	94 720.4	96	56	113
上海电力学院	146	415	32.9	500	17 904.2	328	19 792.79	288	6	541
上海应用技术学院	146	415	58.1	353	37 163.61	224	32 048.15	199	12	429
上海海洋大学	178	363	47.5	415	29 885	256	16 888.2	312	7	523
上海中医药大学	164	385	53.8	380	72 470	138	18 842	295	14	393
华东师范大学	2 008	8	829.5	2	581 385	13	521 506.7	10	558	1
上海师范大学	1 141	29	154.3	110	134 796.3	78	127 170.3	65	182	19

续表

研究与发展成果								获奖成果数(项)			
学术论文(篇)				研究与咨询报告(篇)							
合计		其中:国外学术刊物发表		提交有关部门数		其中被采纳		合计		其中:国家级和部级	
718	98	6	203	2	241	0	240	13	68	0	67
440	226	9	153	0	322	0	240	34	20	1	37
314	344	36	44	0	322	0	240	18	45	0	67
231	425	0	430	0	322	0	240	7	110	0	67
559	153	4	234	0	322	0	240	7	110	0	67
131	567	8	166	0	322	0	240	0	335	0	67
285	364	0	430	0	322	0	240	21	39	0	67
186	492	2	302	0	322	0	240	0	335	0	67
37	686	0	430	0	322	0	240	2	209	0	67
20	703	0	430	1	269	1	198	4	152	0	67
76	638	0	430	0	322	0	240	0	335	0	67
866	70	16	96	5	166	0	240	71	6	0	67
637	121	0	430	0	322	0	240	3	172	0	67
420	242	2	302	0	322	0	240	0	335	0	67
210	454	0	430	0	322	0	240	0	335	0	67
290	361	2	302	0	322	0	240	8	98	0	67
244	413	1	359	1	269	0	240	5	138	0	67
549	158	0	430	0	322	0	240	12	73	0	67
39	683	0	430	0	322	0	240	0	335	0	67
3 101	5	157	6	122	9	100	6	104	2	1	37
506	179	20	81	15	86	14	56	7	110	0	67
903	64	81	14	1	269	0	240	35	19	0	67
558	154	11	132	9	125	9	71	3	172	0	67
659	114	39	43	0	322	0	240	0	335	0	67
331	328	14	109	0	322	0	240	3	172	0	67
471	198	21	76	0	322	0	240	0	335	0	67
509	177	0	430	0	322	0	240	0	335	0	67
214	448	14	109	0	322	0	240	0	335	0	67
210	454	3	260	6	153	6	102	1	257	0	67
117	590	0	430	0	322	0	240	0	335	0	67
4 014	1	101	11	224	3	208	2	60	12	3	22
1 264	31	21	76	3	216	3	150	17	47	0	67

学校名称	研究与发展课题								著作（部）	
	课题总数（项）		当年投入人数（人年）		当年拨入经费（百元）		当年支出经费（百元）			
上海外国语大学	173	375	121.4	147	14 889	360	9 212	409	172	23
上海财经大学	1 459	15	302.7	31	290 809.2	30	235 134.2	33	113	47
上海对外贸易学院	286	226	85.3	239	41 359.32	212	34 994.28	190	79	70
上海海关学院	116	472	42.4	450	11 383.5	409	4 885.71	502	32	200
华东政法大学	564	99	60.3	345	75 313	137	60 676.8	142	124	39
上海体育学院	198	331	107.9	172	64 770.84	154	129 186.7	64	12	429
上海音乐学院	153	404	50.8	391	62 369	155	8 610	421	16	359
上海戏剧学院	131	438	36.9	475	12 805.01	389	14 327.43	332	22	286
上海大学	909	45	262.5	47	412 207.4	19	365 757.9	17	154	32
南京大学	1 210	22	306	30	681 229.1	11	445 114.1	14	214	15
苏州大学	800	53	185	84	151 226	65	132 589	61	100	53
东南大学	424	140	140.1	121	114 785	91	133 784	60	80	67
南京航空航天大学	321	206	75.7	273	59 680.5	162	58 113	145	18	335
南京理工大学	246	259	76.5	269	86 715.6	116	26 611.2	233	22	286
江苏科技大学	236	271	54.6	374	21 385	309	14 123	337	8	501
中国矿业大学	382	162	149.7	113	112 729.4	94	111 086.9	79	45	152
南京工业大学	291	220	25.9	546	58 308.96	164	28 326.36	222	10	468
江苏工业学院	89	523	18.5	606	10 236	427	9 068	415	8	501
南京邮电大学	138	426	43.5	444	21 840	301	23 120	259	3	605
河海大学	614	86	83.4	248	345 595.3	22	329 795.4	21	31	205
江南大学	673	70	179.4	89	183 094.3	50	192 959.2	43	54	116
南京林业大学	83	537	42.1	451	23 496	290	10 945	379	3	605
江苏大学	397	159	131.7	131	75 860	136	74 347	118	13	414
南京信息工程大学	648	77	75.4	275	62 146	156	34 462.5	191	7	523
南通大学	502	113	94.1	214	31 356.28	247	18 403.78	299	23	275
盐城工学院	118	468	21.1	584	9 124	445	6 385	465	15	375
南京农业大学	587	94	274	42	200 392.5	48	199 297.7	41	18	335
南京医科大学	102	501	26.4	544	7 902	469	6 233	470	14	393
徐州医学院	49	614	15	630	2 175	629	1 711	624	4	583
南京中医药大学	115	475	23	568	3 930	562	3 585	537	19	320
中国药科大学	92	519	21.8	578	13 045	387	13 377	352	13	414
南京师范大学	674	67	188	83	100 166	99	106 577	82	127	38

续表

研究与发展成果								获奖成果数(项)			
学术论文(篇)				研究与咨询报告(篇)							
合计		其中:国外学术刊物发表		提交有关部门数		其中被采纳		合计		其中:国家级和部级	
817	79	33	46	4	188	4	132	7	110	0	67
927	59	231	3	29	55	29	29	43	17	0	67
390	278	5	216	1	269	0	240	2	209	1	37
160	532	0	430	1	269	1	198	0	335	0	67
1 174	36	13	115	0	322	0	240	22	37	4	19
226	432	0	430	1	269	0	240	1	257	0	67
51	671	3	260	0	322	0	240	1	257	0	67
114	593	0	430	0	322	0	240	1	257	1	37
1 063	45	34	45	1	269	1	198	27	30	0	67
3 196	3	112	10	12	100	9	71	3	172	3	22
980	49	14	109	43	40	29	29	2	209	2	30
562	151	59	26	17	75	17	49	0	335	0	67
257	395	23	71	13	95	8	80	0	335	0	67
301	350	4	234	6	153	6	102	0	335	0	67
332	327	3	260	3	216	3	150	0	335	0	67
480	192	2	302	6	153	0	240	0	335	0	67
350	310	3	260	16	80	13	58	0	335	0	67
243	414	8	166	0	322	0	240	0	335	0	67
123	581	1	359	4	188	4	132	0	335	0	67
396	274	10	141	29	55	6	102	0	335	0	67
821	77	7	188	5	166	5	114	0	335	0	67
112	595	0	430	0	322	0	240	0	335	0	67
372	294	6	203	2	241	0	240	1	257	1	37
398	271	3	260	39	43	29	29	1	257	1	37
714	103	13	115	2	241	2	177	0	335	0	67
403	265	3	260	3	216	3	150	0	335	0	67
635	124	0	430	13	95	5	114	0	335	0	67
91	622	2	302	0	322	0	240	0	335	0	67
126	577	0	430	0	322	0	240	0	335	0	67
128	574	2	302	0	322	0	240	0	335	0	67
151	547	1	359	0	322	0	240	0	335	0	67
783	85	23	71	8	133	8	80	0	335	0	67

学校名称	研究与发展课题									
	课题总数（项）		当年投入人数（人年）		当年拨入经费（百元）		当年支出经费（百元）		著作（部）	
徐州师范大学	644	79	251.8	53	148 878	68	131 112.7	63	29	224
淮阴师范学院	232	278	31.8	512	21 440	308	20 472	277	27	239
盐城师范学院	148	410	86.5	234	12 400	394	10 015	394	45	152
南京财经大学	380	165	56.4	363	56 340	170	68 698.5	129	21	299
江苏警官学院	200	328	65.8	315	11 410	408	2 563.24	566	12	429
南京体育学院	121	460	55.3	367	4 720	540	1 400.6	643	1	661
南京艺术学院	255	249	56.5	362	10 320	424	2 377.72	576	53	119
苏州科技学院	231	280	66.9	309	12 143.5	398	15 353	323	12	429
常熟理工学院	150	407	55.5	366	11 202	413	8 116.18	432	12	429
浙江大学	4 369	1	295.8	35	1 659 323	3	136 332.8	59	287	9
杭州电子科技大学	549	102	181	88	68 375	146	65 869.41	131	28	232
浙江工业大学	997	40	165	101	222 393.2	42	228 839	36	72	86
浙江理工大学	798	54	128.4	135	271 246.9	33	252 189.2	30	15	375
浙江海洋学院	616	84	81.7	255	16 523	341	16 007.88	318	27	239
浙江林学院	442	133	234.2	58	52 555	179	35 207	189	43	161
温州医学院	184	355	38.1	468	9 091.5	446	8 260	430	3	605
浙江中医药大学	288	225	58.8	349	5 839.28	509	1 872.51	602	2	638
浙江师范大学	845	50	227.3	61	152 749.3	64	109 686	80	117	44
杭州师范大学	1 093	34	264.4	46	245 294.8	37	124 318.4	66	95	55
湖州师范学院	326	200	96.3	210	38 602	222	32 532	195	24	263
绍兴文理学院	212	310	102	192	43 999	207	40 301	180	19	320
台州学院	296	217	150	112	25 371	280	25 189.6	243	19	320
温州大学	802	52	134.3	127	71 867.8	139	71 858.8	124	27	239
丽水学院	253	251	87.9	228	12 343.1	395	12 997.5	359	3	605
浙江工商大学	847	49	309	29	347 509.5	21	351 226.5	19	121	41
嘉兴学院	204	320	115.1	155	76 378	135	46 426.3	166	14	393
中国美术学院	360	180	100.6	197	491 953.2	17	452 629.5	13	94	56
中国计量学院	435	138	110.3	166	77 701.29	133	62 418.21	137	13	414
安徽大学	767	59	127.2	138	126 452.5	85	100 676.2	89	105	52
中国科学技术大学	66	579	54.7	372	51 238	183	41 893	175	6	541
合肥工业大学	489	118	63	326	100 158	100	98 155	92	16	359
安徽工业大学	290	222	82.9	251	29 702	259	26 011	238	2	638

续表

研究与发展成果								获奖成果数(项)			
学术论文(篇)				研究与咨询报告(篇)							
合计		其中:国外学术刊物发表		提交有关部门数		其中被采纳		合计		其中:国家级和部级	
900	65	8	166	8	133	8	80	0	335	0	67
428	236	11	132	8	133	5	114	0	335	0	67
484	191	2	302	3	216	1	198	0	335	0	67
411	249	15	101	11	108	9	71	0	335	0	67
218	439	0	430	0	322	0	240	0	335	0	67
85	632	0	430	0	322	0	240	0	335	0	67
403	265	0	430	1	269	0	240	0	335	0	67
498	182	2	302	2	241	0	240	0	335	0	67
374	292	5	216	1	269	1	198	0	335	0	67
2 029	10	146	8	152	4	28	32	3	172	3	22
382	286	65	20	3	216	3	150	0	335	0	67
687	109	8	166	26	62	1	198	0	335	0	67
421	240	1	359	1	269	0	240	1	257	1	37
281	369	5	216	5	166	5	114	0	335	0	67
508	178	2	302	11	108	11	62	0	335	0	67
48	676	0	430	4	188	1	198	0	335	0	67
57	664	0	430	15	86	15	53	0	335	0	67
1 269	30	31	50	72	20	31	24	0	335	0	67
449	221	8	166	6	153	2	177	0	335	0	67
410	253	9	153	25	64	7	94	0	335	0	67
340	321	5	216	0	322	0	240	0	335	0	67
233	423	1	359	0	322	0	240	0	335	0	67
521	171	16	96	6	153	6	102	0	335	0	67
185	496	0	430	0	322	0	240	0	335	0	67
1 280	29	57	30	27	60	8	80	6	124	6	12
345	314	7	188	0	322	0	240	0	335	0	67
406	258	4	234	0	322	0	240	0	335	0	67
320	339	2	302	57	26	40	17	0	335	0	67
783	85	9	153	1	269	1	198	1	257	1	37
85	632	4	234	0	322	0	240	0	335	0	67
186	492	0	430	0	322	0	240	0	335	0	67
324	335	4	234	0	322	0	240	0	335	0	67

学校名称	研究与发展课题									
	课题总数（项）		当年投入人数（人年）		当年拨入经费（百元）		当年支出经费（百元）		著作（部）	
安徽理工大学	70	571	19.9	596	6 830	491	6 143	472	4	583
安徽工程科技学院	223	293	50.4	396	36 000	229	29 411.5	212	24	263
安徽农业大学	131	438	36.8	476	19 060	322	12 575	363	14	393
安徽医科大学	81	544	65.8	315	16 807.29	336	10 856.79	381	19	320
蚌埠医学院	54	605	13.6	640	440	703	398	696	0	678
皖南医学院	45	622	11.8	656	750	687	579	686	0	678
安徽中医学院	66	579	25.7	548	2 640	603	1 077.35	657	2	638
安徽师范大学	896	46	141.1	120	65 230	153	54 044.78	152	66	93
阜阳师范学院	218	298	48.7	406	11 650	404	11 610	370	30	215
安庆师范学院	148	410	102.8	189	14 820	361	14 820	330	29	224
淮北煤炭师范学院	204	320	75.7	273	14 485	366	9 996.65	396	19	320
黄山学院	235	273	33.4	495	7 470	477	3 374.2	544	6	541
皖西学院	187	350	50.5	394	11 175	414	9 972	397	8	501
滁州学院	145	419	34.4	488	3 690	573	3 022	555	2	638
安徽财经大学	580	95	290.8	38	43 788	208	40 055.35	181	33	196
宿州学院	164	385	44.4	437	3 348	584	3 457	543	1	661
巢湖学院	163	389	36.8	476	7 845	470	3 639	534	4	583
淮南师范学院	200	328	35.8	483	3 860	568	2 126	587	9	486
铜陵学院	294	218	78.3	263	9 138	444	4 231.5	517	8	501
厦门大学	2 359	5	260.4	48	905 437.4	8	715 210.7	6	254	11
华侨大学	662	72	159.5	109	56 695	169	50 694	157	34	190
福州大学	576	96	106.5	175	48 220	189	48 850	159	24	263
福建工程学院	260	242	65.9	313	4 822	537	6 597	457	8	501
福建农林大学	159	397	72.6	285	14 520	365	17 775	306	9	486
集美大学	314	209	42.7	447	32 543	245	27 456.12	225	16	359
福建医科大学	39	643	22.2	575	3 860	568	2 088	589	0	678
福建中医学院	117	470	50.5	394	7 925	468	6 994.79	445	1	661
福建师范大学	1 076	35	131.5	133	77 955.38	132	55 936.4	151	88	59
闽江学院	177	367	29.4	528	11 582	406	5 468	491	26	251
武夷学院	119	464	45.1	429	6 199	502	5 409	492	12	429
泉州师范学院	235	273	106.4	176	12 229	397	6 394	464	16	359
漳州师范学院	94	515	12.7	646	2 486	611	2 486	570	7	523

续表

研究与发展成果								获奖成果数(项)			
学术论文(篇)				研究与咨询报告(篇)							
合计		其中:国外学术刊物发表		提交有关部门数		其中被采纳		合计		其中:国家级和部级	
190	484	8	166	5	166	0	240	0	335	0	67
189	485	4	234	13	95	5	114	0	335	0	67
255	398	8	166	0	322	0	240	0	335	0	67
129	573	1	359	0	322	0	240	0	335	0	67
35	689	0	430	0	322	0	240	0	335	0	67
29	695	0	430	0	322	0	240	0	335	0	67
66	652	0	430	0	322	0	240	0	335	0	67
945	56	0	430	0	322	0	240	0	335	0	67
285	364	0	430	3	216	3	150	0	335	0	67
398	271	1	359	0	322	0	240	0	335	0	67
271	379	0	430	0	322	0	240	0	335	0	67
250	404	1	359	0	322	0	240	0	335	0	67
193	481	0	430	0	322	0	240	0	335	0	67
145	553	0	430	0	322	0	240	0	335	0	67
955	55	6	203	0	322	0	240	3	172	3	22
112	595	0	430	0	322	0	240	0	335	0	67
210	454	0	430	0	322	0	240	0	335	0	67
195	479	0	430	0	322	0	240	0	335	0	67
183	501	1	359	12	100	11	62	0	335	0	67
1 985	12	280	2	146	5	126	3	10	84	10	6
459	213	0	430	0	322	0	240	0	335	0	67
428	236	59	26	0	322	0	240	1	257	1	37
263	390	2	302	0	322	0	240	0	335	0	67
110	599	0	430	1	269	1	198	0	335	0	67
278	374	0	430	0	322	0	240	0	335	0	67
38	685	0	430	0	322	0	240	0	335	0	67
131	567	0	430	0	322	0	240	0	335	0	67
1 137	39	10	141	4	188	4	132	2	209	2	30
459	213	2	302	4	188	4	132	0	335	0	67
187	488	0	430	14	90	6	102	0	335	0	67
368	300	2	302	0	322	0	240	0	335	0	67
335	326	5	216	0	322	0	240	0	335	0	67

学校名称	研究与发展课题								著作	
	课题总数（项）		当年投入人数（人年）		当年拨入经费（百元）		当年支出经费（百元）		著作（部）	
南昌大学	1 218	21	42.7	447	144 976	73	102 100	87	58	106
华东交通大学	196	335	8.5	680	47 703	192	33 345	193	3	605
东华理工大学	310	211	118.8	151	29 793	258	30 256	206	6	541
南昌航空大学	253	251	89.9	224	35 298.58	235	23 507.38	254	24	263
江西理工大学	47	620	9.3	677	6 900	489	6 440	462	3	605
景德镇陶瓷学院	390	160	70.7	298	23 734	289	14 155	336	22	286
江西农业大学	250	254	20.6	589	11 965	399	10 001	395	9	486
江西中医学院	29	669	19	604	1 060	676	710.8	672	0	678
赣南医学院	31	661	13.1	644	410	705	320	700	0	678
江西师范大学	1 116	32	104.5	184	62 085	157	63 995	135	39	171
上饶师范学院	118	468	76	271	2 430	614	1 997	595	6	541
宜春学院	171	377	44.2	440	6 100	504	1 562.9	633	11	449
赣南师范学院	500	114	86.2	235	30 000	255	30 000	209	20	307
井冈山大学	166	384	50.3	397	4 565	543	2 162.5	585	12	429
江西财经大学	198	331	70.8	297	61 592	159	30 529	204	134	36
山东大学	1 808	10	143.6	118	262 858.4	34	319 470.7	22	166	27
中国海洋大学	339	193	5.2	704	2 350	620	3 810	530	22	286
山东科技大学	205	318	113	162	20 340	315	20 193	280	18	335
中国石油大学(华东)	130	443	44.3	438	86 436	118	73 658.9	119	23	275
青岛科技大学	332	196	72.1	287	26 418	277	30 006.2	208	52	122
济南大学	674	67	252.5	52	51 359	182	25 197.42	242	48	139
青岛理工大学	58	600	28.6	535	3 738	572	3 630	535	25	258
山东建筑大学	76	556	33.4	495	22 192.5	300	18 082	302	36	184
山东轻工业学院	76	556	44.5	436	14 020	373	14 325	333	16	359
山东理工大学	438	136	37	474	40 497	217	30 470.4	205	14	393
山东农业大学	178	363	32.2	507	9 650	435	13 160	356	11	449
青岛农业大学	78	552	24.8	555	16 420	343	14 050	338	8	501
潍坊医学院	73	566	62.5	334	7 200	483	7 757	436	7	523
泰山医学院	58	600	50.1	399	1 800	644	1 546	636	2	638
滨州医学院	80	547	39.1	465	1 481	655	1 841	607	23	275
山东中医药大学	11	705	4.2	711	240	711	210	709	5	561
济宁医学院	8	715	16	625	140	718	20	721	2	638
山东师范大学	305	213	309.9	27	30 298.59	254	21 927.6	271	85	63

续表

研究与发展成果								获奖成果数(项)			
学术论文(篇)				研究与咨询报告(篇)							
合计		其中:国外学术刊物发表		提交有关部门数		其中被采纳		合计		其中:国家级和部级	
1 003	48	89	12	0	322	0	240	0	335	0	67
212	449	4	234	0	322	0	240	0	335	0	67
375	290	4	234	10	118	10	66	0	335	0	67
370	296	5	216	0	322	0	240	0	335	0	67
1	721	0	430	0	322	0	240	0	335	0	67
461	211	0	430	1	269	1	198	0	335	0	67
106	609	0	430	0	322	0	240	0	335	0	67
0	722	0	430	0	322	0	240	0	335	0	67
51	671	0	430	0	322	0	240	0	335	0	67
520	172	3	260	4	188	2	177	0	335	0	67
187	488	0	430	0	322	0	240	0	335	0	67
365	301	0	430	0	322	0	240	0	335	0	67
591	139	1	359	0	322	0	240	0	335	0	67
299	353	0	430	0	322	0	240	0	335	0	67
1 074	44	33	46	7	143	5	114	0	335	0	67
1 296	28	25	65	12	100	4	132	30	26	0	67
247	407	8	166	0	322	0	240	4	152	0	67
441	225	0	430	0	322	0	240	2	209	1	37
384	281	3	260	3	216	2	177	4	152	0	67
718	98	1	359	0	322	0	240	1	257	0	67
890	67	58	28	58	25	45	15	9	90	0	67
215	447	11	132	3	216	3	150	0	335	0	67
201	475	50	32	4	188	0	240	4	152	0	67
101	613	0	430	6	153	0	240	3	172	0	67
395	275	0	430	0	322	0	240	5	138	0	67
110	599	4	234	2	241	1	198	2	209	0	67
262	392	2	302	0	322	0	240	1	257	1	37
73	643	0	430	0	322	0	240	0	335	0	67
52	670	0	430	0	322	0	240	0	335	0	67
206	462	4	234	2	241	2	177	1	257	0	67
12	713	0	430	0	322	0	240	0	335	0	67
140	558	0	430	0	322	0	240	0	335	0	67
520	172	7	188	10	118	7	94	14	61	0	67

学校名称	研究与发展课题								著作	
	课题总数（项）		当年投入人数（人年）		当年拨入经费（百元）		当年支出经费（百元）		著作（部）	
曲阜师范大学	487	121	173.7	94	46 345	196	32 610	194	35	188
聊城大学	421	143	298.1	33	17 580	331	22 923	261	51	126
德州学院	201	327	48	413	6 090	505	5 406.1	493	15	375
滨州学院	245	260	101.4	194	9 540	438	7 672.5	438	8	501
鲁东大学	289	224	208.1	73	44 140	204	42 780	171	47	144
临沂师范学院	649	76	40.4	459	45 450	199	24 273	248	19	320
泰山学院	217	302	113.7	157	7 390	480	9 403.5	405	30	215
济宁学院	66	579	61.3	342	1 210	666	713	671	8	501
菏泽学院	38	645	17.3	615	1 090	675	1 090	656	8	501
山东经济学院	486	123	163.1	103	113 410	93	106 434.6	83	75	76
山东体育学院	203	322	31.9	511	8 470	458	2 045.75	592	3	605
山东艺术学院	185	354	11	665	2 570	607	1 910	598	24	263
郑州大学	690	64	209.2	72	175 000.6	56	121 219.7	67	116	45
河南理工大学	489	118	85.9	237	42 110	211	32 144	198	20	307
郑州轻工业学院	243	263	48.5	408	17 318	333	16 029	317	45	152
河南工业大学	625	82	141.3	119	6 143	503	4 168	518	27	239
河南科技大学	107	492	31.2	517	16 060	349	6 116.6	473	38	177
中原工学院	132	435	63	326	69 700	143	70 762	125	27	239
河南农业大学	187	350	26.6	543	4 470	546	4 470	513	6	541
河南科技学院	332	196	70.1	301	5 186	530	3 736	531	56	113
河南中医学院	12	703	5.5	701	1 690	647	1 690	627	17	346
新乡医学院	163	389	28.1	537	1 220	665	624	680	2	638
河南大学	218	298	65.7	317	35 646	232	28 650.5	219	83	64
河南师范大学	532	107	161.7	106	25 836	278	7 476	439	39	171
信阳师范学院	268	238	84.5	244	16 490	342	13 470	350	14	393
周口师范学院	182	357	84.6	243	2 620	605	2 620	564	12	429
安阳师范学院	418	145	106.6	174	3 940	561	1 507	637	22	286
许昌学院	352	187	59.6	348	10 780	419	10 450	386	26	251
南阳师范学院	372	168	58.5	352	6 240	501	4 863	503	18	335
洛阳师范学院	231	280	121.2	148	19 630	318	17 750	307	33	196
商丘师范学院	73	566	44.9	434	4 340	549	3 814.5	529	5	561
河南财经学院	84	533	43.2	445	16 930	335	12 655	362	75	76
郑州航空工业管理学院	400	156	149	115	20 626	314	19 926	286	32	200
武汉大学	2 519	4	683.4	5	937 321	6	747 443	5	389	2

续表

研究与发展成果								获奖成果数(项)			
学术论文(篇)				研究与咨询报告(篇)							
合计		其中:国外学术刊物发表		提交有关部门数		其中被采纳		合计		其中:国家级和部级	
464	206	13	115	4	188	0	240	16	52	0	67
956	54	3	260	2	241	2	177	14	61	0	67
279	372	4	234	1	269	0	240	3	172	0	67
236	420	3	260	1	269	0	240	4	152	0	67
716	100	0	430	23	68	17	49	10	84	0	67
322	337	26	59	44	38	3	150	5	138	0	67
524	170	2	302	7	143	0	240	0	335	0	67
178	508	0	430	0	322	0	240	3	172	0	67
323	336	1	359	0	322	0	240	0	335	0	67
644	117	2	302	89	13	31	24	16	52	0	67
69	648	0	430	0	322	0	240	1	257	0	67
222	437	0	430	0	322	0	240	1	257	0	67
1 445	19	3	260	105	10	105	5	19	42	0	67
649	116	133	9	0	322	0	240	5	138	0	67
362	302	5	216	53	31	20	41	3	172	0	67
490	188	6	203	2	241	0	240	7	110	0	67
355	306	1	359	4	188	0	240	5	138	0	67
405	261	0	430	1	269	0	240	3	172	0	67
245	412	5	216	31	53	31	24	1	257	0	67
608	133	8	166	41	42	19	42	2	209	0	67
17	704	2	302	1	269	1	198	3	172	0	67
154	542	0	430	16	80	8	80	0	335	0	67
1 391	20	3	260	0	322	0	240	26	32	1	37
725	94	3	260	1	269	0	240	15	57	0	67
464	206	0	430	0	322	0	240	3	172	0	67
475	196	0	430	12	100	1	198	2	209	0	67
539	162	2	302	71	21	21	39	4	152	0	67
611	129	9	153	44	38	10	66	2	209	0	67
477	195	1	359	0	322	0	240	2	209	0	67
635	124	0	430	0	322	0	240	1	257	0	67
433	235	2	302	0	322	0	240	4	152	0	67
144	555	0	430	0	322	0	240	9	90	0	67
297	357	4	234	0	322	0	240	0	335	0	67
3 108	4	88	13	390	1	385	1	14	61	14	4

学校名称	研究与发展课题								著作（部）	
	课题总数（项）		当年投入人数（人年）		当年拨入经费（百元）		当年支出经费（百元）			
华中科技大学	652	74	222.7	63	174 204.9	59	131 801.6	62	73	84
武汉科技大学	270	236	101.1	195	22 446	299	17 448.2	309	17	346
长江大学	19	688	2.9	718	15 893	352	13 030	358	21	299
武汉工程大学	217	302	67.3	307	49 642	185	47 694	163	7	523
中国地质大学	494	117	108.2	171	129 933	83	108 909.9	81	16	359
武汉科技学院	230	284	60.3	345	76 912	134	73 199	122	47	144
武汉工业学院	257	245	85	240	12 810	388	8 988.58	417	20	307
武汉理工大学	363	173	95.2	213	102 853	98	65 338.88	132	29	224
湖北工业大学	192	337	77.5	266	41 015	215	37 042.42	183	39	171
华中农业大学	416	147	113.4	158	113 931.3	92	106 208.8	85	14	393
湖北中医学院	28	672	16.5	622	1 900	637	460	693	4	583
华中师范大学	962	42	376.2	20	685 334	10	703 907.5	7	307	6
湖北大学	452	130	167.7	97	79 480	127	88 077.2	98	27	239
湖北师范学院	226	289	105.5	179	13 812	378	13 796	344	15	375
黄冈师范学院	180	362	12.1	650	18 120	326	14 020	340	19	320
湖北民族学院	176	368	31.8	512	11 560	407	11 560	372	20	307
襄樊学院	77	555	37.4	473	27 910	268	26 675	231	3	605
中南财经政法大学	1 036	39	341.7	24	327 860.7	23	205 476.3	39	133	37
武汉体育学院	373	167	30.7	523	24 985	283	22 345	268	58	106
湖北美术学院	48	616	50.7	392	29 010	261	30 965	202	41	164
中南民族大学	322	205	104.9	181	47 223	194	40 665	178	34	190
湖北汽车工业学院	65	584	34.4	488	8 830	450	8 830	419	3	605
孝感学院	240	267	62.8	329	7 428	479	5 880	480	9	486
湘潭大学	970	41	203.7	76	221 464.4	43	217 035.1	37	66	93
吉首大学	341	190	102.4	191	70 015	142	61 587.2	141	15	375
湖南大学	1 300	18	400.6	18	178 602.9	54	154 380.6	50	80	67
中南大学	467	126	245.1	54	182 959.5	51	148 910	54	139	34
湖南科技大学	559	101	300.8	32	68 840	145	65 162	133	32	200
长沙理工大学	441	134	218	66	93 848.5	110	61 762.5	139	45	152
湖南农业大学	538	106	188.4	82	17 820	330	23 473	255	20	307
中南林业科技大学	359	182	39.2	464	46 270	197	15 127.9	327	26	251
湖南中医药大学	18	689	3.8	712	950	680	1 260	650	2	638

续表

研究与发展成果								获奖成果数(项)			
学术论文(篇)				研究与咨询报告(篇)							
合计		其中:国外学术刊物发表		提交有关部门数		其中被采纳		合计		其中:国家级和部级	
536	164	15	101	2	241	2	177	0	335	0	67
519	174	8	166	0	322	0	240	0	335	0	67
823	76	18	87	0	322	0	240	0	335	0	67
224	433	0	430	0	322	0	240	0	335	0	67
242	415	10	141	6	153	5	114	0	335	0	67
657	115	17	91	1	269	0	240	0	335	0	67
350	310	18	87	0	322	0	240	0	335	0	67
454	218	13	115	0	322	0	240	0	335	0	67
371	295	3	260	4	188	4	132	0	335	0	67
299	353	0	430	4	188	4	132	0	335	0	67
25	698	0	430	0	322	0	240	0	335	0	67
1 372	23	11	132	49	35	47	14	4	152	0	67
546	160	12	124	3	216	3	150	0	335	0	67
406	258	2	302	1	269	0	240	0	335	0	67
465	204	0	430	0	322	0	240	0	335	0	67
248	405	1	359	0	322	0	240	5	138	5	14
382	286	0	430	0	322	0	240	0	335	0	67
922	60	17	91	31	53	31	24	1	257	1	37
459	213	0	430	2	241	2	177	0	335	0	67
170	524	2	302	7	143	7	94	2	209	1	37
175	513	0	430	10	118	3	150	14	61	14	4
128	574	1	359	0	322	0	240	0	335	0	67
340	321	0	430	0	322	0	240	0	335	0	67
610	130	5	216	5	166	3	150	14	61	3	22
752	90	2	302	0	322	0	240	4	152	0	67
965	53	11	132	1	269	0	240	21	39	1	37
1 722	16	61	22	5	166	5	114	1	257	0	67
829	75	5	216	8	133	6	102	9	90	0	67
562	151	44	39	9	125	3	150	8	98	0	67
722	96	15	101	10	118	8	80	3	172	0	67
459	213	31	50	0	322	0	240	4	152	0	67
56	666	0	430	0	322	0	240	0	335	0	67

学校名称	研究与发展课题									
	课题总数（项）		当年投入人数（人年）		当年拨入经费（百元）		当年支出经费（百元）		著作（部）	
湖南师范大学	1 328	17	478.4	12	84 494.42	123	70 442.11	126	120	43
湖南理工学院	106	494	25	552	23 104	294	18 934	294	18	335
湘南学院	216	306	24.9	554	9 740	432	7 723	437	9	486
衡阳师范学院	328	199	65.4	318	28 317	265	20 125	283	13	414
邵阳学院	146	415	62.1	335	9 442	440	6 580	458	32	200
怀化学院	127	448	12.1	650	12 790	390	9 210	410	15	375
湖南文理学院	49	614	58	354	29 700	260	24 000	249	14	393
湖南科技学院	365	172	46.8	418	8 098	463	5 818	482	20	307
湖南人文科技学院	182	357	55	369	8 600	455	8 440	427	17	346
湖南商学院	661	73	99.2	201	57 827.59	166	26 129.29	237	35	188
南华大学	280	232	51.7	390	35 900	230	19 120	291	11	449
中山大学	1 507	14	492.9	10	1 034 901	5	1 467 083	1	182	19
暨南大学	1 146	27	373.9	21	314 690.9	27	238 240.4	32	140	33
汕头大学	209	312	124.4	142	21 317.08	310	6 667.72	456	31	205
华南理工大学	1 777	12	149.7	113	518 811.3	15	415 883.3	15	53	119
华南农业大学	774	57	170.1	95	140 244.7	74	89 756	97	29	224
广东海洋大学	162	393	115	156	23 047	295	22 524.95	264	10	468
广州医学院	73	566	14.5	635	2 335	622	2 128.95	586	2	638
广东医学院	51	611	24.2	562	2 330	623	1 741	619	1	661
广州中医药大学	87	527	14.4	637	5 050	531	5 016.25	500	2	638
广东药学院	65	584	17.2	616	4 095	556	2 358.12	577	0	678
华南师范大学	956	44	363.2	22	252 526.8	36	243 406.8	31	157	29
韶关学院	53	607	19.4	598	16 550	340	11 578	371	2	638
惠州学院	163	389	86.6	233	29 806.2	257	24 393.2	246	22	286
韩山师范学院	183	356	52.3	387	10 739	420	7 985	433	10	468
湛江师范学院	513	110	126.4	141	31 724	246	24 371.2	247	31	205
肇庆学院	121	460	32.3	506	21 055	313	11 351.75	375	29	224
嘉应学院	79	550	55	369	7 225	482	7 345	442	4	583
广州体育学院	340	192	103.5	187	28 642.1	264	26 630.33	232	18	335
广州美术学院	325	201	99.4	200	137 582.7	75	35 317.17	188	41	164
星海音乐学院	48	616	15.3	628	2 550	608	1 434.32	641	8	501
广东技术师范学院	244	261	46.9	416	7 520	475	6 785	453	38	177

续表

研究与发展成果								获奖成果数(项)			
学术论文(篇)				研究与咨询报告(篇)							
合计		其中:国外学术刊物发表		提交有关部门数		其中被采纳		合计		其中:国家级和部级	
1 124	40	9	153	4	188	3	150	17	47	0	67
464	206	22	74	3	216	1	198	2	209	0	67
277	376	0	430	0	322	0	240	1	257	0	67
392	277	1	359	0	322	0	240	2	209	0	67
420	242	0	430	3	216	2	177	1	257	0	67
644	117	0	430	0	322	0	240	1	257	0	67
440	226	4	234	1	269	1	198	1	257	0	67
556	155	0	430	0	322	0	240	0	335	0	67
450	220	5	216	0	322	0	240	1	257	0	67
744	91	0	430	5	166	5	114	6	124	0	67
212	449	8	166	0	322	0	240	0	335	0	67
1 376	22	56	31	47	36	36	21	10	84	10	6
1 518	18	67	18	8	133	4	132	6	124	6	12
248	405	11	132	4	188	4	132	0	335	0	67
940	57	26	59	62	24	57	10	0	335	0	67
705	104	2	302	29	55	24	33	0	335	0	67
400	269	0	430	7	143	5	114	0	335	0	67
86	630	1	359	0	322	0	240	0	335	0	67
110	599	0	430	0	322	0	240	0	335	0	67
37	686	0	430	0	322	0	240	0	335	0	67
130	571	0	430	0	322	0	240	0	335	0	67
1 370	24	48	36	34	50	32	23	0	335	0	67
198	476	0	430	0	322	0	240	0	335	0	67
493	184	0	430	4	188	3	150	0	335	0	67
469	200	4	234	1	269	1	198	0	335	0	67
563	149	1	359	9	125	6	102	0	335	0	67
439	228	1	359	2	241	2	177	0	335	0	67
408	255	0	430	0	322	0	240	0	335	0	67
266	388	3	260	1	269	0	240	0	335	0	67
217	441	2	302	22	69	22	36	0	335	0	67
66	652	2	302	0	322	0	240	0	335	0	67
607	135	1	359	1	269	0	240	0	335	0	67

学校名称	研究与发展课题								著作	
	课题总数（项）		当年投入人数（人年）		当年拨入经费（百元）		当年支出经费（百元）		著作（部）	
海南大学	247	257	74.5	278	16 375	344	18 769.07	297	75	76
深圳大学	515	109	100.7	196	168 786	61	163 654	48	46	150
广东商学院	615	85	182.1	86	129 420	84	76 716.59	114	52	122
广西大学	873	48	168.7	96	202 193.8	47	149 853	53	39	171
广西工学院	197	333	71.2	291	14 574	364	15 252.35	326	10	468
桂林电子科技大学	610	88	77.4	267	57 984.99	165	58 109.67	146	14	393
桂林工学院	115	475	41.6	452	87 680	114	63 310	136	23	275
广西医科大学	15	697	7.2	690	300	708	844	664	0	678
右江民族医学院	10	709	9.7	674	510	699	310	702	0	678
广西中医学院	32	658	5.4	702	5 200	528	3 977	524	8	501
桂林医学院	11	705	2.6	721	175	716	156	714	6	541
广西师范大学	687	66	410.4	17	166 936.1	62	114 587.8	73	74	81
广西师范学院	350	188	240.9	56	99 608.2	101	101 915.9	88	27	239
河池学院	81	544	71.1	293	2 860	597	566	687	4	583
玉林师范学院	290	222	109.3	169	11 763	403	9 809.7	400	12	429
广西艺术学院	143	422	20.9	586	8 020	466	10 406	388	0	678
广西民族大学	499	116	120.6	149	34 540	237	27 654.93	224	53	119
百色学院	63	590	19.1	602	4 070	557	1 828.63	608	3	605
四川大学	2 205	7	501.3	9	912 160	7	664 449	8	204	16
重庆大学	689	65	265.2	45	389 844.1	20	308 651.5	24	59	103
西南交通大学	282	231	108.8	170	145 243	72	137 872	58	45	152
电子科技大学	178	363	53.1	381	98 485	105	81 125	105	24	263
西南石油大学	255	249	86.8	232	49 515.63	186	46 601.67	165	11	449
成都理工大学	292	219	62.1	335	26 465.5	276	24 469.95	245	21	299
重庆邮电大学	363	173	78.3	263	28 149.99	267	23 587.99	252	24	263
重庆交通大学	243	263	82.5	252	79 345	128	72 305	123	30	215
西南科技大学	509	112	117.6	152	21 484	306	13 853	343	10	468
成都信息工程学院	175	371	60.9	344	99 108.6	103	73 536	120	16	359
四川理工学院	305	213	76.5	269	35 555	233	31 776.5	200	20	307
西华大学	458	129	135.7	126	60 476.97	161	53 583.53	153	45	152
中国民用航空飞行学院	10	709	1.7	723	2 630	604	1 773	615	0	678
四川农业大学	124	453	49.5	403	23 449	291	20 626	276	4	583

续表

研究与发展成果								获奖成果数(项)			
学术论文(篇)				研究与咨询报告(篇)							
合计		其中:国外学术刊物发表		提交有关部门数		其中被采纳		合计		其中:国家级和部级	
582	143	5	216	11	108	10	66	0	335	0	67
459	213	13	115	0	322	0	240	1	257	1	37
636	123	10	141	7	143	6	102	0	335	0	67
767	89	5	216	3	216	2	177	73	4	0	67
357	305	0	430	0	322	0	240	8	98	0	67
486	190	1	359	1	269	1	198	14	61	0	67
238	419	1	359	5	166	1	198	7	110	0	67
88	627	0	430	2	241	2	177	4	152	0	67
35	689	0	430	0	322	0	240	0	335	0	67
82	635	0	430	0	322	0	240	0	335	0	67
70	646	0	430	0	322	0	240	0	335	0	67
1 023	47	10	141	0	322	0	240	63	9	1	37
583	142	1	359	38	46	38	19	22	37	0	67
189	485	0	430	0	322	0	240	0	335	0	67
361	303	0	430	0	322	0	240	8	98	0	67
159	535	0	430	0	322	0	240	0	335	0	67
538	163	6	203	6	153	0	240	55	15	10	6
231	425	0	430	0	322	0	240	5	138	0	67
1 302	27	14	109	79	17	63	8	71	6	1	37
969	52	20	81	76	19	30	28	11	78	0	67
690	108	19	85	2	241	1	198	15	57	0	67
448	222	20	81	0	322	0	240	11	78	0	67
86	630	0	430	35	49	34	22	2	209	0	67
487	189	21	76	11	108	8	80	3	172	0	67
419	245	2	302	14	90	7	94	4	152	0	67
308	347	3	260	17	75	17	49	0	335	0	67
411	249	0	430	0	322	0	240	2	209	0	67
186	492	0	430	0	322	0	240	4	152	0	67
820	78	3	260	3	216	3	150	1	257	0	67
405	261	0	430	1	269	0	240	2	209	0	67
35	689	0	430	0	322	0	240	0	335	0	67
95	619	14	109	33	51	1	198	3	172	0	67

学校名称	研究与发展课题									
	课题总数（项）		当年投入人数（人年）		当年拨入经费（百元）		当年支出经费（百元）		著作（部）	
西昌学院	217	302	36.2	481	2 655	602	3 314.5	547	16	359
重庆医科大学	35	649	17	618	6 350	500	4 664	507	9	486
泸州医学院	158	398	23.9	564	2 290	625	2 395.37	575	0	678
成都中医药大学	34	651	17.1	617	3 928	564	1 656.5	629	3	605
川北医学院	33	654	17.6	613	1 492.5	653	786.5	667	0	678
西南大学	1 720	13	585.2	7	282 442.5	31	312 869.9	23	122	40
四川师范大学	1 138	30	183.9	85	126 175	86	112 116.5	77	49	135
重庆师范大学	371	170	143.8	117	78 890	130	29 820	211	77	73
西华师范大学	475	125	110.2	167	61 262.49	160	27 187.49	229	31	205
绵阳师范学院	240	267	83.1	250	12 537	391	9 895.5	398	21	299
内江师范学院	231	280	76.7	268	3 386	582	5 846.4	481	14	393
宜宾学院	376	166	49.7	402	11 215	412	4 847.55	504	10	468
重庆文理学院	231	280	71.2	291	14 171	371	11 994	365	9	486
重庆三峡学院	175	371	53.9	379	20 335	316	21 688	272	8	501
四川文理学院	240	267	86.2	235	4 814	538	3 299	548	12	429
长江师范学院	133	433	35.3	485	5 570	514	3 825	528	11	449
乐山师范学院	461	128	123.2	145	35 841	231	29 290	213	24	263
四川外语学院	234	275	79.2	262	28 884	262	19 991	285	56	113
西南财经大学	631	81	139.2	124	86 955	115	17 349.45	310	79	70
西南政法大学	667	71	273.8	43	44 100	205	41 300	176	63	98
成都体育学院	362	177	102.8	189	39 760	219	25 581.4	239	34	190
四川音乐学院	248	256	25	552	15 810	353	10 450.67	385	13	414
四川美术学院	182	357	45.2	428	86 412.12	119	81 170.05	104	36	184
西南民族大学	452	130	98.1	205	58 697	163	48 487	161	19	320
贵州大学	798	54	133.2	128	281 629.5	32	189 294.3	44	50	133
贵阳医学院	18	689	7.6	686	720	688	690	673	0	678
遵义医学院	123	454	18.1	609	2 416	615	1 391	644	3	605
贵阳中医学院	27	674	8.2	683	2 280	626	1 363	646	0	678
贵州师范大学	422	142	71.8	288	27 656	269	22 390.11	267	22	286
遵义师范学院	222	295	28.1	537	5 040	532	5 945.4	479	6	541
铜仁学院	127	448	20.4	592	4 560	544	5 350.5	494	5	561
安顺学院	44	629	23	568	3 632	576	3 735	532	1	661

续表

研究与发展成果								获奖成果数(项)			
学术论文(篇)				研究与咨询报告(篇)							
合计		其中:国外学术刊物发表		提交有关部门数		其中被采纳		合计		其中:国家级和部级	
139	559	0	430	0	322	0	240	1	257	0	67
178	508	0	430	0	322	0	240	0	335	0	67
70	646	0	430	0	322	0	240	0	335	0	67
37	686	0	430	0	322	0	240	0	335	0	67
108	602	0	430	0	322	0	240	0	335	0	67
1 076	43	44	39	28	58	22	36	8	98	0	67
740	92	10	141	0	322	0	240	30	26	0	67
899	66	7	188	102	11	18	46	0	335	0	67
1 037	46	1	359	0	322	0	240	16	52	0	67
547	159	0	430	0	322	0	240	1	257	0	67
313	345	0	430	0	322	0	240	0	335	0	67
279	372	0	430	2	241	2	177	1	257	0	67
428	236	2	302	0	322	0	240	0	335	0	67
400	269	29	53	83	15	7	94	1	257	0	67
316	340	0	430	0	322	0	240	1	257	0	67
321	338	0	430	0	322	0	240	1	257	1	37
563	149	2	302	16	80	0	240	2	209	0	67
451	219	0	430	1	269	1	198	0	335	0	67
568	147	49	33	39	43	15	53	24	34	2	30
1 167	38	12	124	79	17	3	150	2	209	0	67
119	588	0	430	0	322	0	240	6	124	0	67
113	594	0	430	0	322	0	240	1	257	0	67
240	418	1	359	11	108	11	62	0	335	0	67
624	127	2	302	9	125	8	80	17	47	17	1
840	73	8	166	2	241	1	198	19	42	1	37
15	707	0	430	0	322	0	240	0	335	0	67
90	624	0	430	0	322	0	240	0	335	0	67
21	702	0	430	0	322	0	240	0	335	0	67
435	230	2	302	4	188	0	240	3	172	0	67
427	239	0	430	8	133	0	240	0	335	0	67
263	390	0	430	0	322	0	240	0	335	0	67
176	512	0	430	0	322	0	240	0	335	0	67

学校名称	研究与发展课题								著作（部）	
	课题总数（项）		当年投入人数（人年）		当年拨入经费（百元）		当年支出经费（百元）			
毕节学院	65	584	12.6	647	3 390	581	1 940	597	5	561
凯里学院	113	481	21.9	576	15 186	357	6 197	471	10	468
黔南民族师范学院	103	499	29.6	527	3 672	574	1 720.95	622	1	661
贵州财经学院	325	201	126.6	140	31 058	250	35 461	187	22	286
贵州民族学院	120	463	16.3	623	14 320	369	14 015	341	21	299
云南大学	958	43	102	192	47 929	191	60 315.82	143	41	164
昆明理工大学	162	393	70.6	300	33 093.2	244	29 286.02	214	9	486
云南农业大学	93	517	54	378	12 264	396	11 944	366	7	523
西南林学院	40	640	10.2	667	5 303.51	521	4 738.62	506	3	605
昆明医学院	5	718	3.3	714	700	689	1 322	648	0	678
大理学院	126	450	57.7	356	9 860	431	13 879	342	8	501
云南中医学院	18	689	9	679	1 940	634	662	676	0	678
云南师范大学	768	58	293.4	36	104 832.7	96	114 474.9	74	155	30
曲靖师范学院	214	307	79.9	260	16 100	348	14 634.14	331	18	335
红河学院	162	393	39.8	462	8 866	448	6 555	459	14	393
云南财经大学	648	77	96.8	208	176 545.7	55	83 562	101	106	51
云南艺术学院	123	454	38	470	3 090	590	2 093.22	588	8	501
云南民族大学	217	302	43	446	49 204	187	30 079	207	86	62
西藏大学	75	560	2.8	719	16 320	345	7 820	435	0	678
西藏民族学院	170	378	25.5	550	8 290	461	941.9	660	24	263
西北大学	650	75	145	116	130 965	82	96 539.8	94	66	93
西安交通大学	721	63	199.5	78	234 342.6	40	201 179.6	40	91	58
西北工业大学	50	613	68.2	305	8 732.5	453	4 008.18	523	3	605
西安理工大学	257	245	62.6	333	85 219	122	80 499	106	19	320
西安电子科技大学	85	531	65.2	319	23 776	288	12 021.3	364	15	375
西安工业大学	58	600	32	508	2 800	599	4 578.2	510	0	678
西安建筑科技大学	207	316	21.2	583	131 454.9	81	112 580.2	76	13	414
西安科技大学	192	337	22.7	571	54 095	175	57 067	147	25	258
西安石油大学	205	318	22.5	573	33 615	242	23 522.84	253	12	429
陕西科技大学	111	483	9.7	674	18 194	324	13 471	349	37	181
西安工程大学	192	337	58.8	349	33 812	240	32 332	197	16	359
长安大学	363	173	54.7	372	103 722.1	97	79 964.76	107	30	215

续表

研究与发展成果								获奖成果数(项)			
学术论文(篇)				研究与咨询报告(篇)							
合计		其中:国外学术刊物发表		提交有关部门数		其中被采纳		合计		其中:国家级和部级	
174	515	1	359	0	322	0	240	2	209	0	67
175	513	0	430	0	322	0	240	2	209	0	67
280	371	1	359	0	322	0	240	0	335	0	67
875	68	1	359	18	74	1	198	0	335	0	67
411	249	0	430	0	322	0	240	0	335	0	67
1 174	36	1	359	33	51	0	240	36	18	0	67
206	462	0	430	0	322	0	240	3	172	0	67
125	579	0	430	0	322	0	240	0	335	0	67
144	555	3	260	17	75	0	240	2	209	0	67
4	717	0	430	0	322	0	240	0	335	0	67
246	409	0	430	0	322	0	240	0	335	0	67
33	693	0	430	0	322	0	240	0	335	0	67
1 901	14	18	87	7	143	0	240	19	42	0	67
529	167	13	115	0	322	0	240	5	138	0	67
493	184	2	302	0	322	0	240	1	257	0	67
906	63	7	188	0	322	0	240	12	73	0	67
124	580	0	430	0	322	0	240	2	209	0	67
556	155	6	203	2	241	0	240	15	57	9	9
11	715	0	430	0	322	0	240	0	335	0	67
326	332	0	430	0	322	0	240	1	257	1	37
705	104	4	234	0	322	0	240	0	335	0	67
576	144	8	166	19	73	19	42	0	335	0	67
184	499	8	166	0	322	0	240	0	335	0	67
342	318	28	54	1	269	0	240	0	335	0	67
108	602	0	430	0	322	0	240	0	335	0	67
566	148	0	430	0	322	0	240	0	335	0	67
194	480	0	430	0	322	0	240	0	335	0	67
156	540	20	81	7	143	0	240	0	335	0	67
251	403	3	260	0	322	0	240	0	335	0	67
241	416	0	430	0	322	0	240	0	335	0	67
231	425	0	430	5	166	0	240	0	335	0	67
342	318	7	188	83	15	2	177	0	335	0	67

学校名称	研究与发展课题								著作（部）	
	课题总数（项）		当年投入人数（人年）		当年拨入经费（百元）		当年支出经费（百元）			
西北农林科技大学	103	499	24.7	556	30 354	253	27 397	226	1	661
陕西中医学院	5	718	7	693	600	692	885	661	11	449
陕西师范大学	729	62	203.1	77	136 899.5	76	186 220.7	45	62	100
延安大学	132	435	52.3	387	8 060	465	9 351.92	406	15	375
陕西理工学院	147	414	97.9	207	5 815	510	4 608.75	509	15	375
宝鸡文理学院	416	147	35.5	484	21 220	312	16 750	314	15	375
咸阳师范学院	232	278	48.9	405	19 570	319	17 112.5	311	5	561
渭南师范学院	192	337	68.5	304	6 730	495	6 050	477	8	501
西安外国语大学	437	137	41.3	456	13 710	379	5 663	485	5	561
西北政法大学	362	177	92.4	219	39 040	221	29 274.8	215	51	126
西安体育学院	156	400	103.9	185	9 690	434	6 070	475	4	583
西安音乐学院	14	699	6	698	1 150	669	730	670	2	638
西安美术学院	107	492	7.4	687	3 590	577	3 630	535	49	135
兰州大学	424	140	219	65	233 893	41	172 290.9	46	68	89
兰州理工大学	132	435	43.6	442	26 779	273	18 322	300	5	561
兰州交通大学	114	479	41.5	453	18 208.5	323	13 487	347	12	429
甘肃农业大学	75	560	21.9	576	4 826	536	4 074.6	522	15	375
西北师范大学	607	90	178.6	91	98 912.6	104	111 512.8	78	27	239
兰州城市学院	45	622	25.9	546	3 296	586	2 912.2	558	4	583
陇东学院	64	588	14.5	635	2 581	606	1 207	652	5	561
天水师范学院	139	424	36.5	479	6 767	494	2 534.6	568	16	359
河西学院	105	496	9.9	673	3 050	593	1 749	618	0	678
兰州商学院	284	228	44.8	435	13 550	380	10 748	382	51	126
西北民族大学	197	333	64.3	320	14 350	368	3 657	533	37	181
青海大学	83	537	83.8	245	15 460	356	6 932.8	448	4	583
青海师范大学	70	571	44.3	438	10 940	418	13 161.5	355	15	375
青海民族学院	101	503	98.9	203	36 181.4	227	32 411.4	196	10	468
宁夏大学	401	154	104.9	181	48 860	188	43 379.4	170	28	232
宁夏医科大学	18	689	20.5	591	970	678	1 493.6	638	0	678
宁夏师范学院	28	672	5.9	700	2 320	624	1 765	617	1	661
新疆大学	331	198	133.1	129	69 266.5	144	30 955.45	203	30	215
塔里木大学	82	540	30.2	525	13 312	384	8 606.5	422	0	678

续表

研究与发展成果								获奖成果数(项)			
学术论文(篇)				研究与咨询报告(篇)							
合计		其中:国外学术刊物发表		提交有关部门数		其中被采纳		合计		其中:国家级和部级	
246	409	12	124	0	322	0	240	0	335	0	67
206	462	0	430	0	322	0	240	0	335	0	67
1 318	26	28	54	1	269	1	198	0	335	0	67
331	328	1	359	0	322	0	240	0	335	0	67
725	94	0	430	0	322	0	240	0	335	0	67
852	72	8	166	0	322	0	240	0	335	0	67
395	275	3	260	0	322	0	240	0	335	0	67
586	141	2	302	2	241	0	240	0	335	0	67
406	258	11	132	0	322	0	240	0	335	0	67
872	69	3	260	9	125	0	240	0	335	0	67
290	361	0	430	0	322	0	240	0	335	0	67
90	624	0	430	0	322	0	240	0	335	0	67
315	342	0	430	0	322	0	240	0	335	0	67
2 017	11	15	101	7	143	6	102	0	335	0	67
152	545	27	57	4	188	4	132	0	335	0	67
283	367	0	430	2	241	0	240	0	335	0	67
107	606	0	430	13	95	0	240	0	335	0	67
663	113	2	302	5	166	5	114	0	335	0	67
205	466	0	430	0	322	0	240	0	335	0	67
179	503	0	430	0	322	0	240	0	335	0	67
499	181	0	430	0	322	0	240	0	335	0	67
162	529	0	430	0	322	0	240	0	335	0	67
402	268	1	359	5	166	0	240	0	335	0	67
435	230	6	203	2	241	0	240	1	257	0	67
161	531	0	430	0	322	0	240	0	335	0	67
255	398	0	430	0	322	0	240	0	335	0	67
217	441	0	430	0	322	0	240	3	172	3	22
593	137	7	188	16	80	4	132	12	73	0	67
15	707	0	430	0	322	0	240	0	335	0	67
76	638	0	430	0	322	0	240	0	335	0	67
404	264	6	203	0	322	0	240	0	335	0	67
158	538	0	430	1	269	1	198	1	257	0	67

学校名称	研究与发展课题									
	课题总数（项）		当年投入人数（人年）		当年拨入经费（百元）		当年支出经费（百元）		著作（部）	
新疆农业大学	45	622	32	508	4 020	558	17 528.2	308	0	678
石河子大学	203	322	63.7	321	35 520	234	15 326	324	17	346
新疆医科大学	15	697	5.2	704	3 060	592	1 893	601	0	678
新疆师范大学	220	297	116.9	153	51 550	181	14 155.8	335	11	449
喀什师范学院	54	605	29.3	530	3 642	575	2 056.8	590	4	583
伊犁师范学院	114	479	45	431	1 230	664	3 017	556	3	605
新疆财经大学	260	242	61.1	343	8 810	451	4 988.28	501	2	638
新疆艺术学院	81	544	34.5	487	4 100	555	3 491	540	8	501
天津城市建设学院	43	633	36	482	8 563	456	8 129.5	431	17	346
河北科技师范学院	91	520	17.9	611	4 150	553	3 200	551	14	393
呼伦贝尔学院	20	685	12	652	5 780	511	2 830	559	12	429
辽宁对外经贸学院	222	295	85	240	3 973.88	560	2 818.28	560	34	190
上海工程技术大学	234	275	93.6	217	79 180	129	77 992.2	111	57	111
浙江万里学院	435	138	66.2	311	36 050.5	228	20 387.17	278	26	251
安徽建筑工业学院	111	483	62.8	329	10 962	417	6 315	468	11	449
安徽科技学院	148	410	63.5	323	9 725	433	8 265	429	17	346
枣庄学院	80	547	48.4	409	6 440	499	6 440	462	16	359
山东工艺美术学院	129	445	96.5	209	4 740	539	3 875	526	59	103
黄淮学院	155	401	93.8	216	6 449	498	5 521.5	489	5	561
平顶山学院	52	609	21.7	579	610	691	470	692	4	583
黄石理工学院	104	497	89.7	226	3 869	567	4 081.5	521	3	605
咸宁学院	138	426	71.1	293	6 910	488	6 073	474	13	414
郧阳医学院	66	579	14	638	5 946	506	4 250	515	5	561
安徽三联学院	31	661	11.7	659	874	681	874	662	26	251
吉林华桥外国语学院	110	486	60.2	347	1 961	632	1 951	596	6	541
贵阳学院	95	514	18	610	7 668	471	3 244	550	5	561
昌吉学院	74	563	48.2	410	4 650	542	3 072	554	3	605
唐山学院	73	566	26	545	2 360	619	2 219	582	2	638
沈阳大学	69	574	31.4	516	25 747	279	10 992	376	54	116
上海立信会计学院	418	145	71.7	289	33 660	241	36 760.44	184	29	224
淮阴工学院	174	373	63.2	324	11 071	416	6 479.51	460	3	605
常州工学院	164	385	21.4	580	57 817	167	46 323	167	23	275

续表

研究与发展成果								获奖成果数(项)			
学术论文(篇)				研究与咨询报告(篇)							
合计		其中:国外学术刊物发表		提交有关部门数		其中被采纳		合计		其中:国家级和部级	
72	644	0	430	0	322	0	240	0	335	0	67
405	261	2	302	0	322	0	240	0	335	0	67
15	707	0	430	0	322	0	240	0	335	0	67
217	441	1	359	0	322	0	240	0	335	0	67
341	320	0	430	0	322	0	240	0	335	0	67
383	284	8	166	0	322	0	240	0	335	0	67
479	193	2	302	0	322	0	240	0	335	0	67
138	561	1	359	4	188	4	132	0	335	0	67
160	532	5	216	0	322	0	240	2	209	0	67
469	200	0	430	0	322	0	240	2	209	0	67
134	563	0	430	0	322	0	240	6	124	0	67
467	203	2	302	0	322	0	240	0	335	0	67
575	145	2	302	8	133	8	80	8	98	0	67
416	246	49	33	12	100	12	60	0	335	0	67
261	394	9	153	0	322	0	240	0	335	0	67
205	466	10	141	0	322	0	240	1	257	0	67
602	136	0	430	0	322	0	240	2	209	0	67
185	496	0	430	0	322	0	240	0	335	0	67
217	441	0	430	3	216	3	150	2	209	0	67
315	342	2	302	0	322	0	240	1	257	0	67
295	358	0	430	0	322	0	240	0	335	0	67
383	284	2	302	0	322	0	240	0	335	0	67
87	629	0	430	0	322	0	240	0	335	0	67
100	614	0	430	0	322	0	240	0	335	0	67
103	611	1	359	0	322	0	240	0	335	0	67
187	488	0	430	5	166	2	177	6	124	0	67
174	515	0	430	5	166	5	114	0	335	0	67
202	473	0	430	8	133	0	240	1	257	0	67
115	591	24	68	0	322	0	240	0	335	0	67
301	350	3	260	0	322	0	240	2	209	0	67
527	168	6	203	0	322	0	240	0	335	0	67
351	309	9	153	9	125	8	80	0	335	0	67

学校名称	研究与发展课题								著作（部）	
	课题总数（项）		当年投入人数（人年）		当年拨入经费（百元）		当年支出经费（百元）			
浙江科技学院	244	261	45.6	424	44 453.83	203	29 892.59	210	17	346
宁波工程学院	188	346	88.6	227	41 069	214	40 508.5	179	17	346
合肥学院	163	389	36.4	480	16 975	334	9 654	401	9	486
厦门理工学院	260	242	112.1	164	33 193	243	25 389.91	241	23	275
青岛大学	439	135	31.6	515	24 480	284	23 680	251	32	200
烟台大学	174	373	220.5	64	41 310	213	28 184	223	45	152
潍坊学院	169	379	107.1	173	23 370	292	23 370	258	14	393
洛阳理工学院	48	616	6.3	694	1 920	635	1 801	612	6	541
新乡学院	16	695	23.4	566	480	702	40	719	6	541
江汉大学	398	158	70.9	296	147 073	70	149 998	52	33	196
三峡大学	446	132	81.2	257	146 062	71	115 214	72	14	393
长沙学院	257	245	31	519	16 660	338	15 608.9	321	8	501
广州大学	638	80	161.4	107	182 943	52	170 568	47	22	286
成都学院	188	346	49.2	404	30 907.56	251	22 667.4	263	17	346
西安文理学院	149	408	14.8	632	5 400	517	8 469	426	7	523
琼州学院	82	540	21.4	580	12 413.5	392	6 794	452	10	468
中国人民武装警察部队学院	109	489	72.3	286	8 075	464	9 526	403	11	449
广东警官学院	199	330	65.9	313	3 990	559	5 336.92	495	25	258
扬州大学	401	154	129.2	134	52 087.8	180	40 819.2	177	87	61
三江学院	13	701	4.9	707	1 360	659	1 047	658	0	678
中华女子学院	178	363	81.1	258	21 298.59	311	21 625.31	273	31	205
齐齐哈尔医学院	16	695	22.6	572	165	717	245	705	19	320
北京信息科技大学	172	376	73.1	283	27 155.51	271	26 707.19	230	6	541
河北体育学院	126	450	50.6	393	5 398.99	518	4 634.49	508	14	393
大连大学	356	185	99.6	199	25 345	281	20 289	279	38	177
吉林工商学院	85	531	46.2	421	3 800	571	2 307	579	12	429
南京工程学院	23	679	24.7	556	4 360	548	3 953	525	9	486
南京审计学院	367	171	119.9	150	50 328.72	184	27 278.78	227	12	429
蚌埠学院	36	648	27.8	539	2 180	628	1 250	651	6	541
池州学院	116	472	29.7	526	4 280	552	3 299	548	2	638
三明学院	104	497	33.7	491	3 045	594	2 769	563	4	583
龙岩学院	71	570	10	671	9 060	447	2 961	557	9	486

续表

研究与发展成果								获奖成果数(项)			
学术论文(篇)				研究与咨询报告(篇)							
合计		其中:国外学术刊物发表		提交有关部门数		其中被采纳		合计		其中:国家级和部级	
191	483	1	359	5	166	2	177	0	335	0	67
120	585	1	359	5	166	4	132	0	335	0	67
166	526	0	430	27	60	2	177	0	335	0	67
204	468	2	302	0	322	0	240	0	335	0	67
252	402	4	234	6	153	2	177	11	78	0	67
302	349	18	87	3	216	1	198	11	78	3	22
478	194	0	430	0	322	0	240	3	172	0	67
592	138	2	302	146	5	57	10	3	172	0	67
534	165	0	430	0	322	0	240	0	335	0	67
911	62	17	91	0	322	0	240	0	335	0	67
813	80	3	260	1	269	1	198	0	335	0	67
179	503	4	234	0	322	0	240	0	335	0	67
683	110	3	260	0	322	0	240	1	257	1	37
384	281	4	234	10	118	3	150	4	152	0	67
228	430	0	430	0	322	0	240	0	335	0	67
203	471	0	430	1	269	0	240	0	335	0	67
390	278	3	260	12	100	10	66	0	335	0	67
270	383	3	260	3	216	0	240	0	335	0	67
858	71	0	430	11	108	5	114	0	335	0	67
76	638	0	430	0	322	0	240	0	335	0	67
272	377	9	153	1	269	1	198	1	257	1	37
108	602	1	359	0	322	0	240	1	257	0	67
246	409	5	216	0	322	0	240	0	335	0	67
206	462	8	166	0	322	0	240	0	335	0	67
411	249	1	359	0	322	0	240	6	124	0	67
186	492	4	234	0	322	0	240	1	257	0	67
103	611	2	302	0	322	0	240	0	335	0	67
472	197	0	430	4	188	0	240	0	335	0	67
173	518	0	430	0	322	0	240	0	335	0	67
115	591	0	430	0	322	0	240	0	335	0	67
227	431	0	430	0	322	0	240	0	335	0	67
64	656	1	359	0	322	0	240	0	335	0	67

学校名称	研究与发展课题								著作（部）	
	课题总数（项）		当年投入人数(人年)		当年拨入经费(百元)		当年支出经费(百元)			
江西科技师范学院	560	100	54.6	374	5 465	515	3 841	527	25	258
南昌工程学院	247	257	15.9	626	22 790	297	22 097	269	0	678
山东警察学院	122	459	21	585	5 270	522	5 568.43	488	11	449
安阳工学院	32	658	16.6	621	1 100	673	600	684	13	414
湖北警官学院	30	666	3	716	2 700	600	2 190	583	19	320
荆楚理工学院	21	684	12	652	1 260	661	1 380	645	3	605
湖南工程学院	337	194	85.6	238	10 385	423	6 918.75	449	6	541
仲恺农业工程学院	214	307	18.4	608	13 383	383	13 350	353	2	638
五邑大学	155	401	33.7	491	47 225.4	193	48 708.46	160	11	449
攀枝花学院	63	590	6.3	694	13 942	374	12 858	360	5	561
玉溪师范学院	65	584	16.8	620	1 960	633	1 608.3	631	0	678
楚雄师范学院	192	337	58	354	9 210	443	11 360	373	7	523
云南警官学院	89	523	20.2	593	15 670	354	11 675	368	13	414
昆明学院	182	357	105.1	180	14 710	363	14 915.4	329	15	375
榆林学院	123	454	13.6	640	5 240	524	6 243.5	469	4	583
商洛学院	41	638	4.5	708	3 100	589	2 783	561	2	638
安康学院	195	336	19.7	597	6 830	491	6 320	467	3	605
甘肃政法学院	291	220	56.4	363	10 695	421	9 004	416	34	190
北方民族大学	213	309	63.2	324	19 226	321	18 771.95	296	39	171
中国矿业大学(北京)	52	609	30.8	522	16 744.82	337	23 959.55	250	7	523
中国石油大学	74	563	45.6	424	85 506.5	121	69 192.5	128	23	275
中国地质大学(北京)	123	454	98	206	122 959	87	83 591.88	100	28	232
北京联合大学	387	161	175.5	93	16 196.8	347	14 031.57	339	77	73
北京城市学院	76	556	36.6	478	3 363	583	3 363	545	3	605
河北金融学院	168	382	41.4	455	4 340	549	4 504	512	11	449
长春工程学院	57	604	13.2	642	10 610	422	8 599.27	423	7	523
吉林农业科技学院	41	638	17.6	613	4 110	554	3 510	539	0	678
上海电机学院	79	550	41.1	457	17 429	332	22 504.18	265	3	605
南京晓庄学院	82	540	29.4	528	5 200	528	2 441	572	42	162
江苏技术师范学院	311	210	57.2	360	24 293	286	15 663.79	320	16	359
浙江财经学院	1 208	23	380.2	19	132 670.9	79	102 834.7	86	48	139
浙江警察学院	119	464	40.7	458	5 627	513	6 475	461	6	541
福建警察学院	44	629	10.2	667	1 000	677	1 554.6	634	15	375

续表

研究与发展成果								获奖成果数(项)			
学术论文(篇)				研究与咨询报告(篇)							
合计		其中:国外学术刊物发表		提交有关部门数		其中被采纳		合计		其中:国家级和部级	
348	312	4	234	0	322	0	240	0	335	0	67
266	388	1	359	0	322	0	240	0	335	0	67
112	595	0	430	3	216	3	150	1	257	0	67
209	459	0	430	4	188	0	240	0	335	0	67
224	433	0	430	0	322	0	240	0	335	0	67
151	547	0	430	2	241	1	198	0	335	0	67
233	423	1	359	0	322	0	240	1	257	0	67
166	526	0	430	0	322	0	240	0	335	0	67
174	515	0	430	0	322	0	240	0	335	0	67
93	620	0	430	0	322	0	240	1	257	0	67
136	562	0	430	0	322	0	240	2	209	0	67
178	508	0	430	0	322	0	240	2	209	0	67
128	574	0	430	1	269	0	240	3	172	0	67
339	323	1	359	0	322	0	240	2	209	0	67
172	520	1	359	0	322	0	240	0	335	0	67
85	632	0	430	0	322	0	240	0	335	0	67
329	331	0	430	0	322	0	240	0	335	0	67
438	229	1	359	0	322	0	240	0	335	0	67
776	87	12	124	52	33	22	36	7	110	7	11
60	662	2	302	0	322	0	240	0	335	0	67
202	473	7	188	0	322	0	240	2	209	2	30
179	503	2	302	0	322	0	240	0	335	0	67
809	82	9	153	0	322	0	240	0	335	0	67
57	664	6	203	1	269	0	240	0	335	0	67
337	324	0	430	5	166	4	132	2	209	0	67
46	678	0	430	0	322	0	240	1	257	0	67
55	667	2	302	17	75	0	240	0	335	0	67
270	383	2	302	0	322	0	240	0	335	0	67
370	296	1	359	4	188	0	240	0	335	0	67
515	176	4	234	11	108	7	94	0	335	0	67
832	74	12	124	67	22	63	8	1	257	1	37
122	583	3	260	0	322	0	240	0	335	0	67
75	641	0	430	0	322	0	240	0	335	0	67

学校名称	研究与发展课题								著作	
	课题总数（项）		当年投入人数（人年）		当年拨入经费（百元）		当年支出经费（百元）		（部）	
莆田学院	144	421	54.3	377	2 090	630	1 904.82	600	4	583
山东交通学院	93	517	61.4	341	2 510	610	1 703	626	10	468
河南工程学院	203	322	50.2	398	7 950	467	5 625	486	10	468
武汉音乐学院	20	685	11.6	660	100	721	528	690	8	501
湖南城市学院	250	254	32.4	505	17 930	327	18 060	303	24	263
湖南工学院	138	426	12.8	645	5 210	526	3 194	552	1	661
湖南工业大学	382	162	193.8	79	34 259.9	238	28 612.9	221	29	224
广东金融学院	228	287	95.6	212	44 878	202	36 133	185	30	215
广西财经学院	360	180	255	51	53 172.22	177	47 597.43	164	31	205
重庆科技学院	64	588	18.9	605	14 036	372	13 303.05	354	10	468
西安财经学院	511	111	52.9	384	44 092	206	44 718	168	31	205
湖北经济学院	399	157	74	279	21 799	302	20 675.28	275	67	91
钦州学院	102	501	50	400	1 860	639	1 860	604	10	468
中国青年政治学院	406	151	91.1	223	112 298.4	95	79 892.34	108	77	73
北华航天工业学院	152	405	33.6	493	7 640	473	6 976	446	14	393
沈阳工程学院	89	523	38.2	467	3 430	579	3 335.3	546	16	359
上海金融学院	109	489	81.5	256	18 150	325	23 113	260	51	126
淮海工学院	131	438	20.8	587	9 355	442	7 004	444	7	523
宁波大学	1 783	11	485.6	11	203 631.2	46	198 264.4	42	63	98
浙江传媒学院	415	149	165.9	100	47 969	190	42 255	173	28	232
南阳理工学院	139	424	57.7	356	6 479	497	6 045	478	23	275
茂名学院	97	511	40.4	459	10 237.5	426	6 050.8	476	4	583
海南师范大学	271	235	52.4	386	8 475	457	5 476	490	48	139
重庆工学院	226	289	105.6	178	33 869	239	31 320	201	20	307
西安邮电学院	101	503	10.1	669	40 463	218	28 633	220	6	541
山东工商学院	164	385	89.9	224	66 440	150	70 240	127	34	190
长春大学	189	345	111.6	165	3 870	566	5 720	484	30	215

续表

研究与发展成果								获奖成果数(项)			
学术论文(篇)				研究与咨询报告(篇)							
合计		其中:国外学术刊物发表		提交有关部门数		其中被采纳		合计		其中:国家级和部级	
281	369	0	430	0	322	0	240	0	335	0	67
97	617	3	260	0	322	0	240	0	335	0	67
188	487	0	430	1	269	1	198	3	172	0	67
39	683	0	430	0	322	0	240	0	335	0	67
443	224	9	153	92	12	5	114	2	209	0	67
80	636	0	430	0	322	0	240	1	257	0	67
624	127	0	430	3	216	3	150	0	335	0	67
379	289	11	132	1	269	0	240	1	257	0	67
637	121	0	430	10	118	9	71	13	68	0	67
236	420	8	166	11	108	10	66	1	257	0	67
633	126	17	91	7	143	3	150	5	138	5	14
642	119	7	188	0	322	0	240	0	335	0	67
131	567	1	359	0	322	0	240	3	172	0	67
464	206	2	302	4	188	0	240	0	335	0	67
133	565	1	359	0	322	0	240	0	335	0	67
221	438	1	359	6	153	0	240	3	172	0	67
413	247	10	141	1	269	1	198	3	172	3	22
421	240	0	430	0	322	0	240	0	335	0	67
716	100	21	76	53	31	3	150	0	335	0	67
464	206	3	260	1	269	0	240	0	335	0	67
269	386	7	188	57	26	52	12	1	257	0	67
291	360	10	141	0	322	0	240	0	335	0	67
325	334	1	359	0	322	0	240	0	335	0	67
435	230	0	430	13	95	13	58	4	152	1	37
153	544	3	260	1	269	0	240	0	335	0	67
715	102	0	430	0	322	0	240	8	98	0	67
313	345	0	430	0	322	0	240	3	172	0	67

学校名称	研究与发展课题								著作（部）	
	课题总数（项）		当年投入人数（人年）		当年拨入经费（百元）		当年支出经费（百元）			
河南城建学院	78	552	22.9	570	770	686	619	682	3	605
辽东学院	100	506	66	312	9 360	441	10 985	377	20	307
重庆工商大学	617	83	273.8	43	174 804.4	58	147 049.2	55	30	215
黑龙江工程学院	61	593	74	279	4 830	535	4 565	511	12	429
海南医学院	8	715	8	685	569	694	213.5	708	0	678
东莞理工学院	135	432	46.9	416	16 054	350	15 254.53	325	18	335
山东财政学院	350	188	81.9	254	56 030	171	43 995	169	46	150
河北经贸大学	596	93	216.8	68	45 390	200	28 930	218	47	144
上海政法学院	270	236	75.3	276	39 744	220	29 237.03	217	41	164
贺州学院	43	633	24.3	561	2 440	612	819	665	4	583
浙江树人学院	202	325	27.6	540	27 013.6	272	19 011.61	293	11	449
九江学院	228	287	99.8	198	10 204	428	4 770.8	505	18	335
广东工业大学	540	105	123.7	144	181 008	53	155 255.8	49	40	169
广东外语外贸大学	793	56	319.4	26	150 338.5	66	119 160	70	168	25
佛山科学技术学院	280	232	52.5	385	56 001	172	52 518.5	156	15	375
徐州工程学院	230	284	91.4	222	31 269	249	22 097	269	14	393
大连民族学院	230	284	82.2	253	44 970.25	201	26 364.24	236	23	275
湖南第一师范学院	357	183	85	240	13 115	386	6 340.27	466	13	414
上海第二工业大学	106	494	45	431	14 232.44	370	9 840.06	399	7	523
上海商学院	66	579	11.8	656	5 420	516	1 808	610	17	346
安徽新华学院	58	600	54.9	371	1 860	639	1 735	620	5	561
湖南涉外经济学院	186	353	63	326	4 420	547	2 580	565	0	678
海口经济学院	61	593	11.6	660	1 580	649	780	668	27	239
山东女子学院	42	635	11.9	655	380	706	175	712	4	583
中国劳动关系学院	334	195	72.8	284	56 988	168	56 988	148	98	54
浙江越秀外国语学院	131	438	50	400	1 193	668	621.6	681	2	638
宁波大红鹰学院	131	438	66.9	309	5 246.5	523	4 368.88	514	6	541
中南民族大学工商学院	45	622	27.5	541	780	685	780	668	19	320

续表

研究与发展成果								获奖成果数(项)			
学术论文(篇)				研究与咨询报告(篇)							
合计		其中:国外学术刊物发表		提交有关部门数		其中被采纳		合计		其中:国家级和部级	
122	583	1	359	0	322	0	240	0	335	0	67
155	541	0	430	0	322	0	240	0	335	0	67
917	61	2	302	126	8	39	18	3	172	0	67
134	563	0	430	11	108	0	240	3	172	0	67
32	694	0	430	0	322	0	240	0	335	0	67
268	387	0	430	0	322	0	240	0	335	0	67
517	175	49	33	26	62	19	42	11	78	0	67
326	332	15	101	15	86	9	71	26	32	0	67
677	111	7	188	4	188	2	177	3	172	0	67
208	461	1	359	0	322	0	240	2	209	0	67
241	416	26	59	0	322	0	240	0	335	0	67
316	340	1	359	0	322	0	240	0	335	0	67
610	130	17	91	1	269	0	240	0	335	0	67
1 198	34	61	22	1	269	0	240	0	335	0	67
209	459	0	430	28	58	14	56	0	335	0	67
570	146	2	302	6	153	6	102	0	335	0	67
118	589	4	234	5	166	0	240	18	45	15	2
384	281	4	234	0	322	0	240	1	257	0	67
197	477	1	359	0	322	0	240	0	335	0	67
160	532	1	359	0	322	0	240	0	335	0	67
63	658	0	430	0	322	0	240	0	335	0	67
43	679	0	430	0	322	0	240	0	335	0	67
203	471	0	430	0	322	0	240	0	335	0	67
197	477	5	216	3	216	1	198	1	257	0	67
380	288	13	115	0	322	0	240	0	335	0	67
470	199	13	115	36	48	0	240	0	335	0	67
298	356	2	302	9	125	0	240	0	335	0	67
100	614	1	359	0	322	0	240	0	335	0	67

学校名称	研究与发展课题								著作（部）	
	课题总数（项）		当年投入人数（人年）		当年拨入经费（百元）		当年支出经费（百元）			
哈尔滨德强商务学院	9	713	7.3	689	180	715	162	713	10	468
山西大学商务学院	257	245	104.6	183	7 470	477	7 919	434	20	307
金陵科技学院	138	426	44.2	440	8 341	460	9 291	408	7	523
四川外语学院重庆南方翻译学院	4	721	2.8	719	100	721	30	720	0	678
重庆工商大学融智学院	5	718	3	716	320	707	320	700	5	561
吉林建筑工程学院建筑装饰学院	10	709	4.3	710	550	696	550	688	3	605
安徽财经大学商学院	34	651	17.7	612	1 140	671	345	698	0	678
安徽大学江淮学院	3	724	6	698	1 110	672	0	723	0	678
安徽工程科技学院机电学院	6	717	8.4	681	270	710	224	707	0	678
安徽工业大学工商学院	4	721	2.4	722	200	714	200	710	1	661
安徽农业大学经济技术学院	20	685	10.1	669	10	724	10	722	1	661
安徽师范大学皖江学院	17	694	10	671	560	695	0	723	1	661
阜阳师范学院信息工程学院	29	669	6.2	696	1 520	652	1 810	609	2	638
淮北煤炭师范学院信息学院	18	689	7.1	692	810	684	680	674	1	661
成都医学院	69	574	15.4	627	5 026.2	533	2 019.95	593	2	638
黑河学院	70	571	48.2	410	822	683	794	666	12	429
海南大学三亚学院	75	560	34.6	486	3 530	578	1 870	603	10	468
合肥师范学院	160	396	55.8	365	6 665	496	4 152.85	519	26	251
湖北第二师范学院	40	640	8.2	683	1 100	673	1 100	655	19	320
太原工业学院	10	709	12.3	649	870	682	1 336	647	0	678
河海大学文天学院	9	713	7.2	690	205	713	151.5	716	0	678
贵州师范学院	33	654	3.8	712	4 910	534	2 409	573	7	523
浙江外国语学院	101	503	31	519	13 914	375	9 113.56	412	26	251
齐鲁师范学院	44	629	10.5	666	1 570	650	410	695	5	561
山东青年政治学院	51	611	38.1	468	1 405	658	341	699	0	678

续表

研究与发展成果								获奖成果数(项)			
学术论文(篇)				研究与咨询报告(篇)							
合计		其中:国外学术刊物发表		提交有关部门数		其中被采纳		合计		其中:国家级和部级	
41	681	0	430	0	322	0	240	0	335	0	67
212	449	0	430	0	322	0	240	1	257	0	67
187	488	0	430	4	188	4	132	0	335	0	67
61	660	0	430	0	322	0	240	0	335	0	67
50	674	0	430	0	322	0	240	0	335	0	67
17	704	0	430	0	322	0	240	0	335	0	67
71	645	0	430	0	322	0	240	0	335	0	67
2	719	0	430	0	322	0	240	0	335	0	67
25	698	0	430	0	322	0	240	0	335	0	67
8	716	0	430	0	322	0	240	0	335	0	67
3	718	0	430	1	269	1	198	0	335	0	67
12	713	0	430	0	322	0	240	0	335	0	67
16	706	0	430	0	322	0	240	0	335	0	67
29	695	0	430	0	322	0	240	0	335	0	67
75	641	0	430	0	322	0	240	1	257	0	67
211	453	3	260	0	322	0	240	0	335	0	67
93	620	2	302	0	322	0	240	0	335	0	67
163	528	0	430	0	322	0	240	0	335	0	67
204	468	0	430	0	322	0	240	0	335	0	67
0	722	0	430	0	322	0	240	0	335	0	67
2	719	0	430	0	322	0	240	0	335	0	67
25	698	0	430	0	322	0	240	0	335	0	67
216	445	0	430	0	322	0	240	0	335	0	67
88	627	1	359	3	216	3	150	2	209	0	67
355	306	0	430	0	322	0	240	0	335	0	67

5. 专科学校人文、社会科学研究与发展概况表(一)

学校名称	社科活动人员(人)														
	合计		按职称划分								其他人员		合计	
			小计		高级		中级		初级					
承德民族师范高等专科学校	266	58	263	54	84	49	98	64	81	51	3	82	108	47
沧州师范专科学校	286	45	281	44	129	12	112	49	40	131	5	60	97	55
锦州师范高等专科学校	316	35	316	35	124	16	146	27	46	118	0	145	140	32
齐齐哈尔高等师范专科学校	209	84	209	82	110	21	39	167	60	83	0	145	109	46
哈尔滨金融高等专科学校	530	4	524	4	163	6	192	11	169	4	6	54	166	26
上海公安高等专科学校	239	71	238	67	37	133	127	40	74	60	1	115	203	15
宁德师范高等专科学校	219	82	184	97	62	79	69	106	53	104	35	6	61	89
山东医学高等专科学校	87	193	79	196	26	169	34	181	19	197	8	43	0	235
菏泽医学专科学校	57	227	57	220	18	195	20	216	19	197	0	145	16	175
郑州牧业工程高等专科学校	227	78	221	78	59	86	89	76	73	62	6	54	35	133
郧阳师范高等专科学校	349	25	325	29	72	61	123	44	130	10	24	11	48	112
南宁师范高等专科学校	285	49	232	72	83	50	91	73	58	90	53	3	249	7
阿坝师范高等专科学校	274	53	270	49	79	54	110	53	81	51	4	71	233	9
黔西南民族师范高等专科学校	288	44	281	44	65	77	137	34	79	55	7	49	49	111
昭通师范高等专科学校	333	29	330	27	87	46	169	16	74	60	3	82	89	61
思茅师范高等专科学校	198	92	190	95	60	82	75	96	55	99	8	43	41	122
保山师范高等专科学校	223	80	220	79	81	52	78	91	61	80	3	82	96	57
和田师范专科学校	228	77	222	76	76	58	96	69	50	112	6	54	34	137
吕梁高等专科学校	182	101	179	101	58	89	62	120	59	86	3	82	0	235
长沙民政职业技术学院	480	7	479	7	103	26	214	6	162	6	1	115	142	31
顺德职业技术学院	352	22	350	21	86	48	147	26	117	16	2	96	113	44
广东轻工职业技术学院	280	50	257	58	54	95	157	21	46	118	23	13	73	78
武汉职业技术学院	243	68	236	68	62	79	79	90	95	31	7	49	164	27
徐州建筑职业技术学院	135	134	134	132	36	137	67	110	31	150	1	115	127	38
北京电子科技职业学院	206	88	195	89	69	68	112	49	14	216	11	28	376	3
安徽职业技术学院	133	136	133	134	44	116	65	114	24	177	0	145	17	171
重庆航天职业技术学院	70	210	62	214	13	208	25	201	24	177	8	43	6	214
景德镇高等专科学校	271	55	271	48	105	22	86	82	80	54	0	145	45	115
萍乡高等专科学校	320	33	320	32	104	25	118	46	98	28	0	145	177	23
淮北职业技术学院	132	138	131	135	55	94	56	131	20	194	1	115	41	122
六盘水师范高等专科学校	203	89	201	86	60	82	86	82	55	99	2	96	74	77
新疆工业高等专科学校	97	185	94	186	33	144	47	145	14	216	3	82	42	120
新疆农业职业技术学院	37	234	37	234	12	215	21	212	4	236	0	145	14	180

研究发展人员(人)										研究发展经费(百元)					
按职称划分						其他人员		折合全时人员(人年)		当年拨入		其中:科研事业		当年内部支出	
高级		中级		初级											
54	40	34	63	20	40	0	62	22	50	4 640	92	140	170	4 590	92
42	53	47	46	8	100	0	62	15.5	72	5 190	83	2 610	40	3 460	111
69	25	56	31	15	56	0	62	41.4	19	8 752.9	54	250	143	8 752.9	47
53	42	31	68	25	31	0	62	19.6	54	4 218.94	105	319	130	4 159.7	100
89	12	58	28	18	46	1	38	59.5	8	13 210	28	1 150	71	13 057	24
42	53	83	14	77	4	1	38	44.2	16	21 950	12	7 490	10	20 355	11
27	86	30	73	4	134	0	62	12.2	88	4 634	93	640	102	2 818	129
0	232	0	225	0	197	0	62	0	235	0	236	0	220	0	236
6	178	6	169	4	134	0	62	4.3	160	653	211	55	202	650	208
25	99	7	157	2	158	1	38	3.8	171	890	196	320	127	1 030	186
16	131	19	103	13	61	0	62	18.9	60	4 380	103	200	157	4 498	93
124	4	78	16	42	15	5	10	37.9	27	11 003	44	2 250	47	10 669	38
93	11	98	10	42	15	0	62	37.7	28	27 706	8	1 425	63	27 390	6
18	121	24	82	7	108	0	62	10.9	100	4 430	101	950	87	4 898	87
45	52	36	58	8	100	0	62	21.7	51	8 971	51	1 195	70	8 674	48
24	104	15	124	2	158	0	62	8.8	122	1 580	163	0	220	1 596	162
42	53	42	50	12	68	0	62	20.2	53	4 435	100	1 030	81	4 340	97
26	92	7	157	1	176	0	62	8.9	120	2 350	141	330	126	2 320	137
0	232	0	225	0	197	0	62	0	235	0	236	0	220	0	236
62	32	63	27	17	49	0	62	19.5	57	7 810	59	3 450	31	8 060	50
52	43	40	51	21	39	0	62	17.4	68	13 551	24	1 099	77	12 191	30
27	86	39	53	5	124	2	25	9.7	111	5 688	78	2 790	36	5 349	77
60	34	56	31	42	15	6	7	20.6	52	4 450	97	275	137	4 088.6	101
29	81	85	13	12	68	1	38	27.7	41	11 402	41	1 460	62	11 581	35
154	2	172	3	18	46	32	2	68.1	6	29 284	6	4 838.3	17	16 866	16
7	171	7	157	3	142	0	62	2.5	194	720	206	120	176	727	202
5	188	0	225	1	176	0	62	0.7	231	700	209	40	208	632	211
14	137	16	118	14	59	0	62	9.3	114	2 040	150	690	99	2 040	146
65	27	72	20	37	18	3	14	40.5	22	4 592	95	315	131	4 592	91
25	99	14	129	0	197	2	25	5.8	143	2 641	138	1 140	72	2 971	124
40	58	28	76	6	114	0	62	10.5	103	3 986	108	1 966	53	4 181	98
21	112	12	135	8	100	1	38	8.3	125	1 790	158	300	133	1 772	156
10	149	4	182	0	197	0	62	2	210	800	199	450	117	688	204

学校名称	社科活动人员(人)														
	合计		按职称划分								其他人员		合计	
			小计		高级		中级		初级					
天津职业大学	249	65	248	63	82	51	133	36	33	144	1	115	230	10
四平职业大学	131	139	131	135	47	109	33	185	51	110	0	145	36	130
镇江市高等专科学校	300	41	300	40	105	22	145	28	50	112	0	145	56	98
苏州职业大学	408	11	407	10	128	13	241	4	38	136	1	115	196	20
芜湖职业技术学院	123	148	123	145	18	195	59	124	46	118	0	145	30	146
中州大学	342	28	338	26	97	39	185	14	56	96	4	71	58	93
开封大学	278	51	278	47	80	53	105	57	93	34	0	145	81	69
广州航海高等专科学校	241	70	233	70	70	64	139	33	24	177	8	43	78	74
深圳职业技术学院	605	2	595	2	216	2	270	2	109	20	10	32	543	1
成都电子机械高等专科学校	232	75	215	80	73	60	88	78	54	103	17	18	201	17
辽阳职业技术学院	107	172	107	170	40	124	52	135	15	213	0	145	9	204
淮南联合大学	149	123	149	121	30	155	66	112	53	104	0	145	57	96
福建商业高等专科学校	238	73	234	69	70	64	80	88	84	47	4	71	85	65
信阳农业高等专科学校	154	119	154	119	39	125	59	124	56	96	0	145	50	108
河南机电高等专科学校	181	103	181	99	39	125	77	93	65	71	0	145	167	25
鄂州职业大学	353	20	353	19	98	33	144	29	111	19	0	145	108	47
广西体育高等专科学校	105	173	104	172	26	169	42	160	36	140	1	115	69	82
集宁师范高等专科学校	399	13	389	13	100	32	159	19	130	10	10	32	55	99
辽宁警官高等专科学校	314	37	314	36	137	11	148	24	29	158	0	145	208	14
长春金融高等专科学校	268	57	268	52	93	44	83	86	92	36	0	145	144	29
吉林公安高等专科学校	313	38	311	37	98	33	100	63	113	18	2	96	178	22
黑龙江工商职业技术学院	266	58	266	53	94	43	87	81	85	46	0	145	52	104
浙江水利水电专科学校	207	86	207	83	65	77	126	41	16	206	0	145	223	13
江西公安专科学校	315	36	263	54	125	15	71	104	67	67	52	4	203	15
新余高等专科学校	299	42	287	42	103	26	109	54	75	59	12	25	94	58
焦作大学	286	45	285	43	78	55	160	18	47	116	1	115	119	43
湖南财经高等专科学校	492	6	492	6	208	3	211	7	73	62	0	145	228	12
湖南公安高等专科学校	309	39	309	38	193	4	106	55	10	227	0	145	123	40
湖南女子职业大学	451	8	410	9	154	8	223	5	33	144	41	5	45	115
柳州师范高等专科学校	322	31	321	30	53	97	148	24	120	15	1	115	341	4
成都纺织高等专科学校	162	112	162	110	43	121	103	61	16	206	0	145	51	107
文山师范高等专科学校	239	71	239	65	66	74	104	59	69	66	0	145	58	93
昆明冶金高等专科学校	373	19	373	15	166	5	123	44	84	47	0	145	186	21

续表

研究发展人员(人)										研究发展经费(百元)					
按职称划分						其他人员		折合全时人员(人年)		当年拨入		其中:科研事业		当年内部支出	
高级		中级		初级											
97	9	116	8	17	49	0	62	38.5	26	8 844	52	977	85	7 670	54
27	86	6	169	3	142	0	62	4	167	978	193	250	143	983	190
34	66	22	94	0	197	0	62	18.1	65	9 213	49	4 799	18	9 094.5	44
88	14	101	9	6	114	0	62	51.4	13	24 613	9	8 752.5	7	22 468	9
10	149	18	107	2	158	0	62	3.7	172	1 420	168	730	95	1 547	164
17	126	17	111	24	34	0	62	6.4	139	1 900	155	620	104	1 900	153
38	61	24	82	19	44	0	62	24.7	44	11 860	36	2 060	48	11 730	34
40	58	35	61	3	142	0	62	10.5	103	5 150	84	720	96	5 698.5	74
245	1	212	2	67	7	19	3	119.3	1	104 302	1	38 605	1	101 659	1
82	18	78	16	34	21	7	5	55.1	12	16 805	16	1 570	59	17 005	15
5	188	3	193	1	176	0	62	2.7	189	786	202	300	133	786	198
19	117	22	94	16	53	0	62	9	118	2 840	129	250	143	2 865	127
49	46	23	87	13	61	0	62	11.1	97	3 745	112	820	92	3 424	113
9	155	32	67	9	91	0	62	6	142	1 750	160	100	181	1 750	157
51	44	69	23	47	12	0	62	32.2	31	4 342	104	580	108	3 808.5	106
36	65	50	41	22	37	0	62	19.6	54	2 818	131	90	189	3 464	110
30	75	25	80	11	75	3	14	10.2	106	15 014	19	1 330	66	13 516	22
21	112	22	94	12	68	0	62	11	99	3 030	126	1 380	64	2 630	134
105	7	72	20	31	23	0	62	36.8	29	13 555	23	3 555	27	13 781	21
65	27	43	48	36	19	0	62	49.7	14	10 060	46	4 440	20	7 609	56
73	21	56	31	49	10	0	62	42.5	17	13 700	22	2 510	43	12 954	27
23	106	16	118	13	61	0	62	18.3	64	3 500	118	100	181	3 445	112
63	31	151	5	9	91	0	62	29.2	38	43 725	3	29 026	3	41 460	5
87	15	58	28	25	31	33	1	41	21	14 465	21	8 465	8	8 405	49
38	61	29	75	27	29	0	62	10.2	106	7 990	57	4 853	16	7 985	51
32	72	77	18	10	84	0	62	23.1	49	6 060	71	600	105	6 026	70
140	3	71	22	10	84	7	5	61.4	7	51 474	2	15 965	5	57 831	2
89	12	34	63	0	197	0	62	30.3	37	11 036	43	2 650	39	9 634	42
33	69	12	135	0	197	0	62	18.8	62	14 490	20	3 510	29	51 770	3
98	8	166	4	74	5	3	14	97.2	3	16 395	17	1 130	73	17 560	14
25	99	23	87	3	142	0	62	5.5	147	3 560	116	270	138	3 024	122
20	115	27	78	11	75	0	62	18.8	62	5 380	81	2 010	50	3 553	109
124	4	53	35	9	91	0	62	58.9	9	21 335	13	5 148	14	15 750	18

学校名称	社科活动人员（人）														
	合计		按职称划分								其他人员		合计	
			小计		高级		中级		初级					
合作民族师范高等专科学校	317	34	317	34	95	42	118	46	104	24	0	145	67	84
甘肃联合大学	304	40	304	39	102	29	137	34	65	71	0	145	15	176
乌鲁木齐职业大学	423	10	360	17	111	20	191	12	58	90	63	1	52	104
连云港师范高等专科学校	182	101	182	98	98	33	72	98	12	224	0	145	36	130
北京青年政治学院	252	64	252	59	67	70	144	29	41	127	0	145	474	2
河南商业高等专科学校	604	3	594	3	126	14	242	3	226	3	10	32	229	11
武汉商业服务学院	286	45	279	46	96	41	83	86	100	27	7	49	58	93
康定民族师范高等专科学校	326	30	321	30	75	59	105	57	141	8	5	60	62	87
内蒙古民族高等专科学校	352	22	348	23	102	29	106	55	140	9	4	71	92	59
贵州商业高等专科学校	352	22	349	22	97	39	208	9	44	125	3	82	138	33
河南公安高等专科学校	348	26	346	25	98	33	159	19	89	39	2	96	83	68
陇南师范高等专科学校	207	86	207	83	39	125	111	52	57	94	0	145	11	195
定西师范高等专科学校	155	118	155	118	37	133	59	124	59	86	0	145	23	160
桂林航天工业高等专科学校	235	74	226	73	51	104	68	107	107	22	9	36	243	8
郑州电力高等专科学校	20	241	19	242	12	215	7	236	0	242	1	115	13	185
桂林旅游高等专科学校	321	32	319	33	98	33	164	17	57	94	2	96	130	36
重庆电力高等专科学校	70	210	68	207	21	186	30	192	17	199	2	96	17	171
海南职业技术学院	134	135	129	138	13	208	57	129	59	86	5	60	25	157
广州民航职业技术学院	184	100	179	101	33	144	88	78	58	90	5	60	97	55
广州番禺职业技术学院	383	15	327	28	68	69	129	38	130	10	56	2	281	6
湖北职业技术学院	375	17	366	16	123	18	177	15	66	68	9	36	62	87
黑龙江建筑职业技术学院	143	128	134	132	71	63	48	144	15	213	9	36	14	180
安徽商贸职业技术学院	227	78	226	73	47	109	91	73	88	43	1	115	302	5
安徽水利水电职业技术学院	65	215	65	211	22	182	32	188	11	226	0	145	17	171
阜阳职业技术学院	133	136	131	135	29	160	36	174	66	68	2	96	4	220
贵州警官职业学院	177	106	174	105	88	45	58	128	28	161	3	82	35	133
南京森林公安高等专科学校	158	117	158	114	50	105	78	91	30	152	0	145	85	65
重庆工业职业技术学院	150	121	139	127	34	141	42	160	63	76	11	28	9	204
铜陵职业技术学院	117	161	110	166	11	220	72	98	27	165	7	49	8	208
民办万博科技职业学院	185	99	181	99	28	163	64	118	89	39	4	71	2	230
安徽警官职业学院	180	105	157	117	47	109	88	78	22	189	23	13	26	154
淮南职业技术学院	125	146	125	143	32	149	65	114	28	161	0	145	99	53
湖南大众传媒职业技术学院	377	16	375	14	98	33	186	13	91	38	2	96	52	104

续表

研究发展人员(人)										研究发展经费(百元)					
按职称划分						其他人员		折合全时人员(人年)		当年拨入		其中:科研事业		当年内部支出	
高级		中级		初级											
30	75	26	79	11	75	0	62	7.9	128	4 791	91	2 720	38	5 225.8	80
6	178	8	153	1	176	0	62	6.4	139	3 075	125	1 300	68	1 548.5	163
28	82	18	107	4	134	2	25	8.9	120	2 020	151	110	178	2 292	138
26	92	8	153	2	158	0	62	11.6	93	5 702	77	2 000	51	5 365	76
123	6	250	1	82	3	19	3	106.5	2	37 466	5	17 851	4	24 198	7
64	30	96	11	68	6	1	38	41.2	20	12 150	34	1 080	79	11 560	36
33	69	15	124	9	91	1	38	40	23	6 540	67	2 340	46	6 450	67
17	126	17	111	28	27	0	62	11.1	97	11 609	38	3 381	33	7 983	52
42	53	19	103	30	25	1	38	10	109	5 770	76	3 470	30	3 210	116
46	49	76	19	16	53	0	62	27.9	40	7 050	64	720	96	7 335	57
27	86	36	58	20	40	0	62	15.8	71	3 160	123	0	220	3 760	107
8	163	3	193	0	197	0	62	2.4	200	1 510	164	1 100	76	1 450	167
7	171	6	169	10	84	0	62	2.5	194	400	223	150	168	358	223
73	21	67	25	98	1	3	14	57.4	11	13 123	29	980	84	12 994	25
11	146	2	202	0	197	0	62	2.7	189	1 040	189	440	118	1 040	184
68	26	58	28	4	134	0	62	33	30	10 844	45	1 874.2	56	9 346.1	43
8	163	7	157	2	158	0	62	4.2	161	3 650	113	250	143	3 850	105
8	163	12	135	5	124	0	62	2.6	191	990	191	320	127	990	189
34	66	52	37	11	75	0	62	12.2	88	3 875	110	755	94	2 629.5	135
95	10	120	7	62	8	4	12	69.5	5	17 151	15	6 320	12	15 272	19
28	82	24	82	7	108	3	14	23.9	47	7 057	63	1 950	55	5 676	75
10	149	4	182	0	197	0	62	4.1	164	1 390	170	160	166	1 369	171
78	19	129	6	94	2	1	38	49.2	15	12 961	31	1 099	77	12 964	26
5	188	10	142	2	158	0	62	2.4	200	1 400	169	40	208	1 523	166
1	221	3	193	0	197	0	62	2.4	200	620	213	35	213	620	213
26	92	9	147	0	197	0	62	6.4	139	4 040	107	480	116	2 025	147
39	60	36	58	9	91	1	38	19.3	59	9 768	48	3 550	28	12 060	32
3	203	3	193	1	176	2	25	1.6	217	1 070	187	90	189	1 011	187
4	197	4	182	0	197	0	62	3.2	178	430	221	75	197	450	218
0	232	2	202	0	197	0	62	1	224	300	227	100	181	300	226
16	131	9	147	1	176	0	62	4.9	151	5 081.3	85	2 548	41	5 327.4	78
26	92	54	34	19	44	0	62	13.4	78	3 600	115	380	123	3 350	114
25	99	24	82	1	176	2	25	30.5	36	5 955	75	1 500	61	4 902	86

学校名称	社科活动人员(人)													
	合计		按职称划分								其他人员		合计	
			小计		高级		中级		初级					
湖南铁道职业技术学院	71	209	71	202	22	182	46	148	3	240	0	145	25	157
安徽工业经济职业技术学院	147	125	147	124	16	203	61	122	70	65	0	145	26	154
湖南生物机电职业技术学院	177	106	175	104	67	70	76	94	32	147	2	96	92	59
云南国土资源职业学院	31	237	31	237	5	234	16	225	10	227	0	145	18	168
云南交通职业技术学院	127	142	115	160	28	163	51	137	36	140	12	25	18	168
湖南交通职业技术学院	181	103	178	103	53	97	118	46	7	233	3	82	36	130
湖南商务职业技术学院	244	67	233	70	62	79	124	43	47	116	11	28	153	28
合肥通用职业技术学院	63	219	54	224	2	238	20	216	32	147	9	36	10	200
湖南体育职业学院	51	231	42	232	8	225	18	222	16	206	9	36	5	218
聊城职业技术学院	121	153	121	149	20	189	45	150	56	96	0	145	50	108
黑龙江艺术职业学院	148	124	148	123	78	55	40	164	30	152	0	145	44	118
云南体育运动职业技术学院	101	182	96	183	30	155	43	158	23	185	5	60	25	157
广东科学技术职业学院	513	5	512	5	103	26	142	32	267	1	1	115	174	24
沈阳职业技术学院	374	18	359	18	124	16	129	38	106	23	15	20	134	35
保险职业学院	104	174	104	172	27	168	51	137	26	167	0	145	13	185
湖南对外经济贸易职业学院	259	60	249	61	57	91	94	71	98	28	10	32	54	102
湖南司法警官职业学院	144	127	144	126	44	116	59	124	41	127	0	145	57	96
长沙商贸旅游职业技术学院	254	63	246	64	67	70	76	94	103	26	8	43	125	39
重庆三峡职业学院	92	189	91	190	24	177	24	205	43	126	1	115	12	192
重庆工贸职业技术学院	119	156	119	153	70	64	24	205	25	172	0	145	7	212
重庆电子工程职业学院	292	43	292	41	59	86	144	29	89	39	0	145	48	112
黑龙江农垦职业学院	102	177	102	176	47	109	34	181	21	190	0	145	4	220
黑龙江司法警官职业学院	127	142	127	139	39	125	65	114	23	185	0	145	1	231
齐齐哈尔职业学院	173	110	161	112	28	163	25	201	108	21	12	25	27	149
新疆警官高等专科学校	272	54	270	49	87	46	131	37	52	106	2	96	40	125
铁道警官高等专科学校	162	112	162	110	72	61	52	135	38	136	0	145	130	36
湖南环境生物职业技术学院	160	115	160	113	33	144	101	62	26	167	0	145	76	76
重庆警官职业学院	62	220	57	220	22	182	31	191	4	236	5	60	35	133
重庆城市管理职业学院	203	89	203	85	54	95	85	85	64	74	0	145	84	67
重庆工程职业技术学院	137	132	122	147	35	139	46	148	41	127	15	20	28	148
北京吉利大学	395	14	395	12	48	107	89	76	258	2	0	145	73	78
民办安徽文达信息技术职业学院	102	177	102	176	13	208	29	195	60	83	0	145	6	214

研究发展人员(人)										研究发展经费(百元)					
按职称划分						其他人员		折合全时人员(人年)		当年拨入		其中:科研事业		当年内部支出	
高级		中级		初级											
12	144	10	142	3	142	0	62	5.8	143	145	233	0	220	145	232
5	188	13	131	8	100	0	62	6.6	135	980	192	80	193	1 352	172
56	37	22	94	12	68	2	25	11.3	95	11 732	37	1 960	54	3 260.2	115
4	197	4	182	10	84	0	62	3.7	172	303.2	226	140	170	290.2	227
10	149	7	157	1	176	0	62	2.3	204	560	215	70	198	560	214
16	131	15	124	5	124	0	62	4.1	164	1 616.5	161	100	181	1 932	152
70	24	65	26	17	49	1	38	27.6	42	15 600	18	2 520	42	15 225	20
1	221	5	179	3	142	1	38	2.4	200	750	204	80	193	750	200
2	213	3	193	0	197	0	62	4.1	164	480	219	0	220	660	207
11	146	24	82	14	59	1	38	12.4	84	2 695	135	200	157	3 163	118
24	104	20	102	0	197	0	62	5.6	145	1 788.5	159	50	203	1 738.5	158
9	155	3	193	12	68	1	38	2.9	184	1 119.5	182	260	140	1 005.5	188
86	16	52	37	36	19	0	62	23.3	48	13 279	26	5 495	13	6 917.5	62
75	20	31	68	26	30	2	25	39	25	11 862	35	3 430	32	11 862	33
5	188	7	157	1	176	0	62	3.4	175	2 150	146	0	220	2 150	144
30	75	19	103	5	124	0	62	9.5	113	5 502	80	2 045	49	6 683.8	64
30	75	16	118	9	91	2	25	13	80	7 320	62	1 230	69	7 320	59
46	49	35	61	43	14	1	38	31.3	35	6 660	66	2 760	37	4 776	89
11	146	1	213	0	197	0	62	2.1	209	1 380	171	140	170	1 320	176
6	178	1	213	0	197	0	62	2.5	194	795	200	420	119	785	199
22	110	22	94	4	134	0	62	8.2	126	3 925	109	120	176	4 034	103
3	203	1	213	0	197	0	62	1.1	223	365	225	0	220	345	224
1	221	0	225	0	197	0	62	0.3	233	200	230	200	157	50	235
3	203	8	153	16	53	0	62	4.2	161	1 430	167	210	155	1 406	169
20	115	14	129	6	114	0	62	6.6	135	3 320	120	2 000	51	1 629	160
65	27	43	48	22	37	0	62	39.5	24	9 100	50	2 400	45	9 070	45
18	121	48	44	10	84	0	62	12.5	82	2 976.8	127	705	98	3 071.4	121
14	137	18	107	0	197	3	14	9.1	117	2 235	143	270	138	2 816.3	130
31	74	40	51	13	61	0	62	12.5	82	4 900	89	130	175	5 310	79
5	188	16	118	7	108	0	62	2.8	185	1 076	184	40	208	648.2	209
26	92	23	87	24	34	0	62	13.3	79	2 340	142	200	157	1 330	174
3	203	2	202	1	176	0	62	3	180	550	216	50	203	560	214

学校名称	社科活动人员(人)													
	合计		按职称划分								其他人员		合计	
			小计		高级		中级		初级					
安徽工贸职业技术学院	104	174	104	172	13	208	39	167	52	106	0	145	14	180
宿州职业技术学院	73	205	72	201	15	206	34	181	23	185	1	115	3	228
六安职业技术学院	49	232	49	228	17	200	29	195	3	240	0	145	43	119
安徽电子信息职业技术学院	129	141	121	149	24	177	51	137	46	118	8	43	34	137
民办合肥经济技术职业学院	65	215	41	233	0	241	2	242	39	133	24	11	0	235
安徽交通职业技术学院	78	199	78	197	18	195	43	158	17	199	0	145	1	231
安徽体育运动职业技术学院	65	215	49	228	28	163	17	224	4	236	16	19	10	200
重庆巴渝职业技术学院	62	220	57	220	11	220	21	212	25	172	5	60	18	168
兰州职业技术学院	243	68	239	65	46	113	112	49	81	51	4	71	8	208
甘肃工业职业技术学院	92	189	92	189	24	177	45	150	23	185	0	145	13	185
青海警官职业学院	122	150	111	164	53	97	42	160	16	206	11	28	0	235
辽宁信息职业技术学院	86	194	86	192	66	74	16	225	4	236	0	145	65	85
辽宁经济职业技术学院	136	133	136	130	60	82	50	140	26	167	0	145	79	73
吉林司法警官职业学院	103	176	102	176	52	101	36	174	14	216	1	115	88	62
吉林电子信息职业技术学院	102	177	102	176	42	122	32	188	28	161	0	145	38	126
吉林工业职业技术学院	77	201	76	199	28	163	22	210	26	167	1	115	61	89
吉林农业工程职业技术学院	67	214	67	210	32	149	10	232	25	172	0	145	12	192
鹤岗师范高等专科学校	126	144	126	141	60	82	49	141	17	199	0	145	13	185
黑龙江畜牧兽医职业学院	111	168	111	164	70	64	25	201	16	206	0	145	31	144
黑龙江农业经济职业学院	198	92	198	88	58	89	68	107	72	64	0	145	50	108
哈尔滨职业技术学院	195	94	195	89	113	19	41	163	41	127	0	145	7	212
泰州师范高等专科学校	353	20	353	19	102	29	154	23	97	30	0	145	55	99
安徽中医药高等专科学校	70	210	69	204	5	234	12	229	52	106	1	115	14	180
安徽医学高等专科学校	45	233	44	231	9	224	21	212	14	216	1	115	23	160
亳州师范高等专科学校	176	108	171	108	29	160	80	88	62	78	5	60	103	51
郑州师范高等专科学校	348	26	347	24	158	7	125	42	64	74	1	115	87	63
焦作师范高等专科学校	437	9	437	8	143	9	201	10	93	34	0	145	199	19
揭阳职业技术学院	246	66	214	81	34	141	104	59	76	57	32	7	136	34
广东省外语艺术职业学院	407	12	405	11	105	22	211	7	89	39	2	96	144	29
四川职业技术学院	258	61	258	57	78	55	86	82	94	32	0	145	78	74
武汉铁路职业技术学院	138	131	137	128	22	182	54	133	61	80	1	115	11	195
随州职业技术学院	102	177	100	181	53	97	33	185	14	216	2	96	33	140
湖南艺术职业学院	146	126	146	125	52	101	70	105	24	177	0	145	105	49

续表

研究发展人员(人)										研究发展经费(百元)					
按职称划分						其他人员		折合全时人员(人年)		当年拨入		其中:科研事业		当年内部支出	
高级		中级		初级											
8	163	4	182	2	158	0	62	1.7	216	1 080	183	0	220	1 260	178
1	221	1	213	0	197	1	38	2.2	205	600	214	90	189	540	216
15	134	25	80	3	142	0	62	10.8	101	2 668	136	0	220	2 774.5	131
15	134	13	131	6	114	0	62	6.5	137	2 220	144	100	181	2 175	142
0	232	0	225	0	197	0	62	0	235	0	236	0	220	0	236
1	221	0	225	0	197	0	62	0.8	229	160	231	0	220	240	229
3	203	5	179	1	176	1	38	2.2	205	7 640	60	4 200	22	7 640	55
3	203	7	157	6	114	2	25	6.5	137	8 124.5	56	0	220	7 216.5	60
3	203	4	182	1	176	0	62	0.8	229	770	203	650	101	313	225
5	188	7	157	1	176	0	62	1.3	218	700	209	400	120	700	203
0	232	0	225	0	197	0	62	0	235	0	236	0	220	0	236
56	37	7	157	2	158	0	62	18.9	60	4 450	97	950	87	5 090	82
46	49	28	76	5	124	0	62	11.7	92	4 450	97	890	90	4 160	99
58	36	23	87	7	108	0	62	14.7	73	3 849	111	0	220	4 048.5	102
25	99	8	153	5	124	0	62	12.3	87	1 891	156	488	115	1 891	154
32	72	17	111	12	68	0	62	17.8	66	2 962	128	232	149	2 962	125
10	149	2	202	0	197	0	62	5.2	148	1 280	174	280	136	1 255	179
13	142	0	225	0	197	0	62	4.5	157	1 345	172	690	99	675	205
23	106	6	169	2	158	0	62	6.9	134	2 000	152	600	105	2 011	149
26	92	18	107	6	114	0	62	12	91	2 660	137	50	203	2 640	133
7	171	0	225	0	197	0	62	2.2	205	750	204	203	156	750	200
17	126	31	68	6	114	1	38	7.2	131	2 790	132	300	133	2 890	126
2	213	3	193	9	91	0	62	8.5	124	2 830	130	200	157	2 253	139
5	188	16	118	1	176	1	38	2.8	185	640	212	80	193	640	210
37	63	37	56	29	26	0	62	42.4	18	12 465	32	955	86	12 147	31
50	45	31	68	6	114	0	62	24.1	46	3 275	122	600	105	4 346	96
85	17	96	11	18	46	0	62	32	32	6 920	65	260	140	6 920	61
47	47	69	23	20	40	0	62	31.7	33	13 516	25	4 060	24	9 800	40
62	32	52	37	25	31	5	10	26.9	43	5 510	79	490	114	6 244.2	68
33	69	21	100	24	34	0	62	24.6	45	11 464	39	2 949	35	12 245	29
4	197	4	182	3	142	0	62	3.3	177	2 790	132	1 600	58	2 830	128
22	110	11	141	0	197	0	62	4.7	153	2 110	147	1 110	75	1 935	151
47	47	38	55	20	40	0	62	14.1	76	4 579	96	220	150	4 349	95

学校名称	社科活动人员(人)												合计	
	合计		按职称划分								其他人员		合计	
			小计		高级		中级		初级					
湖南机电职业技术学院	131	139	127	139	25	174	72	98	30	152	4	71	81	69
湖南化工职业技术学院	69	213	69	204	21	186	27	198	21	190	0	145	9	204
巢湖职业技术学院	120	154	119	153	33	144	62	120	24	177	1	115	111	45
滁州职业技术学院	162	112	158	114	18	195	36	174	104	24	4	71	12	192
池州职业技术学院	115	164	115	160	39	125	44	154	32	147	0	145	10	200
宣城职业技术学院	89	192	63	213	12	215	12	229	39	133	26	9	41	122
安徽广播影视职业技术学院	142	129	137	128	21	186	55	132	61	80	5	60	48	112
民办合肥滨湖职业技术学院	56	228	54	224	0	241	3	240	51	110	2	96	0	235
民办安徽外国语职业技术学院	230	76	224	75	19	192	91	73	114	17	6	54	38	126
宁夏职业技术学院	114	165	114	162	50	105	47	145	17	199	0	145	29	147
宁夏工商职业技术学院	187	98	173	106	59	86	66	112	48	114	14	24	60	92
宁夏财经职业技术学院	61	223	61	216	37	133	16	225	8	231	0	145	10	200
云南能源职业技术学院	77	201	76	199	25	174	37	171	14	216	1	115	13	185
武汉交通职业学院	122	150	121	149	33	144	49	141	39	133	1	115	27	149
山东胜利职业学院	193	96	193	93	67	70	96	69	30	152	0	145	45	115
安徽电气工程职业技术学院	83	196	77	198	18	195	30	192	29	158	6	54	5	218
安徽冶金科技职业学院	73	205	68	207	17	200	36	174	15	213	5	60	8	208
安徽城市管理职业学院	122	150	122	147	3	236	27	198	92	36	0	145	4	220
安徽机电职业技术学院	118	159	109	167	19	192	32	188	58	90	9	36	100	52
安徽工商职业学院	203	89	201	86	42	122	36	174	123	14	2	96	31	144
安徽中澳科技职业学院	78	199	60	218	10	223	21	212	29	158	18	17	15	176
亳州职业技术学院	112	166	112	163	13	208	37	171	62	78	0	145	1	231
安徽国防科技职业学院	100	183	94	186	19	192	44	154	31	150	6	54	15	176
安庆职业技术学院	119	156	119	153	20	189	61	122	38	136	0	145	4	220
安徽艺术职业学院	208	85	185	96	13	208	94	71	78	56	23	13	0	235
黑龙江商业职业学院	84	195	82	194	26	169	22	210	34	143	2	96	3	228
黑龙江公安警官职业学院	125	146	124	144	44	116	63	119	17	199	1	115	27	149
新疆兵团警官高等专科学校	112	166	109	167	17	200	68	107	24	177	3	82	42	120
海南政法职业学院	108	171	104	172	30	155	39	167	35	142	4	71	13	185
海南外国语职业学院	192	97	192	94	30	155	36	174	126	13	0	145	23	160
云南国防工业职业技术学院	175	109	172	107	57	91	98	64	17	199	3	82	105	49
云南机电职业技术学院	36	235	32	236	12	215	11	231	9	229	4	71	6	214
云南林业职业技术学院	72	208	68	207	23	180	24	205	21	190	4	71	4	220

续表

研究发展人员(人)										研究发展经费(百元)					
按职称划分						其他人员		折合全时人员(人年)		当年拨入		其中:科研事业		当年内部支出	
高级		中级		初级											
37	63	31	68	11	75	2	25	19.5	57	6 385	68	220	150	6 476	66
7	171	2	202	0	197	0	62	3	180	1 605	162	1 000	82	1 420	168
55	39	49	43	5	124	2	25	19.6	54	6 032	72	390	122	5 772.6	73
4	197	6	169	2	158	0	62	5.1	149	3 405	119	30	214	3 167	117
6	178	4	182	0	197	0	62	2	210	940	194	570	109	940	191
13	142	9	147	13	61	6	7	4.5	157	4 400	102	100	181	4 400	94
17	126	21	100	9	91	1	38	11.6	93	3 286	121	506	113	2 991	123
0	232	0	225	0	197	0	62	0	235	0	236	0	220	0	236
6	178	17	111	15	56	0	62	3.9	169	2 564	139	0	220	2 247.5	140
14	137	10	142	5	124	0	62	9.7	111	4 070	106	1 730	57	5 127.5	81
30	75	15	124	13	61	2	25	8.8	122	1 980	153	100	181	1 990	150
8	163	1	213	1	176	0	62	3.1	179	710	208	90	189	890	192
7	171	2	202	4	134	0	62	2.8	185	787	201	255	142	812	196
15	134	10	142	2	158	0	62	5	150	1 880	157	140	170	1 526.5	165
21	112	23	87	1	176	0	62	7.1	133	2 750	134	1 310	67	2 750	132
2	213	2	202	1	176	0	62	3.4	175	1 480	166	30	214	1 324	175
5	188	3	193	0	197	0	62	1.2	220	890	196	30	214	890	192
0	232	2	202	2	158	0	62	2.8	185	9 770	47	8 000	9	9 770	41
28	82	37	56	32	22	3	14	16.7	70	5 013.2	88	545	110	4 873.2	88
18	121	6	169	7	108	0	62	11.3	95	20 100	14	9 900	6	19 800	12
7	171	5	179	3	142	0	62	4.6	155	13 240	27	340	125	16 240	17
1	221	0	225	0	197	0	62	1	224	260	228	60	200	250	228
6	178	9	147	0	197	0	62	2	210	880	198	30	214	880	194
2	213	2	202	0	197	0	62	1.3	218	900	195	400	120	853	195
0	232	0	225	0	197	0	62	0	235	1 075	185	1 000	82	790	197
2	213	1	213	0	197	0	62	1.8	214	519	218	0	220	519	217
8	163	17	111	2	158	0	62	5.6	145	1 310	173	190	163	1 262	177
9	155	30	73	3	142	0	62	7.3	130	3 510	117	1 060	80	3 153	119
9	155	4	182	0	197	0	62	2.2	205	1 074	186	528	112	662	206
2	213	6	169	15	56	0	62	3	180	2 060	149	60	200	2 022	148
54	40	48	44	0	197	3	14	58.4	10	6 305	69	1 125	74	6 585	65
3	203	0	225	3	142	0	62	2.5	194	405	222	30	214	377.4	222
1	221	0	225	3	142	0	62	0.9	228	100.2	234	70	198	61	234

学校名称	社科活动人员(人)														
	合计		按职称划分								其他人员		合计	
			小计		高级		中级		初级					
马鞍山师范高等专科学校	126	144	126	141	29	160	49	141	48	114	0	145	33	140
福建金融职业技术学院	686	1	683	1	239	1	275	1	169	4	3	82	201	17
湖北财税职业学院	160	115	158	114	44	116	27	198	87	44	2	96	99	53
长沙师范学校	222	81	222	76	56	93	72	98	94	32	0	145	120	42
衡阳财经工业职业技术学院	277	52	250	60	66	74	97	67	87	44	27	8	22	163
益阳职业技术学院	139	130	136	130	37	133	44	154	55	99	3	82	19	167
琼台师范高等专科学校	258	61	249	61	31	152	155	22	63	76	9	36	73	78
安徽财贸职业学院	154	119	154	119	39	125	75	96	40	131	0	145	68	83
安徽国际商务职业学院	150	121	149	121	26	169	57	129	66	68	1	115	123	40
安徽公安职业学院	62	220	62	214	25	174	25	201	12	224	0	145	4	220
安徽林业职业技术学院	20	241	20	241	7	227	7	236	6	235	0	145	0	235
安徽审计职业学院	73	205	71	202	16	203	28	197	27	165	2	96	11	195
安徽新闻出版职业技术学院	52	230	52	226	7	227	20	216	25	172	0	145	11	195
安徽邮电职业技术学院	36	235	35	235	3	236	8	235	24	177	1	115	6	214
安徽工业职业技术学院	59	225	59	219	12	215	23	209	24	177	0	145	4	220
海南经贸职业技术学院	286	45	260	56	48	107	67	110	145	7	26	9	34	137
海南万和信息职业技术学院	76	203	61	216	11	220	30	192	20	194	15	20	8	208
湖南工艺美术职业学院	216	83	194	91	46	113	72	98	76	57	22	16	55	99
湖南理工职业技术学院	96	186	95	184	13	208	45	150	37	139	1	115	80	72
三亚航空旅游职业学院	76	203	69	204	6	232	4	239	59	86	7	49	21	164
黑龙江民族职业学院	102	177	102	176	35	139	37	171	30	152	0	145	13	185
株洲职业技术学院	109	169	108	169	38	132	54	133	16	206	1	115	32	143
湖南铁路科技职业技术学院	83	196	83	193	32	149	34	181	17	199	0	145	17	171
重庆工商职业学院	168	111	168	109	46	113	97	67	25	172	0	145	70	81
重庆三峡医药高等专科学校	90	191	90	191	16	203	44	154	30	152	0	145	33	140
重庆医药高等专科学校	65	215	65	211	30	155	19	219	16	206	0	145	26	154
曲靖医学高等专科学校	31	237	28	238	2	238	13	228	13	222	3	82	1	231
芜湖信息技术职业学院	118	159	116	159	23	180	47	145	46	118	2	96	20	166
民办合肥财经职业学院	109	169	107	170	6	232	19	219	82	49	2	96	11	195
湖南电气职业技术学院	61	223	46	230	7	227	19	219	20	194	15	20	35	133
北京劳动保障职业学院	81	198	80	195	26	169	45	150	9	229	1	115	27	149
临沧师范高等专科学校	194	95	194	91	36	137	98	64	60	83	0	145	64	86
黑龙江幼儿师范高等专科学校	269	56	269	51	142	10	72	98	55	99	0	145	81	69

续表

研究发展人员(人)										研究发展经费(百元)					
按职称划分						其他人员		折合全时人员(人年)		当年拨入		其中:科研事业		当年内部支出	
高级		中级		初级											
9	155	12	135	12	68	0	62	7.6	129	2 193	145	105	180	2 193	141
72	23	80	15	49	10	0	62	84.9	4	27 890	7	4 670	19	23 710	8
30	75	15	124	54	9	0	62	12.1	90	11 211	42	847	91	10 811	37
41	57	51	40	28	27	0	62	17	69	23 140	10	6 710	11	20 800	10
17	126	4	182	1	176	0	62	3	180	7 870	58	4 170	23	6 825	63
8	163	6	169	5	124	0	62	9	118	43 450	4	32 640	2	43 510	4
12	144	50	41	8	100	3	14	10.5	103	2 382	140	180	164	2 469.7	136
27	86	33	65	8	100	0	62	12.4	84	8 391	55	3 010	34	7 780	53
23	106	53	35	47	12	0	62	31.4	34	13 090	30	3 630	26	13 125	23
4	197	0	225	0	197	0	62	1.2	220	22 860	11	4 260	21	19 570	13
0	232	0	225	0	197	0	62	0	235	0	236	0	220	0	236
3	203	6	169	2	158	0	62	2.5	194	992	190	160	166	1 032	185
2	213	7	157	2	158	0	62	1.2	220	400	223	50	203	400	220
0	232	1	213	5	124	0	62	2	210	2 085	148	345	124	2 085	145
1	221	1	213	2	158	0	62	1	224	248	229	40	208	233	230
18	121	9	147	7	108	0	62	9.9	110	5 079	86	545	110	5 079	83
3	203	3	193	1	176	1	38	1.8	214	152.2	232	150	168	102.2	233
19	117	16	118	17	49	3	14	14.5	74	12 323	33	4 880	15	12 698	28
23	106	46	47	11	75	0	62	10.6	102	4 836.8	90	180	164	4 761	90
4	197	1	213	13	61	3	14	4.6	155	1 150	178	0	220	1 616	161
9	155	1	213	3	142	0	62	4.8	152	1 280	174	80	193	1 250	180
14	137	17	111	1	176	0	62	4	167	4 600	94	1 541	60	3 851.4	104
9	155	7	157	1	176	0	62	2.6	191	5 050	87	640	102	5 050	84
27	86	39	53	4	134	0	62	10.2	106	5 265	82	250	143	4 959	85
10	149	17	111	6	114	0	62	9.3	114	3 077	124	310	132	3 077	120
14	137	9	147	3	142	0	62	3.7	172	713	207	200	157	624.2	212
1	221	0	225	0	197	0	62	0.3	233	45	235	0	220	195	231
1	221	13	131	6	114	0	62	2.5	194	1 240	176	820	92	1 140	181
8	163	1	213	2	158	0	62	4.2	161	1 490	165	100	181	1 728	159
6	178	12	135	11	75	6	7	14.4	75	8 830	53	1 360	65	8 830	46
9	155	13	131	4	134	1	38	12.4	84	6 100	70	4 000	25	6 100	69
19	117	33	65	11	75	1	38	7.2	131	1 130	179	50	203	2 151	143
60	34	12	135	9	91	0	62	17.7	67	5 980	74	2 440	44	5 890	72

学校名称	社科活动人员(人)															
	合计		按职称划分								其他人员		合计	
			小计		高级		中级		初级					
辽宁地质工程职业学院	117	161	117	157	44	116	40	164	33	144	0	145	53	103
重庆财经职业学院	119	156	119	153	39	125	35	180	45	123	0	145	87	63
新疆职业大学	120	154	120	152	52	101	40	164	28	161	0	145	21	164
海南科技职业学院	99	184	98	182	7	227	9	234	82	49	1	115	9	204
重庆科创职业学院	117	161	117	157	7	227	65	114	45	123	0	145	37	128
重庆建筑工程职业学院	56	228	51	227	20	189	18	222	13	222	5	60	14	180
徽商职业学院	93	188	93	188	31	152	10	232	52	106	0	145	27	149
马鞍山职业技术学院	23	240	23	240	8	225	7	236	8	231	0	145	15	176
安徽现代信息工程职业学院	25	239	25	239	1	240	3	240	21	190	0	145	0	235
辽宁现代服务职业技术学院	95	187	95	184	31	152	38	170	26	167	0	145	61	89
重庆商务职业学院	58	226	55	223	15	206	33	185	7	233	3	82	4	220
桐城师范高等专科学校	123	148	123	145	34	141	24	205	65	71	0	145	37	128

6. 专科学校人文、社会科学研究与发展概况表(二)

学校名称	研究与发展课题								著作(部)	
	课题总数(项)		当年投入人数(人年)		当年拨入经费(百元)		当年支出经费(百元)			
承德民族师范高等专科学校	78	38	22	50	670	104	670	92	3	123
沧州师范专科学校	78	38	15.5	71	2 580	37	880	80	3	123
锦州师范高等专科学校	38	84	41.4	20	499.2	127	499.2	114	22	18
齐齐哈尔高等师范专科学校	41	77	19.6	53	506	125	446	125	17	27
哈尔滨金融高等专科学校	63	49	59.5	8	1 310	70	1 156.5	64	7	73
上海公安高等专科学校	113	20	44.2	16	11 770	5	10 625	4	12	43
宁德师范高等专科学校	88	31	12.2	87	3 170	31	1 354	58	3	123
山东医学高等专科学校	0	239	0	236	0	224	0	227	0	185
菏泽医学专科学校	8	180	4.3	160	43	216	43	214	0	185
郑州牧业工程高等专科学校	17	144	3.8	171	160	178	230	160	0	185
郧阳师范高等专科学校	48	71	18.9	59	400	136	498	116	7	73
南宁师范高等专科学校	113	20	37.9	26	5 370	14	5 036	11	2	144
阿坝师范高等专科学校	134	14	37.7	27	2 071	51	1 755	43	14	34
黔西南民族师范高等专科学校	13	156	10.9	98	950	88	1 790	40	1	159
昭通师范高等专科学校	39	79	21.7	51	1 195	75	898	78	6	85

续表

研究发展人员(人)										研究发展经费(百元)					
按职称划分						其他人员		折合全时人员(人年)		当年拨入		其中:科研事业		当年内部支出	
高级		中级		初级											
26	92	19	103	8	100	0	62	12.7	81	3 622	114	320	127	3 578.9	108
34	66	22	94	31	23	0	62	13.6	77	11 408	40	905	89	10 340	39
18	121	2	202	0	197	1	38	4.4	159	1 130	179	250	143	1 335	173
1	221	1	213	3	142	4	12	1	224	455	220	220	150	382	221
6	178	23	87	8	100	0	62	9.3	114	1 929	154	214	154	1 806	155
6	178	4	182	2	158	2	25	2.6	191	542	217	0	220	410	219
7	171	10	142	10	84	0	62	4.7	153	1 160	177	220	150	1 384.5	170
6	178	6	169	3	142	0	62	3.9	169	1 050	188	30	214	1 050	183
0	232	0	225	0	197	0	62	0	235	0	236	0	220	0	236
28	82	23	87	10	84	0	62	28.4	39	7 456	61	140	170	7 331	58
2	213	2	202	0	197	0	62	0.4	232	1 120	181	40	208	1 105	182
19	117	7	157	11	75	0	62	8.1	127	6 001	73	110	178	6 001	71

研究与发展成果								获奖成果数(项)			
学术论文(篇)				研究与咨询报告(篇)							
合计		其中:国外学术刊物发表		提交有关部门数		其中被采纳		合计		其中:国家级和部级	
42	139	0	32	1	25	1	18	0	17	0	4
114	74	0	32	0	37	0	30	0	17	0	4
108	80	0	32	0	37	0	30	0	17	0	4
137	57	0	32	0	37	0	30	0	17	0	4
379	7	2	9	0	37	0	30	0	17	0	4
83	95	0	32	4	11	2	13	1	4	0	4
114	74	0	32	0	37	0	30	0	17	0	4
0	235	0	32	0	37	0	30	0	17	0	4
16	191	0	32	0	37	0	30	0	17	0	4
30	161	0	32	5	9	4	7	0	17	0	4
75	104	0	32	0	37	0	30	0	17	0	4
141	52	0	32	2	19	2	13	0	17	0	4
222	18	0	32	0	37	0	30	0	17	0	4
209	21	0	32	0	37	0	30	0	17	0	4
92	89	0	32	0	37	0	30	0	17	0	4

学校名称	研究与发展课题									
	课题总数（项）		当年投入人数（人年）		当年拨入经费（百元）		当年支出经费（百元）		著作（部）	
思茅师范高等专科学校	21	136	8.8	121	260	157	276	149	0	185
保山师范高等专科学校	60	56	20.2	52	1 405	65	1 310	61	6	85
和田师范专科学校	35	92	8.9	119	1 000	84	970	72	1	159
吕梁高等专科学校	4	210	0	236	0	224	0	227	4	109
长沙民政职业技术学院	146	11	19.5	56	4 960	16	5 110	10	25	13
顺德职业技术学院	102	26	17.4	67	10 936	6	5 185	9	10	51
广东轻工职业技术学院	87	32	10.1	108	4 558	21	4 020	16	18	26
武汉职业技术学院	32	97	11.3	94	990	87	628.55	94	37	5
徐州建筑职业技术学院	85	35	27.7	41	4 200	23	4 379	15	5	93
北京电子科技职业学院	229	5	68.1	6	21 482	3	8 490.03	5	74	2
安徽职业技术学院	8	180	2.5	194	120	193	87	195	1	159
重庆航天职业技术学院	4	210	0.7	231	130	192	92	192	2	144
景德镇高等专科学校	61	55	9.3	114	540	120	540	109	5	93
萍乡高等专科学校	65	46	40.5	22	542	119	542	108	8	68
淮北职业技术学院	52	64	5.8	143	1 365	68	1 695	46	2	144
六盘水师范高等专科学校	36	89	10.5	102	2 226	46	2 421	34	1	159
新疆工业高等专科学校	14	154	8.3	125	300	148	282	147	0	185
新疆农业职业技术学院	12	160	2	210	500	126	388	132	0	185
天津职业大学	100	27	38.5	25	2 607	35	781	84	16	31
四平职业大学	10	172	4	167	250	164	150	176	0	185
镇江市高等专科学校	73	42	18	64	1 224	74	1 105.5	66	7	73
苏州职业大学	181	8	51.4	13	6 672.5	11	5 227.63	8	8	68
芜湖职业技术学院	37	88	3.7	172	820	95	936.99	76	5	93
中州大学	63	49	6.4	139	620	110	620	95	17	27
开封大学	18	141	24.7	44	60	211	60	205	5	93
广州航海高等专科学校	70	44	10.5	102	2 525	39	3 073.49	24	8	68
深圳职业技术学院	306	2	119.1	1	68 512	1	59 904.2	1	116	1
成都电子机械高等专科学校	36	89	55	12	4 005	24	2 990	26	22	18
辽阳职业技术学院	8	180	2.7	189	300	148	300	144	3	123
淮南联合大学	30	103	9	118	1 040	83	1 040	69	3	123
福建商业高等专科学校	63	49	11.1	95	1 235	73	964	73	0	185
信阳农业高等专科学校	71	43	6	142	550	118	550	106	7	73

续表

研究与发展成果								获奖成果数(项)			
学术论文(篇)				研究与咨询报告(篇)							
合计		其中:国外学术刊物发表		提交有关部门数		其中被采纳		合计		其中:国家级和部级	
67	111	0	32	0	37	0	30	0	17	0	4
181	31	0	32	0	37	0	30	0	17	0	4
129	63	0	32	0	37	0	30	0	17	0	4
33	152	0	32	0	37	0	30	0	17	0	4
353	8	0	32	58	2	18	3	0	17	0	4
190	28	2	9	0	37	0	30	0	17	0	4
123	68	27	1	0	37	0	30	0	17	0	4
242	17	2	9	0	37	0	30	0	17	0	4
93	88	0	32	0	37	0	30	0	17	0	4
140	53	1	18	0	37	0	30	1	4	1	1
17	188	0	32	0	37	0	30	0	17	0	4
7	215	0	32	0	37	0	30	0	17	0	4
180	32	0	32	0	37	0	30	0	17	0	4
89	91	0	32	0	37	0	30	0	17	0	4
80	99	0	32	0	37	0	30	0	17	0	4
96	87	0	32	0	37	0	30	0	17	0	4
28	165	0	32	0	37	0	30	0	17	0	4
14	193	0	32	0	37	0	30	0	17	0	4
138	55	0	32	0	37	0	30	2	2	0	4
10	202	0	32	0	37	0	30	0	17	0	4
149	48	0	32	2	19	2	13	0	17	0	4
464	4	8	5	0	37	0	30	0	17	0	4
30	161	0	32	1	25	1	18	0	17	0	4
170	36	0	32	0	37	0	30	1	4	0	4
60	120	0	32	0	37	0	30	0	17	0	4
201	24	4	6	0	37	0	30	0	17	0	4
478	3	9	4	121	1	29	2	0	17	0	4
101	83	1	18	2	19	2	13	0	17	0	4
19	183	0	32	0	37	0	30	0	17	0	4
64	115	0	32	0	37	0	30	0	17	0	4
128	64	0	32	0	37	0	30	0	17	0	4
67	111	0	32	15	5	9	5	1	4	0	4

学校名称	研究与发展课题								著作	
	课题总数（项）		当年投入人数（人年）		当年拨入经费（百元）		当年支出经费（百元）		著作（部）	
河南机电高等专科学校	74	41	32.1	30	580	115	46.5	212	8	68
鄂州职业大学	34	94	19.6	53	270	154	264	152	3	123
广西体育高等专科学校	25	118	10.2	105	740	98	359.97	137	1	159
集宁师范高等专科学校	16	149	11	97	1 380	66	980	71	1	159
辽宁警官高等专科学校	50	67	36.8	28	3 555	27	3 781	18	5	93
长春金融高等专科学校	86	34	49.5	14	4 820	18	2 369	36	7	73
吉林公安高等专科学校	59	58	42.5	18	2 510	41	1 764	42	0	185
黑龙江工商职业技术学院	9	176	18.3	63	140	186	85	196	7	73
浙江水利水电专科学校	146	11	29.2	38	33 296	2	32 422.1	2	0	185
江西公安专科学校	198	7	42.3	19	60	211	20	222	21	23
新余高等专科学校	99	28	10.2	105	950	88	950	75	0	185
焦作大学	59	58	23.1	49	640	108	606	98	6	85
湖南财经高等专科学校	303	3	61.1	7	12 495	4	14 962.8	3	23	17
湖南公安高等专科学校	144	13	30.3	37	3 110	32	1 708	45	12	43
湖南女子职业大学	50	67	18.8	61	200	173	0	227	4	109
柳州师范高等专科学校	126	17	97.2	3	1 920	53	3 085	23	11	48
成都纺织高等专科学校	54	61	5.5	147	820	95	499	115	14	34
文山师范高等专科学校	39	79	18.8	61	2 560	38	733	89	1	159
昆明冶金高等专科学校	236	4	58.9	9	6 580	12	995	70	15	33
合作民族师范高等专科学校	113	20	7.9	128	3 369	29	3 803.8	17	6	85
甘肃联合大学	38	84	6.4	139	1 505	59	233.91	159	10	51
乌鲁木齐职业大学	40	78	8.9	119	420	134	620	95	6	85
连云港师范高等专科学校	39	79	11.6	92	1 132	78	503	113	13	39
北京青年政治学院	149	10	102.7	2	6 831.7	9	5 767.59	7	30	6
河南商业高等专科学校	352	1	41.2	21	1 150	77	560	105	46	3
武汉商业服务学院	49	70	40	23	0	224	0	227	13	39
康定民族师范高等专科学校	62	53	11.1	95	3 656	25	30	216	3	123
内蒙古民族高等专科学校	28	108	10	109	4 570	20	2 010	38	26	10
贵州商业高等专科学校	107	24	27.9	40	1 290	71	1 585	48	4	109
河南公安高等专科学校	121	18	15.8	70	0	224	600	99	1	159
陇南师范高等专科学校	17	144	2.4	200	1 110	79	1 050	68	1	159
定西师范高等专科学校	8	180	2.5	194	150	182	108	186	3	123

续表

研究与发展成果								获奖成果数(项)			
学术论文(篇)				研究与咨询报告(篇)							
合计		其中:国外学术刊物发表		提交有关部门数		其中被采纳		合计		其中:国家级和部级	
194	26	0	32	8	8	8	6	1	4	0	4
98	85	0	32	0	37	0	30	0	17	0	4
79	100	1	18	0	37	0	30	1	4	0	4
74	105	0	32	0	37	0	30	1	4	0	4
22	178	0	32	12	6	3	11	0	17	0	4
74	105	0	32	0	37	0	30	1	4	0	4
64	115	0	32	0	37	0	30	0	17	0	4
41	142	0	32	0	37	0	30	0	17	0	4
83	95	0	32	0	37	0	30	0	17	0	4
207	22	2	9	0	37	0	30	0	17	0	4
51	128	0	32	0	37	0	30	0	17	0	4
133	59	0	32	0	37	0	30	0	17	0	4
628	1	11	3	0	37	0	30	0	17	0	4
215	20	0	32	0	37	0	30	0	17	0	4
516	2	0	32	0	37	0	30	0	17	0	4
380	6	1	18	0	37	0	30	1	4	0	4
132	61	0	32	0	37	0	30	0	17	0	4
168	37	0	32	0	37	0	30	0	17	0	4
140	53	0	32	0	37	0	30	0	17	0	4
188	30	0	32	0	37	0	30	0	17	0	4
158	46	0	32	0	37	0	30	0	17	0	4
179	33	1	18	0	37	0	30	0	17	0	4
163	42	0	32	0	37	0	30	0	17	0	4
305	11	2	9	0	37	0	30	0	17	0	4
426	5	2	9	38	4	0	30	0	17	0	4
246	16	0	32	0	37	0	30	0	17	0	4
178	34	1	18	0	37	0	30	1	4	1	1
199	25	0	32	0	37	0	30	1	4	0	4
121	69	0	32	41	3	41	1	0	17	0	4
162	43	0	32	0	37	0	30	0	17	0	4
146	51	0	32	0	37	0	30	0	17	0	4
81	98	0	32	0	37	0	30	0	17	0	4

学校名称	研究与发展课题									
	课题总数（项）		当年投入人数（人年）		当年拨入经费（百元）		当年支出经费（百元）		著作（部）	
桂林航天工业高等专科学校	87	32	57.4	11	1 495	61	1 366	57	10	51
郑州电力高等专科学校	5	203	2.7	189	240	167	240	156	0	185
桂林旅游高等专科学校	94	30	33	29	4 903.9	17	3 406.08	20	14	34
重庆电力高等专科学校	3	217	4.2	161	250	164	450	122	0	185
海南职业技术学院	12	160	2.6	191	340	143	340	140	3	123
广州民航职业技术学院	34	94	12.2	87	2 060	52	711.5	90	7	73
广州番禺职业技术学院	133	15	69.2	5	6 726	10	4 847.32	12	41	4
湖北职业技术学院	30	103	23.8	47	2 650	34	2 576	30	0	185
黑龙江建筑职业技术学院	8	180	4.1	164	160	178	139	183	0	185
安徽商贸职业技术学院	112	23	49.2	15	1 613	58	1 613	47	26	10
安徽水利水电职业技术学院	7	192	2.4	200	210	171	273	150	0	185
阜阳职业技术学院	4	210	2.4	200	140	186	140	181	3	123
贵州警官职业学院	32	97	6.4	139	480	128	373	134	2	144
南京森林公安高等专科学校	80	36	19.3	58	1 750	57	2 524.45	32	10	51
重庆工业职业技术学院	2	222	1.6	217	90	201	88	194	6	85
铜陵职业技术学院	8	180	3.2	178	15	223	30	216	2	144
民办万博科技职业学院	2	222	1	224	100	197	100	188	2	144
安徽警官职业学院	28	108	4.9	150	710	100	795.4	82	0	185
淮南职业技术学院	31	101	13.4	77	460	130	335	141	3	123
湖南大众传媒职业技术学院	107	24	30.5	36	1 880	54	737	88	10	51
湖南铁道职业技术学院	13	156	5.7	144	105	196	105	187	2	144
安徽工业经济职业技术学院	26	116	6.6	135	40	217	207	166	9	60
湖南生物机电职业技术学院	25	118	10.8	99	930	91	560.96	104	12	43
云南国土资源职业学院	6	197	3.7	172	260	157	208	165	0	185
云南交通职业技术学院	22	131	2.3	204	260	157	260	153	0	185
湖南交通职业技术学院	12	160	4.1	164	0	224	0	227	22	18
湖南商务职业技术学院	50	67	27.6	42	2 520	40	2 568	31	11	48
合肥通用职业技术学院	3	217	2.4	200	80	206	80	198	0	185
湖南体育职业学院	2	222	4.1	164	0	224	0	227	2	144
聊城职业技术学院	19	139	12.3	85	315	146	315	142	0	185
黑龙江艺术职业学院	10	172	5.6	145	50	213	0	227	0	185
云南体育运动职业技术学院	27	114	2.9	184	700	101	586	100	7	73

研究与发展成果								获奖成果数(项)			
学术论文(篇)				研究与咨询报告(篇)							
合计		其中:国外学术刊物发表		提交有关部门数		其中被采纳		合计		其中:国家级和部级	
133	59	0	32	0	37	0	30	0	17	0	4
0	235	0	32	0	37	0	30	0	17	0	4
112	77	0	32	0	37	0	30	3	1	0	4
39	143	0	32	0	37	0	30	0	17	0	4
26	170	0	32	0	37	0	30	0	17	0	4
64	115	0	32	0	37	0	30	0	17	0	4
253	15	0	32	0	37	0	30	0	17	0	4
159	45	0	32	0	37	0	30	0	17	0	4
19	183	3	7	0	37	0	30	0	17	0	4
118	73	0	32	0	37	0	30	0	17	0	4
6	221	0	32	0	37	0	30	0	17	0	4
5	224	0	32	0	37	0	30	0	17	0	4
194	26	0	32	4	11	3	11	0	17	0	4
174	35	2	9	0	37	0	30	0	17	0	4
27	166	0	32	0	37	0	30	0	17	0	4
21	179	0	32	0	37	0	30	0	17	0	4
1	233	0	32	0	37	0	30	0	17	0	4
27	166	0	32	0	37	0	30	0	17	0	4
33	152	0	32	0	37	0	30	0	17	0	4
262	14	0	32	0	37	0	30	0	17	0	4
7	215	0	32	0	37	0	30	0	17	0	4
25	172	0	32	0	37	0	30	0	17	0	4
99	84	0	32	0	37	0	30	0	17	0	4
9	204	0	32	0	37	0	30	0	17	0	4
0	235	0	32	0	37	0	30	0	17	0	4
98	85	0	32	0	37	0	30	0	17	0	4
166	39	0	32	4	11	1	18	1	4	0	4
2	229	0	32	0	37	0	30	0	17	0	4
14	193	0	32	0	37	0	30	0	17	0	4
31	157	0	32	0	37	0	30	0	17	0	4
24	173	0	32	0	37	0	30	0	17	0	4
20	181	0	32	0	37	0	30	0	17	0	4

学校名称	研究与发展课题								著作(部)	
	课题总数(项)		当年投入人数(人年)		当年拨入经费(百元)		当年支出经费(百元)			
广东科学技术职业学院	97	29	23.3	48	9 085	7	2 723.51	29	0	185
沈阳职业技术学院	62	53	39	24	3 560	26	3 560	19	25	13
保险职业学院	13	156	3.4	175	150	182	150	176	4	109
湖南对外经济贸易职业学院	39	79	9.5	113	665	105	1 567.85	49	10	51
湖南司法警官职业学院	12	160	13	79	700	101	700	91	2	144
长沙商贸旅游职业技术学院	64	48	31.3	35	3 290	30	1 406	56	4	109
重庆三峡职业学院	9	176	2.1	209	140	186	70	202	0	185
重庆工贸职业技术学院	4	210	2.5	194	420	134	410	130	4	109
重庆电子工程职业学院	17	144	8.2	126	425	133	449	124	21	23
黑龙江农垦职业学院	2	222	1.1	223	90	201	70	202	1	159
黑龙江司法警官职业学院	1	230	0.3	233	200	173	50	209	3	123
齐齐哈尔职业学院	24	122	4.2	161	380	140	356	138	5	93
新疆警官高等专科学校	26	116	6.6	135	1 850	55	309	143	4	109
铁道警官高等专科学校	13	156	32	31	1 500	60	1 150	65	17	27
湖南环境生物职业技术学院	28	108	12.5	81	470	129	440	127	0	185
重庆警官职业学院	22	131	9.1	117	870	93	1 451.28	53	4	109
重庆城市管理职业学院	42	75	12.5	81	285	153	255	155	17	27
重庆工程职业技术学院	8	180	2.8	185	140	186	70	202	0	185
北京吉利大学	38	84	13.3	78	2 340	45	1 330	59	13	39
民办安徽文达信息技术职业学院	4	210	3	180	50	213	60	205	7	73
安徽工贸职业技术学院	12	160	1.7	216	870	93	463	120	2	144
宿州职业技术学院	5	203	2.2	205	90	201	60	205	0	185
六安职业技术学院	46	72	10.8	99	400	136	506.5	112	0	185
安徽电子信息职业技术学院	20	137	6.5	137	100	197	90	193	5	93
民办合肥经济技术职业学院	1	230	0	236	0	224	0	227	0	185
安徽交通职业技术学院	1	230	0.8	229	0	224	50	209	0	185
安徽体育运动职业技术学院	5	203	2.2	205	200	173	200	168	0	185
重庆巴渝职业技术学院	6	197	6.5	137	140	186	140	181	4	109
兰州职业技术学院	7	192	0.8	229	650	106	193	172	0	185
甘肃工业职业技术学院	9	176	1.3	218	520	122	520	110	5	93
青海警官职业学院	17	144	0	236	0	224	0	227	2	144
辽宁信息职业技术学院	45	73	18.9	59	950	88	890	79	25	13

续表

研究与发展成果								获奖成果数(项)			
学术论文(篇)				研究与咨询报告(篇)							
合计		其中:国外学术刊物发表		提交有关部门数		其中被采纳		合计		其中:国家级和部级	
166	39	0	32	0	37	0	30	0	17	0	4
132	61	0	32	5	9	1	18	0	17	0	4
90	90	2	9	0	37	0	30	0	17	0	4
167	38	0	32	0	37	0	30	0	17	0	4
119	72	1	18	0	37	0	30	0	17	0	4
137	57	0	32	0	37	0	30	0	17	0	4
18	186	0	32	0	37	0	30	0	17	0	4
114	74	0	32	0	37	0	30	0	17	0	4
148	49	0	32	0	37	0	30	0	17	0	4
8	210	0	32	0	37	0	30	0	17	0	4
24	173	0	32	0	37	0	30	0	17	0	4
9	204	0	32	0	37	0	30	0	17	0	4
66	113	0	32	0	37	0	30	0	17	0	4
205	23	26	2	3	18	0	30	0	17	0	4
51	128	0	32	0	37	0	30	0	17	0	4
39	143	0	32	0	37	0	30	0	17	0	4
190	28	0	32	1	25	1	18	0	17	0	4
69	109	0	32	0	37	0	30	0	17	0	4
45	135	1	18	1	25	0	30	0	17	0	4
8	210	0	32	0	37	0	30	0	17	0	4
23	176	1	18	0	37	0	30	0	17	0	4
27	166	0	32	0	37	0	30	0	17	0	4
18	186	0	32	0	37	0	30	0	17	0	4
45	135	0	32	0	37	0	30	0	17	0	4
0	235	0	32	0	37	0	30	0	17	0	4
31	157	0	32	0	37	0	30	0	17	0	4
7	215	0	32	0	37	0	30	0	17	0	4
1	233	0	32	0	37	0	30	0	17	0	4
7	215	0	32	0	37	0	30	0	17	0	4
26	170	0	32	0	37	0	30	0	17	0	4
73	107	0	32	0	37	0	30	0	17	0	4
165	41	0	32	4	11	4	7	2	2	0	4

学校名称	研究与发展课题									
	课题总数（项）		当年投入人数（人年）		当年拨入经费（百元）		当年支出经费（百元）		著作（部）	
辽宁经济职业技术学院	24	122	11.7	91	1 050	82	760	85	29	7
吉林司法警官职业学院	23	127	14.7	72	0	224	0	227	5	93
吉林电子信息职业技术学院	22	131	12.3	85	227	169	211	163	12	43
吉林工业职业技术学院	38	84	17.8	65	292	151	292	146	0	185
吉林农业工程职业技术学院	16	149	4.6	154	200	173	195	170	0	185
鹤岗师范高等专科学校	3	217	4.5	157	68	210	78	200	1	159
黑龙江畜牧兽医职业学院	8	180	6.9	134	600	112	611	97	5	93
黑龙江农业经济职业学院	8	180	12	90	260	157	240	156	22	18
哈尔滨职业技术学院	2	222	2.2	205	203	172	203	167	7	73
泰州师范高等专科学校	77	40	7.2	131	1 190	76	1 290	62	14	34
安徽中医药高等专科学校	14	154	8.5	124	350	141	16	224	0	185
安徽医学高等专科学校	6	197	2.8	185	40	217	40	215	1	159
亳州师范高等专科学校	51	65	42.7	17	1 265	72	1 256.63	63	3	123
郑州师范高等专科学校	121	18	24	46	600	112	1 746	44	5	93
焦作师范高等专科学校	166	9	32	31	260	157	260	153	13	39
揭阳职业技术学院	60	56	31.7	33	1 000	84	1 476	52	4	109
广东省外语艺术职业学院	131	16	26.9	43	590	114	1 324.2	60	27	8
四川职业技术学院	63	49	24.6	45	614	111	545	107	10	51
武汉铁路职业技术学院	11	167	3.3	177	880	92	880	80	3	123
随州职业技术学院	10	172	4.7	152	1 110	79	935	77	16	31
湖南艺术职业学院	28	108	14.1	75	440	132	210	164	0	185
湖南机电职业技术学院	24	122	19.5	56	350	141	441	126	0	185
湖南化工职业技术学院	11	167	3	180	650	106	465	119	2	144
巢湖职业技术学院	32	97	19.6	53	682	103	386.55	133	0	185
滁州职业技术学院	17	144	5.1	148	730	99	489	117	9	60
池州职业技术学院	11	167	2	210	570	116	570	102	1	159
宣城职业技术学院	5	203	4.5	157	100	197	100	188	0	185
安徽广播影视职业技术学院	45	73	11.5	93	160	178	20	222	4	109
民办合肥滨湖职业技术学院	0	239	0	236	0	224	0	227	0	185
民办安徽外国语职业技术学院	39	79	3.9	169	1 760	56	1 443.5	54	7	73
宁夏职业技术学院	33	96	9.7	111	2 130	48	3 187.5	22	0	185
宁夏工商职业技术学院	24	122	8.8	121	220	170	230	160	0	185

续表

研究与发展成果				获奖成果数(项)	
学术论文(篇)		研究与咨询报告(篇)			
合计	其中:国外学术刊物发表	提交有关部门数	其中被采纳	合计	其中:国家级和部级
120 71	0 32	2 19	2 13	0 17	0 4
8 210	0 32	0 37	0 30	0 17	0 4
6 221	0 32	0 37	0 30	0 17	0 4
36 147	0 32	0 37	0 30	0 17	0 4
35 148	0 32	0 37	0 30	0 17	0 4
53 125	0 32	0 37	0 30	0 17	0 4
35 148	0 32	4 11	4 7	0 17	0 4
66 113	0 32	0 37	0 30	0 17	0 4
59 121	0 32	0 37	0 30	0 17	0 4
314 10	0 32	0 37	0 30	0 17	0 4
4 228	0 32	0 37	0 30	0 17	0 4
2 229	0 32	0 37	0 30	0 17	0 4
78 101	0 32	4 11	4 7	0 17	0 4
158 46	0 32	0 37	0 30	0 17	0 4
124 67	0 32	0 37	0 30	0 17	0 4
127 65	0 32	0 37	0 30	0 17	0 4
281 12	0 32	0 37	0 30	0 17	0 4
138 55	0 32	0 37	0 30	0 17	0 4
43 137	0 32	0 37	0 30	0 17	0 4
109 79	0 32	0 37	0 30	0 17	0 4
38 145	0 32	0 37	0 30	0 17	0 4
88 92	0 32	0 37	0 30	0 17	0 4
48 132	0 32	0 37	0 30	0 17	0 4
17 188	0 32	0 37	0 30	0 17	0 4
68 110	0 32	0 37	0 30	0 17	0 4
5 224	0 32	0 37	0 30	0 17	0 4
6 221	0 32	0 37	0 30	0 17	0 4
70 108	0 32	1 25	1 18	0 17	0 4
0 235	0 32	0 37	0 30	0 17	0 4
13 196	0 32	0 37	0 30	0 17	0 4
103 82	0 32	2 19	0 30	0 17	0 4
21 179	0 32	0 37	0 30	0 17	0 4

学校名称	研究与发展课题									
	课题总数（项）		当年投入人数（人年）		当年拨入经费（百元）		当年支出经费（百元）		著作（部）	
宁夏财经职业技术学院	11	167	3.1	179	90	201	80	198	5	93
云南能源职业技术学院	5	203	2.8	185	255	162	235	158	0	185
武汉交通职业学院	18	141	5	149	510	124	156.5	174	1	159
山东胜利职业学院	51	65	7.1	133	750	97	750	86	5	93
安徽电气工程职业技术学院	2	222	3.4	175	110	194	44	213	0	185
安徽冶金科技职业学院	12	160	1.2	220	270	154	270	151	0	185
安徽城市管理职业学院	19	139	2.8	185	0	224	0	227	1	159
安徽机电职业技术学院	35	92	16.7	69	624	109	637	93	1	159
安徽工商职业学院	58	60	9.7	111	8 800	8	7 600	6	11	48
安徽中澳科技职业学院	6	197	4.6	154	340	143	3 340	21	1	159
亳州职业技术学院	1	230	1	224	30	221	25	218	10	51
安徽国防科技职业学院	15	151	2	210	400	136	400	131	4	109
安庆职业技术学院	7	192	1.3	218	0	224	218	162	3	123
安徽艺术职业学院	2	222	0.3	233	1 000	84	790	83	1	159
黑龙江商业职业学院	1	230	1.8	214	0	224	0	227	9	60
黑龙江公安警官职业学院	6	197	5.6	145	190	177	142	180	1	159
新疆兵团警官高等专科学校	23	127	7.3	130	1 320	69	963	74	3	123
海南政法职业学院	10	172	2.2	205	568	117	156	175	2	144
海南外国语职业学院	24	122	3	180	1 460	63	1 422	55	9	60
云南国防工业职业技术学院	27	114	58.1	10	1 465	62	745	87	5	93
云南机电职业技术学院	2	222	2.5	194	30	221	2.4	226	0	185
云南林业职业技术学院	1	230	0.9	228	70	209	21	221	0	185
马鞍山师范高等专科学校	65	46	7.6	129	293	150	293	145	4	109
福建金融职业技术学院	202	6	85	4	5 650	13	1 520	50	26	10
湖北财税职业学院	28	108	12.1	89	520	122	520	110	22	18
长沙师范学校	80	36	17	68	5 140	15	2 800.29	28	19	25
衡阳财经工业职业技术学院	30	103	3	180	2 190	47	1 095	67	8	68
益阳职业技术学院	31	101	8.8	121	1 450	64	1 510	51	27	8
琼台师范高等专科学校	54	61	10.5	102	292	151	369.68	135	4	109
安徽财贸职业学院	67	45	12.4	83	3 415	28	2 804	27	14	34
安徽国际商务职业学院	54	61	31.4	34	2 590	36	1 795.2	39	2	144
安徽公安职业学院	4	210	1.2	220	2 130	48	570	102	2	144

续表

研究与发展成果								获奖成果数(项)			
学术论文(篇)				研究与咨询报告(篇)							
合计		其中:国外学术刊物发表		提交有关部门数		其中被采纳		合计		其中:国家级和部级	
10	202	0	32	1	25	0	30	0	17	0	4
11	201	0	32	0	37	0	30	0	17	0	4
51	128	0	32	0	37	0	30	0	17	0	4
42	139	0	32	0	37	0	30	0	17	0	4
8	210	0	32	0	37	0	30	0	17	0	4
14	193	0	32	0	37	0	30	0	17	0	4
13	196	0	32	0	37	0	30	0	17	0	4
38	145	0	32	0	37	0	30	0	17	0	4
106	81	0	32	0	37	0	30	0	17	0	4
9	204	0	32	0	37	0	30	0	17	0	4
24	173	0	32	0	37	0	30	0	17	0	4
27	166	0	32	0	37	0	30	0	17	0	4
57	123	2	9	0	37	0	30	0	17	0	4
5	224	0	32	0	37	0	30	0	17	0	4
30	161	0	32	0	37	0	30	0	17	0	4
13	196	0	32	0	37	0	30	0	17	0	4
31	157	1	18	1	25	1	18	0	17	0	4
63	118	0	32	0	37	0	30	0	17	0	4
57	123	0	32	0	37	0	30	0	17	0	4
62	119	1	18	0	37	0	30	0	17	0	4
9	204	0	32	0	37	0	30	0	17	0	4
7	215	0	32	0	37	0	30	0	17	0	4
58	122	0	32	0	37	0	30	0	17	0	4
319	9	3	7	0	37	0	30	1	4	1	1
85	94	0	32	0	37	0	30	0	17	0	4
222	18	0	32	0	37	0	30	0	17	0	4
162	43	0	32	0	37	0	30	0	17	0	4
121	69	0	32	10	7	10	4	0	17	0	4
46	134	0	32	0	37	0	30	0	17	0	4
76	103	0	32	1	25	1	18	0	17	0	4
20	181	0	32	0	37	0	30	0	17	0	4
35	148	0	32	0	37	0	30	0	17	0	4

学校名称	研究与发展课题									
	课题总数（项）		当年投入人数（人年）		当年拨入经费（百元）		当年支出经费（百元）		著作（部）	
安徽林业职业技术学院	0	239	0	236	0	224	0	227	0	185
安徽审计职业学院	3	217	2.5	194	160	178	150	176	1	159
安徽新闻出版职业技术学院	8	180	1.2	220	100	197	100	188	3	123
安徽邮电职业技术学院	6	197	2	210	85	205	85	196	0	185
安徽工业职业技术学院	1	230	1	224	40	217	25	218	0	185
海南经贸职业技术学院	32	97	9.9	110	2 505	42	2 505	33	9	60
海南万和信息职业技术学院	5	203	1.8	214	150	182	100	188	1	159
湖南工艺美术职业学院	25	118	14.2	74	2 690	33	3 023.3	25	3	123
湖南理工职业技术学院	25	118	10.6	101	270	154	194.2	171	1	159
三亚航空旅游职业学院	22	131	4.6	154	0	224	466	118	0	185
黑龙江民族职业学院	3	217	4.8	151	80	206	50	209	1	159
株洲职业技术学院	29	107	4	167	1 376	67	410.43	129	0	185
湖南铁路科技职业技术学院	15	151	2.6	191	4 660	19	4 660	13	12	43
重庆工商职业学院	30	103	10.2	105	2 120	50	1 779	41	5	93
重庆三峡医药高等专科学校	12	160	9.3	114	450	131	450	122	0	185
重庆医药高等专科学校	8	180	3.7	172	305	147	196.2	169	1	159
曲靖医学高等专科学校	1	230	0.3	233	0	224	150	176	0	185
芜湖信息技术职业学院	20	137	2.5	194	390	139	355	139	9	60
民办合肥财经职业学院	4	210	4.2	161	150	182	368	136	3	123
湖南电气职业技术学院	28	108	14.3	73	2 390	44	2 390	35	1	159
北京劳动保障职业学院	36	89	12.4	83	4 445	22	4 445	14	9	60
临沧师范高等专科学校	42	75	7.2	131	50	213	160	173	1	159
黑龙江幼儿师范高等专科学校	18	141	17.7	66	2 440	43	2 350	37	7	73
辽宁地质工程职业学院	23	127	12.7	80	320	145	276.9	148	10	51
重庆财经职业学院	23	127	13.6	76	1 105	81	584	101	6	85
新疆职业大学	11	167	4.4	159	250	164	455	121	0	185
海南科技职业学院	9	176	1	224	255	162	132	184	3	123
重庆科创职业学院	15	151	9.3	114	534	121	411	128	9	60
重庆建筑工程职业学院	7	192	2.6	191	230	168	60	205	0	185
徽商职业学院	7	192	4.7	152	0	224	0	227	5	93
马鞍山职业技术学院	8	180	3.9	169	75	208	75	201	0	185
安徽现代信息工程职业学院	0	239	0	236	0	224	0	227	0	185
辽宁现代服务职业技术学院	22	131	28.3	39	140	186	15	225	3	123
重庆商务职业学院	1	230	0.4	232	40	217	25	218	25	13
桐城师范高等专科学校	5	203	8.1	127	110	194	110	185	6	85

续表

研究与发展成果								获奖成果数(项)			
学术论文(篇)				研究与咨询报告(篇)							
合计		其中:国外学术刊物发表		提交有关部门数		其中被采纳		合计		其中:国家级和部级	
0	235	0	32	0	37	0	30	0	17	0	4
2	229	0	32	0	37	0	30	0	17	0	4
13	196	0	32	0	37	0	30	0	17	0	4
9	204	0	32	0	37	0	30	0	17	0	4
2	229	0	32	0	37	0	30	0	17	0	4
127	65	0	32	0	37	0	30	0	17	0	4
16	191	0	32	0	37	0	30	0	17	0	4
88	92	0	32	1	25	1	18	0	17	0	4
43	137	0	32	0	37	0	30	0	17	0	4
5	224	0	32	0	37	0	30	0	17	0	4
31	157	0	32	0	37	0	30	0	17	0	4
33	152	0	32	0	37	0	30	0	17	0	4
50	131	0	32	0	37	0	30	0	17	0	4
148	49	1	18	0	37	0	30	0	17	0	4
19	183	0	32	0	37	0	30	0	17	0	4
32	155	0	32	0	37	0	30	0	17	0	4
12	200	0	32	0	37	0	30	0	17	0	4
30	161	0	32	0	37	0	30	0	17	0	4
7	215	0	32	0	37	0	30	0	17	0	4
34	151	0	32	0	37	0	30	0	17	0	4
52	127	0	32	4	11	1	18	0	17	0	4
53	125	0	32	0	37	0	30	0	17	0	4
267	13	0	32	0	37	0	30	0	17	0	4
110	78	0	32	0	37	0	30	0	17	0	4
42	139	0	32	0	37	0	30	0	17	0	4
32	155	0	32	2	19	0	30	0	17	0	4
8	210	1	18	0	37	0	30	0	17	0	4
23	176	0	32	0	37	0	30	0	17	0	4
0	235	0	32	1	25	1	18	0	17	0	4
17	188	1	18	0	37	0	30	0	17	0	4
9	204	0	32	0	37	0	30	0	17	0	4
0	235	0	32	0	37	0	30	0	17	0	4
48	132	0	32	0	37	0	30	0	17	0	4
78	101	0	32	1	25	1	18	0	17	0	4
83	95	0	32	1	25	0	30	0	17	0	4

1. 全国高等学校人文、社会科学活动人员情况表

		总计		按职称划分					
			女性	小计	教授	副教授	讲师	助教	初级
	编号	L01	L02	L03	L04	L05	L06	L07	L08
合计	1	440 506	231 237	435 363	49 652	116 083	186 578	64 290	18 760
管理学	2	59 357	27 927	58 175	7 317	14 805	25 117	7 410	3 526
马克思主义	3	15 268	7 258	15 171	2 188	5 231	5 984	1 452	316
哲学	4	8 146	3 158	8 110	1 754	2 611	2 932	611	202
逻辑学	5	406	141	401	89	113	146	40	13
宗教学	6	416	125	410	130	128	124	14	14
语言学	7	75 769	54 762	75 305	4 627	18 075	35 028	15 024	2 551
中国文学	8	20 067	9 926	19 925	3 252	6 281	7 878	1 935	579
外国文学	9	9 002	6 261	8 964	955	2 175	3 865	1 711	258
艺术学	10	50 643	25 122	50 204	4 379	10 059	21 094	12 271	2 401
历史学	11	10 314	3 973	10 252	2 262	3 228	3 729	830	203
考古学	12	428	123	427	141	115	139	25	7
经济学	13	46 048	23 062	45 722	7 454	13 383	18 483	4 832	1 570
政治学	14	8 337	3 387	8 251	1 318	2 729	3 111	864	229
法学	15	22 829	10 396	22 642	2 947	6 426	9 937	2 591	741
社会学	16	6 288	3 025	6 230	981	1 604	2 559	853	233
民族学	17	1 378	611	1 365	362	361	460	134	48
新闻学与传播学	18	7 285	3 875	7 222	863	1 656	3 133	1 174	396
图书、情报与文献学	19	28 180	18 869	27 089	1 359	6 221	14 421	2 242	2 846
教育学	20	26 367	13 654	26 023	3 128	7 044	10 890	3 716	1 245
统计学	21	3 061	1 549	3 036	530	934	1 197	282	93
心理学	22	4 776	2 801	4 735	631	1 302	1 937	673	192
体育学	23	36 141	11 232	35 704	2 985	11 602	14 414	5 606	1 097
60 岁及以上	24	4 497	768	4 482	3 344	1 017	100	6	15
55 岁～59 岁	25	22 301	6 552	21 952	9 201	8 664	3 565	218	304
50 岁～54 岁	26	32 000	12 634	31 335	10 566	13 022	6 607	476	664
45 岁～49 岁	27	71 633	33 082	70 766	17 586	34 432	16 606	1 088	1 054
40 岁～44 岁	28	67 892	33 592	67 201	7 057	30 880	26 091	1 908	1 265
35 岁～39 岁	29	80 912	43 189	80 311	1 626	22 643	47 971	6 173	1 898
30 岁～34 岁	30	100 709	60 855	100 019	227	4 917	66 546	23 837	4 492
29 岁及以下	31	60 562	40 565	59 297	45	508	19 092	30 584	9 068

按最后学历划分			其他人员	按最后学位划分	
研究生	本科生	其他		博士	硕士
L09	L10	L11	L12	L13	L14
209 866	206 399	19 098	5 143	53 513	168 476
31 758	23 217	3 200	1 182	9 727	23 679
8 232	6 699	240	97	1 586	7 529
5 693	2 303	114	36	2 311	3 516
235	156	10	5	93	146
335	66	9	6	217	110
34 861	39 181	1 263	464	4 145	33 128
10 923	8 529	473	142	4 197	7 349
5 565	3 300	99	38	1 148	4 610
17 965	30 343	1 896	439	1 876	17 005
7 137	2 996	119	62	3 295	3 943
328	90	9	1	202	125
27 236	17 023	1 463	326	10 040	18 626
4 482	3 573	196	86	1 545	3 193
14 338	7 972	332	187	4 071	10 820
4 213	1 880	137	58	1 418	2 788
924	410	31	13	380	551
4 360	2 649	213	63	1 105	3 359
4 510	15 412	7 167	1 091	666	4 248
12 642	12 588	793	344	2 865	10 938
1 630	1 261	145	25	557	1 156
3 062	1 609	64	41	949	2 246
9 437	25 142	1 125	437	1 120	9 411
1 591	2 511	380	15	479	1 081
5 521	13 268	3 163	349	2 131	3 269
8 443	18 663	4 229	665	3 524	4 910
25 695	40 420	4 651	867	10 182	17 186
31 237	32 843	3 121	691	10 988	24 004
46 295	31 977	2 039	601	13 032	37 584
58 860	40 171	988	690	10 705	50 450
32 224	26 546	527	1 265	2 472	29 992

2. 本科学校人文、社会科学活动人员情况表

		总计		按职称划分					
			女性	小计	教授	副教授	讲师	助教	初级
	编号	L01	L02	L03	L04	L05	L06	L07	L08
合计	1	395 419	206 005	391 462	47 359	105 489	168 521	54 475	15 618
管理学	2	52 780	24 527	51 905	6 906	13 471	22 586	6 046	2 896
马克思主义	3	13 527	6 367	13 460	2 072	4 636	5 286	1 210	256
哲学	4	7 614	2 914	7 586	1 705	2 454	2 721	525	181
逻辑学	5	329	110	326	79	92	116	29	10
宗教学	6	409	123	404	130	125	123	12	14
语言学	7	68 461	49 330	68 121	4 442	16 563	32 135	12 870	2 111
中国文学	8	17 339	8 377	17 245	3 093	5 405	6 775	1 505	467
外国文学	9	8 374	5 809	8 347	938	2 058	3 602	1 526	223
艺术学	10	45 800	22 457	45 483	4 219	9 295	19 156	10 816	1 997
历史学	11	9 692	3 683	9 638	2 221	3 030	3 463	743	181
考古学	12	424	120	423	141	114	138	23	7
经济学	13	40 565	19 874	40 382	7 091	12 144	16 275	3 752	1 120
政治学	14	7 475	2 955	7 420	1 253	2 430	2 794	745	198
法学	15	19 920	8 935	19 788	2 765	5 700	8 661	2 082	580
社会学	16	5 830	2 765	5 788	961	1 512	2 369	743	203
民族学	17	1 301	569	1 288	354	346	423	121	44
新闻学与传播学	18	6 755	3 545	6 700	838	1 582	2 934	1 027	319
图书、情报与文献学	19	26 247	17 546	25 261	1 320	5 856	13 435	2 042	2 608
教育学	20	22 829	11 809	22 570	2 847	6 010	9 590	3 081	1 042
统计学	21	2 869	1 442	2 848	509	870	1 129	257	83
心理学	22	4 229	2 454	4 201	606	1 150	1 749	545	151
体育学	23	32 650	10 294	32 278	2 869	10 646	13 061	4 775	927
60 岁及以上	24	4 333	741	4 319	3 267	948	86	5	13
55 岁 ~59 岁	25	20 791	6 181	20 490	8 874	7 915	3 220	191	290
50 岁 ~54 岁	26	29 326	11 532	28 747	10 092	11 778	5 865	412	600
45 岁 ~49 岁	27	65 131	29 906	64 407	16 687	31 018	14 836	931	935
40 岁 ~44 岁	28	61 180	30 095	60 601	6 624	27 859	23 386	1 640	1 092
35 岁 ~39 岁	29	73 407	39 156	72 933	1 552	20 810	43 500	5 444	1 627
30 岁 ~34 岁	30	90 947	54 913	90 459	222	4 690	60 651	21 030	3 866
29 岁及以下	31	50 304	33 481	49 506	41	471	16 977	24 822	7 195

按最后学历划分			其他人员	按最后学位划分	
研究生	本科生	其他		博士	硕士
L09	L10	L11	L12	L13	L14
198 182	176 391	16 889	3 957	53 033	155 243
29 647	19 408	2 850	875	9 620	21 326
7 578	5 676	206	67	1 560	6 806
5 413	2 067	106	28	2 303	3 243
224	93	9	3	92	128
333	62	9	5	217	108
33 225	33 786	1 110	340	4 112	31 245
10 251	6 616	378	94	4 157	6 576
5 358	2 899	90	27	1 140	4 390
17 252	26 591	1 640	317	1 858	16 172
6 845	2 681	112	54	3 273	3 656
326	88	9	1	201	124
25 634	13 560	1 188	183	9 958	16 789
4 280	2 979	161	55	1 531	2 965
13 360	6 174	254	132	4 026	9 677
4 014	1 643	131	42	1 406	2 586
886	371	31	13	378	509
4 176	2 333	191	55	1 100	3 166
4 374	14 314	6 573	986	664	4 081
11 521	10 344	705	259	2 822	9 612
1 596	1 122	130	21	556	1 113
2 866	1 285	50	28	945	2 041
9 023	22 299	956	372	1 114	8 930
1 575	2 386	358	14	479	1 061
5 424	12 201	2 865	301	2 117	3 194
8 212	16 741	3 794	579	3 486	4 728
24 810	35 434	4 163	724	10 068	16 228
29 798	28 029	2 774	579	10 882	22 128
43 872	27 316	1 745	474	12 929	34 591
55 321	34 308	830	488	10 622	46 480
29 170	19 976	360	798	2 450	26 833

3. 专科学校人文、社会科学活动人员情况表

		总计		按职称划分					
			女性	小计	教授	副教授	讲师	助教	初级
	编号	L01	L02	L03	L04	L05	L06	L07	L08
合计	1	45 087	25 232	43 901	2 293	10 594	18 057	9 815	3 142
管理学	2	6 577	3 400	6 270	411	1 334	2 531	1 364	630
马克思主义	3	1 741	891	1 711	116	595	698	242	60
哲学	4	532	244	524	49	157	211	86	21
逻辑学	5	77	31	75	10	21	30	11	3
宗教学	6	7	2	6	0	3	1	2	0
语言学	7	7 308	5 432	7 184	185	1 512	2 893	2 154	440
中国文学	8	2 728	1 549	2 680	159	876	1 103	430	112
外国文学	9	628	452	617	17	117	263	185	35
艺术学	10	4 843	2 665	4 721	160	764	1 938	1 455	404
历史学	11	622	290	614	41	198	266	87	22
考古学	12	4	3	4	0	1	1	2	0
经济学	13	5 483	3 188	5 340	363	1 239	2 208	1 080	450
政治学	14	862	432	831	65	299	317	119	31
法学	15	2 909	1 461	2 854	182	726	1 276	509	161
社会学	16	458	260	442	20	92	190	110	30
民族学	17	77	42	77	8	15	37	13	4
新闻学与传播学	18	530	330	522	25	74	199	147	77
图书、情报与文献学	19	1 933	1 323	1 828	39	365	986	200	238
教育学	20	3 538	1 845	3 453	281	1 034	1 300	635	203
统计学	21	192	107	188	21	64	68	25	10
心理学	22	547	347	534	25	152	188	128	41
体育学	23	3 491	938	3 426	116	956	1 353	831	170
60 岁及以上	24	164	27	163	77	69	14	1	2
55 岁 ~59 岁	25	1 510	371	1 462	327	749	345	27	14
50 岁 ~54 岁	26	2 674	1 102	2 588	474	1 244	742	64	64
45 岁 ~49 岁	27	6 502	3 176	6 359	899	3 414	1 770	157	119
40 岁 ~44 岁	28	6 712	3 497	6 600	433	3 021	2 705	268	173
35 岁 ~39 岁	29	7 505	4 033	7 378	74	1 833	4 471	729	271
30 岁 ~34 岁	30	9 762	5 942	9 560	5	227	5 895	2 807	626
29 岁及以下	31	10 258	7 084	9 791	4	37	2 115	5 762	1 873

按最后学历划分			其他人员	按最后学位划分	
研究生	本科生	其他		博士	硕士
L09	L10	L11	L12	L13	L14
11 684	30 008	2 209	1 186	480	13 233
2 111	3 809	350	307	107	2 353
654	1 023	34	30	26	723
280	236	8	8	8	273
11	63	1	2	1	18
2	4	0	1	0	2
1 636	5 395	153	124	33	1 883
672	1 913	95	48	40	773
207	401	9	11	8	220
713	3 752	256	122	18	833
292	315	7	8	22	287
2	2	0	0	1	1
1 602	3 463	275	143	82	1 837
202	594	35	31	14	228
978	1 798	78	55	45	1 143
199	237	6	16	12	202
38	39	0	0	2	42
184	316	22	8	5	193
136	1 098	594	105	2	167
1 121	2 244	88	85	43	1 326
34	139	15	4	1	43
196	324	14	13	4	205
414	2 843	169	65	6	481
16	125	22	1	0	20
97	1 067	298	48	14	75
231	1 922	435	86	38	182
885	4 986	488	143	114	958
1 439	4 814	347	112	106	1 876
2 423	4 661	294	127	103	2 993
3 539	5 863	158	202	83	3 970
3 054	6 570	167	467	22	3 159

4. 教育部直属院校人文、社会科学活动人员情况表

		总计		按职称划分					
			女性	小计	教授	副教授	讲师	助教	初级
	编号	L01	L02	L03	L04	L05	L06	L07	L08
合计	1	60 925	29 069	60 484	12 119	19 554	23 644	3 801	1 366
管理学	2	9 273	3 771	9 164	1 906	3 057	3 508	433	260
马克思主义	3	1 876	832	1 872	434	700	641	73	24
哲学	4	1 621	479	1 617	560	527	472	43	15
逻辑学	5	80	19	80	33	30	15	1	1
宗教学	6	143	22	143	62	47	33	0	1
语言学	7	11 398	7 986	11 359	1 211	3 460	5 413	1 128	147
中国文学	8	1 993	775	1 990	655	668	591	54	22
外国文学	9	1 432	889	1 432	299	407	569	122	35
艺术学	10	4 342	1 915	4 320	735	1 095	1 750	668	72
历史学	11	1 827	532	1 814	698	549	510	40	17
考古学	12	189	42	189	82	55	45	6	1
经济学	13	7 350	2 998	7 324	1 985	2 658	2 411	182	88
政治学	14	1 427	482	1 420	408	477	479	39	17
法学	15	3 588	1 370	3 573	900	1 259	1 249	116	49
社会学	16	1 236	470	1 229	402	365	395	53	14
民族学	17	107	33	107	39	36	23	4	5
新闻学与传播学	18	1 636	793	1 629	290	503	671	105	60
图书、情报与文献学	19	4 222	2 824	4 113	329	1 081	2 108	191	404
教育学	20	2 337	1 105	2 318	537	685	898	132	66
统计学	21	431	182	429	104	152	159	6	8
心理学	22	608	319	607	136	207	228	31	5
体育学	23	3 809	1 231	3 755	314	1 536	1 476	374	55
60 岁及以上	24	1 662	269	1 661	1 382	255	24	0	0
55 岁～59 岁	25	4 818	1 430	4 779	2 511	1 667	554	18	29
50 岁～54 岁	26	5 710	2 044	5 621	2 428	2 123	931	49	90
45 岁～49 岁	27	11 757	5 245	11 681	3 785	5 372	2 343	78	103
40 岁～44 岁	28	10 166	4 891	10 109	1 583	4 887	3 355	150	134
35 岁～39 岁	29	11 878	6 339	11 825	386	3 995	6 793	476	175
30 岁～34 岁	30	10 966	6 338	10 918	38	1 161	7 795	1 574	350
29 岁及以下	31	3 968	2 513	3 890	6	94	1 849	1 456	485

按最后学历划分			其他人员	按最后学位划分	
研究生	本科生	其他		博士	硕士
L09	L10	L11	L12	L13	L14
42 734	15 736	2 014	441	21 011	21 592
7 034	1 810	320	109	4 014	2 959
1 374	479	19	4	618	782
1 401	194	22	4	943	445
74	5	1	0	54	20
130	10	3	0	114	12
7 729	3 462	168	39	1 701	6 059
1 644	318	28	3	1 112	505
1 259	164	9	0	516	725
2 611	1 571	138	22	659	1 977
1 598	205	11	13	1 193	382
165	23	1	0	120	43
6 180	1 048	96	26	4 085	2 088
1 201	197	22	7	780	412
3 061	485	27	15	1 749	1 258
1 066	152	11	7	636	336
103	4	0	0	82	20
1 216	352	61	7	594	632
1 180	2 038	895	109	320	885
1 763	490	65	19	973	787
339	82	8	2	206	144
554	49	4	1	377	173
1 052	2 598	105	54	165	948
845	753	63	1	289	535
2 271	2 075	433	39	1 137	1 062
2 849	2 228	544	89	1 586	1 217
7 404	3 776	501	76	4 108	3 264
7 569	2 261	279	57	4 084	3 506
9 506	2 188	131	53	4 751	4 872
9 101	1 774	43	48	4 094	4 935
3 189	681	20	78	962	2 201

5. 教育部直属综合大学人文、社会科学活动人员情况表

	编号	总计 L01	女性 L02	按职称划分 小计 L03	教授 L04	副教授 L05	讲师 L06	助教 L07	初级 L08
合计	1	26 482	11 753	26 290	6 177	8 837	9 398	1 454	424
管理学	2	3 400	1 245	3 368	851	1 206	1 145	119	47
马克思主义	3	846	369	845	206	343	264	29	3
哲学	4	855	207	852	343	291	201	13	4
逻辑学	5	54	8	54	25	18	10	1	0
宗教学	6	117	18	117	49	39	28	0	1
语言学	7	4 463	3 054	4 449	543	1 410	2 010	446	40
中国文学	8	1 124	375	1 121	421	371	295	26	8
外国文学	9	795	476	795	187	225	295	66	22
艺术学	10	1 415	617	1 404	217	344	570	260	13
历史学	11	1 156	318	1 144	463	343	298	28	12
考古学	12	163	33	163	73	48	38	3	1
经济学	13	3 565	1 333	3 552	1 005	1 311	1 151	73	12
政治学	14	743	224	740	247	251	222	15	5
法学	15	1 510	487	1 497	470	539	449	35	4
社会学	16	692	222	690	284	205	174	23	4
民族学	17	80	20	80	31	27	14	3	5
新闻学与传播学	18	708	335	705	155	230	258	48	14
图书、情报与文献学	19	2 069	1 345	2 019	192	563	978	80	206
教育学	20	834	378	832	203	259	309	49	12
统计学	21	164	72	162	46	51	60	1	4
心理学	22	224	122	224	45	82	83	14	0
体育学	23	1 505	495	1 477	121	681	546	122	7
60 岁及以上	24	867	124	866	726	128	12	0	0
55 岁 ~59 岁	25	2 222	641	2 208	1 287	697	210	9	5
50 岁 ~54 岁	26	2 695	893	2 659	1 253	975	368	19	44
45 岁 ~49 岁	27	5 495	2 280	5 461	1 892	2 518	993	18	40
40 岁 ~44 岁	28	4 744	2 192	4 720	807	2 183	1 587	71	72
35 岁 ~39 岁	29	5 006	2 547	4 973	185	1 732	2 779	214	63
30 岁 ~34 岁	30	4 096	2 232	4 071	25	556	2 757	647	86
29 岁及以下	31	1 357	844	1 332	2	48	692	476	114

按最后学历划分			其他人员	按最后学位划分	
研究生	本科生	其他		博士	硕士
L09	L10	L11	L12	L13	L14
18 906	6 530	854	192	10 339	8 085
2 707	586	75	32	1 706	905
605	230	10	1	292	318
741	92	19	3	555	177
49	4	1	0	39	10
106	8	3	0	93	9
2 986	1 384	79	14	761	2 139
946	166	9	3	658	257
694	94	7	0	304	365
760	596	48	11	192	548
1 022	114	8	12	780	224
143	19	1	0	106	36
3 014	480	58	13	2 029	950
659	72	9	3	462	179
1 295	186	16	13	825	410
613	74	3	2	354	169
77	3	0	0	61	15
549	130	26	3	292	245
640	966	413	50	217	430
609	195	28	2	350	245
130	30	2	2	75	58
205	17	2	0	134	65
356	1 084	37	28	54	331
468	368	30	1	179	278
1 180	855	173	14	645	469
1 488	936	235	36	908	530
3 662	1 610	189	34	2 140	1 369
3 589	994	137	24	2 081	1 427
4 014	893	66	33	2 139	1 846
3 387	664	20	25	1 775	1 538
1 118	210	4	25	472	628

6. 教育部直属工科院校人文、社会科学活动人员情况表

	编号	总计		按职称划分					
			女性	小计	教授	副教授	讲师	助教	初级
	编号	L01	L02	L03	L04	L05	L06	L07	L08
合计	1	17 799	9 352	17 634	2 602	5 446	7 707	1 367	512
管理学	2	3 698	1 557	3 647	747	1 153	1 456	190	101
马克思主义	3	625	294	625	141	220	234	25	5
哲学	4	494	181	493	126	150	183	26	8
逻辑学	5	5	1	5	2	2	0	0	1
宗教学	6	6	1	6	1	4	1	0	0
语言学	7	3 824	2 899	3 804	263	1 064	1 963	452	62
中国文学	8	257	136	257	44	85	110	13	5
外国文学	9	238	165	238	23	65	118	28	4
艺术学	10	1 131	512	1 123	174	301	472	157	19
历史学	11	230	81	229	63	74	84	6	2
考古学	12	12	5	12	4	4	2	2	0
经济学	13	1 662	800	1 657	365	589	620	59	24
政治学	14	344	157	341	65	117	139	16	4
法学	15	846	383	845	127	274	383	37	24
社会学	16	347	162	343	69	103	147	18	6
民族学	17	5	2	5	0	2	2	1	0
新闻学与传播学	18	317	158	313	55	83	141	21	13
图书、情报与文献学	19	1 499	1 045	1 458	98	381	751	54	174
教育学	20	481	229	478	100	143	166	48	21
统计学	21	71	32	71	9	25	34	2	1
心理学	22	120	61	120	17	37	53	11	2
体育学	23	1 587	491	1 564	109	570	648	201	36
60 岁及以上	24	306	57	306	232	65	9	0	0
55 岁～59 岁	25	1 089	315	1 068	474	421	152	6	15
50 岁～54 岁	26	1 507	587	1 472	537	604	286	16	29
45 岁～49 岁	27	3 274	1 606	3 242	928	1 510	732	31	41
40 岁～44 岁	28	2 882	1 482	2 863	342	1 428	1 011	48	34
35 岁～39 岁	29	3 716	2 134	3 703	85	1 151	2 233	168	66
30 岁～34 岁	30	3 705	2 336	3 690	4	252	2 728	573	133
29 岁及以下	31	1 320	835	1 290	0	15	556	525	194

按最后学历划分			其他人员	按最后学位划分	
研究生	本科生	其他		博士	硕士
L09	L10	L11	L12	L13	L14
11 362	5 581	691	165	4 189	7 368
2 786	719	142	51	1 463	1 325
461	158	6	0	183	287
427	64	2	1	226	193
4	1	0	0	3	1
4	2	0	0	3	1
2 384	1 367	53	20	229	2 256
194	62	1	0	108	86
197	40	1	0	40	160
650	451	22	8	153	525
187	41	1	1	116	69
9	3	0	0	7	2
1 348	291	18	5	728	621
247	91	3	3	117	135
688	154	3	1	282	412
275	61	7	4	151	121
5	0	0	0	2	3
228	73	12	4	89	140
370	742	346	41	55	325
338	125	15	3	132	211
46	20	5	0	17	33
103	16	1	0	48	60
411	1 100	53	23	37	402
129	155	22	0	34	91
360	565	143	21	147	210
572	724	176	35	256	317
1 778	1 259	205	32	819	1 018
1 924	847	92	19	788	1 200
2 715	943	45	13	1 002	1 813
2 896	789	5	15	932	1 954
988	299	3	30	211	765

7. 教育部直属师范院校人文、社会科学活动人员情况表

		总计		按职称划分					
			女性	小计	教授	副教授	讲师	助教	初级
	编号	L01	L02	L03	L04	L05	L06	L07	L08
合计	1	5 796	2 567	5 753	1 393	1 823	2 165	329	43
管理学	2	358	141	350	69	130	129	19	3
马克思主义	3	158	57	156	41	54	55	3	3
哲学	4	151	43	151	57	43	46	3	2
逻辑学	5	7	3	7	3	1	3	0	0
宗教学	6	17	2	17	10	4	3	0	0
语言学	7	920	571	916	144	259	437	70	6
中国文学	8	333	113	333	129	98	94	9	3
外国文学	9	107	56	107	32	44	26	5	0
艺术学	10	609	305	608	81	166	235	123	3
历史学	11	359	95	359	154	106	93	4	2
考古学	12	14	4	14	5	3	5	1	0
经济学	13	387	149	382	116	142	113	9	2
政治学	14	153	29	152	55	52	41	2	2
法学	15	171	70	170	41	59	67	3	0
社会学	16	117	53	116	35	32	40	8	1
民族学	17	18	7	18	7	6	5	0	0
新闻学与传播学	18	156	68	156	21	56	58	17	4
图书、情报与文献学	19	287	176	284	29	72	166	15	2
教育学	20	819	377	805	224	254	305	17	5
统计学	21	30	8	30	7	10	12	1	0
心理学	22	217	106	216	66	69	78	3	0
体育学	23	408	134	406	67	163	154	17	5
60 岁及以上	24	172	28	172	163	8	1	0	0
55 岁 ~59 岁	25	616	170	613	340	207	66	0	0
50 岁 ~54 岁	26	527	170	521	240	196	84	0	1
45 岁 ~49 岁	27	1 096	448	1 092	422	476	192	2	0
40 岁 ~44 岁	28	887	390	880	178	449	241	9	3
35 岁 ~39 岁	29	1 020	519	1 016	49	368	573	21	5
30 岁 ~34 岁	30	1 100	613	1 097	1	111	840	130	15
29 岁及以下	31	378	229	362	0	8	168	167	19

按最后学历划分			其他人员	按最后学位划分	
研究生	本科生	其他		博士	硕士
L09	L10	L11	L12	L13	L14
4 401	1 213	139	43	2 539	1 897
280	61	9	8	191	95
124	31	1	2	77	50
140	10	1	0	102	39
7	0	0	0	5	2
17	0	0	0	15	2
695	215	6	4	230	466
268	50	15	0	193	76
98	8	1	0	49	50
355	236	17	1	72	289
320	37	2	0	243	73
13	1	0	0	7	5
333	39	10	5	250	95
119	23	10	1	87	33
161	9	0	1	112	50
106	10	0	1	82	23
17	1	0	0	15	2
108	42	6	0	51	59
112	136	36	3	43	74
678	113	14	14	459	224
27	3	0	0	22	5
206	9	1	1	171	32
217	179	10	2	63	153
103	66	3	0	40	61
346	233	34	3	183	158
285	204	32	6	169	115
763	300	29	4	520	262
739	125	16	7	483	262
913	96	7	4	546	374
950	137	10	3	514	446
302	52	8	16	84	219

8. 教育部直属语言院校人文、社会科学活动人员情况表

		总计		按职称划分					
			女性	小计	教授	副教授	讲师	助教	初级
	编号	L01	L02	L03	L04	L05	L06	L07	L08
合计	1	3 704	2 172	3 697	490	1 055	1 770	259	123
管理学	2	505	269	498	33	141	256	37	31
马克思主义	3	51	30	51	11	21	16	3	0
哲学	4	27	14	27	6	10	11	0	0
逻辑学	5	1	0	1	0	0	1	0	0
宗教学	6	0	0	0	0	0	0	0	0
语言学	7	1 477	956	1 477	193	457	686	112	29
中国文学	8	173	99	173	34	70	61	4	4
外国文学	9	202	132	202	45	48	84	17	8
艺术学	10	323	161	323	59	63	172	26	3
历史学	11	29	15	29	5	12	11	1	0
考古学	12	0	0	0	0	0	0	0	0
经济学	13	98	57	98	12	28	48	7	3
政治学	14	63	28	63	18	19	19	5	2
法学	15	63	34	63	8	12	33	8	2
社会学	16	17	7	17	1	3	12	1	0
民族学	17	3	3	3	1	0	2	0	0
新闻学与传播学	18	349	177	349	48	102	162	16	21
图书、情报与文献学	19	114	73	114	1	23	74	8	8
教育学	20	123	77	123	7	17	81	9	9
统计学	21	7	2	7	3	0	4	0	0
心理学	22	13	9	13	2	4	4	2	1
体育学	23	66	29	66	3	25	33	3	2
60 岁及以上	24	67	20	67	51	15	1	0	0
55 岁～59 岁	25	349	134	349	129	149	64	1	6
50 岁～54 岁	26	300	138	294	105	92	80	6	11
45 岁～49 岁	27	474	266	473	122	211	133	6	1
40 岁～44 岁	28	549	334	549	63	285	191	5	5
35 岁～39 岁	29	759	477	759	20	246	458	22	13
30 岁～34 岁	30	809	520	809	0	56	635	77	41
29 岁及以下	31	397	283	397	0	1	208	142	46

按最后学历划分			其他人员	按最后学位划分	
研究生	本科生	其他		博士	硕士
L09	L10	L11	L12	L13	L14
2 620	935	142	7	971	1 703
219	213	66	7	63	165
37	13	1	0	11	27
16	11	0	0	9	9
1	0	0	0	1	0
0	0	0	0	0	0
1 137	322	18	0	341	796
151	21	1	0	91	62
186	16	0	0	85	103
263	59	1	0	90	182
23	6	0	0	18	5
0	0	0	0	0	0
74	24	0	0	43	33
58	5	0	0	32	28
50	12	1	0	19	35
14	3	0	0	6	8
3	0	0	0	3	0
247	85	17	0	131	135
30	54	30	0	2	29
83	34	6	0	16	68
6	1	0	0	4	2
11	2	0	0	5	6
11	54	1	0	1	10
34	32	1	0	14	19
116	196	37	0	44	74
129	122	43	6	62	65
271	175	27	1	142	140
413	119	17	0	193	238
624	127	8	0	287	362
695	109	5	0	195	501
338	55	4	0	34	304

9. 教育部直属财经院校人文、社会科学活动人员情况表

		总计		按职称划分					
			女性	小计	教授	副教授	讲师	助教	初级
	编号	L01	L02	L03	L04	L05	L06	L07	L08
合计	1	4 915	2 177	4 888	995	1 696	1 828	196	173
管理学	2	1 187	499	1 179	194	398	463	59	65
马克思主义	3	154	56	153	31	51	53	10	8
哲学	4	55	20	55	18	18	18	1	0
逻辑学	5	6	2	6	2	3	1	0	0
宗教学	6	0	0	0	0	0	0	0	0
语言学	7	533	367	532	51	202	239	35	5
中国文学	8	78	37	78	23	32	22	0	1
外国文学	9	65	41	65	9	19	33	4	0
艺术学	10	26	15	26	1	5	12	4	4
历史学	11	32	12	32	7	10	14	0	1
考古学	12	0	0	0	0	0	0	0	0
经济学	13	1 576	628	1 575	468	569	466	29	43
政治学	14	64	20	64	6	16	40	0	2
法学	15	490	172	490	110	156	199	19	6
社会学	16	46	18	46	11	16	16	1	2
民族学	17	1	1	1	0	1	0	0	0
新闻学与传播学	18	75	38	75	6	26	37	2	4
图书、情报与文献学	19	124	86	109	4	22	69	4	10
教育学	20	54	26	54	3	8	24	5	14
统计学	21	141	55	141	37	57	44	0	3
心理学	22	20	14	20	3	7	7	1	2
体育学	23	188	70	187	11	80	71	22	3
60 岁及以上	24	175	28	175	147	28	0	0	0
55 岁 ~49 岁	25	347	116	346	173	136	36	0	1
50 岁 ~54 岁	26	411	153	405	173	171	58	1	2
45 岁 ~49 岁	27	971	409	967	305	445	197	6	14
40 岁 ~44 岁	28	736	330	729	145	363	203	6	12
35 岁 ~39 岁	29	986	468	984	40	372	532	24	16
30 岁 ~34 岁	30	924	454	921	8	160	637	70	46
29 岁及以下	31	365	219	361	4	21	165	89	82

按最后学历划分			其他人员	按最后学位划分	
研究生	本科生	其他		博士	硕士
L09	L10	L11	L12	L13	L14
3 917	919	52	27	2 293	1 664
977	190	12	8	553	433
119	33	1	1	44	79
48	7	0	0	33	15
6	0	0	0	3	3
0	0	0	0	0	0
392	133	7	1	113	292
65	13	0	0	52	14
60	5	0	0	33	28
18	8	0	0	4	13
27	5	0	0	23	4
0	0	0	0	0	0
1 363	204	8	1	1 005	372
62	2	0	0	42	20
444	45	1	0	223	212
42	3	1	0	30	12
1	0	0	0	1	0
58	17	0	0	14	44
15	76	18	15	3	12
41	13	0	0	14	27
116	24	1	0	85	35
16	4	0	0	8	8
47	137	3	1	10	41
74	100	1	0	16	56
174	159	13	1	79	94
241	145	19	6	129	117
679	280	8	4	370	330
633	89	7	7	399	242
908	73	3	2	604	311
886	34	1	3	555	331
322	39	0	4	141	183

10. 教育部直属政法院校人文、社会科学活动人员情况表

	编号	总计		按职称划分					
			女性	小计	教授	副教授	讲师	助教	初级
	编号	L01	L02	L03	L04	L05	L06	L07	L08
合计	1	1 248	650	1 248	254	452	408	85	49
管理学	2	89	41	89	12	26	36	7	8
马克思主义	3	29	18	29	3	5	14	3	4
哲学	4	38	13	38	10	14	13	0	1
逻辑学	5	7	5	7	1	6	0	0	0
宗教学	6	3	1	3	2	0	1	0	0
语言学	7	155	117	155	15	60	65	10	5
中国文学	8	24	13	24	3	10	8	2	1
外国文学	9	23	18	23	3	5	12	2	1
艺术学	10	8	5	8	1	2	4	1	0
历史学	11	21	11	21	6	4	10	1	0
考古学	12	0	0	0	0	0	0	0	0
经济学	13	52	24	52	18	16	11	5	2
政治学	14	60	24	60	17	22	18	1	2
法学	15	507	224	507	144	219	117	14	13
社会学	16	15	6	15	2	6	5	2	0
民族学	17	0	0	0	0	0	0	0	0
新闻学与传播学	18	31	17	31	5	6	15	1	4
图书、情报与文献学	19	86	67	86	4	17	41	22	2
教育学	20	22	16	22	0	4	10	4	4
统计学	21	18	13	18	2	9	5	2	0
心理学	22	14	7	14	3	8	3	0	0
体育学	23	46	10	46	3	13	20	8	2
60 岁及以上	24	25	5	25	20	5	0	0	0
55 岁 ~59 岁	25	94	34	94	53	27	12	2	0
50 岁 ~54 岁	26	147	64	147	73	50	20	3	1
45 岁 ~49 岁	27	278	162	278	76	142	44	13	3
40 岁 ~44 岁	28	215	110	215	27	119	59	4	6
35 岁 ~39 岁	29	232	124	232	5	89	121	7	10
30 岁 ~34 岁	30	192	105	192	0	20	125	32	15
29 岁及以下	31	65	46	65	0	0	27	24	14

按最后学历划分			其他人员	按最后学位划分	
研究生	本科生	其他		博士	硕士
L09	L10	L11	L12	L13	L14
932	266	50	0	530	423
57	28	4	0	38	26
22	7	0	0	10	16
29	9	0	0	18	12
7	0	0	0	3	4
3	0	0	0	3	0
125	28	2	0	27	100
19	3	2	0	10	9
23	0	0	0	5	18
4	4	0	0	1	3
19	2	0	0	13	7
0	0	0	0	0	0
46	5	1	0	29	16
56	4	0	0	40	17
423	78	6	0	288	139
15	0	0	0	12	3
0	0	0	0	0	0
26	5	0	0	17	9
8	46	32	0	0	9
13	7	2	0	2	11
14	4	0	0	3	11
13	1	0	0	11	2
10	35	1	0	0	11
14	10	1	0	4	9
49	36	9	0	24	24
89	49	9	0	46	43
177	79	22	0	97	89
171	36	8	0	104	71
205	26	1	0	137	75
175	17	0	0	104	74
52	13	0	0	14	38

11. 教育部直属艺术院校人文、社会科学活动人员情况表

		总计		按职称划分					
			女性	小计	教授	副教授	讲师	助教	初级
	编号	L01	L02	L03	L04	L05	L06	L07	L08
合计	1	981	398	974	208	245	368	111	42
管理学	2	36	19	33	0	3	23	2	5
马克思主义	3	13	8	13	1	6	5	0	1
哲学	4	1	1	1	0	1	0	0	0
逻辑学	5	0	0	0	0	0	0	0	0
宗教学	6	0	0	0	0	0	0	0	0
语言学	7	26	22	26	2	8	13	3	0
中国文学	8	4	2	4	1	2	1	0	0
外国文学	9	2	1	2	0	1	1	0	0
艺术学	10	830	300	828	202	214	285	97	30
历史学	11	0	0	0	0	0	0	0	0
考古学	12	0	0	0	0	0	0	0	0
经济学	13	10	7	8	1	3	2	0	2
政治学	14	0	0	0	0	0	0	0	0
法学	15	1	0	1	0	0	1	0	0
社会学	16	2	2	2	0	0	1	0	1
民族学	17	0	0	0	0	0	0	0	0
新闻学与传播学	18	0	0	0	0	0	0	0	0
图书、情报与文献学	19	43	32	43	1	3	29	8	2
教育学	20	4	2	4	0	0	3	0	1
统计学	21	0	0	0	0	0	0	0	0
心理学	22	0	0	0	0	0	0	0	0
体育学	23	9	2	9	0	4	4	1	0
60 岁及以上	24	50	7	50	43	6	1	0	0
55 岁 ~59 岁	25	101	20	101	55	30	14	0	2
50 岁 ~54 岁	26	123	39	123	47	35	35	4	2
45 岁 ~49 岁	27	169	74	168	40	70	52	2	4
40 岁 ~44 岁	28	153	53	153	21	60	63	7	2
35 岁 ~39 岁	29	159	70	158	2	37	97	20	2
30 岁 ~34 岁	30	140	78	138	0	6	73	45	14
29 岁及以下	31	86	57	83	0	1	33	33	16

按最后学历划分			其他人员	按最后学位划分	
研究生	本科生	其他		博士	硕士
L09	L10	L11	L12	L13	L14
596	292	86	7	150	452
8	13	12	3	0	10
6	7	0	0	1	5
0	1	0	0	0	0
0	0	0	0	0	0
0	0	0	0	0	0
10	13	3	0	0	10
1	3	0	0	0	1
1	1	0	0	0	1
561	217	50	2	147	417
0	0	0	0	0	0
0	0	0	0	0	0
2	5	1	2	1	1
0	0	0	0	0	0
0	1	0	0	0	0
1	1	0	0	1	0
0	0	0	0	0	0
0	0	0	0	0	0
5	18	20	0	0	6
1	3	0	0	0	1
0	0	0	0	0	0
0	0	0	0	0	0
0	9	0	0	0	0
23	22	5	0	2	21
46	31	24	0	15	33
45	48	30	0	16	30
74	73	21	1	20	56
100	51	2	0	36	66
127	30	1	1	36	91
112	24	2	2	19	91
69	13	1	3	6	64

12. 其他部委院校人文、社会科学活动人员情况表

		总计		按职称划分					
			女性	小计	教授	副教授	讲师	助教	初级
	编号	L01	L02	L03	L04	L05	L06	L07	L08
合计	1	14 267	7 412	14 123	2 005	4 203	5 866	1 336	713
管理学	2	2 082	974	2 042	325	635	763	173	146
马克思主义	3	473	242	466	76	177	173	31	9
哲学	4	264	102	262	59	96	91	10	6
逻辑学	5	10	3	10	2	2	4	2	0
宗教学	6	39	9	39	17	7	12	2	1
语言学	7	2 426	1 708	2 422	212	729	1 149	239	93
中国文学	8	559	290	558	136	166	198	35	23
外国文学	9	368	272	368	24	103	189	40	12
艺术学	10	1 006	514	1 002	93	191	453	210	55
历史学	11	318	132	317	91	106	98	14	8
考古学	12	27	8	27	8	11	7	1	0
经济学	13	1 218	609	1 210	227	417	452	72	42
政治学	14	226	81	221	33	66	100	11	11
法学	15	1 492	682	1 485	258	467	602	111	47
社会学	16	257	131	256	40	66	113	22	15
民族学	17	228	94	228	80	61	60	17	10
新闻学与传播学	18	297	146	296	34	74	140	35	13
图书、情报与文献学	19	910	621	864	56	158	497	69	84
教育学	20	499	258	493	65	129	208	49	42
统计学	21	80	43	80	14	26	29	5	6
心理学	22	118	76	118	9	26	71	8	4
体育学	23	1 370	417	1 359	146	490	457	180	86
60 岁及以上	24	225	48	224	169	52	2	0	1
55 岁 ~59 岁	25	856	283	845	369	315	139	6	16
50 岁 ~54 岁	26	1 262	518	1 247	475	506	237	9	20
45 岁 ~49 岁	27	2 455	1 197	2 426	673	1 162	525	31	35
40 岁 ~44 岁	28	2 162	1 127	2 148	244	1 078	747	45	34
35 岁 ~39 岁	29	2 740	1 523	2 720	65	861	1 566	176	52
30 岁 ~34 岁	30	3 046	1 841	3 036	10	211	2 085	554	176
29 岁及以下	31	1 521	875	1 477	0	18	565	515	379

按最后学历划分			其他人员	按最后学位划分	
研究生	本科生	其他		博士	硕士
L09	L10	L11	L12	L13	L14
8 580	5 088	455	144	2 730	5 961
1 314	655	73	40	535	799
318	142	6	7	90	234
200	56	6	2	87	103
3	7	0	0	1	3
33	6	0	0	21	12
1 580	829	13	4	237	1 371
381	167	10	1	183	205
262	102	4	0	47	221
449	506	47	4	72	383
244	72	1	1	145	93
22	4	1	0	13	7
939	248	23	8	413	531
166	52	3	5	77	89
1 010	443	32	7	309	710
197	53	6	1	81	115
150	72	6	0	68	79
200	90	6	1	69	135
190	517	157	46	17	193
274	200	19	6	76	198
55	23	2	0	21	31
97	19	2	0	42	54
496	825	38	11	126	395
84	120	20	1	19	63
288	456	101	11	103	174
485	647	115	15	198	277
1 234	1 085	107	29	491	747
1 287	802	59	14	504	849
1 964	724	32	20	702	1 330
2 286	739	11	10	591	1 701
952	515	10	44	122	820

13. 地方院校人文、社会科学活动人员情况表

		总计		按职称划分					
			女性	小计	教授	副教授	讲师	助教	初级
	编号	L01	L02	L03	L04	L05	L06	L07	L08
合计	1	365 314	194 756	360 756	35 528	92 326	157 068	59 153	16 681
管理学	2	48 002	23 182	46 969	5 086	11 113	20 846	6 804	3 120
马克思主义	3	12 919	6 184	12 833	1 678	4 354	5 170	1 348	283
哲学	4	6 261	2 577	6 231	1 135	1 988	2 369	558	181
逻辑学	5	316	119	311	54	81	127	37	12
宗教学	6	234	94	228	51	74	79	12	12
语言学	7	61 945	45 068	61 524	3 204	13 886	28 466	13 657	2 311
中国文学	8	17 515	8 861	17 377	2 461	5 447	7 089	1 846	534
外国文学	9	7 202	5 100	7 164	632	1 665	3 107	1 549	211
艺术学	10	45 295	22 693	44 882	3 551	8 773	18 891	11 393	2 274
历史学	11	8 169	3 309	8 121	1 473	2 573	3 121	776	178
考古学	12	212	73	211	51	49	87	18	6
经济学	13	37 480	19 455	37 188	5 242	10 308	15 620	4 578	1 440
政治学	14	6 684	2 824	6 610	877	2 186	2 532	814	201
法学	15	17 749	8 344	17 584	1 789	4 700	8 086	2 364	645
社会学	16	4 795	2 424	4 745	539	1 173	2 051	778	204
民族学	17	1 043	484	1 030	243	264	377	113	33
新闻学与传播学	18	5 352	2 936	5 297	539	1 079	2 322	1 034	323
图书、情报与文献学	19	23 048	15 424	22 112	974	4 982	11 816	1 982	2 358
教育学	20	23 531	12 291	23 212	2 526	6 230	9 784	3 535	1 137
统计学	21	2 550	1 324	2 527	412	756	1 009	271	79
心理学	22	4 050	2 406	4 010	486	1 069	1 638	634	183
体育学	23	30 962	9 584	30 590	2 525	9 576	12 481	5 052	956
60 岁及以上	24	2 610	451	2 597	1 793	710	74	6	14
55 岁 ~59 岁	25	16 627	4 839	16 328	6 321	6 682	2 872	194	259
50 岁 ~54 岁	26	25 028	10 072	24 467	7 663	10 393	5 439	418	554
45 岁 ~49 岁	27	57 421	26 640	56 659	13 128	27 898	13 738	979	916
40 岁 ~44 岁	28	55 564	27 574	54 944	5 230	24 915	21 989	1 713	1 097
35 岁 ~39 岁	29	66 294	35 327	65 766	1 175	17 787	39 612	5 521	1 671
30 岁 ~34 岁	30	86 697	52 676	86 065	179	3 545	56 666	21 709	3 966
29 岁及以下	31	55 073	37 177	53 930	39	396	16 678	28 613	8 204

按最后学历划分			其他人员	按最后学位划分	
研究生	本科生	其他		博士	硕士
L09	L10	L11	L12	L13	L14
158 552	185 575	16 629	4 558	29 772	140 923
23 410	20 752	2 807	1 033	5 178	19 921
6 540	6 078	215	86	878	6 513
4 092	2 053	86	30	1 281	2 968
158	144	9	5	38	123
172	50	6	6	82	86
25 552	34 890	1 082	421	2 207	25 698
8 898	8 044	435	138	2 902	6 639
4 044	3 034	86	38	585	3 664
14 905	28 266	1 711	413	1 145	14 645
5 295	2 719	107	48	1 957	3 468
141	63	7	1	69	75
20 117	15 727	1 344	292	5 542	16 007
3 115	3 324	171	74	688	2 692
10 267	7 044	273	165	2 013	8 852
2 950	1 675	120	50	701	2 337
671	334	25	13	230	452
2 944	2 207	146	55	442	2 592
3 140	12 857	6 115	936	329	3 170
10 605	11 898	709	319	1 816	9 953
1 236	1 156	135	23	330	981
2 411	1 541	58	40	530	2 019
7 889	21 719	982	372	829	8 068
662	1 638	297	13	171	483
2 962	10 737	2 629	299	891	2 033
5 109	15 788	3 570	561	1 740	3 416
17 057	35 559	4 043	762	5 583	13 175
22 381	29 780	2 783	620	6 400	19 649
34 825	29 065	1 876	528	7 579	31 382
47 473	37 658	934	632	6 020	43 814
28 083	25 350	497	1 143	1 388	26 971

14. 综合院校人文、社会科学活动人员情况表

		总计		按职称划分					
			女性	小计	教授	副教授	讲师	助教	初级
	编号	L01	L02	L03	L04	L05	L06	L07	L08
合计	1	121 647	61 614	120 203	15 806	33 634	49 321	16 182	5 260
管理学	2	14 367	6 561	14 033	1 937	3 756	5 779	1 624	937
马克思主义	3	3 940	1 770	3 920	646	1 437	1 414	332	91
哲学	4	2 763	963	2 750	735	882	901	169	63
逻辑学	5	133	34	131	40	34	49	6	2
宗教学	6	213	59	212	75	70	58	5	4
语言学	7	20 934	14 754	20 814	1 454	5 312	9 401	3 946	701
中国文学	8	6 860	3 157	6 822	1 312	2 205	2 543	583	179
外国文学	9	3 122	2 070	3 108	380	803	1 282	535	108
艺术学	10	12 719	6 237	12 604	932	2 470	5 222	3 232	748
历史学	11	3 939	1 363	3 913	1 040	1 267	1 296	243	67
考古学	12	293	80	292	105	80	91	10	6
经济学	13	12 968	6 077	12 863	2 346	3 853	5 081	1 144	439
政治学	14	2 846	1 145	2 817	556	959	996	229	77
法学	15	5 852	2 432	5 775	950	1 701	2 365	557	202
社会学	16	1 932	796	1 916	450	539	663	201	63
民族学	17	535	221	528	150	144	163	56	15
新闻学与传播学	18	2 584	1 318	2 559	370	609	1 100	365	115
图书、情报与文献学	19	8 149	5 426	7 889	464	2 076	3 990	565	794
教育学	20	6 712	3 436	6 611	863	1 832	2 735	889	292
统计学	21	614	338	604	119	152	269	50	14
心理学	22	1 194	691	1 182	152	367	449	167	47
体育学	23	8 978	2 686	8 860	730	3 086	3 474	1 274	296
60 岁及以上	24	1 591	256	1 586	1 203	335	39	4	5
55 岁～59 岁	25	6 728	1 962	6 650	2 943	2 609	964	55	79
50 岁～54 岁	26	9 381	3 554	9 198	3 241	3 816	1 848	112	181
45 岁～49 岁	27	21 369	9 495	21 129	5 424	10 123	5 011	274	297
40 岁～44 岁	28	20 123	9 797	19 914	2 315	8 843	7 733	591	432
35 岁～39 岁	29	22 473	11 868	22 276	544	6 301	12 990	1 804	637
30 岁～34 岁	30	25 051	14 835	24 870	123	1 428	16 080	5 976	1 263
29 岁及以下	31	14 931	9 847	14 580	13	179	4 656	7 366	2 366

按最后学历划分			其他人员	按最后学位划分	
研究生	本科生	其他		博士	硕士
L09	L10	L11	L12	L13	L14
59 248	55 702	5 253	1 444	19 096	43 146
7 864	5 408	761	334	2 899	5 244
2 104	1 752	64	20	504	1 840
2 037	660	53	13	1 036	1 039
95	34	2	2	56	40
175	31	6	1	129	45
9 535	10 872	407	120	1 499	8 694
3 934	2 743	145	38	1 706	2 400
1 987	1 092	29	14	513	1 526
3 964	8 099	541	115	403	3 783
2 821	1 048	44	26	1 558	1 299
229	59	4	1	153	75
8 054	4 405	404	105	3 533	4 803
1 579	1 176	62	29	708	962
3 915	1 795	65	77	1 460	2 515
1 346	538	32	16	567	710
367	147	14	7	166	201
1 538	931	90	25	487	1 082
1 451	4 448	1 990	260	336	1 236
3 196	3 187	228	101	816	2 754
306	259	39	10	123	197
732	430	20	12	254	529
2 019	6 588	253	118	190	2 172
670	806	110	5	228	429
2 012	3 817	821	78	936	1 011
2 900	5 179	1 119	183	1 451	1 414
8 453	11 409	1 267	240	3 904	4 818
9 798	9 184	932	209	3 987	6 842
12 978	8 720	578	197	4 316	9 832
14 757	9 835	278	181	3 472	11 870
7 680	6 752	148	351	802	6 930

15. 理工农医院校人文、社会科学活动人员情况表

		总计		按职称划分					
			女性	小计	教授	副教授	讲师	助教	初级
	编号	L01	L02	L03	L04	L05	L06	L07	L08
合计	1	128 581	71 091	126 888	11 789	32 113	58 342	19 110	5 534
管理学	2	22 696	10 721	22 305	3 090	5 807	9 716	2 684	1 008
马克思主义	3	5 801	2 881	5 757	781	1 964	2 384	532	96
哲学	4	2 444	1 053	2 432	385	784	998	212	53
逻辑学	5	69	27	68	8	17	28	6	9
宗教学	6	29	10	27	3	10	11	1	2
语言学	7	25 817	19 524	25 670	1 150	5 820	12 655	5 223	822
中国文学	8	3 191	1 817	3 162	332	954	1 409	345	122
外国文学	9	1 989	1 467	1 982	120	457	965	394	46
艺术学	10	11 085	5 684	10 981	803	1 879	5 131	2 670	498
历史学	11	1 434	667	1 424	206	419	623	139	37
考古学	12	34	8	34	11	11	10	2	0
经济学	13	12 843	6 787	12 744	1 726	3 539	5 534	1 505	440
政治学	14	2 018	862	1 991	233	652	805	231	70
法学	15	5 404	2 681	5 376	467	1 348	2 664	712	185
社会学	16	1 996	1 055	1 979	227	474	901	291	86
民族学	17	108	65	107	18	24	52	8	5
新闻学与传播学	18	1 599	892	1 581	164	293	740	282	102
图书、情报与文献学	19	10 663	7 109	10 164	521	2 104	5 578	762	1 199
教育学	20	6 373	3 269	6 278	654	1 671	2 666	925	362
统计学	21	661	352	658	96	192	280	55	35
心理学	22	1 251	784	1 240	123	284	554	211	68
体育学	23	11 076	3 376	10 928	671	3 410	4 638	1 920	289
60 岁及以上	24	800	148	800	583	188	27	0	2
55 岁 ~59 岁	25	5 482	1 603	5 347	1 978	2 214	1 052	40	63
50 岁 ~54 岁	26	8 377	3 572	8 150	2 520	3 373	1 942	139	176
45 岁 ~49 岁	27	19 473	9 572	19 141	4 487	9 316	4 722	287	329
40 岁 ~44 岁	28	19 572	10 294	19 334	1 782	9 049	7 677	516	310
35 岁 ~39 岁	29	23 927	13 319	23 733	382	6 576	14 578	1 682	515
30 岁 ~34 岁	30	32 359	20 040	32 151	45	1 279	22 205	7 253	1 369
29 岁及以下	31	18 591	12 543	18 232	12	118	6 139	9 193	2 770

按最后学历划分			其他人员	按最后学位划分	
研究生	本科生	其他		博士	硕士
L09	L10	L11	L12	L13	L14
59 208	61 751	5 929	1 693	11 556	51 027
12 931	8 418	956	391	3 792	9 578
3 232	2 435	90	44	563	2 971
1 667	738	27	12	529	1 160
30	32	6	1	7	26
21	4	2	2	11	8
11 418	13 864	388	147	675	11 597
1 571	1 505	86	29	483	1 168
1 105	855	22	7	121	1 044
4 341	6 329	311	104	458	4 205
981	420	23	10	356	624
23	9	2	0	19	5
7 112	5 182	450	99	2 101	5 337
985	962	44	27	244	813
3 554	1 767	55	28	735	2 881
1 306	618	55	17	354	977
75	31	1	1	20	56
917	613	51	18	159	788
1 851	5 585	2 728	499	186	1 794
2 714	3 362	202	95	405	2 573
312	296	50	3	67	254
796	426	18	11	149	671
2 266	8 300	362	148	122	2 497
237	489	74	0	59	169
1 008	3 407	932	135	293	707
1 880	4 971	1 299	227	644	1 216
6 548	11 030	1 563	332	2 094	4 940
8 360	9 967	1 007	238	2 279	7 152
13 270	9 848	615	194	2 917	11 602
18 095	13 769	287	208	2 640	16 066
9 810	8 270	152	359	630	9 175

16. 师范院校人文、社会科学活动人员情况表

		总计		按职称划分				
			女性	小计	教授	副教授	讲师	助教	初级
	编号	L01	L02	L03	L04	L05	L06	L07	L08
合计	1	92 170	46 889	91 309	10 174	23 991	38 438	15 180	3 526
管理学	2	6 551	2 936	6 413	550	1 404	2 907	1 096	456
马克思主义	3	2 844	1 264	2 828	428	964	1 127	251	58
哲学	4	1 781	646	1 775	393	572	623	138	49
逻辑学	5	116	39	115	22	32	42	17	2
宗教学	6	90	25	88	21	29	31	4	3
语言学	7	15 775	10 880	15 652	1 050	3 507	6 993	3 484	618
中国文学	8	7 172	3 336	7 118	1 184	2 226	2 811	708	189
外国文学	9	1 974	1 348	1 964	222	436	793	453	60
艺术学	10	13 716	6 982	13 646	1 002	2 768	5 600	3 668	608
历史学	11	3 993	1 500	3 977	853	1 225	1 460	363	76
考古学	12	75	23	75	21	16	28	10	0
经济学	13	5 537	2 639	5 497	800	1 434	2 374	695	194
政治学	14	2 308	929	2 289	349	793	846	263	38
法学	15	2 981	1 305	2 965	277	747	1 380	477	84
社会学	16	1 238	589	1 228	169	316	526	185	32
民族学	17	289	121	289	65	72	107	37	8
新闻学与传播学	18	1 469	758	1 461	156	339	580	312	74
图书、情报与文献学	19	5 129	3 444	4 972	230	1 228	2 705	412	397
教育学	20	9 374	4 751	9 271	1 329	2 711	3 686	1 225	320
统计学	21	271	119	266	34	74	114	33	11
心理学	22	1 702	924	1 689	297	494	659	195	44
体育学	23	7 785	2 331	7 731	722	2 604	3 046	1 154	205
60 岁及以上	24	893	152	891	700	170	19	0	2
55 岁 ~59 岁	25	4 691	1 333	4 633	2 066	1 844	634	34	55
50 岁 ~54 岁	26	6 310	2 355	6 202	2 119	2 697	1 200	72	114
45 岁 ~49 岁	27	14 549	6 281	14 424	3 577	7 212	3 285	197	153
40 岁 ~44 岁	28	14 187	6 607	14 056	1 399	6 568	5 462	390	237
35 岁 ~39 岁	29	16 551	8 413	16 457	291	4 505	10 012	1 335	314
30 岁 ~34 岁	30	21 397	12 570	21 290	17	902	13 762	5 783	826
29 岁及以下	31	13 592	9 178	13 356	5	93	4 064	7 369	1 825

按最后学历划分			其他人员	按最后学位划分	
研究生	本科生	其他		博士	硕士
L09	L10	L11	L12	L13	L14
41 675	46 171	3 463	861	9 832	34 605
2 947	3 017	449	138	630	2 492
1 456	1 335	37	16	265	1 409
1 213	546	16	6	475	791
67	47	1	1	16	47
74	13	1	2	44	30
6 766	8 610	276	123	943	6 334
3 838	3 109	171	54	1 415	2 661
1 088	852	24	10	210	936
4 044	9 191	411	70	301	4 034
2 677	1 255	45	16	1 104	1 634
54	18	3	0	21	34
3 190	2 114	193	40	933	2 446
1 185	1 047	57	19	313	950
1 831	1 091	43	16	381	1 606
810	394	24	10	254	573
185	103	1	0	71	123
853	585	23	8	154	702
684	3 045	1 243	157	97	681
5 092	3 974	205	103	1 455	3 981
126	109	31	5	40	90
1 133	547	9	13	449	728
2 362	5 169	200	54	261	2 323
319	505	67	2	113	200
1 110	2 971	552	58	451	673
1 497	3 978	727	108	640	895
4 661	8 948	815	125	1 933	3 200
6 111	7 366	579	131	2 135	4 827
8 931	7 095	431	94	2 330	7 501
11 763	9 320	207	107	1 810	10 411
7 283	5 988	85	236	420	6 898

17. 语言院校人文、社会科学活动人员情况表

	编号	总计 L01	女性 L02	按职称划分 小计 L03	教授 L04	副教授 L05	讲师 L06	助教 L07	初级 L08
合计	1	12 421	7 705	12 310	1 439	3 022	5 473	1 843	533
管理学	2	1 440	789	1 404	123	320	668	165	128
马克思主义	3	295	173	294	33	79	117	55	10
哲学	4	128	60	128	31	40	50	6	1
逻辑学	5	7	3	7	1	0	2	4	0
宗教学	6	1	0	1	0	1	0	0	0
语言学	7	4 566	3 182	4 543	489	1 172	1 992	769	121
中国文学	8	497	291	496	86	168	192	38	12
外国文学	9	880	601	874	151	232	333	145	13
艺术学	10	856	454	849	99	148	399	164	39
历史学	11	122	59	121	21	48	39	12	1
考古学	12	1	1	1	0	0	1	0	0
经济学	13	766	447	752	122	194	331	78	27
政治学	14	195	87	194	38	51	67	30	8
法学	15	320	195	318	38	70	159	36	15
社会学	16	158	94	156	16	31	69	33	7
民族学	17	5	4	5	1	1	2	0	1
新闻学与传播学	18	570	305	569	75	149	246	66	33
图书、情报与文献学	19	422	283	413	10	74	209	52	68
教育学	20	743	463	736	66	117	396	121	36
统计学	21	41	21	41	8	7	24	2	0
心理学	22	93	63	93	7	25	44	13	4
体育学	23	315	130	315	24	95	133	54	9
60岁及以上	24	240	54	239	159	78	1	0	1
55岁~59岁	25	819	322	809	333	316	142	2	16
50岁~54岁	26	791	354	764	281	286	163	13	21
45岁~49岁	27	1 438	806	1 421	407	673	303	18	20
40岁~44岁	28	1 607	934	1 601	195	787	573	21	25
35岁~39岁	29	2 196	1 398	2 185	61	678	1 313	94	39
30岁~34岁	30	3 019	2 075	3 008	2	194	2 203	485	124
29岁及以下	31	2 311	1 762	2 283	1	10	775	1 210	287

按最后学历划分			其他人员	按最后学位划分	
研究生	本科生	其他		博士	硕士
L09	L10	L11	L12	L13	L14
7 691	4 209	410	111	1 980	6 058
726	536	142	36	202	548
178	109	7	1	24	163
89	37	2	0	32	63
5	2	0	0	1	5
1	0	0	0	0	1
2 980	1 496	67	23	597	2 435
377	113	6	1	186	210
736	130	8	6	212	521
481	363	5	7	116	423
94	27	0	1	38	56
1	0	0	0	0	1
495	235	22	14	163	366
149	43	2	1	62	92
238	72	8	2	62	186
118	38	0	2	20	105
4	1	0	0	3	1
390	156	23	1	165	252
105	219	89	9	3	109
336	378	22	7	56	360
28	12	1	0	10	19
80	13	0	0	25	57
80	229	6	0	3	85
73	154	12	1	20	57
284	443	82	10	98	176
316	342	106	27	116	195
743	607	71	17	325	448
1 040	513	48	6	392	749
1 659	492	34	11	530	1 227
2 224	760	24	11	422	1 904
1 352	898	33	28	77	1 302

18. 财经院校人文、社会科学活动人员情况表

	编号	总计 L01	女性 L02	按职称划分 小计 L03	教授 L04	副教授 L05	讲师 L06	助教 L07	初级 L08
合计	1	47 275	25 656	46 816	5 597	12 933	19 531	6 598	2 157
管理学	2	11 121	5 485	10 971	1 340	2 825	4 756	1 437	613
马克思主义	3	1 224	625	1 218	167	386	495	134	36
哲学	4	588	261	587	115	174	222	56	20
逻辑学	5	24	13	24	5	10	7	2	0
宗教学	6	3	1	3	1	2	0	0	0
语言学	7	5 577	4 248	5 540	280	1 385	2 528	1 154	193
中国文学	8	1 203	707	1 195	120	392	500	142	41
外国文学	9	649	486	649	49	151	327	112	10
艺术学	10	1 582	871	1 561	65	243	623	487	143
历史学	11	391	179	390	48	129	153	53	7
考古学	12	1	0	1	0	1	0	0	0
经济学	13	12 749	6 465	12 688	2 269	4 037	4 686	1 280	416
政治学	14	475	192	473	54	133	204	65	17
法学	15	2 834	1 418	2 814	383	760	1 261	321	89
社会学	16	460	246	456	54	116	182	81	23
民族学	17	33	15	33	4	11	15	2	1
新闻学与传播学	18	554	323	547	56	136	234	80	41
图书、情报与文献学	19	2 181	1 486	2 076	78	417	1 076	257	248
教育学	20	2 016	1 136	1 995	115	458	870	400	152
统计学	21	1 306	609	1 302	256	459	438	125	24
心理学	22	255	174	254	20	56	110	50	18
体育学	23	2 049	716	2 039	118	652	844	360	65
60 岁及以上	24	478	70	475	336	132	7	0	0
55 岁 ~59 岁	25	2 203	710	2 184	900	802	395	48	39
50 岁 ~54 岁	26	3 351	1 445	3 311	1 121	1 324	716	84	66
45 岁 ~49 岁	27	8 409	4 171	8 338	2 171	4 108	1 781	157	121
40 岁 ~44 岁	28	6 930	3 494	6 874	824	3 137	2 569	207	137
35 岁 ~39 岁	29	8 802	4 799	8 752	209	2 643	5 067	633	200
30 岁 ~34 岁	30	10 822	6 712	10 735	29	716	7 082	2 393	515
29 岁及以下	31	6 280	4 255	6 147	7	71	1 914	3 076	1 079

按最后学历划分			其他人员	按最后学位划分	
研究生	本科生	其他		博士	硕士
L09	L10	L11	L12	L13	L14
24 821	20 085	1 910	459	7 229	19 829
6 127	4 289	555	150	1 938	4 811
691	506	21	6	138	642
405	174	8	1	136	284
17	7	0	0	6	11
3	0	0	0	3	0
2 765	2 707	68	37	269	2 773
578	584	33	8	196	476
420	219	10	0	60	378
564	957	40	21	39	590
279	106	5	1	117	170
1	0	0	0	1	0
7 653	4 711	324	61	3 046	5 199
275	186	12	2	96	199
1 894	893	27	20	530	1 496
319	127	10	4	107	219
25	8	0	0	11	15
340	194	13	7	59	292
235	1 217	624	105	31	249
831	1 090	74	21	72	854
794	493	15	4	305	539
151	92	11	1	24	136
454	1 525	60	10	45	496
145	304	26	3	34	109
598	1 288	298	19	212	371
991	1 901	419	40	382	643
3 317	4 576	445	71	1 287	2 402
3 539	3 015	320	56	1 425	2 657
5 646	2 894	212	50	1 920	4 378
7 149	3 468	118	87	1 603	6 059
3 436	2 639	72	133	366	3 210

19. 政法院校人文、社会科学活动人员情况表

		总计		按职称划分					
			女性	小计	教授	副教授	讲师	助教	初级
	编号	L01	L02	L03	L04	L05	L06	L07	L08
合计	1	12 391	5 700	12 203	1 432	3 765	5 092	1 318	596
管理学	2	1 683	683	1 602	127	392	672	195	216
马克思主义	3	509	236	503	43	193	188	68	11
哲学	4	239	90	237	48	107	70	9	3
逻辑学	5	50	23	50	10	20	16	4	0
宗教学	6	12	3	11	2	5	4	0	0
语言学	7	1 142	812	1 139	55	375	560	129	20
中国文学	8	291	170	286	36	98	115	30	7
外国文学	9	92	72	92	8	23	39	19	3
艺术学	10	82	51	81	4	15	31	29	2
历史学	11	100	44	99	21	33	40	4	1
考古学	12	0	0	0	0	0	0	0	0
经济学	13	418	228	417	75	110	176	37	19
政治学	14	267	91	263	50	77	109	19	8
法学	15	4 832	2 050	4 795	759	1 635	1 867	402	132
社会学	16	261	126	258	29	74	108	35	12
民族学	17	5	3	5	0	1	3	0	1
新闻学与传播学	18	198	101	198	24	57	85	20	12
图书、情报与文献学	19	629	425	604	19	120	311	95	59
教育学	20	479	208	477	43	107	225	57	45
统计学	21	70	48	69	7	22	29	8	3
心理学	22	149	85	147	20	41	58	22	6
体育学	23	883	151	870	52	260	386	136	36
60 岁及以上	24	108	15	106	72	26	3	0	5
55 岁 ~59 岁	25	669	193	655	242	255	112	14	32
50 岁 ~54 岁	26	1 171	417	1 142	328	489	236	22	67
45 岁 ~49 岁	27	2 333	1 059	2 303	517	1 096	531	70	89
40 岁 ~44 岁	28	2 085	923	2 067	215	959	748	70	75
35 岁 ~39 岁	29	2 514	1 132	2 500	50	760	1 444	160	86
30 岁 ~34 岁	30	2 348	1 279	2 305	5	166	1 621	407	106
29 岁及以下	31	1 163	682	1 125	3	14	397	575	136

按最后学历划分			其他人员	按最后学位划分	
研究生	本科生	其他		博士	硕士
L09	L10	L11	L12	L13	L14
5 599	5 956	648	188	1 668	4 267
533	888	181	81	144	483
224	272	7	6	51	196
149	85	3	2	58	92
17	32	1	0	5	15
7	4	0	1	6	1
567	560	12	3	56	551
146	133	7	5	64	89
51	41	0	0	8	47
37	42	2	1	7	29
72	27	0	1	36	38
0	0	0	0	0	0
289	108	20	1	131	160
190	68	5	4	92	95
2 552	2 126	117	37	829	1 842
157	91	10	3	67	97
3	2	0	0	0	3
124	68	6	0	56	72
72	351	181	25	5	63
179	271	27	2	23	167
34	29	6	1	7	29
91	53	3	2	21	70
105	705	60	13	2	128
33	57	16	2	5	30
130	398	127	14	48	67
255	727	160	29	87	149
753	1 395	155	30	245	532
888	1 085	94	18	330	682
1 318	1 115	67	14	462	1 042
1 536	750	19	43	400	1 161
686	429	10	38	91	604

20. 艺术院校人文、社会科学活动人员情况表

		总计		按职称划分					
			女性	小计	教授	副教授	讲师	助教	初级
	编号	L01	L02	L03	L04	L05	L06	L07	L08
合计	1	12 075	5 822	11 886	1 546	2 860	4 844	2 101	535
管理学	2	508	268	479	30	51	218	80	100
马克思主义	3	231	125	229	24	83	93	22	7
哲学	4	39	23	38	5	11	14	4	4
逻辑学	5	2	1	2	0	0	2	0	0
宗教学	6	3	1	3	2	1	0	0	0
语言学	7	374	288	372	7	105	189	55	16
中国文学	8	198	112	196	23	56	86	24	7
外国文学	9	19	15	19	2	2	10	5	0
艺术学	10	9 582	4 307	9 466	1 395	2 333	3 673	1 749	316
历史学	11	60	39	59	4	20	27	5	3
考古学	12	7	3	7	1	1	3	2	0
经济学	13	85	52	82	12	15	31	14	10
政治学	14	48	25	48	6	13	16	9	4
法学	15	28	16	27	1	5	14	5	2
社会学	16	19	11	17	0	3	11	1	2
民族学	17	13	9	13	5	1	5	2	0
新闻学与传播学	18	54	33	52	2	10	23	11	6
图书、情报与文献学	19	354	246	335	8	47	206	35	39
教育学	20	191	125	188	10	38	100	32	8
统计学	21	14	9	13	0	2	9	2	0
心理学	22	37	30	35	1	7	21	5	1
体育学	23	209	84	206	8	56	93	39	10
60 岁及以上	24	204	39	204	159	42	1	2	0
55 岁 ~59 岁	25	828	189	813	379	288	122	14	10
50 岁 ~54 岁	26	1 376	446	1 351	509	540	260	22	20
45 岁 ~49 岁	27	1 697	664	1 677	342	838	433	43	21
40 岁 ~44 岁	28	1 442	616	1 430	118	610	620	61	21
35 岁 ~39 岁	29	2 008	1 026	1 991	36	451	1 188	260	56
30 岁 ~34 岁	30	2 710	1 658	2 682	1	84	1 664	805	128
29 岁及以下	31	1 810	1 184	1 738	2	7	556	894	279

按最后学历划分			其他人员	按最后学位划分	
研究生	本科生	其他		博士	硕士
L09	L10	L11	L12	L13	L14
5 077	5 993	816	189	593	4 452
134	252	93	29	5	132
108	111	10	2	7	97
23	14	1	1	6	16
1	1	0	0	0	1
1	2	0	0	0	1
144	216	12	2	2	145
100	87	9	2	22	82
8	9	2	0	0	9
4 246	4 690	530	116	531	3 667
29	29	1	1	3	29
5	2	0	0	2	3
24	40	18	3	3	23
24	20	4	0	2	22
16	10	1	1	1	14
4	11	2	2	1	4
11	2	0	0	4	8
30	19	3	2	2	26
41	182	112	19	0	40
69	109	10	3	1	72
1	12	0	1	0	2
15	17	3	2	1	14
43	158	5	3	0	45
57	89	58	0	5	49
172	419	222	15	37	126
300	820	231	25	80	213
398	1 111	168	20	83	324
553	825	52	12	100	457
1 032	918	41	17	145	886
1 535	1 118	29	28	111	1 409
1 030	693	15	72	32	988

21. 民族院校人文、社会科学活动人员情况表

		总计		按职称划分				
			女性	小计	教授	副教授	讲师	助教	初级
	编号	L01	L02	L03	L04	L05	L06	L07	L08
合计	1	7 944	4 204	7 862	1 141	2 103	3 151	1 092	375
管理学	2	773	394	759	97	197	307	102	56
马克思主义	3	239	110	239	46	81	85	21	6
哲学	4	129	46	128	38	32	41	8	9
逻辑学	5	5	1	4	3	0	0	1	0
宗教学	6	65	26	65	26	10	20	4	5
语言学	7	1 244	831	1 236	130	327	531	198	50
中国文学	8	617	309	612	159	172	200	60	21
外国文学	9	265	191	264	23	70	111	44	16
艺术学	10	938	474	934	76	195	388	239	36
历史学	11	270	121	264	68	87	89	10	10
考古学	12	17	8	17	3	6	6	1	1
经济学	13	636	337	634	88	197	251	76	22
政治学	14	162	48	159	30	49	59	15	6
法学	15	553	282	547	71	156	215	75	30
社会学	16	204	101	201	30	49	89	25	8
民族学	17	388	173	383	119	107	111	29	17
新闻学与传播学	18	177	103	175	11	39	90	24	11
图书、情报与文献学	19	413	295	403	18	108	222	40	15
教育学	20	316	165	309	39	69	140	33	28
统计学	21	38	24	38	6	13	11	3	5
心理学	22	48	25	48	4	8	29	4	3
体育学	23	447	140	443	56	131	156	80	20
60 岁及以上	24	105	24	105	80	24	1	0	0
55 岁 ~59 岁	25	433	133	429	203	127	83	7	9
50 岁 ~54 岁	26	634	285	627	244	230	132	9	12
45 岁 ~49 岁	27	1 389	627	1 379	423	606	306	29	15
40 岁 ~44 岁	28	1 215	604	1 205	147	570	431	42	15
35 岁 ~39 岁	29	1 397	770	1 388	37	431	755	132	33
30 岁 ~34 岁	30	1 724	1 068	1 712	5	105	1 073	419	110
29 岁及以下	31	1 047	693	1 017	2	10	370	454	181

按最后学历划分			其他人员	按最后学位划分	
研究生	本科生	其他		博士	硕士
L09	L10	L11	L12	L13	L14
3 912	3 561	389	82	985	2 908
415	294	50	14	106	310
144	92	3	0	27	118
88	36	4	1	36	51
3	1	0	1	2	1
53	12	0	0	24	24
530	679	27	8	93	443
356	240	16	5	121	243
162	98	4	1	24	141
269	610	55	4	21	254
181	82	1	6	83	89
15	2	0	0	6	7
408	203	23	2	126	284
86	63	10	3	27	50
322	209	16	6	72	264
140	58	3	3	43	93
254	114	15	5	105	144
110	61	4	2	13	97
46	228	129	10	7	46
160	130	19	7	31	113
14	23	1	0	2	9
34	14	0	0	10	25
122	312	9	4	6	102
34	58	13	0	8	24
107	250	72	4	36	64
152	386	89	7	55	98
512	772	95	10	197	305
601	548	56	10	225	375
877	473	38	9	254	646
1 085	609	18	12	175	900
544	465	8	30	35	496

22. 体育院校人文、社会科学活动人员情况表

		总计		按职称划分					
			女性	小计	教授	副教授	讲师	助教	初级
	编号	L01	L02	L03	L04	L05	L06	L07	L08
合计	1	6 002	2 556	5 886	728	1 662	2 386	866	244
管理学	2	218	90	209	23	53	94	27	12
马克思主义	3	185	74	183	20	44	81	37	1
哲学	4	35	16	35	4	9	13	9	0
逻辑学	5	0	0	0	0	0	0	0	0
宗教学	6	0	0	0	0	0	0	0	0
语言学	7	340	243	339	12	72	179	66	10
中国文学	8	38	27	38	0	10	22	5	1
外国文学	9	12	11	12	0	1	5	4	2
艺术学	10	83	62	82	3	8	27	33	11
历史学	11	5	1	5	1	0	2	1	1
考古学	12	0	0	0	0	0	0	0	0
经济学	13	46	30	45	16	4	19	3	3
政治学	14	18	8	17	2	2	9	3	1
法学	15	25	17	25	1	4	12	6	2
社会学	16	20	7	19	6	2	10	1	0
民族学	17	2	0	2	0	0	2	0	0
新闻学与传播学	18	80	42	80	5	24	35	14	2
图书、情报与文献学	19	240	155	233	11	47	124	24	27
教育学	20	163	101	158	9	41	72	34	2
统计学	21	46	29	45	4	13	23	4	1
心理学	22	47	25	47	7	20	13	6	1
体育学	23	4 399	1 618	4 312	604	1 308	1 644	589	167
60 岁及以上	24	78	10	76	52	22	2	0	0
55 岁～59 岁	25	448	107	432	157	209	61	4	1
50 岁～54 岁	26	609	206	590	203	267	110	3	7
45 岁～49 岁	27	976	407	954	238	460	234	13	9
40 岁～44 岁	28	731	323	720	62	357	278	10	13
35 岁～39 岁	29	1 044	464	1 029	16	298	624	73	18
30 岁～34 岁	30	1 279	618	1 266	0	43	856	316	51
29 岁及以下	31	837	421	819	0	6	221	447	145

按最后学历划分			其他人员	按最后学位划分	
研究生	本科生	其他		博士	硕士
L09	L10	L11	L12	L13	L14
2 635	2 971	280	116	574	2 184
81	115	13	9	11	81
95	87	1	2	7	93
22	13	0	0	3	20
0	0	0	0	0	0
0	0	0	0	0	0
156	177	6	1	11	156
23	15	0	0	4	20
8	4	0	0	0	8
19	62	1	1	0	20
3	2	0	0	0	4
0	0	0	0	0	0
11	25	9	1	4	8
9	8	0	1	1	10
16	9	0	0	1	16
13	5	1	1	5	10
0	2	0	0	0	0
58	22	0	0	10	48
25	137	71	7	1	30
65	87	6	5	6	64
15	28	2	1	3	17
30	17	0	0	16	16
1 986	2 156	170	87	491	1 563
23	49	4	2	7	14
100	275	57	16	20	74
152	359	79	19	69	87
310	572	72	22	114	217
347	340	33	11	115	263
584	422	23	15	158	470
716	542	8	13	72	670
403	412	4	18	19	389

23. 全国高等学校人文、社会科学研究与发展人员情况表

			合计	按职称划分				
				教授	副教授	讲师	助教	初级
		编号	L01	L02	L03	L04	L05	L06
合计	全时人数	1	6 782	2 403	1 986	1 628	272	42
	非全时人数	2	255 595	41 442	66 765	83 552	20 400	4 811
	非全时折合全时人数	3	62 189.4	11 619.4	17 086.6	19 794.1	4 395.7	1 013.1
管理学	全时人数	4	1 204	400	351	311	45	3
	非全时人数	5	45 278	7 346	11 069	13 684	2 706	803
	非全时折合全时人数	6	11 376.4	2 163.8	2 984.7	3 388.2	592.2	175.7
马克思主义	全时人数	7	109	48	29	16	5	0
	非全时人数	8	8 384	1 698	2 495	2 624	553	121
	非全时折合全时人数	9	1 940.4	435.1	588.2	565.8	111.7	22.9
哲学	全时人数	10	194	93	45	38	3	1
	非全时人数	11	4 773	1 025	1 264	1 340	202	50
	非全时折合全时人数	12	1 108.1	260	304.7	311.1	41.1	9
逻辑学	全时人数	13	6	2	1	0	0	0
	非全时人数	14	199	53	47	51	10	2
	非全时折合全时人数	15	41.8	11.2	10.1	11.5	2.2	0.4
宗教学	全时人数	16	18	6	4	4	1	0
	非全时人数	17	859	202	237	249	42	14
	非全时折合全时人数	18	200.7	50.5	57.7	55.9	7.2	2.1
语言学	全时人数	19	448	118	138	124	31	3
	非全时人数	20	18 644	2 267	4 948	7 282	2 249	344
	非全时折合全时人数	21	4 507.3	648.6	1 263.6	1 697.7	493.6	71.5
中国文学	全时人数	22	300	120	80	65	9	3
	非全时人数	23	10 318	2 008	2 917	3 334	641	196
	非全时折合全时人数	24	2 637	592.1	805.7	799.5	141.2	41.8
外国文学	全时人数	25	92	30	25	20	6	1
	非全时人数	26	4 546	649	1 153	1 748	577	86
	非全时折合全时人数	27	1 027	174.2	278.8	371.8	117	16.2
艺术学	全时人数	28	412	121	118	126	34	4
	非全时人数	29	16 484	2 186	3 746	6 154	2 305	418
	非全时折合全时人数	30	4 180.9	635.6	1 006.7	1 556.4	529.8	97.8
历史学	全时人数	31	319	138	90	62	13	3
	非全时人数	32	6 849	1 629	1 769	1 892	360	85
	非全时折合全时人数	33	1 798.7	482	474	477.8	77.4	16.4

其他人员	研究生（学生）	其中：女性	其中：研究人员	按学历学位划分：博士毕业	按学历学位划分：硕士毕业	按学历学位划分：本科毕业	按学历学位划分：其他学历
L07	L08	L09	L10	L11	L12	L13	L14
24	427	2 297	5 981	3 122	2 324	1 054	282
2 439	36 186	115 974	200 247	47 808	107 549	84 639	15 599
452.2	7 828.3	27 420.7	50 240.8	14 004.2	26 041.5	18 580	3 563.7
6	88	397	1 066	592	387	160	65
471	9 199	19 345	34 602	9 922	18 661	14 170	2 525
86.5	1 985.3	4 706.4	9 032.6	3 044	4 617.4	3 148	567
1	10	38	94	41	45	16	7
67	826	3 621	6 922	1 541	3 889	2 583	371
12.2	204.5	833.2	1 613.5	408.6	885.5	563.9	82.4
0	14	46	162	121	52	17	4
33	859	1 792	3 972	1 406	1 993	1 170	204
6.6	175.6	397.9	937.4	390.2	434.9	236.8	46.2
0	3	3	3	1	1	3	1
3	33	73	172	61	93	39	6
0.8	5.6	14.1	37.4	15.9	17.9	6.5	1.5
0	3	4	17	7	8	1	2
10	105	326	738	255	344	191	69
1.9	25.4	72.7	178	66.9	78.4	40.7	14.7
1	33	201	364	148	204	76	20
75	1 479	11 627	14 543	2 323	8 918	6 214	1 189
14.6	317.7	2 761	3 597.6	678.7	2 175.3	1 379	274.3
1	22	85	264	158	89	46	7
75	1 147	4 698	8 480	2 741	3 974	2 959	644
14.7	242	1 131.9	2 242.9	828.3	991.8	650.4	166.5
0	10	42	75	42	29	16	5
20	313	2 944	3 574	783	2 268	1 288	207
3.9	65.1	646.2	823	219.9	505	252.7	49.4
2	7	149	366	82	167	126	37
139	1 536	7 405	12 033	1 252	6 138	7 166	1 928
26.6	328	1 834.6	3 198.9	360.9	1 625.2	1 729.2	465.6
0	13	63	264	185	92	36	6
47	1 067	2 441	5 661	2 211	2 510	1 798	330
8.7	262.4	596.6	1 522	676.4	617.9	423.4	81

			合计	按职称划分				
				教授	副教授	讲师	助教	初级
		编号	L01	L02	L03	L04	L05	L06
考古学	全时人数	34	30	10	12	2	0	0
	非全时人数	35	676	160	144	139	42	8
	非全时折合全时人数	36	175.5	41.7	35.1	32.4	8.5	3.5
经济学	全时人数	37	1 234	462	385	265	33	9
	非全时人数	38	38 500	6 478	9 614	11 512	2 300	601
	非全时折合全时人数	39	9 809.5	1 930.1	2 632.4	2 887.2	525.4	137.6
政治学	全时人数	40	206	79	52	49	4	2
	非全时人数	41	7 446	1 411	2 185	2 315	510	133
	非全时折合全时人数	42	1 713.4	343.8	509.2	525.9	110.8	25.9
法学	全时人数	43	557	215	164	124	19	4
	非全时人数	44	14 167	2 335	3 979	4 537	804	208
	非全时折合全时人数	45	3 606.1	717.8	1 057.8	1 117.6	177.9	38
社会学	全时人数	46	279	101	60	73	12	0
	非全时人数	47	15 068	2 593	4 027	4 990	1 187	256
	非全时折合全时人数	48	3 400.1	624.4	924.8	1 109.3	241.6	50
民族学	全时人数	49	52	17	13	18	4	0
	非全时人数	50	2 131	530	580	597	149	41
	非全时折合全时人数	51	499.3	138.1	135.6	126	30.4	8.2
新闻学与传播学	全时人数	52	174	80	41	40	4	0
	非全时人数	53	5 358	801	1 233	1 879	445	119
	非全时折合全时人数	54	1 251.1	219.1	317.2	428.5	92	23.9
图书、情报与文献学	全时人数	55	140	27	50	27	15	1
	非全时人数	56	5 419	676	1 462	2 049	357	260
	非全时折合全时人数	57	1 279.7	177.2	356.2	454.5	79.3	53.5
教育学	全时人数	58	600	216	193	148	19	3
	非全时人数	59	33 059	4 943	9 100	11 246	3 317	741
	非全时折合全时人数	60	7 459.5	1 278.8	2 135.3	2 471	668.3	151
统计学	全时人数	61	29	10	13	6	0	0
	非全时人数	62	1 942	371	483	609	91	30
	非全时折合全时人数	63	432.5	91	111.1	132.4	19.9	5.7
心理学	全时人数	64	76	25	19	19	7	0
	非全时人数	65	4 205	578	1 036	1 387	398	99
	非全时折合全时人数	66	933	143.7	243.8	309.7	76.6	18.7
体育学	全时人数	67	303	85	103	91	8	5
	非全时人数	68	11 290	1 503	3 277	3 934	1 155	196
	非全时折合全时人数	69	2 811.4	460.6	853.9	963.9	251.6	43.3

	研究生	其中：		按学历学位划分			
其他人员	（学生）	女性	研究人员	博士毕业	硕士毕业	本科毕业	其他学历
L07	L08	L09	L10	L11	L12	L13	L14
0	6	7	29	13	12	3	2
10	173	207	495	204	222	220	30
1.5	52.8	53.8	125.6	54	55.2	58.6	7.7
3	77	407	1 133	690	373	133	38
349	7 646	16 705	29 944	8 999	16 230	11 500	1 771
57.8	1 639	4 168.1	7 948.8	2 761.1	4 097.5	2 550.1	400.8
1	19	66	173	97	65	40	4
82	810	2 922	6 153	1 720	3 333	2 012	381
13.7	184.1	650.1	1 431.5	467.1	737.3	427.8	81.2
0	31	168	503	262	219	62	14
198	2 106	5 712	11 197	3 307	6 035	4 036	789
40	457	1 383.2	2 963.8	1 013.9	1 533.5	875.3	183.4
3	30	101	229	121	90	58	10
130	1 885	6 757	12 169	2 857	6 725	4 631	855
27	423	1 512	2 786.3	760.6	1 491.6	971.4	176.5
0	0	17	48	20	12	10	10
24	210	891	1 773	436	828	636	231
3.8	57.2	199.5	421.1	116.1	194.1	137.1	52
0	9	68	150	84	54	21	15
42	839	2 492	4 159	947	2 190	1 465	756
7.2	163.2	558	1 004.8	254	506.8	292.9	197.4
1	19	63	112	46	48	43	3
73	542	2 990	4 254	554	1 784	2 528	553
13.1	145.9	684.7	1 016.9	157.4	435.1	576.1	111.1
3	18	237	562	283	215	86	16
419	3 293	16 322	26 038	4 170	14 549	12 523	1 817
81.3	673.8	3 649	6 021	1 130.7	3 324.9	2 617.1	386.8
0	0	11	29	12	11	1	5
29	329	813	1 516	496	730	605	111
5	67.4	172.8	343.3	121.4	163.5	124.5	23.1
0	6	39	61	37	27	12	0
52	655	2 206	3 152	717	1 854	1 436	198
9	131.5	490.6	723.5	187.9	408.2	293.2	43.7
2	9	85	277	80	124	88	11
91	1 134	3 685	8 700	906	4 281	5 469	634
16.3	221.8	904.3	2 270.9	290.2	1 144.5	1 225.3	151.4

24. 本科学校人文、社会科学研究与发展人员情况表

			合计	按职称划分				
				教授	副教授	讲师	助教	初级
		编号	L01	L02	L03	L04	L05	L06
合计	全时人数	1	6 604	2 372	1 935	1 569	242	39
	非全时人数	2	239 432	39 866	61 595	77 131	18 238	4 213
	非全时折合全时人数	3	58 787.4	11 233.1	15 923.6	18 495.8	3 994	903.1
管理学	全时人数	4	1 167	394	342	298	36	3
	非全时人数	5	42 974	7 085	10 399	12 750	2 419	684
	非全时折合全时人数	6	10 870.4	2 097.4	2 826.6	3 195.3	535.5	150.9
马克思主义	全时人数	7	109	48	29	16	5	0
	非全时人数	8	7 831	1 648	2 313	2 385	496	103
	非全时折合全时人数	9	1 834.5	424.7	549.3	523.1	102.5	19.6
哲学	全时人数	10	194	93	45	38	3	1
	非全时人数	11	4 676	1 016	1 233	1 295	195	46
	非全时折合全时人数	12	1 088.3	257.7	297.2	303.1	39.7	8.5
逻辑学	全时人数	13	6	2	1	0	0	0
	非全时人数	14	198	53	46	51	10	2
	非全时折合全时人数	15	41.4	11.2	9.7	11.5	2.2	0.4
宗教学	全时人数	16	18	6	4	4	1	0
	非全时人数	17	806	199	226	223	33	11
	非全时折合全时人数	18	191.8	49.9	55.7	51.4	6	1.8
语言学	全时人数	19	435	117	135	120	28	1
	非全时人数	20	17 557	2 212	4 639	6 798	2 047	311
	非全时折合全时人数	21	4 280	637.2	1 193.7	1 596.7	455.5	65.3
中国文学	全时人数	22	300	120	80	65	9	3
	非全时人数	23	9 848	1 959	2 767	3 132	592	182
	非全时折合全时人数	24	2 534.5	579	770.6	757.6	132	39.6
外国文学	全时人数	25	92	30	25	20	6	1
	非全时人数	26	4 406	642	1 112	1 690	554	76
	非全时折合全时人数	27	1 002.6	172.7	271.5	360.9	113.9	14.9
艺术学	全时人数	28	399	118	115	119	34	4
	非全时人数	29	15 721	2 134	3 540	5 820	2 170	394
	非全时折合全时人数	30	4 020.7	624.9	961	1 486.9	501.9	93.4
历史学	全时人数	31	319	138	90	62	13	3
	非全时人数	32	6 691	1 598	1 708	1 837	353	81
	非全时折合全时人数	33	1 766.1	475.3	461	466.6	76.5	15.6

	研究生	其中：		按学历学位划分			
其他人员	（学生）	女性	研究人员	博士毕业	硕士毕业	本科毕业	其他学历
L07	L08	L09	L10	L11	L12	L13	L14
20	427	2 215	5 840	3 115	2 241	990	258
2 207	36 182	107 764	187 212	47 294	100 733	76 808	14 597
410.2	7 827.6	25 707.3	47 439.8	13 883.2	24 527.7	17 005.4	3 371.1
6	88	378	1 038	592	371	142	62
438	9 199	18 313	32 771	9 819	17 610	13 204	2 341
79.4	1 985.3	4 482.1	8 625.6	3 019.2	4 377.9	2 942.6	530.7
1	10	38	94	41	45	16	7
60	826	3 350	6 462	1 526	3 614	2 354	337
10.8	204.5	782.8	1 524.7	405.2	831.4	522	75.9
0	14	46	162	121	52	17	4
32	859	1 750	3 889	1 390	1 950	1 137	199
6.5	175.6	389.6	920.3	386	425.5	231.1	45.7
0	3	3	3	1	1	3	1
3	33	72	171	61	93	38	6
0.8	5.6	13.7	37	15.9	17.9	6.1	1.5
0	3	4	17	7	8	1	2
9	105	294	698	249	316	174	67
1.6	25.4	66.7	170.9	65.9	74.2	37.2	14.5
1	33	192	356	148	196	72	19
73	1 477	10 863	13 706	2 305	8 474	5 646	1 132
14.3	317.3	2 599.5	3 419.5	674.6	2 077.4	1 262.7	265.3
1	22	85	264	158	89	46	7
69	1 147	4 447	8 077	2 715	3 788	2 735	610
13.7	242	1 079.2	2 152.3	820.2	950.8	604.4	159.1
0	10	42	75	42	29	16	5
19	313	2 848	3 468	778	2 221	1 207	200
3.6	65.1	629.4	803.3	218.7	495	240.4	48.5
2	7	145	353	81	160	121	37
127	1 536	7 031	11 441	1 239	5 893	6 705	1 884
24.6	328	1 755	3 073	358.6	1 570.8	1 635.2	456.1
0	13	63	264	185	92	36	6
47	1 067	2 374	5 514	2 199	2 454	1 715	323
8.7	262.4	583.3	1 491.1	673.7	606.6	406.5	79.3

			合计	按职称划分				
				教授	副教授	讲师	助教	初级
		编号	L01	L02	L03	L04	L05	L06
考古学	全时人数	34	30	10	12	2	0	0
	非全时人数	35	665	159	141	138	37	8
	非全时折合全时人数	36	174.3	41.6	34.8	32.3	8	3.5
经济学	全时人数	37	1 208	457	377	257	28	9
	非全时人数	38	36 632	6 247	9 063	10 769	2 048	526
	非全时折合全时人数	39	9 416.7	1 874.5	2 506.3	2 739.4	478.8	123.5
政治学	全时人数	40	201	79	49	48	4	1
	非全时人数	41	7 022	1 372	2 045	2 141	470	109
	非全时折合全时人数	42	1 629.5	335.1	479.1	492.7	104.1	22.3
法学	全时人数	43	549	213	164	120	17	4
	非全时人数	44	13 330	2 240	3 708	4 186	725	181
	非全时折合全时人数	45	3 430.6	693.5	1 003	1 042.3	163.6	33.5
社会学	全时人数	46	269	98	58	71	11	0
	非全时人数	47	14 313	2 507	3 784	4 685	1 096	235
	非全时折合全时人数	48	3 258.3	607.4	876.9	1 052.7	227.6	46.1
民族学	全时人数	49	47	16	13	17	1	0
	非全时人数	50	2 051	516	550	569	144	38
	非全时折合全时人数	51	484.3	135.4	129.7	120.7	29.7	7.8
新闻学与传播学	全时人数	52	173	80	41	40	3	0
	非全时人数	53	5 186	782	1 191	1 809	416	110
	非全时折合全时人数	54	1 219.4	216.4	309.3	414.4	87	22.7
图书、情报与文献学	全时人数	55	137	26	50	27	13	1
	非全时人数	56	5 171	659	1 380	1 950	330	247
	非全时折合全时人数	57	1 231.9	173.9	339	435.9	74.4	51.4
教育学	全时人数	58	553	209	173	133	16	3
	非全时人数	59	28 013	4 467	7 317	9 407	2 609	586
	非全时折合全时人数	60	6 381.4	1 153.8	1 728.8	2 099.9	533.9	122.8
统计学	全时人数	61	29	10	13	6	0	0
	非全时人数	62	1 895	364	474	589	82	29
	非全时折合全时人数	63	424.4	89.3	109.4	129.3	18.6	5.5
心理学	全时人数	64	73	25	19	17	6	0
	非全时人数	65	3 822	547	909	1 238	351	83
	非全时折合全时人数	66	842.8	135	211.1	276.2	67.2	15.3
体育学	全时人数	67	296	83	100	89	8	5
	非全时人数	68	10 624	1 460	3 050	3 669	1 061	171
	非全时折合全时人数	69	2 663.5	447.2	799.9	906.9	235.4	38.7

其他人员	研究生（学生）	其中：女性	研究人员	按学历学位划分：博士毕业	硕士毕业	本科毕业	其他学历
L07	L08	L09	L10	L11	L12	L13	L14
0	6	7	29	13	12	3	2
9	173	202	490	204	217	214	30
1.3	52.8	53.3	125.1	54	54.6	58	7.7
3	77	391	1 112	688	364	122	34
333	7 646	15 761	28 429	8 922	15 271	10 741	1 698
55.2	1 639	3 969.4	7 623.2	2 741.3	3 885.6	2 404	385.8
1	19	62	169	97	63	37	4
75	810	2 718	5 802	1 714	3 141	1 820	347
12.1	184.1	609.2	1 360.2	466.2	697.2	391	75.1
0	31	167	497	261	214	62	12
184	2 106	5 331	10 508	3 275	5 656	3 687	712
37.7	457	1 303.1	2 819.4	1 007.8	1 449.1	803.7	170
1	30	99	222	120	86	56	7
121	1 885	6 394	11 535	2 823	6 370	4 328	792
24.6	423	1 445	2 665.1	753.9	1 424.5	915.6	164.3
0	0	16	46	20	12	8	7
24	210	855	1 701	433	792	602	224
3.8	57.2	192.9	407.2	115.1	187.1	131.4	50.7
0	9	68	150	84	53	21	15
39	839	2 393	4 028	943	2 113	1 384	746
6.4	163.2	539.4	980.1	253.4	490.1	280.3	195.6
1	19	61	111	46	46	42	3
63	542	2 849	4 069	553	1 733	2 375	510
11.4	145.9	658.2	981.8	157.3	425.1	546.8	102.7
1	18	216	520	282	192	71	8
334	3 293	13 652	21 953	4 050	12 515	9 882	1 566
68.4	673.8	3 083.2	5 124	1 101.9	2 856.5	2 083.4	339.6
0	0	11	29	12	11	1	5
28	329	792	1 480	493	715	581	106
4.9	67.4	168.3	336.8	120.9	161	120.2	22.3
0	6	37	59	37	26	10	0
40	654	1 982	2 844	703	1 694	1 249	176
6.6	131.4	438.8	649	184.7	368.8	249.5	39.8
2	9	84	270	79	119	87	11
80	1 133	3 493	8 176	900	4 103	5 030	591
13.8	221.6	865.2	2 150.2	288.7	1 100.6	1 133.3	140.9

25. 专科学校人文、社会科学研究与发展人员情况表

			合计	按职称划分				
				教授	副教授	讲师	助教	初级
		编号	L01	L02	L03	L04	L05	L06
合计	全时人数	1	178	31	51	59	30	3
	非全时人数	2	16 163	1 576	5 170	6 421	2 162	598
	非全时折合全时人数	3	3 402	386.3	1 163	1 298.3	401.7	110
管理学	全时人数	4	37	6	9	13	9	0
	非全时人数	5	2 304	261	670	934	287	119
	非全时折合全时人数	6	506	66.4	158.1	192.9	56.7	24.8
马克思主义	全时人数	7	0	0	0	0	0	0
	非全时人数	8	553	50	182	239	57	18
	非全时折合全时人数	9	105.9	10.4	38.9	42.7	9.2	3.3
哲学	全时人数	10	0	0	0	0	0	0
	非全时人数	11	97	9	31	45	7	4
	非全时折合全时人数	12	19.8	2.3	7.5	8	1.4	0.5
逻辑学	全时人数	13	0	0	0	0	0	0
	非全时人数	14	1	0	1	0	0	0
	非全时折合全时人数	15	0.4	0	0.4	0	0	0
宗教学	全时人数	16	0	0	0	0	0	0
	非全时人数	17	53	3	11	26	9	3
	非全时折合全时人数	18	8.9	0.6	2	4.5	1.2	0.3
语言学	全时人数	19	13	1	3	4	3	2
	非全时人数	20	1 087	55	309	484	202	33
	非全时折合全时人数	21	227.3	11.4	69.9	101	38.1	6.2
中国文学	全时人数	22	0	0	0	0	0	0
	非全时人数	23	470	49	150	202	49	14
	非全时折合全时人数	24	102.5	13.1	35.1	41.9	9.2	2.2
外国文学	全时人数	25	0	0	0	0	0	0
	非全时人数	26	140	7	41	58	23	10
	非全时折合全时人数	27	24.4	1.5	7.3	10.9	3.1	1.3
艺术学	全时人数	28	13	3	3	7	0	0
	非全时人数	29	763	52	206	334	135	24
	非全时折合全时人数	30	160.2	10.7	45.7	69.5	27.9	4.4
历史学	全时人数	31	0	0	0	0	0	0
	非全时人数	32	158	31	61	55	7	4
	非全时折合全时人数	33	32.6	6.7	13	11.2	0.9	0.8

	研究生（学生）	其中：		按学历学位划分			
其他人员		女性	研究人员	博士毕业	硕士毕业	本科毕业	其他学历
L07	L08	L09	L10	L11	L12	L13	L14
4	0	82	141	7	83	64	24
232	4	8 210	13 035	514	6 816	7 831	1 002
42	0.7	1 713.4	2 801	121	1 513.8	1 574.6	192.6
0	0	19	28	0	16	18	3
33	0	1 032	1 831	103	1 051	966	184
7.1	0	224.3	407	24.8	239.5	205.4	36.3
0	0	0	0	0	0	0	0
7	0	271	460	15	275	229	34
1.4	0	50.4	88.8	3.4	54.1	41.9	6.5
0	0	0	0	0	0	0	0
1	0	42	83	16	43	33	5
0.1	0	8.3	17.1	4.2	9.4	5.7	0.5
0	0	0	0	0	0	0	0
0	0	1	1	0	0	1	0
0	0	0.4	0.4	0	0	0.4	0
0	0	0	0	0	0	0	0
1	0	32	40	6	28	17	2
0.3	0	6	7.1	1	4.2	3.5	0.2
0	0	9	8	0	8	4	1
2	2	764	837	18	444	568	57
0.3	0.4	161.5	178.1	4.1	97.9	116.3	9
0	0	0	0	0	0	0	0
6	0	251	403	26	186	224	34
1	0	52.7	90.6	8.1	41	46	7.4
0	0	0	0	0	0	0	0
1	0	96	106	5	47	81	7
0.3	0	16.8	19.7	1.2	10	12.3	0.9
0	0	4	13	1	7	5	0
12	0	374	592	13	245	461	44
2	0	79.6	125.9	2.3	54.4	94	9.5
0	0	0	0	0	0	0	0
0	0	67	147	12	56	83	7
0	0	13.3	30.9	2.7	11.3	16.9	1.7

			合计	按职称划分				
				教授	副教授	讲师	助教	初级
		编号	L01	L02	L03	L04	L05	L06
考古学	全时人数	34	0	0	0	0	0	0
	非全时人数	35	11	1	3	1	5	0
	非全时折合全时人数	36	1.2	0.1	0.3	0.1	0.5	0
经济学	全时人数	37	26	5	8	8	5	0
	非全时人数	38	1 868	231	551	743	252	75
	非全时折合全时人数	39	392.8	55.6	126.1	147.8	46.6	14.1
政治学	全时人数	40	5	0	3	1	0	1
	非全时人数	41	424	39	140	174	40	24
	非全时折合全时人数	42	83.9	8.7	30.1	33.2	6.7	3.6
法学	全时人数	43	8	2	0	4	2	0
	非全时人数	44	837	95	271	351	79	27
	非全时折合全时人数	45	175.5	24.3	54.8	75.3	14.3	4.5
社会学	全时人数	46	10	3	2	2	1	0
	非全时人数	47	755	86	243	305	91	21
	非全时折合全时人数	48	141.8	17	47.9	56.6	14	3.9
民族学	全时人数	49	5	1	0	1	3	0
	非全时人数	50	80	14	30	28	5	3
	非全时折合全时人数	51	15	2.7	5.9	5.3	0.7	0.4
新闻学与传播学	全时人数	52	1	0	0	0	1	0
	非全时人数	53	172	19	42	70	29	9
	非全时折合全时人数	54	31.7	2.7	7.9	14.1	5	1.2
图书、情报与文献学	全时人数	55	3	1	0	0	2	0
	非全时人数	56	248	17	82	99	27	13
	非全时折合全时人数	57	47.8	3.3	17.2	18.6	4.9	2.1
教育学	全时人数	58	47	7	20	15	3	0
	非全时人数	59	5 046	476	1 783	1 839	708	155
	非全时折合全时人数	60	1 078.1	125	406.5	371.1	134.4	28.2
统计学	全时人数	61	0	0	0	0	0	0
	非全时人数	62	47	7	9	20	9	1
	非全时折合全时人数	63	8.1	1.7	1.7	3.1	1.3	0.2
心理学	全时人数	64	3	0	0	2	1	0
	非全时人数	65	383	31	127	149	47	16
	非全时折合全时人数	66	90.2	8.7	32.7	33.5	9.4	3.4
体育学	全时人数	67	7	2	3	2	0	0
	非全时人数	68	666	43	227	265	94	25
	非全时折合全时人数	69	147.9	13.4	54	57	16.2	4.6

其他人员	研究生（学生）	其中：女性	研究人员	按学历学位划分：博士毕业	硕士毕业	本科毕业	其他学历
L07	L08	L09	L10	L11	L12	L13	L14
0	0	0	0	0	0	0	0
1	0	5	5	0	5	6	0
0.2	0	0.5	0.5	0	0.6	0.6	0
0	0	16	21	2	9	11	4
16	0	944	1 515	77	959	759	73
2.6	0	198.7	325.6	19.8	211.9	146.1	15
0	0	4	4	0	2	3	0
7	0	204	351	6	192	192	34
1.6	0	40.9	71.3	0.9	40.1	36.8	6.1
0	0	1	6	1	5	0	2
14	0	381	689	32	379	349	77
2.3	0	80.1	144.4	6.1	84.4	71.6	13.4
2	0	2	7	1	4	2	3
9	0	363	634	34	355	303	63
2.4	0	67	121.2	6.7	67.1	55.8	12.2
0	0	1	2	0	0	2	3
0	0	36	72	3	36	34	7
0	0	6.6	13.9	1	7	5.7	1.3
0	0	0	0	0	1	0	0
3	0	99	131	4	77	81	10
0.8	0	18.6	24.7	0.6	16.7	12.6	1.8
0	0	2	1	0	2	1	0
10	0	141	185	1	51	153	43
1.7	0	26.5	35.1	0.1	10	29.3	8.4
2	0	21	42	1	23	15	8
85	0	2 670	4 085	120	2 034	2 641	251
12.9	0	565.8	897	28.8	468.4	533.7	47.2
0	0	0	0	0	0	0	0
1	0	21	36	3	15	24	5
0.1	0	4.5	6.5	0.5	2.5	4.3	0.8
0	0	2	2	0	1	2	0
12	1	224	308	14	160	187	22
2.4	0.1	51.8	74.5	3.2	39.4	43.7	3.9
0	0	1	7	1	5	1	0
11	1	192	524	6	178	439	43
2.5	0.2	39.1	120.7	1.5	43.9	92	10.5

26. 教育部直属院校人文、社会科学研究与发展人员情况表

			合计	按职称划分				
				教授	副教授	讲师	助教	初级
		编号	L01	L02	L03	L04	L05	L06
合计	全时人数	1	3 159	1 264	864	632	48	6
	非全时人数	2	52 311	10 097	11 238	10 644	1 238	334
	非全时折合全时人数	3	13 854.5	3 107.8	3 226.6	2 884.9	300	77.1
管理学	全时人数	4	601	239	159	124	5	2
	非全时人数	5	12 748	2 155	2 525	2 203	222	81
	非全时折合全时人数	6	3 331.3	691.7	749.5	611.6	59.2	18.3
马克思主义	全时人数	7	44	17	12	7	2	0
	非全时人数	8	1 461	416	377	309	50	5
	非全时折合全时人数	9	385.4	113.9	105.8	72.1	10	0.8
哲学	全时人数	10	115	57	22	25	2	0
	非全时人数	11	1 442	372	320	264	28	5
	非全时折合全时人数	12	367.8	103.4	89.1	70	8.2	1
逻辑学	全时人数	13	5	2	0	0	0	0
	非全时人数	14	90	32	18	11	1	0
	非全时折合全时人数	15	18.8	7	4.1	2.6	0.5	0
宗教学	全时人数	16	15	6	2	3	1	0
	非全时人数	17	243	74	57	49	0	1
	非全时折合全时人数	18	70.4	20.8	18.7	14.7	0	0.1
语言学	全时人数	19	208	60	66	50	4	0
	非全时人数	20	2 739	484	672	844	147	19
	非全时折合全时人数	21	751.5	151.1	194.8	225.1	32.9	5.9
中国文学	全时人数	22	103	44	26	14	1	1
	非全时人数	23	1 474	389	307	346	17	9
	非全时折合全时人数	24	421.3	119.9	96.6	95.6	3.2	3.4
外国文学	全时人数	25	44	13	11	10	2	0
	非全时人数	26	747	142	198	244	47	3
	非全时折合全时人数	27	212.6	47.2	56.9	67.8	10.1	0.7
艺术学	全时人数	28	105	39	22	34	4	1
	非全时人数	29	2 031	389	423	523	114	10
	非全时折合全时人数	30	583.1	125.9	130.3	155.2	32.7	3.2
历史学	全时人数	31	164	81	39	28	4	0
	非全时人数	32	1 659	471	345	309	23	5
	非全时折合全时人数	33	497.7	152.7	102.6	94	4.8	1.3

	研究生	其中:		按学历学位划分			
其他人员	（学生）	女性	研究人员	博士毕业	硕士毕业	本科毕业	其他学历
L07	L08	L09	L10	L11	L12	L13	L14
13	332	975	2 883	1 775	855	384	145
472	18 288	20 638	40 254	17 173	18 706	13 262	3 170
85.7	4 172.4	5 289.9	11 153.7	5 283.5	4 631.8	3 207.9	731.3
4	68	167	556	347	143	66	45
123	5 439	4 791	9 312	4 110	4 408	3 535	695
24.4	1 176.6	1 196.3	2 601.6	1 312.2	1 080.1	792.3	146.7
0	6	22	41	19	14	6	5
9	295	563	1 235	537	570	316	38
1.7	81.1	147.3	330.7	158.8	135.3	80.6	10.7
0	9	32	108	73	30	11	1
8	445	461	1 212	612	542	252	36
1.2	94.9	111.6	316.9	182.4	118.7	58	8.7
0	3	2	2	0	1	3	1
0	28	26	83	36	43	8	3
0	4.6	4.6	17.9	9.2	8	1	0.6
0	3	4	14	4	8	1	2
0	62	71	214	99	86	39	19
0	16.1	19.1	64.2	29.6	26.3	9.7	4.8
1	27	90	185	80	84	30	14
10	563	1 634	2 171	657	1 253	605	224
1.9	139.8	437	613.6	209.4	326.8	160.3	55
1	16	31	93	65	23	14	1
6	400	604	1 231	626	453	289	106
1.7	100.9	161.8	361.2	193.7	119.5	78.1	30
0	8	21	36	20	11	10	3
1	112	459	631	297	295	129	26
0.2	29.7	127.2	186.1	89.7	82.6	32.3	8
0	5	31	99	26	39	22	18
6	566	781	1 516	338	665	661	367
1.2	134.6	211.6	450	107.6	188.7	191.8	95
0	12	28	145	110	38	12	4
14	492	530	1 420	760	529	310	60
2.9	139.4	147.1	435.6	250.1	148.5	86.9	12.2

			合计	按职称划分				
				教授	副教授	讲师	助教	初级
		编号	L01	L02	L03	L04	L05	L06
考古学	全时人数	34	22	9	7	1	0	0
	非全时人数	35	269	66	49	37	2	4
	非全时折合全时人数	36	80.9	20.1	14.9	11.9	0.9	2.1
经济学	全时人数	37	596	244	186	98	5	0
	非全时人数	38	9 961	1 828	1 959	1 649	116	47
	非全时折合全时人数	39	2 646	568.5	581.9	464.9	28.9	8.6
政治学	全时人数	40	131	53	27	28	2	1
	非全时人数	41	1 792	409	452	376	36	13
	非全时折合全时人数	42	451.2	111.6	111.2	101.2	8.5	3.1
法学	全时人数	43	275	117	76	50	4	1
	非全时人数	44	3 537	662	793	755	64	22
	非全时折合全时人数	45	946.6	226.8	222.3	195.3	20.2	3.9
社会学	全时人数	46	155	62	34	35	4	0
	非全时人数	47	2 872	558	633	563	68	17
	非全时折合全时人数	48	746.4	163.4	182.7	146.6	17.4	3.2
民族学	全时人数	49	8	6	1	1	0	0
	非全时人数	50	161	49	29	20	2	1
	非全时折合全时人数	51	53.2	14.4	8.5	4.8	0.8	0.2
新闻学与传播学	全时人数	52	118	53	29	27	1	0
	非全时人数	53	1 685	333	404	422	30	19
	非全时折合全时人数	54	418.4	97.1	111.3	101.8	7	4.6
图书、情报与文献学	全时人数	55	82	20	23	17	3	0
	非全时人数	56	1 114	180	260	258	19	30
	非全时折合全时人数	57	322.7	56.8	77.8	69.2	5.5	5.6
教育学	全时人数	58	266	112	86	57	1	0
	非全时人数	59	4 239	755	927	918	173	31
	非全时折合全时人数	60	1 052.1	215.4	238.9	242.1	35.6	8.3
统计学	全时人数	61	14	6	6	2	0	0
	非全时人数	62	409	81	92	75	6	1
	非全时折合全时人数	63	97.3	23.6	24.1	17.4	1.1	0.3
心理学	全时人数	64	33	9	9	7	3	0
	非全时人数	65	697	113	137	166	20	6
	非全时折合全时人数	66	168.3	34.6	40.4	40.2	3	0.9
体育学	全时人数	67	55	15	21	14	0	0
	非全时人数	68	941	139	261	303	53	5
	非全时折合全时人数	69	231.5	41.9	64.2	80.8	9.5	1.6

续表

	研究生	其中：		按学历学位划分			
其他人员	（学生）	女性	研究人员	博士毕业	硕士毕业	本科毕业	其他学历
L07	L08	L09	L10	L11	L12	L13	L14
0	5	5	22	10	8	2	2
7	104	86	186	86	83	93	7
1	30	26.6	56.6	27.3	23.6	27.7	2.3
3	60	168	551	396	136	50	14
95	4 267	3 650	7 667	3 449	3 724	2 339	449
17.1	976.1	946.3	2 138.5	1 080	906.8	576.8	82.4
1	19	36	105	72	31	26	2
32	474	609	1 452	704	629	382	77
4	111.6	147.4	378.4	207.6	142.7	89.8	11.1
0	27	80	260	155	88	29	3
37	1 204	1 201	2 578	1 309	1 096	962	170
4.8	273.3	315.2	726.8	396.8	282.2	230.6	37
1	19	51	136	83	41	28	3
25	1 008	1 165	2 220	989	1 007	780	96
5.6	227.5	291.1	604.3	303.2	239.5	183	20.7
0	0	2	8	5	2	0	1
1	59	58	143	72	66	20	3
0.1	24.4	17.3	45.5	22.3	21.7	8.1	1.1
0	8	45	102	54	39	10	15
5	472	673	1 385	448	475	322	440
0.5	96.1	162.6	351	116.6	108.3	70.9	122.6
1	18	34	68	29	29	22	2
10	357	560	829	230	392	419	73
1.9	105.9	156.4	244.1	73.4	109.1	123	17.2
0	10	84	263	183	62	17	4
60	1 375	1 928	3 214	1 255	1 649	1 169	166
11.2	300.6	476.8	827.8	360.8	382	265.5	43.8
0	0	6	14	6	7	0	1
9	145	147	280	169	95	104	41
1.1	29.7	34.1	70.8	44.8	23.9	22.5	6.1
0	5	20	25	20	6	7	0
7	248	348	523	259	254	162	22
1.5	47.7	83	134.5	71.9	54.7	35.1	6.6
1	4	16	50	18	15	18	4
7	173	293	752	131	392	366	52
1.7	31.8	69.5	197.6	36.1	102.8	83.9	8.7

27. 教育部直属综合大学人文、社会科学研究与发展人员情况表

			合计	按职称划分				
				教授	副教授	讲师	助教	初级
		编号	L01	L02	L03	L04	L05	L06
合计	全时人数	1	1 875	766	490	361	23	3
	非全时人数	2	23 258	5 105	5 075	4 512	466	123
	非全时折合全时人数	3	6 753.3	1 640.9	1 593.2	1 338.1	123.7	30.5
管理学	全时人数	4	361	139	94	73	3	2
	非全时人数	5	4 916	991	1 039	829	68	31
	非全时折合全时人数	6	1 345	323.9	317.7	244.4	16.2	6.7
马克思主义	全时人数	7	26	10	9	4	0	0
	非全时人数	8	666	221	173	125	7	1
	非全时折合全时人数	9	196.6	61.4	55.2	30.3	2.2	0.1
哲学	全时人数	10	65	33	14	16	0	0
	非全时人数	11	748	225	197	132	14	2
	非全时折合全时人数	12	219.6	67.9	58.1	41.7	4.8	0.4
逻辑学	全时人数	13	5	2	0	0	0	0
	非全时人数	14	54	21	7	5	1	0
	非全时折合全时人数	15	12.6	5.2	2.1	1.4	0.5	0
宗教学	全时人数	16	11	6	1	1	0	0
	非全时人数	17	167	47	42	30	0	0
	非全时折合全时人数	18	53.7	14.6	15.6	10.4	0	0
语言学	全时人数	19	98	27	29	26	2	0
	非全时人数	20	1 092	191	267	358	31	5
	非全时折合全时人数	21	310.8	63.1	82.1	100.7	7.1	2
中国文学	全时人数	22	69	29	18	8	0	1
	非全时人数	23	866	249	165	214	11	5
	非全时折合全时人数	24	269.5	80.3	58.8	58.9	2.6	2.1
外国文学	全时人数	25	31	7	7	7	2	0
	非全时人数	26	397	76	102	149	24	2
	非全时折合全时人数	27	122.1	25.9	33.1	45.3	5.3	0.4
艺术学	全时人数	28	39	12	6	15	1	0
	非全时人数	29	794	110	160	217	69	5
	非全时折合全时人数	30	247.9	39.7	53.9	76.3	24.2	2.3
历史学	全时人数	31	137	66	34	22	3	0
	非全时人数	32	1 016	299	203	167	8	1
	非全时折合全时人数	33	336.6	102.8	67.7	54.8	2.2	0.4

	研究生	其中：		按学历学位划分			
其他人员	（学生）	女性	研究人员	博士毕业	硕士毕业	本科毕业	其他学历
L07	L08	L09	L10	L11	L12	L13	L14
8	224	565	1 691	1 030	517	250	78
239	7 738	8 232	18 751	7 532	8 785	5 009	1 932
41.3	1 985.6	2 349.1	5 648.8	2 583.8	2 332.1	1 441.9	395.5
3	47	100	322	199	84	52	26
68	1 890	1 662	3 893	1 566	1 834	1 007	509
10.1	426	433.7	1 139.7	534.6	464.2	244.9	101.3
0	3	16	26	9	9	3	5
1	138	228	600	248	267	125	26
0.3	47.1	66	174.1	82.5	66.5	40.6	7
0	2	20	64	47	12	5	1
5	173	202	655	313	296	108	31
0.6	46.1	58.2	195.6	109.8	72.9	29.6	7.3
0	3	2	2	0	1	3	1
0	20	11	52	21	28	2	3
0	3.4	2.3	12.4	6.3	5.5	0.2	0.6
0	3	3	11	3	5	1	2
0	48	46	145	62	58	28	19
0	13.1	14.3	48.8	20.9	20.5	7.5	4.8
1	13	43	88	39	40	13	6
1	239	591	917	255	497	194	146
0.2	55.6	167.6	274	89.9	136.4	53.4	31.1
1	12	22	63	42	18	8	1
3	219	330	744	368	271	155	72
1	65.8	96.9	233.5	119.7	79	49.7	21.1
0	8	17	25	11	8	10	2
0	44	250	360	179	138	57	23
0	12.1	75.3	113.1	55.2	43.7	15.9	7.3
0	5	14	37	8	17	11	3
4	229	296	559	129	296	269	100
0.8	50.7	92.3	183.5	48.3	86.8	93.4	19.4
0	12	24	119	89	33	11	4
12	326	300	880	442	333	194	47
2.4	106.3	94.3	293.4	157.2	105.2	65	9.2

			合计	按职称划分				
				教授	副教授	讲师	助教	初级
		编号	L01	L02	L03	L04	L05	L06
考古学	全时人数	34	22	9	7	1	0	0
	非全时人数	35	234	55	39	33	2	4
	非全时折合全时人数	36	72	16.4	12.6	10.9	0.9	2.1
经济学	全时人数	37	397	170	111	64	2	0
	非全时人数	38	5 053	1 027	974	752	47	16
	非全时折合全时人数	39	1 460.5	330.4	320.9	236.5	14.7	2.5
政治学	全时人数	40	85	39	13	20	0	0
	非全时人数	41	1 056	265	265	213	18	8
	非全时折合全时人数	42	287.1	77.6	66.8	59.7	3.9	2.1
法学	全时人数	43	133	66	37	19	2	0
	非全时人数	44	1 552	359	317	295	26	7
	非全时折合全时人数	45	467.3	126.3	104.1	83.3	9.2	1.1
社会学	全时人数	46	108	43	25	25	4	0
	非全时人数	47	1 254	301	305	237	23	4
	非全时折合全时人数	48	382.5	95.5	104.1	66.6	5.7	1.2
民族学	全时人数	49	7	5	1	1	0	0
	非全时人数	50	124	39	19	9	2	1
	非全时折合全时人数	51	43.8	11	5.4	2.7	0.8	0.2
新闻学与传播学	全时人数	52	71	35	17	16	0	0
	非全时人数	53	518	107	125	125	6	1
	非全时折合全时人数	54	164	38.7	44.2	39	2.3	0.6
图书、情报与文献学	全时人数	55	65	15	15	14	3	0
	非全时人数	56	707	126	159	131	11	21
	非全时折合全时人数	57	225.2	43.8	52	40.1	3.6	3.6
教育学	全时人数	58	109	42	41	21	0	0
	非全时人数	59	1 360	274	336	304	62	7
	非全时折合全时人数	60	363.3	78.6	89.3	82.5	11.8	2.1
统计学	全时人数	61	11	5	5	1	0	0
	非全时人数	62	116	27	28	21	1	0
	非全时折合全时人数	63	30.9	9.2	9.5	5.5	0.3	0
心理学	全时人数	64	6	2	1	2	1	0
	非全时人数	65	201	36	46	41	8	1
	非全时折合全时人数	66	52.2	11.8	15.2	11.7	1.1	0.3
体育学	全时人数	67	19	4	5	5	0	0
	非全时人数	68	367	59	107	125	27	1
	非全时折合全时人数	69	90.1	16.8	24.8	35.4	4.3	0.3

续表

其他人员	研究生（学生）	其中：女性	研究人员	按学历学位划分：博士毕业	硕士毕业	本科毕业	其他学历
L07	L08	L09	L10	L11	L12	L13	L14
0	5	5	22	10	8	2	2
3	98	70	157	64	78	85	7
0.6	28.5	22.4	48.8	21.8	22.2	25.7	2.3
2	48	115	363	241	106	39	11
62	2 175	1 609	3 985	1 616	1 990	1 053	394
12	543.5	465.6	1 208.4	567.2	527.6	297.4	68.3
0	13	20	68	49	20	14	2
30	257	309	877	399	394	189	74
3.3	73.7	81.9	243.3	130.9	90.3	55.2	10.7
0	9	28	127	82	32	17	2
16	532	463	1 155	508	519	388	137
2.5	140.8	146	363.3	180	138.5	119.8	29
0	11	33	98	52	35	19	2
13	371	459	1 058	448	466	271	69
3.8	105.6	133.9	324.8	158.5	122.1	88.1	13.8
0	0	2	7	4	2	0	1
0	54	39	110	49	57	15	3
0	23.7	13.2	36.7	16.2	19.4	7.1	1.1
0	3	23	59	36	28	4	3
2	152	217	437	179	181	111	47
0.2	39	66.7	141.7	64	54.5	34.6	10.9
0	18	26	52	22	22	20	1
7	252	338	532	150	253	248	56
1.2	80.9	104.3	172.2	53.8	77.1	81.5	12.8
0	5	38	108	77	22	9	1
5	372	576	1 087	380	560	316	104
1.1	97.9	154	292.2	118.8	130.8	86.1	27.6
0	0	3	11	4	6	0	1
2	37	31	88	47	34	13	22
0.2	6.2	8.8	26.5	15.8	9.5	3.3	2.3
0	0	3	5	2	4	0	0
0	69	96	159	63	92	39	7
0	12.1	23.9	44	20.2	21.2	9.2	1.6
1	4	8	14	4	5	9	1
5	43	109	301	46	143	142	36
1	7.5	27.5	78.8	12.2	38.2	33.7	6

28. 教育部直属工科院校人文、社会科学研究与发展人员情况表

			合计	按职称划分				
				教授	副教授	讲师	助教	初级
		编号	L01	L02	L03	L04	L05	L06
合计	全时人数	1	351	144	82	55	10	0
	非全时人数	2	15 288	2 322	3 015	3 023	426	90
	非全时折合全时人数	3	3 684.1	683.6	826.9	764.2	99.6	18
管理学	全时人数	4	130	61	31	24	2	0
	非全时人数	5	5 876	806	1 026	933	113	28
	非全时折合全时人数	6	1 484	268.4	311.8	251.6	32.5	5.7
马克思主义	全时人数	7	5	1	0	1	0	0
	非全时人数	8	455	96	124	108	13	1
	非全时折合全时人数	9	101.7	23.3	29.2	24.1	2.7	0.1
哲学	全时人数	10	16	5	2	3	1	0
	非全时人数	11	436	91	75	75	10	3
	非全时折合全时人数	12	95.2	22.6	20.2	17.2	2.6	0.6
逻辑学	全时人数	13	0	0	0	0	0	0
	非全时人数	14	26	7	11	2	0	0
	非全时折合全时人数	15	4	0.9	2	0.3	0	0
宗教学	全时人数	16	0	0	0	0	0	0
	非全时人数	17	26	9	10	5	0	0
	非全时折合全时人数	18	4.6	1.5	1.8	1	0	0
语言学	全时人数	19	16	3	6	1	0	0
	非全时人数	20	740	107	181	242	69	4
	非全时折合全时人数	21	176.9	25.8	44.4	56.4	14	1.6
中国文学	全时人数	22	4	0	0	0	0	0
	非全时人数	23	106	20	31	32	4	1
	非全时折合全时人数	24	24.4	4.5	7.5	8.9	0.4	0.1
外国文学	全时人数	25	0	0	0	0	0	0
	非全时人数	26	158	16	40	52	10	0
	非全时折合全时人数	27	32.6	3.9	8.7	10	1.4	0
艺术学	全时人数	28	20	9	5	4	2	0
	非全时人数	29	527	95	97	121	22	1
	非全时折合全时人数	30	149.1	29.7	32.4	36	4.1	0.3
历史学	全时人数	31	4	4	0	0	0	0
	非全时人数	32	199	43	52	46	5	2
	非全时折合全时人数	33	49.8	12.8	12	13.4	0.9	0.3

其他人员	研究生（学生）	其中：女性	研究人员	按学历学位划分 博士毕业	硕士毕业	本科毕业	其他学历
L07	L08	L09	L10	L11	L12	L13	L14
0	60	97	310	186	96	46	23
65	6 347	6 612	10 833	4 450	5 605	4 987	246
19.2	1 272.6	1 555.7	2 767.4	1 281.5	1 277.7	1 053.7	71.2
0	12	33	128	80	31	2	17
36	2 934	2 343	3 908	1 717	1 987	2 063	109
11.7	602.3	568.8	1 068.3	540.4	468.6	444	31
0	3	1	4	2	2	1	0
1	112	201	363	149	175	129	2
0.1	22.2	46.1	81.9	37.4	37.6	26	0.7
0	5	4	13	8	5	3	0
1	181	164	344	180	158	95	3
0.4	31.6	33.8	76.7	46.2	29.3	18.8	0.9
0	0	0	0	0	0	0	0
0	6	13	22	11	10	5	0
0	0.8	1.9	3.5	2	1.4	0.6	0
0	0	0	0	0	0	0	0
0	2	8	24	15	7	4	0
0	0.3	1.6	4.3	2.6	1	1	0
0	6	9	10	3	7	6	0
0	137	530	540	118	391	223	8
0	34.7	129.3	128.4	30.4	90.7	53.9	1.9
0	4	3	0	0	0	4	0
0	18	56	88	42	42	22	0
0	3	12.9	21.8	12.3	8.5	3.6	0
0	0	0	0	0	0	0	0
1	39	111	110	38	73	46	1
0.2	8.4	22.3	23.6	9.4	13.8	9.1	0.3
0	0	2	18	5	8	7	0
0	191	220	362	83	204	237	3
0	46.6	57.4	109.1	27.7	59.6	60.7	1.1
0	0	0	4	3	1	0	0
0	51	71	160	84	61	47	7
0	10.4	16.4	42	25.9	13.1	9	1.8

			合计	按职称划分				
				教授	副教授	讲师	助教	初级
		编号	L01	L02	L03	L04	L05	L06
考古学	全时人数	34	0	0	0	0	0	0
	非全时人数	35	10	5	4	1	0	0
	非全时折合全时人数	36	2.9	1.5	1.2	0.2	0	0
经济学	全时人数	37	59	19	19	13	2	0
	非全时人数	38	2 779	402	475	472	34	8
	非全时折合全时人数	39	660.8	119.3	131.5	117	6.6	1.6
政治学	全时人数	40	3	0	0	0	1	0
	非全时人数	41	416	77	99	81	11	1
	非全时折合全时人数	42	86.5	17.4	23.3	20.5	2.6	0.3
法学	全时人数	43	24	11	5	2	0	0
	非全时人数	44	640	97	151	176	20	8
	非全时折合全时人数	45	160	33.2	41.8	45	5.7	1
社会学	全时人数	46	26	12	5	2	0	0
	非全时人数	47	1 010	160	223	227	27	11
	非全时折合全时人数	48	230.1	43.4	52.7	56	7.3	1.7
民族学	全时人数	49	0	0	0	0	0	0
	非全时人数	50	4	1	2	1	0	0
	非全时折合全时人数	51	1.1	0.4	0.5	0.2	0	0
新闻学与传播学	全时人数	52	17	8	1	2	1	0
	非全时人数	53	372	44	48	62	5	1
	非全时折合全时人数	54	66.6	10.9	11.4	16.4	1	0.1
图书、情报与文献学	全时人数	55	1	0	1	0	0	0
	非全时人数	56	245	35	70	75	4	6
	非全时折合全时人数	57	56.6	7.9	18.2	15.1	1	0.9
教育学	全时人数	58	24	10	6	3	1	0
	非全时人数	59	807	138	190	186	53	10
	非全时折合全时人数	60	197.6	37.3	50.1	47.8	11.9	2.3
统计学	全时人数	61	0	0	0	0	0	0
	非全时人数	62	66	13	18	13	2	0
	非全时折合全时人数	63	11.6	2.5	3.6	2.3	0.2	0
心理学	全时人数	64	0	0	0	0	0	0
	非全时人数	65	155	27	25	48	5	2
	非全时折合全时人数	66	33.1	6.3	7.1	9	0.7	0.3
体育学	全时人数	67	2	1	1	0	0	0
	非全时人数	68	235	33	63	65	19	3
	非全时折合全时人数	69	54.9	10.1	15.5	15.8	4	1.1

其他人员	研究生（学生）	其中：女性	研究人员	按学历学位划分：博士毕业	硕士毕业	本科毕业	其他学历
L07	L08	L09	L10	L11	L12	L13	L14
0	0	0	0	0	0	0	0
0	0	2	10	8	1	1	0
0	0	0.8	2.9	2.4	0.1	0.4	0
0	6	16	56	41	13	2	3
8	1 380	1 152	1 997	864	1 046	835	34
2.3	282.5	269.7	496.9	245.2	224.7	180.6	10.3
0	2	2	0	0	1	2	0
1	146	192	308	144	142	129	1
0.4	22	41.2	70	35	29.5	21.8	0.2
0	6	7	20	9	9	5	1
5	183	258	471	222	210	195	13
0.5	32.8	62.6	129.1	64.6	53.6	38.3	3.5
0	7	9	19	15	3	8	0
3	359	444	744	332	353	305	20
0.6	68.4	99.4	180.6	90.5	77.3	56.6	5.7
0	0	0	0	0	0	0	0
0	0	2	4	2	2	0	0
0	0	0.6	1.1	0.3	0.8	0	0
0	5	5	13	7	5	5	0
1	211	172	258	81	165	126	0
0.1	26.7	30.3	52.4	19.9	28.9	17.8	0
0	0	1	1	0	1	0	0
2	53	140	187	43	91	103	8
0.5	13	32.8	43.4	9.7	20.7	24.3	1.9
0	4	5	22	12	10	1	1
4	226	367	609	214	329	241	23
1.2	47	92.2	155.8	56.9	82.1	51.1	7.5
0	0	0	0	0	0	0	0
0	20	27	48	30	14	21	1
0	3	5.8	8.9	6.1	1.9	3.4	0.2
0	0	0	0	0	0	0	0
1	47	75	111	48	54	45	8
0.6	9.1	15.9	24	9.9	10.2	9.8	3.2
0	0	0	2	1	0	0	1
1	51	64	165	25	90	115	5
0.6	7.8	13.9	42.7	6.7	24.3	22.9	1

29. 教育部直属师范院校人文、社会科学研究与发展人员情况表

			合计	按职称划分				
				教授	副教授	讲师	助教	初级
		编号	L01	L02	L03	L04	L05	L06
合计	全时人数	1	491	223	157	93	9	2
	非全时人数	2	6 447	1 148	1 219	1 233	207	14
	非全时折合全时人数	3	1 565.2	340	325.8	328	41.6	3.6
管理学	全时人数	4	38	16	15	6	0	0
	非全时人数	5	484	79	108	93	12	3
	非全时折合全时人数	6	115.8	20.3	29.5	22.4	3.2	1.2
马克思主义	全时人数	7	9	6	2	1	0	0
	非全时人数	8	196	60	40	44	21	0
	非全时折合全时人数	9	55.2	20.4	12.4	11.1	4	0
哲学	全时人数	10	31	19	6	5	1	0
	非全时人数	11	174	35	25	27	3	0
	非全时折合全时人数	12	36.3	8.7	5.3	6.2	0.6	0
逻辑学	全时人数	13	0	0	0	0	0	0
	非全时人数	14	5	2	0	1	0	0
	非全时折合全时人数	15	1.2	0.5	0	0.3	0	0
宗教学	全时人数	16	2	0	1	1	0	0
	非全时人数	17	33	12	3	6	0	0
	非全时折合全时人数	18	8.7	3.5	0.8	1.7	0	0
语言学	全时人数	19	27	15	10	2	0	0
	非全时人数	20	314	58	65	76	27	0
	非全时折合全时人数	21	77.7	15.2	19.6	18	5	0
中国文学	全时人数	22	28	14	8	5	1	0
	非全时人数	23	362	77	71	68	2	0
	非全时折合全时人数	24	90.9	22.7	19.7	19.9	0.2	0
外国文学	全时人数	25	6	2	3	1	0	0
	非全时人数	26	85	16	23	18	3	0
	非全时折合全时人数	27	23.8	4.2	5.3	5.6	0.7	0
艺术学	全时人数	28	17	4	5	6	1	1
	非全时人数	29	215	37	42	51	11	0
	非全时折合全时人数	30	45.7	9.7	9.5	12.2	1.9	0
历史学	全时人数	31	19	10	4	4	1	0
	非全时人数	32	371	114	69	82	7	1
	非全时折合全时人数	33	94.1	33	16.8	22	1.4	0.5

	研究生	其中：		按学历学位划分			
其他人员	（学生）	女性	研究人员	博士毕业	硕士毕业	本科毕业	其他学历
L07	L08	L09	L10	L11	L12	L13	L14
5	2	148	477	325	116	45	5
92	2 534	2 907	4 769	2 249	2 356	1 819	23
16.1	510.1	678.4	1 237.3	648.8	530.9	379.4	6.1
1	0	9	37	24	11	3	0
4	185	208	367	199	167	116	2
0.8	38.4	46.7	92.3	52.8	39.1	22.7	1.2
0	0	3	9	5	2	2	0
6	25	75	160	76	87	31	2
1.2	6.1	22	48.2	24.3	23.1	7.3	0.5
0	0	7	30	17	13	1	0
0	84	65	137	63	68	42	1
0	15.5	13.9	29.8	14.7	13.3	7.9	0.4
0	0	0	0	0	0	0	0
0	2	1	4	1	3	1	0
0	0.4	0.2	1	0.3	0.7	0.2	0
0	0	1	2	1	1	0	0
0	12	11	28	11	16	6	0
0	2.7	2.3	7.7	3.7	3.9	1.1	0
0	0	6	27	16	8	3	0
1	87	181	238	105	135	74	0
0.1	19.8	41.1	61.6	29.9	31.3	16.5	0
0	0	6	28	22	4	2	0
3	141	159	278	161	110	90	1
0.7	27.7	35.3	73.2	46.6	24.2	19.8	0.3
0	0	2	6	3	2	0	1
0	25	44	70	26	41	18	0
0	8	12.3	19.7	7.9	11.3	4.6	0
0	0	7	15	5	8	3	1
1	73	108	151	40	82	90	3
0.2	12.2	21.7	34.9	8.9	18.3	18.1	0.4
0	0	2	18	14	4	1	0
2	96	132	326	198	120	51	2
0.5	19.9	30.7	85.4	56.5	26.3	10.9	0.4

			合计	按职称划分				
				教授	副教授	讲师	助教	初级
		编号	L01	L02	L03	L04	L05	L06
考古学	全时人数	34	0	0	0	0	0	0
	非全时人数	35	25	6	6	3	0	0
	非全时折合全时人数	36	6	2.2	1.1	0.8	0	0
经济学	全时人数	37	55	30	14	8	1	0
	非全时人数	38	777	108	141	97	21	2
	非全时折合全时人数	39	188	35.8	41	28.8	4.5	0.3
政治学	全时人数	40	31	12	12	4	1	1
	非全时人数	41	161	40	36	34	4	0
	非全时折合全时人数	42	39.8	9.6	9.1	9	1.1	0
法学	全时人数	43	19	6	6	6	1	0
	非全时人数	44	126	28	33	32	4	0
	非全时折合全时人数	45	32.1	8.3	8.9	8.5	0.5	0
社会学	全时人数	46	19	6	4	8	0	0
	非全时人数	47	466	62	66	56	18	1
	非全时折合全时人数	48	108	17.9	18.7	16.7	4.4	0.2
民族学	全时人数	49	1	1	0	0	0	0
	非全时人数	50	29	7	7	9	0	0
	非全时折合全时人数	51	7.1	2.4	2.1	1.8	0	0
新闻学与传播学	全时人数	52	7	2	3	2	0	0
	非全时人数	53	154	25	36	39	9	0
	非全时折合全时人数	54	34.6	5.3	9	8.6	1.9	0
图书、情报与文献学	全时人数	55	14	4	7	2	0	0
	非全时人数	56	118	12	17	35	3	1
	非全时折合全时人数	57	31.1	4	4.4	10	0.8	0.2
教育学	全时人数	58	118	59	35	23	0	0
	非全时人数	59	1 727	274	295	305	49	6
	非全时折合全时人数	60	409.9	84.7	74.3	82	9.3	1.2
统计学	全时人数	61	0	0	0	0	0	0
	非全时人数	62	23	6	5	2	0	0
	非全时折合全时人数	63	5.8	1.8	1.4	0.6	0	0
心理学	全时人数	64	20	7	8	3	2	0
	非全时人数	65	306	47	54	63	7	0
	非全时折合全时人数	66	77.4	15.5	16	17.9	1.2	0
体育学	全时人数	67	30	10	14	6	0	0
	非全时人数	68	296	43	77	92	6	0
	非全时折合全时人数	69	76	14.3	20.9	23.9	0.9	0

续表

其他人员	研究生（学生）	其中：女性	研究人员	按学历学位划分：博士毕业	硕士毕业	本科毕业	其他学历
L07	L08	L09	L10	L11	L12	L13	L14
0	0	0	0	0	0	0	0
4	6	14	19	14	4	7	0
0.4	1.5	3.4	4.9	3.1	1.3	1.6	0
1	1	16	53	45	6	4	0
3	405	352	547	244	297	236	0
0.5	77.1	81.7	146	77	64.1	46.9	0
1	0	8	29	18	7	6	0
1	46	56	137	81	51	29	0
0.3	10.7	11.9	35.3	22.1	12.2	5.5	0
0	0	10	18	6	12	1	0
6	23	50	103	77	28	21	0
0.8	5.1	13.3	27.4	20.6	7.1	4.4	0
1	0	9	18	15	3	0	1
4	259	202	295	130	162	173	1
0.7	49.4	47.9	77	40	35.7	32	0.3
0	0	0	1	1	0	0	0
1	5	15	25	19	6	4	0
0.1	0.7	3	6.5	5.2	1.3	0.6	0
0	0	5	7	7	0	0	0
0	45	70	119	47	58	45	4
0	9.8	15.8	26.5	11	12.6	9.8	1.2
1	0	7	13	6	6	2	0
1	49	68	72	27	36	53	2
0.2	11.5	15.8	20.2	8.4	9.4	12.9	0.4
0	1	32	118	92	18	7	1
48	750	822	1 206	535	639	550	3
8.6	149.8	193	306.9	158	136.5	114.8	0.6
0	0	0	0	0	0	0	0
0	10	7	17	13	4	6	0
0	2	1.4	4.6	3.8	0.8	1.2	0
0	0	11	18	16	2	2	0
6	129	162	224	131	99	75	1
0.9	25.9	40.5	61.8	39.7	22	15.5	0.2
0	0	7	30	12	9	8	1
1	77	105	246	51	143	101	1
0.1	15.9	24.5	66.4	14.3	36.4	25.1	0.2

30. 教育部直属语言院校人文、社会科学研究与发展人员情况表

			合计	按职称划分				
				教授	副教授	讲师	助教	初级
		编号	L01	L02	L03	L04	L05	L06
合计	全时人数	1	143	39	45	55	3	0
	非全时人数	2	2 154	538	611	658	57	50
	非全时折合全时人数	3	565.1	161.3	154.6	148	14.6	13
管理学	全时人数	4	11	2	5	4	0	0
	非全时人数	5	205	42	58	77	7	6
	非全时折合全时人数	6	45	10.7	11.8	15.3	1.8	1.7
马克思主义	全时人数	7	0	0	0	0	0	0
	非全时人数	8	21	7	11	2	1	0
	非全时折合全时人数	9	4.8	2.3	2.1	0.3	0.1	0
哲学	全时人数	10	0	0	0	0	0	0
	非全时人数	11	7	4	1	2	0	0
	非全时折合全时人数	12	1.6	1	0.4	0.2	0	0
逻辑学	全时人数	13	0	0	0	0	0	0
	非全时人数	14	0	0	0	0	0	0
	非全时折合全时人数	15	0	0	0	0	0	0
宗教学	全时人数	16	2	0	0	1	1	0
	非全时人数	17	11	4	2	4	0	1
	非全时折合全时人数	18	2.1	0.8	0.5	0.7	0	0.1
语言学	全时人数	19	59	15	20	21	2	0
	非全时人数	20	458	102	113	128	16	10
	非全时折合全时人数	21	156.4	41.4	38.1	42.6	6	2.3
中国文学	全时人数	22	2	1	0	1	0	0
	非全时人数	23	92	33	28	19	0	3
	非全时折合全时人数	24	26.4	9.6	8.8	5.2	0	1.2
外国文学	全时人数	25	5	4	0	1	0	0
	非全时人数	26	83	31	24	20	5	1
	非全时折合全时人数	27	27.2	12.3	6.9	5.8	1.3	0.3
艺术学	全时人数	28	12	5	4	3	0	0
	非全时人数	29	324	97	78	96	7	3
	非全时折合全时人数	30	81.7	27.8	17.6	16.4	0.9	0.5
历史学	全时人数	31	1	0	0	1	0	0
	非全时人数	32	15	9	3	2	1	0
	非全时折合全时人数	33	3.8	2.3	0.8	0.6	0.1	0

其他人员	研究生（学生）	其中：女性	研究人员	按学历学位划分 博士毕业	硕士毕业	本科毕业	其他学历
L07	L08	L09	L10	L11	L12	L13	L14
0	1	61	140	40	61	5	37
17	223	915	1 900	557	469	223	905
2.5	71.1	237	483.7	136.4	124.5	63.7	240.5
0	0	3	11	4	5	0	2
2	13	98	181	62	52	24	67
0.2	3.5	18.9	38.2	14	13.5	6.1	11.4
0	0	0	0	0	0	0	0
0	0	9	20	5	4	4	8
0	0	1.7	4.7	0.9	0.6	0.8	2.5
0	0	0	0	0	0	0	0
0	0	1	7	3	3	0	1
0	0	0.3	1.6	0.6	0.9	0	0.1
0	0	0	0	0	0	0	0
0	0	0	0	0	0	0	0
0	0	0	0	0	0	0	0
0	0	0	1	0	2	0	0
0	0	6	11	7	3	1	0
0	0	0.9	2.1	1.4	0.6	0.1	0
0	1	29	57	20	28	3	8
8	81	254	369	133	169	86	70
1.6	24.4	82.2	126.4	48.9	55	30.5	22
0	0	0	2	1	1	0	0
0	9	39	85	31	18	10	33
0	1.6	12.7	25.2	10	5.4	2.4	8.6
0	0	2	5	4	1	0	0
0	2	39	75	42	32	7	2
0	0.6	12.7	25	13.9	10.6	2.3	0.4
0	0	6	12	0	0	0	12
0	43	102	295	37	33	16	238
0	18.5	23	68.4	4.7	7.5	4.7	64.8
0	0	0	1	1	0	0	0
0	0	3	15	8	3	1	3
0	0	0.3	3.8	2	1.2	0.1	0.5

			合计	按职称划分				
				教授	副教授	讲师	助教	初级
		编号	L01	L02	L03	L04	L05	L06
考古学	全时人数	34	0	0	0	0	0	0
	非全时人数	35	0	0	0	0	0	0
	非全时折合全时人数	36	0	0	0	0	0	0
经济学	全时人数	37	2	0	2	0	0	0
	非全时人数	38	66	9	22	24	2	2
	非全时折合全时人数	39	14.5	2.4	4.9	5.5	0.2	0.2
政治学	全时人数	40	7	1	2	4	0	0
	非全时人数	41	29	7	8	11	1	2
	非全时折合全时人数	42	6.2	1.3	1.7	2.2	0.5	0.5
法学	全时人数	43	4	1	0	3	0	0
	非全时人数	44	43	8	14	15	2	0
	非全时折合全时人数	45	9	2.3	3.3	2.8	0.2	0
社会学	全时人数	46	0	0	0	0	0	0
	非全时人数	47	12	3	4	5	0	0
	非全时折合全时人数	48	1.6	0.3	0.5	0.8	0	0
民族学	全时人数	49	0	0	0	0	0	0
	非全时人数	50	1	1	0	0	0	0
	非全时折合全时人数	51	0.4	0.4	0	0	0	0
新闻学与传播学	全时人数	52	21	8	7	6	0	0
	非全时人数	53	591	146	179	183	9	15
	非全时折合全时人数	54	139.9	38.7	42	34.9	1.6	3.2
图书、情报与文献学	全时人数	55	1	1	0	0	0	0
	非全时人数	56	17	0	8	7	1	1
	非全时折合全时人数	57	3.7	0	1.8	1	0.1	0.8
教育学	全时人数	58	14	1	4	9	0	0
	非全时人数	59	159	34	49	55	4	6
	非全时折合全时人数	60	36.1	7	11.8	12	1.5	2.2
统计学	全时人数	61	0	0	0	0	0	0
	非全时人数	62	2	0	0	1	0	0
	非全时折合全时人数	63	0.8	0	0	0.4	0	0
心理学	全时人数	64	0	0	0	0	0	0
	非全时人数	65	4	1	2	1	0	0
	非全时折合全时人数	66	1.3	0.7	0.4	0.2	0	0
体育学	全时人数	67	2	0	1	1	0	0
	非全时人数	68	14	0	7	6	1	0
	非全时折合全时人数	69	2.6	0	1.2	1.1	0.3	0

其他人员	研究生（学生）	其中：女性	研究人员	按学历学位划分 博士毕业	硕士毕业	本科毕业	其他学历
L07	L08	L09	L10	L11	L12	L13	L14
0	0	0	0	0	0	0	0
0	0	0	0	0	0	0	0
0	0	0	0	0	0	0	0
0	0	1	2	2	0	0	0
0	7	35	55	21	23	5	17
0	1.3	8.8	12.8	5.9	4.5	1	3.1
0	0	2	7	5	2	0	0
0	0	11	27	15	9	3	2
0	0	2.7	5.6	3.3	1.9	0.8	0.2
0	0	0	4	0	4	0	0
2	2	20	38	19	7	1	16
0.2	0.2	4.6	8.5	3.3	1.9	0.5	3.3
0	0	0	0	0	0	0	0
0	0	7	12	3	2	1	6
0	0	0.9	1.6	0.3	0.2	0.2	0.9
0	0	0	0	0	0	0	0
0	0	1	1	0	0	1	0
0	0	0.4	0.4	0	0	0.4	0
0	0	10	21	2	6	1	12
2	57	195	532	122	55	25	389
0.2	19.3	44.7	119.6	15.5	8.7	5.2	110.5
0	0	0	1	0	0	0	1
0	0	5	15	1	6	3	7
0	0	0.8	2.8	0.1	0.9	0.6	2.1
0	0	8	14	1	12	0	1
3	8	81	144	45	48	31	35
0.3	1.3	19.2	33	10.8	10.5	6.9	7.9
0	0	0	0	0	0	0	0
0	1	1	1	1	0	1	0
0	0.4	0.4	0.4	0.4	0	0.4	0
0	0	0	0	0	0	0	0
0	0	3	4	2	0	0	2
0	0	1.2	1.3	0.4	0	0	0.9
0	0	0	2	0	0	1	1
0	0	5	13	0	2	3	9
0	0	0.6	2.3	0	0.6	0.7	1.3

31. 教育部直属财经院校人文、社会科学研究与发展人员情况表

			合计	按职称划分				
				教授	副教授	讲师	助教	初级
		编号	L01	L02	L03	L04	L05	L06
合计	全时人数	1	161	54	54	37	2	0
	非全时人数	2	3 673	734	930	899	66	44
	非全时折合全时人数	3	973.3	210.6	241.6	241.8	17.3	9.5
管理学	全时人数	4	57	21	13	17	0	0
	非全时人数	5	1 143	217	259	249	20	11
	非全时折合全时人数	6	321	64.3	73.5	73.8	5.3	2.4
马克思主义	全时人数	7	2	0	0	0	2	0
	非全时人数	8	91	24	18	21	8	1
	非全时折合全时人数	9	20.7	4.7	5.4	4.7	1	0.1
哲学	全时人数	10	0	0	0	0	0	0
	非全时人数	11	42	7	11	14	1	0
	非全时折合全时人数	12	9.1	1.6	2.8	2.6	0.2	0
逻辑学	全时人数	13	0	0	0	0	0	0
	非全时人数	14	4	1	0	3	0	0
	非全时折合全时人数	15	0.9	0.3	0	0.6	0	0
宗教学	全时人数	16	0	0	0	0	0	0
	非全时人数	17	3	0	0	3	0	0
	非全时折合全时人数	18	0.7	0	0	0.7	0	0
语言学	全时人数	19	3	0	0	0	0	0
	非全时人数	20	118	19	41	36	4	0
	非全时折合全时人数	21	26.6	4.3	9.3	7	0.8	0
中国文学	全时人数	22	0	0	0	0	0	0
	非全时人数	23	37	8	8	8	0	0
	非全时折合全时人数	24	8.4	2.4	1.2	2	0	0
外国文学	全时人数	25	2	0	1	1	0	0
	非全时人数	26	22	3	8	4	5	0
	非全时折合全时人数	27	6.5	0.9	2.6	1	1.4	0
艺术学	全时人数	28	0	0	0	0	0	0
	非全时人数	29	10	3	2	5	0	0
	非全时折合全时人数	30	2.1	0.3	0.9	0.9	0	0
历史学	全时人数	31	1	0	0	1	0	0
	非全时人数	32	18	1	6	5	0	0
	非全时折合全时人数	33	6.3	0.8	2.3	1.7	0	0

其他人员	研究生（学生）	其中：女性	研究人员	按学历学位划分：博士毕业	硕士毕业	本科毕业	其他学历
L07	L08	L09	L10	L11	L12	L13	L14
0	14	47	149	126	23	12	0
57	943	1 443	2 932	1 808	1 094	735	36
6.1	246.4	363.6	771	505.3	278.8	181.8	7.4
0	6	19	57	40	11	6	0
12	375	446	879	526	333	278	6
1.3	100.4	121.3	247.4	163.1	88.5	68.2	1.2
0	0	2	0	2	0	0	0
1	18	35	64	44	29	18	0
0.1	4.7	7.9	16.9	10.8	6.2	3.7	0
0	0	0	0	0	0	0	0
2	7	14	34	24	12	6	0
0.2	1.7	3.3	7.2	5.7	1.8	1.6	0
0	0	0	0	0	0	0	0
0	0	1	4	3	1	0	0
0	0	0.2	0.9	0.6	0.3	0	0
0	0	0	0	0	0	0	0
0	0	0	3	3	0	0	0
0	0	0	0.7	0.7	0	0	0
0	3	0	2	1	1	1	0
0	18	67	90	39	53	26	0
0	5.2	14.8	20.1	8.9	12.1	5.6	0
0	0	0	0	0	0	0	0
0	13	14	25	18	7	12	0
0	2.8	3.2	5.8	4.3	1.5	2.6	0
0	0	0	0	2	0	0	0
0	2	14	14	12	9	1	0
0	0.6	4.5	4.3	3.3	2.8	0.4	0
0	0	0	0	0	0	0	0
0	0	5	10	4	4	2	0
0	0	0.9	2.1	1.1	0.4	0.6	0
0	0	1	1	1	0	0	0
0	6	10	15	10	6	2	0
0	1.5	2.5	5.5	4.2	1.7	0.4	0

			合计	按职称划分				
				教授	副教授	讲师	助教	初级
		编号	L01	L02	L03	L04	L05	L06
考古学	全时人数	34	0	0	0	0	0	0
	非全时人数	35	0	0	0	0	0	0
	非全时折合全时人数	36	0	0	0	0	0	0
经济学	全时人数	37	77	24	36	12	0	0
	非全时人数	38	1 221	270	333	287	10	19
	非全时折合全时人数	39	309.3	77.7	81.8	74.3	2.5	4
政治学	全时人数	40	0	0	0	0	0	0
	非全时人数	41	41	4	13	18	0	1
	非全时折合全时人数	42	10.8	1.4	2.9	5.2	0	0.1
法学	全时人数	43	15	8	3	4	0	0
	非全时人数	44	382	73	97	85	9	5
	非全时折合全时人数	45	122.7	26.8	27.6	28	4.2	1.5
社会学	全时人数	46	0	0	0	0	0	0
	非全时人数	47	103	27	27	31	0	1
	非全时折合全时人数	48	20.8	5.6	5.8	5.8	0	0.1
民族学	全时人数	49	0	0	0	0	0	0
	非全时人数	50	3	1	1	1	0	0
	非全时折合全时人数	51	0.8	0.2	0.5	0.1	0	0
新闻学与传播学	全时人数	52	0	0	0	0	0	0
	非全时人数	53	30	8	10	6	1	1
	非全时折合全时人数	54	8.9	2.3	3.3	1.9	0.2	0.2
图书、情报与文献学	全时人数	55	0	0	0	0	0	0
	非全时人数	56	21	6	4	8	0	0
	非全时折合全时人数	57	4.8	1	0.9	2.4	0	0
教育学	全时人数	58	0	0	0	0	0	0
	非全时人数	59	146	24	42	60	5	2
	非全时折合全时人数	60	36.6	5.3	9.3	16.4	1.1	0.5
统计学	全时人数	61	2	1	1	0	0	0
	非全时人数	62	201	35	40	38	3	1
	非全时折合全时人数	63	47.6	10.1	9	8.6	0.6	0.3
心理学	全时人数	64	0	0	0	0	0	0
	非全时人数	65	11	0	3	4	0	1
	非全时折合全时人数	66	1.8	0	0.7	0.4	0	0.1
体育学	全时人数	67	2	0	0	2	0	0
	非全时人数	68	26	3	7	13	0	1
	非全时折合全时人数	69	6.9	0.6	1.8	3.7	0	0.2

其他人员	研究生（学生）	其中：女性	研究人员	按学历学位划分：博士毕业	硕士毕业	本科毕业	其他学历
L07	L08	L09	L10	L11	L12	L13	L14
0	0	0	0	0	0	0	0
0	0	0	0	0	0	0	0
0	0	0	0	0	0	0	0
0	5	18	71	65	7	5	0
22	280	472	1 040	674	354	189	4
2.3	66.7	114.7	266.9	180.4	82.4	45.8	0.7
0	0	0	0	0	0	0	0
0	5	12	34	26	6	9	0
0	1.2	2.7	7.2	7.6	1.2	2	0
0	0	4	14	13	2	0	0
8	105	135	296	193	126	61	2
0.8	33.8	40.4	86.6	62.7	39.5	19.7	0.8
0	0	0	0	0	0	0	0
5	12	43	91	61	20	22	0
0.5	3	7.6	18	12.1	3.8	4.9	0
0	0	0	0	0	0	0	0
0	0	1	3	2	1	0	0
0	0	0.1	0.8	0.6	0.2	0	0
0	0	0	0	0	0	0	0
0	4	11	23	11	9	10	0
0	1	3.3	7.2	3.9	2.2	2.8	0
0	0	0	0	0	0	0	0
0	3	7	18	8	4	9	0
0	0.5	2.1	4.3	1.3	0.7	2.8	0
0	0	0	0	0	0	0	0
0	13	61	133	61	61	23	1
0	4	13.2	31.8	12.2	18.7	5.5	0.2
0	0	2	2	1	1	0	0
7	77	81	125	78	42	63	18
0.9	18.1	17.7	29.8	18.7	11.1	14.2	3.6
0	0	0	0	0	0	0	0
0	3	5	7	3	4	0	4
0	0.6	0.6	1.1	0.3	0.8	0	0.7
0	0	1	2	1	1	0	0
0	2	9	24	8	13	4	1
0	0.6	2.6	6.4	2.8	2.9	1	0.2

32. 教育部直属政法院校人文、社会科学研究与发展人员情况表

			合计	按职称划分				
				教授	副教授	讲师	助教	初级
		编号	L01	L02	L03	L04	L05	L06
合计	全时人数	1	121	29	34	25	1	1
	非全时人数	2	1 327	203	342	287	11	10
	非全时折合全时人数	3	255.8	52.5	68	51.5	1.6	1.9
管理学	全时人数	4	4	0	1	0	0	0
	非全时人数	5	124	20	35	22	2	2
	非全时折合全时人数	6	20.5	4.1	5.2	4.1	0.2	0.6
马克思主义	全时人数	7	2	0	1	1	0	0
	非全时人数	8	26	7	8	9	0	0
	非全时折合全时人数	9	5	1.5	0.9	1.6	0	0
哲学	全时人数	10	3	0	0	1	0	0
	非全时人数	11	35	10	11	14	0	0
	非全时折合全时人数	12	6	1.6	2.3	2.1	0	0
逻辑学	全时人数	13	0	0	0	0	0	0
	非全时人数	14	1	1	0	0	0	0
	非全时折合全时人数	15	0.1	0.1	0	0	0	0
宗教学	全时人数	16	0	0	0	0	0	0
	非全时人数	17	3	2	0	1	0	0
	非全时折合全时人数	18	0.6	0.4	0	0.2	0	0
语言学	全时人数	19	5	0	1	0	0	0
	非全时人数	20	17	7	5	4	0	0
	非全时折合全时人数	21	3.1	1.3	1.3	0.4	0	0
中国文学	全时人数	22	0	0	0	0	0	0
	非全时人数	23	11	2	4	5	0	0
	非全时折合全时人数	24	1.7	0.4	0.6	0.7	0	0
外国文学	全时人数	25	0	0	0	0	0	0
	非全时人数	26	2	0	1	1	0	0
	非全时折合全时人数	27	0.4	0	0.3	0.1	0	0
艺术学	全时人数	28	0	0	0	0	0	0
	非全时人数	29	3	1	1	1	0	0
	非全时折合全时人数	30	0.3	0.1	0.1	0.1	0	0
历史学	全时人数	31	2	1	1	0	0	0
	非全时人数	32	40	5	12	7	2	1
	非全时折合全时人数	33	7.1	1	3	1.5	0.2	0.1

其他人员	研究生（学生）	其中：女性	研究人员	按学历学位划分 博士毕业	硕士毕业	本科毕业	其他学历
L07	L08	L09	L10	L11	L12	L13	L14
0	31	55	99	60	36	25	0
1	473	477	929	533	351	438	5
0.3	80	89.2	192.9	110.8	71.5	72.2	1.3
0	3	3	1	0	1	3	0
1	42	34	84	40	35	47	2
0.3	6	6.9	15.7	7.3	6.2	6.4	0.6
0	0	0	2	1	1	0	0
0	2	11	24	14	7	5	0
0	1	2.8	4	2.7	1	1.3	0
0	2	1	1	1	0	2	0
0	0	15	35	29	5	1	0
0	0	2.1	6	5.4	0.5	0.1	0
0	0	0	0	0	0	0	0
0	0	0	1	0	1	0	0
0	0	0	0.1	0	0.1	0	0
0	0	0	0	0	0	0	0
0	0	0	3	1	2	0	0
0	0	0	0.6	0.3	0.3	0	0
0	4	3	1	1	0	4	0
0	1	11	17	7	8	2	0
0	0.1	2	3.1	1.4	1.3	0.4	0
0	0	0	0	0	0	0	0
0	0	6	11	6	5	0	0
0	0	0.8	1.7	0.8	0.9	0	0
0	0	0	0	0	0	0	0
0	0	1	2	0	2	0	0
0	0	0.1	0.4	0	0.4	0	0
0	0	0	0	0	0	0	0
0	0	2	3	2	1	0	0
0	0	0.2	0.3	0.2	0.1	0	0
0	0	1	2	2	0	0	0
0	13	14	24	18	6	15	1
0	1.3	2.9	5.5	4.3	1	1.5	0.3

		编号	合计	按职称划分				
				教授	副教授	讲师	助教	初级
			L01	L02	L03	L04	L05	L06
考古学	全时人数	34	0	0	0	0	0	0
	非全时人数	35	0	0	0	0	0	0
	非全时折合全时人数	36	0	0	0	0	0	0
经济学	全时人数	37	6	1	4	1	0	0
	非全时人数	38	65	12	14	17	2	0
	非全时折合全时人数	39	12.9	2.9	1.8	2.8	0.4	0
政治学	全时人数	40	5	1	0	0	0	0
	非全时人数	41	89	16	31	19	2	1
	非全时折合全时人数	42	20.8	4.3	7.4	4.6	0.4	0.1
法学	全时人数	43	80	25	25	16	1	1
	非全时人数	44	794	97	181	152	3	2
	非全时折合全时人数	45	155.5	29.9	36.6	27.7	0.4	0.3
社会学	全时人数	46	2	1	0	0	0	0
	非全时人数	47	27	5	8	7	0	0
	非全时折合全时人数	48	3.4	0.7	0.9	0.7	0	0
民族学	全时人数	49	0	0	0	0	0	0
	非全时人数	50	0	0	0	0	0	0
	非全时折合全时人数	51	0	0	0	0	0	0
新闻学与传播学	全时人数	52	2	0	1	1	0	0
	非全时人数	53	20	3	6	7	0	1
	非全时折合全时人数	54	4.4	1.2	1.4	1	0	0.5
图书、情报与文献学	全时人数	55	1	0	0	1	0	0
	非全时人数	56	6	1	2	2	0	1
	非全时折合全时人数	57	1.3	0.1	0.5	0.6	0	0.1
教育学	全时人数	58	1	0	0	1	0	0
	非全时人数	59	40	11	15	8	0	0
	非全时折合全时人数	60	8.6	2.5	4.1	1.4	0	0
统计学	全时人数	61	1	0	0	1	0	0
	非全时人数	62	1	0	1	0	0	0
	非全时折合全时人数	63	0.6	0	0.6	0	0	0
心理学	全时人数	64	7	0	0	2	0	0
	非全时人数	65	20	2	7	9	0	2
	非全时折合全时人数	66	2.5	0.3	1	1	0	0.2
体育学	全时人数	67	0	0	0	0	0	0
	非全时人数	68	3	1	0	2	0	0
	非全时折合全时人数	69	1	0.1	0	0.9	0	0

续表

其他人员	研究生（学生）	其中：女性	其中：研究人员	按学历学位划分：博士毕业	硕士毕业	本科毕业	其他学历
L07	L08	L09	L10	L11	L12	L13	L14
0	0	0	0	0	0	0	0
0	0	0	0	0	0	0	0
0	0	0	0	0	0	0	0
0	0	2	6	2	4	0	0
0	20	30	43	30	14	21	0
0	5	5.8	7.5	4.3	3.5	5.1	0
0	4	4	1	0	1	4	0
0	20	29	69	39	27	23	0
0	4	7	17	8.7	7.6	4.5	0
0	12	31	77	45	29	6	0
0	359	275	515	290	206	296	2
0	60.6	48.3	111.9	65.6	41.6	47.9	0.4
0	1	0	1	1	0	1	0
0	7	10	20	15	4	8	0
0	1.1	1.4	2.3	1.8	0.4	1.2	0
0	0	0	0	0	0	0	0
0	0	0	0	0	0	0	0
0	0	0	0	0	0	0	0
0	0	2	2	2	0	0	0
0	3	8	16	8	7	5	0
0	0.3	1.8	3.6	2.3	1.4	0.7	0
0	0	0	1	1	0	0	0
0	0	2	5	1	2	3	0
0	0	0.6	1.2	0.1	0.3	0.9	0
0	0	1	1	1	0	0	0
0	6	21	35	20	12	8	0
0	0.6	5.2	8.1	4.1	3.4	1.1	0
0	0	1	1	1	0	0	0
0	0	0	1	0	1	0	0
0	0	0	0.6	0	0.6	0	0
0	5	6	2	2	0	5	0
0	0	7	18	12	5	3	0
0	0	0.9	2.3	1.4	0.5	0.6	0
0	0	0	0	0	0	0	0
0	0	1	3	1	1	1	0
0	0	0.4	1	0.1	0.4	0.5	0

33. 教育部直属艺术院校人文、社会科学研究与发展人员情况表

			合计	按职称划分				
				教授	副教授	讲师	助教	初级
		编号	L01	L02	L03	L04	L05	L06
合计	全时人数	1	17	9	2	6	0	0
	非全时人数	2	164	47	46	32	5	3
	非全时折合全时人数	3	57.7	18.9	16.5	13.3	1.6	0.6
管理学	全时人数	4	0	0	0	0	0	0
	非全时人数	5	0	0	0	0	0	0
	非全时折合全时人数	6	0	0	0	0	0	0
马克思主义	全时人数	7	0	0	0	0	0	0
	非全时人数	8	6	1	3	0	0	2
	非全时折合全时人数	9	1.4	0.3	0.6	0	0	0.5
哲学	全时人数	10	0	0	0	0	0	0
	非全时人数	11	0	0	0	0	0	0
	非全时折合全时人数	12	0	0	0	0	0	0
逻辑学	全时人数	13	0	0	0	0	0	0
	非全时人数	14	0	0	0	0	0	0
	非全时折合全时人数	15	0	0	0	0	0	0
宗教学	全时人数	16	0	0	0	0	0	0
	非全时人数	17	0	0	0	0	0	0
	非全时折合全时人数	18	0	0	0	0	0	0
语言学	全时人数	19	0	0	0	0	0	0
	非全时人数	20	0	0	0	0	0	0
	非全时折合全时人数	21	0	0	0	0	0	0
中国文学	全时人数	22	0	0	0	0	0	0
	非全时人数	23	0	0	0	0	0	0
	非全时折合全时人数	24	0	0	0	0	0	0
外国文学	全时人数	25	0	0	0	0	0	0
	非全时人数	26	0	0	0	0	0	0
	非全时折合全时人数	27	0	0	0	0	0	0
艺术学	全时人数	28	17	9	2	6	0	0
	非全时人数	29	158	46	43	32	5	1
	非全时折合全时人数	30	56.3	18.6	15.9	13.3	1.6	0.1
历史学	全时人数	31	0	0	0	0	0	0
	非全时人数	32	0	0	0	0	0	0
	非全时折合全时人数	33	0	0	0	0	0	0

其他人员	研究生（学生）	其中：		按学历学位划分			
		女性	研究人员	博士毕业	硕士毕业	本科毕业	其他学历
L07	L08	L09	L10	L11	L12	L13	L14
0	0	2	17	8	6	1	2
1	30	52	140	44	46	51	23
0.2	6.6	16.9	52.6	16.9	16.3	15.2	9.3
0	0	0	0	0	0	0	0
0	0	0	0	0	0	0	0
0	0	0	0	0	0	0	0
0	0	0	0	0	0	0	0
0	0	4	4	1	1	4	0
0	0	0.8	0.9	0.2	0.3	0.9	0
0	0	0	0	0	0	0	0
0	0	0	0	0	0	0	0
0	0	0	0	0	0	0	0
0	0	0	0	0	0	0	0
0	0	0	0	0	0	0	0
0	0	0	0	0	0	0	0
0	0	0	0	0	0	0	0
0	0	0	0	0	0	0	0
0	0	0	0	0	0	0	0
0	0	0	0	0	0	0	0
0	0	0	0	0	0	0	0
0	0	0	0	0	0	0	0
0	0	0	0	0	0	0	0
0	0	0	0	0	0	0	0
0	0	0	0	0	0	0	0
0	0	0	0	0	0	0	0
0	0	0	0	0	0	0	0
0	0	0	0	0	0	0	0
0	0	2	17	8	6	1	2
1	30	48	136	43	45	47	23
0.2	6.6	16.1	51.7	16.7	16	14.3	9.3
0	0	0	0	0	0	0	0
0	0	0	0	0	0	0	0
0	0	0	0	0	0	0	0

		编号	合计	按职称划分				
				教授	副教授	讲师	助教	初级
			L01	L02	L03	L04	L05	L06
考古学	全时人数	34	0	0	0	0	0	0
	非全时人数	35	0	0	0	0	0	0
	非全时折合全时人数	36	0	0	0	0	0	0
经济学	全时人数	37	0	0	0	0	0	0
	非全时人数	38	0	0	0	0	0	0
	非全时折合全时人数	39	0	0	0	0	0	0
政治学	全时人数	40	0	0	0	0	0	0
	非全时人数	41	0	0	0	0	0	0
	非全时折合全时人数	42	0	0	0	0	0	0
法学	全时人数	43	0	0	0	0	0	0
	非全时人数	44	0	0	0	0	0	0
	非全时折合全时人数	45	0	0	0	0	0	0
社会学	全时人数	46	0	0	0	0	0	0
	非全时人数	47	0	0	0	0	0	0
	非全时折合全时人数	48	0	0	0	0	0	0
民族学	全时人数	49	0	0	0	0	0	0
	非全时人数	50	0	0	0	0	0	0
	非全时折合全时人数	51	0	0	0	0	0	0
新闻学与传播学	全时人数	52	0	0	0	0	0	0
	非全时人数	53	0	0	0	0	0	0
	非全时折合全时人数	54	0	0	0	0	0	0
图书、情报与文献学	全时人数	55	0	0	0	0	0	0
	非全时人数	56	0	0	0	0	0	0
	非全时折合全时人数	57	0	0	0	0	0	0
教育学	全时人数	58	0	0	0	0	0	0
	非全时人数	59	0	0	0	0	0	0
	非全时折合全时人数	60	0	0	0	0	0	0
统计学	全时人数	61	0	0	0	0	0	0
	非全时人数	62	0	0	0	0	0	0
	非全时折合全时人数	63	0	0	0	0	0	0
心理学	全时人数	64	0	0	0	0	0	0
	非全时人数	65	0	0	0	0	0	0
	非全时折合全时人数	66	0	0	0	0	0	0
体育学	全时人数	67	0	0	0	0	0	0
	非全时人数	68	0	0	0	0	0	0
	非全时折合全时人数	69	0	0	0	0	0	0

其他人员	研究生（学生）	其中：		按学历学位划分			
		女性	研究人员	博士毕业	硕士毕业	本科毕业	其他学历
L07	L08	L09	L10	L11	L12	L13	L14
0	0	0	0	0	0	0	0
0	0	0	0	0	0	0	0
0	0	0	0	0	0	0	0
0	0	0	0	0	0	0	0
0	0	0	0	0	0	0	0
0	0	0	0	0	0	0	0
0	0	0	0	0	0	0	0
0	0	0	0	0	0	0	0
0	0	0	0	0	0	0	0
0	0	0	0	0	0	0	0
0	0	0	0	0	0	0	0
0	0	0	0	0	0	0	0
0	0	0	0	0	0	0	0
0	0	0	0	0	0	0	0
0	0	0	0	0	0	0	0
0	0	0	0	0	0	0	0
0	0	0	0	0	0	0	0
0	0	0	0	0	0	0	0
0	0	0	0	0	0	0	0
0	0	0	0	0	0	0	0
0	0	0	0	0	0	0	0
0	0	0	0	0	0	0	0
0	0	0	0	0	0	0	0
0	0	0	0	0	0	0	0
0	0	0	0	0	0	0	0
0	0	0	0	0	0	0	0
0	0	0	0	0	0	0	0
0	0	0	0	0	0	0	0
0	0	0	0	0	0	0	0
0	0	0	0	0	0	0	0
0	0	0	0	0	0	0	0
0	0	0	0	0	0	0	0
0	0	0	0	0	0	0	0
0	0	0	0	0	0	0	0
0	0	0	0	0	0	0	0
0	0	0	0	0	0	0	0

34. 其他部委院校人文、社会科学研究与发展人员情况表

			合计	按职称划分				
				教授	副教授	讲师	助教	初级
		编号	L01	L02	L03	L04	L05	L06
合计	全时人数	1	235	70	86	54	3	2
	非全时人数	2	8 074	1 517	2 173	2 470	379	143
	非全时折合全时人数	3	2 297	476.1	645.5	649.6	83.8	31.1
管理学	全时人数	4	49	15	21	7	0	0
	非全时人数	5	1 634	278	441	470	43	21
	非全时折合全时人数	6	502.2	97.9	139.7	127.1	10.1	5.5
马克思主义	全时人数	7	4	0	1	0	0	0
	非全时人数	8	241	54	68	60	2	4
	非全时折合全时人数	9	60.5	13.8	18.6	12.8	0.7	0.9
哲学	全时人数	10	3	1	0	2	0	0
	非全时人数	11	124	22	32	27	1	0
	非全时折合全时人数	12	37.8	6.7	9.8	8.3	0.2	0
逻辑学	全时人数	13	0	0	0	0	0	0
	非全时人数	14	4	0	2	2	0	0
	非全时折合全时人数	15	0.8	0	0.4	0.4	0	0
宗教学	全时人数	16	1	0	1	0	0	0
	非全时人数	17	71	25	14	19	5	1
	非全时折合全时人数	18	18.1	6.9	3.4	4.6	1.1	0.2
语言学	全时人数	19	5	2	2	1	0	0
	非全时人数	20	604	107	181	193	25	7
	非全时折合全时人数	21	168.8	33.5	51.1	49.2	5.2	1.4
中国文学	全时人数	22	5	3	2	0	0	0
	非全时人数	23	279	75	79	86	11	9
	非全时折合全时人数	24	79.5	24.7	24	22.6	2.2	1.6
外国文学	全时人数	25	6	0	4	1	0	0
	非全时人数	26	109	17	33	45	8	1
	非全时折合全时人数	27	24.6	4.1	8.2	9.1	1.8	0.1
艺术学	全时人数	28	6	2	3	1	0	0
	非全时人数	29	227	35	45	73	25	8
	非全时折合全时人数	30	69.6	10.9	12.7	23.8	6.4	1.9
历史学	全时人数	31	13	7	2	4	0	0
	非全时人数	32	197	53	53	48	3	3
	非全时折合全时人数	33	63.7	20.3	18.2	12.4	0.4	0.6

	研究生	其中：		按学历学位划分			
其他人员	（学生）	女性	研究人员	博士毕业	硕士毕业	本科毕业	其他学历
L07	L08	L09	L10	L11	L12	L13	L14
1	19	94	210	114	77	42	2
104	1 288	3 347	6 084	2 145	3 098	2 207	624
26.3	384.6	927.4	1 742.2	720.2	879	562.1	135.7
0	6	18	45	28	16	5	0
29	352	637	1 144	481	652	426	75
7.3	114.6	197.8	350.8	162.2	199.7	123.3	17
1	2	2	3	0	4	0	0
6	47	118	176	64	92	64	21
1.5	12.2	28.2	44.4	18.1	22.3	16.9	3.2
0	0	1	1	3	0	0	0
4	38	44	90	43	52	24	5
1.3	11.5	11.5	27	15.2	16.5	5.2	0.9
0	0	0	0	0	0	0	0
0	0	2	4	3	1	0	0
0	0	0.4	0.8	0.6	0.2	0	0
0	0	0	1	1	0	0	0
1	6	26	59	20	23	14	14
0.2	1.7	6.9	15.1	5.7	6.8	2.8	2.8
0	0	2	5	5	0	0	0
1	90	314	447	174	280	128	22
0.5	27.9	81.6	120.6	55.1	73.4	35.2	5.1
0	0	1	5	4	0	1	0
0	19	119	243	112	100	53	14
0	4.4	31.2	72	38.7	24.5	12.5	3.8
0	1	4	5	1	4	1	0
0	5	77	95	36	53	18	2
0	1.3	17.1	21.4	10.4	10.7	3.1	0.4
0	0	3	3	6	0	0	0
0	41	97	148	44	91	69	23
0	13.9	30.2	47.3	15.2	26.8	21.9	5.7
0	0	2	13	10	1	2	0
0	37	64	162	80	63	50	4
0	11.8	19.1	54.2	30.5	18.1	14.1	1

			合计	按职称划分				
				教授	副教授	讲师	助教	初级
		编号	L01	L02	L03	L04	L05	L06
考古学	全时人数	34	0	0	0	0	0	0
	非全时人数	35	64	11	12	5	1	0
	非全时折合全时人数	36	24.2	3.6	3.5	2.1	0.4	0
经济学	全时人数	37	31	12	14	4	0	0
	非全时人数	38	896	169	242	283	30	9
	非全时折合全时人数	39	265.7	56.4	78.6	75.2	7.1	1.4
政治学	全时人数	40	9	3	3	3	0	0
	非全时人数	41	321	59	100	107	9	7
	非全时折合全时人数	42	81.4	17.5	25	26	1.1	1.1
法学	全时人数	43	23	11	6	3	2	0
	非全时人数	44	970	186	299	313	54	7
	非全时折合全时人数	45	280.8	58.8	89.4	83.6	9	1.4
社会学	全时人数	46	8	2	3	3	0	0
	非全时人数	47	503	92	134	161	34	9
	非全时折合全时人数	48	134.8	23.8	37.2	44.2	7.9	1.9
民族学	全时人数	49	8	1	2	5	0	0
	非全时人数	50	365	103	93	100	25	6
	非全时折合全时人数	51	101.7	32.4	27.8	24.5	6.1	1.5
新闻学与传播学	全时人数	52	6	3	1	2	0	0
	非全时人数	53	198	27	39	68	8	4
	非全时折合全时人数	54	60.2	8.7	14	20.6	2	0.6
图书、情报与文献学	全时人数	55	4	0	2	1	1	0
	非全时人数	56	183	18	35	65	13	9
	非全时折合全时人数	57	47.7	4.4	9.8	17.2	3.6	2.6
教育学	全时人数	58	14	2	2	5	0	0
	非全时人数	59	569	99	130	191	37	19
	非全时折合全时人数	60	141.5	26.5	35.2	46.3	7.2	4.2
统计学	全时人数	61	2	2	0	0	0	0
	非全时人数	62	66	8	9	20	0	0
	非全时折合全时人数	63	16.6	2.4	3.1	5.3	0	0
心理学	全时人数	64	0	0	0	0	0	0
	非全时人数	65	76	7	18	30	7	1
	非全时折合全时人数	66	18.3	1.5	4.6	7.3	1.6	0.2
体育学	全时人数	67	38	4	17	12	0	2
	非全时人数	68	373	72	114	104	38	18
	非全时折合全时人数	69	98.5	21.3	31.2	27	9.7	4

其他人员	研究生（学生）	其中：		按学历学位划分			
		女性	研究人员	博士毕业	硕士毕业	本科毕业	其他学历
L07	L08	L09	L10	L11	L12	L13	L14
0	0	0	0	0	0	0	0
1	34	18	35	16	16	27	5
0.2	14.4	7.6	12.5	5.6	6.1	11.4	1.1
0	1	10	30	23	6	1	1
13	150	379	710	309	331	219	37
2.1	44.9	112	218.1	109	91.8	55.9	9
0	0	4	9	4	3	2	0
13	26	131	264	81	108	101	31
2.8	7.9	31.9	67.6	24.2	31.1	19.8	6.3
0	1	11	20	3	12	7	1
14	97	407	763	192	391	304	83
5	33.6	116.9	217.2	72.1	116.9	72.7	19.1
0	0	6	8	2	4	2	0
4	69	203	386	121	158	127	97
1.3	18.5	54.5	104.3	37.2	47.5	30	20.1
0	0	6	8	6	0	2	0
2	36	136	302	97	106	61	101
0.3	9.1	36.4	86.3	30.6	32.2	14.1	24.8
0	0	2	6	5	1	0	0
1	51	82	141	54	79	61	4
0.3	14	23.6	45.8	18.5	24.6	16.5	0.6
0	0	2	3	1	1	2	0
1	42	87	111	11	60	94	18
0.3	9.8	25.3	29.3	3	16.8	24.8	3.1
0	5	7	10	3	6	5	0
9	84	243	428	114	234	168	53
2.4	19.7	52.1	106	39.4	53.9	39.4	8.8
0	0	0	2	1	1	0	0
0	29	15	38	23	9	29	5
0	5.8	3.2	11	6.8	3	6	0.8
0	0	0	0	0	0	0	0
2	11	35	51	15	36	19	6
0.2	2.9	8.6	11.9	4	9.3	3.5	1.5
0	3	13	33	8	18	12	0
3	24	113	287	55	163	151	4
0.6	4.7	31.3	78.6	18.1	46.8	33	0.6

35. 地方院校人文、社会科学研究与发展人员情况表

			合计	按职称划分				
				教授	副教授	讲师	助教	初级
		编号	L01	L02	L03	L04	L05	L06
合计	全时人数	1	3 388	1 069	1 036	942	221	34
	非全时人数	2	195 210	29 828	53 354	70 438	18 783	4 334
	非全时折合全时人数	3	46 037.9	8 035.5	13 214.5	16 259.6	4 011.9	904.9
管理学	全时人数	4	554	146	171	180	40	1
	非全时人数	5	30 896	4 913	8 103	11 011	2 441	701
	非全时折合全时人数	6	7 542.9	1 374.2	2 095.5	2 649.5	522.9	151.9
马克思主义	全时人数	7	61	31	16	9	3	0
	非全时人数	8	6 682	1 228	2 050	2 255	501	112
	非全时折合全时人数	9	1 494.5	307.4	463.8	480.9	101	21.2
哲学	全时人数	10	76	35	23	11	1	1
	非全时人数	11	3 207	631	912	1 049	173	45
	非全时折合全时人数	12	702.5	149.9	205.8	232.8	32.7	8
逻辑学	全时人数	13	1	0	1	0	0	0
	非全时人数	14	105	21	27	38	9	2
	非全时折合全时人数	15	22.2	4.2	5.6	8.5	1.7	0.4
宗教学	全时人数	16	2	0	1	1	0	0
	非全时人数	17	545	103	166	181	37	12
	非全时折合全时人数	18	112.2	22.8	35.6	36.6	6.1	1.8
语言学	全时人数	19	235	56	70	73	27	3
	非全时人数	20	15 301	1 676	4 095	6 245	2 077	318
	非全时折合全时人数	21	3 587	464	1 017.7	1 423.4	455.5	64.2
中国文学	全时人数	22	192	73	52	51	8	2
	非全时人数	23	8 565	1 544	2 531	2 902	613	178
	非全时折合全时人数	24	2 136.2	447.5	685.1	681.3	135.8	36.8
外国文学	全时人数	25	42	17	10	9	4	1
	非全时人数	26	3 690	490	922	1 459	522	82
	非全时折合全时人数	27	789.8	122.9	213.7	294.9	105.1	15.4
艺术学	全时人数	28	301	80	93	91	30	3
	非全时人数	29	14 226	1 762	3 278	5 558	2 166	400
	非全时折合全时人数	30	3 528.2	498.8	863.7	1 377.4	490.7	92.7
历史学	全时人数	31	142	50	49	30	9	3
	非全时人数	32	4 993	1 105	1 371	1 535	334	77
	非全时折合全时人数	33	1 237.3	309	353.2	371.4	72.2	14.5

	研究生（学生）	其中：		按学历学位划分			
其他人员		女性	研究人员	博士毕业	硕士毕业	本科毕业	其他学历
L07	L08	L09	L10	L11	L12	L13	L14
10	76	1 228	2 888	1 233	1 392	628	135
1 863	16 610	91 989	153 909	28 490	85 745	69 170	11 805
340.2	3 271.3	21 203.4	37 344.9	8 000.5	20 530.7	14 810	2 696.7
2	14	212	465	217	228	89	20
319	3 408	13 917	24 146	5 331	13 601	10 209	1 755
54.8	694.1	3 312.3	6 080.2	1 569.6	3 337.6	2 232.4	403.3
0	2	14	50	22	27	10	2
52	484	2 940	5 511	940	3 227	2 203	312
9	111.2	657.7	1 238.4	231.7	727.9	466.4	68.5
0	5	13	53	45	22	6	3
21	376	1 287	2 670	751	1 399	894	163
4.1	69.2	274.8	593.5	192.6	299.7	173.6	36.6
0	0	1	1	1	0	0	0
3	5	45	85	22	49	31	3
0.8	1	9.1	18.7	6.1	9.7	5.5	0.9
0	0	0	2	2	0	0	0
9	37	229	465	136	235	138	36
1.7	7.6	46.7	98.7	31.6	45.3	28.2	7.1
0	6	109	174	63	120	46	6
64	826	9 679	11 925	1 492	7 385	5 481	943
12.2	150	2 242.4	2 863.4	414.2	1 775.1	1 183.5	214.2
0	6	53	166	89	66	31	6
69	728	3 975	7 006	2 003	3 421	2 617	524
13	136.7	938.9	1 809.7	595.9	847.8	559.8	132.7
0	1	17	34	21	14	5	2
19	196	2 408	2 848	450	1 920	1 141	179
3.7	34.1	501.9	615.5	119.8	411.7	217.3	41
2	2	115	264	50	128	104	19
133	929	6 527	10 369	870	5 382	6 436	1 538
25.4	179.5	1 592.8	2 701.6	238.1	1 409.7	1 515.5	364.9
0	1	33	106	65	53	22	2
33	538	1 847	4 079	1 371	1 918	1 438	266
5.8	111.2	430.4	1 032.2	395.8	451.3	322.4	67.8

			合计	按职称划分				
				教授	副教授	讲师	助教	初级
		编号	L01	L02	L03	L04	L05	L06
考古学	全时人数	34	8	1	5	1	0	0
	非全时人数	35	343	83	83	97	39	4
	非全时折合全时人数	36	70.4	18	16.7	18.4	7.2	1.4
经济学	全时人数	37	607	206	185	163	28	9
	非全时人数	38	27 643	4 481	7 413	9 580	2 154	545
	非全时折合全时人数	39	6 897.8	1 305.2	1 971.9	2 347.1	489.4	127.6
政治学	全时人数	40	66	23	22	18	2	1
	非全时人数	41	5 333	943	1 633	1 832	465	113
	非全时折合全时人数	42	1 180.8	214.7	373	398.7	101.2	21.7
法学	全时人数	43	259	87	82	71	13	3
	非全时人数	44	9 660	1 487	2 887	3 469	686	179
	非全时折合全时人数	45	2 378.7	432.2	746.1	838.7	148.7	32.7
社会学	全时人数	46	116	37	23	35	8	0
	非全时人数	47	11 693	1 943	3 260	4 266	1 085	230
	非全时折合全时人数	48	2 518.9	437.2	704.9	918.5	216.3	44.9
民族学	全时人数	49	36	10	10	12	4	0
	非全时人数	50	1 605	378	458	477	122	34
	非全时折合全时人数	51	344.4	91.3	99.3	96.7	23.5	6.5
新闻学与传播学	全时人数	52	50	24	11	11	3	0
	非全时人数	53	3 475	441	790	1 389	407	96
	非全时折合全时人数	54	772.5	113.3	191.9	306.1	83	18.7
图书、情报与文献学	全时人数	55	54	7	25	9	11	1
	非全时人数	56	4 122	478	1 167	1 726	325	221
	非全时折合全时人数	57	909.3	116	268.6	368.1	70.2	45.3
教育学	全时人数	58	320	102	105	86	18	3
	非全时人数	59	28 251	4 089	8 043	10 137	3 107	691
	非全时折合全时人数	60	6 265.9	1 036.9	1 861.2	2 182.6	625.5	138.5
统计学	全时人数	61	13	2	7	4	0	0
	非全时人数	62	1 467	282	382	514	85	29
	非全时折合全时人数	63	318.6	65	83.9	109.7	18.8	5.4
心理学	全时人数	64	43	16	10	12	4	0
	非全时人数	65	3 432	458	881	1 191	371	92
	非全时折合全时人数	66	746.4	107.6	198.8	262.2	72	17.6
体育学	全时人数	67	210	66	65	65	8	3
	非全时人数	68	9 976	1 292	2 902	3 527	1 064	173
	非全时折合全时人数	69	2 481.4	397.4	758.5	856.1	232.4	37.7

其他人员	研究生（学生）	其中：		按学历学位划分			
		女性	研究人员	博士毕业	硕士毕业	本科毕业	其他学历
L07	L08	L09	L10	L11	L12	L13	L14
0	1	2	7	3	4	1	0
2	35	103	274	102	123	100	18
0.3	8.4	19.6	56.5	21.1	25.5	19.5	4.3
0	16	229	552	271	231	82	23
241	3 229	12 676	21 567	5 241	12 175	8 942	1 285
38.6	618	3 109.8	5 592.2	1 572.1	3 098.9	1 917.4	309.4
0	0	26	59	21	31	12	2
37	310	2 182	4 437	935	2 596	1 529	273
6.9	64.6	470.8	985.5	235.3	563.5	318.2	63.8
0	3	77	223	104	119	26	10
147	805	4 104	7 856	1 806	4 548	2 770	536
30.2	150.1	951.1	2 019.8	545	1 134.4	572	127.3
2	11	44	85	36	45	28	7
101	808	5 389	9 563	1 747	5 560	3 724	662
20.1	177	1 166.4	2 077.7	420.2	1 204.6	758.4	135.7
0	0	9	32	9	10	8	9
21	115	697	1 328	267	656	555	127
3.4	23.7	145.8	289.3	63.2	140.2	114.9	26.1
0	1	21	42	25	14	11	0
36	316	1 737	2 633	445	1 636	1 082	312
6.4	53.1	371.8	608	118.9	373.9	205.5	74.2
0	1	27	41	16	18	19	1
62	143	2 343	3 314	313	1 332	2 015	462
10.9	30.2	503	743.5	81	309.2	428.3	90.8
3	3	146	289	97	147	64	12
350	1 834	14 151	22 396	2 801	12 666	11 186	1 598
67.7	353.5	3 120.1	5 087.2	730.5	2 889	2 312.2	334.2
0	0	5	13	5	3	1	4
20	155	651	1 198	304	626	472	65
3.9	31.9	135.5	261.5	69.8	136.6	96	16.2
0	1	19	36	17	21	5	0
43	396	1 823	2 578	443	1 564	1 255	170
7.3	80.9	399	577.1	112	344.2	254.6	35.6
1	2	56	194	54	91	58	7
81	937	3 279	7 661	720	3 726	4 952	578
14	185.3	803.5	1 994.7	236	994.9	1 108.4	142.1

36. 综合院校人文、社会科学研究与发展人员情况表

			合计	按职称划分				
				教授	副教授	讲师	助教	初级
		编号	L01	L02	L03	L04	L05	L06
合计	全时人数	1	3 088	1 197	888	638	86	18
	非全时人数	2	73 821	13 095	19 059	21 766	4 817	1 379
	非全时折合全时人数	3	18 615.4	3 851.3	5 115.3	5 302.2	1 064.5	285.7
管理学	全时人数	4	520	189	152	111	11	2
	非全时人数	5	11 911	2 116	2 834	3 127	562	198
	非全时折合全时人数	6	3 048	658	787.5	802.4	122.7	43.1
马克思主义	全时人数	7	58	25	16	9	3	0
	非全时人数	8	2 433	569	730	650	127	27
	非全时折合全时人数	9	573.6	146.7	177.8	139.5	28.5	3.8
哲学	全时人数	10	114	56	27	23	1	1
	非全时人数	11	1 867	462	511	490	72	19
	非全时折合全时人数	12	482.1	127.6	136	124.5	16.2	3.7
逻辑学	全时人数	13	6	2	1	0	0	0
	非全时人数	14	94	31	17	19	4	1
	非全时折合全时人数	15	20.9	6.9	4.6	4.3	1.2	0.3
宗教学	全时人数	16	13	6	3	1	0	0
	非全时人数	17	380	92	101	104	11	6
	非全时折合全时人数	18	95.4	24.3	26.8	24.7	2.2	1.3
语言学	全时人数	19	188	51	61	49	10	0
	非全时人数	20	5 623	675	1 513	2 165	613	118
	非全时折合全时人数	21	1 391	212	397.5	512.9	142.2	21.9
中国文学	全时人数	22	165	64	49	28	5	1
	非全时人数	23	3 892	814	1 104	1 165	218	77
	非全时折合全时人数	24	1 024.6	243.7	312.8	286.2	48.3	15.5
外国文学	全时人数	25	53	15	12	13	3	1
	非全时人数	26	1 539	235	402	593	168	33
	非全时折合全时人数	27	370.3	69.4	105.1	132.8	33.1	6
艺术学	全时人数	28	100	27	19	39	8	2
	非全时人数	29	4 135	497	994	1 536	536	136
	非全时折合全时人数	30	1 065.6	145.7	271.9	393.5	130.8	33.6
历史学	全时人数	31	229	101	69	38	7	2
	非全时人数	32	2 948	753	722	701	122	33
	非全时折合全时人数	33	839.3	236	216.6	191.4	25.7	6.1

其他人员	研究生（学生）	其中：		按学历学位划分			
		女性	研究人员	博士毕业	硕士毕业	本科毕业	其他学历
L07	L08	L09	L10	L11	L12	L13	L14
9	252	960	2 681	1 559	1 004	412	113
776	12 929	31 061	57 611	15 660	29 485	23 767	4 909
140.9	2 855.5	7 489.4	15 100.9	4 931.6	7 349	5 313.5	1 021.3
3	52	157	459	282	138	71	29
171	2 903	4 692	9 076	2 863	4 678	3 494	876
30	604.3	1 129.5	2 454.6	945.2	1 158.5	768.2	176.1
1	4	24	47	25	23	3	7
22	308	984	2 014	521	984	770	158
3.8	73.5	226.6	483.9	146.4	230.6	162.6	34
0	6	29	96	76	26	8	4
18	295	605	1 573	607	753	424	83
3.6	70.5	146.7	411.3	192.3	181.2	89.1	19.5
0	3	3	3	1	1	3	1
0	22	28	85	27	47	15	5
0	3.6	6.1	19.5	7.3	9.7	2.8	1.1
0	3	3	13	5	5	1	2
2	64	134	329	123	139	90	28
0.3	15.8	31.7	85.1	32	36.4	20.3	6.7
1	16	81	156	66	93	22	7
24	515	3 353	4 397	780	2 476	1 902	465
5.1	99.4	809.6	1 116.3	248.2	618.3	428.8	95.7
1	17	45	139	89	53	20	3
18	496	1 623	3 181	1 138	1 461	1 050	243
3.2	114.9	399.4	863.7	346.2	379.8	234.3	64.3
0	9	27	45	20	16	13	4
1	107	978	1 237	318	747	414	60
0.1	23.8	223.1	300.2	96.5	178.2	79.9	15.7
0	5	38	88	18	53	24	5
30	406	1 762	3 035	338	1 590	1 929	278
4.7	85.4	459.8	817.8	101.5	422.8	482.9	58.4
0	12	40	182	133	63	28	5
35	582	998	2 384	1 027	977	809	135
6.5	157	260	697.6	334.2	272.9	202.4	29.8

			合计	按职称划分				
				教授	副教授	讲师	助教	初级
		编号	L01	L02	L03	L04	L05	L06
考古学	全时人数	34	25	9	9	2	0	0
	非全时人数	35	431	105	90	87	18	8
	非全时折合全时人数	36	112	28.7	22.4	20.9	3.2	3.5
经济学	全时人数	37	598	245	183	103	8	5
	非全时人数	38	11 959	2 100	2 760	2 942	524	175
	非全时折合全时人数	39	3 129.7	646.9	810.9	766.9	128.4	40
政治学	全时人数	40	119	57	20	27	1	1
	非全时人数	41	2 569	565	717	711	125	44
	非全时折合全时人数	42	640.6	150.2	177.2	177.4	28	9.6
法学	全时人数	43	245	98	73	51	9	3
	非全时人数	44	3 922	719	975	1 087	186	51
	非全时折合全时人数	45	1 083.3	240.4	294.6	280.9	47.3	10.5
社会学	全时人数	46	152	65	31	37	6	0
	非全时人数	47	4 104	832	1 143	1 187	223	73
	非全时折合全时人数	48	970.2	215.2	281.9	264.4	43.1	14.8
民族学	全时人数	49	32	12	9	10	1	0
	非全时人数	50	747	203	191	192	52	9
	非全时折合全时人数	51	186.9	53.7	47.4	40.3	11.1	2
新闻学与传播学	全时人数	52	98	51	22	20	1	0
	非全时人数	53	1 616	283	331	558	110	30
	非全时折合全时人数	54	408.5	86.9	94.7	133.5	23.7	4.8
图书、情报与文献学	全时人数	55	99	21	35	20	5	0
	非全时人数	56	2 004	292	543	653	85	73
	非全时折合全时人数	57	517.2	85.8	145.4	155.3	18.7	14.3
教育学	全时人数	58	189	77	69	34	4	0
	非全时人数	59	7 634	1 186	2 204	2 453	713	187
	非全时折合全时人数	60	1 717.2	316.3	510.7	535.5	141.5	32.8
统计学	全时人数	61	13	7	5	1	0	0
	非全时人数	62	339	63	77	104	16	2
	非全时折合全时人数	63	75.9	16.4	20.3	22.3	3.2	0.2
心理学	全时人数	64	20	6	6	6	2	0
	非全时人数	65	1 079	165	309	336	96	28
	非全时折合全时人数	66	249.2	44.3	79	75.9	19.5	5.4
体育学	全时人数	67	52	13	17	16	1	0
	非全时人数	68	2 595	338	791	906	236	51
	非全时折合全时人数	69	613.9	96.2	194.2	216.7	45.9	12.5

	研究生	其中:		按学历学位划分			
其他人员	（学生）	女性	研究人员	博士毕业	硕士毕业	本科毕业	其他学历
L07	L08	L09	L10	L11	L12	L13	L14
0	5	7	25	10	11	2	2
4	119	132	319	128	143	145	15
0.7	32.6	34.4	82.5	34.4	35.2	37.9	4.5
2	52	184	546	345	175	62	16
127	3 331	4 602	9 042	2 907	4 786	3 547	719
22.5	714.1	1 166.8	2 527.6	961.3	1 248.1	781.5	138.8
0	13	29	96	69	32	16	2
43	364	916	2 115	723	1 078	625	143
6.1	92.1	219.1	538.7	219.9	252.8	144.1	23.8
0	11	61	210	121	84	33	7
51	853	1 440	2 967	1 008	1 537	1 088	289
10.9	198.7	380.3	854.6	350.9	401.5	265.8	65.1
0	13	43	128	73	52	22	5
51	595	1 686	3 376	966	1 684	1 215	239
10.1	140.7	375.7	815.9	280.6	374.4	269.2	46
0	0	9	31	11	10	5	6
13	87	311	637	155	312	230	50
2.1	30.3	73.7	159.4	42.5	78.1	55.4	10.9
0	4	32	80	53	34	8	3
16	288	719	1 259	354	688	468	106
2.6	62.3	173.8	329.8	112.9	173.9	100.7	21
0	18	40	83	37	31	29	2
26	332	1 038	1 566	284	644	880	196
4.2	93.5	251.9	419.3	91.5	176.2	211.9	37.6
0	5	78	179	104	66	18	1
94	797	3 595	5 976	966	3 235	2 864	569
18.3	162.1	794	1 385	265.8	744.8	586.9	119.7
0	0	3	13	5	7	0	1
2	75	117	256	89	116	104	30
0.2	13.3	23.5	60.3	26	25.8	20	4.1
0	0	11	18	7	11	2	0
15	130	564	839	165	512	356	46
3.3	21.8	128.1	201.9	46.6	118.4	73.5	10.7
1	4	16	44	9	20	22	1
13	260	784	1 948	173	898	1 348	176
2.6	45.8	175.6	475.9	49.4	231.4	295.3	37.8

37. 理工农医院校人文、社会科学研究与发展人员情况表

			合计	按职称划分				
				教授	副教授	讲师	助教	初级
		编号	L01	L02	L03	L04	L05	L06
合计	全时人数	1	1 054	306	286	306	58	3
	非全时人数	2	72 753	10 076	18 417	25 614	5 862	1 276
	非全时折合全时人数	3	17 228.8	2 700.3	4 573.2	5 871.6	1 238.5	265.2
管理学	全时人数	4	379	115	109	109	17	0
	非全时人数	5	18 829	2 800	4 371	5 627	1 023	234
	非全时折合全时人数	6	4 833.9	856.8	1 212.1	1 403.7	232.9	53
马克思主义	全时人数	7	22	8	5	3	0	0
	非全时人数	8	2 908	513	828	1 014	189	38
	非全时折合全时人数	9	649	123.7	186.8	213.4	38.2	7.8
哲学	全时人数	10	25	8	4	7	1	0
	非全时人数	11	1 351	236	335	408	68	17
	非全时折合全时人数	12	296.1	53.5	77.6	91.5	13.9	3.3
逻辑学	全时人数	13	0	0	0	0	0	0
	非全时人数	14	32	8	12	6	0	0
	非全时折合全时人数	15	6.6	1.3	2.5	2	0	0
宗教学	全时人数	16	0	0	0	0	0	0
	非全时人数	17	84	17	27	32	3	0
	非全时折合全时人数	18	19.2	3.3	6.4	8	0.5	0
语言学	全时人数	19	63	9	18	23	6	0
	非全时人数	20	5 484	524	1 433	2 319	727	103
	非全时折合全时人数	21	1 273.3	137.4	344.8	519.1	151.3	22.7
中国文学	全时人数	22	12	5	2	1	0	0
	非全时人数	23	1 262	177	392	514	91	21
	非全时折合全时人数	24	280.2	41.8	94.6	109.5	18.1	3.2
外国文学	全时人数	25	5	0	2	3	0	0
	非全时人数	26	1 023	89	246	452	148	16
	非全时折合全时人数	27	193.8	17.8	51.9	82.5	23.2	3.1
艺术学	全时人数	28	75	22	27	18	8	0
	非全时人数	29	4 263	444	874	1 824	614	92
	非全时折合全时人数	30	1 066.9	125	242	442.2	137.3	18.2
历史学	全时人数	31	5	4	0	1	0	0
	非全时人数	32	741	150	211	244	41	10
	非全时折合全时人数	33	165.8	37.3	44.6	52.3	8.7	1.7

	研究生	其中：		按学历学位划分			
其他人员	（学生）	女性	研究人员	博士毕业	硕士毕业	本科毕业	其他学历
L07	L08	L09	L10	L11	L12	L13	L14
4	91	387	882	375	445	178	56
462	11 046	34 667	56 465	11 595	32 056	25 067	4 035
89.1	2 490.9	8 086.7	13 553.7	3 227.2	7 497.6	5 557.4	946.6
2	27	132	326	166	146	38	29
117	4 657	8 102	13 959	3 849	7 723	6 288	969
26.6	1 048.8	2 034.4	3 692.6	1 187.1	1 938.1	1 460.3	248.4
0	6	7	20	6	12	4	0
14	312	1 319	2 383	442	1 483	895	88
2.6	76.5	290.1	526.1	109.6	323.3	195.4	20.7
0	5	5	15	12	10	3	0
4	283	591	1 099	362	590	346	53
0.9	55.4	130.5	243.6	89.5	126	69.2	11.4
0	0	0	0	0	0	0	0
0	6	17	28	13	13	5	1
0	0.8	3.7	6.1	2.9	2.7	0.6	0.4
0	0	0	0	0	0	0	0
0	5	40	77	30	39	14	1
0	1	10.3	17.8	6	8.9	4.2	0.1
0	7	28	36	5	42	15	1
16	362	3 694	4 217	431	2 838	1 904	311
2.8	95.2	858.8	983.6	112	669.4	422	69.9
0	4	5	8	4	3	5	0
10	57	681	1 071	281	523	365	93
1.6	11.4	146.4	241.7	75.3	109.3	76.4	19.2
0	0	1	2	0	5	0	0
9	63	729	780	115	544	322	42
1.8	13.5	135.6	151.5	25.9	99.7	58.4	9.8
0	0	28	65	11	34	27	3
24	391	2 072	3 103	323	1 776	1 767	397
4	98.2	504.7	797.7	94.4	454.5	432.4	85.6
0	0	0	5	4	1	0	0
1	84	303	635	227	287	175	52
0.1	21.1	67.3	141.2	59	57.2	38	11.6

			合计	按职称划分				
				教授	副教授	讲师	助教	初级
		编号	L01	L02	L03	L04	L05	L06
考古学	全时人数	34	0	0	0	0	0	0
	非全时人数	35	78	15	14	15	3	0
	非全时折合全时人数	36	27.4	4.4	3.7	3.8	0.9	0
经济学	全时人数	37	176	59	46	51	9	0
	非全时人数	38	11 239	1 665	2 753	3 602	680	164
	非全时折合全时人数	39	2 788.5	476.6	717.8	868.9	152.4	37.6
政治学	全时人数	40	8	0	1	4	1	0
	非全时人数	41	1 868	272	556	625	151	32
	非全时折合全时人数	42	411.6	64.1	126.7	135.9	31.7	6.3
法学	全时人数	43	70	22	23	15	4	0
	非全时人数	44	3 167	399	872	1 210	202	51
	非全时折合全时人数	45	773.4	115.8	223.6	283.3	43.4	8.1
社会学	全时人数	46	67	18	12	20	3	0
	非全时人数	47	5 143	779	1 373	1 822	398	87
	非全时折合全时人数	48	1 148.8	178.1	308	408.2	81.4	16.7
民族学	全时人数	49	0	0	0	0	0	0
	非全时人数	50	193	30	49	80	19	6
	非全时折合全时人数	51	39.9	7.4	9.6	17.2	3.2	0.9
新闻学与传播学	全时人数	52	20	10	1	3	1	0
	非全时人数	53	1 207	144	256	400	96	24
	非全时折合全时人数	54	257.9	36.6	60.8	93.2	19.2	4.1
图书、情报与文献学	全时人数	55	12	1	4	4	2	1
	非全时人数	56	1 769	191	456	732	129	117
	非全时折合全时人数	57	401.2	46.3	106.9	156.7	29	24.4
教育学	全时人数	58	78	18	21	28	5	0
	非全时人数	59	8 365	1 165	2 338	3 219	838	190
	非全时折合全时人数	60	1 754.6	259.8	513	654.8	163.4	39.8
统计学	全时人数	61	1	1	0	0	0	0
	非全时人数	62	394	70	103	141	14	6
	非全时折合全时人数	63	80	14.1	21.7	28.3	2.8	1.4
心理学	全时人数	64	8	2	2	4	0	0
	非全时人数	65	1 100	142	253	435	121	32
	非全时折合全时人数	66	236.1	30.8	55.4	93.8	24.1	6.5
体育学	全时人数	67	28	4	9	12	1	2
	非全时人数	68	2 253	246	665	893	307	36
	非全时折合全时人数	69	524.6	68.4	162.7	203.3	62.9	6.4

续表

其他人员	研究生（学生）	其中：女性	研究人员	按学历学位划分：博士毕业	硕士毕业	本科毕业	其他学历
L07	L08	L09	L10	L11	L12	L13	L14
0	0	0	0	0	0	0	0
1	30	17	51	26	23	26	3
0.2	14.4	7.3	15.2	8.2	6.9	11.9	0.4
0	11	59	161	87	56	23	10
78	2 297	5 110	8 643	2 242	4 870	3 577	550
11.9	523.3	1 255.1	2 165.3	651.9	1 166.4	832.4	137.8
0	2	5	5	0	4	2	2
11	221	824	1 502	337	866	588	77
2.1	44.8	182.2	334.3	81.4	184.1	123.8	22.3
0	6	25	62	22	38	8	2
23	410	1 430	2 507	595	1 497	902	173
5.3	93.9	334.2	623.3	168.4	365	193	47
1	13	31	50	25	18	20	4
25	659	2 404	4 160	854	2 376	1 599	314
5.3	151.1	552.7	935.5	213.9	523.7	343.8	67.4
0	0	0	0	0	0	0	0
1	8	104	161	35	87	58	13
0.3	1.3	22.1	34.4	8	18	11	2.9
0	5	7	16	8	6	6	0
5	282	608	904	175	586	404	42
0.6	43.4	128.6	206	42.1	127.8	76.9	11.1
0	0	9	10	1	7	4	0
27	117	1 025	1 381	127	638	811	193
5.6	32.3	231.7	309.8	35.8	148.7	179.2	37.5
1	5	33	70	23	42	9	4
62	553	4 121	6 856	847	3 846	3 252	420
11.5	112.3	856.4	1 448.4	192.2	822.5	653.1	86.8
0	0	0	1	0	0	1	0
0	60	168	322	82	158	145	9
0	11.7	36.3	65	16.5	33.7	28.2	1.6
0	0	3	5	0	7	1	0
12	105	586	838	113	511	387	89
1.8	23.7	130.7	180.2	26	111.7	78	20.4
0	0	9	25	1	14	12	1
22	84	722	1 788	89	782	1 237	145
4.1	16.8	167.6	434.4	21.1	200	269.2	34.3

38. 师范院校人文、社会科学研究与发展人员情况表

			合计	按职称划分				
				教授	副教授	讲师	助教	初级
		编号	L01	L02	L03	L04	L05	L06
合计	全时人数	1	1 250	461	374	297	75	12
	非全时人数	2	54 661	8 665	14 390	17 910	5 411	1 015
	非全时折合全时人数	3	13 233.8	2 367.9	3 627.7	4 330	1 212.9	229.1
管理学	全时人数	4	63	23	17	17	5	0
	非全时人数	5	4 030	612	1 035	1 448	430	114
	非全时折合全时人数	6	933.1	150	246.9	330.1	93.3	27
马克思主义	全时人数	7	23	15	5	3	0	0
	非全时人数	8	1 945	418	601	581	159	31
	非全时折合全时人数	9	472.1	112.2	146.8	134.1	31.4	6.8
哲学	全时人数	10	49	29	13	5	1	0
	非全时人数	11	1 110	232	281	287	44	10
	非全时折合全时人数	12	234.1	54.6	60.5	64.5	7.8	1.5
逻辑学	全时人数	13	0	0	0	0	0	0
	非全时人数	14	40	11	11	8	3	1
	非全时折合全时人数	15	8.9	2.5	1.9	2.1	0.5	0.1
宗教学	全时人数	16	3	0	1	2	0	0
	非全时人数	17	222	47	65	58	20	1
	非全时折合全时人数	18	53.3	11.8	15.7	14.2	3.4	0.1
语言学	全时人数	19	95	30	28	24	10	1
	非全时人数	20	4 323	565	1 137	1 552	628	71
	非全时折合全时人数	21	1 045.4	147.4	296.8	380.4	141.3	15.3
中国文学	全时人数	22	105	42	24	33	3	2
	非全时人数	23	4 092	804	1 120	1 308	269	72
	非全时折合全时人数	24	1 067.4	243.8	315.3	329.2	61.8	17.6
外国文学	全时人数	25	14	3	7	1	3	0
	非全时人数	26	1 293	180	320	462	207	31
	非全时折合全时人数	27	295.7	43.1	74.4	105.2	50	5.8
艺术学	全时人数	28	89	20	24	28	12	2
	非全时人数	29	4 053	474	946	1 503	673	111
	非全时折合全时人数	30	997.4	131.9	243	381	155.4	26.8
历史学	全时人数	31	73	28	19	18	6	1
	非全时人数	32	2 783	645	721	824	181	33
	非全时折合全时人数	33	697.5	186.4	180.6	205	39.9	6.3

其他人员	研究生（学生）	其中：		按学历学位划分			
		女性	研究人员	博士毕业	硕士毕业	本科毕业	其他学历
L07	L08	L09	L10	L11	L12	L13	L14
7	24	422	1 139	593	373	253	31
575	6 695	25 071	42 586	9 501	23 759	19 415	1 986
114.3	1 351.9	5 993.2	10 655.1	2 706.3	5 758	4 280.7	488.8
1	0	20	57	30	23	10	0
38	353	1 693	3 193	729	1 845	1 313	143
7.9	77.9	394.3	749.2	184.9	430	288.8	29.4
0	0	3	23	7	8	8	0
19	136	821	1 615	361	937	594	53
3.1	37.7	204.5	395.5	99.1	225.3	135.4	12.3
0	1	10	47	31	14	4	0
6	250	407	910	278	487	301	44
1.5	43.7	83.4	196.6	69.8	94.7	59.6	10
0	0	0	0	0	0	0	0
1	5	16	31	12	19	9	0
0.6	1.2	2.6	7.1	3.7	3.4	1.8	0
0	0	1	3	2	1	0	0
6	25	77	186	57	106	49	10
1.2	6.9	17.8	46.1	18	22.8	10.8	1.7
0	2	43	82	39	27	26	3
23	347	2 558	3 275	564	2 033	1 531	195
4	60.2	613	828.7	149.9	508.8	333.5	53.2
0	1	32	100	53	28	20	4
33	486	1 849	3 349	1 051	1 581	1 265	195
8.3	91.4	457.2	914	321.7	408.1	280	57.6
0	0	7	11	8	3	2	1
7	86	818	981	166	634	412	81
1.3	15.9	188.1	227.8	44	148.9	84.4	18.4
1	2	37	72	16	27	41	5
42	304	1 939	2 908	261	1 503	2 076	213
7.1	52.2	472.9	753.3	64.8	393.8	479.9	58.9
0	1	20	65	38	26	8	1
11	368	987	2 315	832	1 119	731	101
2.1	77.2	234.9	597.1	248.4	257.4	162.6	29.1

			合计	按职称划分				
				教授	副教授	讲师	助教	初级
		编号	L01	L02	L03	L04	L05	L06
考古学	全时人数	34	5	1	3	0	0	0
	非全时人数	35	132	36	29	28	16	0
	非全时折合全时人数	36	27.9	7.5	6.3	5.3	3.4	0
经济学	全时人数	37	133	57	40	23	5	1
	非全时人数	38	4 883	756	1 196	1 581	425	87
	非全时折合全时人数	39	1 206.4	217	317.5	378.1	98.1	20.8
政治学	全时人数	40	58	18	24	12	2	1
	非全时人数	41	1 858	358	555	574	167	25
	非全时折合全时人数	42	429.7	84.2	129.2	133	41.3	4.7
法学	全时人数	43	47	18	14	12	2	0
	非全时人数	44	1 722	238	472	634	150	13
	非全时折合全时人数	45	431.7	66.2	124.9	165.7	36.2	2.5
社会学	全时人数	46	43	12	13	12	2	0
	非全时人数	47	3 287	515	791	1 108	333	53
	非全时折合全时人数	48	744.9	128.6	183.6	257.2	69.7	11.7
民族学	全时人数	49	10	3	1	3	3	0
	非全时人数	50	538	121	165	163	41	13
	非全时折合全时人数	51	116.1	30	34.1	33.9	8.1	2.8
新闻学与传播学	全时人数	52	22	8	7	6	1	0
	非全时人数	53	1 046	121	240	366	137	21
	非全时折合全时人数	54	235.9	27.4	57.4	87.5	29.3	4.2
图书、情报与文献学	全时人数	55	23	4	10	2	5	0
	非全时人数	56	1 016	111	294	407	86	34
	非全时折合全时人数	57	232.9	26.6	68.4	91.2	20.3	7.2
教育学	全时人数	58	264	106	83	61	7	3
	非全时人数	59	11 747	1 790	3 167	3 560	1 009	220
	非全时折合全时人数	60	2 884.7	517.1	810.2	867.5	225.3	51
统计学	全时人数	61	0	0	0	0	0	0
	非全时人数	62	150	25	47	36	10	7
	非全时折合全时人数	63	33.7	6.2	9.8	8.2	2.4	1.2
心理学	全时人数	64	38	16	11	6	4	0
	非全时人数	65	1 620	228	366	452	128	25
	非全时折合全时人数	66	368	58.6	88.2	106.5	23.6	5
体育学	全时人数	67	93	28	30	29	4	1
	非全时人数	68	2 771	378	831	970	295	42
	非全时折合全时人数	69	717	114.8	216.2	250.1	70.4	10.7

续表

其他人员	研究生（学生）	其中：女性	研究人员	按学历学位划分：博士毕业	硕士毕业	本科毕业	其他学历
L07	L08	L09	L10	L11	L12	L13	L14
0	1	0	4	3	1	1	0
4	19	45	101	43	41	41	7
0.4	5	8.8	21.7	9.1	9.5	7.6	1.7
1	6	39	122	78	32	20	3
36	802	2 124	3 768	985	2 224	1 560	114
7.5	167.4	519.4	962.6	301.8	538.2	339.4	27
1	0	19	55	23	23	12	0
13	166	714	1 553	398	893	496	71
2.6	34.7	159.3	358.8	103.9	203.2	105.9	16.7
0	1	16	44	20	24	3	0
26	189	687	1 376	354	873	465	30
3.8	32.4	175.9	361.6	102.5	224.1	98	7.1
1	3	20	37	19	13	10	1
36	451	1 453	2 553	562	1 526	1 114	85
8.4	85.7	324.3	600.4	157.3	351.3	214.9	21.4
0	0	2	7	3	1	3	3
5	30	226	454	100	223	179	36
0.8	6.4	46.9	99.3	24.2	47.5	37	7.4
0	0	13	21	14	4	4	0
15	146	501	753	172	506	347	21
3.4	26.7	109.4	176.9	47.6	116.9	67.1	4.3
1	1	11	16	6	8	9	0
13	71	586	803	99	314	532	71
2.4	16.8	130.8	184.1	22.3	71.4	123.4	15.8
1	3	87	252	149	68	39	8
195	1 806	5 761	8 982	1 844	5 031	4 540	332
39.4	374.2	1 415.4	2 285.2	555.1	1 237.3	1 015.5	76.8
0	0	0	0	0	0	0	0
4	21	65	111	35	55	51	9
1.5	4.4	13.1	24.8	8.3	13.7	10.2	1.5
0	1	18	34	27	8	3	0
14	407	853	1 159	372	651	564	33
2.3	83.8	190	277.2	102.2	143.7	115.6	6.5
0	1	24	87	27	34	30	2
28	227	891	2 210	226	1 158	1 245	142
4.7	50.1	231.2	587.1	67.7	308	309.3	32

39. 语言院校人文、社会科学研究与发展人员情况表

			合计	按职称划分				
				教授	副教授	讲师	助教	初级
		编号	L01	L02	L03	L04	L05	L06
合计	全时人数	1	231	87	72	66	5	0
	非全时人数	2	7 471	1 380	1 918	2 644	527	157
	非全时折合全时人数	3	1 748.5	392.1	489.6	556.2	90.5	30.9
管理学	全时人数	4	27	5	10	11	1	0
	非全时人数	5	1 056	162	265	388	51	35
	非全时折合全时人数	6	240.6	41.6	69.4	88.5	9.4	7.3
马克思主义	全时人数	7	0	0	0	0	0	0
	非全时人数	8	122	24	37	44	10	6
	非全时折合全时人数	9	24	5.6	7.7	8.5	1.3	0.6
哲学	全时人数	10	0	0	0	0	0	0
	非全时人数	11	83	19	30	29	1	1
	非全时折合全时人数	12	17.3	4.2	6.5	5.9	0.1	0.1
逻辑学	全时人数	13	0	0	0	0	0	0
	非全时人数	14	5	0	2	3	0	0
	非全时折合全时人数	15	1.2	0	0.4	0.8	0	0
宗教学	全时人数	16	2	0	0	1	1	0
	非全时人数	17	53	8	11	25	4	4
	非全时折合全时人数	18	8.2	1.9	2	3.1	0.5	0.4
语言学	全时人数	19	75	26	25	21	2	0
	非全时人数	20	1 547	288	406	542	94	16
	非全时折合全时人数	21	397.8	96.9	111	121.2	16.5	3.1
中国文学	全时人数	22	11	6	4	1	0	0
	非全时人数	23	321	73	79	90	13	8
	非全时折合全时人数	24	84.2	21.2	25.9	21.5	2	1.9
外国文学	全时人数	25	13	12	0	1	0	0
	非全时人数	26	403	106	109	121	17	3
	非全时折合全时人数	27	103.3	34.4	29.4	26.1	3.3	0.5
艺术学	全时人数	28	12	5	4	3	0	0
	非全时人数	29	541	125	117	205	42	9
	非全时折合全时人数	30	126.2	34.5	26.9	37.8	7	1.5
历史学	全时人数	31	2	1	0	1	0	0
	非全时人数	32	31	11	7	10	2	1
	非全时折合全时人数	33	7.5	2.5	1.7	2.8	0.3	0.2

其他人员	研究生（学生）	其中：女性	研究人员	按学历学位划分：博士毕业	硕士毕业	本科毕业	其他学历
L07	L08	L09	L10	L11	L12	L13	L14
0	1	89	226	96	83	15	37
68	777	3 980	6 094	1 525	2 594	1 627	1 725
11.2	178	892.3	1 467.9	413.4	587	334.3	413.8
0	0	10	26	12	10	3	2
8	147	573	826	249	353	302	152
1	23.4	125.4	201	69.9	87.8	56.6	26.3
0	0	0	0	0	0	0	0
1	0	66	105	18	47	39	18
0.3	0	14.1	21.8	3.4	9.9	6.4	4.3
0	0	0	0	0	0	0	0
1	2	46	79	27	33	15	8
0.1	0.4	8.7	16.7	6.4	6.6	2.9	1.4
0	0	0	0	0	0	0	0
0	0	2	5	4	1	0	0
0	0	0.4	1.2	1	0.2	0	0
0	0	0	1	0	2	0	0
1	0	32	45	13	21	10	9
0.3	0	4.6	7.1	2.4	2.4	1.4	2
0	1	33	73	34	29	4	8
8	193	914	1 286	370	705	355	117
1.6	47.5	215.5	338.5	119.7	170.6	76.7	30.8
0	0	2	11	10	1	0	0
7	51	171	254	99	102	78	42
0.7	11	43.1	71.1	31.6	25.2	17.3	10.1
0	0	4	13	11	2	0	0
1	46	238	340	134	183	69	17
0.3	9.3	58.9	90.6	40.7	43.2	15.4	4
0	0	6	12	0	0	0	12
0	43	217	471	42	66	45	388
0	18.5	46.9	105.8	5.9	14.5	11.6	94.2
0	0	0	2	2	0	0	0
0	0	6	29	12	11	4	4
0	0	1.2	7.1	2.6	3.4	0.9	0.6

			合计	按职称划分				
				教授	副教授	讲师	助教	初级
		编号	L01	L02	L03	L04	L05	L06
考古学	全时人数	34	0	0	0	0	0	0
	非全时人数	35	0	0	0	0	0	0
	非全时折合全时人数	36	0	0	0	0	0	0
经济学	全时人数	37	16	9	6	1	0	0
	非全时人数	38	591	89	149	185	29	10
	非全时折合全时人数	39	135.3	25.6	40.1	36.7	4.9	1.2
政治学	全时人数	40	9	2	3	4	0	0
	非全时人数	41	136	28	32	42	10	6
	非全时折合全时人数	42	28.5	5.4	7.3	8.7	1.5	1.3
法学	全时人数	43	8	2	2	4	0	0
	非全时人数	44	212	29	62	81	13	0
	非全时折合全时人数	45	47.8	9.2	14.7	16.8	2.8	0
社会学	全时人数	46	3	2	0	1	0	0
	非全时人数	47	263	42	62	100	38	4
	非全时折合全时人数	48	51.1	8.9	13.9	17.7	5.2	1
民族学	全时人数	49	0	0	0	0	0	0
	非全时人数	50	11	2	3	5	0	1
	非全时折合全时人数	51	1.9	0.5	0.6	0.7	0	0.1
新闻学与传播学	全时人数	52	24	9	9	6	0	0
	非全时人数	53	850	181	241	286	45	21
	非全时折合全时人数	54	204.4	48.7	63.3	57.6	7.8	4.6
图书、情报与文献学	全时人数	55	2	1	0	0	1	0
	非全时人数	56	113	6	30	47	9	12
	非全时折合全时人数	57	24.9	1.4	6.5	10.1	2.9	3
教育学	全时人数	58	24	7	7	10	0	0
	非全时人数	59	959	167	229	369	128	18
	非全时折合全时人数	60	205.1	44.3	52.6	75.8	21.7	3.8
统计学	全时人数	61	1	0	1	0	0	0
	非全时人数	62	32	3	7	10	0	1
	非全时折合全时人数	63	9.3	1	1.6	1.9	0	0.2
心理学	全时人数	64	0	0	0	0	0	0
	非全时人数	65	76	9	19	36	10	1
	非全时折合全时人数	66	16.3	2.4	4.1	8.5	1.1	0.1
体育学	全时人数	67	2	0	1	1	0	0
	非全时人数	68	66	8	21	26	11	0
	非全时折合全时人数	69	13.6	1.9	4	5.5	2.2	0

续表

其他人员	研究生（学生）	其中：女性	研究人员	按学历学位划分：博士毕业	硕士毕业	本科毕业	其他学历
L07	L08	L09	L10	L11	L12	L13	L14
0	0	0	0	0	0	0	0
0	0	0	0	0	0	0	0
0	0	0	0	0	0	0	0
0	0	5	16	13	2	1	0
7	122	311	427	141	221	203	26
1.2	25.6	69.4	103	42.4	47.2	41.5	4.2
0	0	3	9	5	4	0	0
9	9	63	104	43	54	33	6
1.7	2.6	13.4	22	10.5	10.1	6.9	1
0	0	2	8	0	8	0	0
3	24	123	173	54	97	37	24
0.4	3.9	29.1	40.8	13.3	22.7	7.4	4.4
0	0	2	3	1	0	2	0
4	13	149	206	39	116	62	46
0.9	3.5	27.9	40.8	8.4	23.3	13.4	6
0	0	0	0	0	0	0	0
0	0	7	10	1	7	3	0
0	0	1.3	1.8	0.4	0.9	0.6	0
0	0	11	24	5	6	1	12
2	74	324	732	139	108	59	544
0.2	22.2	73.2	173.6	21.5	19.9	11.2	151.8
0	0	1	1	0	0	1	1
3	6	70	83	2	40	41	30
0.4	0.6	15.9	18	0.2	8.7	9.3	6.7
0	0	10	24	3	18	2	1
12	36	567	776	104	363	222	270
1.8	5.1	119.4	175.5	25.5	76.2	42.4	61
0	0	0	1	0	1	0	0
1	10	18	21	10	11	11	0
0.3	4.3	4.8	4.8	2.7	2.2	4.4	0
0	0	0	0	0	0	0	0
0	1	50	67	23	39	12	2
0	0.1	11.7	15.3	4.7	8.5	2.2	0.9
0	0	0	2	0	0	1	1
0	0	33	55	1	16	27	22
0	0	7.4	11.4	0.2	3.5	5.8	4.1

40. 财经院校人文、社会科学研究与发展人员情况表

			合计	按职称划分				
				教授	副教授	讲师	助教	初级
		编号	L01	L02	L03	L04	L05	L06
合计	全时人数	1	635	181	207	189	35	6
	非全时人数	2	28 974	4 965	8 032	10 006	2 390	589
	非全时折合全时人数	3	7 037.5	1 373.3	2 035.2	2 412.6	495.1	124.8
管理学	全时人数	4	204	65	59	62	11	1
	非全时人数	5	8 043	1 433	2 177	2 620	530	165
	非全时折合全时人数	6	2 007.5	401.9	576.9	655.3	112.4	34.8
马克思主义	全时人数	7	4	0	2	0	2	0
	非全时人数	8	677	118	201	243	52	10
	非全时折合全时人数	9	157.4	32.1	50.4	50.7	9.1	1.9
哲学	全时人数	10	2	0	1	1	0	0
	非全时人数	11	201	35	51	76	13	1
	非全时折合全时人数	12	43.3	9.3	11.2	15.5	2.6	0.1
逻辑学	全时人数	13	0	0	0	0	0	0
	非全时人数	14	18	2	3	10	3	0
	非全时折合全时人数	15	3	0.4	0.4	1.7	0.5	0
宗教学	全时人数	16	0	0	0	0	0	0
	非全时人数	17	14	1	7	6	0	0
	非全时折合全时人数	18	3	0.5	1.2	1.3	0	0
语言学	全时人数	19	19	1	4	6	3	2
	非全时人数	20	1 090	118	309	470	134	27
	非全时折合全时人数	21	262.2	30	74	112.6	30	6.5
中国文学	全时人数	22	1	1	0	0	0	0
	非全时人数	23	379	59	107	150	30	11
	非全时折合全时人数	24	87.5	16.6	26.4	30.3	6.9	2.4
外国文学	全时人数	25	2	0	1	1	0	0
	非全时人数	26	203	28	56	79	33	2
	非全时折合全时人数	27	45.5	7	13.8	16.6	6.5	0.7
艺术学	全时人数	28	7	0	4	3	0	0
	非全时人数	29	375	26	93	172	66	16
	非全时折合全时人数	30	99	5.7	25.1	47.3	16.2	4.3
历史学	全时人数	31	2	1	0	1	0	0
	非全时人数	32	147	24	51	56	7	2
	非全时折合全时人数	33	41.8	6.3	16.3	14.2	1.8	0.9

其他人员	研究生（学生）	其中：		按学历学位划分			
		女性	研究人员	博士毕业	硕士毕业	本科毕业	其他学历
L07	L08	L09	L10	L11	L12	L13	L14
1	16	262	579	299	226	91	19
317	2 675	13 897	23 601	6 574	13 052	8 444	904
44.7	551.8	3 290.3	5 929.2	1 869	3 181.8	1 768.2	218.5
0	6	73	190	101	65	34	4
99	1 019	3 762	6 470	2 027	3 511	2 291	214
13	213.2	907.9	1 682.4	603.3	873.3	479.5	51.4
0	0	4	2	2	1	1	0
7	46	312	565	146	315	197	19
1.4	11.8	71.3	134.9	38.5	69.5	44.4	5
0	0	1	2	1	1	0	0
3	22	87	166	65	83	53	0
0.4	4.2	19.6	37	15.6	16.8	10.9	0
0	0	0	0	0	0	0	0
0	0	7	15	5	10	3	0
0	0	0.9	2.5	1	1.6	0.4	0
0	0	0	0	0	0	0	0
0	0	8	14	6	5	3	0
0	0	1.2	3	1.5	0.6	0.9	0
0	3	12	13	1	12	5	1
1	31	767	891	93	614	342	41
0.1	9	185.6	216.1	24.5	150.7	77.6	9.4
0	0	0	1	0	1	0	0
3	19	197	318	87	176	111	5
0.3	4.6	45.2	73.2	25.3	37.6	23.4	1.2
0	0	0	0	2	0	0	0
1	4	132	164	36	126	38.	3
0.1	0.8	29.4	37.6	9.6	28.2	7.2	0.5
0	0	7	7	0	2	5	0
1	1	162	289	25	186	143	21
0.1	0.3	42.9	77.8	8.1	46.8	38.2	5.9
0	0	1	2	1	1	0	0
0	7	69	134	53	59	26	9
0	2.3	14.9	37.5	16.1	13.7	8.7	3.3

			合计	按职称划分				
				教授	副教授	讲师	助教	初级
		编号	L01	L02	L03	L04	L05	L06
考古学	全时人数	34	0	0	0	0	0	0
	非全时人数	35	9	0	2	3	4	0
	非全时折合全时人数	36	1.3	0	0.2	0.5	0.6	0
经济学	全时人数	37	297	88	105	83	11	3
	非全时人数	38	9 087	1 739	2 546	2 919	599	156
	非全时折合全时人数	39	2 368.9	529.7	689.8	771.3	132.5	36.6
政治学	全时人数	40	4	1	3	0	0	0
	非全时人数	41	422	87	140	147	30	8
	非全时折合全时人数	42	81.1	15.7	28.3	28.9	4.5	1.6
法学	全时人数	43	34	13	7	13	1	0
	非全时人数	44	1 533	290	446	502	83	18
	非全时折合全时人数	45	412	90.9	117.4	134.8	17.8	4.2
社会学	全时人数	46	8	2	2	3	1	0
	非全时人数	47	1 410	257	404	528	130	24
	非全时折合全时人数	48	297.8	54.6	85.1	113.7	28.4	3.6
民族学	全时人数	49	0	0	0	0	0	0
	非全时人数	50	56	15	28	11	2	0
	非全时折合全时人数	51	11.4	3.4	6	1.8	0.2	0
新闻学与传播学	全时人数	52	4	0	1	2	1	0
	非全时人数	53	348	39	89	127	33	19
	非全时折合全时人数	54	79.5	9.9	22.5	26.6	7.7	5.2
图书、情报与文献学	全时人数	55	2	0	0	0	2	0
	非全时人数	56	281	38	72	114	31	11
	非全时折合全时人数	57	54.3	7.6	14.4	22	5.7	1.9
教育学	全时人数	58	27	7	10	7	2	0
	非全时人数	59	3 108	403	830	1 217	487	92
	非全时折合全时人数	60	636.4	87.6	179.8	248.6	88.6	15.9
统计学	全时人数	61	13	2	7	4	0	0
	非全时人数	62	973	201	237	298	47	11
	非全时折合全时人数	63	223.2	51.3	55.3	68.1	10.7	1.9
心理学	全时人数	64	2	0	0	1	1	0
	非全时人数	65	127	8	28	53	25	6
	非全时折合全时人数	66	21.7	1.4	5.3	9.1	4.1	0.7
体育学	全时人数	67	3	0	1	2	0	0
	非全时人数	68	473	44	155	205	51	10
	非全时折合全时人数	69	99.7	11.4	35.4	41.7	8.3	1.6

其他人员	研究生（学生）	其中：女性	研究人员	按学历学位划分：博士毕业	硕士毕业	本科毕业	其他学历
L07	L08	L09	L10	L11	L12	L13	L14
0	0	0	0	0	0	0	0
0	0	4	5	0	5	3	1
0	0	0.6	0.7	0	0.9	0.3	0.1
0	7	116	275	161	102	26	8
91	1 037	4 203	7 437	2 507	3 852	2 441	287
13	196	1 070.5	2 033.3	745	1 033.1	519.5	71.3
0	0	4	4	0	0	4	0
3	7	164	374	97	214	98	13
0.5	1.6	29.1	70.7	21.6	39	18.6	1.9
0	0	13	32	20	11	1	2
27	167	638	1 295	457	700	329	47
3.1	43.8	164.7	350.4	137.8	185.9	75.6	12.7
0	0	2	7	1	4	3	0
8	59	704	1 202	275	738	354	43
1	11.4	152	253.2	64.5	157	66.9	9.4
0	0	0	0	0	0	0	0
0	0	28	54	19	22	14	1
0	0	5.3	11.2	4.5	4.6	2.2	0.1
0	0	2	3	1	3	0	0
1	40	186	260	47	158	120	23
0.1	7.5	40.7	60.3	12.7	37.4	24	5.4
0	0	1	0	0	2	0	0
4	11	150	225	26	78	151	26
0.5	2.2	29.7	44.2	4.6	15	29.2	5.5
1	0	17	24	0	16	11	0
43	36	1 681	2 463	285	1 591	1 151	81
7.7	8.2	342.8	518.1	58.7	336.1	224.2	17.4
0	0	7	13	6	3	0	4
19	160	420	765	273	364	283	53
2.7	33.2	91.1	180.4	66.2	82.6	60	14.4
0	0	1	1	0	1	1	0
4	3	63	89	12	67	42	6
0.5	0.6	11.4	15.8	2.2	11.7	6.9	0.9
0	0	1	3	2	1	0	0
2	6	153	406	33	178	251	11
0.2	1.1	33.5	88.9	7.7	39.7	49.6	2.7

41. 政法院校人文、社会科学研究与发展人员情况表

			合计	按职称划分				
				教授	副教授	讲师	助教	初级
		编号	L01	L02	L03	L04	L05	L06
合计	全时人数	1	215	70	62	46	4	1
	非全时人数	2	7 125	1 208	2 239	2 278	434	179
	非全时折合全时人数	3	1 626.7	328.3	530.5	507.7	87.1	32.7
管理学	全时人数	4	9	1	4	1	0	0
	非全时人数	5	848	134	257	286	60	31
	非全时折合全时人数	6	186.2	31.8	59.2	64.2	11.6	5.8
马克思主义	全时人数	7	2	0	1	1	0	0
	非全时人数	8	148	30	51	42	1	4
	非全时折合全时人数	9	31.3	7.8	10.5	8.3	0.1	0.8
哲学	全时人数	10	4	0	0	2	0	0
	非全时人数	11	110	29	40	32	3	0
	非全时折合全时人数	12	24.9	7.7	9.6	6.2	0.4	0
逻辑学	全时人数	13	0	0	0	0	0	0
	非全时人数	14	10	1	2	5	0	0
	非全时折合全时人数	15	1.2	0.1	0.3	0.6	0	0
宗教学	全时人数	16	0	0	0	0	0	0
	非全时人数	17	21	7	9	4	0	0
	非全时折合全时人数	18	4.3	1.3	2.1	0.8	0	0
语言学	全时人数	19	6	0	1	1	0	0
	非全时人数	20	201	20	62	90	24	2
	非全时折合全时人数	21	51.6	5.7	15.6	22.5	6.8	0.5
中国文学	全时人数	22	3	0	0	2	1	0
	非全时人数	23	75	10	31	30	0	1
	非全时折合全时人数	24	17.7	2.5	9.2	5.3	0	0.2
外国文学	全时人数	25	0	0	0	0	0	0
	非全时人数	26	22	1	6	13	0	1
	非全时折合全时人数	27	4.2	0.2	1.1	2.5	0	0.1
艺术学	全时人数	28	0	0	0	0	0	0
	非全时人数	29	27	2	5	8	8	3
	非全时折合全时人数	30	5.4	0.3	1.3	1.6	1.8	0.3
历史学	全时人数	31	2	1	1	0	0	0
	非全时人数	32	67	11	20	15	4	2
	非全时折合全时人数	33	13.6	2.4	5	3.6	0.6	0.3

其他人员	研究生（学生）	其中：女性	研究人员	按学历学位划分：博士毕业	硕士毕业	本科毕业	其他学历
L07	L08	L09	L10	L11	L12	L13	L14
1	31	85	189	97	75	37	6
133	654	2 832	5 717	1 547	2 627	2 317	634
29.7	110.7	610.4	1 366.7	406.5	635	460.9	124.3
0	3	5	6	0	5	3	1
30	50	281	667	127	311	283	127
6.7	6.9	60.8	151.6	31.2	74.3	55.5	25.2
0	0	0	2	1	1	0	0
0	20	54	116	42	46	34	26
0	3.8	12.2	24.6	9.4	9.5	8.4	4
0	2	1	2	1	1	2	0
1	5	36	99	55	30	18	7
0.1	0.9	5.8	22.8	12.8	7.2	3.1	1.8
0	0	0	0	0	0	0	0
2	0	3	8	0	3	7	0
0.2	0	0.4	1	0	0.3	0.9	0
0	0	0	0	0	0	0	0
1	0	5	20	5	9	1	6
0.1	0	0.9	4.2	1.7	1.5	0.2	0.9
0	4	3	2	1	1	4	0
0	3	126	165	22	102	60	17
0	0.5	30.5	41.3	4.9	26.1	14.8	5.8
0	0	1	2	0	3	0	0
3	0	40	71	37	22	11	5
0.5	0	9.4	17	9.7	4.9	1.9	1.2
0	0	0	0	0	0	0	0
1	0	16	20	3	10	7	2
0.3	0	2.7	3.8	0.5	1.6	1.4	0.7
0	0	0	0	0	0	0	0
0	1	16	15	6	13	8	0
0	0.1	3	3.2	1.1	2.5	1.8	0
0	0	1	2	2	0	0	0
0	15	26	46	29	15	18	5
0	1.7	5.4	11	7	3	2	1.6

			合计	按职称划分				
				教授	副教授	讲师	助教	初级
		编号	L01	L02	L03	L04	L05	L06
考古学	全时人数	34	0	0	0	0	0	0
	非全时人数	35	0	0	0	0	0	0
	非全时折合全时人数	36	0	0	0	0	0	0
经济学	全时人数	37	10	2	5	3	0	0
	非全时人数	38	287	48	85	113	7	2
	非全时折合全时人数	39	68.4	11.8	21.7	25.5	1.8	0.3
政治学	全时人数	40	5	1	0	0	0	0
	非全时人数	41	404	65	129	146	20	15
	非全时折合全时人数	42	88.5	17.5	29.8	30.2	3.1	2.1
法学	全时人数	43	148	61	44	28	2	1
	非全时人数	44	3 354	612	1 064	937	157	73
	非全时折合全时人数	45	792	182.2	258.6	218.3	28.1	12.4
社会学	全时人数	46	5	2	1	0	0	0
	非全时人数	47	377	57	130	118	24	6
	非全时折合全时人数	48	76.9	13.6	28.4	22.6	4.3	1
民族学	全时人数	49	1	0	1	0	0	0
	非全时人数	50	11	2	7	2	0	0
	非全时折合全时人数	51	1.9	0.4	1.2	0.3	0	0
新闻学与传播学	全时人数	52	3	1	1	1	0	0
	非全时人数	53	128	16	32	60	8	1
	非全时折合全时人数	54	30.4	5.6	7.8	12.9	2.3	0.5
图书、情报与文献学	全时人数	55	1	0	0	1	0	0
	非全时人数	56	109	14	33	44	9	7
	非全时折合全时人数	57	22.7	2.6	7.4	9.3	1.6	1.6
教育学	全时人数	58	8	1	3	3	1	0
	非全时人数	59	610	112	189	203	75	18
	非全时折合全时人数	60	136.2	25.8	41.8	44.7	17.1	4.3
统计学	全时人数	61	1	0	0	1	0	0
	非全时人数	62	39	8	8	12	3	3
	非全时折合全时人数	63	7.9	1.7	1.8	2.5	0.4	0.8
心理学	全时人数	64	7	0	0	2	0	0
	非全时人数	65	114	11	39	45	7	6
	非全时折合全时人数	66	23.8	2.8	7.5	9.3	2.4	0.8
体育学	全时人数	67	0	0	0	0	0	0
	非全时人数	68	163	18	40	73	24	4
	非全时折合全时人数	69	37.6	4.5	10.6	16.5	4.7	0.9

续表

其他人员	研究生（学生）	其中：女性	研究人员	按学历学位划分：博士毕业	硕士毕业	本科毕业	其他学历
L07	L08	L09	L10	L11	L12	L13	L14
0	0	0	0	0	0	0	0
0	0	0	0	0	0	0	0
0	0	0	0	0	0	0	0
0	0	3	10	4	6	0	0
5	27	136	246	120	100	56	11
0.8	6.5	33.6	59	27.6	24.5	14.2	2.1
0	4	4	1	0	1	4	0
2	27	150	341	92	164	100	48
0.4	5.4	32.3	77.5	22.9	38	19	8.6
0	12	48	144	78	52	16	2
68	443	1 272	2 656	793	1 212	1 133	216
16.5	75.9	269	678	226.7	306.2	215	44.1
1	1	3	3	2	2	1	0
3	39	164	307	77	138	111	51
0.9	6.1	34.1	64.6	17.8	30.1	21.5	7.5
0	0	0	1	0	0	0	1
0	0	0	11	2	5	2	2
0	0	0	1.9	0.5	0.9	0.2	0.3
0	0	2	3	2	0	1	0
3	8	69	108	38	57	22	11
0.3	1	16.4	26.3	11.2	12	4.8	2.4
0	0	0	1	1	0	0	0
0	2	57	84	6	31	52	20
0	0.2	13	17.1	1.1	7.3	10.8	3.5
0	0	7	7	2	3	1	2
6	7	288	495	69	253	246	42
1.7	0.8	60.7	109	16.3	60.9	51.4	7.6
0	0	1	1	1	0	0	0
2	3	16	28	4	20	6	9
0.2	0.5	3	6	1	4.4	1.1	1.4
0	5	6	2	2	0	5	0
6	0	51	93	15	42	45	12
1	0	11.4	18.8	1.9	9.4	10.6	1.9
0	0	0	0	0	0	0	0
0	4	26	121	5	44	97	17
0	0.4	5.8	28	1.2	10.4	22.3	3.7

42. 艺术院校人文、社会科学研究与发展人员情况表

			合计	按职称划分				
				教授	副教授	讲师	助教	初级
		编号	L01	L02	L03	L04	L05	L06
合计	全时人数	1	129	45	41	36	6	0
	非全时人数	2	3 733	691	859	1 166	448	84
	非全时折合全时人数	3	933.8	208.8	219.5	296.4	93.9	19.5
管理学	全时人数	4	0	0	0	0	0	0
	非全时人数	5	152	15	24	52	22	15
	非全时折合全时人数	6	31.2	4.9	4.8	11.3	3.8	2.6
马克思主义	全时人数	7	0	0	0	0	0	0
	非全时人数	8	61	9	17	21	11	3
	非全时折合全时人数	9	13.8	2.3	2.7	5.5	2.6	0.7
哲学	全时人数	10	0	0	0	0	0	0
	非全时人数	11	5	1	1	2	0	1
	非全时折合全时人数	12	0.7	0.2	0.1	0.2	0	0.2
逻辑学	全时人数	13	0	0	0	0	0	0
	非全时人数	14	0	0	0	0	0	0
	非全时折合全时人数	15	0	0	0	0	0	0
宗教学	全时人数	16	0	0	0	0	0	0
	非全时人数	17	0	0	0	0	0	0
	非全时折合全时人数	18	0	0	0	0	0	0
语言学	全时人数	19	0	0	0	0	0	0
	非全时人数	20	51	1	8	34	4	1
	非全时折合全时人数	21	8.2	0.1	1.3	4.5	0.5	0.4
中国文学	全时人数	22	0	0	0	0	0	0
	非全时人数	23	30	4	8	12	3	1
	非全时折合全时人数	24	5.4	0.7	1.2	2.1	0.6	0.2
外国文学	全时人数	25	0	0	0	0	0	0
	非全时人数	26	0	0	0	0	0	0
	非全时折合全时人数	27	0	0	0	0	0	0
艺术学	全时人数	28	126	45	39	35	6	0
	非全时人数	29	2 937	596	682	854	338	50
	非全时折合全时人数	30	776.5	186.1	186.1	237.8	74.8	13
历史学	全时人数	31	0	0	0	0	0	0
	非全时人数	32	21	5	8	7	1	0
	非全时折合全时人数	33	2.6	0.8	1	0.7	0.1	0

	研究生	其中：		按学历学位划分			
其他人员	（学生）	女性	研究人员	博士毕业	硕士毕业	本科毕业	其他学历
L07	L08	L09	L10	L11	L12	L13	L14
1	0	32	122	35	50	30	14
55	430	1 565	2 688	284	1 274	1 463	712
13.3	82.4	362.7	726.2	89.2	339.4	331.5	173.7
0	0	0	0	0	0	0	0
4	20	64	91	5	58	77	12
0.9	2.9	12.2	21	1.1	11.7	16.1	2.3
0	0	0	0	0	0	0	0
0	0	29	47	4	35	21	1
0	0	6.1	10.5	0.8	8.9	4	0.1
0	0	0	0	0	0	0	0
0	0	3	4	2	2	0	1
0	0	0.4	0.5	0.3	0.3	0	0.1
0	0	0	0	0	0	0	0
0	0	0	0	0	0	0	0
0	0	0	0	0	0	0	0
0	0	0	0	0	0	0	0
0	0	0	0	0	0	0	0
0	0	0	0	0	0	0	0
0	0	0	0	0	0	0	0
0	3	41	43	0	25	24	2
0	1.4	5.9	5.9	0	3.5	4.4	0.3
0	0	0	0	0	0	0	0
0	2	14	24	4	16	9	1
0	0.6	2.3	4	0.6	3	1.7	0.1
0	0	0	0	0	0	0	0
0	0	0	0	0	0	0	0
0	0	0	0	0	0	0	0
1	0	32	119	35	50	29	12
42	375	1 172	2 103	248	958	1 137	594
10.7	68	288.4	611.3	82	276	264.5	154
0	0	0	0	0	0	0	0
0	0	7	20	0	5	3	13
0	0	0.8	2.5	0	0.6	0.3	1.7

		编号	合计 L01	按职称划分 教授 L02	副教授 L03	讲师 L04	助教 L05	初级 L06
考古学	全时人数	34	0	0	0	0	0	0
	非全时人数	35	4	1	2	1	0	0
	非全时折合全时人数	36	1.1	0.5	0.5	0.1	0	0
经济学	全时人数	37	0	0	0	0	0	0
	非全时人数	38	11	2	1	3	1	1
	非全时折合全时人数	39	2.3	0.5	0.2	0.5	0.1	0.3
政治学	全时人数	40	0	0	0	0	0	0
	非全时人数	41	20	5	8	6	1	0
	非全时折合全时人数	42	2.6	0.7	1.1	0.7	0.1	0
法学	全时人数	43	0	0	0	0	0	0
	非全时人数	44	11	2	4	4	1	0
	非全时折合全时人数	45	2.6	0.6	1.2	0.7	0.1	0
社会学	全时人数	46	0	0	0	0	0	0
	非全时人数	47	36	4	9	7	9	1
	非全时折合全时人数	48	7.1	1	1.6	1.6	1.8	0.1
民族学	全时人数	49	0	0	0	0	0	0
	非全时人数	50	20	4	4	6	3	0
	非全时折合全时人数	51	4.6	1	1.1	1	0.6	0
新闻学与传播学	全时人数	52	0	0	0	0	0	0
	非全时人数	53	36	3	8	19	5	1
	非全时折合全时人数	54	5.5	0.5	1.7	2.5	0.6	0.2
图书、情报与文献学	全时人数	55	0	0	0	0	0	0
	非全时人数	56	41	3	10	24	2	2
	非全时折合全时人数	57	8.3	0.9	2.4	4.2	0.5	0.3
教育学	全时人数	58	1	0	0	1	0	0
	非全时人数	59	237	27	55	87	41	8
	非全时折合全时人数	60	48.2	5.4	10.7	17.8	6.9	1.5
统计学	全时人数	61	0	0	0	0	0	0
	非全时人数	62	0	0	0	0	0	0
	非全时折合全时人数	63	0	0	0	0	0	0
心理学	全时人数	64	0	0	0	0	0	0
	非全时人数	65	23	4	3	6	6	0
	非全时折合全时人数	66	4.1	1.3	0.3	0.9	0.8	0
体育学	全时人数	67	2	0	2	0	0	0
	非全时人数	68	37	5	7	21	0	0
	非全时折合全时人数	69	9	1.3	1.5	4.3	0	0

其他人员	研究生（学生）	其中：		按学历学位划分			
		女性	研究人员	博士毕业	硕士毕业	本科毕业	其他学历
L07	L08	L09	L10	L11	L12	L13	L14
0	0	0	0	0	0	0	0
0	0	1	4	1	2	1	0
0	0	0.1	1.1	0.4	0.2	0.5	0
0	0	0	0	0	0	0	0
1	2	4	6	3	4	3	1
0.1	0.6	0.8	1.2	0.6	0.6	0.9	0.2
0	0	0	0	0	0	0	0
0	0	12	19	1	13	6	0
0	0	1.4	2.5	0.1	1.6	0.9	0
0	0	0	0	0	0	0	0
0	0	3	10	3	7	1	0
0	0	0.5	2.5	0.9	1.5	0.2	0
0	0	0	0	0	0	0	0
2	4	19	20	1	16	15	4
0.2	0.8	4.4	4.2	0.1	3.1	3.4	0.5
0	0	0	0	0	0	0	0
0	3	8	14	1	11	6	2
0	0.9	1.6	3.1	0.1	2.4	1.4	0.7
0	0	0	0	0	0	0	0
0	0	20	30	3	16	12	5
0	0	2.7	4.7	0.5	2.5	1.7	0.8
0	0	0	0	0	0	0	0
0	0	22	37	1	10	23	7
0	0	4.3	7.5	0.1	1.9	4.9	1.4
0	0	0	1	0	0	1	0
3	16	117	170	6	78	94	59
0.4	5.5	24	34.1	1.5	17.9	19.7	9.1
0	0	0	0	0	0	0	0
0	0	0	0	0	0	0	0
0	0	0	0	0	0	0	0
0	0	0	0	0	0	0	0
1	3	12	13	1	9	11	2
0.1	0.7	2	2.5	0.1	1.3	2.3	0.4
0	0	0	2	0	0	0	2
2	2	17	33	0	9	20	8
0.9	1	4.8	7.1	0	2.4	4.6	2

43. 民族院校人文、社会科学研究与发展人员情况表

			合计	按职称划分				
				教授	副教授	讲师	助教	初级
		编号	L01	L02	L03	L04	L05	L06
合计	全时人数	1	68	14	20	25	1	0
	非全时人数	2	3 620	824	951	1 085	252	70
	非全时折合全时人数	3	889.2	223.8	245.9	249.7	54.1	12
管理学	全时人数	4	2	2	0	0	0	0
	非全时人数	5	317	54	87	102	20	6
	非全时折合全时人数	6	78.3	15.2	24.2	25.7	4.4	1.3
马克思主义	全时人数	7	0	0	0	0	0	0
	非全时人数	8	47	11	20	8	1	1
	非全时折合全时人数	9	10.4	3	3.8	1.4	0.2	0.3
哲学	全时人数	10	0	0	0	0	0	0
	非全时人数	11	40	11	14	12	0	1
	非全时折合全时人数	12	9	2.9	3.1	2.4	0	0.1
逻辑学	全时人数	13	0	0	0	0	0	0
	非全时人数	14	0	0	0	0	0	0
	非全时折合全时人数	15	0	0	0	0	0	0
宗教学	全时人数	16	0	0	0	0	0	0
	非全时人数	17	85	30	17	20	4	3
	非全时折合全时人数	18	17.3	7.4	3.5	3.8	0.6	0.3
语言学	全时人数	19	2	1	1	0	0	0
	非全时人数	20	266	74	68	69	23	5
	非全时折合全时人数	21	64.8	18.7	18.9	16	4.8	1
中国文学	全时人数	22	3	2	1	0	0	0
	非全时人数	23	258	67	73	60	16	5
	非全时折合全时人数	24	68.7	21.8	19.6	14.9	3.4	0.8
外国文学	全时人数	25	5	0	3	1	0	0
	非全时人数	26	63	10	14	28	4	0
	非全时折合全时人数	27	14.2	2.3	3.1	6.1	0.9	0
艺术学	全时人数	28	2	2	0	0	0	0
	非全时人数	29	147	22	33	48	28	1
	非全时折合全时人数	30	42.2	6.4	10.1	13.8	6.5	0.1
历史学	全时人数	31	6	2	1	3	0	0
	非全时人数	32	107	29	29	32	2	4
	非全时折合全时人数	33	30.1	10.1	8.2	7.5	0.3	0.9

	研究生	其中：		按学历学位划分			
其他人员	（学生）	女性	研究人员	博士毕业	硕士毕业	本科毕业	其他学历
L07	L08	L09	L10	L11	L12	L13	L14
0	8	29	60	25	20	21	2
21	417	1 564	2 897	675	1 252	1 113	580
4	99.7	371	729.1	204.6	302.1	235.3	147.2
0	0	0	2	1	0	1	0
3	45	141	247	64	131	94	28
0.3	7.2	35	65.9	19.6	33.3	18.3	7.1
0	0	0	0	0	0	0	0
2	4	18	40	6	21	19	1
0.5	1.2	4.2	8.4	1.3	4.7	3.7	0.7
0	0	0	0	0	0	0	0
0	2	13	37	9	11	12	8
0	0.5	2.4	8.4	3.4	1.7	1.9	2
0	0	0	0	0	0	0	0
0	0	0	0	0	0	0	0
0	0	0	0	0	0	0	0
0	0	0	0	0	0	0	0
0	11	30	67	21	25	24	15
0	1.7	6.2	14.7	5.3	5.8	2.9	3.3
0	0	1	2	2	0	0	0
3	24	136	214	59	93	78	36
1	4.4	34.5	54.6	18.1	22.2	16.2	8.3
0	0	0	3	2	0	1	0
1	36	117	204	41	91	66	60
0.1	8.1	28	57	17.2	23.7	15	12.8
0	1	3	4	1	3	1	0
0	7	33	52	11	24	26	2
0	1.8	8.4	11.5	2.7	5.2	6	0.3
0	0	1	2	1	1	0	0
0	15	59	103	9	45	56	37
0	5.3	14.3	30.3	3.1	14.2	16.3	8.6
0	0	1	6	5	1	0	0
0	11	43	94	29	35	32	11
0	3.1	11.9	27.5	8.9	9.4	8.5	3.3

			合计	按职称划分				
				教授	副教授	讲师	助教	初级
		编号	L01	L02	L03	L04	L05	L06
考古学	全时人数	34	0	0	0	0	0	0
	非全时人数	35	22	3	7	5	1	0
	非全时折合全时人数	36	5.8	0.6	2	1.8	0.4	0
经济学	全时人数	37	4	2	0	1	0	0
	非全时人数	38	432	77	121	165	34	6
	非全时折合全时人数	39	107.9	21.5	33.8	39	7	0.8
政治学	全时人数	40	3	0	1	2	0	0
	非全时人数	41	169	31	48	64	6	3
	非全时折合全时人数	42	30.8	6	9.6	11.1	0.6	0.3
法学	全时人数	43	5	1	1	1	1	0
	非全时人数	44	235	43	81	79	11	2
	非全时折合全时人数	45	61.5	12.2	22.3	16.3	2.1	0.3
社会学	全时人数	46	1	0	1	0	0	0
	非全时人数	47	387	97	99	93	28	6
	非全时折合全时人数	48	94.9	23	20.5	19.8	7.1	0.8
民族学	全时人数	49	9	2	2	5	0	0
	非全时人数	50	555	153	133	138	32	12
	非全时折合全时人数	51	136.6	41.7	35.6	30.8	7.2	2.4
新闻学与传播学	全时人数	52	1	0	0	1	0	0
	非全时人数	53	75	7	21	38	6	2
	非全时折合全时人数	54	18.1	2	5.6	9.3	0.8	0.3
图书、情报与文献学	全时人数	55	1	0	1	0	0	0
	非全时人数	56	59	17	17	15	5	4
	非全时折合全时人数	57	14	5.3	4	3.3	0.5	0.8
教育学	全时人数	58	9	0	0	4	0	0
	非全时人数	59	238	59	47	71	14	6
	非全时折合全时人数	60	47.9	14.3	10.3	14.9	2.1	1
统计学	全时人数	61	0	0	0	0	0	0
	非全时人数	62	3	1	0	1	1	0
	非全时折合全时人数	63	1	0.3	0	0.3	0.4	0
心理学	全时人数	64	0	0	0	0	0	0
	非全时人数	65	20	4	2	8	4	1
	非全时折合全时人数	66	4.3	0.4	0.6	2.1	0.9	0.2
体育学	全时人数	67	15	0	8	7	0	0
	非全时人数	68	95	24	20	29	12	2
	非全时折合全时人数	69	31.4	8.7	7.1	9.4	3.9	0.3

续表

其他人员	研究生（学生）	其中：女性	研究人员	按学历学位划分：博士毕业	硕士毕业	本科毕业	其他学历
L07	L08	L09	L10	L11	L12	L13	L14
0	0	0	0	0	0	0	0
1	5	8	15	6	8	4	4
0.2	0.8	2.6	4.4	1.9	2.5	0.4	1
0	1	1	3	2	0	1	1
3	26	209	368	92	169	109	62
0.7	5.1	51.4	95.4	29.9	38.7	20	19.3
0	0	2	3	0	1	2	0
1	16	79	145	29	51	66	23
0.3	2.9	13.3	27	6.8	8.5	8.6	6.9
0	1	3	3	1	2	1	1
0	19	113	204	42	107	76	10
0	8.3	28.3	51	13.3	25.7	19.5	3
0	0	0	1	0	1	0	0
1	63	151	291	66	109	139	73
0.2	23.5	37.1	64.3	15.8	25.2	35.6	18.3
0	0	6	9	6	1	2	0
5	82	207	432	123	161	144	127
0.6	18.3	48.6	110	35.9	41.7	29.3	29.7
0	0	0	1	0	1	0	0
0	1	40	66	11	44	16	4
0	0.1	8.9	16.9	3.1	10.5	3.9	0.6
0	0	1	1	1	0	0	0
0	1	28	51	8	25	18	8
0	0.1	5.4	13	1.7	5	4.4	2.9
0	5	5	5	2	2	5	0
1	40	114	178	42	71	85	40
0.1	5.2	22.5	39.9	13.9	13.6	12.5	7.9
0	0	0	0	0	0	0	0
0	0	0	2	2	1	0	0
0	0	0	0.6	0.6	0.4	0	0
0	0	0	0	0	0	0	0
0	1	8	14	4	5	6	5
0	0.1	1.4	3.1	1.4	0.6	0.9	1.4
0	0	5	15	1	7	7	0
0	8	17	73	1	25	43	26
0	2	6.6	25.2	0.7	9.5	11.4	9.8

44. 体育院校人文、社会科学研究与发展人员情况表

			合计	按职称划分				
				教授	副教授	讲师	助教	初级
		编号	L01	L02	L03	L04	L05	L06
合计	全时人数	1	112	42	36	25	2	2
	非全时人数	2	3 437	538	900	1 083	259	62
	非全时折合全时人数	3	875.7	173.6	249.7	267.7	59.1	13.2
管理学	全时人数	4	0	0	0	0	0	0
	非全时人数	5	92	20	19	34	8	5
	非全时折合全时人数	6	17.6	3.6	3.7	7	1.7	0.8
马克思主义	全时人数	7	0	0	0	0	0	0
	非全时人数	8	43	6	10	21	3	1
	非全时折合全时人数	9	8.8	1.7	1.7	4.4	0.3	0.2
哲学	全时人数	10	0	0	0	0	0	0
	非全时人数	11	6	0	1	4	1	0
	非全时折合全时人数	12	0.6	0	0.1	0.4	0.1	0
逻辑学	全时人数	13	0	0	0	0	0	0
	非全时人数	14	0	0	0	0	0	0
	非全时折合全时人数	15	0	0	0	0	0	0
宗教学	全时人数	16	0	0	0	0	0	0
	非全时人数	17	0	0	0	0	0	0
	非全时折合全时人数	18	0	0	0	0	0	0
语言学	全时人数	19	0	0	0	0	0	0
	非全时人数	20	59	2	12	41	2	1
	非全时折合全时人数	21	13	0.4	3.7	8.5	0.2	0.1
中国文学	全时人数	22	0	0	0	0	0	0
	非全时人数	23	9	0	3	5	1	0
	非全时折合全时人数	24	1.3	0	0.7	0.5	0.1	0
外国文学	全时人数	25	0	0	0	0	0	0
	非全时人数	26	0	0	0	0	0	0
	非全时折合全时人数	27	0	0	0	0	0	0
艺术学	全时人数	28	1	0	1	0	0	0
	非全时人数	29	6	0	2	4	0	0
	非全时折合全时人数	30	1.7	0	0.3	1.4	0	0
历史学	全时人数	31	0	0	0	0	0	0
	非全时人数	32	4	1	0	3	0	0
	非全时折合全时人数	33	0.5	0.2	0	0.3	0	0

其他人员	研究生（学生）	其中：女性	研究人员	按学历学位划分：博士毕业	硕士毕业	本科毕业	其他学历
L07	L08	L09	L10	L11	L12	L13	L14
1	4	31	103	43	48	17	4
32	563	1 337	2 588	447	1 450	1 426	114
5	107.4	324.7	712	156.4	391.6	298.2	29.5
0	0	0	0	0	0	0	0
1	5	37	73	9	51	28	4
0.1	0.7	6.9	14.3	1.7	10.4	4.7	0.8
0	0	0	0	0	0	0	0
2	0	18	37	1	21	14	7
0.5	0	4.1	7.8	0.1	3.8	3.6	1.3
0	0	0	0	0	0	0	0
0	0	4	5	1	4	1	0
0	0	0.4	0.5	0.1	0.4	0.1	0
0	0	0	0	0	0	0	0
0	0	0	0	0	0	0	0
0	0	0	0	0	0	0	0
0	0	0	0	0	0	0	0
0	0	0	0	0	0	0	0
0	0	0	0	0	0	0	0
0	0	0	0	0	0	0	0
0	1	38	55	4	32	18	5
0	0.1	7.6	12.6	1.4	5.7	5	0.9
0	0	0	0	0	0	0	0
0	0	6	8	3	2	4	0
0	0	0.9	1.2	0.7	0.2	0.4	0
0	0	0	0	0	0	0	0
0	0	0	0	0	0	0	0
0	0	0	0	0	0	0	0
0	0	0	1	1	0	0	0
0	0	6	6	0	1	5	0
0	0	1.7	1.7	0	0.1	1.6	0
0	0	0	0	0	0	0	0
0	0	2	4	2	2	0	0
0	0	0.2	0.5	0.2	0.3	0	0

			合计	按职称划分				
				教授	副教授	讲师	助教	初级
		编号	L01	L02	L03	L04	L05	L06
考古学	全时人数	34	0	0	0	0	0	0
	非全时人数	35	0	0	0	0	0	0
	非全时折合全时人数	36	0	0	0	0	0	0
经济学	全时人数	37	0	0	0	0	0	0
	非全时人数	38	11	2	3	2	1	0
	非全时折合全时人数	39	2.1	0.5	0.6	0.3	0.2	0
政治学	全时人数	40	0	0	0	0	0	0
	非全时人数	41	0	0	0	0	0	0
	非全时折合全时人数	42	0	0	0	0	0	0
法学	全时人数	43	0	0	0	0	0	0
	非全时人数	44	11	3	3	3	1	0
	非全时折合全时人数	45	1.8	0.3	0.5	0.8	0.1	0
社会学	全时人数	46	0	0	0	0	0	0
	非全时人数	47	61	10	16	27	4	2
	非全时折合全时人数	48	8.4	1.4	1.8	4.1	0.6	0.3
民族学	全时人数	49	0	0	0	0	0	0
	非全时人数	50	0	0	0	0	0	0
	非全时折合全时人数	51	0	0	0	0	0	0
新闻学与传播学	全时人数	52	2	1	0	1	0	0
	非全时人数	53	52	7	15	25	5	0
	非全时折合全时人数	54	10.9	1.5	3.4	5.4	0.6	0
图书、情报与文献学	全时人数	55	0	0	0	0	0	0
	非全时人数	56	27	4	7	13	1	0
	非全时折合全时人数	57	4.2	0.7	0.8	2.4	0.1	0
教育学	全时人数	58	0	0	0	0	0	0
	非全时人数	59	161	34	41	67	12	2
	非全时折合全时人数	60	29.2	8.2	6.2	11.4	1.7	0.9
统计学	全时人数	61	0	0	0	0	0	0
	非全时人数	62	12	0	4	7	0	0
	非全时折合全时人数	63	1.5	0	0.6	0.8	0	0
心理学	全时人数	64	1	1	0	0	0	0
	非全时人数	65	46	7	17	16	1	0
	非全时折合全时人数	66	9.5	1.7	3.4	3.6	0.1	0
体育学	全时人数	67	108	40	35	24	2	2
	非全时人数	68	2 837	442	747	811	219	51
	非全时折合全时人数	69	764.6	153.4	222.2	216.4	53.3	10.9

其他人员	研究生（学生）	其中：女性	研究人员	按学历学位划分：博士毕业	硕士毕业	本科毕业	其他学历
L07	L08	L09	L10	L11	L12	L13	L14
0	0	0	0	0	0	0	0
0	0	0	0	0	0	0	0
0	0	0	0	0	0	0	0
0	0	0	0	0	0	0	0
1	2	6	7	2	4	4	1
0.1	0.4	1.1	1.4	0.6	0.7	0.7	0.1
0	0	0	0	0	0	0	0
0	0	0	0	0	0	0	0
0	0	0	0	0	0	0	0
0	0	0	0	0	0	0	0
0	1	6	9	1	5	5	0
0	0.1	1.2	1.6	0.1	0.9	0.8	0
0	0	0	0	0	0	0	0
0	2	27	54	17	22	22	0
0	0.2	3.8	7.4	2.2	3.5	2.7	0
0	0	0	0	0	0	0	0
0	0	0	0	0	0	0	0
0	0	0	0	0	0	0	0
0	0	1	2	1	0	1	0
0	0	25	47	8	27	17	0
0	0	4.3	10.3	2.4	5.9	2.6	0
0	0	0	0	0	0	0	0
0	2	14	24	1	4	20	2
0	0.2	2	3.9	0.1	0.9	3	0.2
0	0	0	0	0	0	0	0
3	2	78	142	7	81	69	4
0.4	0.4	13.8	25.8	1.7	15.6	11.4	0.5
0	0	0	0	0	0	0	0
1	0	9	11	1	5	5	0
0.1	0	1	1.4	0.1	0.7	0.6	0.1
0	0	0	1	1	0	0	0
0	5	19	40	12	18	13	3
0	0.7	3.9	8.7	2.8	2.9	3.2	0.6
1	4	30	99	40	48	16	4
24	543	1 042	2 066	378	1 171	1 201	87
3.8	104.6	271.8	612.9	142.2	339.6	257.8	25

45. 各类高等学校人文、社会科学活动人员职称(职务)情况表

单位:人

		学校数(所)	合计	按职称划分						其他人员
				小计	教授	副教授	讲师	助教	初级	
	合计	963	440 506	435 363	49 652	116 083	186 578	64 290	18 760	5 143
按学校隶属关系划分	教育部直属院校	73	60 925	60 484	12 119	19 554	23 644	3 801	1 366	441
	其他部委院校	31	14 267	14 123	2 005	4 203	5 866	1 336	713	144
	地方院校	859	365 314	360 756	35 528	92 326	157 068	59 153	16 681	4 558
按学校规格划分	本科院校	721	395 419	391 462	47 359	105 489	168 521	54 475	15 618	3 957
	专科院校	242	45 087	43 901	2 293	10 594	18 057	9 815	3 142	1 186
按学校类型划分	综合大学	189	121 647	120 203	15 806	33 634	49 321	16 182	5 260	1 444
	理工农医院校	403	128 581	126 888	11 789	32 113	58 342	19 110	5 534	1 693
	高等师范院校	159	92 170	91 309	10 174	23 991	38 438	15 180	3 526	861
	语言院校	22	12 421	12 310	1 439	3 022	5 473	1 843	533	111
	财经院校	87	47 275	46 816	5 597	12 933	19 531	6 598	2 157	459
	政法院校	39	12 391	12 203	1 432	3 765	5 092	1 318	596	188
	体育院校	18	6 002	5 886	728	1 662	2 386	866	244	116
	艺术院校	33	12 075	11 886	1 546	2 860	4 844	2 101	535	189
	民族院校	13	7 944	7 862	1 141	2 103	3 151	1 092	375	82

46. 各省、市、自治区高等学校人文、社会科学活动人员职称(职务)情况表

单位:人

	学校数(所)	合计	按职称划分						其他人员
			小计	教授	副教授	讲师	助教	初级	
合计	963	440 506	435 363	49 652	116 083	186 578	64 290	18 760	5 143
北京市	57	30 644	30 540	5 130	9 521	12 851	1 984	1 054	104
天津市	19	8 998	8 920	1 295	2 539	3 715	1 091	280	78
河北省	30	15 237	15 155	1 856	4 256	6 370	2 531	142	82
山西省	17	8 613	8 484	727	1 952	3 718	1 699	388	129
内蒙古自治区	12	6 568	6 510	601	1 763	2 543	1 301	302	58
辽宁省	45	19 620	19 382	2 402	5 806	8 454	2 090	630	238
吉林省	32	14 266	14 225	1 783	3 835	5 235	2 812	560	41
黑龙江省	41	15 084	14 947	1 890	4 380	6 020	2 340	317	137
上海市	30	17 895	17 786	2 547	4 727	8 198	1 637	677	109
江苏省	49	24 321	24 253	2 843	6 917	11 139	2 804	550	68
浙江省	31	20 330	20 208	2 338	5 192	9 605	1 974	1 099	122

续表

	学校数（所）	合计	按职称划分						其他人员
			小计	教授	副教授	讲师	助教	初级	
安徽省	96	20 303	19 941	1 185	4 171	8 822	4 405	1 358	362
福建省	21	12 488	12 235	1 256	3 153	4 647	2 481	698	253
江西省	22	11 603	11 510	1 210	2 964	4 664	2 203	469	93
山东省	45	26 197	26 018	3 014	6 662	11 103	4 481	758	179
河南省	42	21 477	21 200	1 506	4 905	9 387	4 618	784	277
湖北省	44	21 571	21 154	2 616	6 242	8 558	2 914	824	417
湖南省	53	22 623	22 253	2 713	6 002	9 239	3 173	1 126	370
广东省	42	23 991	23 621	2 972	6 034	10 129	2 995	1 491	370
广西壮族自治区	23	10 203	9 906	969	2 331	4 419	1 333	854	297
海南省	14	4 299	4 163	309	744	1 521	1 113	476	136
重庆市	34	11 956	11 824	1 173	3 083	5 221	1 879	468	132
四川省	34	18 077	17 829	1 917	4 564	7 656	2 716	976	248
贵州省	19	7 745	7 699	816	2 151	3 600	877	255	46
云南省	31	11 264	10 991	1 088	2 967	4 739	1 650	547	273
西藏自治区	2	791	791	47	218	343	125	58	0
陕西省	31	15 886	15 624	1 823	3 831	6 843	2 336	791	262
甘肃省	18	7 172	7 150	656	1 992	3 063	1 230	209	22
青海省	4	1 663	1 639	324	601	472	166	76	24
宁夏回族自治区	7	2 189	2 137	236	666	788	285	162	52
新疆维吾尔自治区	18	7 432	7 268	410	1 914	3 516	1 047	381	164

47. 各省、市、自治区所属高等学校人文、社会科学活动人员职称（职务）情况表

单位：人

	学校数（所）	合计	按职称划分						其他人员
			小计	教授	副教授	讲师	助教	初级	
合计	859	365 314	360 756	35 528	92 326	157 068	59 153	16 681	4 558
北京市	25	10 246	10 181	1 005	2 850	4 920	826	580	65
天津市	16	7 041	6 973	848	1 834	3 048	1 014	229	68
河北省	29	14 849	14 767	1 821	4 132	6 178	2 504	132	82
山西省	17	8 613	8 484	727	1 952	3 718	1 699	388	129
内蒙古自治区	12	6 568	6 510	601	1 763	2 543	1 301	302	58
辽宁省	40	17 194	17 001	1 998	5 099	7 505	1 821	578	193
吉林省	30	11 141	11 102	1 074	2 899	4 071	2 507	551	39

续表

	学校数（所）	合计	按职称划分						其他人员
			小计	教授	副教授	讲师	助教	初级	
黑龙江省	38	13 632	13 539	1 672	3 900	5 407	2 276	284	93
上海市	21	10 356	10 281	1 149	2 411	4 962	1 276	483	75
江苏省	39	18 995	18 939	1 984	5 321	8 870	2 369	395	56
浙江省	30	19 078	18 956	1 971	4 694	9 231	1 965	1 095	122
安徽省	94	19 701	19 339	1 109	3 929	8 554	4 389	1 358	362
福建省	19	10 077	9 886	842	2 532	3 772	2 288	452	191
江西省	22	11 603	11 510	1 210	2 964	4 664	2 203	469	93
山东省	43	23 323	23 168	2 426	5 788	10 069	4 156	729	155
河南省	41	21 315	21 038	1 492	4 847	9 335	4 584	780	277
湖北省	36	14 492	14 189	1 147	3 758	6 050	2 533	701	303
湖南省	51	20 302	19 981	2 219	5 296	8 409	3 057	1 000	321
广东省	38	20 579	20 230	2 304	4 999	8 779	2 815	1 333	349
广西壮族自治区	23	10 203	9 906	969	2 331	4 419	1 333	854	297
海南省	14	4 299	4 163	309	744	1 521	1 113	476	136
重庆市	32	9 813	9 688	841	2 371	4 279	1 729	468	125
四川省	28	13 169	12 980	1 145	3 169	5 775	2 176	715	189
贵州省	19	7 745	7 699	816	2 151	3 600	877	255	46
云南省	31	11 264	10 991	1 088	2 967	4 739	1 650	547	273
西藏自治区	2	791	791	47	218	343	125	58	0
陕西省	25	12 351	12 152	1 336	2 746	5 265	2 115	690	199
甘肃省	16	5 848	5 826	469	1 632	2 494	1 033	198	22
青海省	4	1 663	1 639	324	601	472	166	76	24
宁夏回族自治区	6	1 631	1 579	175	514	560	206	124	52
新疆维吾尔自治区	18	7 432	7 268	410	1 914	3 516	1 047	381	164

48. 国务院各部委所属高等学校人文、社会科学活动人员中教师职称(职务)情况表

单位:人

	学校数（所）	合计	按职称划分						其他人员
			小计	教授	副教授	讲师	助教	初级	
合计	104	75 192	74 607	14 124	23 757	29 510	5 137	2 079	585
外交部	1	288	286	31	85	131	15	24	2
工信部	7	3 093	3 034	412	1 045	1 350	145	82	59
国家民族事务委员会	6	4 217	4 206	611	1 126	1 644	628	197	11

续表

	学校数（所）	合计	按职称划分						其他人员
			小计	教授	副教授	讲师	助教	初级	
公安部	4	1 416	1 411	210	498	571	106	26	5
交通部	1	365	365	97	132	126	10	0	0
教育部	73	60 925	60 484	12 119	19 554	23 644	3 801	1 366	441
海关总署	1	128	127	16	32	73	6	0	1
中国民用航空总局	3	710	685	60	133	333	107	52	25
国家林业局	1	158	158	13	37	78	29	1	0
国务院侨务办公室	2	2 277	2 238	365	631	884	129	229	39
国家体育总局	1	547	547	73	159	152	99	64	0
中国科学院	1	165	165	26	60	77	2	0	0
中华全国总工会	1	314	312	31	72	172	21	16	2
共青团中央	1	317	317	37	122	142	11	5	0
中华全国妇女联合会	1	272	272	23	71	133	28	17	0

49. 各类高等学校人文、社会科学研究与发展全时人员职称（职务）情况表

单位：人年

		学校数（所）	合计	按职称划分						研究生（学生）
				教授	副教授	讲师	助教	初级	其他人员	
	合计	963	68 971	14 022	19 073	21 422	4 668	1 055	476	8 256
按学校隶属关系划分	教育部直属院校	73	17 014	4 372	4 091	3 517	348	83	99	4 504
	其他部委院校	31	2 532	546	732	704	87	33	27	404
	地方院校	859	49 426	9 105	14 251	17 202	4 233	939	350	3 347
按学校规格划分	本科院校	721	65 391	13 605	17 859	20 065	4 236	942	430	8 255
	专科院校	242	3 580	417	1 214	1 357	432	113	46	1
按学校类型划分	综合大学	189	21 703	5 048	6 003	5 940	1 151	304	150	3 108
	理工农医院校	403	18 283	3 006	4 859	6 178	1 297	268	93	2 582
	高等师范院校	159	14 484	2 829	4 002	4 627	1 288	241	121	1 376
	语言院校	22	1 980	479	562	622	96	31	11	179
	财经院校	87	7 673	1 554	2 242	2 602	530	131	46	568
	政法院校	39	1 842	398	593	554	91	34	31	142
	体育院校	18	988	216	286	293	61	15	6	111
	艺术院校	33	1 063	254	261	332	100	20	14	82
	民族院校	13	957	238	266	275	55	12	4	108

50. 各省、市、自治区高等学校人文、社会科学研究与发展全时人员职称(职务)情况表

单位:人年

	学校数(所)	合计	按职称划分						研究生(学生)
			教授	副教授	讲师	助教	初级	其他人员	
合计	963	68 971.4	14 022.4	19 072.6	21 422.1	4 667.7	1 055.1	476.2	8 255.3
北京市	57	7 433.5	1 719.9	2 000	1 782	157.4	64.8	47.7	1 661.7
天津市	19	2 260.3	468.9	554.3	563.9	99.3	17.7	8.1	548.1
河北省	30	2 121.4	386.2	591	791.9	207	16.7	18.6	110
山西省	17	1 611.1	282.4	421.8	472.2	118.1	30.2	12.6	273.8
内蒙古自治区	12	623.2	137.4	196	213.9	46.3	10.9	1.1	17.6
辽宁省	45	3 121.5	720.8	925.9	987.9	151.8	32.5	24.7	277.9
吉林省	32	2 755.9	506.8	741	790.6	342.4	60	27.4	287.7
黑龙江省	41	1 898.9	353.8	549.3	705	195.6	21.8	2.8	70.6
上海市	30	4 183.1	1 105.2	999.7	1 053.4	138.9	39.2	24.2	822.5
江苏省	49	3 722	660.6	961.2	1 047.1	179.3	26.1	8.3	839.4
浙江省	31	4 367.7	771.5	1 212.5	1 664.3	221.2	97.7	33.4	367.1
安徽省	96	2 307.4	312.3	616.3	910	241.7	68.2	12.6	146.3
福建省	21	1 436.8	323.2	368.6	449	154.7	26.9	22	92.4
江西省	22	1 119.2	222.5	314.7	412	140.5	18.4	8.7	2.4
山东省	45	3 554.6	729.4	990.4	1 237.5	382.5	59.6	19.1	136.1
河南省	42	2 255	270.4	600.7	938.1	369.9	48.9	4.2	22.8
湖北省	44	3 608.5	804.2	969.3	958.2	208.2	46	26.1	596.5
湖南省	53	3 956.7	928.4	1 246	1 144.9	206.8	46.4	31.3	352.9
广东省	42	4 111.8	899.3	1 198.4	1 233.3	177.4	85.9	49.5	468
广西壮族自治区	23	1 942.6	313.3	502.3	687.2	169.5	70.7	16.8	182.8
海南省	14	238.3	53.9	65.1	72.8	32.4	7.4	2.5	4.2
重庆市	34	2 238.2	507.7	699.6	671.1	110.8	17.7	17.3	214
四川省	34	2 635.7	515.8	700.6	875.4	230.8	64	9.9	239.2
贵州省	19	595.4	119.7	181.5	235.2	44	11.9	1.3	1.8
云南省	31	1 308.8	230	407.1	455.1	105	18.2	30.5	62.9
西藏自治区	2	28.3	2.6	8.7	14.6	2	0.4	0	0
陕西省	31	1 666.3	341.8	469.2	502.9	107.1	17.9	4.4	223
甘肃省	18	779.5	148.7	218.6	185	51.8	8.3	0.4	166.7
青海省	4	226.9	54.7	70.8	44.1	11.6	2.5	0.9	42.3
宁夏回族自治区	7	216.2	36	66.5	75.3	18.3	5.2	2.8	12.1
新疆维吾尔自治区	18	646.6	95	225.5	248.2	45.4	13	7	12.5

51. 各省、市、自治区所属高等学校人文、社会科学研究与发展全时人员职称(职务)情况表

单位:人年

	学校数(所)	合计	按职称划分						研究生(学生)
			教授	副教授	讲师	助教	初级	其他人员	
合计	859	49 425.9	9 104.5	14 250.5	17 201.6	4 232.9	938.9	350.2	3 347.3
北京市	25	2 163.8	417.9	637.9	683.6	62.1	26.2	25.1	311
天津市	16	1 150.9	228.2	304.7	404.8	94.1	13.6	8.1	97.4
河北省	29	2 049	376.8	560.3	765.2	204.4	16.7	15.6	110
山西省	17	1 611.1	282.4	421.8	472.2	118.1	30.2	12.6	273.8
内蒙古自治区	12	623.2	137.4	196	213.9	46.3	10.9	1.1	17.6
辽宁省	40	2 525.9	592.6	799	816.3	122	31.6	22.4	142
吉林省	30	1 896	270.2	572.1	613.1	312.3	56.7	6.5	65.1
黑龙江省	38	1 767.6	316.2	515	665.9	190	20.5	2.6	57.4
上海市	21	1 532.6	341.1	377.6	502.4	109.8	29.1	7.4	165.2
江苏省	39	2 394.4	436.4	699.3	787.5	131.3	18.5	3.5	317.9
浙江省	30	4 071	680.9	1 149.2	1 606.8	218.3	94.8	33	288
安徽省	94	2 189.7	293.8	584.8	899.3	241	68.2	12.6	90
福建省	19	1 015.3	188.2	280.2	354.6	142.5	21.9	7.8	20.1
江西省	22	1 119.2	222.5	314.7	412	140.5	18.4	8.7	2.4
山东省	43	3 361.3	649.3	936.6	1 184.4	379.3	59.6	18.5	133.6
河南省	41	2 215.5	264.8	584	925.8	365	48.9	4.2	22.8
湖北省	36	1 554.3	236.3	491.4	559.8	165.4	37.6	12.7	51.1
湖南省	51	3 308.7	724.1	1 037.1	1 000.9	194.8	38.8	21.9	291.1
广东省	38	3 076.8	636.9	932.2	987.3	168.6	73.5	41	237.3
广西壮族自治区	23	1 942.6	313.3	502.3	687.2	169.5	70.7	16.8	182.8
海南省	14	238.3	53.9	65.1	72.8	32.4	7.4	2.5	4.2
重庆市	32	1 381.8	316.8	416.6	430.7	77	17.6	16.8	106.3
四川省	28	1 731.9	295.5	477.7	619.3	192	53.5	4.7	89.2
贵州省	19	595.4	119.7	181.5	235.2	44	11.9	1.3	1.8
云南省	31	1 308.8	230	407.1	455.1	105	18.2	30.5	62.9
西藏自治区	2	28.3	2.6	8.7	14.6	2	0.4	0	0
陕西省	25	1 050.6	216.4	297.1	355.3	86.3	15.5	2.3	77.7
甘肃省	16	495.5	84.6	154.9	139	46.6	8.3	0.4	61.7
青海省	4	226.9	54.7	70.8	44.1	11.6	2.5	0.9	42.3
宁夏回族自治区	6	152.9	26	49.3	44.3	15.3	4.2	1.7	12.1
新疆维吾尔自治区	18	646.6	95	225.5	248.2	45.4	13	7	12.5

52. 国务院各部委所属高等学校人文、社会科学研究与发展全时人员职称(职务)情况表

单位:人年

	学校数(所)	合计	按职称划分						研究生(学生)
			教授	副教授	讲师	助教	初级	其他人员	
合计	104	19 545.5	4 917.9	4 822.1	4 220.5	434.8	116.2	126	4 908
外交部	1	44.1	11.3	18.2	12.4	1.4	0.2	0.3	0.3
工信部	7	561.1	85.9	144.2	112.1	5	3.8	2.5	207.6
国家民族事务委员会	6	616.3	156.5	179.9	196.9	37.8	8.6	1.4	35.2
公安部	4	216.3	51.2	82.4	66.8	12.2	0.3	3.1	0.3
交通部	1	33	14.8	10.3	6.2	0	0	0	1.7
教育部	73	17 013.5	4 371.8	4 090.6	3 516.9	348	83.1	98.7	4 504.4
海关总署	1	42.5	7.3	13.7	16.9	1.3	0.9	2.3	0.1
中国民用航空总局	3	71.5	14.9	15.4	22.5	1.4	1.1	0	16.2
国家林业局	1	19.3	2.4	6.3	8.6	1.7	0	0.3	0
国务院侨务办公室	2	535.8	138.3	158.7	130.1	4.6	6.9	13.7	83.5
国家体育总局	1	91.7	18.9	32.2	21.6	7.2	5.4	0.6	5.8
中国科学院	1	54.7	5.2	5.2	7.3	0.7	0	0	36.3
中华全国总工会	1	72.8	11.1	18.6	34.5	4.5	3.3	0.8	0
共青团中央	1	91.3	18.1	26.6	28	1.7	0.4	0	16.5
中华全国妇女联合会	1	81.6	10.2	19.8	39.7	7.3	2.2	2.3	0.1

53. 各类高等学校人文、社会科学研究与发展人员职称(职务)情况表

单位:人

		学校数(所)	合计	按职称划分						研究生(学生)
				教授	副教授	讲师	助教	初级	其他人员	
	合计	963	262 377	43 845	68 751	85 180	20 672	4 853	2 463	36 613
按学校隶属关系划分	教育部直属院校	73	55 470	11 361	12 102	11 276	1 286	340	485	18 620
	其他部委院校	31	8 309	1 587	2 259	2 524	382	145	105	1 307
	地方院校	859	198 598	30 897	54 390	71 380	19 004	4 368	1 873	16 686
按学校规格划分	本科院校	721	246 036	42 238	63 530	78 700	18 480	4 252	2 227	36 609
	专科院校	242	16 341	1 607	5 221	6 480	2 192	601	236	4
按学校类型划分	综合大学	189	76 909	14 292	19 947	22 404	4 903	1 397	785	13 181
	理工农医院校	403	73 807	10 382	18 703	25 920	5 920	1 279	466	11 137
	高等师范院校	159	55 911	9 126	14 764	18 207	5 486	1 027	582	6 719
	语言院校	22	7 702	1 467	1 990	2 710	532	157	68	778
	财经院校	87	29 609	5 146	8 239	10 195	2 425	595	318	2 691
	政法院校	39	7 340	1 278	2 301	2 324	438	180	134	685
	体育院校	18	3 549	580	936	1 108	261	64	33	567
	艺术院校	33	3 862	736	900	1 202	454	84	56	430
	民族院校	13	3 688	838	971	1 110	253	70	21	425

54. 各省、市、自治区高等学校人文、社会科学研究与发展人员职称(职务)情况表

单位:人

	学校数(所)	合计	按职称划分						研究生(学生)
			教授	副教授	讲师	助教	初级	其他人员	
合计	963	262 377	43 845	68 751	85 180	20 672	4 853	2 463	36 613
北京市	57	28 027	5 033	6 804	6 829	641	300	245	8 175
天津市	19	8 182	1 424	1 846	2 187	507	84	67	2 067
河北省	30	8 938	1 411	2 435	3 465	1 034	105	110	378
山西省	17	6 200	873	1 392	1 913	573	127	72	1 250
内蒙古自治区	12	2 268	412	674	830	225	39	11	77
辽宁省	45	11 581	2 221	3 448	3 774	640	114	113	1 271
吉林省	32	10 207	1 775	2 749	3 019	1 323	238	185	918
黑龙江省	41	6 284	1 089	1 846	2 321	668	77	15	268
上海市	30	12 098	2 369	2 537	2 955	416	147	83	3 591
江苏省	49	15 100	2 502	3 858	4 680	876	151	40	2 993
浙江省	31	18 205	2 633	4 517	6 969	1 090	467	182	2 347
安徽省	96	8 558	942	2 194	3 662	1 014	290	55	401
福建省	21	5 605	1 083	1 523	1 799	637	107	84	372
江西省	22	4 927	860	1 354	1 861	698	91	41	22
山东省	45	10 510	1 923	2 954	3 696	1 149	178	122	488
河南省	42	9 854	1 041	2 567	4 131	1 761	211	25	118
湖北省	44	12 081	2 237	3 281	3 603	872	191	105	1 792
湖南省	53	14 697	2 440	3 860	4 561	1 050	284	124	2 378
广东省	42	15 775	2 813	4 295	5 052	943	431	268	1 973
广西壮族自治区	23	7 605	1 225	2 005	2 761	692	290	82	550
海南省	14	1 217	238	324	413	161	42	17	22
重庆市	34	8 563	1 419	2 304	2 673	589	104	66	1 408
四川省	34	11 642	1 857	2 890	3 779	1 104	364	76	1 572
贵州省	19	3 433	588	1 028	1 427	292	77	8	13
云南省	31	5 683	957	1 650	1 867	481	113	167	448
西藏自治区	2	113	11	37	54	10	1	0	0
陕西省	31	7 389	1 328	1 980	2 370	603	96	29	983
甘肃省	18	2 984	447	872	843	247	41	2	532
青海省	4	720	183	249	145	44	9	5	85
宁夏回族自治区	7	961	149	288	381	80	19	13	31
新疆维吾尔自治区	18	2 970	362	990	1 160	252	65	51	90

55. 各省、市、自治区所属高等学校人文、社会科学研究与发展人员职称(职务)情况表

单位:人

	学校数(所)	合计	按职称划分						研究生(学生)
			教授	副教授	讲师	助教	初级	其他人员	
合计	859	198 598	30 897	54 390	71 380	19 004	4 368	1 873	16 686
北京市	25	9 249	1 419	2 492	2 938	297	139	136	1 828
天津市	16	4 830	839	1 211	1 730	490	68	67	425
河北省	29	8 717	1 380	2 346	3 380	1 026	105	102	378
山西省	17	6 200	873	1 392	1 913	573	127	72	1 250
内蒙古自治区	12	2 268	412	674	830	225	39	11	77
辽宁省	40	9 499	1 842	2 990	3 226	530	111	104	696
吉林省	30	6 763	907	1 991	2 224	1 165	214	24	238
黑龙江省	38	5 715	969	1 694	2 141	641	70	13	187
上海市	21	5 162	939	1 234	1 748	352	114	26	749
江苏省	39	10 516	1 701	2 945	3 682	665	121	22	1 380
浙江省	30	17 102	2 365	4 302	6 766	1 079	460	180	1 950
安徽省	94	8 229	888	2 105	3 615	1 013	290	55	263
福建省	19	4 420	765	1 270	1 532	601	88	36	128
江西省	22	4 927	860	1 354	1 861	698	91	41	22
山东省	43	9 933	1 740	2 788	3 493	1 137	178	118	479
河南省	41	9 724	1 029	2 514	4 088	1 739	211	25	118
湖北省	36	6 606	912	1 998	2 439	729	160	63	305
湖南省	51	12 742	1 961	3 383	4 137	1 017	252	91	1 901
广东省	38	12 784	2 139	3 552	4 341	902	392	248	1 210
广西壮族自治区	23	7 605	1 225	2 005	2 761	692	290	82	550
海南省	14	1 217	238	324	413	161	42	17	22
重庆市	32	5 703	917	1 520	1 956	450	103	61	696
四川省	28	8 032	1 173	2 161	2 948	966	301	24	459
贵州省	19	3 433	588	1 028	1 427	292	77	8	13
云南省	31	5 683	957	1 650	1 867	481	113	167	448
西藏自治区	2	113	11	37	54	10	1	0	0
陕西省	25	4 885	888	1 290	1 721	493	80	14	399
甘肃省	16	2 280	326	714	665	223	41	2	309
青海省	4	720	183	249	145	44	9	5	85
宁夏回族自治区	6	571	89	187	179	61	16	8	31
新疆维吾尔自治区	18	2 970	362	990	1 160	252	65	51	90

56. 国务院各部委所属高等学校人文、社会科学研究与发展人员职称(职务)情况表

单位:人

	学校数(所)	合计	按职称划分						研究生(学生)
			教授	副教授	讲师	助教	初级	其他人员	
合计	104	63 779	12 948	14 361	13 800	1 668	485	590	19 927
外交部	1	122	31	43	39	3	1	2	3
工信部	7	1 484	220	367	323	16	15	6	537
国家民族事务委员会	6	2 180	503	602	733	166	44	7	125
公安部	4	794	162	295	255	68	2	9	3
交通部	1	121	41	43	28	0	0	0	9
教育部	73	55 470	11 361	12 102	11 276	1 286	340	485	18 620
海关总署	1	186	26	55	74	10	4	16	1
中国民用航空总局	3	339	60	81	126	12	7	0	53
国家林业局	1	85	11	28	36	9	0	1	0
国务院侨务办公室	2	1 610	337	408	409	20	29	46	361
国家体育总局	1	341	70	107	87	29	19	3	26
中国科学院	1	151	18	16	25	1	0	0	91
中华全国总工会	1	249	36	59	119	17	14	4	0
共青团中央	1	328	40	72	110	7	2	0	97
中华全国妇女联合会	1	319	32	83	160	24	8	11	1

57. 各类高等学校人文、社会科学人力情况表

		学校数（所）	社科活动人员（人）					研究与	
			合计	高级	中级	初级	其他人员	合计	高级
合计		963	440 506	165 735	186 578	83 050	5 143	262 377	112 596
按学校隶属关系划分	教育部直属院校	73	60 925	31 673	23 644	5 167	441	55 470	23 463
	其他部委院校	31	14 267	6 208	5 866	2 049	144	8 309	3 846
	地方院校	859	365 314	127 854	157 068	75 834	4 558	198 598	85 287
按学校规格划分	本科院校	721	395 419	152 848	168 521	70 093	3 957	246 036	105 768
	专科院校	242	45 087	12 887	18 057	12 957	1 186	16 341	6 828
按学校类型划分	综合大学	189	121 647	49 440	49 321	21 442	1 444	76 909	34 239
	理工农医院校	403	128 581	43 902	58 342	24 644	1 693	73 807	29 085
	高等师范院校	159	92 170	34 165	38 438	18 706	861	55 911	23 890
	语言院校	22	12 421	4 461	5 473	2 376	111	7 702	3 457
	财经院校	87	47 275	18 530	19 531	8 755	459	29 609	13 385
	政法院校	39	12 391	5 197	5 092	1 914	188	7 340	3 579
	体育院校	18	6 002	2 390	2 386	1 110	116	3 549	1 516
	艺术院校	33	12 075	4 406	4 844	2 636	189	3 862	1 636
	民族院校	13	7 944	3 244	3 151	1 467	82	3 688	1 809

发展人员(人)				研究与发展全时人员(人年)					
中级	初级	其他人员	研究生	合计	高级	中级	初级	其他人员	研究生
85 180	25 525	2 463	36 613	68 971.4	33 095	21 422.1	5 722.8	476.2	8 255.3
11 276	1 626	485	18 620	17 013.5	8 462.4	3 516.9	431.1	98.7	4 504.4
2 524	527	105	1 307	2 532	1 277.6	703.6	119.9	27.3	403.6
71 380	23 372	1 873	16 686	49 425.9	23 355	17 201.6	5 171.8	350.2	3 347.3
78 700	22 732	2 227	36 609	65 391.4	31 463.7	20 064.8	5 178.1	430.2	8 254.6
6 480	2 793	236	4	3 580	1 631.3	1 357.3	544.7	46	0.7
22 404	6 300	785	13 181	21 703.4	11 051.6	5 940.2	1 454.2	149.9	3 107.5
25 920	7 199	466	11 137	18 282.8	7 865.5	6 177.6	1 564.7	93.1	2 581.9
18 207	6 513	582	6 719	14 483.8	6 830.6	4 627	1 529	121.3	1 375.9
2 710	689	68	778	1 979.5	1 040.7	622.2	126.4	11.2	179
10 195	3 020	318	2 691	7 672.5	3 796.5	2 601.6	660.9	45.7	567.8
2 324	618	134	685	1 841.7	990.8	553.7	124.8	30.7	141.7
1 108	325	33	567	987.7	501.3	292.7	76.3	6	111.4
1 202	538	56	430	1 062.8	514.3	332.4	119.4	14.3	82.4
1 110	323	21	425	957.2	503.7	274.7	67.1	4	107.7

58. 各省、市、自治区高等学校人文、社会科学人力情况表

	学校数（所）	社科活动人员（人）					研究与	
		合计	高级	中级	初级	其他人员	合计	高级
合计	963	440 506	165 735	186 578	83 050	5 143	262 377	112 596
北京市	57	30 644	14 651	12 851	3 038	104	28 027	11 837
天津市	19	8 998	3 834	3 715	1 371	78	8 182	3 270
河北省	30	15 237	6 112	6 370	2 673	82	8 938	3 846
山西省	17	8 613	2 679	3 718	2 087	129	6 200	2 265
内蒙古自治区	12	6 568	2 364	2 543	1 603	58	2 268	1 086
辽宁省	45	19 620	8 208	8 454	2 720	238	11 581	5 669
吉林省	32	14 266	5 618	5 235	3 372	41	10 207	4 524
黑龙江省	41	15 084	6 270	6 020	2 657	137	6 284	2 935
上海市	30	17 895	7 274	8 198	2 314	109	12 098	4 906
江苏省	49	24 321	9 760	11 139	3 354	68	15 100	6 360
浙江省	31	20 330	7 530	9 605	3 073	122	18 205	7 150
安徽省	96	20 303	5 356	8 822	5 763	362	8 558	3 136
福建省	21	12 488	4 409	4 647	3 179	253	5 605	2 606
江西省	22	11 603	4 174	4 664	2 672	93	4 927	2 214
山东省	45	26 197	9 676	11 103	5 239	179	10 510	4 877
河南省	42	21 477	6 411	9 387	5 402	277	9 854	3 608
湖北省	44	21 571	8 858	8 558	3 738	417	12 081	5 518
湖南省	53	22 623	8 715	9 239	4 299	370	14 697	6 300
广东省	42	23 991	9 006	10 129	4 486	370	15 775	7 108
广西壮族自治区	23	10 203	3 300	4 419	2 187	297	7 605	3 230
海南省	14	4 299	1 053	1 521	1 589	136	1 217	562
重庆市	34	11 956	4 256	5 221	2 347	132	8 563	3 723
四川省	34	18 077	6 481	7 656	3 692	248	11 642	4 747
贵州省	19	7 745	2 967	3 600	1 132	46	3 433	1 616
云南省	31	11 264	4 055	4 739	2 197	273	5 683	2 607
西藏自治区	2	791	265	343	183	0	113	48
陕西省	31	15 886	5 654	6 843	3 127	262	7 389	3 308
甘肃省	18	7 172	2 648	3 063	1 439	22	2 984	1 319
青海省	4	1 663	925	472	242	24	720	432
宁夏回族自治区	7	2 189	902	788	447	52	961	437
新疆维吾尔自治区	18	7 432	2 324	3 516	1 428	164	2 970	1 352

发展人员(人)				研究与发展全时人员(人年)					
中级	初级	其他人员	研究生	合计	高级	中级	初级	其他人员	研究生
85 180	25 525	2 463	36 613	68 971.4	33 095	21 422.1	5 722.8	476.2	8 255.3
6 829	941	245	8 175	7 433.5	3 719.9	1 782	222.2	47.7	1 661.7
2 187	591	67	2 067	2 260.3	1 023.2	563.9	117	8.1	548.1
3 465	1 139	110	378	2 121.4	977.2	791.9	223.7	18.6	110
1 913	700	72	1 250	1 611.1	704.2	472.2	148.3	12.6	273.8
830	264	11	77	623.2	333.4	213.9	57.2	1.1	17.6
3 774	754	113	1 271	3 121.5	1 646.7	987.9	184.3	24.7	277.9
3 019	1 561	185	918	2 755.9	1 247.8	790.6	402.4	27.4	287.7
2 321	745	15	268	1 898.9	903.1	705	217.4	2.8	70.6
2 955	563	83	3 591	4 183.1	2 104.9	1 053.4	178.1	24.2	822.5
4 680	1 027	40	2 993	3 722	1 621.8	1 047.1	205.4	8.3	839.4
6 969	1 557	182	2 347	4 367.7	1 984	1 664.3	318.9	33.4	367.1
3 662	1 304	55	401	2 307.4	928.6	910	309.9	12.6	146.3
1 799	744	84	372	1 436.8	691.8	449	181.6	22	92.4
1 861	789	41	22	1 119.2	537.2	412	158.9	8.7	2.4
3 696	1 327	122	488	3 554.6	1 719.8	1 237.5	442.1	19.1	136.1
4 131	1 972	25	118	2 255	871.1	938.1	418.8	4.2	22.8
3 603	1 063	105	1 792	3 608.5	1 773.5	958.2	254.2	26.1	596.5
4 561	1 334	124	2 378	3 956.7	2 174.4	1 144.9	253.2	31.3	352.9
5 052	1 374	268	1 973	4 111.8	2 097.7	1 233.3	263.3	49.5	468
2 761	982	82	550	1 942.6	815.6	687.2	240.2	16.8	182.8
413	203	17	22	238.3	119	72.8	39.8	2.5	4.2
2 673	693	66	1 408	2 238.2	1 207.3	671.1	128.5	17.3	214
3 779	1 468	76	1 572	2 635.7	1 216.4	875.4	294.8	9.9	239.2
1 427	369	8	13	595.4	301.2	235.2	55.9	1.3	1.8
1 867	594	167	448	1 308.8	637.1	455.1	123.2	30.5	62.9
54	11	0	0	28.3	11.3	14.6	2.4	0	0
2 370	699	29	983	1 666.3	811	502.9	125	4.4	223
843	288	2	532	779.5	367.3	185	60.1	0.4	166.7
145	53	5	85	226.9	125.5	44.1	14.1	0.9	42.3
381	99	13	31	216.2	102.5	75.3	23.5	2.8	12.1
1 160	317	51	90	646.6	320.5	248.2	58.4	7	12.5

59. 各省、市、自治区所属高等学校人文、社会科学人力情况表

	学校数（所）	社科活动人员（人）					研究与	
		合计	高级	中级	初级	其他人员	合计	高级
合计	859	365 314	127 854	157 068	75 834	4 558	198 598	85 287
北京市	25	10 246	3 855	4 920	1 406	65	9 249	3 911
天津市	16	7 041	2 682	3 048	1 243	68	4 830	2 050
河北省	29	14 849	5 953	6 178	2 636	82	8 717	3 726
山西省	17	8 613	2 679	3 718	2 087	129	6 200	2 265
内蒙古自治区	12	6 568	2 364	2 543	1 603	58	2 268	1 086
辽宁省	40	17 194	7 097	7 505	2 399	193	9 499	4 832
吉林省	30	11 141	3 973	4 071	3 058	39	6 763	2 898
黑龙江省	38	13 632	5 572	5 407	2 560	93	5 715	2 663
上海市	21	10 356	3 560	4 962	1 759	75	5 162	2 173
江苏省	39	18 995	7 305	8 870	2 764	56	10 516	4 646
浙江省	30	19 078	6 665	9 231	3 060	122	17 102	6 667
安徽省	94	19 701	5 038	8 554	5 747	362	8 229	2 993
福建省	19	10 077	3 374	3 772	2 740	191	4 420	2 035
江西省	22	11 603	4 174	4 664	2 672	93	4 927	2 214
山东省	43	23 323	8 214	10 069	4 885	155	9 933	4 528
河南省	41	21 315	6 339	9 335	5 364	277	9 724	3 543
湖北省	36	14 492	4 905	6 050	3 234	303	6 606	2 910
湖南省	51	20 302	7 515	8 409	4 057	321	12 742	5 344
广东省	38	20 579	7 303	8 779	4 148	349	12 784	5 691
广西壮族自治区	23	10 203	3 300	4 419	2 187	297	7 605	3 230
海南省	14	4 299	1 053	1 521	1 589	136	1 217	562
重庆市	32	9 813	3 212	4 279	2 197	125	5 703	2 437
四川省	28	13 169	4 314	5 775	2 891	189	8 032	3 334
贵州省	19	7 745	2 967	3 600	1 132	46	3 433	1 616
云南省	31	11 264	4 055	4 739	2 197	273	5 683	2 607
西藏自治区	2	791	265	343	183	0	113	48
陕西省	25	12 351	4 082	5 265	2 805	199	4 885	2 178
甘肃省	16	5 848	2 101	2 494	1 231	22	2 280	1 040
青海省	4	1 663	925	472	242	24	720	432
宁夏回族自治区	6	1 631	689	560	330	52	571	276
新疆维吾尔自治区	18	7 432	2 324	3 516	1 428	164	2 970	1 352

发展人员(人)				研究与发展全时人员(人年)					
中级	初级	其他人员	研究生	合计	高级	中级	初级	其他人员	研究生
71 380	23 372	1 873	16 686	49 425.9	23 355	17 201.6	5 171.8	350.2	3 347.3
2 938	436	136	1 828	2 163.8	1 055.8	683.6	88.3	25.1	311
1 730	558	67	425	1 150.9	532.9	404.8	107.7	8.1	97.4
3 380	1 131	102	378	2 049	937.1	765.2	221.1	15.6	110
1 913	700	72	1 250	1 611.1	704.2	472.2	148.3	12.6	273.8
830	264	11	77	623.2	333.4	213.9	57.2	1.1	17.6
3 226	641	104	696	2 525.9	1 391.6	816.3	153.6	22.4	142
2 224	1 379	24	238	1 896	842.3	613.1	369	6.5	65.1
2 141	711	13	187	1 767.6	831.2	665.9	210.5	2.6	57.4
1 748	466	26	749	1 532.6	718.7	502.4	138.9	7.4	165.2
3 682	786	22	1 380	2 394.4	1 135.7	787.5	149.8	3.5	317.9
6 766	1 539	180	1 950	4 071	1 830.1	1 606.8	313.1	33	288
3 615	1 303	55	263	2 189.7	878.6	899.3	309.2	12.6	90
1 532	689	36	128	1 015.3	468.4	354.6	164.4	7.8	20.1
1 861	789	41	22	1 119.2	537.2	412	158.9	8.7	2.4
3 493	1 315	118	479	3 361.3	1 585.9	1 184.4	438.9	18.5	133.6
4 088	1 950	25	118	2 215.5	848.8	925.8	413.9	4.2	22.8
2 439	889	63	305	1 554.3	727.7	559.8	203	12.7	51.1
4 137	1 269	91	1 901	3 308.7	1 761.2	1 000.9	233.6	21.9	291.1
4 341	1 294	248	1 210	3 076.8	1 569.1	987.3	242.1	41	237.3
2 761	982	82	550	1 942.6	815.6	687.2	240.2	16.8	182.8
413	203	17	22	238.3	119	72.8	39.8	2.5	4.2
1 956	553	61	696	1 381.8	733.4	430.7	94.6	16.8	106.3
2 948	1 267	24	459	1 731.9	773.2	619.3	245.5	4.7	89.2
1 427	369	8	13	595.4	301.2	235.2	55.9	1.3	1.8
1 867	594	167	448	1 308.8	637.1	455.1	123.2	30.5	62.9
54	11	0	0	28.3	11.3	14.6	2.4	0	0
1 721	573	14	399	1 050.6	513.5	355.3	101.8	2.3	77.7
665	264	2	309	495.5	239.5	139	54.9	0.4	61.7
145	53	5	85	226.9	125.5	44.1	14.1	0.9	42.3
179	77	8	31	152.9	75.3	44.3	19.5	1.7	12.1
1 160	317	51	90	646.6	320.5	248.2	58.4	7	12.5

60. 国务院各部委所属高等学校人文、社会科学人力情况表

	学校数（所）	社科活动人员（人）					研究与	
		合计	高级	中级	初级	其他人员	合计	高级
合计	104	75 192	37 881	29 510	7 216	585	63 779	27 309
外交部	1	288	116	131	39	2	122	74
工信部	7	3 093	1 457	1 350	227	59	1 484	587
国家民族事务委员会	6	4 217	1 737	1 644	825	11	2 180	1 105
公安部	4	1 416	708	571	132	5	794	457
交通部	1	365	229	126	10	0	121	84
教育部	73	60 925	31 673	23 644	5 167	441	55 470	23 463
海关总署	1	128	48	73	6	1	186	81
中国民用航空总局	3	710	193	333	159	25	339	141
国家林业局	1	158	50	78	30	0	85	39
国务院侨务办公室	2	2 277	996	884	358	39	1 610	745
国家体育总局	1	547	232	152	163	0	341	177
中国科学院	1	165	86	77	2	0	151	34
中华全国总工会	1	314	103	172	37	2	249	95
共青团中央	1	317	159	142	16	0	328	112
中华全国妇女联合会	1	272	94	133	45	0	319	115

发展人员(人)				研究与发展全时人员(人年)					
中级	初级	其他人员	研究生	合计	高级	中级	初级	其他人员	研究生
13 800	2 153	590	19 927	19 546	9 740	4 220.5	551	126	4 908
39	4	2	3	44.1	29.5	12.4	1.6	0.3	0.3
323	31	6	537	561.1	230.1	112.1	8.8	2.5	207.6
733	210	7	125	616.3	336.4	196.9	46.4	1.4	35.2
255	70	9	3	216.3	133.6	66.8	12.5	3.1	0.3
28	0	0	9	33	25.1	6.2	0	0	1.7
11 276	1 626	485	18 620	17 014	8 462.4	3 516.9	431.1	98.7	4 504.4
74	14	16	1	42.5	21	16.9	2.2	2.3	0.1
126	19	0	53	71.5	30.3	22.5	2.5	0	16.2
36	9	1	0	19.3	8.7	8.6	1.7	0.3	0
409	49	46	361	535.8	297	130.1	11.5	13.7	83.5
87	48	3	26	91.7	51.1	21.6	12.6	0.6	5.8
25	1	0	91	54.7	10.4	7.3	0.7	0	36.3
119	31	4	0	72.8	29.7	34.5	7.8	0.8	0
110	9	0	97	91.3	44.7	28	2.1	0	16.5
160	32	11	1	81.6	30	39.7	9.5	2.3	0.1

61. 教育部直属院校人文、社会科学活动人员及研究与发展人员概况表

	社科活动人员(人)					研究与	
	合计	高级	中级	初级	其他人员	合计	高级
合计	60 925	31 673	23 644	5 167	441	55 470	23 463
北京大学	1 395	1 120	252	18	5	1 755	634
中国人民大学	1 817	1 197	584	36	0	1 659	1 149
清华大学	1 250	767	451	32	0	2 082	691
北京交通大学	649	343	284	21	1	1 522	282
北京科技大学	452	205	216	26	5	217	122
北京化工大学	334	129	150	55	0	137	64
北京邮电大学	319	113	122	84	0	499	238
中国农业大学	394	262	115	17	0	871	298
北京林业大学	379	182	144	53	0	472	156
北京中医药大学	159	52	74	33	0	43	12
北京师范大学	1 009	712	295	2	0	1 024	565
北京外国语大学	835	384	390	61	0	363	218
北京语言大学	732	317	363	49	3	484	203
中国传媒大学	1 231	525	627	79	0	1 293	729
中央财经大学	895	517	328	50	0	456	187
对外经济贸易大学	845	472	311	58	4	523	257
国际关系学院	217	103	84	30	0	110	59
中央音乐学院	330	160	113	51	6	82	51
中央美术学院	384	174	143	66	1	69	27
中央戏剧学院	267	119	112	36	0	30	26
中国政法大学	1 031	603	324	104	0	1 338	549
华北电力大学	527	224	212	89	2	139	64
南开大学	1 239	850	347	33	9	2 854	945
天津大学	433	210	183	39	1	271	175
大连理工大学	544	269	240	21	14	996	297
东北大学	762	241	304	191	26	339	106
吉林大学	1 763	997	603	161	2	1 991	886
东北师范大学	1 362	648	561	153	0	1 453	740
东北林业大学	522	217	249	46	10	290	100
复旦大学	1 322	780	467	75	0	1 235	628
同济大学	875	407	415	45	8	483	245
上海交通大学	943	502	375	60	6	490	284
华东理工大学	536	249	258	27	2	203	147
东华大学	562	206	290	53	13	369	118
华东师范大学	1 392	717	611	64	0	2 814	618
上海外国语大学	906	319	390	193	4	157	83
上海财经大学	875	486	357	32	0	999	529

发展人员(人)				研究与发展全时人员(人年)					
中级	初级	其他人员	研究生	合计	高级	中级	初级	其他人员	研究生
11 276	1 626	485	18 620	17 013.5	8 462.4	3 516.9	431.1	98.7	4 504.4
117	9	2	993	649	253.8	40.8	3.6	0.8	350
455	29	0	26	704.6	510.3	162.4	11.9	0	20
254	13	1	1 123	429.1	202.8	62.4	2.7	0.4	160.8
125	8	2	1 105	255	108.5	33.5	2.1	0.3	110.6
50	5	5	35	79.3	44.7	14.2	0.8	1.5	18.1
20	0	0	53	41.7	18.8	6.8	0	0	16.1
113	63	5	80	127	51.7	30.5	16.9	2.2	25.7
106	5	0	462	168.4	77.1	22.3	0.9	0	68.1
81	31	2	202	87.9	35.3	14.6	4.6	0.4	33
23	8	0	0	7.4	1.8	3.8	1.8	0	0
258	3	39	159	226	132.9	51.7	0.8	5.9	34.7
116	5	6	18	67.8	46.7	18	0.7	0.6	1.8
138	51	7	85	191.5	92.1	56.5	15.8	1.5	25.6
393	46	4	121	327.3	198.2	75.8	8.2	0.4	44.7
148	14	0	107	113.9	51.4	38.7	2.4	0	21.4
152	21	5	88	234	111.2	72.6	6.5	0.9	42.8
27	6	1	17	31	19.9	7.6	1.4	0.3	1.8
20	8	0	3	28.9	17.5	8.5	2.2	0	0.7
14	0	1	27	32.7	17.1	9.5	0	0.2	5.9
4	0	0	0	13.1	11.8	1.3	0	0	0
285	17	0	487	345.8	163.6	68.9	4.1	0	109.2
56	13	1	5	54.7	26.8	21.5	4.8	0.4	1.2
304	16	0	1 589	958.6	403.9	115.6	4.6	0	434.5
86	10	0	0	93.2	61.7	28.1	3.4	0	0
221	12	7	459	311.4	105.7	82.1	3.2	2	118.4
98	27	2	106	92.7	34.1	30.3	13.2	0.3	14.8
353	69	126	557	446.1	176.7	53.3	7.8	13.8	194.5
442	113	35	123	413.8	228.8	124.2	25.6	7.1	28.1
97	22	1	70	56.9	24.7	17	4.7	0.1	10.4
294	19	33	261	706.8	417.9	172.7	8.9	12.3	95
140	15	2	81	181.8	95.2	48.2	3.7	0.5	34.2
102	11	1	92	220	151.8	51.6	3.8	0.2	12.6
50	1	0	5	69.9	55.1	13.9	0.4	0	0.5
43	7	0	201	168.1	66.4	27.8	4	0	69.9
242	14	5	1 935	835.8	345	115.1	7.9	1.5	366.3
66	8	0	0	121.5	62.9	52.7	5.9	0	0
196	8	0	266	304.1	170.9	52.1	2.4	0	78.7

	社科活动人员(人)					研究与	
	合计	高级	中级	初级	其他人员	合计	高级
南京大学	957	706	239	12	0	827	507
东南大学	672	351	276	37	8	948	307
中国矿业大学	778	271	387	120	0	929	176
河海大学	552	185	237	128	2	221	95
江南大学	836	289	422	125	0	560	250
南京农业大学	513	211	232	70	0	850	199
中国药科大学	206	59	118	28	1	98	48
浙江大学	1 252	865	374	13	0	1 103	483
合肥工业大学	437	232	191	14	0	178	109
厦门大学	1 389	698	447	215	29	677	372
山东大学	1 925	1 064	593	244	24	390	244
中国海洋大学	466	214	182	70	0	9	4
武汉大学	1 436	912	453	57	14	1 899	949
华中科技大学	825	412	281	122	10	473	221
中国地质大学	738	317	329	71	21	969	322
武汉理工大学	902	546	325	22	9	318	187
华中农业大学	405	180	177	45	3	499	125
华中师范大学	1 114	674	310	88	42	579	304
中南财经政法大学	1 290	697	494	85	14	939	379
湖南大学	1 344	625	501	191	27	1 415	621
中南大学	977	575	329	51	22	540	335
中山大学	1 234	670	522	32	10	1 122	543
华南理工大学	739	341	284	114	0	670	294
四川大学	1 696	817	689	180	10	1 532	514
重庆大学	734	359	333	42	0	789	242
西南交通大学	608	293	254	57	4	461	254
电子科技大学	457	180	224	45	8	213	50
西南大学	1 409	685	609	108	7	2 071	1 044
西南财经大学	1 010	519	338	144	9	917	420
西安交通大学	982	456	437	70	19	780	329
西安电子科技大学	325	125	139	61	0	155	53
长安大学	466	208	231	26	1	242	115
西北农林科技大学	448	139	222	67	20	121	54
陕西师范大学	919	465	388	65	1	1 068	520
兰州大学	694	282	364	48	0	487	166
中国石油大学	703	273	369	57	4	309	146

续表

发展人员(人)				研究与发展全时人员(人年)					
中级	初级	其他人员	研究生	合计	高级	中级	初级	其他人员	研究生
132	17	3	168	306.9	138.3	54.1	5.3	1	108.2
193	12	6	430	140.2	64	30.8	1.2	0.8	43.4
165	82	2	504	180.6	39.6	27.5	13	0.3	100.2
67	17	0	42	83.8	36.1	24.8	6.7	0	16.2
174	63	1	72	179.6	74.2	46.5	19.2	0.2	39.5
143	28	6	474	274.1	55.8	28.2	4.7	2.3	183.1
42	8	0	0	21.8	10.9	9.6	1.3	0	0
203	18	2	397	296.7	153.9	57.5	5.8	0.4	79.1
22	0	0	47	63	39.6	3.4	0	0	20
118	29	2	156	261.6	160.5	42.9	10.9	0.5	46.8
123	10	4	9	143.8	104.9	33	2.8	0.6	2.5
5	0	0	0	5.2	2	3.2	0	0	0
306	28	12	604	686.1	346.9	93.7	9	1.5	235
107	24	2	119	223.4	94.6	41.2	8.5	1	78.1
216	33	17	381	206.4	86.4	52.4	7.3	4.1	56.2
60	2	1	68	97.2	65.3	19.9	0.5	0.5	11
116	34	1	223	113.6	27.8	18.6	4.5	0.6	62.1
103	17	8	147	377.4	229.7	74.3	8.8	5.6	59
215	30	1	314	343.1	151.1	81.6	11.7	0.1	98.6
292	45	29	428	401.2	250.4	82.7	11.5	8.2	48.4
132	20	4	49	246.8	162.8	61.3	8.1	1.2	13.4
264	20	14	281	496.7	211.8	131.1	9.1	6.6	138.1
135	26	6	209	150.2	77.8	30.1	5.8	1.9	34.6
278	31	0	709	502.6	249.1	151.8	17.7	0	84
188	15	0	344	266.2	128.8	95.2	7.8	0	34.4
145	17	0	45	109.1	69.6	30.4	3.1	0	6
44	0	0	119	53.1	14.6	12.4	0	0	26.1
529	125	5	368	590.2	345.1	145.2	26.1	0.5	73.3
225	39	51	182	139.2	75.6	33.8	5.8	5.1	18.9
195	27	3	226	199.7	94.5	44	4.7	0.7	55.8
23	9	0	70	65.2	22.1	11.7	3.7	0	27.7
85	3	2	37	54.7	29.4	17.9	0.5	0.4	6.5
40	0	0	27	24.7	11.8	6.4	0	0	6.5
281	85	10	172	203.2	109.4	55.7	13.1	1	24
116	2	0	203	219.7	88.5	29.7	0.4	0	101.1
105	3	0	55	89.7	44.7	27.7	0.8	0	16.5

62. 教育部直属院校人文、社会科学研究与发展人员职称(职务)情况表

单位:人

	合计	按职称划分						研究生(学生)
		教授	副教授	讲师	助教	初级	其他人员	
合计	55 470	11 361	12 102	11 276	1 286	340	485	18 620
北京大学	1 755	366	268	117	3	6	2	993
中国人民大学	1 659	556	593	455	29	0	0	26
清华大学	2 082	414	277	254	13	0	1	1 123
北京交通大学	1 522	106	176	125	8	0	2	1 105
北京科技大学	217	54	68	50	5	0	5	35
北京化工大学	137	22	42	20	0	0	0	53
北京邮电大学	499	95	143	113	58	5	5	80
中国农业大学	871	135	163	106	5	0	0	462
北京林业大学	472	46	110	81	6	25	2	202
北京中医药大学	43	5	7	23	8	0	0	0
北京师范大学	1 024	303	262	258	3	0	39	159
北京外国语大学	363	95	123	116	5	0	6	18
北京语言大学	484	96	107	138	24	27	7	85
中国传媒大学	1 293	338	391	393	23	23	4	121
中央财经大学	456	59	128	148	12	2	0	107
对外经济贸易大学	523	93	164	152	18	3	5	88
国际关系学院	110	24	35	27	3	3	1	17
中央音乐学院	82	31	20	20	5	3	0	3
中央美术学院	69	14	13	14	0	0	1	27
中央戏剧学院	30	11	15	4	0	0	0	0
中国政法大学	1 338	208	341	285	9	8	0	487
华北电力大学	139	23	41	56	11	2	1	5
南开大学	2 854	486	459	304	9	7	0	1 589
天津大学	271	51	124	86	4	6	0	0
大连理工大学	996	133	164	221	11	1	7	459
东北大学	339	45	61	98	27	0	2	106
吉林大学	1 991	472	414	353	54	15	126	557
东北师范大学	1 453	396	344	442	104	9	35	123
东北林业大学	290	33	67	97	22	0	1	70
复旦大学	1 235	377	251	294	14	5	33	261
同济大学	483	129	116	140	8	7	2	81
上海交通大学	490	156	128	102	9	2	1	92
华东理工大学	203	61	86	50	1	0	0	5
东华大学	369	52	66	43	4	3	0	201
华东师范大学	2 814	319	299	242	9	5	5	1 935

续表

	合计	按职称划分						研究生（学生）
		教授	副教授	讲师	助教	初级	其他人员	
上海外国语大学	157	48	35	66	8	0	0	0
上海财经大学	999	262	267	196	1	7	0	266
南京大学	827	288	219	132	17	0	3	168
东南大学	948	125	182	193	6	6	6	430
中国矿业大学	929	92	84	165	80	2	2	504
河海大学	221	55	40	67	17	0	0	42
江南大学	560	81	169	174	56	7	1	72
南京农业大学	850	101	98	143	18	10	6	474
中国药科大学	98	11	37	42	5	3	0	0
浙江大学	1 103	268	215	203	11	7	2	397
合肥工业大学	178	36	73	22	0	0	0	47
厦门大学	677	220	152	118	28	1	2	156
山东大学	390	137	107	123	10	0	4	9
中国海洋大学	9	2	2	5	0	0	0	0
武汉大学	1 899	566	383	306	27	1	12	604
华中科技大学	473	115	106	107	16	8	2	119
中国地质大学	969	126	196	216	30	3	17	381
武汉理工大学	318	82	105	60	0	2	1	68
华中农业大学	499	45	80	116	30	4	1	223
华中师范大学	579	161	143	103	15	2	8	147
中南财经政法大学	939	180	199	215	20	10	1	314
湖南大学	1 415	307	314	292	16	29	29	428
中南大学	540	172	163	132	17	3	4	49
中山大学	1 122	286	257	264	3	17	14	281
华南理工大学	670	139	155	135	19	7	6	209
四川大学	1 532	275	239	278	28	3	0	709
重庆大学	789	104	138	188	15	0	0	344
西南交通大学	461	100	154	145	16	1	0	45
电子科技大学	213	23	27	44	0	0	0	119
西南大学	2 071	398	646	529	124	1	5	368
西南财经大学	917	194	226	225	17	22	51	182
西安交通大学	780	158	171	195	11	16	3	226
西安电子科技大学	155	21	32	23	9	0	0	70
长安大学	242	28	87	85	3	0	2	37
西北农林科技大学	121	23	31	40	0	0	0	27
陕西师范大学	1 068	192	328	281	85	0	10	172
兰州大学	487	71	95	116	2	0	0	203
中国石油大学	309	65	81	105	2	1	0	55

63. 教育部直属院校人文、社会科学研究与发展全时人员职称（职务）情况表

单位:人年

	合计	按职称划分						研究生（学生）
		教授	副教授	讲师	助教	初级	其他人员	
合计	17 013.5	4 371.8	4 090.6	3 516.9	348	83.1	98.7	4 504.4
北京大学	649	150.2	103.6	40.8	1	2.6	0.8	350
中国人民大学	704.6	267.4	242.9	162.4	11.9	0	0	20
清华大学	429.1	125.5	77.3	62.4	2.7	0	0.4	160.8
北京交通大学	255	47	61.5	33.5	2.1	0	0.3	110.6
北京科技大学	79.3	21.6	23.1	14.2	0.8	0	1.5	18.1
北京化工大学	41.7	7.5	11.3	6.8	0	0	0	16.1
北京邮电大学	127	18.5	33.2	30.5	16	0.9	2.2	25.7
中国农业大学	168.4	38.5	38.6	22.3	0.9	0	0	68.1
北京林业大学	87.9	13.3	22	14.6	1	3.6	0.4	33
北京中医药大学	7.4	1	0.8	3.8	1.8	0	0	0
北京师范大学	226	82.4	50.5	51.7	0.8	0	5.9	34.7
北京外国语大学	67.8	22.6	24.1	18	0.7	0	0.6	1.8
北京语言大学	191.5	43.9	48.2	56.5	8.2	7.6	1.5	25.6
中国传媒大学	327.3	99.5	98.7	75.8	2.8	5.4	0.4	44.7
中央财经大学	113.9	17	34.4	38.7	2.1	0.3	0	21.4
对外经济贸易大学	234	38.9	72.3	72.6	5.8	0.7	0.9	42.8
国际关系学院	31	8	11.9	7.6	0.7	0.7	0.3	1.8
中央音乐学院	28.9	11.3	6.2	8.5	1.6	0.6	0	0.7
中央美术学院	32.7	10.7	6.4	9.5	0	0	0.2	5.9
中央戏剧学院	13.1	5.9	5.9	1.3	0	0	0	0
中国政法大学	345.8	73.5	90.1	68.9	1.9	2.2	0	109.2
华北电力大学	54.7	9.3	17.5	21.5	4.6	0.2	0.4	1.2
南开大学	958.6	209.9	194	115.6	2.8	1.8	0	434.5
天津大学	93.2	17.7	44	28.1	1.8	1.6	0	0
大连理工大学	311.4	51.5	54.2	82.1	2.7	0.5	2	118.4
东北大学	92.7	15.3	18.8	30.3	13.2	0	0.3	14.8
吉林大学	446.1	101.3	75.4	53.3	6.3	1.5	13.8	194.5
东北师范大学	413.8	135.3	93.5	124.2	23.8	1.8	7.1	28.1
东北林业大学	56.9	10.3	14.4	17	4.7	0	0.1	10.4
复旦大学	706.8	258.3	159.6	172.7	7.5	1.4	12.3	95
同济大学	181.8	52.3	42.9	48.2	2.5	1.2	0.5	34.2
上海交通大学	220	88.9	62.9	51.6	3.2	0.6	0.2	12.6
华东理工大学	69.9	22.7	32.4	13.9	0.4	0	0	0.5
东华大学	168.1	28.7	37.7	27.8	3.4	0.6	0	69.9
华东师范大学	835.8	182.9	162.1	115.1	4.7	3.2	1.5	366.3

续表

	合计	按职称划分						研究生（学生）
		教授	副教授	讲师	助教	初级	其他人员	
上海外国语大学	121.5	34.3	28.6	52.7	5.9	0	0	0
上海财经大学	304.1	88.7	82.2	52.1	0.2	2.2	0	78.7
南京大学	306.9	68.7	69.6	54.1	5.3	0	1	108.2
东南大学	140.2	26.7	37.3	30.8	0.6	0.6	0.8	43.4
中国矿业大学	180.6	22.5	17.1	27.5	12.8	0.2	0.3	100.2
河海大学	83.8	21.5	14.6	24.8	6.7	0	0	16.2
江南大学	179.6	26	48.2	46.5	16.1	3.1	0.2	39.5
南京农业大学	274.1	33.6	22.2	28.2	2.5	2.2	2.3	183.1
中国药科大学	21.8	2	8.9	9.6	1	0.3	0	0
浙江大学	296.7	90.6	63.3	57.5	2.9	2.9	0.4	79.1
合肥工业大学	63	13.3	26.3	3.4	0	0	0	20
厦门大学	261.6	106.7	53.8	42.9	10.1	0.8	0.5	46.8
山东大学	143.8	67.6	37.3	33	2.8	0	0.6	2.5
中国海洋大学	5.2	0.2	1.8	3.2	0	0	0	0
武汉大学	686.1	214.5	132.4	93.7	8.9	0.1	1.5	235
华中科技大学	223.4	56.3	38.3	41.2	5.9	2.6	1	78.1
中国地质大学	206.4	35.8	50.6	52.4	6.7	0.6	4.1	56.2
武汉理工大学	97.2	29.4	35.9	19.9	0	0.5	0.5	11
华中农业大学	113.6	12	15.8	18.6	4	0.5	0.6	62.1
华中师范大学	377.4	121	108.7	74.3	8.2	0.6	5.6	59
中南财经政法大学	343.1	80.5	70.6	81.6	8.5	3.2	0.1	98.6
湖南大学	401.2	112.3	138.1	82.7	4.8	6.7	8.2	48.4
中南大学	246.8	92	70.8	61.3	7.2	0.9	1.2	13.4
中山大学	496.7	109	102.8	131.1	1.8	7.3	6.6	138.1
华南理工大学	150.2	41.8	36	30.1	3.8	2	1.9	34.6
四川大学	502.6	125.9	123.2	151.8	17	0.7	0	84
重庆大学	266.2	54.8	74	95.2	7.8	0	0	34.4
西南交通大学	109.1	29.4	40.2	30.4	3	0.1	0	6
电子科技大学	53.1	7	7.6	12.4	0	0	0	26.1
西南大学	590.2	136.1	209	145.2	26	0.1	0.5	73.3
西南财经大学	139.2	39.5	36.1	33.8	2.7	3.1	5.1	18.9
西安交通大学	199.7	53.9	40.6	44	2.3	2.4	0.7	55.8
西安电子科技大学	65.2	7.5	14.6	11.7	3.7	0	0	27.7
长安大学	54.7	7.7	21.7	17.9	0.5	0	0.4	6.5
西北农林科技大学	24.7	5.7	6.1	6.4	0	0	0	6.5
陕西师范大学	203.2	41.4	68	55.7	13.1	0	1	24
兰州大学	219.7	45.9	42.6	29.7	0.4	0	0	101.1
中国石油大学	89.7	21.4	23.3	27.7	0.4	0.4	0	16.5

1. 全国高等学校人文、社会科学研究与发展经费情况表(一)

		拨					
		合计	科研活动经费	其中:教育部科研经费	其中:中央其他部门科研经费	其中:省、市、自治区科研经费	其中:其他各类地方政府经费
	合计	72 126 556.9	27 791 902	6 409 047.14	8 422 646.99	6 536 483.44	6 423 724.46
按学校隶属关系划分	教育部直属院校	32 306 079.4	13 044 219.9	4 217 828.24	4 630 446.35	1 132 994.34	3 062 950.98
	其他部委院校	3 023 210.94	1 453 602.42	243 579.44	875 884.71	136 442.27	197 696
	地方院校	36 797 266.6	13 294 079.7	1 947 639.46	2 916 315.93	5 267 046.83	3 163 077.48
按学校规格划分	本科院校	70 628 660.2	27 384 678.4	6 389 629.14	8 393 437.99	6 371 987.58	6 229 623.66
	专科院校	1 497 896.73	407 223.66	19 418	29 209	164 495.86	194 100.8
按学校类型划分	综合大学	27 442 531.5	10 391 721	2 809 492.96	3 311 628.36	1 579 135.03	2 691 464.6
	理工农医院校	17 184 658.1	6 129 498.55	834 469.5	2 066 000.31	1 469 113	1 759 915.74
	高等师范院校	12 166 017.5	4 859 055.83	1 504 306.37	1 223 522.47	1 343 910.85	787 316.14
	语言院校	1 949 877.76	705 829.51	175 365.64	134 199.73	302 304.44	93 959.7
	财经院校	7 570 209.38	3 046 703.77	694 750.21	773 197.49	903 904.71	674 851.36
	政法院校	1 635 026.37	685 977.8	92 170.37	264 409.43	274 718	54 680
	体育院校	1 213 219.75	767 314.4	61 696	368 527.71	277 552.69	59 538
	艺术院校	2 076 714.87	836 374.9	119 536.15	99 084.29	330 876.38	286 878.08
	民族院校	888 301.81	369 426.32	117 259.94	182 077.2	54 968.34	15 120.84

单位:百元

入

科技活动人员工资	科研基建费	企事业单位委托项目经费	金融机构贷款	自筹经费	国外资金	其他收入
11 893 443.9	422 796.48	19 591 942.5	2 890	9 387 915.42	1 355 898.55	1 679 768
2 719 451.05	0	10 892 880.7	0	3 418 438.52	1 143 301.57	1 087 787.58
447 657.88	71 200	686 149.67	0	308 711.64	23 713.52	32 175.81
8 726 334.97	351 596.48	8 012 912.12	2 890	5 660 765.26	188 883.46	559 804.61
11 238 360.4	394 038.87	19 523 913.3	2 890	9 072 073.91	1 354 265.55	1 658 439.78
655 083.49	28 757.61	68 029.24	0	315 841.51	1 633	21 328.22
3 764 118.89	38 400	8 414 996.54	2 890	3 433 214.2	637 121.99	760 068.89
2 995 671.38	3 170	6 130 261.11	0	1 304 829.16	411 542.38	209 685.48
2 552 962.36	16 568	2 100 219.94	0	2 003 073.96	149 599.91	484 537.45
324 120.96	12 500	177 454.29	0	664 271.45	18 526.73	47 174.82
1 329 101.52	95 587	1 722 337.84	0	1 228 643.11	54 877.14	92 959
342 064.87	44 810	157 671.96	0	307 956.7	75 167.36	21 377.68
212 299.81	74 382.61	69 540.44	0	77 273	3 591	8 818.49
193 700.71	137 378.87	632 700.03	0	221 397.13	817.04	54 346.19
179 403.4	0	186 760.38	0	147 256.71	4 655	800

2. 全国高等学校人文、社会科学研究与发展经费情况表(二)

单位:百元

		支出									
		合计	内部支出								转拨给外单位经费
			小计	科研人员费	业务费	科研基建费	仪器设备费	图书资料费	管理费	其他	
	合计	64 358 574.6	63 338 844	16 037 716.5	27 609 578.7	413 875.8	4 717 188.87	6 650 555.77	2 322 212.7	5 587 715.66	1 019 730.59
按学校隶属关系划分	教育部直属院校	28 398 178.5	27 789 751.7	4 401 571.83	14 070 742.9	951.64	1 918 033.7	2 935 685.12	1 241 357.23	3 221 409.32	608 426.77
	其他部委院校	2 644 636.74	2 473 314.64	501 915.98	1 298 713.41	76 780	134 981.53	205 291.19	111 007.86	144 624.67	171 322.1
	地方院校	33 315 759.4	33 075 777.7	11 134 228.7	12 240 122.4	336 144.16	2 664 173.64	3 509 579.46	969 847.61	2 221 681.67	239 981.72
按学校规格划分	本科院校	62 922 060.9	61 923 595.7	15 249 458.7	27 285 421.5	381 268.19	4 649 271.02	6 544 375.76	2 288 242.23	5 525 558.39	998 465.21
	专科院校	1 436 513.66	1 415 248.28	788 257.81	324 157.26	32 607.61	67 917.85	106 180.01	33 970.47	62 157.27	21 265.38
按学校类型划分	综合大学	24 125 555.2	23 800 172.4	5 408 572.95	10 290 773.4	39 910	1 620 789.61	2 494 523.98	960 809.19	2 984 793.3	325 382.81
	理工农医院校	15 207 012.4	14 937 132.9	3 823 553.25	7 046 280.12	5 906	991 962.4	3 763 252.38	1 670 213.2	4 076 092.02	269 879.46
	高等师范院校	11 362 945.9	11 201 111.2	3 067 566.87	4 214 252.97	45 183	1 155 024.89	5 535 274.44	1 962 285.46	4 731 081.12	161 834.78
	语言院校	1 777 349.19	1 762 921.19	566 446.17	708 524.32	11 718	160 610.2	5 732 033.04	1 997 272.52	4 814 957.96	14 428
	财经院校	6 774 779.94	6 725 621.9	1 991 570.28	3 056 469.58	42 395	464 068.1	6 324 704.89	2 184 035.8	5 206 641.77	49 158.04
	政法院校	1 499 266.19	1 482 957.19	430 302.31	750 511.69	44 770	63 193.47	6 429 270.07	2 208 534.11	5 271 758	16 309
	体育院校	1 072 651.22	1 046 796.82	245 063.81	410 843.64	79 040.61	93 520.64	6 501 989.9	2 235 665.94	5 390 234.46	25 854.4
	艺术院校	1 756 925.51	1 753 025.51	299 242.95	826 840.92	139 353.19	137 767.92	6 601 138.54	2 304 205.51	5 572 366.78	3 900
	民族院校	782 089.02	629 104.92	205 397.9	305 082.08	5 600	30 251.64	6 650 555.77	2 322 212.7	5 587 715.66	152 984.1

3. 全国高等学校人文、社会科学研究与发展经费情况表(三)

单位:百元

		R&D 经费内部支出							
		合计	基础研究支出	应用研究支出	试验发展支出	政府资金	企业资金	国外资金	其他资金
	合计	63 338 844	25 082 626.47	36 920 741.21	1 335 476.32	30 983 461.47	23 855 008.97	2 019 486.49	6 480 887.07
按学校隶属关系划分	教育部直属院校	27 789 751.7	10 208 423.77	17 071 830.56	509 497.37	11 671 167.59	11 775 027.58	1 628 048.41	2 715 508.12
	其他部委院校	2 473 314.64	942 498.45	1 477 622.41	53 193.78	1 481 395.36	701 923.89	38 628.54	251 366.85
	地方院校	33 075 777.66	13 931 704.25	18 371 288.24	772 785.17	17 830 898.52	11 378 057.5	352 809.54	3 514 012.1
按学校规格划分	本科院校	61 923 595.72	24 498 629.47	36 113 175	1 311 791.25	30 000 593.51	23 735 398.76	2 018 658.68	6 168 944.77
	专科院校	1 415 248.28	583 997	807 566.21	23 685.07	982 867.96	119 610.21	827.81	311 942.3
按学校类型划分	综合大学	23 800 172.42	9 697 607.83	13 593 839.6	508 724.99	10 289 376.74	9 948 124.48	1 155 879.3	2 406 791.9
	理工农医院校	14 937 132.9	4 151 874.1	10 469 672.74	315 586.06	6 799 216.53	6 498 068.93	403 751.02	1 236 096.42
	高等师范院校	11 201 111.15	6 589 744.92	4 317 409.62	293 956.61	6 176 025.32	3 111 074.41	298 555.38	1 615 456.04
	语言院校	1 762 921.19	944 825.48	792 510.65	25 585.06	1 065 129.59	330 066.99	28 268.46	339 456.15
	财经院校	6 725 621.9	1 667 596.39	4 976 859.63	81 165.88	3 593 228.97	2 714 382.81	56 122.04	361 888.08
	政法院校	1 482 957.19	500 288.55	938 411.6	44 257.04	958 356.65	300 919.77	67 864.44	155 816.33
	体育院校	1 046 796.82	412 674.85	578 743.11	55 378.86	900 816.68	91 818.41	4 342.89	49 818.84
	艺术院校	1 753 025.51	758 578.74	984 361.32	10 085.45	818 499.61	707 741.92	504.83	226 279.15
	民族院校	629 104.92	359 435.61	268 932.94	736.37	382 811.38	152 811.25	4 198.13	89 284.16

4. 各省、市、自治区高等学校人文、社会科学研究与发展经费情况表(一)

	拨					
	合计	科研活动经费	其中:教育部科研经费	其中:中央其他部门科研经费	其中:省、市、自治区科研经费	其中:其他各类地方政府经费
合计	72 126 556.91	27 791 902.03	6 409 047.14	8 422 646.99	6 536 483.44	6 423 724
北京市	14 322 856.83	6 039 203.2	1 469 260.09	2 150 869.61	1 333 505.91	1 085 568
天津市	1 927 325.56	756 968.51	222 481	339 426.5	157 344.01	37 717
河北省	845 462.18	254 870.2	38 139	42 233.7	113 427.5	61 070
山西省	880 071.72	334 347.7	26 060	27 265	199 322.7	81 700
内蒙古自治区	385 133	116 893	19 781	57 292	28 480	11 340
辽宁省	1 535 227.48	498 161.02	61 564.08	226 144.88	110 052.63	100 399.4
吉林省	1 592 514.15	606 504.18	141 352	208 328.78	202 157	54 666.4
黑龙江省	677 281.32	211 368.53	47 930	73 429	61 131.53	28 878
上海市	6 615 929.92	3 121 272.32	843 253.83	742 229.62	857 054.35	678 734.5
江苏省	4 161 758.6	1 908 379.23	502 549.2	594 351.8	381 029.99	430 448.2
浙江省	7 751 727.24	1 898 158.86	299 822.6	507 086.9	452 217.11	639 032.3
安徽省	1 674 664.16	601 669.57	130 891	131 372.77	149 439	189 966.8
福建省	1 727 962.79	632 718.8	68 920	279 226	209 514	75 058.8
江西省	835 826.09	320 331.5	94 850.5	103 099	74 982	47 400
山东省	2 061 265.24	690 330.37	175 914.66	203 075	139 461	171 879.7
河南省	1 178 488.07	387 115	97 239	77 240	115 105	97 531
湖北省	4 413 400.91	1 765 995.45	557 151	785 808.2	152 589.53	270 446.7
湖南省	2 510 719.38	1 113 992.8	230 563	298 552.52	399 922.4	184 954.9
广东省	5 237 558.96	2 273 548.6	254 323.2	382 412.67	459 470.04	1 177 343
广西壮族自治区	1 346 556.6	486 729.68	40 348.5	103 915.46	230 399.43	112 066.3
海南省	97 236.7	35 902.5	4 578	5 880	9 063.5	16 381
重庆市	2 179 068.81	668 092.69	158 485	149 460	141 248.19	218 899.5
四川省	3 292 161.08	758 453.13	275 023.42	244 363	100 841.4	138 225.3
贵州省	651 957.98	202 893	34 598	59 576	90 938	17 781
云南省	731 221.24	364 298.53	57 345.06	97 691.58	92 098.22	117 163.7
西藏自治区	38 330	22 740	9 560	12 500	30	650
陕西省	2 181 016.92	1 067 277.66	297 106	252 577	202 058.5	315 536.2
甘肃省	685 164.6	313 497	137 360	115 080	29 619.5	31 437.5
青海省	103 269.4	57 426	12 998	39 688	2 540	2 200
宁夏回族自治区	109 121	51 621	4 700	34 340	11 451	1 130
新疆维吾尔自治区	376 278.98	231 142	94 900	78 132	29 990	28 120

单位:百元

入

科技活动人员工资	科研基建费	企事业单位委托项目经费	金融机构贷款	自筹经费	国外资金	其他收入
11 893 443.9	422 796.48	19 591 942.53	2 890	9 387 915.42	1 355 898.55	1 679 768
1 038 337.36	182 818.87	4 850 362.35	0	1 342 022.81	700 537.26	169 574.98
435 387.68	0	578 194.86	0	128 116.01	24 713	3 945.5
317 548	4 200	149 060.25	0	111 380.3	2 718.44	5 684.99
212 597.35	28 600	123 639.33	0	172 221.6	7 565.74	1 100
100 611	0	109 855	0	55 774	2 000	0
588 689.58	0	307 433.15	0	109 793.63	24 750.1	6 400
400 011.5	13 600	322 105.01	0	119 362.03	8 091.84	122 839.59
351 257.16	60	41 548.16	0	70 790.26	0	2 257.21
865 801.88	0	1 720 861.52	0	638 488.28	216 894.43	52 611.49
690 704.25	0	956 283.95	0	386 547.47	31 482.7	188 361
873 150.5	35 560	2 812 920.26	0	1 934 410.6	83 475.17	114 051.85
463 757.15	11 500	169 385.2	0	397 422	3 310.84	27 619.4
248 180	0	462 968.05	0	128 414	23 623.4	232 058.54
162 656	2 990	223 412.58	0	115 371	0	11 065.01
699 468.71	54 022	395 707.57	0	125 282	22 513.59	73 941
390 492.48	800	186 809	0	144 365	6 452.59	62 454
593 156	27 300	1 299 902.65	2 890	360 805.45	55 362.03	307 989.33
665 368.78	8 880	318 116.88	0	355 135.02	4 910	44 315.9
798 020.06	5 000	1 485 500.44	0	531 918.34	65 002.99	78 568.53
283 892.25	82.61	298 249.96	0	192 905.5	3 337	81 359.6
45 470.2	0	5 625	0	10 239	0	0
348 575.14	7 615	519 644.54	0	627 635.5	2 560.14	4 945.8
432 411	9 768	1 229 192.29	0	821 556.22	27 156	13 624.44
85 445.5	30 000	168 181.7	0	154 003	2 571.78	8 863
202 153.21	0	96 680.65	0	19 365	5 633.51	43 090.34
4 900	0	0	0	10 690	0	0
279 920.18	0	540 466.58	0	241 590	31 236	20 526.5
126 419.5	0	188 886.1	0	56 362	0	0
40 688	0	2 440	0	2 715.4	0	0
35 305	0	13 665	0	8 530	0	0
113 068.48	0	14 844.5	0	14 704	0	2 520

5. 各省、市、自治区高等学校人文、社会科学研究与发展经费情况表(二)

单位:百元

	支出									
	合计	内部支出								转拨给外单位经费
		小计	科研人员费	业务费	科研基建费	仪器设备费	图书资料费	管理费	其他	
合计	64 358 574.59	63 338 844	16 037 716.49	27 609 578.71	413 875.8	4 717 188.87	6 650 555.77	2 322 212.7	5 587 715.66	1 019 730.59
北京市	12 395 133.26	12 021 403.39	1 872 406.46	7 367 802.07	175 517.19	719 670.77	586 019.33	487 425.19	812 562.38	373 729.87
天津市	1 532 093.69	1 527 846.49	497 821.59	627 614.2	0	66 966.89	112 924.07	44 606.59	177 913.15	4 247.2
河北省	776 406.98	770 398.48	349 406.1	262 846.09	4 180	35 779.91	97 983.99	16 399.5	3 802.89	6 008.5
山西省	833 270.77	833 028.77	238 799.24	263 572.47	28 900	133 616.77	146 660.83	7 865.83	13 613.63	242
内蒙古自治区	257 837.68	257 208.68	100 611	114 559.89	0	7 021.1	19 956.91	3 805.3	11 254.48	629
辽宁省	1 411 089.56	1 390 004.26	617 846.88	494 646.84	0	33 655.71	98 978.48	49 046.81	95 829.54	21 085.3
吉林省	1 611 405.27	1 530 462.95	449 427.9	282 585.31	27 505	228 155.47	282 903.87	36 270.64	223 614.76	80 942.32
黑龙江省	635 190.71	633 018.71	351 267.16	161 807.09	0	19 106.65	66 335.86	13 432.55	21 069.4	2 172
上海市	5 800 572.23	5 744 718.94	980 961.37	3 356 812.52	0	422 130.01	606 853.51	152 008.92	225 952.61	55 853.29
江苏省	3 731 211.16	3 698 697.24	707 757.45	1 408 961.61	0	300 407.47	681 574.26	205 673.44	394 323.01	32 513.92
浙江省	6 495 811.49	6 453 692.02	1 745 489.82	3 054 101.59	35 560	499 605.72	494 750.22	335 781.45	288 403.22	42 119.47
安徽省	1 521 233.16	1 495 676.16	674 055.11	342 596.95	19 810	89 118.48	172 611.04	46 757.18	150 727.4	25 557
福建省	1 404 595.37	1 400 271.37	278 740	548 738.25	0	34 213.95	222 963.33	37 334.77	278 281.07	4 324
江西省	680 265.55	660 682.55	173 505	151 042.08	26 946	64 857.58	90 296.4	24 274.49	129 761	19 583
山东省	2 008 620.28	1 977 884.28	840 895.87	460 884.98	500	237 923.32	257 753.54	64 049.13	115 877.44	30 736

续表

	支出									
	合计	内部支出								转拨给外单位经费
		小计	科研人员费	业务费	科研基建费	仪器设备费	图书资料费	管理费	其他	
河南省	1 064 385.75	1 053 685.75	417 051.98	254 956.67	800	138 947.8	127 974.5	22 556.8	91 398	10 700
湖北省	4 085 624.86	3 976 302.86	803 948.45	1 385 667.19	27 470	282 912.84	620 094.57	180 407.38	675 802.43	109 322
湖南省	2 401 802.81	2 379 151.91	923 935.06	714 710.78	5 930	223 390.13	309 699.13	66 919.26	134 567.55	22 650.9
广东省	5 134 462.26	5 031 928.97	916 017.31	2 300 505.16	4 936	334 007.59	307 283.35	176 102.94	993 076.62	102 533.29
广西壮族自治区	1 232 891.45	1 231 998.62	309 226.26	544 458.84	82.61	107 074.31	94 117.42	46 745.66	130 293.52	892.83
海南省	87 014.95	85 589.95	45 968.2	32 540.32	0	833	2 679.58	1 386.3	2 182.55	1 425
重庆市	2 131 938.18	2 131 938.18	738 391.74	791 644.02	3 833	122 832.65	196 695.97	63 984.65	214 556.15	0
四川省	2 879 425.27	2 835 245.27	864 886.18	881 315.26	14 726	408 660.26	440 231.36	83 485	141 941.21	44 180
贵州省	506 288.25	506 288.25	144 796	150 970.45	31 580	15 003.2	93 734.7	26 044.84	44 159.06	0
云南省	630 574.16	627 817.16	205 806.7	292 718.62	0	7 391.89	69 042.04	11 715.01	41 142.9	2 757
西藏自治区	22 198.9	16 878.9	7 350	4 003.8	0	1 180	2 738.1	87	1 520	5 320
陕西省	2 058 083.66	2 044 516.96	461 816.18	890 759.53	0	137 828.2	321 326.84	82 711.75	150 074.46	13 566.7
甘肃省	573 529.47	572 669.47	126 430	296 804.09	5 600	20 796.7	98 949.38	21 940.3	2 149	860
青海省	93 203.7	93 203.7	40 688	34 682.77	0	6 657	6 090.03	1 412.5	3 673.4	0
宁夏回族自治区	104 402.45	104 402.45	35 305	55 261	0	2 696	6 040.2	2 419.75	2 680.5	0
新疆维吾尔自治区	258 011.31	252 231.31	117 108.48	80 008.27	0	14 747.5	15 292.96	9 561.77	15 512.33	5 780

6. 各省、市、自治区高等学校人文、社会科学研究与发展经费情况表(三)

单位:百元

	R&D 经费内部支出							
	合计	基础研究支出	应用研究支出	试验发展支出	政府资金	企业资金	国外资金	其他资金
合计	63 338 844	25 082 626.47	36 920 741.21	1 335 476.32	30 983 461.47	23 855 008.97	2 019 486.49	6 480 887.07
北京市	12 021 403.39	4 290 203.74	7 560 368.83	170 830.82	5 810 764.5	4 731 143.92	725 348.71	754 146.26
天津市	1 527 846.49	574 943.03	935 349.5	17 553.96	686 224.9	765 679.97	32 980.2	42 961.42
河北省	770 398.48	328 617.34	402 861.7	38 919.44	396 805.53	278 349.11	5 313.81	89 930.03
山西省	833 028.77	303 662.23	514 538.55	14 827.99	507 373.72	245 726.02	6 086.95	73 842.08
内蒙古自治区	257 208.68	128 610.12	122 051.29	6 547.27	162 487.32	79 431.09	2 093.09	13 197.18
辽宁省	1 390 004.26	587 990.24	781 446.17	20 567.85	841 280.74	383 628.23	15 274.44	149 820.85
吉林省	1 530 462.95	726 800.27	725 868.1	77 794.58	939 093.2	424 702.5	23 141.7	143 525.55
黑龙江省	633 018.71	525 406.24	104 787.18	2 825.29	439 548.24	56 136.75	0	137 333.72
上海市	5 744 718.94	2 642 062.63	3 062 918.28	39 738.03	2 736 005.06	2 158 800.35	278 525.42	571 388.11
江苏省	3 698 697.24	1 337 874.89	2 357 306.34	3 516.01	1 811 079.47	1 283 995.92	40 535.82	563 086.03
浙江省	6 453 692.02	1 946 001.39	4 324 535.43	183 155.2	1 634 754.05	4 216 856.11	312 800.61	289 281.25
安徽省	1 495 676.16	557 143.27	917 512.83	21 020.06	913 110.25	295 270.77	3 158.2	284 136.94
福建省	1 400 271.37	384 009.67	995 057.94	21 203.76	580 330.65	459 840.2	23 741.08	336 359.44
江西省	660 682.55	337 794.49	264 905.41	57 982.65	359 806.6	199 155.42	0	101 720.53
山东省	1 977 884.28	940 942.18	999 133.83	37 808.27	1 274 516.27	497 217.73	16 690.43	189 459.85
河南省	1 053 685.75	564 091.92	449 793.35	39 800.48	782 578.84	204 601.39	4 726.1	61 779.42

续表

	R&D 经费内部支出							
	合计	基础研究支出	应用研究支出	试验发展支出	政府资金	企业资金	国外资金	其他资金
湖北省	3 976 302.86	1 239 390.47	2 536 454.62	200 457.77	1 864 512.6	1 474 164.81	53 871.64	583 753.81
湖南省	2 379 151.91	1 372 187.22	906 152.12	100 812.57	1 735 580.04	369 786.41	11 894.08	261 891.38
广东省	5 031 928.97	1 870 995.5	3 098 080.85	62 852.62	2 471 155.94	1 700 951.31	328 414.52	531 407.2
广西壮族自治区	1 231 998.62	353 667.31	866 560.05	11 771.26	715 270.99	308 064.42	3 516.31	205 146.9
海南省	85 589.95	60 254.92	15 570.03	9 765	70 142.73	5 439	447.97	9 560.25
重庆市	2 131 938.18	715 052.85	1 365 403.5	51 481.83	968 736.56	877 590.69	3 487	282 123.93
四川省	2 835 245.27	1 244 013.93	1 590 359.6	871.74	918 586.55	1 697 507.45	28 096.23	191 055.04
贵州省	506 288.25	164 456.37	275 302.15	66 529.73	298 843.65	165 102.68	6 724.15	35 617.77
云南省	627 817.16	325 669.7	293 810.81	8 336.65	411 237.81	100 177.13	14 333.72	102 068.5
西藏自治区	16 878.9	11 303.81	5 336.94	238.15	8 178.89	0	0	8 700.01
陕西省	2 044 516.96	1 113 838.76	903 355.02	27 323.18	1 014 524.6	585 712.96	78 144.37	366 135.03
甘肃省	572 669.47	188 047.62	377 684.58	6 937.27	272 508.8	254 049.16	139.94	45 971.57
青海省	93 203.7	55 865.53	36 988.17	350	89 118.3	1 570	0	2 515.4
宁夏回族自治区	104 402.45	61 787.02	33 101.59	9 513.84	70 644.98	20 914.54	0	12 842.93
新疆维吾尔自治区	252 231.31	129 941.81	98 146.45	24 143.05	198 659.69	13 442.93	0	40 128.69

7. 各省、市、自治区所属高等学校人文、社会科学研究与发展经费情况表(一)

	拨					
	合计	科研活动经费	其中:教育部科研经费	其中:中央其他部门科研经费	其中:省、市、自治区科研经费	其中:其他各类地方政府经费
合计	36 797 266.6	13 294 079.7	1 947 639.46	2 916 315.93	5 267 046.83	3 163 077.48
北京市	2 465 002.49	1 497 611.52	53 890.13	125 462.58	1 067 221.03	251 037.78
天津市	900 987.16	262 563.51	43 665	57 616.5	138 984.01	22 298
河北省	799 510.18	246 870.2	38 139	34 823.7	112 837.5	61 070
山西省	880 071.72	334 347.7	26 060	27 265	199 322.7	81 700
内蒙古自治区	385 133	116 893	19 781	57 292	28 480	11 340
辽宁省	1 116 995.31	352 558.3	38 795	144 087.21	104 156.19	65 519.9
吉林省	596 020.57	204 591	20 350	40 660	120 646	22 935
黑龙江省	566 456.32	143 482.53	42 380	27 742	57 642.53	15 718
上海市	2 374 850.12	1 254 617.99	74 851.47	244 278.35	592 671.35	342 816.82
江苏省	1 943 993.84	897 291.19	204 474.2	215 679.8	263 970.19	213 167
浙江省	5 139 490.9	1 156 835.39	132 577.6	206 695.76	377 532.73	440 029.3
安徽省	1 488 140.16	481 027.57	107 514	87 445.77	145 649	140 418.8
福建省	648 938.38	290 749	15 800	40 512	188 029	46 408
江西省	835 826.09	320 331.5	94 850.5	103 099	74 982	47 400
山东省	1 658 746.79	506 957	128 120	152 315	129 071	97 451
河南省	1 169 388.07	384 715	97 239	75 940	114 805	96 731
湖北省	1 282 179.61	321 924.93	93 079	75 932	76 295.93	76 618
湖南省	1 921 521.49	814 865.4	136 745	236 201.12	297 164.4	144 754.88
广东省	3 012 467.72	1 053 089.66	119 694	211 746.1	353 175.73	368 473.83
广西壮族自治区	1 346 556.6	486 729.68	40 348.5	103 915.46	230 399.43	112 066.29
海南省	97 236.7	35 902.5	4 578	5 880	9 063.5	16 381
重庆市	1 203 289.01	377 446.99	72 695	83 597	86 818.99	134 336
四川省	1 532 279.08	239 131.71	42 082	64 455	78 861.4	53 733.31
贵州省	651 957.98	202 893	34 598	59 576	90 938	17 781
云南省	731 221.24	364 298.53	57 345.06	97 691.58	92 098.22	117 163.67
西藏自治区	38 330	22 740	9 560	12 500	30	650
陕西省	1 162 915.59	472 384.9	54 120	132 047	167 731.5	118 486.4
甘肃省	290 957.1	126 392	31 710	53 930	25 509.5	15 242.5
青海省	103 269.4	57 426	12 998	39 688	2 540	2 200
宁夏回族自治区	77 255	36 270	4 700	20 110	10 430	1 030
新疆维吾尔自治区	376 278.98	231 142	94 900	78 132	29 990	28 120

单位：百元

入

科技活动人员工资	科研基建费	企事业单位委托项目经费	金融机构贷款	自筹经费	国外资金	其他收入
8 726 334.97	351 596.48	8 012 912.12	2 890	5 660 765.26	188 883.46	559 804.61
315 115.46	115 818.87	381 791.62	0	117 058.27	28 098.08	9 508.67
282 659.68	0	233 178.46	0	119 128.01	320	3 137.5
298 118	0	149 060.25	0	97 133.3	2 718.44	5 609.99
212 597.35	28 600	123 639.33	0	172 221.6	7 565.74	1 100
100 611	0	109 855	0	55 774	2 000	0
484 768.18	0	177 092.41	0	73 786.32	24 750.1	4 040
287 067.5	13 600	24 455	0	53 193.03	2 338.04	10 776
331 613.16	60	25 708.16	0	63 395.26	0	2 197.21
321 957.9	0	499 537.04	0	276 165.5	14 945	7 626.69
484 589.25	0	296 367.93	0	250 740.47	5 800	9 205
807 870.5	35 560	1 998 395.59	0	1 122 792.67	12 471.15	5 565.6
447 506.15	11 500	119 754.2	0	397 422	3 310.84	27 619.4
180 015	0	78 012.88	0	88 987	0	11 174.5
162 656	2 990	223 412.58	0	115 371	0	11 065.01
648 594.7	54 022	246 786.5	0	123 752	4 693.59	73 941
385 192.48	800	186 809	0	143 365	6 452.59	62 054
259 161	27 300	452 345.67	2 890	163 503.03	300	54 754.98
550 933.78	8 880	201 423.89	0	312 238.02	4 050	29 130.4
587 742.06	5 000	875 905.88	0	397 032.72	27 032.6	66 664.8
283 892.25	82.61	298 249.96	0	192 905.5	3 337	81 359.6
45 470.2	0	5 625	0	10 239	0	0
207 444	7 615	228 969.52	0	377 713.5	200	3 900
301 860	9 768	407 176.29	0	562 018.66	0	12 324.42
85 445.5	30 000	168 181.7	0	154 003	2 571.78	8 863
202 153.21	0	96 680.65	0	19 365	5 633.51	43 090.34
4 900	0	0	0	10 690	0	0
187 124.18	0	324 075.01	0	136 460	30 295	12 576.5
82 855	0	52 048.1	0	29 662	0	0
40 688	0	2 440	0	2 715.4	0	0
22 665	0	11 090	0	7 230	0	0
113 068.48	0	14 844.5	0	14 704	0	2 520

8. 各省、市、自治区所属高等学校人文、社会科学研究与发展经费情况表(二)

单位:百元

	支出									
	合计	内部支出								转拨给外单位经费
		小计	科研人员费	业务费	科研基建费	仪器设备费	图书资料费	管理费	其他	
合计	33 315 759.38	33 075 777.66	11 134 228.68	12 240 122.44	336 144.16	2 664 173.64	3 509 579.46	969 847.61	2 221 681.67	239 981.72
北京市	2 212 015.59	2 194 229.6	424 558.62	1 182 868.44	107 565.55	257 907.6	89 702.1	38 648.61	92 978.68	17 785.99
天津市	820 224.61	815 977.41	318 693.59	292 292.96	0	44 362.72	98 882.31	19 100.39	42 645.44	4 247.2
河北省	722 403.98	716 395.48	329 606.1	243 350.09	0	33 589.91	92 433.99	13 612.5	3 802.89	6 008.5
山西省	833 270.77	833 028.77	238 799.24	263 572.47	28 900	133 616.77	146 660.83	7 865.83	13 613.63	242
内蒙古自治区	257 837.68	257 208.68	100 611	114 559.89	0	7 021.1	19 956.91	3 805.3	11 254.48	629
辽宁省	996 390.33	978 101.33	509 203.88	353 119.46	0	14 878.92	43 761.49	22 061.45	35 076.13	18 289
吉林省	579 036.81	561 850.31	319 220.1	85 500.51	27 505	31 725.1	51 548.42	11 259.4	35 091.78	17 186.5
黑龙江省	532 752.06	530 580.06	331 623.16	97 766.02	0	18 073.97	55 350.56	9 554.65	18 211.7	2 172
上海市	2 145 822.72	2 135 191.22	385 341.39	1 152 693.49	0	180 614.75	255 259.02	63 207.01	98 075.56	10 631.5
江苏省	1 653 883.02	1 650 183.64	495 038.25	617 041.76	0	141 176.19	206 639.66	56 098.2	134 189.58	3 699.38
浙江省	4 832 973.11	4 811 371.89	1 439 584.5	2 099 222.05	35 560	412 620.83	385 321.19	199 448.65	239 614.67	21 601.22
安徽省	1 367 085.16	1 341 528.16	649 205.11	229 855.95	19 810	87 549.48	167 072.04	38 984.18	149 051.4	25 557
福建省	520 898.64	518 074.64	184 848	208 797.8	0	30 707.95	40 544.86	10 937.38	42 238.65	2 824
江西省	680 265.55	660 682.55	173 505	151 042.08	26 946	64 857.58	90 296.4	24 274.49	129 761	19 583
山东省	1 548 092.86	1 544 236.86	788 118.86	345 651.98	500	122 403.66	160 287.87	29 273.43	98 001.06	3 856

续表

	支出									
	合计	内部支出								转拨给外单位经费
		小计	科研人员费	业务费	科研基建费	仪器设备费	图书资料费	管理费	其他	
河南省	1 055 315.75	1 044 615.75	411 551.98	252 786.67	800	138 187.8	127 674.5	22 416.8	91 198	10 700
湖北省	1 290 178.54	1 284 178.54	341 128.03	396 303.91	27 470	116 512.54	194 358.13	44 945.05	163 460.88	6 000
湖南省	1 802 309.97	1 786 746.07	745 308.06	434 673.19	5 930	203 279.38	289 318.63	43 095.76	65 141.05	15 563.9
广东省	2 650 746.89	2 626 422.89	643 019.31	1 028 022.98	4 936	296 129.63	267 275.85	105 347.34	281 691.78	24 324
广西壮族自治区	1 232 891.45	1 231 998.62	309 226.26	544 458.84	82.61	107 074.31	94 117.42	46 745.66	130 293.52	892.83
海南省	87 014.95	85 589.95	45 968.2	32 540.32	0	833	2 679.58	1 386.3	2 182.55	1 425
重庆市	1 118 387.64	1 118 387.64	346 362.5	477 270.5	3 833	46 532.5	93 806.34	32 062.33	118 520.47	0
四川省	1 388 947.8	1 386 767.8	613 418.18	460 888.57	14 726	64 682.56	122 419.36	34 703.35	75 929.78	2 180
贵州省	506 288.25	506 288.25	144 796	150 970.45	31 580	15 003.2	93 734.7	26 044.84	44 159.06	0
云南省	630 574.16	627 817.16	205 806.7	292 718.62	0	7 391.89	69 042.04	11 715.01	41 142.9	2 757
西藏自治区	22 198.9	16 878.9	7 350	4 003.8	0	1 180	2 738.1	87	1 520	5 320
陕西省	1 135 436.12	1 125 569.42	369 020.18	475 229.72	0	56 247.1	158 259.99	27 992.63	38 819.8	9 866.7
甘肃省	268 310.56	267 450.56	82 855	95 718.58	0	8 266.7	66 191.98	12 269.3	2 149	860
青海省	93 203.7	93 203.7	40 688	34 682.77	0	6 657	6 090.03	1 412.5	3 673.4	0
宁夏回族自治区	72 990.5	72 990.5	22 665	42 510.3	0	342	2 862.2	1 930.5	2 680.5	0
新疆维吾尔自治区	258 011.31	252 231.31	117 108.48	80 008.27	0	14 747.5	15 292.96	9 561.77	15 512.33	5 780

9. 各省、市、自治区所属高等学校人文、社会科学研究与发展经费情况表(三)

单位:百元

	R&D 经费内部支出							
	合计	基础研究支出	应用研究支出	试验发展支出	政府资金	企业资金	国外资金	其他资金
合计	33 075 777.66	13 931 704.25	18 371 288.24	772 785.17	17 830 898.52	11 378 057.5	352 809.54	3 514 012.1
北京市	2 194 229.6	784 332.28	1 379 026.48	30 870.84	1 482 698.67	576 051.29	58 449.51	77 030.13
天津市	815 977.41	176 275.46	628 168.8	11 533.15	389 349.52	402 536.65	693.2	23 398.04
河北省	716 395.48	322 755.58	356 477.85	37 162.05	343 482.81	278 349.11	5 313.81	89 249.75
山西省	833 028.77	303 662.23	514 538.55	14 827.99	507 373.72	245 726.02	6 086.95	73 842.08
内蒙古自治区	257 208.68	128 610.12	122 051.29	6 547.27	162 487.32	79 431.09	2 093.09	13 197.18
辽宁省	978 101.33	411 133.12	546 400.36	20 567.85	649 037.52	220 778.09	15 274.44	93 011.28
吉林省	561 850.31	301 714.11	238 263.54	21 872.66	439 282.01	40 733.03	11 293.19	70 542.08
黑龙江省	530 580.06	458 996.31	69 193.75	2 390	368 415.54	34 058.61	0	128 105.91
上海市	2 135 191.22	934 168.36	1 184 548.46	16 474.4	1 118 680.58	747 135.31	20 159.07	249 216.26
江苏省	1 650 183.64	743 965.58	905 986.02	232.04	916 289.41	487 655.3	4 709.63	241 529.3
浙江省	4 811 371.89	1 665 239.44	3 065 441.56	80 690.89	1 478 984.4	3 010 201.45	79 581	242 605.04
安徽省	1 341 528.16	516 980.33	803 527.77	21 020.06	806 756.5	247 476.52	3 158.2	284 136.94
福建省	518 074.64	262 751.84	242 454.35	12 868.45	350 024.16	96 262.66	286.98	71 500.84
江西省	660 682.55	337 794.49	264 905.41	57 982.65	359 806.6	199 155.42	0	101 720.53
山东省	1 544 236.86	730 975.18	793 874.41	19 387.27	1 032 835.01	363 364.86	8 258.32	139 778.67
河南省	1 044 615.75	562 021.92	442 793.35	39 800.48	773 908.84	204 601.39	4 726.1	61 379.42

续表

	R&D 经费内部支出							
	合计	基础研究支出	应用研究支出	试验发展支出	政府资金	企业资金	国外资金	其他资金
湖北省	1 284 178.54	347 984.52	879 987.77	56 206.25	520 952.04	613 684.28	0	149 542.22
湖南省	1 786 746.07	960 797.08	725 136.42	100 812.57	1 278 437.89	263 058.22	10 984.08	234 265.88
广东省	2 626 422.89	1 073 612.01	1 493 506.39	59 304.49	1 101 382.16	1 128 327.12	28 531.7	368 181.91
广西壮族自治区	1 231 998.62	353 667.31	866 560.05	11 771.26	715 270.99	308 064.42	3 516.31	205 146.9
海南省	85 589.95	60 254.92	15 570.03	9 765	70 142.73	5 439	447.97	9 560.25
重庆市	1 118 387.64	329 206.87	780 888.27	8 292.5	620 837.76	398 332.06	1 118.52	98 099.3
四川省	1 386 767.8	737 335.17	648 560.89	871.74	514 440.02	718 728.96	0	153 598.82
贵州省	506 288.25	164 456.37	275 302.15	66 529.73	298 843.65	165 102.68	6 724.15	35 617.77
云南省	627 817.16	325 669.7	293 810.81	8 336.65	411 237.81	100 177.13	14 333.72	102 068.5
西藏自治区	16 878.9	11 303.81	5 336.94	238.15	8 178.89	0	0	8 700.01
陕西省	1 125 569.42	584 639.84	525 444.96	15 484.62	640 642.13	324 174.25	66 929.66	93 823.38
甘肃省	267 450.56	108 320.95	152 192.34	6 937.27	135 632.91	88 269.46	139.94	43 408.25
青海省	93 203.7	55 865.53	36 988.17	350	89 118.3	1 570	0	2 515.4
宁夏回族自治区	72 990.5	47 272.01	16 204.65	9 513.84	47 708.94	16 170.19	0	9 111.37
新疆维吾尔自治区	252 231.31	129 941.81	98 146.45	24 143.05	198 659.69	13 442.93	0	40 128.69

10. 国务院各部委所属高等学校人文、社会科学研究与发展经费情况表(一)

	拨					
	合计	科研活动经费	其中:教育部科研经费	其中:中央其他部门科研经费	其中:省、市、自治区科研经费	其中:其他各类地方政府经费
合计	35 329 290	14 497 822	4 461 407.7	5 506 331.1	1 269 436.6	3 260 647
外交部	104 587	76 173	4 820	35 080	850	35 423
工信部	707 128.1	397 291.5	60 441	249 354	33 089	54 407.5
国家民族事务委员会	653 572.41	256 000.32	91 391.94	119 909.2	37 468.34	7 230.84
公安部	102 813.65	31 838.65	440	28 388.65	2 210	800
交通部	99 629.37	19 800	0	18 310	1 490	0
教育部	32 306 079	13 044 220	4 217 828.2	4 630 446.4	1 132 994.3	3 062 951
海关总署	19 707.98	8 011.5	550	2 466.5	4 580	415
中国民用航空总局	137 510.4	12 025	100	9 350	1 300	1 275
国家林业局	9 768	3 550	0	1 000	150	2 400
国务院侨务办公室	501 700.9	222 918.01	15 100	80 436.35	39 265	88 116.66
国家体育总局	375 024	272 232	45 832	220 368	5 344	688
中国科学院	75 616	60 864	20 917	35 617	700	3 630
中华全国总工会	74 960	16 500	2 300	13 000	1 200	0
共青团中央	123 892.44	67 670.01	550	62 605.01	1 505	3 010
中华全国妇女联合会	37 300.69	8 728.43	1 137.5	0	7 290.93	300

单位:百元

入

科技活动人员工资	科研基建费	企事业单位委托项目经费	金融机构贷款	自筹经费	国外资金	其他收入
3 167 108.9	71 200	11 579 030	0	3 727 150.2	1 167 015.1	1 119 963.4
8 814	0	0	0	6 600	0	13 000
80 173.5	0	187 604.1	0	40 409	1 500	150
119 169.4	0	154 206.38	0	119 541.31	4 655	0
44 705	4 200	148	0	20 727	0	1 195
4 319.4	0	74 784.97	0	25	0	700
2 719 451.1	0	10 892 881	0	3 418 438.5	1 143 301.6	1 087 787.6
8 324.48	0	1 550	0	1 822	0	0
10 730	0	105 054.4	0	9 701	0	0
5 100	0	0	0	500	0	618
103 365	0	104 243.42	0	66 690	1 591.94	2 892.53
15 300	67 000	11 850	0	91	3 591	4 960
5 501	0	9 251	0	0	0	0
14 560	0	500	0	38 038	750	4 612
11 594	0	35 934.4	0	1 263	4 173.85	3 257.18
16 002.1	0	1 023	0	3 304.33	7 451.73	791.1

11. 国务院各部委所属高等学校人文、社会科学研究与发展经费情况表(二)

单位:百元

	支出									
	合计	内部支出								转拨给外单位经费
		小计	科研人员费	业务费	科研基建费	仪器设备费	图书资料费	管理费	其他	
合计	31 042 815.21	30 263 066.34	4 903 487.81	15 369 456.27	77 731.64	2 053 015.23	3 140 976.31	1 352 365.09	3 366 033.99	779 748.87
外交部	76 115	61 687	9 765	18 757	0	11 500	14 813	6 852	0	14 428
工信部	595 846.44	595 126.44	92 121.5	367 756.26	0	56 448.64	35 440.83	27 077.51	16 281.7	720
国家民族事务委员会	592 052.79	439 068.69	138 329.9	234 594.55	5 600	18 539.64	23 881.13	13 928.19	4 195.28	152 984.1
公安部	124 868.17	123 368.17	45 275	35 559.53	4 180	6 771.77	20 478.18	4 686.05	6 417.64	1 500
交通部	95 309.97	95 309.97	9 041	28 294.5	0	0	19 063.9	15 795.57	23 115	0
教育部	28 398 178.47	27 789 751.7	4 401 571.83	14 070 742.86	951.64	1 918 033.7	2 935 685.12	1 241 357.23	3 221 409.32	608 426.77
海关总署	13 210.19	13 210.19	8 324.48	3 815.58	0	0	930	140.13	0	0
中国民用航空总局	89 718.6	89 558.6	11 526	59 632	0	3 517.5	6 420.4	6 682.9	1 779.8	160
国家林业局	12 060.45	11 910.45	5 100	4 843.05	0	525	764	307.4	371	150
国务院侨务办公室	412 649.42	411 549.42	107 465	238 601.74	0	16 275.98	23 785.07	15 984.98	9 436.65	1 100
国家体育总局	369 208	369 208	15 300	144 935	67 000	16 890	43 466	15 176	66 441	0
中国科学院	55 993	55 993	14 100	33 302	0	1 569	3 489	2 673	860	0
中华全国总工会	74 960	74 960	17 972	39 978	0	1 820	7 865	460	6 865	0
共青团中央	95 017.3	94 737.3	11 594	67 909.52	0	1 124	4 075	1 173.18	8 861.6	280
中华全国妇女联合会	37 627.41	37 627.41	16 002.1	20 734.68	0	0	819.68	70.95	0	0

12. 国务院各部委所属高等学校人文、社会科学研究与发展经费情况表(三)

单位:百元

	R&D 经费内部支出							
	合计	基础研究支出	应用研究支出	试验发展支出	政府资金	企业资金	国外资金	其他资金
合计	30 263 066.34	11 150 922.22	18 549 452.97	562 691.15	13 152 562.95	12 476 951.47	1 666 676.95	2 966 874.97
外交部	61 687	32 835	28 852	0	48 812	12 875	0	0
工信部	595 126.44	195 500.53	380 345.03	19 280.88	367 924.75	183 726.32	10 176.5	33 298.87
国家民族事务委员会	439 068.69	211 991.42	227 077.27	0	249 335.29	123 839.07	4 188.41	61 705.92
公安部	123 368.17	24 898.62	96 712.16	1 757.39	114 606.77	1 844.68	0	6 916.72
交通部	95 309.97	1 999.69	93 310.28	0	19 090.95	75 418.04	0	800.98
教育部	27 789 751.7	10 208 423.77	17 071 830.56	509 497.37	11 671 167.59	11 775 027.58	1 628 048.41	2 715 508.12
海关总署	13 210.19	12 354.96	855.23	0	12 527.66	349.96	0	332.57
中国民用航空总局	89 558.6	5 019	84 539.6	0	10 065.13	68 717.5	0	10 775.97
国家林业局	11 910.45	7 081.21	4 829.24	0	5 761.73	0	0	6 148.72
国务院侨务办公室	411 549.42	158 884.01	252 304.15	361.26	189 258.12	171 795.79	390.34	50 105.17
国家体育总局	369 208	166 151.84	191 637.93	11 418.23	330 673.23	22 634.43	4 072.89	11 827.45
中国科学院	55 993	37 947.94	18 045.06	0	47 771.75	8 221.25	0	0
中华全国总工会	74 960	3 959.25	52 585.65	18 415.1	21 703.52	657.68	986.52	51 612.28
共青团中央	94 737.3	83 109.25	9 719.33	1 908.72	47 662.49	29 633.68	4 328.59	13 112.54
中华全国妇女联合会	37 627.41	765.73	36 809.48	52.2	16 201.97	2 210.49	14 485.29	4 729.66

13. 各类高等学校用于人文、社会科学基础研究、应用研究、试验发展的经费情况表

单位：百元

		合计		基础研究		应用研究		试验发展	
		当年拨入	当年支出	当年拨入	当年支出	当年拨入	当年支出	当年拨入	当年支出
	合计	45 498 539.88	36 601 929.63	16 045 576.69	12 994 864.42	28 466 093.13	22 962 184.62	986 870.06	644 880.59
按学校隶属关系划分	教育部直属院校	23 788 408.4	18 588 100.12	7 799 467.55	6 352 268.4	15 477 078.5	11 947 161.49	511 862.35	288 670.23
	其他部委院校	2 313 121.06	1 943 694.16	890 673.36	728 503.58	1 379 503.52	1 178 727.76	42 944.18	36 462.82
	地方院校	19 397 010.42	16 070 135.35	7 355 435.78	5 914 092.44	11 609 511.11	9 836 295.37	432 063.53	319 747.54
按学校规格划分	本科院校	45 069 579.9	36 256 032.62	15 901 119.95	12 880 139.71	28 184 299.89	22 732 821.29	984 160.06	643 071.62
	专科院校	428 959.98	345 897.01	144 456.74	114 724.71	281 793.24	229 363.33	2 710	1 808.97
按学校类型划分	综合大学	18 957 853.82	14 514 887.5	7 121 187.75	5 635 980.08	11 343 678.98	8 626 938.5	492 987.09	251 968.92
	理工农医院校	12 769 223.06	10 754 021.51	3 341 425.57	2 738 304.04	9 239 833.69	7 854 924.88	187 963.8	160 792.59
	高等师范院校	6 160 203.19	5 193 201.41	3 413 353.64	2 907 633.66	2 598 794.42	2 159 077.49	148 055.13	126 490.26
	语言院校	690 894.28	566 273.44	224 865.49	203 797.52	458 102.79	356 992.5	7 926	5 483.42
	财经院校	3 909 881.72	3 138 501.85	725 953	592 448.44	3 128 685.92	2 510 308.16	55 242.8	35 745.25
	政法院校	753 039.8	555 337.13	334 633.26	249 024.78	358 244.8	271 566.1	60 161.74	34 746.25
	体育院校	619 137.33	605 992.51	265 102.29	234 397.09	321 586.54	343 263.62	32 448.5	28 331.8
	艺术院校	1 040 808.27	786 085.8	294 733.2	176 627.69	744 700.07	608 575.61	1 375	882.5
	民族院校	597 498.41	487 628.48	324 322.49	256 651.12	272 465.92	230 537.76	710	439.6

14. 各省、市、自治区高等学校用于人文、社会科学基础研究、应用研究、试验发展的经费情况表

单位：百元

	合计		基础研究		应用研究		试验发展	
	当年拨入	当年支出	当年拨入	当年支出	当年拨入	当年支出	当年拨入	当年支出
合计	45 498 539.9	36 601 929.6	16 045 576.7	12 994 864.4	28 466 093.1	22 962 184.6	986 870.06	644 880.59
北京市	10 491 033.8	8 152 640.35	3 712 577.44	2 799 492.38	6 635 878.58	5 257 617.3	142 577.79	95 530.67
天津市	1 177 205.87	865 037.79	539 893.71	333 819	627 419.72	522 107.46	9 892.44	9 111.33
河北省	354 298.88	311 345.52	174 322.5	123 829.85	162 156.68	170 670.97	17 819.7	16 844.7
山西省	399 278.57	426 618.4	130 816.5	136 999.57	262 942.07	283 579.98	5 520	6 038.85
内蒙古自治区	269 522	142 244.68	126 156	60 555.15	140 676	75 489	2 690	6 200.53
辽宁省	874 606.16	742 313.53	311 081.98	237 046.13	553 424.18	492 911.25	10 100	12 356.15
吉林省	864 437.62	887 342.24	340 105.36	376 978.46	491 448.11	462 028.17	32 884.15	48 335.61
黑龙江省	313 561.9	272 470.28	245 510.9	217 298.26	67 058	54 680.02	993	492
上海市	3 724 989.54	3 095 187.12	1 322 993.44	1 016 148.07	2 374 065.02	2 059 513.95	27 931.08	19 525.1
江苏省	2 936 922.52	2 437 549.95	1 027 026.47	767 999.13	1 905 856.05	1 666 567.82	4 040	2 983
浙江省	4 481 250.7	2 580 316.71	1 073 621.48	702 083.99	3 226 687.02	1 865 353.15	180 942.2	12 879.57
安徽省	681 114.79	560 227.44	260 671.29	186 491.21	416 677.5	370 793.74	3 766	2 942.49
福建省	1 242 916.79	989 776.37	246 267.23	216 261.57	978 643.92	760 828.47	18 005.64	12 686.33
江西省	509 162.58	383 842.38	271 827	215 174.17	178 861.58	141 525.11	58 474	27 143.1
山东省	1 135 776.53	1 065 706.06	506 921.37	506 384.71	609 867.66	546 563.5	18 987.5	12 757.85

续表

	合计		基础研究		应用研究		试验发展	
	当年拨入	当年支出	当年拨入	当年支出	当年拨入	当年支出	当年拨入	当年支出
河南省	543 963.59	420 863.27	254 718.39	188 335.87	259 969.2	209 157.4	29 276	23 370
湖北省	3 305 342.83	2 842 489.13	895 997.09	825 807.03	2 257 129.49	1 881 195.43	152 216.25	135 486.67
湖南省	1 343 844.2	1 093 749.31	715 069.11	606 430.82	593 580.09	457 524.69	35 195	29 793.8
广东省	3 722 999.58	3 597 969.4	1 170 077.64	1 306 205.57	2 521 724.09	2 258 066.11	31 197.85	33 697.72
广西壮族自治区	768 316.25	622 110.43	220 585.14	162 598.06	544 915.65	453 886.25	2 815.46	5 626.12
海南省	48 512.5	39 393.25	32 572.5	25 065.75	6 900	5 512.5	9 040	8 815
重庆市	1 295 297.17	1 130 869.07	380 107.86	354 896.83	875 148.31	743 540.89	40 041	32 431.35
四川省	2 002 432.45	1 495 533.83	920 949.29	594 864.56	1 081 143.16	900 519.27	340	150
贵州省	413 083.48	301 315.3	106 783	74 541.25	218 052.48	176 851.55	88 248	49 922.5
云南省	526 368.03	419 683.86	242 549.3	214 873.71	277 290.73	198 615.35	6 528	6 194.8
西藏自治区	24 610	8 761.9	22 300	8 396.7	2 230	349.6	80	15.6
陕西省	1 262 281.54	1 128 674.04	481 164.2	486 244.2	759 012.34	623 457.1	22 105	18 972.74
甘肃省	444 212.1	357 407.84	155 051.5	120 835.91	275 511.6	232 489.93	13 649	4 082
青海省	62 581.4	52 505.7	38 556	36 709.27	23 675.4	15 446.43	350	350
宁夏回族自治区	73 816	68 907.45	38 205	41 613.15	26 101	20 231.3	9 510	7 063
新疆维吾尔自治区	204 800.5	109 077.03	81 098	50 884.09	112 047.5	55 110.93	11 655	3 082.01

15. 各省、市、自治区所属高等学校用于人文、社会科学基础研究、应用研究、试验发展的经费情况表

单位：百元

	合计		基础研究		应用研究		试验发展	
	当年拨入	当年支出	当年拨入	当年支出	当年拨入	当年支出	当年拨入	当年支出
合计	19 397 010.4	15 070 135.4	7 355 435.78	5 914 092.44	11 609 511.1	9 836 295.37	432 063.53	319 747.54
北京市	1 069 474.32	867 555.12	257 148.48	183 872.44	802 094.84	673 661.68	10 231	10 021
天津市	417 095.47	385 838.71	90 571.71	76 580.93	320 626.32	304 046.45	5 897.44	5 211.33
河北省	346 223.88	301 819.52	173 722.5	122 795.85	155 041.68	162 488.97	17 459.7	16 534.7
山西省	399 278.57	426 618.4	130 816.5	136 999.57	262 942.07	283 579.98	5 520	6 038.85
内蒙古自治区	269 522	142 244.68	126 156	60 555.15	140 676	75 489	2 690	6 200.53
辽宁省	560 295.39	436 257.3	173 260	111 370.87	376 935.39	312 530.28	10 100	12 356.15
吉林省	220 088.04	195 870.68	110 172.58	103 253.4	98 595.46	85 513.68	11 320	7 103.6
黑龙江省	222 380.9	190 946.63	185 582.9	165 197.47	36 798	25 539.16	0	210
上海市	1 320 498.14	1 182 340.59	446 778.87	401 726.06	864 625.69	773 414.11	9 093.58	7 200.42
江苏省	1 137 905.76	924 886.99	495 160.31	379 582.35	641 585.45	545 239.64	1 160	65
浙江省	2 821 927.29	2 443 983.91	839 591.11	678 777.29	1 976 443.18	1 760 832.85	5 893	4 373.77
安徽省	529 718.79	420 179.44	223 684.29	155 884.21	302 268.5	261 352.74	3 766	2 942.49
福建省	280 784.38	223 871.64	118 901	120 755.32	153 088.38	97 782.5	8 795	5 333.82
江西省	509 162.58	383 842.38	271 827	215 174.17	178 861.58	141 525.11	58 474	27 143.1
山东省	784 132.09	668 766.5	346 927.59	319 817.51	428 407	343 112.14	8 797.5	5 836.85

续表

	合计		基础研究		应用研究		试验发展	
	当年拨入	当年支出	当年拨入	当年支出	当年拨入	当年支出	当年拨入	当年支出
河南省	542 463.59	419 713.27	254 418.39	188 165.87	258 769.2	208 177.4	29 276	23 370
湖北省	786 681.95	732 738.23	154 897.93	147 943.98	608 945.67	564 245.05	22 838.35	20 549.2
湖南省	982 281.81	790 458.72	506 965.22	427 186.93	440 221.59	333 477.99	35 095	29 793.8
广东省	1 852 536.34	1 476 051.08	743 925.86	605 151.87	1 081 193.98	840 679.19	27 416.5	30 220.02
广西壮族自治区	768 316.25	622 110.43	220 585.14	162 598.06	544 915.65	453 886.25	2 815.46	5 626.12
海南省	48 512.5	39 393.25	32 572.5	25 065.75	6 900	5 512.5	9 040	8 815
重庆市	623 010.51	509 347.77	178 356.11	121 862.69	441 204.4	383 456.2	3 450	4 028.88
四川省	698 262.45	544 478.38	390 709.29	258 873.2	307 213.16	285 455.18	340	150
贵州省	413 083.48	301 315.3	106 783	74 541.25	218 052.48	176 851.55	88 248	49 922.5
云南省	526 368.03	419 683.86	242 549.3	214 873.71	277 290.73	198 615.35	6 528	6 194.8
西藏自治区	24 610	8 761.9	22 300	8 396.7	2 230	349.6	80	15.6
陕西省	724 454.91	617 882.5	273 493.7	251 822.17	438 386.21	356 147.33	12 575	9 913
甘肃省	195 969.1	181 459.94	85 274.5	74 735.41	97 045.6	102 642.53	13 649	4 082
青海省	62 581.4	52 505.7	38 556	36 709.27	23 675.4	15 446.43	350	350
宁夏回族自治区	54 590	50 135.5	32 650	32 938.9	12 430	10 133.6	9 510	7 063
新疆维吾尔自治区	204 800.5	109 077.03	81 098	50 884.09	112 047.5	55 110.93	11 655	3 082.01

16. 国务院各部委所属高等学校用于人文、社会科学基础研究、应用研究、试验发展的经费情况表

单位：百元

	合计		基础研究		应用研究		试验发展	
	当年拨入	当年支出	当年拨入	当年支出	当年拨入	当年支出	当年拨入	当年支出
合计	26 101 529.5	20 531 794.3	8 690 140.91	7 080 771.98	16 856 582	13 125 889.3	554 806.53	325 133.05
外交部	65 718	61 687	36 628	32 835	29 090	28 852	0	0
工信部	626 954.6	511 401.94	203 310	160 600.41	408 131.6	339 405.53	15 513	11 396
国家民族事务委员会	443 323.01	370 916.25	201 372.49	168 824.49	241 950.52	202 091.76	0	0
公安部	37 361.65	52 496.17	22 107.06	14 855.15	14 894.59	37 331.02	360	310
交通部	95 309.97	86 268.97	1 810	1 810	93 499.97	84 458.97	0	0
教育部	23 788 408.4	18 588 100.1	7 799 467.55	6 352 268.4	15 477 078.5	11 947 161.5	511 862.35	288 670.23
海关总署	11 383.5	4 885.71	6 837	4 569.41	4 546.5	316.3	0	0
中国民用航空总局	125 387.4	77 272.6	3 828	2 573	121 559.4	74 699.6	0	0
国家林业局	1 750	2 524.45	800	1 411.7	950	1 112.75	0	0
国务院侨务办公室	371 385.9	288 934.42	130 991.4	109 946.61	240 274.5	178 737.98	120	249.83
国家体育总局	292 724	286 908	146 327	129 115	136 748	148 920	9 649	8 873
中国科学院	51 238	41 893	34 727	28 392	16 511	13 501	0	0
中华全国总工会	56 988	56 988	3 010	3 010	39 978	39 978	14 000	14 000
共青团中央	112 298.44	79 892.34	98 295.41	70 120.73	10 760.85	8 167.62	3 242.18	1 603.99
中华全国妇女联合会	21 298.59	21 625.31	630	440.08	20 608.59	21 155.23	60	30

17. 全国高等学校人文、社会科学研究与发展经费情况表

经费名称	编号	经费(百元)
上年结转经费	1	29 923 012
当年经费收入合计	2	72 126 557
政府资金投入	3	40 108 142
科研活动经费	4	27 791 902
其中:教育部科研项目经费	5	3 581 241
教育部其他科研经费	6	2 827 806
中央其他部门科研项目经费	7	8 422 647
省市自治区社科基金项目	8	2 048 387
省教育厅科研项目经费	9	1 778 169
省教育厅其他科研经费	10	2 709 928
其他各类地方政府经费	11	6 423 724
科技活动人员工资	12	11 893 444
科研基建费	13	422 796
非政府资金投入	14	32 018 414
企事业单位委托项目经费	15	19 591 943
金融机构贷款	16	2 890
自筹经费	17	9 387 915
国外资金	18	1 355 899
其他收入	19	1 679 768
其中:港澳台地区合作项目经费	20	297 087
当年 R&D 经费支出合计	21	64 358 575
转拨给外单位经费	22	1 019 731
其中:对国内研究机构支出	23	172 746
对国内高等学校支出	24	253 824
对国内企业支出	25	370 452
对境外机构支出	26	10 657
R&D 内部支出经费	27	63 338 844
其中:基础研究支出	28	25 082 626
应用研究支出	29	36 920 741
试验发展支出	30	1 335 476
其中:政府资金	31	30 983 461
企业资金	32	23 855 009
国外资金	33	2 019 486
其他资金	34	6 480 887
科研人员费	35	16 037 716
业务费	36	27 609 579
科研基建费	37	413 876
仪器设备费	38	4 717 189
其中:单价在万元以上的设备费	39	1 206 146
图书资料费	40	6 650 556
管理费	41	2 322 213
其他支出	42	5 587 716
当年结余经费	43	37 690 995
银行存款	44	36 793 462
暂付款	45	897 533

18. 本科院校人文、社会科学研究与发展经费情况表

经费名称	编号	经费(百元)
上年结转经费	1	29 454 336
当年经费收入合计	2	70 628 660
政府资金投入	3	39 017 078
科研活动经费	4	27 384 678
其中:教育部科研项目经费	5	3 564 063
教育部其他科研经费	6	2 825 566
中央其他部门科研项目经费	7	8 393 438
省市自治区社科基金项目	8	2 010 076
省教育厅科研项目经费	9	1 688 413
省教育厅其他科研经费	10	2 673 499
其他各类地方政府经费	11	6 229 624
科技活动人员工资	12	11 238 360
科研基建费	13	394 039
非政府资金投入	14	31 611 583
企事业单位委托项目经费	15	19 523 913
金融机构贷款	16	2 890
自筹经费	17	9 072 074
国外资金	18	1 354 266
其他收入	19	1 658 440
其中:港澳台地区合作项目经费	20	297 087
当年 R&D 经费支出合计	21	62 922 061
转拨给外单位经费	22	998 465
其中:对国内研究机构支出	23	172 596
对国内高等学校支出	24	251 244
对国内企业支出	25	354 926
对境外机构支出	26	10 657
R&D 内部支出经费	27	61 923 596
其中:基础研究支出	28	24 498 629
应用研究支出	29	36 113 175
试验发展支出	30	1 311 791
其中:政府资金	31	30 000 594
企业资金	32	23 735 399
国外资金	33	2 018 659
其他资金	34	6 168 945
科研人员费	35	15 249 459
业务费	36	27 285 421
科研基建费	37	381 268
仪器设备费	38	4 649 271
其中:单价在万元以上的设备费	39	1 189 535
图书资料费	40	6 544 376
管理费	41	2 288 242
其他支出	42	5 525 558
当年结余经费	43	37 160 935
银行存款	44	36 269 385
暂付款	45	891 551

19. 专科院校人文、社会科学研究与发展经费情况表

经费名称	编号	经费(百元)
上年结转经费	1	468 676
当年经费收入合计	2	1 497 897
政府资金投入	3	1 091 065
科研活动经费	4	407 224
其中:教育部科研项目经费	5	17 178
教育部其他科研经费	6	2 240
中央其他部门科研项目经费	7	29 209
省市自治区社科基金项目	8	38 311
省教育厅科研项目经费	9	89 756
省教育厅其他科研经费	10	36 429
其他各类地方政府经费	11	194 101
科技活动人员工资	12	655 083
科研基建费	13	28 758
非政府资金投入	14	406 832
企事业单位委托项目经费	15	68 029
金融机构贷款	16	0
自筹经费	17	315 842
国外资金	18	1 633
其他收入	19	21 328
其中:港澳台地区合作项目经费	20	0
当年 R&D 经费支出合计	21	1 436 514
转拨给外单位经费	22	21 265
其中:对国内研究机构支出	23	150
对国内高等学校支出	24	2 580
对国内企业支出	25	15 526
对境外机构支出	26	0
R&D 内部支出经费	27	1 415 248
其中:基础研究支出	28	583 997
应用研究支出	29	807 566
试验发展支出	30	23 685
其中:政府资金	31	982 868
企业资金	32	119 610
国外资金	33	828
其他资金	34	311 942
科研人员费	35	788 258
业务费	36	324 157
科研基建费	37	32 608
仪器设备费	38	67 918
其中:单价在万元以上的设备费	39	16 611
图书资料费	40	106 180
管理费	41	33 970
其他支出	42	62 157
当年结余经费	43	530 059
银行存款	44	524 077
暂付款	45	5 982

20. 教育部直属院校人文、社会科学研究与发展经费情况表

经费名称	编号	经费(百元)
上年结转经费	1	17 329 414
当年经费收入合计	2	32 306 079
政府资金投入	3	15 763 671
科研活动经费	4	13 044 220
其中:教育部科研项目经费	5	1 692 440
教育部其他科研经费	6	2 525 388
中央其他部门科研项目经费	7	4 630 446
省市自治区社科基金项目	8	617 788
省教育厅科研项目经费	9	252 711
省教育厅其他科研经费	10	262 495
其他各类地方政府经费	11	3 062 951
科技活动人员工资	12	2 719 451
科研基建费	13	0
非政府资金投入	14	16 542 408
企事业单位委托项目经费	15	10 892 881
金融机构贷款	16	0
自筹经费	17	3 418 439
国外资金	18	1 143 302
其他收入	19	1 087 788
其中:港澳台地区合作项目经费	20	262 050
当年 R&D 经费支出合计	21	28 398 178
转拨给外单位经费	22	608 427
其中:对国内研究机构支出	23	112 594
对国内高等学校支出	24	160 786
对国内企业支出	25	169 345
对境外机构支出	26	9 196
R&D 内部支出经费	27	27 789 752
其中:基础研究支出	28	10 208 424
应用研究支出	29	17 071 831
试验发展支出	30	509 497
其中:政府资金	31	11 671 168
企业资金	32	11 775 028
国外资金	33	1 628 048
其他资金	34	2 715 508
科研人员费	35	4 401 572
业务费	36	14 070 743
科研基建费	37	952
仪器设备费	38	1 918 034
其中:单价在万元以上的设备费	39	467 890
图书资料费	40	2 935 685
管理费	41	1 241 357
其他支出	42	3 221 409
当年结余经费	43	21 237 315
银行存款	44	20 956 947
暂付款	45	280 368

21. 教育部直属综合大学人文、社会科学研究与发展经费情况表

经费名称	编号	经费(百元)
上年结转经费	1	10 705 029
当年经费收入合计	2	17 950 165
政府资金投入	3	8 261 035
科研活动经费	4	6 799 402
其中:教育部科研项目经费	5	975 880
教育部其他科研经费	6	1 259 075
中央其他部门科研项目经费	7	2 402 801
省市自治区社科基金项目	8	366 416
省教育厅科研项目经费	9	118 458
省教育厅其他科研经费	10	107 510
其他各类地方政府经费	11	1 569 262
科技活动人员工资	12	1 461 633
科研基建费	13	0
非政府资金投入	14	9 689 130
企事业单位委托项目经费	15	6 273 953
金融机构贷款	16	0
自筹经费	17	2 201 532
国外资金	18	565 169
其他收入	19	648 476
其中:港澳台地区合作项目经费	20	197 825
当年 R&D 经费支出合计	21	15 589 207
转拨给外单位经费	22	285 548
其中:对国内研究机构支出	23	42 253
对国内高等学校支出	24	68 692
对国内企业支出	25	94 950
对境外机构支出	26	3 230
R&D 内部支出经费	27	15 303 660
其中:基础研究支出	28	5 773 938
应用研究支出	29	9 290 332
试验发展支出	30	239 390
其中:政府资金	31	5 695 782
企业资金	32	7 070 118
国外资金	33	1 042 682
其他资金	34	1 495 077
科研人员费	35	2 515 996
业务费	36	7 272 726
科研基建费	37	0
仪器设备费	38	930 492
其中:单价在万元以上的设备费	39	223 116
图书资料费	40	1 464 235
管理费	41	724 815
其他支出	42	2 395 396
当年结余经费	43	13 065 987
银行存款	44	12 975 532
暂付款	45	90 455

22. 教育部直属工科院校人文、社会科学研究与发展经费情况表

经费名称	编号	经费(百元)
上年结转经费	1	4 087 481
当年经费收入合计	2	6 946 493
政府资金投入	3	3 253 878
科研活动经费	4	2 707 080
其中:教育部科研项目经费	5	314 556
教育部其他科研经费	6	87 510
中央其他部门科研项目经费	7	1 192 721
省市自治区社科基金项目	8	143 935
省教育厅科研项目经费	9	49 729
省教育厅其他科研经费	10	2 500
其他各类地方政府经费	11	916 129
科技活动人员工资	12	546 798
科研基建费	13	0
非政府资金投入	14	3 692 614
企事业单位委托项目经费	15	2 959 054
金融机构贷款	16	0
自筹经费	17	300 826
国外资金	18	353 480
其他收入	19	79 254
其中:港澳台地区合作项目经费	20	7 138
当年 R&D 经费支出合计	21	6 112 399
转拨给外单位经费	22	171 910
其中:对国内研究机构支出	23	46 632
对国内高等学校支出	24	51 816
对国内企业支出	25	46 640
对境外机构支出	26	5 966
R&D 内部支出经费	27	5 940 490
其中:基础研究支出	28	1 396 079
应用研究支出	29	4 460 460
试验发展支出	30	83 951
其中:政府资金	31	2 610 710
企业资金	32	2 654 961
国外资金	33	311 194
其他资金	34	363 625
科研人员费	35	892 795
业务费	36	3 570 323
科研基建费	37	0
仪器设备费	38	294 561
其中:单价在万元以上的设备费	39	90 647
图书资料费	40	429 992
管理费	41	361 730
其他支出	42	391 088
当年结余经费	43	4 921 574
银行存款	44	4 822 525
暂付款	45	99 049

23. 教育部直属师范院校人文、社会科学研究与发展经费情况表

经费名称	编号	经费(百元)
上年结转经费	1	1 208 129
当年经费收入合计	2	3 958 044
政府资金投入	3	2 374 127
科研活动经费	4	2 038 320
其中:教育部科研项目经费	5	299 169
教育部其他科研经费	6	594 083
中央其他部门科研项目经费	7	575 629
省市自治区社科基金项目	8	73 068
省教育厅科研项目经费	9	30 242
省教育厅其他科研经费	10	113 100
其他各类地方政府经费	11	353 030
科技活动人员工资	12	335 807
科研基建费	13	0
非政府资金投入	14	1 583 917
企事业单位委托项目经费	15	943 727
金融机构贷款	16	0
自筹经费	17	226 501
国外资金	18	132 446
其他收入	19	281 242
其中:港澳台地区合作项目经费	20	52 103
当年 R&D 经费支出合计	21	3 852 241
转拨给外单位经费	22	117 034
其中:对国内研究机构支出	23	12 933
对国内高等学校支出	24	24 369
对国内企业支出	25	22 725
对境外机构支出	26	0
R&D 内部支出经费	27	3 735 207
其中:基础研究支出	28	2 143 252
应用研究支出	29	1 451 993
试验发展支出	30	139 962
其中:政府资金	31	1 853 856
企业资金	32	1 140 764
国外资金	33	204 343
其他资金	34	536 244
科研人员费	35	376 411
业务费	36	1 762 105
科研基建费	37	0
仪器设备费	38	501 850
其中:单价在万元以上的设备费	39	108 598
图书资料费	40	761 481
管理费	41	110 083
其他支出	42	223 277
当年结余经费	43	1 313 932
银行存款	44	1 223 067
暂付款	45	90 864

24. 教育部直属语言院校人文、社会科学研究与发展经费情况表

经费名称	编号	经费(百元)
上年结转经费	1	499 693
当年经费收入合计	2	811 205
政府资金投入	3	338 849
科研活动经费	4	215 962
其中:教育部科研项目经费	5	5 789
教育部其他科研经费	6	119 649
中央其他部门科研项目经费	7	37 007
省市自治区社科基金项目	8	8 042
省教育厅科研项目经费	9	16 320
省教育厅其他科研经费	10	25 785
其他各类地方政府经费	11	3 370
科技活动人员工资	12	122 887
科研基建费	13	0
非政府资金投入	14	472 356
企事业单位委托项目经费	15	117 327
金融机构贷款	16	0
自筹经费	17	346 613
国外资金	18	5 990
其他收入	19	2 425
其中:港澳台地区合作项目经费	20	261
当年 R&D 经费支出合计	21	731 662
转拨给外单位经费	22	0
其中:对国内研究机构支出	23	0
对国内高等学校支出	24	0
对国内企业支出	25	0
对境外机构支出	26	0
R&D 内部支出经费	27	731 662
其中:基础研究支出	28	463 091
应用研究支出	29	264 576
试验发展支出	30	3 995
其中:政府资金	31	408 753
企业资金	32	151 815
国外资金	33	6 768
其他资金	34	164 326
科研人员费	35	252 003
业务费	36	302 707
科研基建费	37	0
仪器设备费	38	47 683
其中:单价在万元以上的设备费	39	18 139
图书资料费	40	71 719
管理费	41	8 207
其他支出	42	49 343
当年结余经费	43	579 235
银行存款	44	579 235
暂付款	45	0

25. 教育部直属财经院校人文、社会科学研究与发展经费情况表

经费名称	编号	经费(百元)
上年结转经费	1	591 247
当年经费收入合计	2	2 091 425
政府资金投入	3	1 204 265
科研活动经费	4	1 023 270
其中:教育部科研项目经费	5	69 149
教育部其他科研经费	6	397 071
中央其他部门科研项目经费	7	342 175
省市自治区社科基金项目	8	19 337
省教育厅科研项目经费	9	24 212
省教育厅其他科研经费	10	3 000
其他各类地方政府经费	11	168 325
科技活动人员工资	12	180 996
科研基建费	13	0
非政府资金投入	14	887 160
企事业单位委托项目经费	15	509 674
金融机构贷款	16	0
自筹经费	17	269 465
国外资金	18	42 957
其他收入	19	65 064
其中:港澳台地区合作项目经费	20	4 723
当年 R&D 经费支出合计	21	1 531 892
转拨给外单位经费	22	20 086
其中:对国内研究机构支出	23	2 176
对国内高等学校支出	24	14 860
对国内企业支出	25	830
对境外机构支出	26	0
R&D 内部支出经费	27	1 511 806
其中:基础研究支出	28	230 990
应用研究支出	29	1 250 629
试验发展支出	30	30 188
其中:政府资金	31	737 535
企业资金	32	622 279
国外资金	33	37 501
其他资金	34	114 490
科研人员费	35	263 552
业务费	36	825 193
科研基建费	37	0
仪器设备费	38	125 904
其中:单价在万元以上的设备费	39	23 400
图书资料费	40	175 836
管理费	41	28 572
其他支出	42	92 750
当年结余经费	43	1 150 779
银行存款	44	1 150 779
暂付款	45	0

26. 教育部直属政法院校人文、社会科学研究与发展经费情况表

经费名称	编号	经费(百元)
上年结转经费	1	98 656
当年经费收入合计	2	408 318
政府资金投入	3	222 111
科研活动经费	4	164 425
其中:教育部科研项目经费	5	12 220
教育部其他科研经费	6	40 000
中央其他部门科研项目经费	7	76 364
省市自治区社科基金项目	8	6 591
省教育厅科研项目经费	9	12 250
省教育厅其他科研经费	10	0
其他各类地方政府经费	11	17 000
科技活动人员工资	12	57 686
科研基建费	13	0
非政府资金投入	14	186 207
企事业单位委托项目经费	15	77 270
金融机构贷款	16	0
自筹经费	17	58 252
国外资金	18	43 260
其他收入	19	7 426
其中:港澳台地区合作项目经费	20	0
当年 R&D 经费支出合计	21	388 228
转拨给外单位经费	22	9 950
其中:对国内研究机构支出	23	8 600
对国内高等学校支出	24	1 050
对国内企业支出	25	300
对境外机构支出	26	0
R&D 内部支出经费	27	378 278
其中:基础研究支出	28	50 986
应用研究支出	29	315 280
试验发展支出	30	12 012
其中:政府资金	31	212 137
企业资金	32	130 192
国外资金	33	25 561
其他资金	34	10 389
科研人员费	35	71 777
业务费	36	266 427
科研基建费	37	0
仪器设备费	38	3 245
其中:单价在万元以上的设备费	39	430
图书资料费	40	15 372
管理费	41	7 275
其他支出	42	14 182
当年结余经费	43	118 745
银行存款	44	118 745
暂付款	45	0

27. 教育部直属艺术院校人文、社会科学研究与发展经费情况表

经费名称	编号	经费(百元)
上年结转经费	1	139 181
当年经费收入合计	2	140 430
政府资金投入	3	109 405
科研活动经费	4	95 761
其中:教育部科研项目经费	5	15 676
教育部其他科研经费	6	28 000
中央其他部门科研项目经费	7	3 749
省市自治区社科基金项目	8	400
省教育厅科研项目经费	9	1 500
省教育厅其他科研经费	10	10 600
其他各类地方政府经费	11	35 836
科技活动人员工资	12	13 644
科研基建费	13	0
非政府资金投入	14	31 025
企事业单位委托项目经费	15	11 876
金融机构贷款	16	0
自筹经费	17	15 249
国外资金	18	0
其他收入	19	3 900
其中:港澳台地区合作项目经费	20	0
当年 R&D 经费支出合计	21	192 549
转拨给外单位经费	22	3 900
其中:对国内研究机构支出	23	0
对国内高等学校支出	24	0
对国内企业支出	25	3 900
对境外机构支出	26	0
R&D 内部支出经费	27	188 649
其中:基础研究支出	28	150 088
应用研究支出	29	38 561
试验发展支出	30	0
其中:政府资金	31	152 394
企业资金	32	4 898
国外资金	33	0
其他资金	34	31 357
科研人员费	35	29 038
业务费	36	71 263
科研基建费	37	952
仪器设备费	38	14 298
其中:单价在万元以上的设备费	39	3 560
图书资料费	40	17 049
管理费	41	676
其他支出	42	55 372
当年结余经费	43	87 062
银行存款	44	87 062
暂付款	45	0

28. 其他部委院校人文、社会科学研究与发展经费情况表

经费名称	编号	经费(百元)
上年结转经费	1	999 063
当年经费收入合计	2	3 023 211
政府资金投入	3	1 972 460
科研活动经费	4	1 453 602
其中:教育部科研项目经费	5	192 102
教育部其他科研经费	6	51 477
中央其他部门科研项目经费	7	875 885
省市自治区社科基金项目	8	86 327
省教育厅科研项目经费	9	50 116
省教育厅其他科研经费	10	0
其他各类地方政府经费	11	197 696
科技活动人员工资	12	447 658
科研基建费	13	71 200
非政府资金投入	14	1 050 751
企事业单位委托项目经费	15	686 150
金融机构贷款	16	0
自筹经费	17	308 712
国外资金	18	23 714
其他收入	19	32 176
其中:港澳台地区合作项目经费	20	9 691
当年 R&D 经费支出合计	21	2 644 637
转拨给外单位经费	22	171 322
其中:对国内研究机构支出	23	15 713
对国内高等学校支出	24	2 623
对国内企业支出	25	150 758
对境外机构支出	26	0
R&D 内部支出经费	27	2 473 315
其中:基础研究支出	28	942 498
应用研究支出	29	1 477 622
试验发展支出	30	53 194
其中:政府资金	31	1 481 395
企业资金	32	701 924
国外资金	33	38 629
其他资金	34	251 367
科研人员费	35	501 916
业务费	36	1 298 713
科研基建费	37	76 780
仪器设备费	38	134 982
其中:单价在万元以上的设备费	39	16 938
图书资料费	40	205 291
管理费	41	111 008
其他支出	42	144 625
当年结余经费	43	1 377 637
银行存款	44	1 328 410
暂付款	45	49 228

29. 地方院校人文、社会科学研究与发展经费情况表

经费名称	编号	经费(百元)
上年结转经费	1	11 594 535
当年经费收入合计	2	36 797 267
政府资金投入	3	22 372 011
科研活动经费	4	13 294 080
其中:教育部科研项目经费	5	1 696 698
教育部其他科研经费	6	250 941
中央其他部门科研项目经费	7	2 916 316
省市自治区社科基金项目	8	1 344 272
省教育厅科研项目经费	9	1 475 342
省教育厅其他科研经费	10	2 447 433
其他各类地方政府经费	11	3 163 077
科技活动人员工资	12	8 726 335
科研基建费	13	351 596
非政府资金投入	14	14 425 255
企事业单位委托项目经费	15	8 012 912
金融机构贷款	16	2 890
自筹经费	17	5 660 765
国外资金	18	188 883
其他收入	19	559 805
其中:港澳台地区合作项目经费	20	25 346
当年 R&D 经费支出合计	21	33 315 759
转拨给外单位经费	22	239 982
其中:对国内研究机构支出	23	44 439
对国内高等学校支出	24	90 414
对国内企业支出	25	50 349
对境外机构支出	26	1 461
R&D 内部支出经费	27	33 075 778
其中:基础研究支出	28	13 931 704
应用研究支出	29	18 371 288
试验发展支出	30	772 785
其中:政府资金	31	17 830 899
企业资金	32	11 378 057
国外资金	33	352 810
其他资金	34	3 514 012
科研人员费	35	11 134 229
业务费	36	12 240 122
科研基建费	37	336 144
仪器设备费	38	2 664 174
其中:单价在万元以上的设备费	39	721 319
图书资料费	40	3 509 579
管理费	41	969 848
其他支出	42	2 221 682
当年结余经费	43	15 076 042
银行存款	44	14 508 105
暂付款	45	567 937

30. 综合院校人文、社会科学研究与发展经费情况表

经费名称	编号	经费(百元)
上年结转经费	1	13 692 394
当年经费收入合计	2	27 442 531
政府资金投入	3	14 194 240
科研活动经费	4	10 391 721
其中:教育部科研项目经费	5	1 520 291
教育部其他科研经费	6	1 289 202
中央其他部门科研项目经费	7	3 311 628
省市自治区社科基金项目	8	737 547
省教育厅科研项目经费	9	483 613
省教育厅其他科研经费	10	357 975
其他各类地方政府经费	11	2 691 465
科技活动人员工资	12	3 764 119
科研基建费	13	38 400
非政府资金投入	14	13 248 292
企事业单位委托项目经费	15	8 414 997
金融机构贷款	16	2 890
自筹经费	17	3 433 214
国外资金	18	637 122
其他收入	19	760 069
其中:港澳台地区合作项目经费	20	213 358
当年 R&D 经费支出合计	21	24 125 555
转拨给外单位经费	22	325 383
其中:对国内研究机构支出	23	52 636
对国内高等学校支出	24	78 974
对国内企业支出	25	99 920
对境外机构支出	26	3 330
R&D 内部支出经费	27	23 800 172
其中:基础研究支出	28	9 697 608
应用研究支出	29	13 593 840
试验发展支出	30	508 725
其中:政府资金	31	10 289 377
企业资金	32	9 948 124
国外资金	33	1 155 879
其他资金	34	2 406 792
科研人员费	35	5 408 573
业务费	36	10 290 773
科研基建费	37	39 910
仪器设备费	38	1 620 790
其中:单价在万元以上的设备费	39	343 923
图书资料费	40	2 494 524
管理费	41	960 809
其他支出	42	2 984 793
当年结余经费	43	17 009 370
银行存款	44	16 825 047
暂付款	45	184 323

31. 理工农医院校人文、社会科学研究与发展经费情况表

经费名称	编号	经费(百元)
上年结转经费	1	6 955 485
当年经费收入合计	2	17 184 658
政府资金投入	3	9 128 340
科研活动经费	4	6 129 499
其中:教育部科研项目经费	5	691 097
教育部其他科研经费	6	143 372
中央其他部门科研项目经费	7	2 066 000
省市自治区社科基金项目	8	570 355
省教育厅科研项目经费	9	447 933
省教育厅其他科研经费	10	450 825
其他各类地方政府经费	11	1 759 916
科技活动人员工资	12	2 995 671
科研基建费	13	3 170
非政府资金投入	14	8 056 318
企事业单位委托项目经费	15	6 130 261
金融机构贷款	16	0
自筹经费	17	1 304 829
国外资金	18	411 542
其他收入	19	209 685
其中:港澳台地区合作项目经费	20	7 938
当年 R&D 经费支出合计	21	15 207 012
转拨给外单位经费	22	269 879
其中:对国内研究机构支出	23	60 847
对国内高等学校支出	24	85 884
对国内企业支出	25	65 854
对境外机构支出	26	6 242
R&D 内部支出经费	27	14 937 133
其中:基础研究支出	28	4 151 874
应用研究支出	29	10 469 673
试验发展支出	30	315 586
其中:政府资金	31	6 799 217
企业资金	32	6 498 069
国外资金	33	403 751
其他资金	34	1 236 096
科研人员费	35	3 823 553
业务费	36	7 046 280
科研基建费	37	5 906
仪器设备费	38	991 962
其中:单价在万元以上的设备费	39	246 382
图书资料费	40	1 268 728
管理费	41	709 404
其他支出	42	1 091 299
当年结余经费	43	8 933 131
银行存款	44	8 748 939
暂付款	45	184 192

32. 师范院校人文、社会科学研究与发展经费情况表

经费名称	编号	经费(百元)
上年结转经费	1	4 123 116
当年经费收入合计	2	12 166 017
政府资金投入	3	7 428 586
科研活动经费	4	4 859 056
其中:教育部科研项目经费	5	828 934
教育部其他科研经费	6	675 372
中央其他部门科研项目经费	7	1 223 522
省市自治区社科基金项目	8	333 408
省教育厅科研项目经费	9	345 758
省教育厅其他科研经费	10	664 745
其他各类地方政府经费	11	787 316
科技活动人员工资	12	2 552 962
科研基建费	13	16 568
非政府资金投入	14	4 737 431
企事业单位委托项目经费	15	2 100 220
金融机构贷款	16	0
自筹经费	17	2 003 074
国外资金	18	149 600
其他收入	19	484 537
其中:港澳台地区合作项目经费	20	60 138
当年 R&D 经费支出合计	21	11 362 946
转拨给外单位经费	22	161 835
其中:对国内研究机构支出	23	18 762
对国内高等学校支出	24	52 074
对国内企业支出	25	28 415
对境外机构支出	26	1 075
R&D 内部支出经费	27	11 201 111
其中:基础研究支出	28	6 589 745
应用研究支出	29	4 317 410
试验发展支出	30	293 957
其中:政府资金	31	6 176 025
企业资金	32	3 111 074
国外资金	33	298 555
其他资金	34	1 615 456
科研人员费	35	3 067 567
业务费	36	4 214 253
科研基建费	37	45 183
仪器设备费	38	1 155 025
其中:单价在万元以上的设备费	39	358 607
图书资料费	40	1 772 022
管理费	41	292 072
其他支出	42	654 989
当年结余经费	43	4 926 187
银行存款	44	4 654 363
暂付款	45	271 824

33. 语言院校人文、社会科学研究与发展经费情况表

经费名称	编号	经费(百元)
上年结转经费	1	756 458
当年经费收入合计	2	1 949 878
政府资金投入	3	1 042 450
科研活动经费	4	705 830
其中:教育部科研项目经费	5	37 877
教育部其他科研经费	6	137 489
中央其他部门科研项目经费	7	134 200
省市自治区社科基金项目	8	55 799
省教育厅科研项目经费	9	101 156
省教育厅其他科研经费	10	145 350
其他各类地方政府经费	11	93 960
科技活动人员工资	12	324 121
科研基建费	13	12 500
非政府资金投入	14	907 427
企事业单位委托项目经费	15	177 454
金融机构贷款	16	0
自筹经费	17	664 271
国外资金	18	18 527
其他收入	19	47 175
其中:港澳台地区合作项目经费	20	1 072
当年 R&D 经费支出合计	21	1 777 349
转拨给外单位经费	22	14 428
其中:对国内研究机构支出	23	14 028
对国内高等学校支出	24	400
对国内企业支出	25	0
对境外机构支出	26	0
R&D 内部支出经费	27	1 762 921
其中:基础研究支出	28	944 825
应用研究支出	29	792 511
试验发展支出	30	25 585
其中:政府资金	31	1 065 130
企业资金	32	330 067
国外资金	33	28 268
其他资金	34	339 456
科研人员费	35	566 446
业务费	36	708 524
科研基建费	37	11 718
仪器设备费	38	160 610
其中:单价在万元以上的设备费	39	46 616
图书资料费	40	196 759
管理费	41	34 987
其他支出	42	83 877
当年结余经费	43	928 986
银行存款	44	928 906
暂付款	45	80

34. 财经院校人文、社会科学研究与发展经费情况表

经费名称	编号	经费(百元)
上年结转经费	1	2 262 871
当年经费收入合计	2	7 570 209
政府资金投入	3	4 471 392
科研活动经费	4	3 046 704
其中:教育部科研项目经费	5	279 419
教育部其他科研经费	6	415 331
中央其他部门科研项目经费	7	773 197
省市自治区社科基金项目	8	238 433
省教育厅科研项目经费	9	218 752
省教育厅其他科研经费	10	446 720
其他各类地方政府经费	11	674 851
科技活动人员工资	12	1 329 102
科研基建费	13	95 587
非政府资金投入	14	3 098 817
企事业单位委托项目经费	15	1 722 338
金融机构贷款	16	0
自筹经费	17	1 228 643
国外资金	18	54 877
其他收入	19	92 959
其中:港澳台地区合作项目经费	20	4 723
当年 R&D 经费支出合计	21	6 774 780
转拨给外单位经费	22	49 158
其中:对国内研究机构支出	23	6 909
对国内高等学校支出	24	20 551
对国内企业支出	25	15 374
对境外机构支出	26	10
R&D 内部支出经费	27	6 725 622
其中:基础研究支出	28	1 667 596
应用研究支出	29	4 976 860
试验发展支出	30	81 166
其中:政府资金	31	3 593 229
企业资金	32	2 714 383
国外资金	33	56 122
其他资金	34	361 888
科研人员费	35	1 991 570
业务费	36	3 056 470
科研基建费	37	42 395
仪器设备费	38	464 068
其中:单价在万元以上的设备费	39	80 613
图书资料费	40	592 672
管理费	41	186 763
其他支出	42	391 684
当年结余经费	43	3 058 301
银行存款	44	3 050 469
暂付款	45	7 831

35. 政法院校人文、社会科学研究与发展经费情况表

经费名称	编号	经费(百元)
上年结转经费	1	708 611
当年经费收入合计	2	1 635 026
政府资金投入	3	1 072 853
科研活动经费	4	685 978
其中:教育部科研项目经费	5	51 870
教育部其他科研经费	6	40 300
中央其他部门科研项目经费	7	264 409
省市自治区社科基金项目	8	35 344
省教育厅科研项目经费	9	42 016
省教育厅其他科研经费	10	197 358
其他各类地方政府经费	11	54 680
科技活动人员工资	12	342 065
科研基建费	13	44 810
非政府资金投入	14	562 174
企事业单位委托项目经费	15	157 672
金融机构贷款	16	0
自筹经费	17	307 957
国外资金	18	75 167
其他收入	19	21 378
其中:港澳台地区合作项目经费	20	2 257
当年 R&D 经费支出合计	21	1 499 266
转拨给外单位经费	22	16 309
其中:对国内研究机构支出	23	8 870
对国内高等学校支出	24	2 408
对国内企业支出	25	2 391
对境外机构支出	26	0
R&D 内部支出经费	27	1 482 957
其中:基础研究支出	28	500 289
应用研究支出	29	938 412
试验发展支出	30	44 257
其中:政府资金	31	958 357
企业资金	32	300 920
国外资金	33	67 864
其他资金	34	155 816
科研人员费	35	430 302
业务费	36	750 512
科研基建费	37	44 770
仪器设备费	38	63 193
其中:单价在万元以上的设备费	39	8 451
图书资料费	40	104 565
管理费	41	24 498
其他支出	42	65 116
当年结余经费	43	844 371
银行存款	44	844 286
暂付款	45	85

36. 艺术院校人文、社会科学研究与发展经费情况表

经费名称	编号	经费(百元)
上年结转经费	1	985 936
当年经费收入合计	2	2 076 715
政府资金投入	3	1 167 454
科研活动经费	4	836 375
其中:教育部科研项目经费	5	36 376
教育部其他科研经费	6	83 160
中央其他部门科研项目经费	7	99 084
省市自治区社科基金项目	8	9 008
省教育厅科研项目经费	9	93 803
省教育厅其他科研经费	10	228 065
其他各类地方政府经费	11	286 878
科技活动人员工资	12	193 701
科研基建费	13	137 379
非政府资金投入	14	909 260
企事业单位委托项目经费	15	632 700
金融机构贷款	16	0
自筹经费	17	221 397
国外资金	18	817
其他收入	19	54 346
其中:港澳台地区合作项目经费	20	3 600
当年 R&D 经费支出合计	21	1 756 926
转拨给外单位经费	22	3 900
其中:对国内研究机构支出	23	0
对国内高等学校支出	24	0
对国内企业支出	25	3 900
对境外机构支出	26	0
R&D 内部支出经费	27	1 753 026
其中:基础研究支出	28	758 579
应用研究支出	29	984 361
试验发展支出	30	10 085
其中:政府资金	31	818 500
企业资金	32	707 742
国外资金	33	505
其他资金	34	226 279
科研人员费	35	299 243
业务费	36	826 841
科研基建费	37	139 353
仪器设备费	38	137 768
其中:单价在万元以上的设备费	39	77 938
图书资料费	40	99 149
管理费	41	68 540
其他支出	42	182 132
当年结余经费	43	1 305 725
银行存款	44	1 107 954
暂付款	45	197 770

37. 民族院校人文、社会科学研究与发展经费情况表

经费名称	编号	经费(百元)
上年结转经费	1	130 769
当年经费收入合计	2	888 302
政府资金投入	3	548 830
科研活动经费	4	369 426
其中:教育部科研项目经费	5	84 660
教育部其他科研经费	6	32 600
中央其他部门科研项目经费	7	182 077
省市自治区社科基金项目	8	40 108
省教育厅科研项目经费	9	14 860
省教育厅其他科研经费	10	0
其他各类地方政府经费	11	15 121
科技活动人员工资	12	179 403
科研基建费	13	0
非政府资金投入	14	339 472
企事业单位委托项目经费	15	186 760
金融机构贷款	16	0
自筹经费	17	147 257
国外资金	18	4 655
其他收入	19	800
其中:港澳台地区合作项目经费	20	0
当年 R&D 经费支出合计	21	782 089
转拨给外单位经费	22	152 984
其中:对国内研究机构支出	23	1 610
对国内高等学校支出	24	603
对国内企业支出	25	150 758
对境外机构支出	26	0
R&D 内部支出经费	27	629 105
其中:基础研究支出	28	359 436
应用研究支出	29	268 933
试验发展支出	30	736
其中:政府资金	31	382 811
企业资金	32	152 811
国外资金	33	4 198
其他资金	34	89 284
科研人员费	35	205 398
业务费	36	305 082
科研基建费	37	5 600
仪器设备费	38	30 252
其中:单价在万元以上的设备费	39	3 785
图书资料费	40	49 417
管理费	41	18 007
其他支出	42	15 349
当年结余经费	43	236 981
银行存款	44	220 040
暂付款	45	16 941

38. 体育院校人文、社会科学研究与发展经费情况表

经费名称	编号	经费(百元)
上年结转经费	1	307 373
当年经费收入合计	2	1 213 220
政府资金投入	3	1 053 997
科研活动经费	4	767 314
其中:教育部科研项目经费	5	50 716
教育部其他科研经费	6	10 980
中央其他部门科研项目经费	7	368 528
省市自治区社科基金项目	8	28 385
省教育厅科研项目经费	9	30 278
省教育厅其他科研经费	10	218 890
其他各类地方政府经费	11	59 538
科技活动人员工资	12	212 300
科研基建费	13	74 383
非政府资金投入	14	159 223
企事业单位委托项目经费	15	69 540
金融机构贷款	16	0
自筹经费	17	77 273
国外资金	18	3 591
其他收入	19	8 818
其中:港澳台地区合作项目经费	20	4 000
当年 R&D 经费支出合计	21	1 072 651
转拨给外单位经费	22	25 854
其中:对国内研究机构支出	23	9 084
对国内高等学校支出	24	12 930
对国内企业支出	25	3 840
对境外机构支出	26	0
R&D 内部支出经费	27	1 046 797
其中:基础研究支出	28	412 675
应用研究支出	29	578 743
试验发展支出	30	55 379
其中:政府资金	31	900 817
企业资金	32	91 818
国外资金	33	4 343
其他资金	34	49 819
科研人员费	35	245 064
业务费	36	410 844
科研基建费	37	79 041
仪器设备费	38	93 521
其中:单价在万元以上的设备费	39	39 830
图书资料费	40	72 720
管理费	41	27 132
其他支出	42	118 476
当年结余经费	43	447 942
银行存款	44	413 457
暂付款	45	34 485

39. 教育部直属院校人文、社会科学研究与发展经费情况表(一)

	拨					
	合计	科研活动经费	其中：教育部科研经费	中央其他部门科研经费	省、市、自治区科研经费	其他各类地方政府经费
合计	32 306 079.4	13 044 219.9	4 217 828.24	4 630 446.35	1 132 994.34	3 062 950.98
北京大学	2 033 079.52	909 735.73	405 600	272 230.73	7 681	224 224
中国人民大学	1 801 943.59	253 042.3	105 852	98 455	23 771.3	24 964
清华大学	1 843 599.84	545 692.5	94 970	246 238.7	4 130	200 353.8
北京交通大学	510 920.61	185 861.64	40 099.33	95 416.22	16 291.06	34 055.03
北京科技大学	200 159.54	99 813.58	17 570	75 004.23	6 119.35	1 120
北京化工大学	31 329.62	10 310	4 020	4 300	910	1 080
北京邮电大学	117 232	15 347.5	10 437.5	2 310	350	2 250
中国农业大学	315 601.51	184 257.31	3 180	125 431.87	1 400	54 245.44
北京林业大学	130 148.56	73 833.47	19 838.47	51 368	2 627	0
北京中医药大学	3 545	800	700	0	100	0
北京师范大学	862 043.24	370 815.53	118 999.68	108 080.82	38 071.33	105 663.7
北京外国语大学	242 602	144 254	109 259	6 600	28 395	0
北京语言大学	270 760.43	40 177.5	11 590	12 667.5	15 920	0
中国传媒大学	191 348.38	16 641.55	350.14	14 439.23	1 852.18	0
中央财经大学	581 491.62	221 896.84	79 308.96	79 019.44	11 695.29	51 873.15
对外经济贸易大学	384 300.48	225 980.31	135 460	63 217.74	11 015.54	16 287.03
国际关系学院	27 538.2	13 840	140	13 700	0	0
中央音乐学院	26 860	10 260	8 920	1 340	0	0
中央美术学院	61 970.23	42 401.1	6 756.15	2 409.29	1 900	31 335.66
中央戏剧学院	51 600	43 100	28 000	0	10 600	4 500
中国政法大学	380 779.71	150 585.14	52 080.37	62 663.77	18 841	17 000
华北电力大学	45 350	21 540	8 420	7 150	190	5 780
南开大学	867 939	469 941	167 346	272 100	15 428	15 067
天津大学	29 008	14 424	11 470	360	2 562	32
大连理工大学	116 051	34 816	12 245	11 549	1 042	9 980
东北大学	117 371.55	54 776.69	5 725	23 766	985	24 300.69
吉林大学	414 393.3	203 474.72	75 357	94 097.32	9 150	24 870.4
东北师范大学	582 100.28	198 438.46	45 645	73 571.46	72 361	6 861
东北林业大学	21 391	7 226	650	4 000	2 056	520
复旦大学	1 354 148.2	791 979.12	323 225	269 409.12	138 735	60 610
同济大学	274 998	140 500	8 188	32 610	10 502	89 200
上海交通大学	568 371.5	137 661.5	10 318	39 296	19 830	68 217.5
华东理工大学	115 247.4	42 937	2 000	25 482	5 045	10 410
东华大学	208 251.64	29 631	5 560	10 240	3 155	10 676
华东师范大学	1 150 339.96	483 482.65	340 906	38 968.95	59 918.5	43 689.2
上海外国语大学	106 494	14 889	4 239	3 300	3 980	3 370
上海财经大学	443 521.12	217 562.56	73 416.36	76 178.7	18 637.5	49 330

单位:百元

人

科技活动人员工资	科研基建费	企事业单位委托项目经费	金融机构贷款	自筹经费	国外资金	其他收入
2 719 451.05	0	10 892 880.7	0	3 418 438.52	1 143 301.57	1 087 787.58
59 800	0	675 287.41	0	255 300	111 273.7	21 682.68
107 784	0	1 177 667.08	0	241 080	21 866.25	503.96
40 000	0	1 002 213.87	0	0	244 224.45	11 469.02
14 520	0	251 318.46	0	42 021.8	11 508.71	5 690
10 894	0	70 271.96	0	17 650	0	1 530
5 634	0	15 385.62	0	0	0	0
20 844	0	74 278	0	5 162.5	600	1 000
18 314.4	0	55 568.46	0	7 000	48 688.94	1 772.4
10 430	0	36 535	0	3 650	5 700.09	0
1 480	0	650	0	615	0	0
36 000	0	315 626.77	0	5 700	112 993.94	20 907
13 560	0	0	0	84 788	0	0
38 000	0	6 763.78	0	185 512.88	0	306.27
42 390	0	110 563.51	0	14 054.12	5 990	1 709.2
16 740	0	183 567.73	0	88 615.58	20 671.47	50 000
40 225	0	42 720.53	0	61 000	13 514.64	860
5 634	0	1 400	0	4 024.2	0	2 640
6 069	0	0	0	10 531	0	0
7 575	0	11 876	0	118.13	0	0
0	0	0	0	4 600	0	3 900
52 052	0	75 869.56	0	54 228	43 259.51	4 785.5
10 700	0	6 500	0	1 430	4 360	820
131 000	0	238 412	0	3 385	24 393	808
13 034	0	1 550	0	0	0	0
48 250	0	17 330	0	15 475	0	180
21 052	0	22 421.86	0	17 641	0	1 480
51 200	0	142 220.58	0	6 300	726.06	10 471.94
61 744	0	155 429.43	0	59 869	5 027.74	101 591.65
7 000	0	3 910	0	3 195	0	60
183 600	0	199 561.41	0	7 047.72	170 779.95	1 180
39 952	0	68 174	0	13 040	13 332	0
49 473	0	255 598	0	105 500	14 935	5 204
16 077	0	56 233.4	0	0	0	0
24 425	0	138 195.64	0	16 000	0	0
136 155	0	392 609.03	0	97 000	2 902.48	38 190.8
28 937	0	0	0	62 258	0	410
56 900.5	0	109 403	0	59 655.06	0	0

	拨					
	合计	科研活动经费	其中：教育部科研经费	中央其他部门科研经费	省、市、自治区科研经费	其他各类地方政府经费
南京大学	878 064.12	408 425	185 710	180 065	39 260	3 390
东南大学	151 505	79 940	25 560	16 560	12 230	25 590
中国矿业大学	130 479.4	20 226.4	9 070	5 060	5 626.4	470
河海大学	382 595.27	219 085.64	1 500	59 972	15 668.4	141 945.24
江南大学	224 334.33	23 351	16 270	4 280	2 346	455
南京农业大学	250 892.54	169 361	45 120	84 080	23 320	16 841
中国药科大学	17 405	4 235	0	2 280	1 155	800
浙江大学	2 612 236.34	741 323.47	167 245	300 391.14	74 684.38	199 002.95
合肥工业大学	110 908	59 778	2 460	8 310	3 090	45 918
厦门大学	996 964.41	326 259.8	50 620	230 994	17 255	27 390.8
山东大学	302 858.45	172 839.37	40 294.66	49 350	9 300	73 894.71
中国海洋大学	3 850	1 950	500	1 050	350	50
中国石油大学(华东)	95 810	8 584	7 000	360	740	484
武汉大学	1 233 946	400 377.88	188 918	184 214.88	9 095	18 150
华中科技大学	231 770.3	97 785.74	28 540	43 378.32	4 580	21 287.42
中国地质大学	149 733	26 540	9 680	8 290	3 250	5 320
武汉理工大学	116 453	30 248	2 500	10 610	12 698	4 440
华中农业大学	140 791.3	105 206.3	17 400	37 830	6 960	43 016.3
华中师范大学	824 194	582 203	168 220	328 808	32 297	52 878
中南财经政法大学	369 110.7	162 535.6	36 164	76 333	2 803.6	47 235
湖南大学	342 852.89	172 314.4	49 938	27 751.4	92 900	1 725
中南大学	246 345	126 813	43 880	34 600	9 858	38 475
中山大学	1 253 301.08	861 154	121 321.3	93 532.62	34 963	611 337.08
华南理工大学	548 274.26	151 341.93	607.9	4 417.6	35 696.31	110 620.12
四川大学	1 064 522	159 698	53 640	46 490	7 938	51 630
重庆大学	441 557.67	160 451.7	5 200	39 513	38 195.2	77 543.5
西南交通大学	167 493	84 954	2 650	53 372	2 730	26 202
电子科技大学	107 395.02	29 545	18 480	3 820	6 495	750
西南大学	534 222.13	130 194	80 590	26 350	16 234	7 020
西南财经大学	313 000.98	195 294.42	141 871.42	47 426	2 397	3 600
西安交通大学	281 882.57	96 521	12 520	71 321	9 820	2 860
西安电子科技大学	31 576	7 270	2 780	1 210	3 280	0
长安大学	109 962.06	61 625.06	1 545	9 775	4 155.5	46 149.56
西北农林科技大学	34 306	17 364	3 120	7 704	2 590	3 950
陕西师范大学	539 366.2	403 380.2	219 481	26 200	13 761.5	143 937.7
兰州大学	341 848	171 955	105 050	50 750	3 360	12 795
中国矿业大学(北京)	19 064.82	4 000	0	4 000	0	0
中国石油大学	90 419.5	50 673.3	4 540	46 133.3	0	0
中国地质大学(北京)	130 959	97 490	0	86 893	6 665	3 932

续表

入

科技活动人员工资	科研基建费	企事业单位委托项目经费	金融机构贷款	自筹经费	国外资金	其他收入
49 000	0	194 569.96	0	60 335	16 384.16	149 350
28 040	0	25 915	0	8 155	0	9 455
17 750	0	76 293	0	16 160	0	50
16 600	0	112 624.63	0	15 200	1 142	17 943
36 440	0	156 493.33	0	8 050	0	0
22 500	0	27 425	0	24 250	7 356.54	0
4 360	0	6 250	0	20	800	1 740
65 280	0	814 524.67	0	811 617.93	71 004.02	108 486.25
10 750	0	40 380	0	0	0	0
42 800	0	357 920.17	0	25 727	23 623.4	220 634.04
40 000.01	0	72 199.07	0	0	17 820	0
1 500	0	0	0	400	0	0
9 374	0	76 722	0	1 130	0	0
134 625	0	415 738.68	0	153 380	31 110.33	98 714.11
43 500	0	63 405.9	0	19 305.42	2 800	4 973.24
10 800	0	102 698	0	5 935	1 800	1 960
13 600	0	65 595	0	0	0	7 010
11 360	0	8 725	0	8 820	0	6 680
67 860	0	36 885	0	6 972	10 581	119 693
34 250	0	146 860.4	0	2 490	8 770.7	14 204
80 240	0	38 188.49	0	40 510	540	11 060
34 195	0	78 504.5	0	2 387	320	4 125.5
101 000	0	195 842.71	0	53 745	35 804.17	5 755.2
29 463	0	336 543.43	0	26 845.62	574.28	3 506
62 790	0	683 585	0	136 220	22 229	0
41 713.54	0	164 096.49	0	71 890	2 360.14	1 045.8
16 350	0	52 089	0	10 400	3 700	0
4 860	0	59 220	0	12 470	0	1 300.02
99 417.6	0	126 578.53	0	178 032	0	0
32 880	0	27 122	0	57 704.56	0	0
28 780	0	124 511.57	0	32 070	0	0
7 500	0	10 506	0	6 300	0	0
6 240	0	35 297	0	6 800	0	0
3 952	0	2 900	0	3 000	0	7 090
34 048	0	43 177	0	56 960	941	860
32 955	0	136 538	0	400	0	0
2 320	0	9 744.82	0	0	0	3 000
4 913	0	29 010.3	0	0	5 822.9	0
8 000	0	23 089	0	1 310	1 070	0

40. 教育部直属院校人文、社会科学研究与发展经费情况表(二)

单位:百元

	支出									
	合计	内部支出								转拨给外单位经费
		小计	科研人员费	业务费	科研基建费	仪器设备费	图书资料费	管理费	其他	
合计	28 398 178.47	27 789 751.7	4 401 571.83	14 070 742.86	951.64	1 918 033.7	2 935 685.12	1 241 357.23	3 221 409.32	608 426.77
北京大学	1 835 399.98	1 813 011.88	334 690	1 058 985.12	0	53 793.52	25 069.4	49 692.73	290 781.11	22 388.1
中国人民大学	1 308 078.32	1 293 602	109 845	828 459.48	0	59 073.02	83 363.01	94 715.83	118 145.66	14 476.32
清华大学	1 576 384.26	1 554 445.54	266 488.16	1 152 122.17	0	34 034.35	6 008.08	95 792.78	0	21 938.72
北京交通大学	494 201.18	478 221.18	14 520	385 286.81	0	1 529.75	6 809.71	32 561.88	37 513.03	15 980
北京科技大学	152 201.33	131 836.15	10 894	92 767.88	0	14 381.5	9 708.91	3 682.5	401.36	20 365.18
北京化工大学	33 167.02	33 167.02	8 394	17 076.73	0	23.07	5 162.22	801.76	1 709.24	0
北京邮电大学	122 706.74	111 798.74	22 874.5	30 012.03	0	17 426.5	17 283.21	9 485.5	14 717	10 908
中国农业大学	278 492.29	255 364.47	18 314.4	197 506.16	0	7 189.36	18 436.38	13 918.17	0	23 127.82
北京林业大学	123 385.66	119 885.66	26 770	86 705.09	0	2 470	490	3 450.57	0	3 500
北京中医药大学	3 245	3 245	1 867	0	0	0	741	433	204	0
北京师范大学	768 605.98	746 064.22	36 000	516 251.83	0	76 049.62	46 954.84	50 175.77	20 632.16	22 541.76
北京外国语大学	211 018	211 018	66 063	96 887	0	6 378	38 259	1 319	2 112	0
北京语言大学	257 498.82	257 498.82	111 342	105 069.95	0	286.6	12 022.64	663.76	28 113.87	0
中国传媒大学	158 783.48	158 783.48	43 701	71 181.66	0	17 795.48	11 863.69	6 206.14	8 035.51	0
中央财经大学	285 379	279 220.32	16 740	188 300.16	0	1 252.93	40 590.75	5 272.37	27 064.11	6 158.68
对外经济贸易大学	368 811.71	366 721.71	54 779	200 105.39	0	50 785	45 862.42	7 009.79	8 180.11	2 090
国际关系学院	24 432.02	22 632.02	10 955	4 226.07	0	151.44	2 009.87	0	5 289.64	1 800
中央音乐学院	93 987.73	93 987.73	14 069	16 877.95	0	7 919.9	11 009.02	675.5	43 436.36	0

续表

	支出									
	合计	内部支出								转拨给外单位经费
		小计	科研人员费	业务费	科研基建费	仪器设备费	图书资料费	管理费	其他	
中央美术学院	47 044.32	43 144.32	7 575	22 493.99	0	2 917.18	3 483.07	0	6 675.08	3 900
中央戏剧学院	51 516.63	51 516.63	7 394.38	31 891.06	951.64	3 461.2	2 557.35	0	5 261	0
中国政法大学	363 796.11	355 646.11	60 822	262 200.89	0	3 093.42	13 362.36	7 274.6	8 892.84	8 150
华北电力大学	38 351.4	38 351.4	12 785	16 279.5	0	6 190	2 562.1	295.8	239	0
南开大学	598 278.98	598 278.98	157 200	263 272.24	0	19 846.17	5 873.36	18 896.3	133 190.91	0
天津大学	29 908	29 908	13 034	13 810	0	58	2 456	100	450	0
大连理工大学	144 379.83	143 591.53	48 250	58 718.16	0	9 598.91	7 570.23	5 173.04	14 281.19	788.3
东北大学	95 541.19	95 033.19	21 052	28 764.74	0	6 660.43	16 279.7	4 744.1	17 532.22	508
吉林大学	405 260.68	405 260.68	51 200	97 157.88	0	10 137	157 930.26	16 052.62	72 782.92	0
东北师范大学	627 107.78	563 351.96	79 007.8	99 926.92	0	186 293.37	73 425.19	8 958.62	115 740.06	63 755.82
东北林业大学	20 608.88	20 608.88	7 000	5 451.3	0	703.48	2 193.3	2 455.1	2 805.7	0
复旦大学	1 099 373.99	1 094 162.4	183 600	815 458.4	0	8 078.11	12 621.38	16 951.64	57 452.87	5 211.59
同济大学	276 938	271 438	39 952	136 159.1	0	24 840	50 656.1	19 830.8	0	5 500
上海交通大学	510 103.1	508 979.1	49 473	368 792.92	0	7 845	18 211	15 615.68	49 041.5	1 124
华东理工大学	93 704.48	92 104.48	16 077	54 998.22	0	0	10 572.19	3 383.22	7 073.85	1 600
东华大学	151 861.4	141 651.4	57 141	52 466.19	0	19 196.4	5 344.14	7 503.67	0	10 210
华东师范大学	1 090 461.66	1 068 885.46	136 155	521 778.24	0	152 632.75	235 584.83	21 928.34	806.3	21 576.2
上海外国语大学	104 362	104 362	30 897	29 568	0	23 223	9 574	18	11 082	0
上海财经大学	314 734.69	314 734.69	74 000.5	221 082.38	0	5 700	8 100.85	3 430.43	2 420.53	0

续表

	支出									
	合计	内部支出								转拨给外单位经费
		小计	科研人员费	业务费	科研基建费	仪器设备费	图书资料费	管理费	其他	
南京大学	775 114.12	771 694.12	49 000	188 613.8	0	75 640	289 810.32	60 570	108 060	3 420
东南大学	161 824	161 824	28 040	71 098.5	0	8 067	14 294.5	6 751.85	33 572.15	0
中国矿业大学	128 836.9	128 836.9	17 750	61 118.6	0	10 585.5	22 236.3	9 671.3	7 475.2	0
河海大学	369 495.4	350 648.91	16 600	193 514.5	0	13 293	49 460	40 638.52	37 142.89	18 846.49
江南大学	251 413.41	251 413.41	43 044.2	146 928.47	0	15 584.45	8 143.94	11 161.2	26 551.15	0
南京农业大学	246 797.66	241 114.61	22 500	77 052.12	0	25 675.89	70 128.54	11 050.92	34 707.14	5 683.05
中国药科大学	17 737	17 737	4 360	5 847	0	1 735	4 695	957	143	0
浙江大学	1 662 838.38	1 642 320.13	305 905.32	954 879.54	0	86 984.89	109 429.03	136 332.8	48 788.55	20 518.25
合肥工业大学	98 155	98 155	10 750	79 439	0	0	2 050	5 100	816	0
厦门大学	807 637.73	806 137.73	68 527	296 963.45	0	1 800	180 447.47	22 984.39	235 415.42	1 500
山东大学	359 470.67	333 240.67	40 000.01	76 610	0	98 244.66	72 970	30 710	14 706	26 230
中国海洋大学	5 310	4 660	1 500	740	0	0	2 185	215	20	650
中国石油大学(华东)	95 746.75	95 746.75	11 277	37 883	0	17 275	22 310.67	3 850.7	3 150.38	0
武汉大学	1 103 729.01	1 024 054.01	186 000	231 465.7	0	59 214.5	62 674.65	92 057.01	392 642.15	79 675
华中科技大学	189 366.98	186 716.98	55 665.42	73 948.47	0	29 782.89	8 902.56	5 640.5	12 777.14	2 650
中国地质大学	125 109.88	125 109.88	16 200	60 480.52	0	5 576.33	24 054.84	6 795.69	12 002.5	0
武汉理工大学	86 578.88	86 578.88	21 240	39 304.86	0	30	5 450.07	6 841.95	13 712	0
华中农业大学	123 248.78	123 248.78	17 040	70 486.82	0	408.88	2 999.11	4 912.52	27 401.45	0
华中师范大学	845 796.46	836 636.46	91 200	407 183.85	0	36 227	275 367.01	7 400.6	19 258	9 160

续表

	支出									
	合计	内部支出								转拨给外单位经费
		小计	科研人员费	业务费	科研基建费	仪器设备费	图书资料费	管理费	其他	
中南财经政法大学	256 851.33	245 014.33	51 375	82 969.06	0	28 441.7	40 876.2	9 759.06	31 593.31	11 837
湖南大学	361 143.34	361 143.34	144 432	98 800.59	0	20 110.75	14 280.5	17 943.5	65 576	0
中南大学	238 349.5	231 262.5	34 195	181 237	0	0	6 100	5 880	3 850.5	7 087
中山大学	1 728 612.16	1 671 044.61	150 000	850 614.66	0	12 239.89	7 558.17	43 381.16	607 250.73	57 567.55
华南理工大学	415 883.29	396 501.55	38 980	226 124.78	0	10 849.59	10 430.26	14 792.46	95 324.46	19 381.74
四川大学	844 654	802 654	125 580	98 654.59	0	281 573.2	254 195.9	24 046.65	18 603.66	42 000
重庆大学	448 901.09	448 901.09	140 249.64	149 278.27	0	53 469.09	57 193.28	20 461.52	28 249.29	0
西南交通大学	160 979	160 979	23 107	90 771	0	9 431	6 084	15 200	16 386	0
电子科技大学	90 035.02	90 035.02	8 910	55 090.02	0	7 150	7 676	4 372	6 837	0
西南大学	564 649.45	564 649.45	251 779.6	165 095.25	0	22 831.06	45 696.35	11 460.8	67 786.39	0
西南财经大学	306 115.45	306 115.45	66 657	132 736.08	0	39 724.5	40 406.1	3 100	23 491.77	0
西安交通大学	248 719.57	245 019.57	28 780	138 979.5	0	25 379.5	8 577.3	20 374.72	22 928.55	3 700
西安电子科技大学	19 821.3	19 821.3	7 500	9 661.3	0	860	600	900	300	0
长安大学	86 204.76	86 204.76	6 240	27 546.1	0	4 687	19 288.5	10 280.26	18 162.9	0
西北农林科技大学	31 349	31 349	3 952	20 154.3	0	0	3 110	1 331.7	2 801	0
陕西师范大学	520 268.73	520 268.73	34 048	216 963.8	0	50 647.6	130 149.04	21 619.48	66 840.81	0
兰州大学	270 345.9	270 345.9	32 955	190 640.5	0	10 580	27 610.4	8 560	0	0
中国矿业大学(北京)	26 279.55	26 279.55	2 320	18 625.75	0	1 978.5	2 348.54	1 006.76	0	0
中国石油大学	74 105.5	63 183.3	14 990.9	34 945.2	0	3 311.5	1 655.8	6 872.2	1 407.7	10 922.2
中国地质大学(北京)	91 591.88	91 591.88	8 000	60 205.3	0	7 629.37	4 238.21	7 904	3 615	0

41. 教育部直属院校人文、社会科学研究与发展经费情况表(三)

单位:百元

	R&D 经费内部支出							
	合计	基础研究支出	应用研究支出	试验发展支出	政府资金	企业资金	国外资金	其他资金
合计	27 789 751.7	10 208 423.77	17 071 830.56	509 497.37	11 671 167.59	11 775 027.58	1 628 048.41	2 715 508.12
北京大学	1 813 011.88	233 066.56	1 556 912.5	23 032.82	786 700.73	838 735.51	153 290.19	34 285.45
中国人民大学	1 293 602	956 033.2	337 568.8	0	184 974.38	923 671.69	17 297.06	167 658.87
清华大学	1 554 445.54	294 637.65	1 240 946.54	18 861.35	458 454.37	877 742.82	197 832.08	20 416.27
北京交通大学	478 221.18	93 127.3	382 171.32	2 922.56	245 871.45	175 801.97	11 282.7	45 265.06
北京科技大学	131 836.15	104 252.97	27 583.18	0	70 467.64	45 109.78	0	16 258.73
北京化工大学	33 167.02	23 013.2	10 153.82	0	15 559.17	17 422.83	0	185.02
北京邮电大学	111 798.74	27 332.47	84 466.27	0	38 271.94	62 715.2	754.34	10 057.26
中国农业大学	255 364.47	50 777.59	204 586.88	0	157 897.79	44 317.39	49 782.77	3 366.52
北京林业大学	119 885.66	78 254.61	41 631.05	0	88 981.75	25 943.5	4 960.41	0
北京中医药大学	3 245	420	2 825	0	1 605	1 475	0	165
北京师范大学	746 064.22	456 640.47	280 341.7	9 082.05	306 959.53	291 683.11	125 103.65	22 317.93
北京外国语大学	211 018	168 798	42 220	0	126 688	0	0	84 330
北京语言大学	257 498.82	174 674.09	82 824.73	0	138 013.33	49 778.67	0	69 706.82
中国传媒大学	158 783.48	20 305.97	134 482.34	3 995.17	39 690.06	102 036.65	6 767.58	10 289.19
中央财经大学	279 220.32	36 407.5	241 582.28	1 230.54	109 540	153 161.87	15 546.58	971.87
对外经济贸易大学	366 721.71	65 789.89	283 178.34	17 753.48	282 036.86	70 720.3	11 880.49	2 084.06
国际关系学院	22 632.02	22 632.02	0	0	16 601.02	177.17	615.76	5 238.07

续表

	R&D 经费内部支出							
	合计	基础研究支出	应用研究支出	试验发展支出	政府资金	企业资金	国外资金	其他资金
中央音乐学院	93 987.73	93 987.73	0	0	71 141.4	0	0	22 846.33
中央美术学院	43 144.32	4 583.66	38 560.66	0	38 152.85	4 897.77	0	93.7
中央戏剧学院	51 516.63	51 516.63	0	0	43 100	0	0	8 416.63
中国政法大学	355 646.11	28 353.49	315 280.36	12 012.26	195 535.8	130 014.39	24 945	5 150.92
华北电力大学	38 351.4	28 181.82	10 151.58	18	20 251.55	8 592.4	6 120.29	3 387.16
南开大学	598 278.98	385 187.08	207 071.09	6 020.81	262 041.24	291 001.36	32 287	12 949.38
天津大学	29 908	12 286.49	17 621.51	0	25 565.54	4 342.46	0	0
大连理工大学	143 591.53	90 111.38	53 480.15	0	71 932.28	37 624.04	0	34 035.21
东北大学	95 033.19	58 135.45	36 897.74	0	43 040.8	32 660.42	0	19 331.97
吉林大学	405 260.68	191 888.76	191 327.71	22 044.21	236 153.14	147 974.82	669.09	20 463.63
东北师范大学	563 351.96	233 197.4	296 276.85	33 877.71	263 658.05	235 994.65	11 179.42	52 519.84
东北林业大学	20 608.88	10 603.44	9 593.53	411.91	10 927.51	4 853.56	0	4 827.81
复旦大学	1 094 162.4	877 980.99	214 633.73	1 547.68	540 499.52	363 289	181 557.31	8 816.57
同济大学	271 438	66 263.3	201 026.87	4 147.83	158 036.94	81 522.75	14 903.4	16 974.91
上海交通大学	508 979.1	33 692.42	475 286.68	0	98 496.51	271 704.28	16 321.45	122 456.86
华东理工大学	92 104.48	35 288.69	56 815.79	0	48 279.87	43 824.61	0	0
东华大学	141 651.4	0	141 651.4	0	71 686.5	68 244.9	0	1 720
华东师范大学	1 068 885.46	558 158.22	493 159.12	17 568.12	484 735.82	467 915.71	45 584.19	70 649.74
上海外国语大学	104 362	99 313	5 049	0	104 362	0	0	0

续表

	R&D 经费内部支出							
	合计	基础研究支出	应用研究支出	试验发展支出	政府资金	企业资金	国外资金	其他资金
上海财经大学	314 734.69	24 842.69	289 892	0	98 699.66	114 813.83	0	101 221.2
南京大学	771 694.12	386 119.79	385 574.33	0	295 779.25	226 435.85	24 798.95	224 680.07
东南大学	161 824	46 771.28	114 668.07	384.65	109 943.41	41 135.79	0	10 744.8
中国矿业大学	128 836.9	16 486.34	112 350.56	0	18 952.04	91 248.62	0	18 636.24
河海大学	350 648.91	27 290.25	320 459.34	2 899.32	216 584.05	117 077.76	1 273.47	15 713.63
江南大学	251 413.41	27 008.55	224 404.86	0	33 014.95	203 900.7	0	14 497.76
南京农业大学	241 114.61	26 139.05	214 975.56	0	154 213.04	52 240.28	8 953.77	25 707.52
中国药科大学	17 737	7 171	10 566	0	7 041	7 863	800	2 033
浙江大学	1 642 320.13	280 761.95	1 259 093.87	102 464.31	155 769.65	1 206 654.66	233 219.61	46 676.21
合肥工业大学	98 155	2 215	95 940	0	58 582	39 573	0	0
厦门大学	806 137.73	60 255.83	737 667.59	8 214.31	210 355.49	323 332.54	23 454.1	248 995.6
山东大学	333 240.67	198 359.8	134 880.87	0	221 581.89	68 411.69	7 932.11	35 314.98
中国海洋大学	4 660	2 240	920	1 500	2 210	1 000	500	950
中国石油大学(华东)	95 746.75	9 367.2	69 458.55	16 921	17 889.37	64 441.18	0	13 416.2
武汉大学	1 024 054.01	264 517.98	729 289.96	30 246.07	357 763.78	431 796.13	25 494.63	208 999.47
华中科技大学	186 716.98	16 494.09	159 947.07	10 275.82	99 147.79	64 585.11	4 878.55	18 105.53
中国地质大学	125 109.88	18 656.6	92 348.45	14 104.83	19 105.22	101 975.27	1 435.93	2 593.46
武汉理工大学	86 578.88	40 773.63	45 805.25	0	21 231.12	40 081.96	0	25 265.8
华中农业大学	123 248.78	2 151.17	120 356.78	740.83	78 665.4	33 187.34	727.6	10 668.44

续表

	R&D经费内部支出							
	合计	基础研究支出	应用研究支出	试验发展支出	政府资金	企业资金	国外资金	其他资金
华中师范大学	836 636.46	470 686.78	288 269.55	77 680.13	612 194.29	54 841.89	11 260.76	158 339.52
中南财经政法大学	245 014.33	23 962.7	209 847.79	11 203.84	103 737.96	121 732.83	10 074.17	9 469.37
湖南大学	361 143.34	327 807.64	33 335.7	0	308 192.15	34 201.19	390	18 360
中南大学	231 262.5	83 582.5	147 680	0	148 950	72 527	520	9 265.5
中山大学	1 671 044.61	606 639.24	1 064 405.37	0	1 100 958.77	166 019.87	299 087.94	104 978.03
华南理工大学	396 501.55	92 444.24	300 749.44	3 307.87	99 176.39	274 135.53	404.54	22 785.09
四川大学	802 654	317 970.15	484 683.85	0	91 737.63	684 765.08	23 494.54	2 656.75
重庆大学	448 901.09	144 135.36	271 265.61	33 500.12	184 908.57	194 779.76	2 368.48	66 844.28
西南交通大学	160 979	43 394.93	117 584.07	0	81 546.18	71 239.79	2 795.23	5 397.8
电子科技大学	90 035.02	17 985.92	72 049.1	0	22 269.86	60 923.05	0	6 842.11
西南大学	564 649.45	241 710.62	313 249.62	9 689.21	162 990.23	284 478.87	0	117 180.35
西南财经大学	306 115.45	79 987.06	226 128.39	0	143 521	161 850.57	0	743.88
西安交通大学	245 019.57	37 326.2	206 947.97	745.4	97 782.23	129 333.55	0	17 903.79
西安电子科技大学	19 821.3	10 538.28	9 283.02	0	7 672.59	6 872.4	0	5 276.31
长安大学	86 204.76	38 226.56	47 978.2	0	49 631.37	31 775.06	0	4 798.33
西北农林科技大学	31 349	15 370.13	6 639.51	9 339.36	19 312.64	2 741.62	0	9 294.74
陕西师范大学	520 268.73	424 569.22	93 945.71	1 753.8	186 308.47	90 328.55	11 214.71	232 417
兰州大学	270 345.9	70 882.07	199 463.83	0	104 978.2	164 969.14	0	398.56
中国矿业大学(北京)	26 279.55	1 966.56	24 312.99	0	15 445.55	9 824.92	0	1 009.08
中国石油大学	63 183.3	22 996.1	40 187.2	0	36 146.5	22 912.6	4 124.2	0
中国地质大学(北京)	91 591.88	13 725.87	77 866.01	0	61 267.56	30 069.02	164.36	90.94

五、社科研究与发展机构

1. 全国高等学校人文、社会科学研究与发展研究机构一览表

学校及机构名称	R&D 活动人员(人)			R&D 经费支出(百元)	仪器设备原价(百元)	其中:进口(百元)
	合计	其中:				
		博士毕业	硕士毕业			
北京大学	299	226	63	183 685.63	90 346.5	33 980
东方文学研究中心	19	13	5	6 450	2 000	800
汉语语言学研究中心	21	13	6	2 680	3 750	1 780
教育经济研究所	19	14	5	10 000	1 335	860
美学与美育研究中心	18	13	4	28 000	1 260	650
外国哲学研究所	22	17	5	8 649.63	956.5	320
宪法与行政法研究中心	27	19	8	2 796	3 285	2 020
政治发展与政府管理研究所	12	10	2	13 520	9 060	4 800
中国古代史研究中心	17	15	1	12 000	1 700	0
中国古文献研究中心	23	18	4	9 000	5 000	2 500
中国经济研究中心	35	28	6	60 790	40 500	9 600
中国考古学研究中心	31	24	6	12 000	10 000	5 600
中国社会与发展研究中心	15	13	2	12 300	7 500	3 250
中国特色社会主义理论体系研究中心	40	29	9	5 500	4 000	1 800
中国人民大学	377	314	54	85 716.49	41 312.98	0
“三个代表”重要思想研究中心	18	12	6	3 600	2 400	0
佛教与宗教学理论研究所	15	14	0	2 666.69	2 873.27	0
教育研究所	10	9	1	1 203.45	154.4	0
伦理学与道德建设研究中心	19	16	3	3 020.19	3 658.33	0
马克思主义学院	24	21	3	1 023	231	0
马克思主义研究院	14	12	2	954	213	0
民商事法律科学研究中心	23	19	2	6 666.57	1 200	0
欧洲问题研究中心	44	32	12	1 000	1 842.21	0
清史研究所	35	29	4	3 514.6	11 311	0
区域经济与城市管理研究所	9	6	3	1 024	1 478	0
人口与发展研究中心	21	17	2	12 000	2 200	0
人文北京研究中心	14	12	2	800	1 000	0
社会建设研究院	9	9	0	1 000	300	0
社会学理论与方法研究中心	11	8	2	600	4 000	0
新闻与社会发展研究中心	14	13	1	2 130	1 200	0

续表

学校及机构名称	R&D活动人员(人)			R&D经费支出(百元)	仪器设备原价(百元)	
	合计	其中:				其中:进口(百元)
		博士毕业	硕士毕业			
刑事法律科学研究中心	32	27	5	6 000	1 000	0
应用统计科学研究中心	30	26	3	19 866.99	3 841.77	0
中国财政金融政策研究中心	15	14	1	2 147	510	0
中国经济改革与发展研究院	20	18	2	16 500	1 900	0
清华大学	484	322	129	1 066 514	558 370.02	234 755.19
北京市应急管理研究基地	7	6	1	7 200	560	0
出土文献研究与保护中心	15	9	2	7 500	3 200	0
高校德育中心	19	6	5	513	19 787	0
工程教育研究中心	25	17	6	11 200	0	0
国际传播研究中心	18	12	5	72 651	3 250	0
国际问题研究所	15	15	0	4 930	1 000	0
国家开发银行规划研究院	13	5	8	11 630	1 263	0
国家文化产业研究中心	13	10	3	12 000	2 000	0
国情研究中心	15	15	0	9 286	3 000	0
环境资源与能源法研究中心	11	9	2	1 500	4 500	0
技术创新研究中心	21	19	2	26 620	7 031.09	0
科技—教育发展战略研究中心	13	10	0	1 626	4 500	0
科技传播与普及研究中心	20	15	3	1 800	1 200	0
科技史暨古文献研究所	10	3	5	582	2 768	0
科学技术与社会研究中心	24	10	13	3 500	2 500	0
老年学研究中心	11	9	2	7 000	0	0
商法研究中心	9	7	2	1 300	900	0
台湾研究所	7	4	3	7 200	1 300	1 100
体育社会科学重点研究基地	20	7	8	900	2 500	0
现代管理研究中心	21	18	2	3 768	1 422.29	0
艺术与科学研究中心	72	23	46	824 000	474 300	230 854
中国财政与税收研究所	21	18	3	9 800	2 500	0
中国金融研究中心	6	5	1	10 240	11 980	0
中国经济社会数据中心	43	38	5	17 300	1 698.3	1 698.3
中国经济研究中心	24	23	1	3 600	2 400	0
中国科学技术政策研究中心	7	6	0	2 383	643	0
中国与世界经济研究中心	4	3	1	6 485	2 167.34	1 102.89
北京交通大学	90	36	46	55 250	7 814.5	0

续表

学校及机构名称	R&D 活动人员(人) 合计	其中:博士毕业	其中:硕士毕业	R&D 经费支出(百元)	仪器设备原价(百元)	其中:进口(百元)
北京产业安全与发展研究基地	9	3	4	700	500	0
北京交通发展研究基地	14	8	5	3 190	1 653	0
基础产业研究中心	12	5	5	4 190	1 653	0
首都大学生思想政治教育研究基地	3	1	1	500	480	0
首都大学生思想政治教育研究中心	1	1	0	400	452	0
司法裁判研究中心	5	2	3	370	16.5	0
中国产业安全研究中心	28	8	20	40 000	2 400	0
中国交通运输价格中心	5	2	3	2 000	0	0
中国企业兼并重组研究中心	9	4	3	800	560	0
中国企业竞争力研究中心	4	2	2	3 100	100	0
北京工业大学	41	20	13	31 000	2 210	0
北京现代制造业发展研究基地	41	20	13	31 000	2 210	0
北京理工大学	17	10	4	10 365	6 584	724
国民经济动员中心	10	7	1	6 851	4 450	511
教育科学研究所	7	3	3	3 514	2 134	213
北京科技大学	14	7	4	3 580	20 000	5 000
金属与矿冶文化遗产研究国家文物局重点科研基地	14	7	4	3 580	20 000	5 000
北方工业大学	25	14	11	17 533.8	9 417.8	0
管理研究所	10	5	5	9 180	5 650	0
经济法研究所	1	1	0	855	368	0
经济研究所	4	2	2	1 260	743	0
民商法研究所	4	3	1	1 846.8	738.7	0
审美文化研究所	3	2	1	2 430	1 093.5	0
宪法与行政法研究中心	3	1	2	1 962	824.6	0
北京化工大学	91	34	34	10 600	5 700	0
安全管理研究所	12	3	3	2 600	1 500	0
北京知识产权研究基地	16	6	3	2 000	600	0
法学与知识产权研究所	10	7	2	1 400	500	0
高等教育研究所	5	0	4	800	1 000	0
科学技术与社会(STS)研究所	10	4	2	1 000	400	0
马克思主义研究所	8	2	4	1 000	400	0
思想政治教育调研基地	10	2	6	600	400	0

续表

学校及机构名称	R&D 活动人员(人)			R&D 经费支出(百元)	仪器设备原价(百元)	其中:进口(百元)
	合计	其中:博士毕业	硕士毕业			
政治与行政研究所	12	4	8	600	500	0
知识产权研究基地	8	6	2	600	400	0
北京工商大学	41	25	16	6 100	5 700	0
首都流通业服务基地	41	25	16	6 100	5 700	0
北京服装学院	17	5	12	5 000	200	200
首都服饰文化与服装产业研究基地	17	5	12	5 000	200	200
北京邮电大学	35	25	7	65 100	12 000	0
互联网治理研究中心	20	13	4	38 900	2 000	0
网络文化研究中心	15	12	3	26 200	10 000	0
北京印刷学院	14	5	9	9 187.94	85 687.67	32 173.88
北京出版产业与文化研究基地	7	3	4	2 660.39	31 887	6 500.85
数字媒体艺术设计研究室	7	2	5	6 527.55	53 800.67	25 673.03
北京农学院	28	13	14	6 000	1 440.3	0
北京新农村建设研究基地	24	11	12	4 000	899.1	0
都市农业研究所	4	2	2	2 000	541.2	0
北京林业大学	115	53	62	53 320	13 310	8 420
北京林业大学高等教育研究中心	6	2	4	420	1 010	600
林业财务会计研究室	7	6	1	5 340	1 200	1 200
林业经济研究所	24	9	15	5 300	3 200	800
森林生态经济研究所	5	4	1	14 500	2 400	1 500
生态文明研究中心	30	20	10	7 800	1 600	1 420
外国语言与应用语言学研究所	39	8	31	560	2 900	1 900
自然资源经济与政策研究中心	4	4	0	19 400	1 000	1 000
首都医科大学	72	46	26	0	20 000	0
首都卫生管理与政策研究基地	72	46	26	0	20 000	0
北京师范大学	295	226	38	528 447.42	490 045.8	319 000
北京文化发展研究院	4	3	1	6 085.48	1 800	0
比较教育研究中心	15	14	0	23 487.3	2 669.5	0
发展心理研究所	16	14	1	29 826	32 000	19 800
古籍与传统文化研究院	15	8	3	7 426	1 200	0
价值与文化研究中心	18	16	1	5 683.76	2 480	0
教师教育中心	19	15	2	19 776.04	1 681.3	0
经济与资源管理研究院	18	13	2	27 487.84	7 935	0

续表

学校及机构名称	R&D 活动人员(人)			R&D 经费支出(百元)	仪器设备原价(百元)	
	合计	其中:				其中:进口(百元)
		博士毕业	硕士毕业			
民俗典籍文字研究中心	14	10	2	15 012	8 000	0
认知神经科学与学习研究所	63	47	10	275 050	400 400	299 200
社会发展与公共政策研究所	36	28	5	87 100	15 000	0
史学理论与史学史研究中心	15	12	2	7 420	8 300	0
文艺学研究中心	20	15	3	6 093	3 580	0
刑事法律科学研究院	42	31	6	18 000	5 000	0
首都师范大学	34	20	11	6 000	4 000	0
北京创新研究基地	16	10	6	3 000	1 900	0
中国诗歌研究中心	18	10	5	3 000	2 100	0
首都体育学院	107	26	57	8 100	230 900	186 100
国家体育总局体育人文社会科学研究基地	51	11	33	1 500	1 000	300
国家体育总局重点实验室	11	2	5	800	2 300	2 300
体育赛事管理与营销研究基地	15	6	9	3 300	12 000	3 500
运动机能评定与技术分析实验室	30	7	10	2 500	215 600	180 000
北京外国语大学	70	43	13	3 997.2	65 705.1	35 240.6
国际问题研究所	9	5	3	281.2	1 309.4	100.4
日本学研究中心	22	13	1	255.6	47 670.5	34 612.7
文学研究所	11	6	1	125.4	1 351.6	35
语言研究所	4	2	1	354.9	1 426	0
中国海外汉学研究中心	8	6	2	858	2 720	0
中国外语教育研究中心	16	11	5	2 122.1	11 227.6	492.5
北京第二外国语学院	48	6	5	1 816	20 988.51	0
跨文化研究院	7	2	2	300	3 366.34	0
旅游发展研究基地	30	2	1	956	933.21	0
旅游发展研究院	11	2	2	560	16 688.96	0
北京语言大学	72	35	26	17 194.53	20 851	595
比较文学研究所	5	4	1	1 000	2 000	0
对外汉语研究中心	20	16	1	7 200	16 631	45
汉语水平考试中心	33	4	22	3 000	20	0
首都国际文化研究基地	3	2	1	250	1 600	0
应用语言研究所	3	3	0	2 989.53	0	0
语言研究所	8	6	1	2 755	600	550

续表

学校及机构名称	R&D 活动人员(人)			R&D 经费支出(百元)	仪器设备原价(百元)	
	合计	其中:				其中:进口(百元)
		博士毕业	硕士毕业			
中国传媒大学	121	58	63	19 998	25 293	0
传媒教育研究中心	3	3	0	100	310	0
高等教育研究所	5	5	0	900	180	0
公关舆情研究所	2	0	2	1 000	50	0
广播电视研究中心	7	6	1	2 000	8 948	0
国家语言资源监测与研究中心有声媒体语言分中心	4	2	2	3 840	3 800	0
媒介与女性研究中心	7	4	3	100	1 200	0
商务品牌战略研究所	4	0	4	1 500	360	0
首都传媒经济研究基地	35	15	20	1 500	1 000	0
受众研究中心	4	2	2	258	50	0
网络舆情(口碑)研究所	4	0	4	500	20	0
文化产业研究院	17	13	4	6 000	2 900	0
新媒体研究院	25	5	20	1 000	800	0
亚洲传媒研究中心	2	1	1	1 200	675	0
应用语言研究所	2	2	0	100	5 000	0
中央财经大学	139	113	16	51 189.66	6 496.24	171.05
财经研究院(北京财经研究基地)	24	11	4	18 691.5	721.75	0
国防经济与管理研究院	7	6	0	5 428	68	0
中国公共财政与政策研究院	14	13	1	2 325.1	0	0
中国金融发展研究院	18	17	1	5 333.35	0	0
中国经济与管理研究院	38	34	4	15 800	562.55	171.05
中国精算研究院	29	23	6	2 493.96	983.94	0
中国人力资本与劳动经济研究中心	9	9	0	1 117.75	4 160	0
对外经济贸易大学	88	55	26	38 620	43 331	0
北京企业国际化经营研究基地	41	28	13	8 320	33 333	0
国际经济研究院	32	17	10	12 800	5 148	0
中国开放经济与国际科技合作战略研究中心	6	3	1	7 300	350	0
中国世界贸易组织研究院	9	7	2	10 200	4 500	0
北京物资学院	41	30	8	10 440	179 660	0
北京物流系统与技术实验室	28	21	5	9 300	177 200	0
北京现代物流研究基地	13	9	3	1 140	2 460	0

续表

学校及机构名称	R&D 活动人员(人)			R&D 经费支出(百元)	仪器设备原价(百元)	其中:进口(百元)
	合计	其中:				
		博士毕业	硕士毕业			
首都经济贸易大学	55	30	23	47 364.51	17 801.41	0
北京市哲学社会科学 CBD 发展研究基地中心	25	13	12	17 439.95	1 571.41	0
北京市哲学社会科学经济社会发展政策研究基地	7	3	4	2 057.17	5 312	0
不动产研究所	2	1	1	856.87	2 649	0
人口研究所	8	6	1	2 919.05	3 250	0
首都经济研究所	13	7	5	24 091.47	5 019	0
外交学院	19	0	9	3 850	0	0
北京对外交流与外事管理研究基地	19	0	9	3 850	0	0
国际关系学院	5	1	4	2 000	0	0
政府采购研究所	5	1	4	2 000	0	0
北京体育大学	44	26	18	921	12 000	1 000
北京市机能评定与技术分析重点实验室	22	13	9	100	2 000	0
国家体育总局社会科学研究基地	22	13	9	120	1 000	0
国家体育总局体能训练与身体机能恢复重点实验室	0	0	0	185	2 000	0
国家体育总局运动训练重点实验室	0	0	0	65	500	0
国家体育总局运动应激适应重点实验室	0	0	0	135	1 000	0
运动营养北京市高等学校工程研究中心	0	0	0	86	500	0
运动与体质健康重点实验室	0	0	0	230	5 000	1 000
中央音乐学院	9	5	0	500	1 000	0
中央音乐学院音乐学研究所	9	5	0	500	1 000	0
中央美术学院	10	6	4	8 390.3	2 687.41	0
北京奥组委中央美术学院奥运艺术研究中心	5	2	3	6 091.78	2 134	0
国家艺术与文化政策研究所	2	1	1	213	0	0
美术学研究所	3	3	0	2 085.52	553.41	0
中央戏剧学院	3	1	2	51 516.63	9.5	0
戏剧艺术研究所	3	1	2	51 516.63	9.5	0
北京电影学院	51	12	34	5 098.35	741 658.34	314 402.16

续表

学校及机构名称	R&D 活动人员(人)			R&D 经费支出(百元)	仪器设备原价(百元)	其中:进口(百元)
	合计	其中:				
		博士毕业	硕士毕业			
北京影视艺术研究基地	5	0	0	3 000	0	0
电影研究所	34	11	23	1 444.75	17 520.93	593.58
数字媒体技术研究所	12	1	11	653.6	724 137.41	313 808.58
北京舞蹈学院	7	2	3	0	0	0
舞蹈教育研究所	7	2	3	0	0	0
中央民族大学	255	104	148	26 027	12 525.5	4 620
藏学研究所	23	5	15	75	320	0
民族理论政策研究所	75	35	40	6 230	5 231	581
民族学人类学研究所	19	8	11	10 500	2 005.5	1 000
少数民族经济研究所	38	16	22	1 865	1 550	1 340
中国少数民族研究中心	57	25	32	354	219	199
中国少数民族语言研究所	23	7	16	6 803	3 000	1 500
宗教研究所	20	8	12	200	200	0
中国政法大学	92	68	24	36 938.27	123 495.32	52 789.8
比较法研究所	14	10	4	3 968.81	2 662.29	0
法和经济学研究所	8	7	1	1 316.48	2 160.58	0
法律古籍整理研究所	7	5	2	947.78	1 935.53	0
法律史学研究院(中心)	11	9	2	5 832	7 542.35	0
法学教育研究与评估中心	8	5	3	733.58	2 783.6	0
法治政府研究院	5	5	0	9 368.51	2 299.14	0
全球化与全球问题研究所	1	1	0	314	926.53	0
人权与人道主义法研究所	5	3	2	851.16	2 103.48	0
诉讼法学研究院(中心)	9	9	0	5 776.25	12 215.69	0
证据科学研究院	24	14	10	7 829.7	88 866.13	52 789.8
华北电力大学	56	36	20	3 000	1 800	0
北京市能源发展研究基地	56	36	20	3 000	1 800	0
南开大学	301	291	9	243 162	156 416	0
滨海开发研究院	10	10	0	12 570	980	0
城市与区域经济研究所	10	10	0	8 764	4 128	0
高等教育研究所	17	17	0	1 020	2 110	0
公司治理研究中心	33	32	1	17 850	9 630	0
古籍与文化研究所	8	7	1	1 532	5 130	0
国际经济研究所	19	19	0	3 750	6 425	0

续表

学校及机构名称	R&D 活动人员(人)			R&D 经费支出(百元)	仪器设备原价(百元)	
	合计	其中:				其中:进口(百元)
		博士毕业	硕士毕业			
环境与社会发展研究中心	16	14	1	14 587	3 450	0
经济研究所	23	22	1	4 868	4 727	0
经济与社会发展研究院	16	15	1	15 077	24 554	0
跨国公司研究中心	11	11	0	5 230	19 880	0
跨文化交流研究院	5	4	1	93 628	2 200	0
历史研究所	7	7	0	380	4 960	0
欧洲问题研究中心	14	14	0	2 970	1 660	0
人口与发展研究所	8	8	0	5 237	2 985	0
日本研究院	14	14	0	2 560	9 622	0
世界近现代史研究中心	18	17	1	2 600	1 718	0
数量经济研究所	7	7	0	2 698	730	0
台湾经济研究所	4	4	0	165	1 150	0
现代管理研究所	13	13	0	21 800	980	0
亚太经济合作组织研究中心	5	5	0	4 571	32 725	0
亚洲研究中心	11	11	0	4 868	410	0
政治经济学研究中心	15	14	1	10 837	13 653	0
中国社会史研究中心	17	16	1	5 600	2 609	0
天津科技大学	32	21	9	2 600	800	300
食品安全战略与管理研究中心	32	21	9	2 600	800	300
中国民航大学	29	10	19	8 000	5 000	0
航空运输经济与管理研究基地	29	10	19	8 000	5 000	0
天津理工大学	0	0	0	0	0	0
公共投资与工程造价研究基地	0	0	0	0	0	0
天津师范大学	813	132	681	14 960	3 460	0
大众传播与社会发展研究所	15	1	14	800	300	0
东方文学文化研究中心	33	7	26	600	300	0
翻译研究所	28	2	26	50	0	0
公共管理研究所	2	0	2	50	0	0
古典文献研究所	20	3	17	200	160	0
国际中国文学研究中心	27	6	21	900	600	0
华梅服饰文化学研究所	51	1	50	300	0	0
精益生产研究中心	3	1	2	2 000	0	0
课程与教学研究中心	3	1	2	400	0	0

续表

学校及机构名称	R&D活动人员(人)			R&D经费支出(百元)	仪器设备原价(百元)	其中:进口(百元)
	合计	其中:博士毕业	其中:硕士毕业			
欧洲经济社会史研究中心	36	11	25	2 500	0	0
社会主义研究所	60	20	40	200	0	0
思想政治教育研究所	17	5	12	160	0	0
天津地方新闻史研究所	16	2	14	300	100	0
心理与行为研究院	326	34	292	600	300	0
性别与社会发展研究中心	16	0	16	200	0	0
语言学研究所	21	1	20	800	400	0
政治文化与政治文明建设研究院	70	25	45	3 000	1 000	0
中共党史党建研究所	46	6	40	700	200	0
中国标志设计研究中心	16	1	15	900	0	0
中国词曲音乐研究所	7	5	2	300	100	0
天津工程师范学院	3	2	1	500	1 377.21	1 086.66
职业教育研究所	3	2	1	500	1 377.21	1 086.66
天津外国语学院	51	14	24	540	0	0
比较文学与文化研究所	3	1	1	16	0	0
翻译研究所	6	1	3	11	0	0
高教研究所	2	1	1	28	0	0
国际教育政策研究基地	3	1	2	16	0	0
美国黑人文学研究所	3	1	2	16	0	0
美国研究中心	3	1	1	11	0	0
欧美文化哲学研究所	4	1	3	17	0	0
天津国际发展研究院	3	2	1	22	0	0
外国语言文学文化研究中心	21	4	8	390	0	0
外国语言学及应用语言学研究所	3	1	2	13	0	0
天津商业大学	24	18	6	2 361	5 000	0
管理创新与评价中心	24	18	6	2 361	5 000	0
天津财经大学	58	35	17	5 220	24 088	0
滨海新区发展战略研究中心	3	2	1	330	1 213	0
法学研究中心	5	5	0	150	480	0
房地产研究所	6	2	4	1 500	2 100	0
工商管理研究中心	5	5	0	240	3 100	0
公共经济与管理研究中心	6	3	3	300	2 300	0
国际经济贸易研究中心	6	6	0	450	350	0

续表

学校及机构名称	R&D 活动人员(人)			R&D 经费支出(百元)	仪器设备原价(百元)	其中:进口(百元)
	合计	其中:博士毕业	其中:硕士毕业			
会计与财务研究中心	7	7	0	500	3 250	0
金融与保险研究中心	5	2	3	500	4 501	0
社会问题研究中心	6	0	0	320	2 150	0
数学经济研究中心	3	3	0	150	120	0
现代经济学研究中心	6	0	6	780	4 524	0
天津体育学院	98	23	40	33 915.6	242 597.5	178 597
体育人文社会学研究中心(社科所、社科基地)	59	13	26	5 137.1	4 227.5	1 247
天津市运动生理学与运动医学重点实验室(天津市运动医学研究所)	26	6	9	20 914	188 270	141 150
国家体育总局竞技运动心理与生理调控重点实验室	13	4	5	7 864.5	50 100	36 200
河北大学	91	39	41	13 286	5 598.47	0
区域经济研究所	10	8	2	1 200	0	0
人口研究所	10	4	4	0	0	0
日本研究所	15	5	8	2 000	3 000	0
宋史研究中心	28	21	2	7 586	1 376.47	0
现代汉字研究中心	13	1	12	500	22	0
中国乡村建设研究中心	15	0	13	2 000	1 200	0
石家庄经济学院	25	8	12	8 700	1 600	0
经济研究所	12	4	7	4 000	700	0
现代管理研究所	13	4	5	4 700	900	0
河北工业大学	23	18	5	1 600	6 380	0
企业信息化与管理创新研究中心	23	18	5	1 600	6 380	0
河北理工大学	32	10	16	10 000	5 000	0
城乡一体化发展研究中心	32	10	16	10 000	5 000	0
河北科技大学	6	0	4	200	600	0
高等教育研究所	6	0	4	200	600	0
河北农业大学	90	16	27	165	0	0
河北省宏观农业研究中心	20	6	4	50	0	0
河北省社科规划“三农”问题研究基地	20	3	6	50	0	0
河北省哲学社会科学研究基地	30	3	10	15	0	0
农村教育研究所	10	2	3	30	0	0

续表

学校及机构名称	R&D 活动人员（人）			R&D 经费支出（百元）	仪器设备原价（百元）	其中：进口（百元）
	合计	其中：博士毕业	硕士毕业			
无形资产评估研究所	10	2	4	20	0	0
唐山师范学院	7	3	4	39	500	0
教育科学研究所	3	0	3	10	100	0
区域经济研究所	1	0	1	6	100	0
史学研究所	1	1	0	8	100	0
文学与文化研究所	1	1	0	5	100	0
语言与文献研究所	1	1	0	10	100	0
廊坊师范学院	20	5	11	80	70	0
党建与思想政治教育研究所	6	3	1	30	20	0
教育科学研究所	8	0	7	30	20	0
文学与文化研究所	6	2	3	20	30	0
邯郸学院	25	3	18	0	0	0
赵文化研究中心	25	3	18	0	0	0
山西大学	99	61	28	30 723.9	48 805	0
地方高等教育研究中心	12	6	4	3 215	3 425	0
工商管理研究所	7	4	2	4 526	3 050	0
国学研究院	10	5	3	3 256	1 050	0
晋商学研究所	10	4	4	2 153.6	1 520	0
科学技术哲学研究中心	30	23	7	10 121.3	35 000	0
马克思主义哲学研究所	4	2	2	1 000	243	0
马克思主义中国化研究中心	6	3	2	1 560	1 050	0
区域社会史研究中心	10	8	1	2 530	1 896	0
体育科学研究所	6	3	2	512	680	0
语言科学研究所	4	3	1	1 850	891	0
太原理工大学	17	2	7	1 000	0	0
人文素质研究与教育中心	17	2	7	1 000	0	0
山西师范大学	87	36	20	11 137.67	82 732.61	34 760.39
编辑出版学研究所	5	1	1	87.19	920.79	278
黄河民俗文化研究所	4	4	0	936.04	3 544.35	1 245.74
教育科学研究院	6	3	0	2 389.69	42 484.59	25 367.79
晋学研究中心	9	7	1	1 687.3	1 962.12	92.6
经济研究所	5	4	0	312.96	2 384.08	690.8
马克思主义理论与思想政治教育研究所	8	4	2	421.86	983.64	28.8

续表

学校及机构名称	R&D 活动人员(人)			R&D 经费支出(百元)	仪器设备原价(百元)	其中:进口(百元)
	合计	其中:博士毕业	其中:硕士毕业			
区域经济研究所	4	1	2	398.55	181.88	6.8
人文地理研究所	6	2	1	131.03	740.34	76.3
山西地方经济与社会发展研究所	3	1	1	658.3	649.95	135.3
社会学研究所	5	1	3	753.95	560.24	0
戏曲文物研究所	19	6	7	3 164.85	23 000.13	5 930.21
应用语言研究所	5	2	1	183.05	458.48	396
中国书画文化研究所	8	0	1	12.9	4 862.02	512.05
太原师范学院	35	15	15	4 180	12 000	0
汾河流域科学发展研究中心	35	15	15	4 180	12 000	0
运城学院	5	1	3	662	150	0
河东文化研究中心	5	1	3	662	150	0
忻州师范学院	5	2	3	250	0	0
方言文化研究所	2	1	1	100	0	0
五台山文化研究所	3	1	2	150	0	0
山西财经大学	24	9	12	2 900	21 200	0
晋商研究院	11	4	6	1 600	15 800	0
旅游经济研究中心	13	5	6	1 300	5 400	0
内蒙古大学	135	94	41	16 900	33 500	0
马克思主义中国化与民族发展研究中心	24	15	9	300	1 700	0
蒙古学学院蒙古史研究所	11	11	0	500	3 500	0
蒙古学学院内蒙古近现代史研究所	7	6	1	1 200	2 800	0
蒙古学学院周边国家研究所	8	3	5	1 000	3 000	0
蒙古学研究中心	8	8	0	3 500	10 000	0
蒙古学学院蒙古文化研究所	5	3	2	200	2 500	0
蒙古学学院蒙古语文研究所	17	14	3	6 600	10 000	0
民族自治地方法制建设与社会发展研究基地	14	9	5	500	0	0
内蒙古地区经济可持续发展研究基地	22	18	4	500	0	0
内蒙古地区社会历史文化研究中心	19	7	12	2 600	0	0
内蒙古工业大学	13	9	4	1 510	852	0
管理现代化研究中心	13	9	4	1 510	852	0
内蒙古农业大学	31	13	8	6 010	0	0

续表

学校及机构名称	R&D活动人员(人)			R&D经费支出(百元)	仪器设备原价(百元)	其中:进口(百元)
	合计	其中:博士毕业	硕士毕业			
林业经济研究中心	3	1	0	540	0	0
贸易与经济发展研究所	6	2	0	820	0	0
蒙古族工艺美术研究中心	6	2	3	1 000	0	0
内蒙古农村牧区发展研究所	8	5	2	2 200	0	0
内蒙古农业大学畜牧业经济研究中心	4	3	0	910	0	0
农业信息研究中心	4	0	3	540	0	0
内蒙古师范大学	82	0	55	1 926. 15	120	0
高校思想政治教育理论与实践研究基地	10	0	6	312	0	0
民族学重点研究基地	30	0	18	602	120	0
内蒙古民俗文化研究基地	12	0	10	512. 15	0	0
心理教育研究中心	16	0	12	200	0	0
中国北疆史研究基地	14	0	9	300	0	0
赤峰学院	17	3	6	95	0	0
北方民族文化研究所	8	1	2	20	0	0
比较文学研究中心	1	0	0	30	0	0
红山文化暨契丹辽文化基地	5	0	4	20	0	0
伦理学研究所	3	2	0	25	0	0
辽宁大学	214	113	87	7 810	4 410	0
比较经济体制研究中心	6	6	0	1 920	100	0
东北振兴研究中心	23	7	16	260	120	0
金融研究中心	2	1	1	2 000	300	0
马克思主义哲学研究中心	8	6	2	400	1 700	0
民俗研究中心	5	5	0	80	200	0
人口研究所	12	9	3	2 000	600	0
软科学研究中心	15	1	14	320	230	0
文艺美学研究中心	8	5	2	120	100	0
永惺佛学研究中心	5	4	1	30	520	0
中国特色社会主义研究中心	90	47	33	250	160	0
中国文学研究所	18	10	8	180	180	0
中国文艺思想研究中心	22	12	7	250	200	0
大连理工大学	70	58	12	6 865. 26	3 000	0
“科技伦理与科技管理”省部级哲学社会科学创新基地	21	15	6	959. 8	300	0

续表

学校及机构名称	R&D 活动人员(人)			R&D 经费支出(百元)	仪器设备原价(百元)	其中:进口(百元)
	合计	其中:博士毕业	硕士毕业			
财务管理研究所	13	13	0	1 610	400	0
德国技术哲学中心	5	4	1	978	300	0
金融风险与系统评价管理研究中心	5	5	0	1 000	1 000	0
科技伦理与科技管理研究中心	9	8	1	646.8	200	0
欧盟研究中心	6	5	1	868	300	0
中国特色社会主义研究中心	11	8	3	802.66	500	0
沈阳工业大学	25	0	15	1 550	8 400	0
微观管理理论与应用研究中心	25	0	15	1 550	8 400	0
沈阳航空工业学院	10	6	4	8 262	3 000	0
辽宁省产业经济研究所	10	6	4	8 262	3 000	0
大连交通大学	15	6	9	5 850	600	0
产学研合作研究基地	15	6	9	5 850	600	0
大连海事大学	53	20	16	10 822.5	700	0
国际海事法律研究中心	31	20	9	10 522.5	500	0
辽宁沿海开放与经济发展研究基地	22	0	7	300	200	0
大连工业大学	22	1	15	3 595.5	600	50
创意产业与设计创新研究所	8	0	4	43.5	50	50
大连工业大学创新创业研究中心	3	0	1	142.5	150	0
日韩企业经营研究所	3	1	2	3 279.5	200	0
外语教学与研究研究所	8	0	8	130	200	0
沈阳农业大学	17	9	4	2 025	730	0
高等教育研究所	7	2	1	130	30	0
农村经济研究所	10	7	3	1 895	700	0
大连水产学院	65	14	45	2 100	1 500	650
大连海洋经济与文化研究中心	65	14	45	2 100	1 500	650
辽宁医学院	4	1	1	200	300	0
医学教育研究所	4	1	1	200	300	0
辽宁师范大学	158	103	52	6 400	690	65
海洋经济可持续发展研究中心	15	11	4	2 000	150	0
基础教育课程评价研究基地	8	6	2	200	20	0
教育部国家基础课程研究辽宁师范大学中心	16	10	5	200	30	20
辽海历史与旅游文化研究中心	12	9	3	800	100	0

续表

学校及机构名称	R&D活动人员(人)			R&D经费支出(百元)	仪器设备原价(百元)	
	合计	其中:				其中:进口(百元)
		博士毕业	硕士毕业			
辽宁沿海经济带发展研究基地	8	6	2	200	100	0
马克思主义理论与思想政治教育研究基地	24	13	10	500	20	0
特殊需要儿童发展与教育研究基地	9	5	4	200	20	0
体育社会科学研究基地	15	9	6	400	20	0
体育文化研究基地	13	7	6	300	30	0
心理发展与教育研究中心	20	16	3	600	100	0
学校道德教育研究中心	18	11	7	1 000	100	45
沈阳师范大学	29	1	28	935.89	121 546.5	14 811
国家体育社会科学重点研究基地	6	1	5	387.2	510	91
国家体育总局体育文化发展中心体育文化研究基地	5	0	5	22.4	76.5	0
辽宁省妇女理论研究基地	6	0	6	51.5	1 000	800
辽宁省基础教育信息化研究基地	5	0	5	86.81	108 200	12 800
学前教育理论与实践研究基地	5	0	5	58.55	10 000	1 000
职业教育专业建设与人才培养模式研究基地	2	0	2	329.43	1 760	120
渤海大学	67	19	27	1 854	3 200	560
课程理论与教学实践研究基地	43	10	22	454	1 500	300
应用语言学研究基地	24	9	5	1 400	1 700	260
大连外国语学院	62	14	46	5 117.89	320	0
俄罗斯文化研究所	7	3	4	620.35	50	0
韩国学研究所	10	3	7	240	10	0
汉学研究所	12	2	10	663.77	32	0
加拿大法语语言文化研究所	5	1	4	820.73	53	0
加拿大研究所	3	0	3	174.58	23	0
日本诗歌研究所	3	0	3	200	16	0
英语翻译研究所	2	0	1	42	5	0
英语教育研究所	12	3	8	1 677.34	87	0
英语文学研究所	3	1	2	409.97	20	0
中外比较文化研究所	5	1	4	269.15	24	0
东北财经大学	169	123	39	39 235.66	9 712	0
产业组织与企业组织研究中心	14	12	2	4 771.97	2 600	0

续表

学校及机构名称	R&D活动人员(人)			R&D经费支出(百元)	仪器设备原价(百元)	
	合计	其中:				其中:进口(百元)
		博士毕业	硕士毕业			
地方财政研究中心	23	19	3	1 740.82	1 772	0
国民核算研究中心	22	12	8	945	150	0
经济计量分析与预测研究中心	19	17	2	1 340	550	0
经济与社会发展研究院	27	18	7	23 441.37	3 000	0
区域经济一体化与上海合作组织研究中心	18	13	5	996.5	400	0
应用金融研究中心	21	15	5	3 600	600	0
中国内部控制研究中心	25	17	7	2 400	640	0
沈阳体育学院	74	32	35	21 754.3	145 220	141 500
冬季项目技术诊断与机能评定实验室	32	10	15	13 766.5	144 820	141 500
沈阳体育学院体育社会科学研究中心	42	22	20	7 987.8	400	0
沈阳音乐学院	19	0	12	300	70	0
东北亚音乐舞蹈研究中心	19	0	12	300	70	0
鲁迅美术学院	3	0	2	0	0	0
艺术文化研究中心	3	0	2	0	0	0
吉林大学	393	278	86	11 530.81	1 966.83	2
边疆考古研究中心	18	13	5	955.8	285.7	0
创新管理研究中心	38	30	8	785	140	0
当代国际关系研究中心	39	15	24	36	11	0
东北亚研究院	78	45	10	1 200	110	0
东北亚研究中心	26	25	1	885	152.2	0
高等教育研究所	8	5	2	8	2	2
古籍研究所	19	19	0	315.3	50.5	0
理论法学研究中心	18	17	1	1 924.41	600.8	0
社会公正与政府治理研究中心	18	15	3	1 129	152.1	0
数量经济研究中心	16	13	0	1 381	255.53	0
哲学基础理论研究中心	17	15	0	626.1	65.2	0
中国国有经济研究中心	48	46	2	2 101.5	90.8	0
中国文化研究所	50	20	30	183.7	51	0
延边大学	54	35	15	3 400	9 300	0
渤海文化研究中心	2	1	1	0	350	0
朝鲜—韩国研究中心	10	6	3	1 200	2 000	0
朝鲜半岛研究中心(东北亚研究院)	9	5	2	400	1 500	0

续表

学校及机构名称	R&D 活动人员(人)			R&D 经费支出(百元)	仪器设备原价(百元)	
	合计	其中:				其中:进口(百元)
		博士毕业	硕士毕业			
朝鲜历史研究所	3	3	0	0	300	0
朝鲜语言文学研究所	4	2	2	0	100	0
朝鲜族教育研究所	3	1	2	0	300	0
东北亚法学研究所	3	3	0	0	300	0
东北亚国际政治研究所	3	2	1	0	250	0
对外汉语教学研究中心	5	3	2	1 000	1 200	0
妇女问题研究中心	3	2	1	300	500	0
民族研究院	6	5	0	500	1 500	0
中朝韩日文化比较研究中心	3	2	1	0	1 000	0
长春理工大学	39	3	21	1 300	0	0
高等教育研究所	8	0	6	170	0	0
马克思主义理论研究中心	22	2	9	640	0	0
知识产权研究中心	9	1	6	490	0	0
长春工业大学	31	11	20	860	240	0
吉林产业发展与企业环境研究中心	15	6	9	630	120	0
民生问题研究基地	16	5	11	230	120	0
吉林农业大学	21	7	14	5 170	3 400	0
东北亚农业与农村发展研究中心	3	2	1	90	50	0
家政研究所	4	0	4	80	45	0
粮食经济研究所	3	2	1	500	75	0
农村发展研究中心	2	1	1	500	110	0
中国粮食主产区农村经济研究中心	9	2	7	4 000	3 120	0
东北师范大学	257	141	110	38 030	12 620	2 502
当代中国马克思主义研究中心	8	4	1	750	200	0
东北基础外语教育研究中心	6	3	3	900	100	0
儿童发展研究中心	10	6	4	500	150	0
服务业管理研究中心	6	3	3	1 200	500	200
古籍整理研究所	8	6	2	300	200	0
国际与比较教育研究所	13	5	7	1 200	300	0
国家基础教育实验中心	5	5	0	900	100	0
教育部高校辅导员培训和研修基地	5	3	2	1 800	500	0
金融研究所	6	4	2	800	300	0
毛泽东思想研究所	12	9	1	700	300	0

续表

学校及机构名称	R&D 活动人员(人)			R&D 经费支出(百元)	仪器设备原价(百元)	其中:进口(百元)
	合计	其中:博士毕业	其中:硕士毕业			
美国史研究所	8	4	4	1 200	300	0
明清史研究所	4	3	1	1 500	600	0
农村教育研究所	26	26	0	12 000	1 200	300
女性研究中心	14	8	6	750	300	2
日本研究所	8	5	3	1 300	600	150
史学理论研究所	8	4	4	800	200	0
世界古典文明史研究所	6	5	1	2 000	1 000	200
世界文明史研究中心	20	7	13	1 000	1 200	100
世界中古史研究所	8	5	3	1 500	500	0
现代教育技术研究所	7	2	5	650	150	0
信息技术教育研究所	10	2	8	800	400	0
亚洲文明研究院	9	5	4	1 200	500	150
艺术研究中心	24	3	21	2 400	1 600	1 200
音乐教育研究所	7	3	4	400	500	200
英语写作研究中心	12	5	7	600	270	0
哲学研究所	7	6	1	880	650	0
北华大学	91	47	36	4 550	3 940	0
北华大学东亚历史与文献研究中心	13	5	5	1 230	860	0
吉林省长吉图旅游产业发展研究中心	20	12	8	1 000	1 500	0
吉林省特色文化(长吉图旅游文化)研究基地	30	20	10	1 000	1 000	0
吉林特色文化研究基地——吉林市文化研究中心	28	10	13	1 320	580	0
通化师范学院	36	3	24	2 930	13 350	0
高等教育研究所	8	1	7	210	550	0
高句丽与东北民族研究中心	14	2	10	1 800	7 700	0
吉林省社会科学长白山文化研究基地	4	0	2	80	150	0
吉林省社会科学高句丽文化重点研究基地	3	0	0	150	600	0
心理健康教育中心	5	0	5	240	550	0
中国满族民间美术研究中心	2	0	0	450	3 800	0
吉林师范大学	47	13	34	4 900	1 800	0
东北谱牒文化研究基地	10	2	8	1 200	400	0

续表

学校及机构名称	R&D 活动人员(人)			R&D 经费支出(百元)	仪器设备原价(百元)	其中:进口(百元)
	合计	其中:博士毕业	其中:硕士毕业			
东北文化研究中心	10	0	10	1 000	500	0
马克思主义中国化问题研究中心	12	6	6	1 000	400	0
满族文化研究基地	15	5	10	1 700	500	0
吉林工程技术师范学院	7	1	4	5 000	700	0
服装设计与加工技术吉林省高等学校重点建设工程研究中心	3	0	2	1 000	100	0
吉林省高校人文社科重点研究基地	4	1	2	4 000	600	0
长春师范学院	23	7	9	7 000	141	0
东北民族与疆域研究中心	3	1	1	1 300	54	0
满族文化研究所	4	2	1	1 500	20	0
女性发展研究所	5	2	3	500	10	0
萨满文化与东北民族研究中心	4	1	1	1 600	25	0
武术搏技研究训练中心	3	0	1	800	10	0
昭明文选研究所	4	1	2	1 300	22	0
白城师范学院	105	6	86	1 330	650	0
创业教育与文化研究中心	22	2	18	500	200	0
地方史研究所	6	1	4	50	0	0
多元文化研究所	5	0	4	30	50	0
基础教育研究所	4	0	3	40	50	0
吉林省创业文化研究基地	25	2	22	400	200	0
体育教育研究所	8	0	5	50	50	0
文学研究所	7	0	5	60	50	0
中国东北草原文化研究基地	28	1	25	200	50	0
长春税务学院	23	10	12	8 800	3 420	0
吉林经济研究中心	5	5	0	5 600	2 400	0
马克思主义经济学研究中心	18	5	12	3 200	1 020	0
吉林艺术学院	14	2	12	1 050	5 100	2 050
东北民间艺术研究中心	2	0	2	50	100	50
艺术设计研究中心	12	2	10	1 000	5 000	2 000
黑龙江大学	186	142	24	27 432	13 330	0
东北亚经济研究中心	14	10	2	235	100	0
俄罗斯研究院	17	10	4	6 052	1 079	0
俄罗斯语言文学与文化研究中心	15	13	0	12 324	3 740	0

续表

学校及机构名称	R&D 活动人员(人)			R&D 经费支出(百元)	仪器设备原价(百元)	其中:进口(百元)
	合计	其中:博士毕业	硕士毕业			
法学理论与法治发展研究中心	13	11	2	206	240	0
汉语研究中心	13	9	3	86	340	0
黑龙江流域文明研究中心	12	7	2	196	240	0
满族语言文化研究中心	9	4	3	1 700	3 900	0
民商法学研究中心	15	11	4	134	250	0
生产力研究中心	9	8	1	245	280	0
省俄语语言文学研究基地	7	6	0	170	260	0
省马克思主义哲学研究基地	9	7	1	88	420	0
文化哲学研究中心	15	15	0	5 106	1 411	0
信息资源管理研究中心	13	9	1	402	370	0
行政管理研究中心	12	12	0	287	400	0
中国古代戏曲与宋金文化研究中心	13	10	1	201	300	0
哈尔滨理工大学	19	14	4	170	970	470
高新技术发展与管理研究中心	10	8	1	80	450	300
科学学与科技管理研究所	4	3	1	50	200	170
系统工程研究所	5	3	2	40	320	0
燕山大学	175	5	130	2 350	250	0
邓小平理论研究中心	50	0	50	0	0	0
管理科学与工程研究所	25	5	0	2 100	150	0
国际政治与经济研究所	30	0	30	0	0	0
逻辑与认知科学研究所	50	0	50	0	0	0
职业经济研究所	20	0	0	250	100	0
哈尔滨工程大学	121	54	67	6 423	1 942	0
船舶工业经济管理研究所	26	15	11	600	150	0
大学德育与青年心理健康中心	38	15	23	1 000	200	0
技术管理研究所	23	10	13	500	180	0
企业创新研究所	18	7	11	3 123	1 012	0
灾难与危机管理研究所	16	7	9	1 200	400	0
黑龙江科技学院	24	6	13	3 120	1 100	0
德育研究所	8	1	4	0	300	0
高等教育研究所	4	1	3	500	350	0
煤炭资源研究中心	12	4	6	2 620	450	0
大庆石油学院	58	18	40	650	174	0

续表

学校及机构名称	R&D 活动人员(人)			R&D 经费支出(百元)	仪器设备原价(百元)	其中:进口(百元)
	合计	其中:博士毕业	硕士毕业			
大庆精神研究中心	26	5	21	150	54	0
石油经济管理研究所	32	13	19	500	120	0
东北农业大学	62	17	45	3 887	2 412	0
东北农业大学农业法律研究与服务中心	19	3	16	847	300	0
黑龙江省高校农业经济研究发展中心	16	6	10	1 500	1 002	0
黑龙江省农村贫困地区发展研究中心	11	4	7	720	490	0
农业与农村经济研究基地	16	4	12	820	620	0
东北林业大学	137	39	58	13 520	48 270	110
环境与资源保护法研究中心	28	3	11	2 300	270	110
林业经济与管理研究中心	85	28	41	11 220	48 000	0
青年思想政治教育研究中心	24	8	6	0	0	0
黑龙江中医药大学	0	0	0	0	0	0
女性学研究会	0	0	0	0	0	0
哈尔滨师范大学	60	26	33	4 060	877	0
边疆经济与文化基地	8	2	6	550	98	0
俄语教育研究中心	12	6	6	1 360	330	0
高校思想政治教育研究中心	12	4	8	530	102	0
基础教育课程与教学研究中心	11	4	7	420	95	0
审美文化与龙江文学研究中心	8	5	3	610	122	0
中国古代小说与诗歌研究中心	9	5	3	590	130	0
齐齐哈尔大学	12	4	6	300	200	0
嫩江流域科技与社会(STS)研究中心	12	4	6	300	200	0
大庆师范学院	68	6	62	590	780	0
大庆精神研究中心	6	0	6	60	100	0
法与社会研究所	12	1	11	90	60	0
汉语文化研究基地	6	1	5	45	50	0
教师教育研究所	3	0	3	35	200	0
经济发展研究所	7	2	5	35	30	0
民商法学研究中心	4	0	4	25	50	0
现代营销管理研究中心	6	1	5	45	40	0
学前教育研究所	5	0	5	60	50	0
英语应用语言学研究所	5	0	5	70	50	0

续表

学校及机构名称	R&D 活动人员(人)			R&D 经费支出(百元)	仪器设备原价(百元)	其中:进口(百元)
	合计	其中:博士毕业	硕士毕业			
油田文化研究中心	5	0	5	35	50	0
中国古代文学研究所	6	0	6	70	50	0
中国近现代史研究中心	3	1	2	20	50	0
齐齐哈尔高等师范专科学校	2	0	0	0	0	0
高教研究室	2	0	0	0	0	0
哈尔滨商业大学	36	20	15	9 400	0	0
法经济学研究中心	11	5	6	4 000	0	0
市场与流通经济研究中心	10	6	4	2 400	0	0
现代商品流通研究中心	15	9	5	3 000	0	0
哈尔滨体育学院	4	2	1	0	0	0
人文社会科学研究所国体总局重点研究基地	4	2	1	0	0	0
复旦大学	554	385	93	258 647. 6	67 832. 83	0
出土文献与古文字研究中心	10	9	1	3 800	151	0
当代国外马克思主义研究中心	17	15	1	12 000	5 000	0
党的建设理论与实践	15	15	0	100	100	0
高教研究所	10	9	1	2 600	100	0
公共管理与公共政策研究国家哲学社会科学创新基地	22	19	3	15 000	2 000	0
古籍研究所	15	11	4	1 785. 27	290. 5	0
国外马克思主义与国外思潮研究国家哲学社会科学创新基地	24	21	2	18 000	8 000	0
韩国研究中心	7	5	1	74 600	750	0
历史地理研究国家哲学社会科学创新基地	58	12	17	4 700	730	0
历史地理研究中心	58	12	17	5 500	730	0
美国研究国家哲学社会科学创新基地	18	7	11	24 800	4 200	0
美国研究中心	18	7	11	24 800	4 200	0
欧洲问题研究中心	6	6	0	1 600	500	0
日本研究中心	7	5	2	2 100	1 000	0
上海产业结构调整	36	33	2	2 250	200	0
上海物流研究院	7	6	1	7 000	1 000	0
社会科学高等研究院	8	7	0	7 560	800	0

续表

学校及机构名称	R&D 活动人员(人)			R&D 经费支出(百元)	仪器设备原价(百元)	
	合计	其中:				其中:进口(百元)
		博士毕业	硕士毕业			
社会主义核心价值体系	16	15	1	6 000	4 000	0
世界经济研究所	14	13	1	500	1 500	0
文化繁荣与新媒体发展	12	6	4	3 000	6 000	0
文史研究院国家哲学社会科学创新基地	10	9	1	12 300	2 500	0
新闻传播与媒介社会研究国家哲学社会科学创新基地	18	18	0	0	449	0
信息与传播研究中心	34	28	5	8 610	12 300	0
语言文学研究所	19	12	3	50	300	0
中国古代文学研究中心	18	14	4	2 492.33	92.33	0
中国经济竞争力研究国家哲学社会科学创新基地	36	36	0	10 000	9 940	0
中国社会主义市场经济研究中心	15	13	0	3 000	500	0
中外现代化进程研究中心	26	22	0	4 500	500	0
同济大学	64	43	15	27 468	17 647	0
城市发展战略和管理研究院	45	35	9	22 790	8 783	0
高等教育研究所	5	4	0	1 220	1 860	0
联邦德国问题研究所	8	2	3	1 723	4 387	0
亚洲太平洋研究中心	6	2	3	1 735	2 617	0
上海交通大学	20	17	3	17 300	0	0
国家形象与城市文化创新战略研究基地	9	8	1	2 000	0	0
世界一流大学研究中心	11	9	2	15 300	0	0
华东理工大学	35	19	10	9 705.24	7 100	0
电子商务研究所	7	6	1	2 687.97	500	0
经济发展研究所	6	4	2	706.68	500	0
设计与艺术研究所	13	1	6	2 992.84	3 200	0
应用社会学研究所	9	8	1	3 317.75	2 900	0
上海理工大学	16	8	5	5 600	34 800	13 500
数字传播科学实验室	16	8	5	5 600	34 800	13 500
上海海事大学	44	28	12	11 260	9 620	0
海商法研究中心	14	8	6	6 940	8 500	0
上海发展战略研究所工作室	18	18	0	4 000	1 000	0

续表

学校及机构名称	R&D活动人员(人) 合计	其中:博士毕业	其中:硕士毕业	R&D经费支出(百元)	仪器设备原价(百元)	其中:进口(百元)
上海国际航运研究中心	12	2	6	320	120	0
东华大学	48	29	19	23 170	6 733	0
纺织服装经济管理研究中心	14	2	12	8 150	0	0
人文社会科学研究所	8	6	2	820	533	0
日本研究中心	9	5	4	200	0	0
时尚与创意经济研究中心	9	9	0	6 000	1 200	0
旭日管理研究	2	2	0	5 000	5 000	0
瀚洋投资银行研究所	6	5	1	3 000	0	0
上海应用技术学院	14	0	6	5 600	2 600	0
“视平面”人文艺术创新工作室	14	0	6	5 600	2 600	0
上海中医药大学	3	1	2	4 800	5 570	0
中医药文化研究与传播中心	3	1	2	4 800	5 570	0
华东师范大学	574	402	134	186 089.52	75 881.36	31 450
课程与教学研究所	18	11	7	11 195	643	0
俄罗斯研究中心	28	16	7	12 913.3	1 299	0
中国现代思想文化研究所	31	20	7	9 000	1 000	0
中国文字研究与应用中心	10	9	1	6 076.09	1 299.9	0
基础教育改革与发展研究所	24	20	3	12 500	20 150	0
中国现代城市研究中心	20	3	17	40 000	600	0
冷战与当代世界研究所	11	5	6	7 000	8 000	6 000
国际金融与风险管理研究中心	28	26	2	1 200	300	0
教育人力资源开发与管理研究所	33	28	4	1 395.13	167.46	0
思勉人文高等研究院	9	6	2	3 000	482	0
上海市社会科学创新基地“长三角区域一体化”	18	16	2	4 000	1 000	0
上海市社会科学创新基地“社会主义核心价值体系创新基地”	15	12	3	4 000	1 000	0
上海市政府发展研究中心“房地产与城市管理政策研究”工作室	15	14	0	2 000	1 000	0
上海社会调查研究中心华东师范大学分中心	16	10	6	1 200	500	0
长江流域发展研究院	15	13	2	4 000	1 000	300
高等教育研究所	15	14	1	5 000	500	0

续表

学校及机构名称	R&D活动人员(人) 合计	其中:博士毕业	其中:硕士毕业	R&D经费支出(百元)	仪器设备原价(百元)	其中:进口(百元)
古籍研究所	15	8	5	1 690	40	0
世博研究院	16	5	11	2 500	0	0
人口研究所	5	5	0	3 000	1 000	0
言语听觉康复研究院	37	30	6	6 850	25 000	25 000
华东师范大学-康乃尔大学比较人文研究中心	15	15	0	5 000	2 800	0
艺术研究所	6	5	1	2 000	500	0
职业教育与成人教育研究所	13	11	1	6 500	4 190	0
公民发展与现代德育研究中心	19	11	2	1 200	0	0
国际问题研究所	10	9	1	870	210	150
中国行政区划研究中心	10	1	2	2 000	1 000	0
中国当代史研究中心	8	4	1	2 500	200	0
吕思勉学术研究中心	8	3	4	500	0	0
品牌文化与公共关系研究中心	20	5	15	200	0	0
上海史研究中心	20	19	1	800	0	0
知识分子与思想史研究中心	12	10	2	500	0	0
旅游规划与发展研究中心	20	16	3	5 000	2 000	0
中国近现代社会变迁研究中心	10	5	5	500	0	0
学前教育研究所	24	17	4	20 000	0	0
上海师范大学	202	74	127	21 350	56 700	0
地域研究所	7	2	4	900	2 000	0
都市文化研究中心	30	10	20	3 500	4 200	0
高等教育研究所	5	3	2	300	9 000	0
古籍研究所	14	3	11	2 000	1 000	0
教育科学研究所	8	2	6	1 200	1 000	0
慰安妇研究中心	8	3	5	650	300	0
文学研究所	20	5	15	1 200	1 000	0
小学教育研究所	3	0	3	1 200	1 100	0
学科教育研究所	16	6	10	800	9 800	0
应用语言学研究所	35	15	20	1 400	4 000	0
语言研究所	12	5	7	1 600	16 800	0
中国传统思想研究所	12	5	7	1 100	2 000	0
中国近代社会研究中心	32	15	17	5 500	4 500	0

续表

学校及机构名称	R&D 活动人员(人)			R&D 经费支出(百元)	仪器设备原价(百元)	其中:进口(百元)
	合计	其中:博士毕业	硕士毕业			
上海外国语大学	71	45	22	9 082	8 393	250
国际关系与外交事务研究院	20	6	14	3 000	100	50
国际舆情研究中心	8	7	1	1 000	200	200
跨文化研究中心	6	4	2	500	300	0
文学研究院	17	15	1	552	1 367	0
语言研究院	10	7	3	1 450	90	0
中东研究所	10	6	1	2 580	6 336	0
上海财经大学	142	109	31	162 956	15 552	0
500 强企业研究中心	4	4	0	3 820	320	0
财经研究所	27	20	7	39 620	680	0
高等教育研究所	4	3	1	1 260	820	0
高等研究院	5	5	0	1 160	860	0
公共政策研究中心	6	3	1	3 960	520	0
海派经济研究中心	4	3	1	1 660	600	0
会计与财务研究院	15	10	5	29 840	860	0
经济法与社会法研究中心	6	5	1	3 006	800	0
马克思主义研究院	6	4	2	1 460	500	0
区域经济研究中心	6	5	1	6 580	300	0
商务汉语研究中心	12	10	2	10 000	1 200	0
上海发展战略研究所王红卫研究室	3	3	0	1 000	600	0
上海发展战略研究所赵晓雷工作室	5	5	0	1 000	400	0
世博经济研究院	4	3	1	6 500	800	0
现代服务科学与技术研究中心	2	2	0	8 900	1 000	0
现代服务业研究院	2	1	1	5 600	860	0
现代金融研究中心	8	5	3	6 800	500	0
现代经济哲学研究中心	6	5	1	1 200	600	0
现代市场营销研究中心	5	3	2	10 660	852	0
应用统计研究中心	6	5	1	8 630	1 500	0
中国教育支出绩效评价(研究)中心	6	5	1	10 300	980	0
上海对外贸易学院	19	16	2	11 365.6	727.89	0
国际经贸研究所	19	16	2	11 365.6	727.89	0
上海海关学院	59	21	20	1 900	6 000	0
报关研究中心	13	1	3	200	1 000	0

续表

学校及机构名称	R&D 活动人员(人)			R&D 经费支出(百元)	仪器设备原价(百元)	其中:进口(百元)
	合计	其中:博士毕业	硕士毕业			
海关法研究中心	19	8	8	200	1 000	0
海关风险管理研究中心	8	5	2	300	1 000	0
上海贸易中心建设研究基地石良平工作室	14	5	7	1 000	2 000	0
税收研究中心	5	2	0	200	1 000	0
华东政法大学	101	34	57	7 668	5 220	0
电子商务法研究所	15	4	9	518	300	0
经济法研究中心	32	12	18	6 450	420	0
青少年犯罪研究所	10	4	5	0	0	0
外国法与比较法研究院	32	10	18	250	3 300	0
知识产权研究中心	12	4	7	450	1 200	0
上海体育学院	21	5	15	125 123	0	0
体育赛事研究中心	21	5	15	125 123	0	0
上海音乐学院	64	24	14	15 900	17 950	0
钢琴艺术中心	18	5	5	4 500	11 500	0
音乐新媒体研究实践创新团队	13	1	5	1 000	600	0
音乐学研究创新团队	21	14	0	5 600	1 200	0
音乐研究所	3	1	0	2 200	450	0
中国仪式音乐研究中心	4	3	1	1 100	2 200	0
周小燕大师工作室	5	0	3	1 500	2 000	0
上海戏剧学院	41	2	20	9 102.58	659.71	0
表演艺术创新工作室	14	0	7	968.79	52.1	0
舞蹈艺术创新工作室	7	0	4	2 868.43	130.75	0
舞台美术创新工作室	9	0	5	2 335.08	300.76	0
戏剧艺术研究所	6	1	2	15	0	0
余秋雨大师工作室	5	1	2	2 915.28	176.1	0
上海大学	150	31	45	17 798.16	2 745.07	0
产业经济研究中心	18	2	6	3 560.02	356.5	0
上海市发展战略研究所	31	7	5	3 852.85	386.28	0
艺术研究院	19	6	0	616.65	328.56	0
影视与传媒产业研究基地	29	8	6	916.46	385.42	0
中国服务经济研究中心	25	0	12	608.5	219.88	0
中国社会转型与社会组织研究中心	28	8	16	8 243.68	1 068.43	0

续表

学校及机构名称	R&D 活动人员（人） 合计	其中：博士毕业	其中：硕士毕业	R&D 经费支出（百元）	仪器设备原价（百元）	其中：进口（百元）
南京大学	194	100	64	48 450	24 400	1 100
长江三角洲经济社会发展研究中心	12	8	2	6 000	1 000	0
当代外国文学与文化研究中心	7	4	3	800	500	0
当代资本主义研究中心	5	3	1	300	100	0
公共事务与地方治理研究中心	5	2	2	2 000	200	0
国家文化产业研究中心	8	4	2	2 000	500	0
国家信息资源管理南京研究基地	8	3	3	200	600	0
汉语言文学与民族认同研究中心	5	3	1	300	100	0
江苏省城市现代化研究中心	3	2	1	600	150	0
江苏省社会风险管理研究中心	7	2	3	1 200	500	0
经济全球化与国际关系研究中心	7	2	2	600	150	0
经济转型和发展研究中心	3	1	2	200	50	0
马克思主义社会理论研究中心	15	10	3	2 000	1 000	0
民族与边疆研究中心	4	2	1	250	200	0
南京大屠杀史研究所	6	2	3	300	100	0
人力资源战略研究所	8	6	2	200	100	0
儒佛道与中国传统文化研究中心	7	3	4	1 000	300	0
社会科学计算实验中心	15	10	5	8 000	6 000	1 000
社会语言学实验室	5	3	2	500	500	100
政府新闻学研究所	5	3	1	200	100	0
中国社会科学评价研究中心	3	2	1	2 000	600	0
中国社会与文化研究中心	7	3	1	200	50	0
中国诗学研究中心	10	3	4	100	100	0
中国新文学研究中心	16	8	6	3 000	1 500	0
中国语言战略研究中心	6	2	2	4 000	2 000	0
中华民国史研究中心	12	7	5	2 500	2 000	0
宗教与文化研究中心	5	2	2	10 000	6 000	0
苏州大学	120	74	35	28 400	26 400	0
国家体育总局体育社会科学重点研究基地	17	6	11	3 000	3 500	0
江苏省吴文化研究基地	16	10	5	700	1 000	0
公法研究中心	15	10	5	3 500	500	0
红十字运动与慈善文化研究中心	16	9	4	4 000	2 000	0

续表

学校及机构名称	R&D 活动人员(人)			R&D 经费支出(百元)	仪器设备原价(百元)	其中:进口(百元)
	合计	其中:博士毕业	硕士毕业			
苏南发展研究院	20	15	4	5 000	6 000	0
中国昆曲与戏剧研究中心	15	9	4	2 200	400	0
中国特色城镇化研究中心	21	15	2	10 000	13 000	0
东南大学	122	44	28	25 080	7 690	1 867
产业经济研究中心	5	1	2	1 500	200	0
道德哲学与中国道德发展研究所	10	4	2	3 900	800	200
工商管理研究所	12	4	2	3 350	800	580
集团经济与产业组织研究中心	3	1	0	960	390	0
江苏省区域经济发展研究基地	15	4	5	1 500	500	200
金融衍生品研究所	7	3	1	1 440	200	120
科技发展研究中心	9	2	3	2 220	1 050	72
科学技术伦理学研究所	5	3	0	2 800	630	120
旅游规划研究所	4	2	0	50	550	50
企业技术创新研究中心	4	2	0	3 000	1 100	150
体育与健康教育研究所	5	1	2	20	60	0
现代社会发展研究所	9	3	2	300	630	150
现代外语教育技术研究所	9	3	3	150	70	5
刑事法研究所	4	2	1	30	10	0
休闲文化研究所	9	4	2	860	200	20
艺术学研究中心	12	5	3	3 000	500	200
南京航空航天大学	105	77	27	37 600	33 355	6 000
国防经济与科技研究中心	5	3	2	500	100	0
国家文化产业研究中心	5	3	2	120	20	0
江苏省后评价研究中心	12	8	4	300	25	0
科技与经济法制研究中心	2	2	0	20	0	0
科学发展研究中心	36	32	3	20 000	25 000	5 000
能源软科学研究中心	26	22	4	15 000	8 000	1 000
企业战略与竞争力研究中心	12	4	8	900	100	0
舞台美术研究所	2	1	1	360	50	0
中西语言与文化对比研究中心	5	2	3	400	60	0
南京理工大学	18	5	10	5 000	800	0
现代管理研究所	8	2	5	2 000	500	0
现代物流研究所	10	3	5	3 000	300	0

续表

学校及机构名称	R&D 活动人员(人)			R&D 经费支出(百元)	仪器设备原价(百元)	其中:进口(百元)
	合计	其中:				
		博士毕业	硕士毕业			
中国矿业大学	95	23	50	1 910	4 426	0
安全生产行政管理研究所	30	5	14	400	2 140	0
江苏省能源经济与管理研究中心	46	12	24	900	1 230	0
经济与管理复杂性研究所	19	6	12	610	1 056	0
南京邮电大学	76	37	39	10 300	1 600	0
电子商务与政务研究所	25	10	15	4 500	400	0
物联网产业发展研究基地	45	27	18	3 000	800	0
知识产权与信息法律中心	6	0	6	2 800	400	0
河海大学	51	47	4	72 300	5 910	3 390
管理科学研究所	5	5	0	9 200	1 200	530
江苏省水资源与可持续发展研究中心	12	11	1	8 400	890	450
水库移民经济研究中心	11	11	0	27 000	1 200	690
水利经济研究所	9	7	2	1 600	360	120
投资研究所	5	4	1	6 900	560	0
战略管理研究所	9	9	0	19 200	1 700	1 600
江南大学	80	34	37	61 000	15 045	0
产品创意与设计文化研究中心	10	3	4	8 800	305	0
江苏省食品安全研究基地	38	20	18	35 000	12 000	0
金融研究所	5	1	3	5 800	290	0
无锡党的建设研究中心	10	3	3	1 900	410	0
无锡低碳城市发展研究中心	8	3	4	3 200	510	0
无锡江南文化与影视研究中心	3	2	1	3 800	980	0
无锡预防腐败研究中心	6	2	4	2 500	550	0
南京林业大学	44	27	14	14 200	5 560	658
江苏环境与发展研究中心	18	11	6	5 865	1 800	300
生态经济研究中心	26	16	8	8 335	3 760	358
江苏大学	22	13	9	5 950	2 800	0
高等教育研究所	2	1	1	300	100	0
江苏省知识产权研究中心	4	2	2	500	200	0
江苏省中小企业基地	4	2	2	300	100	0
能源发展与环境保护战略研究	4	4	0	2 800	1 000	0
现代农业经济研究所	4	2	2	300	100	0
中小企业研究中心	4	2	2	1 750	1 300	0

续表

学校及机构名称	R&D 活动人员(人)			R&D 经费支出(百元)	仪器设备原价(百元)	其中:进口(百元)
	合计	其中:				
		博士毕业	硕士毕业			
南京信息工程大学	168	82	58	10 260	7 826	0
高等教育研究所	8	5	2	556	347	0
国际金融研究院	6	6	0	743	612	0
马克思主义研究院	11	7	1	980	565	0
民国文学研究院	20	11	6	514	366	0
气候变化与公共政策研究院	18	9	4	890	236	0
气象工程管理研究中心	16	13	3	950	795	0
清华大学技术创新研究中心分中心	11	8	3	387	217	0
体育科学研究所	27	2	14	576	420	0
中国科协人力资源研究基地	19	5	10	853	688	0
中国制造业发展研究院	32	16	15	3 811	3 580	0
南通大学	28	9	10	13 525	6 943	0
楚辞研究中心	8	4	2	3 650	2 050	0
江苏沿海沿江发展研究院	4	1	2	2 885	1 135	0
南通廉政文化研究所	10	2	5	5 665	1 978	0
张謇研究所	6	2	1	1 325	1 780	0
盐城工学院	9	0	6	200	100	0
高教研究所	9	0	6	200	100	0
南京农业大学	325	123	194	108 546	165 085	4 000
财政金融研究所	15	5	10	3 360	3 000	0
电子商务研究中心	5	2	3	5 590	8 000	0
国际食品与农业经济研究中心	24	4	20	3 000	10 000	0
海峡两岸农业经济研究所	11	5	6	9 800	3 000	0
江苏农村金融发展研究中心	7	4	3	2 000	3 000	0
江苏省农村发展与土地政策研究基地	8	6	2	2 871	1 723	0
科技与社会发展研究所	5	4	1	350	200	0
农业经济研究所	16	7	9	3 000	53 685	0
农业园区研究中心	6	1	5	11 800	700	0
农业转基因生物安全管理政策研究中心	8	1	7	1 220	3 600	0
情报研究所	6	3	3	50	220	0
日本语言文化研究所	16	1	10	120	271	0
体育与健康研究所	7	0	7	592	1 600	0

续表

学校及机构名称	R&D 活动人员(人)			R&D 经费支出(百元)	仪器设备原价(百元)	
	合计	其中：博士毕业	硕士毕业			其中:进口(百元)
现代信息技术研究中心	13	6	4	2 000	5 000	0
英语语言文化研究所	42	3	39	1 023	1 810	0
中国农业产业链管理研究与发展中心	9	4	5	1 370	800	0
中国农业历史研究中心	20	3	17	3 000	7 000	0
中国农业遗产研究室	18	3	15	3 800	6 900	0
中国区域经济与金融研究中心	12	5	7	5 370	560	0
中国土地问题研究中心	53	38	15	46 810	52 000	4 000
中国新农村建设研究院	24	18	6	1 420	2 016	0
南京医科大学	4	0	2	90	500	0
教育研究与质量评估中心	4	0	2	90	500	0
南京师范大学	79	48	16	6 250	5 368	600
道德教育研究所	13	6	3	1 400	900	600
法制现代化研究中心	7	5	2	360	1 000	0
江苏省创新经济研究基地	2	1	1	200	50	0
江苏省法治发展研究基地	8	4	0	200	100	0
江苏省老年学研究基地	6	2	2	100	50	0
教育科学研究院	4	0	0	300	900	0
教育社会学研究中心	6	5	1	900	400	0
联合国教科文国际农村教育研究与培训中心	3	3	0	150	150	0
马克思主义研究院	4	3	1	600	300	0
全国妇联妇女/性别研究与培训基地	6	3	2	400	200	0
体育社会科学研究中心	5	3	2	240	268	0
学前教育学研究所	4	4	0	300	300	0
语言信息科技研究中心	8	6	2	800	600	0
中国经济研究中心	3	3	0	300	150	0
徐州师范大学	71	29	41	32 620	92 369	46 777
汉文化研究院	6	3	2	9 800	6 650	5 000
淮海发展研究院	33	15	18	5 800	37 000	12 000
语言研究所	32	11	21	17 020	48 719	29 777
盐城师范学院	6	3	0	4 800	1 500	0
沿海开发研究院	6	3	0	4 800	1 500	0
南京财经大学	30	19	10	3 610	1 200	0

续表

学校及机构名称	R&D活动人员(人) 合计	其中:博士毕业	其中:硕士毕业	R&D经费支出(百元)	仪器设备原价(百元)	其中:进口(百元)
公共财政研究中心	5	4	1	500	200	0
江苏产业发展研究院	9	6	3	1 050	500	0
粮食经济研究院	16	9	6	2 060	500	0
江苏警官学院	29	4	21	480	3 800	0
江苏现代警务研究中心	6	1	3	180	2 000	0
侦查学研究所	23	3	18	300	1 800	0
南京艺术学院	18	9	7	2 510.62	1 000	0
江苏省文化艺术发展研究中心	4	4	0	30	120	0
江苏省艺术设计材料与工艺重点实验室	9	5	3	350	80	0
音乐学研究所	5	0	4	2 130.62	800	0
苏州科技学院	13	4	1	260	520	0
历史文献研究所	13	4	1	260	520	0
浙江大学	976	434	428	153 700	63 340	19 470
比较政治与公共管理研究所	5	1	3	1 000	500	300
财务与会计研究所	7	5	2	3 000	1 500	100
产业经济研究所	4	2	2	1 500	500	0
传播研究所	8	5	3	5 000	1 100	500
传播与文化产业研究中心	11	8	3	1 000	500	100
德国文化研究所	8	4	4	1 000	700	100
地方政府与社会治理研究中心	8	4	4	1 000	500	100
法理与制度研究所	7	2	5	500	300	100
法与经济学研究所	12	6	4	800	500	200
饭店管理研究所	8	3	4	1 000	500	200
风险管理与劳动保障研究所	8	6	2	1 000	500	100
高等教育研究所	11	7	3	1 500	500	300
公法与比较法研究所	6	3	2	2 000	1 000	350
公共经济与财政研究所	15	2	8	800	300	0
古籍研究所	13	8	3	1 000	500	300
管理工程研究所	15	8	7	7 000	2 000	0
管理科学与信息系统研究所	11	5	3	1 000	800	0
广播电影电视研究所	9	5	4	460	300	0
国际经济研究所	9	4	4	1 000	550	100

续表

学校及机构名称	R&D 活动人员(人)			R&D 经费支出(百元)	仪器设备原价(百元)	其中:进口(百元)
	合计	其中:博士毕业	硕士毕业			
国际商务研究所	8	4	3	1 500	500	100
国际政治研究所	15	5	7	1 500	800	200
韩国研究所	15	3	8	800	200	0
汉语史研究中心	15	4	5	5 000	2 000	500
汉语言研究所	11	5	6	1 500	1 000	200
基础教育课程研究中心	11	5	4	1 000	500	100
教育科学与技术研究所	10	4	6	500	300	0
金融研究所	8	5	3	1 000	500	300
经济法制研究所	39	10	19	1 000	500	300
经济研究所	11	6	4	1 500	800	250
科技与社会发展研究所	14	5	9	2 500	1 000	0
科技与文化研究所	10	2	5	800	300	100
科教发展战略研究中心	11	7	4	4 500	3 000	1 000
劳动保障与公共政策研究中心	15	4	7	1 000	500	100
旅游研究所	11	5	6	500	300	0
马克思主义理论与思想政治教育研究所	9	5	4	900	510	0
美学与批评理论研究所	7	2	3	640	300	0
民营经济研究中心	15	7	6	5 000	1 500	300
农业现代化与农村发展研究中心	13	5	8	6 100	2 100	1 000
农业与农村经济发展研究所	15	8	6	5 000	1 000	0
企业投资研究所	13	5	8	4 500	1 200	0
企业组织与战略研究所	15	7	6	5 000	1 500	0
区域经济开放与发展研究中心	15	8	6	1 000	500	100
人口与发展研究所	13	2	8	1 300	500	100
人类学研究所	13	5	7	4 000	1 000	200
人力资源管理研究所	15	10	4	5 000	1 500	500
社会建设研究所	9	3	4	800	300	0
社会思想研究所	16	8	7	3 000	800	150
社会学研究所	7	1	4	500	250	0
世界历史研究所	12	2	7	1 000	630	310
世界文学与比较文学研究所	17	5	9	1 000	350	350
宋学研究中心	21	13	8	1 000	500	100

续表

学校及机构名称	R&D 活动人员(人)			R&D 经费支出(百元)	仪器设备原价(百元)	其中:进口(百元)
	合计	其中:				
		博士毕业	硕士毕业			
台湾研究所	12	3	5	800	300	0
体育科学与技术研究所	12	6	3	4 000	1 500	1 500
体育现代化发展研究中心	22	15	6	1 000	200	100
土地科学与不动产研究所	10	7	3	4 000	2 000	1 000
外国文学研究所	13	8	5	3 000	800	330
外国哲学研究所	15	7	7	1 000	500	0
外语教学传媒研究所	10	5	4	500	500	0
文化遗产与博物馆学研究所	15	2	9	900	400	300
文艺学研究所	11	5	6	800	500	500
物流与决策优化研究所	26	9	11	5 000	1 000	300
新闻传媒与社会发展研究所	12	5	7	3 000	1 000	500
信息资源管理研究所	10	5	4	1 000	600	500
行政管理研究所	13	5	7	6 000	3 000	1 000
应用语言研究所	14	8	4	1 000	500	130
营销管理研究所	10	5	4	1 000	100	0
浙江文献集成编纂中心	21	10	9	1 000	500	100
政府与企业研究所	20	12	8	1 000	800	500
政治学研究所	9	5	4	5 000	3 000	1 000
证券期货研究所	22	10	11	1 000	500	500
中国古代史研究所	13	6	5	1 000	600	300
中国古代文学与文化研究所	15	5	8	2 000	1 000	500
中国近现代史研究所	12	6	3	1 500	900	0
中国思想文化研究所	8	3	4	1 000	550	300
中国现当代文学与文化研究所	13	5	6	1 000	500	0
中国艺术研究所	10	5	5	2 200	1 200	600
中外教育现代化研究所	13	8	4	1 500	900	300
中小企业成长与城镇发展研究所	11	6	5	600	300	100
杭州电子科技大学	311	122	150	73 732. 98	8 797. 82	0
法制与社会发展研究所	25	7	15	3 891. 48	869. 3	0
管理决策与创新研究所	25	18	6	16 879. 57	1 267. 4	0
管理科学与信息工程研究所	30	20	10	4 783. 69	768	0
国际经济与贸易研究所	19	9	8	4 751. 14	575. 9	0
金融研究所	10	6	2	3 716. 15	794. 27	0

续表

学校及机构名称	R&D活动人员(人)			R&D经费支出(百元)	仪器设备原价(百元)	
	合计	其中:				其中:进口(百元)
		博士毕业	硕士毕业			
经济与统计研究所	18	8	8	3 903.48	569	0
人体运动科学研究所	24	0	19	967.4	248.6	0
思想政治教育研究所	38	19	14	7 628.77	783.9	0
外国语言学及应用语言学研究所	24	2	14	2 876.8	363	0
现代会计研究所	40	16	17	6 947.32	875.8	0
英美文学研究所	32	2	26	3 126.05	586	0
战略与管理研究所	26	15	11	14 261.13	1 096.65	0
浙江工业大学	125	32	64	14 059.29	3 997.9	280
房地产研究所	5	3	2	7 257.89	2 188	280
国际贸易与国际投资研究中心	18	3	13	1 280	89.6	0
企业战略研究所	14	3	9	1 470	115.2	0
体育科学研究所	14	0	7	166.4	25.6	0
信息管理与决策化研究所	11	4	6	1 164.8	102.4	0
信息与传播研究所	19	3	9	104.5	276	0
循环经济研究中心	9	3	5	512	89.6	0
浙江省中小企业发展研究所	10	3	4	832	128	0
之江旅游规划设计研究所	11	1	6	878.1	576	0
中国文学演变与传播研究中心	14	9	3	393.6	407.5	0
浙江理工大学	18	11	6	4 532	560	0
区域经济研究基地	18	11	6	4 532	560	0
浙江海洋学院	94	51	38	1 720	1 855	0
港台侨研究所	18	10	6	200	145	0
海洋管理研究所	14	7	6	250	180	0
海洋经济研究所	10	5	5	180	225	0
海洋旅游研究所	16	9	5	300	250	0
海洋文化研究所	19	10	9	380	300	0
教育科学研究所	9	5	4	260	630	0
金融研究中心	8	5	3	150	125	0
浙江林学院	133	35	69	7 516.8	5 611.4	0
邓小平理论研究中心	12	2	5	286.2	356.4	0
妇女与自然资源管理研究中心	10	4	5	960.3	467	0
国际贸易研究所	10	3	5	531.9	207	0
恒星管理研究所	10	2	6	404.1	563	0

续表

学校及机构名称	R&D活动人员(人)			R&D经费支出(百元)	仪器设备原价(百元)	
	合计	其中：				其中:进口(百元)
		博士毕业	硕士毕业			
环境法治与社会发展研究中心	11	1	9	239.4	357	0
会计学研究所	10	5	5	2 225.7	1 361	0
林业经济研究中心	10	7	3	966.6	355	0
美术研究所	11	1	5	210.6	643	0
农村发展研究所	9	4	4	531.9	274	0
思想政治教育研究所	11	2	4	373.5	211	0
外国语言文化研究所	11	1	8	267.3	262	0
吴越文化研究所	9	3	5	422.1	254	0
艺术设计研究所	9	0	5	97.2	301	0
浙江中医药大学	3	0	1	113.1	200	0
高等教育研究室	3	0	1	113.1	200	0
浙江师范大学	467	159	218	26 380.98	14 911.95	800
邓小平理论研究中心	8	2	4	360	100	0
儿童发展与教育研究中心	11	3	6	660	400	0
儿童文学研究所	7	2	3	616.2	350.4	0
非物质文化遗产研究所	13	4	7	425.6	190.6	0
非洲研究中心	18	9	7	1 000	550	0
高等教育学研究基地	20	7	13	2 100	1 278	200
高等教育研究中心	15	4	8	980.8	565.3	0
汉语言文字学研究所	16	3	10	360	120	0
华侨华人研究中心	5	1	3	200	100	0
健身健美研究中心	10	2	6	220	70	0
江南村落研究基地	11	4	6	1 390	780	0
江南文化研究基地	30	12	16	1 060	500	0
教师教育研究基地	12	4	6	400	150	0
教育经济与管理研究中心	8	3	4	420	300	0
教育评论研究中心	11	4	6	600	400	0
经济研究所	9	3	4	2 400	1 300	400
课程与教学研究所	28	8	16	1 200	830	0
孔氏南宗研究中心	5	2	2	90	40	0
马克思主义研究所	12	8	4	720	500	0
民商法研究中心	7	2	5	181	100	0
农村研究中心	14	8	5	320	200	0

续表

学校及机构名称	R&D活动人员(人)			R&D经费支出(百元)	仪器设备原价(百元)	
	合计	其中:				其中:进口(百元)
		博士毕业	硕士毕业			
企业管理研究所	7	3	3	2 000	1 200	0
社会发展研究中心	5	2	2	350	200	0
省非物质文化遗产研究基地	14	6	5	780	450	0
世界历史研究所	6	3	3	600	180	0
数字艺术研究中心	6	1	2	648.38	365.25	0
思想政治教育研究所	7	2	3	340	180	0
体育文化研究基地	10	2	4	350	180.4	0
外国语言学与应用语言学研究所	9	3	3	220	160	0
文献信息研究中心	9	1	3	100	90	0
文学研究所	16	7	7	650	350	0
现代教育技术研究所	11	3	5	130	80	0
心理研究所	10	4	4	1 000	600	200
学前教育研究中心	6	1	2	179	126	0
学校体育研究所	8	2	3	360	160	0
音乐研究中心	11	4	4	320	140	0
余华研究中心	7	3	2	80	46	0
浙派语文教育研究中心	13	3	5	240	120	0
中国古典文献研究中心	7	1	2	420	230	0
中国历史研究所	9	3	3	350	150	0
中国文学与文化研究所	9	3	4	960	620	0
中国现代文学与传统文化研究基地	17	7	8	600	460	0
杭州师范大学	37	14	20	5 358.9	2 894.2	1 865.4
非物质文化遗产研究中心	7	2	4	85	252.5	170
汉画艺术研究所	4	2	2	1 358.4	306	215
弘丰中心	4	1	2	959	1 741.9	1 035
艺术教育研究基地	17	8	8	1 069.5	206	123.4
浙江省民国浙江史研究中心	5	1	4	1 887	387.8	322
湖州师范学院	94	19	26	19 394	742	0
法学研究所	8	2	3	610	50	0
古籍研究所	8	4	1	1 273	80	0
湖州旅游研究所	10	2	4	410	60	0
教育科学研究所	8	1	2	4 800	120	0
区域经济研究所	10	2	2	7 036	162	0

续表

学校及机构名称	R&D 活动人员(人)			R&D 经费支出(百元)	仪器设备原价(百元)	其中:进口(百元)
	合计	其中:博士毕业	硕士毕业			
体育科学研究所	12	1	4	3 905	100	0
文化传播研究所	5	1	3	500	60	0
文艺研究所	11	3	2	520	80	0
应用外国与翻译研究所	16	1	3	210	0	0
语言与历史文化研究所	6	2	2	130	30	0
台州学院	64	6	36	641	2 070	0
比较文学与世界文学研究所	8	1	3	90	500	0
教育研究中心	5	1	2	89	510	0
经济研究所	13	2	8	97	180	0
社会发展研究所	9	1	6	95	180	0
台州文化研究中心	11	0	5	84	190	0
体育文化研究所	10	0	5	93	260	0
英语语言文化研究所	8	1	7	93	250	0
温州大学	0	0	0	0	0	0
国际贸易经济合作研究所	0	0	0	0	0	0
韩国学研究中心	0	0	0	0	0	0
教师继续教育研究所	0	0	0	0	0	0
教育法学研究所	0	0	0	0	0	0
马克思主义研究所	0	0	0	0	0	0
民营经济研究中心	0	0	0	0	0	0
企业信息化研究所	0	0	0	0	0	0
社会法学研究所	0	0	0	0	0	0
社会学民俗学研究所	0	0	0	0	0	0
生涯规划与人力资源开发研究所	0	0	0	0	0	0
孙诒让研究所	0	0	0	0	0	0
体育社会科学研究所	0	0	0	0	0	0
外国语言学与应用语言学研究所	0	0	0	0	0	0
温州大学民间资本研究院	0	0	0	0	0	0
温州历史文化研究中心	0	0	0	0	0	0
文艺学研究中心	0	0	0	0	0	0
中国经济时报·传媒与经济研究中心	0	0	0	0	0	0
浙江工商大学	306	95	143	36 868.44	17 410.66	0
比较文学与文化研究中心	7	4	3	1 430.79	478.5	0

续表

学校及机构名称	R&D 活动人员(人)			R&D 经费支出(百元)	仪器设备原价(百元)	其中:进口(百元)
	合计	其中:博士毕业	其中:硕士毕业			
动画与艺术设计研究中心	21	1	6	1 609.61	1 588	0
翻译与文化研究所	33	2	29	3 584.5	318.5	0
国际贸易研究所	21	2	11	2 246.98	1 075.6	0
技术经济与管理重点研究基地	10	4	6	1 093.58	341.79	0
金融学重点研究基地	14	5	6	1 268.06	755	0
旅游管理重点研究基地	16	4	9	3 975	678.3	0
马克思主义基本理论重点研究基地	7	4	3	319.02	149	0
企业管理研究基地	15	8	6	583.2	465.8	0
日本文化重点研究基地	6	4	1	490.13	579.09	0
诉讼法研究基地	23	3	10	1 582.61	847.28	0
统计科学研究基地	13	4	7	950.39	608	0
现代会计重点研究基地	21	5	12	545.45	350	0
现代商贸研究中心	25	11	12	9 580.75	4 947.8	0
浙江文化研究所	11	8	2	594.89	355	0
浙江宗教研究中心	12	6	6	557	118.5	0
浙商研究中心	34	19	7	5 881.9	3 399.5	0
知识产权研究所	17	1	7	574.58	355	0
嘉兴学院	109	34	45	1 193	165	0
东亚经济文化研究所	5	1	2	150	15	0
工商管理研究所	29	6	15	335	25	0
经济研究所	9	5	2	110	15	0
思想政治教育研究所	17	6	8	150	21	0
外国语言学及应用语言学研究所	16	5	6	135	22	0
循环经济研究所	13	3	5	120	25	0
应用经济研究所	10	4	4	95	21	0
中国古代文学与地方文化研究所	10	4	3	98	21	0
中国美术学院	56	16	27	3 446	1 705.5	673.3
壁挂研究所	4	0	2	1 200	150	0
古文字书法研究中心	5	0	4	370	120	0
色彩研究所	22	2	12	650	100	60
文化遗产研究中心	7	5	1	750	230	0
现代书法研究中心	5	3	2	60	127.3	0
艺术史学史研究中心	5	5	0	171	50	0

续表

学校及机构名称	R&D 活动人员(人)			R&D 经费支出(百元)	仪器设备原价(百元)	
	合计	其中:				其中:进口(百元)
		博士毕业	硕士毕业			
展示文化研究中心	8	1	6	245	928.2	613.3
中国计量学院	129	0	13	42 595	54 044	5 660
标准化与知识产权管理	15	0	0	4 600	2 500	120
标准与质量管理研究所	16	0	2	25 453	32 650	250
法治与社会发展研究中心	14	0	4	780	1 200	560
高教研究所	3	0	2	500	1 094	0
工业设计研究所	29	0	0	1 542	5 600	2 100
企业管理研究所	17	0	0	4 600	3 050	0
体育健康研究中心	5	0	0	880	2 200	1 580
应用经济研究所	20	0	3	3 560	5 200	850
中国哲学研究所	10	0	2	680	550	200
安徽大学	117	58	59	18 852.9	9 800	0
安徽农村社会发展研究中心	26	10	16	4 736.1	1 200	0
徽学研究中心	35	15	20	6 422	5 000	0
经济法制研究中心	24	10	14	4 144.8	1 200	0
科学发展观研究中心	16	13	3	2 090	1 200	0
中国哲学与思想家研究中心	16	10	6	1 460	1 200	0
中国科学技术大学	13	8	2	1 000	500	0
科学传播研究与发展中心	13	8	2	1 000	500	0
合肥工业大学	12	5	7	9 700	2 800	0
现代科技发展与马克思主义理论研究中心	4	2	2	2 050	1 300	0
知识经济与企业知识管理创新研究中心	8	3	5	7 650	1 500	0
安徽工业大学	31	8	19	11 130	3 950	0
ERP 研究中心	9	3	6	4 920	2 480	0
大学生思想政治教育与管理研究中心	8	2	4	1 050	130	0
公司治理与运营中心	14	3	9	5 160	1 340	0
安徽工程科技学院	51	7	36	1 717	683	78
经济发展研究中心	25	3	18	884	223	66
设计艺术研究中心	26	4	18	833	460	12
安徽农业大学	12	8	4	150	150	0
农科教结合研究中心	5	3	2	50	30	0

续表

学校及机构名称	R&D 活动人员(人)			R&D 经费支出(百元)	仪器设备原价(百元)	其中:进口(百元)
	合计	其中:博士毕业	硕士毕业			
中华茶文化研究中心	7	5	2	100	120	0
安徽医科大学	13	2	6	110	0	0
安徽医科大学医学哲学研究所	13	2	6	110	0	0
安徽师范大学	54	37	12	31 050	0	0
旅游发展与规划研究中心	18	8	6	8 150	0	0
马克思主义理论与思想政治教育研究中心	14	12	1	5 200	0	0
皖南历史文化研究中心	7	5	2	5 500	0	0
中国诗学研究中心	15	12	3	12 200	0	0
阜阳师范学院	9	4	5	7 000	5 500	0
农民工研究中心	4	2	2	5 000	4 000	0
皖北文化研究中心	5	2	3	2 000	1 500	0
安庆师范学院	30	8	13	2 800	0	0
安徽省"三个代表"重要思想研究安庆师范学院研究基地	5	2	3	100	0	0
欧美研究所	10	3	5	1 200	0	0
皖江历史文化研究中心	15	3	5	1 500	0	0
淮北煤炭师范学院	8	3	1	260	150	0
安徽文献整理与研究中心	8	3	1	260	150	0
黄山学院	12	2	2	530	45.8	0
非物质文化遗产研究中心	12	2	2	530	45.8	0
安徽财经大学	21	3	12	3 632	556	0
合作经济研究中心	13	2	7	3 600	56	0
经济发展研究中心	8	1	5	32	500	0
宿州学院	30	2	28	2 650	0	0
地方经济文化研究中心	6	0	6	500	0	0
赛珍珠研究所	6	0	6	500	0	0
宿州书画·灵璧石研究中心	4	0	4	500	0	0
现代教育研究室	5	0	5	500	0	0
应用型高校大学文化研究中心	9	2	7	650	0	0
铜陵学院	5	0	1	460	0	0
教育教学研究所	3	0	0	40	0	0
区域经济研究所	2	0	1	420	0	0

续表

学校及机构名称	R&D 活动人员(人)			R&D 经费支出(百元)	仪器设备原价(百元)	其中:进口(百元)
	合计	其中:博士毕业	其中:硕士毕业			
厦门大学	240	188	39	120 877.3	40 228.96	4 600
财务管理与会计研究院	3	3	0	7 380	5 340	0
财政科学研究所	9	8	1	562	200	0
东南亚研究中心	8	8	0	210	450	0
佛学研究中心	3	3	0	110	112	0
高等教育发展研究中心	20	19	1	2 410	3 210	0
公共财政研究中心	8	8	0	1 210	200	0
古籍整理研究所	2	0	1	51	0	0
国际经济法研究所	5	5	0	321	450	0
国际税法与比较税制研究中心	5	4	1	720	120	0
国民经济与核算研究所	1	1	0	31	30	0
国术与健身研究中心	7	1	6	455	50	0
海外华文教育研究所	5	3	0	920	210	0
海洋考古学研究中心	3	3	0	5 410	8 700	2 100
宏观经济研究中心	10	10	0	5 000	2 000	1 000
会计发展研究中心	13	12	0	10 912.78	4 508.36	0
金融研究所	4	3	0	750	520	0
经济法学研究中心	7	6	0	1 040	210	0
经济研究所	16	12	4	240	2 500	0
劳动经济研究中心	11	5	6	321	210	0
历史研究所	4	3	1	20	210	0
旅游管理与规划研究所	3	2	1	2 110	540	0
美国史研究所	2	2	0	12	110	0
民间历史文献研究中心	1	1	0	1 000	240	0
南洋研究院	14	11	1	121	500	200
评估研究中心	7	2	5	2 650	700	600
人类学研究所	4	2	2	541	782	0
社会发展研究中心	1	1	0	50	20	0
台湾研究中心	29	19	5	6 145.52	2 596.6	0
王亚南经济研究院	5	5	0	3 212	1 500	0
文化创意产业研究中心	9	8	1	15 980	2 110	500
戏剧影视与艺术学研究中心	2	2	0	420	120	0
现代管理科学研究所	2	1	1	210	120	0

续表

学校及机构名称	R&D 活动人员(人)			R&D 经费支出(百元)	仪器设备原价(百元)	
	合计	其中:				其中:进口(百元)
		博士毕业	硕士毕业			
哲学研究所	5	3	2	50	40	0
政府绩效管理研究中心	2	2	0	1 002	100	0
政治学与行政学研究所	3	3	0	2 800	120	0
中国民营企业战略投资与资本运作研究中心	1	1	0	15 000	200	0
中国能源经济研究中心	6	6	0	31 500	1 200	200
华侨大学	90	27	48	11 640	2 020	110
海外华人文学暨台港文学研究所	8	0	5	3 100	150	0
旅游景观规划设计研究中心	7	2	5	2 700	250	110
旅游科学研究所	7	1	6	500	120	0
视觉艺术研究所	8	2	3	230	85	0
数量经济研究所	17	5	11	2 800	500	0
营销竞争力咨询研究中心	20	10	8	2 000	500	0
语言文字研究所	10	5	4	140	75	0
中国传统文化研究所	5	1	3	35	115	0
宗教研究所	8	1	3	135	225	0
福州大学	105	11	54	7 647.9	2 466.7	0
福建省全面建设小康社会调研基地	5	2	3	550	250	0
福建省软科学研究基地(福州大学)	5	2	3	667	301	0
C3(创新·创意·创业)研究所	7	2	3	630	142	0
当代闽台文化研究所	4	0	2	220	78	0
邓小平理论基地	4	0	2	310	121	0
福州市房地产研究所	3	0	2	178	35	0
金融与创新研究所	4	1	3	531	165	0
廉政建设研究所	4	1	2	178	23	0
评价与预测研究所	4	1	2	231	87.7	0
信息管理研究所	6	1	4	341	115	0
高等教育研究所	3	0	0	67	23	0
公共关系研究所	4	0	2	261	123	0
管理科学与公共政策研究基地	3	0	3	132	56	0
管理科学与公共政策研究中心	4	1	3	456	231	0
环境法研究所	4	0	2	261	59	0
加拿大研究所	3	0	1	143	54	0

续表

学校及机构名称	R&D 活动人员(人)			R&D 经费支出(百元)	仪器设备原价(百元)	其中:进口(百元)
	合计	其中:				
		博士毕业	硕士毕业			
经济管理研究所	4	0	3	231	76	0
科学技术与社会研究所	4	0	3	154	67	0
闽台文献研究所	3	0	1	67.3	40.1	0
青少年与妇女研究所	7	0	3	367.8	43.9	0
软科学研究所	5	0	4	562	178.4	0
世界文明研究中心	3	0	0	143	27.6	0
外国文学与翻译研究所	2	0	0	134.8	17.4	0
物流研究院	3	0	0	176	25.6	0
新经济与知识产权研究所	5	0	2	467	82	0
中国文化研究所	2	0	1	189	45	0
福建中医学院	14	0	6	108.9	1 780.9	219.9
闽台中医药文化文献研究中心	4	0	3	8.9	1 280.9	219.9
中医药文献检索中心	10	0	3	100	500	0
福建师范大学	400	104	166	28 550	10 360	0
当代艺术研究中心	25	2	15	800	600	0
邓小平理论研究所	16	6	10	90	10	0
佛教文化研究中心	18	4	4	3 000	1 200	0
福建省非物质文化遗产研究中心	11	5	2	1 500	800	0
教育科学研究所	12	3	7	130	50	0
金门研究所	10	4	6	530	200	0
经济研究所	12	4	6	320	120	0
跨文化研究中心	10	3	4	500	300	0
历史研究所	13	3	7	230	110	0
马克思主义方法学研究所	15	3	8	350	0	0
媒介文化研究中心	20	5	10	530	300	0
闽台区域研究中心	40	3	7	12 000	3 500	0
人类学研究所	10	0	5	80	30	0
社会学研究所	12	2	6	310	120	0
生态文明研究所	14	3	6	560	250	0
体育科学研究所	12	3	6	430	120	0
文化遗产研究中心	18	7	9	980	320	0
戏剧研究所	10	2	3	120	50	0
易学研究所	8	4	2	540	230	0

续表

学校及机构名称	R&D 活动人员(人)			R&D 经费支出(百元)	仪器设备原价(百元)	其中:进口(百元)
	合计	其中:博士毕业	硕士毕业			
音乐研究所	15	3	6	350	210	0
语言研究所	12	4	3	240	120	0
哲学研究所	8	2	4	450	210	0
中国古代小说研究所	8	2	3	260	130	0
中国基督教研究中心	20	8	10	860	150	0
中国区域经济综合竞争力研究中心	25	12	8	3 000	1 000	0
中琉关系研究所	14	3	5	150	120	0
宗教文化研究所	12	4	4	240	110	0
闽江学院	36	11	17	2 487	970	0
福州民俗文化研究所	11	3	6	1 187	230	0
海西地方财政发展与研究中心	8	3	4	200	320	0
闽都历史文化研究中心	8	3	4	950	160	0
闽江学院艺术设计研究所	9	2	3	150	260	0
宁德师范高等专科学校	1	0	1	20	100	0
畲族文化研究所	1	0	1	20	100	0
南昌大学	26	12	10	38 000	5 506	1 000
江西省大学生思想政治教育研究中心	3	1	1	2 500	5	0
江右哲学研究中心	3	1	2	2 500	1	0
客赣方言及语言应用中心	5	2	2	4 000	500	0
影视艺术研究中心	2	0	1	3 000	0	0
中国中部经济发展研究中心	13	8	4	26 000	5 000	1 000
华东交通大学	10	2	2	400	1 560	0
交通运输与经济研究所	4	2	2	200	1 000	0
女性研究中心	6	0	0	200	560	0
东华理工大学	27	15	12	19 000	8 266	0
地质资源经济管理研究中心	16	8	8	16 000	8 000	0
江西戏剧资源研究中心	11	7	4	3 000	266	0
南昌航空大学	51	0	0	1 300	0	0
国家体育总局体育文化研究基地	18	0	0	300	0	0
江西省思想政治理论课教育教学研究中心	33	0	0	1 000	0	0
江西农业大学	46	17	29	5 791	0	0
高等教育研究所	11	1	10	1 250	0	0

续表

学校及机构名称	R&D 活动人员(人)			R&D 经费支出(百元)	仪器设备原价(百元)	
	合计	其中:				其中:进口(百元)
		博士毕业	硕士毕业			
景观与环境生态研究中心	8	3	5	1 345	0	0
三农问题研究中心	19	10	9	2 060	0	0
移民研究中心	8	3	5	1 136	0	0
江西师范大学	25	17	8	1 112	1 173	0
传统社会与江西现代化研究中心	5	3	2	540	75	0
当代形态文艺学研究中心	5	4	1	124	254	0
江西省红色资源开发与教育研究中心	6	4	2	132	254	0
教师教育研究中心	4	3	1	102	470	0
区域创新与创业研究中心	5	3	2	214	120	0
上饶师范学院	12	0	9	650	0	0
朱子学研究所	12	0	9	650	0	0
宜春学院	4	2	0	440	190	0
赣西民俗文化研究所	2	2	0	280	100	0
高等教育研究所	2	0	0	160	90	0
赣南师范学院	53	15	17	9 410	5 700	2 220
赣南师范学院教育经济研究中心	16	5	5	2 920	1 210	520
客家研究中心	19	5	6	3 460	2 560	780
中央苏区研究中心	18	5	6	3 030	1 930	920
井冈山大学	0	0	0	0	0	0
井冈山研究中心	0	0	0	0	0	0
庐陵文化研究所	0	0	0	0	0	0
江西财经大学	66	53	13	1 533	1 965	0
产业集群与企业发展研究中心	5	4	1	60	300	0
规制与竞争研究中心	7	7	0	800	385	0
会计发展研究中心	14	10	4	560	450	0
江西经济发展研究院	9	9	0	15	320	0
金融发展与风险防范研究中心	19	13	6	66	350	0
生态文明与现代中国研究中心	12	10	2	32	160	0
山东大学	117	74	27	2 720	0	0
当代社会主义研究所	16	8	4	220	0	0
经济研究院	16	10	4	160	0	0
儒学高等研究院	9	8	1	180	0	0
卫生管理与政策研究中心	11	7	3	260	0	0

续表

学校及机构名称	R&D活动人员(人)			R&D经费支出(百元)	仪器设备原价(百元)	
	合计	其中:				其中:进口(百元)
		博士毕业	硕士毕业			
文史哲研究院	27	16	6	380	0	0
文艺美学研究中心	11	7	2	410	0	0
易学与哲学研究中心	13	8	3	450	0	0
犹太教与跨宗教研究中心	8	5	3	510	0	0
宗教科学与社会问题研究所	6	5	1	150	0	0
山东科技大学	78	42	34	18 800	16 550	3 300
山东省矿区和谐发展研究基地	30	21	9	12 000	9 550	2 700
山东省生态文明与经济社会发展研究基地	22	6	14	1 300	5 800	0
山东省资源管理与环境保护软科学研究基地	26	15	11	5 500	1 200	600
济南大学	90	19	44	0	23 600	0
山东省城市发展研究基地	0	0	0	0	0	0
山东省民俗与非物质文化遗产研究基地	50	16	20	0	300	0
山东省饮食文化产业开发研究基地	40	3	24	0	23 300	0
山东建筑大学	9	1	8	0	0	0
齐鲁建筑文化研究中心	8	1	7	0	0	0
投资经济研究所	1	0	1	0	0	0
山东轻工业学院	23	0	17	249	350	0
服装设计研究所	7	0	4	25	130	0
广告展示研究所	4	0	2	0	150	0
社会主义理论研究中心	4	0	3	50	20	0
数码艺术研究所	4	0	4	38	30	0
陶艺研究所	4	0	4	136	20	0
山东农业大学	12	2	3	1 320	700	0
农村社会发展研究所	6	1	2	520	400	0
三农问题研究中心	6	1	1	800	300	0
青岛农业大学	52	15	37	990	290	0
财务与会计研究所	9	3	6	200	50	0
韩国产业经济研究所	4	3	1	150	30	0
农村经济研究所	9	3	6	150	50	0
农村文化研究所	5	3	2	80	30	0

续表

学校及机构名称	R&D 活动人员(人)			R&D 经费支出(百元)	仪器设备原价(百元)	其中:进口(百元)
	合计	其中:博士毕业	其中:硕士毕业			
农业国际化研究室	4	1	3	110	30	0
外国语言学及应用语言学研究所	7	2	5	90	30	0
应用统计研究所	5	0	5	110	40	0
知识产权研究所	9	0	9	100	30	0
潍坊医学院	42	7	23	3 376	0	0
国家卫生部医院管理研究所卫生政策研究室	12	3	9	1 840	0	0
社会医学与卫生事业管理研究所	12	2	5	936	0	0
卫生经济研究室	8	1	4	260	0	0
医学伦理学	10	1	5	340	0	0
山东师范大学	260	114	85	11 567.5	14 049	821
WTO 研究中心	20	12	6	450	900	0
古籍所	9	3	6	754.5	632	0
环境资源法研究所	40	2	7	850	500	0
基础教育课程研究中心	3	3	0	700	182	0
教育科学研究所	18	5	11	2 580	1 000	0
齐鲁文化研究中心	17	9	1	1 237	4 500	150
山东地方史研究所	6	3	3	100	20	0
山东人口资源与环境经济学研究基地	30	13	15	420	410	0
山东省高校人文社会科学重点研究基地山东师范大学马克思主义理论	40	23	10	800	1 000	0
山东省可持续发展研究中心	24	12	7	1 678	2 354	400
山东省文化建设研究基地	28	14	11	850	968	124
语言文学研究所	25	15	8	1 148	1 583	147
曲阜师范大学	54	28	20	3 700	1 050	0
国家体育总局体育社会科学重点研究基地	12	5	7	1 500	500	0
山东省马克思主义中国化研究基地	9	5	3	600	100	0
山东省儒学研究基地	11	8	3	700	200	0
山东省体育人文社会科学研究基地	13	5	4	700	200	0
语言文学研究所	5	3	2	100	0	0
中西语言文化交流研究基地	4	2	1	100	50	0
聊城大学	123	46	38	0	0	0

续表

学校及机构名称	R&D 活动人员(人)			R&D 经费支出(百元)	仪器设备原价(百元)	其中:进口(百元)
	合计	其中:				
		博士毕业	硕士毕业			
产业经济学	8	4	1	0	0	0
古籍整理所	15	5	0	0	0	0
国际共产主义运动研究所	21	7	8	0	0	0
课程与教学论研究所	11	4	3	0	0	0
劳动经济学	13	6	4	0	0	0
运河文化研究	24	7	13	0	0	0
中国近现代史研究所	15	5	4	0	0	0
中国现当代文学研究所	16	8	5	0	0	0
滨州学院	44	6	35	2 040	1 330	0
安全文化研究中心	7	1	4	440	200	0
黄河三角洲经济研究中心	11	0	10	300	180	0
黄河三角洲文化研究所	8	2	6	600	600	0
中国孙子研究院	18	3	15	700	350	0
鲁东大学	47	17	18	12 454	7 540	0
辞书研究中心	18	12	6	5 460	4 670	0
环渤海发展研究中心	16	0	8	6 550	1 600	0
胶东文化研究所	6	1	2	88	870	0
教育科学研究所	7	4	2	356	400	0
临沂师范学院	28	8	19	0	480	0
沂蒙文化研究所	8	5	3	0	0	0
中国特色社会主义理论研究所	10	2	8	0	0	0
羲之书法研究院	10	1	8	0	480	0
泰山学院	66	10	27	1 777	2 310	0
教育科学研究所	10	1	5	162	308	0
旅游研究所	11	4	5	463	648	0
泰山书画艺术研究所	14	0	3	180	270	0
泰山研究院	5	1	1	230	392	0
泰山中小企业研究所	9	0	8	186	210	0
中国现当代文学研究所	9	2	3	216	236	0
中小城市社区研究所	8	2	2	340	246	0
山东经济学院	21	17	4	13 556.85	7 853	0
财税金融研究所	3	3	0	290	148	0
经济研究所	7	5	2	9 896.85	4 910	0

续表

学校及机构名称	R&D 活动人员(人)			R&D 经费支出(百元)	仪器设备原价(百元)	其中:进口(百元)
	合计	其中:博士毕业	其中:硕士毕业			
山东区域经济研究院	7	6	1	2 270	2 530	0
数理经济研究所	4	3	1	1 100	265	0
郑州大学	326	50	82	54 723	4 500	1
中原文化研究院	6	1	0	6 500	100	1
《周易》与古代文献研究所	5	3	1	780	100	0
城市经济研究所	2	1	1	1 500	100	0
城乡一体化发展研究中心	3	1	1	350	100	0
传媒发展研究中心	9	1	3	560	100	0
独联体东欧研究所	4	1	1	690	100	0
房地产研究中心	8	2	2	790	100	0
港台人文研究中心	6	2	1	980	100	0
公共管理研究中心	7	1	2	390	100	0
古代文学与文献学研究中心	5	1	1	2 400	100	0
管理工程研究所	7	1	2	150	100	0
国际质量与生产力研究中心	2	1	1	900	100	0
国家体育总局体育文化发展中心体育文化研究基地	10	3	3	350	100	0
河南经济研究所	7	1	1	1 800	100	0
河南省廉政评价研究中心	4	1	2	600	100	0
金融与证券研究中心	5	1	2	500	100	0
经济管理研究所	6	1	3	850	100	0
考试与人才测评研究中心	10	2	3	480	100	0
客家文化与华文文学研究所	7	1	1	348	100	0
历史文化研究中心	11	1	3	540	100	0
历史文化遗产保护研究中心	7	1	2	900	100	0
历史研究所	4	1	1	658	100	0
旅游发展研究中心	13	2	1	2 100	100	0
马克思主义哲学研究中心	7	1	1	750	100	0
穆青研究中心	9	1	1	270	100	0
企业研究中心	6	2	3	258	100	0
区域经济研究所	7	1	2	730	100	0
人文资源与可持续发展研究中心	3	0	2	480	100	0
软科学研究中心	6	0	3	2 900	100	0

续表

学校及机构名称	R&D 活动人员(人)			R&D 经费支出(百元)	仪器设备原价(百元)	其中:进口(百元)
	合计	其中:博士毕业	硕士毕业			
思想政治教育研究所	8	0	3	600	100	0
私法研究中心	5	2	2	870	100	0
文化产业研究中心	12	1	1	100	100	0
系统经济学研究所	8	1	3	600	100	0
宪法与行政法研究中心	8	0	3	4 800	100	0
信息科学技术研究所	9	1	1	340	100	0
亚洲太平洋研究中心	5	1	1	380	100	0
艺术陶瓷研究所	7	0	1	2 700	100	0
应用社会学研究所	6	1	2	600	100	0
应用心理研究所	6	1	1	1 900	100	0
郑州大学公民教育研究中心	19	2	2	5 900	100	0
郑州大学英美文学研究中心	9	0	5	290	100	0
知识产权研究中心	7	1	2	369	100	0
中国文选学研究会	10	1	2	290	100	0
中美合作国际中小企业创新发展中心	12	1	1	3 900	100	0
中原文化研究中心	9	1	2	580	100	0
河南理工大学	46	18	26	1 400	1 105	0
财务与会计研究所	8	2	4	38	163	0
大爱文化研究中心	10	4	6	355	200	0
高等教育研究所	7	3	4	80	185	0
怀川文化研究所	11	5	6	96	151	0
金融研究所	5	1	4	41	96	0
能源经济研究所	5	3	2	790	310	0
郑州轻工业学院	59	24	33	2 050	1 520	100
非物质文化遗产研究中心	13	2	11	200	600	0
社会发展研究中心	24	11	12	250	120	0
营销科学研究所	12	8	4	1 500	600	100
中韩文化研究所	10	3	6	100	200	0
河南工业大学	38	13	25	1 710	1 490	0
产业发展投融资研究所	6	2	4	200	120	0
电子商务与物流研究所	6	2	4	330	210	0
翻译与测试研究所	6	0	6	80	0	0
河南工业大学物流研究中心	8	4	4	500	660	0

续表

学校及机构名称	R&D 活动人员(人)			R&D 经费支出(百元)	仪器设备原价(百元)	其中:进口(百元)
	合计	其中:				
		博士毕业	硕士毕业			
粮食经济研究所	6	2	4	300	0	0
中国粮食物流研究培训中心	6	3	3	300	500	0
中原工学院	61	21	33	7 000	1 030	800
企业管理研究室	20	6	9	2 000	110	100
软科学研究室	12	4	8	2 000	250	200
系统与工业工程技术研究中心	13	6	7	1 000	300	200
知识产权研究中心	16	5	9	2 000	370	300
河南农业大学	17	6	11	100	0	0
农业政策与农村发展研究中心	17	6	11	100	0	0
河南科技学院	8	0	0	300	0	0
教育科学研究所	8	0	0	300	0	0
河南大学	32	13	16	985	2 280	560
河南大学传媒研究所	8	7	1	320	2 280	560
河南大学廉政研究中心	12	3	7	220	0	0
宋代艺术研究所	12	3	8	445	0	0
河南师范大学	146	51	74	3 500	1 450	980
河南省邓小平理论和“三个代表”重要思想研究中心	10	5	4	500	0	0
帕瓦罗蒂音乐艺术中心	9	1	6	700	1 450	980
企业与区域发展研究中心	15	5	8	2 000	0	0
社会福利研究与服务中心	22	4	17	0	0	0
语料库应用研发中心	13	4	7	0	0	0
中原非物质文化遗产保护研究中心	18	10	6	0	0	0
中原历史文化资源利用与旅游开发研究所	14	5	7	0	0	0
教育科学研究所	7	2	3	0	0	0
科学与社会研究所	11	5	4	0	0	0
青少年问题研究中心	21	6	10	0	0	0
中原非物质文化遗产保护研究中心	6	4	2	300	0	0
信阳师范学院	55	13	10	6 233	12 350	0
当代马克思主义研究所	8	2	0	905	2 830	0
河南省非物质文化遗产研究基地	5	1	0	804	1 860	0
河南省中原文化与闽台寻根研究中心	5	1	2	983	1 670	0

续表

学校及机构名称	R&D 活动人员(人)			R&D 经费支出(百元)	仪器设备原价(百元)	其中:进口(百元)
	合计	其中:博士毕业	其中:硕士毕业			
淮河文明研究中心	17	5	3	1 210	2 830	0
课程与教学改革研究所	9	3	2	1 581	2 540	0
中国古代文学研究所	11	1	3	750	620	0
周口师范学院	35	10	22	1 100	5 200	1 500
非物质文化遗产研究基地	30	7	20	800	3 200	1 000
高等教育研究所	5	3	2	300	2 000	500
安阳师范学院	57	4	35	850	385	0
当代文学研究所	5	0	4	30	20	0
当代中国研究所	6	1	3	20	10	0
高教研究所	6	0	4	35	15	0
古籍整理研究所	4	0	4	18	12	0
甲骨学与殷商文化研究中心	5	1	4	505	296	0
逻辑学研究所	3	0	1	12	8	0
美学研究所	5	0	2	30	12	0
艺术教研所	8	0	2	45	12	0
殷商文化研究所	5	0	4	45	0	0
语言研究所	7	2	4	50	0	0
中国文学思想史研究所	3	0	3	60	0	0
南阳师范学院	3	1	2	100	0	0
汉文化研究中心	3	1	2	100	0	0
洛阳师范学院	24	5	19	0	0	0
河洛文化国际研究中心	24	5	19	0	0	0
武汉大学	1 196	370	826	99 100	57 600	32 600
环境法研究所	42	10	32	1 600	1 800	1 300
国际法研究所	100	70	30	3 300	3 200	2 500
信息资源研究中心	110	39	71	3 100	1 300	900
社会保障研究中心	24	5	19	3 800	4 500	2 900
中国传统文化研究中心	18	7	11	3 500	4 600	2 300
经济发展研究中心	74	25	49	3 500	3 000	1 900
媒体发展研究中心	39	11	28	2 600	1 900	800
发展研究院	25	8	17	2 500	1 900	1 100
人口·资源·环境经济研究中心	40	13	27	800	1 300	1 000
简帛研究中心	14	5	9	10 000	2 500	2 100

续表

学校及机构名称	R&D 活动人员(人)			R&D 经费支出(百元)	仪器设备原价(百元)	其中:进口(百元)
	合计	其中:博士毕业	其中:硕士毕业			
中西比较哲学研究中心	37	12	25	1 300	500	300
刑事法研究中心	15	6	9	2 600	900	500
宪政与法治国家研究中心	18	7	11	900	500	300
金融研究中心	37	9	28	4 900	500	200
世界史研究所	27	9	18	1 900	1 000	800
汉语言文学典籍整理与研究中心	22	5	17	2 100	1 600	1 100
法国问题研究中心	12	4	8	1 300	700	500
企业战略管理研究所	43	8	35	5 600	1 000	500
基督宗教与西方宗教文化研究中心	43	14	29	4 000	600	200
欧洲问题研究中心	80	25	55	8 500	4 000	1 900
科技考古研究中心	16	6	10	8 000	7 500	3 000
语言与信息研究中心	10	0	10	3 000	1 200	700
经济思想史研究所	42	17	25	3 000	300	100
政治文明与政治发展研究中心	28	6	22	1 000	300	100
会计信息质量研究中心	8	1	7	400	600	200
中国高校哲学社会科学发展与评价研究中心	43	20	23	3 000	1 500	900
国际问题研究院	14	3	11	2 200	2 500	1 300
中国中部发展研究院	5	0	5	500	300	100
中国边界研究院	26	5	21	400	700	500
知识产权高级研究中心	22	7	15	2 500	500	100
武汉大学科学评价研究中心	30	10	20	4 000	800	500
妇女与性别研究中心	0	0	0	0	200	100
质量发展研究院	125	0	125	2 000	2 300	1 000
文化创新研究中心	0	0	0	500	600	400
财政金融研究中心	7	3	4	800	1 000	500
华中科技大学	92	55	14	26 042.38	37 581.91	0
教育科学研究院	45	23	5	14 524.98	27 131.91	0
经济发展研究中心	14	6	5	8 373.79	5 600	0
历史学研究所	11	8	2	48.78	150	0
哲学研究所	19	15	2	2 126.92	4 200	0
中国乡村治理研究中心	3	3	0	967.91	500	0
武汉科技大学	85	33	52	1 989	412	0

续表

学校及机构名称	R&D 活动人员(人)			R&D 经费支出(百元)	仪器设备原价(百元)	
	合计	其中:				其中:进口(百元)
		博士毕业	硕士毕业			
湖北产业政策与管理研究中心	31	18	13	1 084	227	0
湖北省中小企业研究中心	54	15	39	905	185	0
长江大学	8	6	2	1 000	350	0
湖北省农村经济发展研究中心	5	3	2	600	200	0
荆楚文化研究中心	3	3	0	400	150	0
武汉工程大学	28	10	18	17 173	2 300	0
湖北企业竞争力研究中心	28	10	18	17 173	2 300	0
中国地质大学	40	5	26	4 270	1 700	0
荆楚文化研究中心	8	1	4	50	200	0
资源环境经济研究中心	32	4	22	4 220	1 500	0
武汉科技学院	42	28	14	1 850	0	0
湖北省人文社科基地	21	15	6	1 000	0	0
科学发展观与两型社会研究基地	13	8	5	200	0	0
时尚与美学研究中心	8	5	3	650	0	0
武汉工业学院	50	30	12	1 260	100	0
湖北县域经济发展研究中心	50	30	12	1 260	100	0
武汉理工大学	50	42	8	21 500. 2	3 383	0
湖北省产品创新管理研究中心	9	9	0	4 211	710	0
湖北省危机与灾害应急管理研究中心	18	15	3	14 150	1 323	0
科技创新与经济发展研究中心	23	18	5	3 139. 2	1 350	0
华中农业大学	44	12	20	46	0	0
湖北农村发展研究中心	44	12	20	46	0	0
湖北中医学院	2	2	0	100	0	0
中医药文化研究中心	2	2	0	100	0	0
华中师范大学	227	211	9	88 900	48 660	14 350
城市社区建设研究中心	8	8	0	6 000	4 200	0
国家文化产业研究中心	7	6	1	4 500	2 500	0
国侨办侨务理论研究中心(武汉)	7	7	0	1 500	800	0
汉语国际推广工作研究基地	8	8	0	2 500	1 800	0
湖北省道家道教研究中心	12	9	1	1 800	600	0
湖北省电子商务研究中心	14	11	2	5 600	3 200	2 800
湖北省基础教育研究中心	22	19	3	4 800	3 500	600
湖北省社会发展与社会政策研究中心	14	14	0	5 600	3 200	450

续表

学校及机构名称	R&D 活动人员(人)			R&D 经费支出(百元)	仪器设备原价(百元)	
	合计	其中:				其中:进口(百元)
		博士毕业	硕士毕业			
青少年心理健康教育中心	17	17	0	16 000	6 400	4 500
体育文化产业研究中心	12	10	2	1 800	1 200	0
文学理论与批评研究中心	19	18	0	1 200	900	0
武汉城市圈“两型社会”建设研究院	12	12	0	600	460	0
语言与语言教育研究中心	14	13	0	10 000	5 400	2 100
中国近现代史研究所	21	19	0	10 500	5 400	1 800
中国旅游研究院武汉分院	9	9	0	1 200	650	0
中国农村林业改革发展研究基地	7	7	0	1 200	450	0
中国农村研究院	16	16	0	12 000	6 800	2 100
中国农村研究政策研究中心	8	8	0	2 100	1 200	0
湖北大学	190	26	79	17 965	6 885	0
动作控制与发展研究中心	17	0	4	1 265	285	0
公法与人权研究中心	20	7	3	2 000	600	0
湖北当代文化研究中心	25	0	10	3 200	1 800	0
湖北省道德与文明研究中心	25	5	10	3 700	1 500	0
湖北省开放经济研究中心	35	8	12	3 600	1 600	0
湖北省旅游开发与管理研究中心	42	0	25	4 000	1 000	0
体育文化研究中心	26	6	15	200	100	0
湖北师范学院	22	17	5	1 300	0	0
长江中游矿冶文化与经济社会发展研究中心	10	8	2	500	0	0
语言学研究中心	12	9	3	800	0	0
黄冈师范学院	24	3	21	0	0	0
大别山红色文化研究中心	6	1	5	0	0	0
鄂东教育与文化研究中心	12	2	10	0	0	0
黄梅戏艺术研究中心	6	0	6	0	0	0
湖北民族学院	9	5	4	23	11	0
湖北民族民间文化艺术研究中心	4	2	2	10	5	0
湖北民族研究所、南方少数民族研究中心	5	3	2	13	6	0
襄樊学院	9	5	2	3 500	0	0
鄂北区域发展研究中心	2	1	0	2 000	0	0
神学美学研究所	4	3	1	1 000	0	0

续表

学校及机构名称	R&D 活动人员(人)			R&D 经费支出(百元)	仪器设备原价(百元)	
	合计	其中:				其中:进口(百元)
		博士毕业	硕士毕业			
襄阳及三国文化历史研究所	3	1	1	500	0	0
中南财经政法大学	109	20	79	6 000	6 000	0
WTO 与湖北发展研究中心	38	10	22	1 000	1 000	0
湖北财政与发展研究中心	9	2	6	1 000	1 000	0
湖北金融研究中心	30	4	25	1 000	1 000	0
湖北省就业与再就业研究中心	21	2	18	1 000	1 000	0
知识产权研究中心	11	2	8	2 000	2 000	0
武汉体育学院	3	3	0	1 200	5 000	2 000
国家体育总局体育工程重点实验室	3	3	0	1 200	5 000	2 000
湖北美术学院	54	4	28	5 600	25 000	0
长江流域文化遗产研究所	7	1	4	500	2 000	0
雕塑艺术研究所	8	0	5	1 000	2 000	0
湖北民间美术研究所	7	0	3	500	2 000	0
环境艺术研究所	10	0	4	1 000	5 000	0
水彩艺术研究所	8	1	4	400	2 000	0
陶瓷艺术研究所	4	0	2	200	2 000	0
现代公共视觉艺术设计研究中心	10	2	6	2 000	10 000	0
中南民族大学	45	26	19	3 310	1 530	0
民族法制研究中心	6	5	1	200	150	0
民族社会发展研究中心	3	1	2	100	150	0
南方少数民族研究中心	5	3	2	250	150	0
企业管理研究所	5	2	3	200	150	0
少数民族教育发展研究中心	6	3	3	200	200	0
思想政治教育研究中心研究所	5	3	2	200	180	0
中国少数民族经济研究所	4	2	2	160	200	0
中国少数民族审美文化研究中心	11	7	4	2 000	350	0
孝感学院	18	4	8	2 000	200	0
湖北省小城镇发展研究中心	18	4	8	2 000	200	0
湘潭大学	385	101	228	48 860	28 628	14 097
比较文学与世界文学研究基地	23	6	15	1 240	1 010	500
传媒科学研究所	10	3	5	920	560	320
大学生心理健康研究所	4	0	2	820	430	210
邓小平理论研究基地	12	4	7	1 535	980	450

续表

学校及机构名称	R&D 活动人员(人)			R&D 经费支出(百元)	仪器设备原价(百元)	其中:进口(百元)
	合计	其中:博士毕业	硕士毕业			
法学研究基地	40	9	23	1 850	1 550	841
非洲法律与社会研究中心	12	3	7	1 842	856	440
公共管理研究基地	21	4	16	1 892	892	450
红色旅游研究基地	18	2	15	1 200	980	470
湖南省经济安全研究基地	4	1	3	800	522	241
湖南省湘学研究基地	12	3	8	1 200	890	251
湖南政府绩效评估研究中心	19	5	13	1 420	960	320
旅游科学应用研究所	10	3	5	1 100	750	360
毛泽东思想研究中心	20	9	6	5 500	1 200	449
企业管理研究中心	15	4	8	1 255	980	560
人口、资源与环境经济研究所	10	3	5	940	660	260
社会主义经济理论研究中心	19	6	12	2 600	1 932	892
诉讼法学研究中心	20	6	13	1 962	1 256	780
人力资源管理研究所	10	3	5	4 000	2 100	1 200
知识产权研究中心	12	4	5	5 500	2 600	850
湘学研究所	4	1	3	654	420	113
消费经济研究所	10	3	6	2 100	1 450	1 100
信息资源管理研究所	20	4	15	1 500	990	620
英语语言文学研究基地	10	1	5	1 250	950	360
语言文字学研究所	9	3	5	890	680	420
曾国藩研究中心	8	2	4	1 120	780	450
政府绩效评估与管理创新研究基地	14	4	8	1 420	790	550
中国农村发展研究中心	8	2	4	1 500	880	420
中国韵文与古籍研究所	11	3	5	850	580	220
吉首大学	165	45	92	10 377	24 610	6 715
差异与和谐社会研究中心	29	15	11	5 000	1 500	0
湖南省高校科技创新团队“区域旅游发展与管理”	18	5	11	678	1 300	0
湖南省民族学研究基地	25	8	10	20	1 390	0
湖南省自然与文化遗产研究基地	12	6	6	3 500	300	0
民族传统体育研究所	53	3	37	458	20 000	6 715
西部经济研究中心	28	8	17	721	120	0
湖南大学	361	133	174	71 805	22 140	0

续表

学校及机构名称	R&D 活动人员(人)			R&D 经费支出(百元)	仪器设备原价(百元)	其中:进口(百元)
	合计	其中:博士毕业	其中:硕士毕业			
财政税收研究所	2	1	1	360	80	0
产权会计研究中心	5	2	3	1 000	320	0
产业经济研究所	3	3	0	660	320	0
城镇发展规划研究所	4	1	2	560	220	0
池田大作研究中心	2	1	1	430	120	0
创新与创业管理研究所	3	1	1	500	120	0
创业投资研究所	3	1	0	500	120	0
大学英语教学研究所	3	1	2	300	100	0
对外汉语教学研究中心	3	1	2	500	220	0
多媒体日语教学研究中心	2	1	1	350	120	0
多元文化与应用哲学研究所	3	1	2	300	120	0
法律援助与诊断教育中心	4	1	2	600	120	0
风险管理与保险精算研究所	4	2	2	800	200	0
公共安全研究中心	3	0	2	1 000	320	0
管理科学研究院	5	2	2	600	120	0
国际问题研究所	2	1	1	300	80	0
国民经济学研究所	2	0	2	200	50	0
产业与区域发展战略研究所	5	1	2	860	120	0
低碳经济与社会发展研究所	3	1	0	450	200	0
非营利组织研究所	3	2	1	300	200	0
国家麻类产业现代技术体系——产业经济研究中心	6	3	3	2 200	860	0
活动产业研究中心	2	0	2	300	120	0
纪实文学研究所	2	1	0	200	80	0
交通运输与物流研究所	2	1	1	600	210	0
能源经济研究中心	6	2	4	800	120	0
品牌形象研究所	3	1	1	400	120	0
企业国有资产管理研究所	3	1	1	340	200	0
企业领导力研究所	3	1	1	400	80	0
人权与教育中心(原法治与人权研究中心)	2	1	1	600	100	0
日本研究中心	3	1	2	300	60	0
商事法与投资法研究所	3	1	2	300	80	0

续表

学校及机构名称	R&D 活动人员(人)			R&D 经费支出(百元)	仪器设备原价(百元)	其中:进口(百元)
	合计	其中:				
		博士毕业	硕士毕业			
税收筹划研究所	2	1	1	1 200	350	0
碳金融研究中心	3	2	1	1 200	320	0
图像传媒研究所	2	1	1	300	60	0
物联网研究中心	6	4	1	1 200	320	0
校园网络文化研究中心	6	1	3	1 200	220	0
营销战略与品牌研究所	3	1	1	600	120	0
中科预测科学研究中心	4	1	1	600	110	0
湖南经济与社会发展法律研究中心	4	2	2	1 000	360	0
湖南民营经济理论研究基地(湖南统战理论研究基地)	3	1	2	1 000	360	0
湖南省“两型社会”研究基地	4	2	2	1 000	400	0
湖南省风险导向审计研究基地	4	2	2	1 000	300	0
湖南省国际贸易研究基地	4	2	2	1 500	500	0
湖南省湖湘文化研究基地	3	1	2	1 000	340	0
湖南省廉政研究基地	5	2	3	1 500	500	0
湖南省思想政治工作研究基地	4	1	3	1 000	300	0
湖南省文化产业研究基地	5	2	3	1 000	400	0
湖南省物流信息与仿真技术重点实验室	5	2	3	1 500	220	0
湖南省信用研究基地	4	2	2	1 000	200	0
湖南省语言与认知研究基地	4	2	2	1 000	220	0
会计研究所	5	2	1	650	210	0
教育科学研究中心	4	1	3	860	330	0
金融法研究所	4	1	3	500	120	0
金融管理研究中心	4	1	2	420	120	0
金融与投资管理研究中心	3	1	1	1 680	320	0
金融政策研究中心	3	1	1	200	50	0
经济法与社会法研究中心	2	1	1	600	200	0
经济研究中心	3	1	1	300	100	0
竞争法研究中心	3	1	2	500	200	0
科技、经济与社会发展研究所	2	0	2	420	100	0
科技新闻与传播研究所	4	1	2	800	200	0
旅游可持续发展研究所	2	1	1	200	60	0

续表

学校及机构名称	R&D 活动人员(人)			R&D 经费支出(百元)	仪器设备原价(百元)	其中:进口(百元)
	合计	其中:				
		博士毕业	硕士毕业			
罗马法系研究中心	3	1	1	300	110	0
毛泽东思想与邓小平理论研究所	2	0	2	500	120	0
媒介文化研究中心	3	1	1	300	60	0
诺丁汉国际金融研究中心	3	1	1	400	110	0
期货证券研究中心	4	1	1	1 200	220	0
企业并购研究中心	2	1	1	1 000	340	0
企业管理与决策支持技术实验室	4	2	2	1 000	300	0
企业绩效评价研究中心	4	1	2	640	80	0
人口发展战略研究基地	2	1	1	600	120	0
人口资源环境与区域经济研究所	3	0	1	1 150	520	0
人力资源管理与开发研究中心	4	1	1	200	0	0
认知科学研究所	4	1	2	420	220	0
日本语言文化研究所	2	1	1	200	60	0
社会保障研究所	4	2	2	750	200	0
社会经济统计研究中心	4	2	1	650	120	0
市场调查研究所	3	1	0	520	120	0
数理经济研究所	4	1	2	400	120	0
体育科学研究所	2	0	2	500	60	0
投资研究中心	5	1	3	400	100	0
文化创意产业研究中心	3	1	2	840	220	0
文化建设与思想政治工作研究所	3	0	2	500	120	0
物流管理与电子商务中心	3	0	2	420	100	0
项目管理研究中心	3	2	1	2 300	500	0
信息工程研究所	3	1	2	300	160	0
信息研究所	2	1	1	1 000	420	0
刑事法律科学研究中心	2	1	1	500	220	0
应用统计研究所	5	2	2	700	320	0
影视艺术研究所	3	1	2	200	80	0
政府财务管理咨询研究中心	4	1	2	560	220	0
中澳报酬递增与经济组织研究中心	3	3	0	1 300	1 270	0
中国村落文化研究中心	4	1	3	890	300	0
中国法制评价研究中心	5	3	1	850	320	0
中国公益创业研究中心	5	1	4	1 000	220	0

续表

学校及机构名称	R&D 活动人员(人)			R&D 经费支出(百元)	仪器设备原价(百元)	其中:进口(百元)
	合计	其中:				
		博士毕业	硕士毕业			
中国近现代史研究所	4	1	3	300	100	0
中国历史研究所	6	2	1	275	200	0
中国书院研究中心	5	1	4	500	220	0
中国思想文化研究所	2	1	1	610	100	0
中国特色社会主义理论体系研究基地	3	2	1	1 000	420	0
中国文化软实力研究基地	4	2	2	1 000	220	0
中国哲学研究所	5	3	1	970	200	0
中西语言文化比较研究所	6	2	4	300	220	0
资本市场研究中心	3	1	1	420	100	0
中南大学	228	130	98	9 400	0	0
新闻研究所	8	6	2	100	0	0
阎真工作室	5	4	1	200	0	0
《外语与翻译》编辑部	6	4	2	600	0	0
翻译研究基地	6	2	4	0	0	0
高等教育研究所	15	0	15	0	0	0
湖南省服务型政府与法治研究基地	10	10	0	1 000	0	0
湖南省经济问题研究中心	10	8	2	1 000	0	0
经济法研究中心	6	5	1	1 000	0	0
马王堆研究	15	5	10	0	0	0
美学研究所	7	4	3	500	0	0
司法人权研究中心	6	6	0	100	0	0
网络德育研究基地	11	5	6	0	0	0
网络文学研究基地	7	2	5	0	0	0
文化品牌研究中心	6	4	2	200	0	0
文学研究所	9	6	3	300	0	0
信托与信托法研究中心	8	4	4	1 000	0	0
医学信息研究中心	10	8	2	1 000	0	0
应用伦理学研究中心	15	5	10	0	0	0
语言研究所	6	4	2	300	0	0
预防腐败法制研究中心	5	4	1	200	0	0
中国特色社会主义理论体系研究基地	5	2	3	0	0	0
中国特色新型工业化研究中心	7	6	1	400	0	0
中国英汉语比较研究会	5	4	1	100	0	0

续表

学校及机构名称	R&D 活动人员(人)			R&D 经费支出(百元)	仪器设备原价(百元)	其中:进口(百元)
	合计	其中:博士毕业	其中:硕士毕业			
中国中部崛起战略研究中心	14	6	8	0	0	0
中南大学人文社会科学研究基地	5	4	1	800	0	0
中小企业研究中心	11	5	6	0	0	0
资源节约型及环境友好型社会研究中心	10	7	3	600	0	0
湖南科技大学	202	66	136	20 512.9	13 443.7	3 173.1
地市州媒体发展研究所	7	2	5	609	402.3	15
公共管理研究所	6	1	5	551.4	359.2	19
湖南地方史研究所	8	3	5	960	510	20
湖南省党建理论研究基地	13	5	8	1 263	1 005.3	300
湖南省高校中国古代文学与社会文化研究基地	15	6	9	1 612	1 109.3	356
湖南省农村教育改革与发展研究基地	15	5	10	1 655.1	1 051	520
湖南省思想政治工作研究基地	13	4	9	1 211.6	952	390
湖南省湘方言与民俗文化研究基地	13	5	8	1 250	892.5	330
湖南省新型工业化研究基地	14	5	9	1 658.7	1 105.5	450
湖南省战略性新兴产业研究基地	14	5	9	1 759.2	1 258	326
湖南省中国特色社会主义理论体系研究中心	13	4	9	1 620	1 008.6	254.1
企业发展研究所	8	3	5	895.5	550	20
青少年品德心理与健康研究所	7	2	5	553.9	378.6	13
数量经济研究所	7	2	5	608	511	23
体育人文社会学研究所	7	2	5	590.9	290.8	10
外国文学与翻译研究中心	6	2	4	574	323.4	58
外国语言学及应用语言学研究中心	9	3	6	740.4	388	17
宪法与权利保障研究所	7	2	5	556.2	327	13
艺术作品实践与产业化研究	6	1	5	680.7	410	12
运动人体科学研究所	6	1	5	554.7	302.2	13
哲学研究所	8	3	5	608.6	309	14
长沙理工大学	53	20	19	14 669	0	0
湖南服务业发展研究中心	5	2	2	2 414	0	0
湖南省邓小平理论研究中心	4	3	1	670	0	0
湖南省现代服务业研究基地	5	3	2	1 826	0	0

续表

学校及机构名称	R&D 活动人员（人）			R&D 经费支出（百元）	仪器设备原价（百元）	
	合计	其中：				其中：进口（百元）
		博士毕业	硕士毕业			
湖南循环经济研究基地	9	2	4	1 133	0	0
教育与应用心理研究所	5	1	2	1 682	0	0
金融工程与金融管理研究中心	6	3	2	1 773	0	0
企业战略管理与投资决策研究基地	8	2	3	3 490	0	0
现代企业管理研究中心	11	4	3	1 681	0	0
湖南农业大学	99	19	80	4 250	800	0
高等教育研究所	22	2	20	400	200	0
湖南省"三农"问题研究基地	26	6	20	1 400	300	0
湖南省农村发展研究所	22	6	16	800	100	0
湖南省新农村建设研究基地	15	3	12	1 250	200	0
人口研究所	14	2	12	400	0	0
中南林业科技大学	25	6	19	1 700	0	0
湖南省旅游业可持续发展研究基地	6	2	4	500	0	0
环境法研究所	5	0	5	200	0	0
农林经济管理中心	5	2	3	500	0	0
商学研究所	3	1	2	100	0	0
语言与教育研究所	3	0	3	300	0	0
中南城市经济发展与房地产管理研究院	3	1	2	100	0	0
湖南师范大学	524	342	115	68 099	18 255	0
WTO 法律保护研究中心	23	19	3	2 500	480	0
比较文学与世界文学研究所	12	8	4	1 840	728	0
程序法研究所	6	2	4	700	300	0
池田大作研究所	7	7	0	1 200	500	0
出版科学研究所	5	4	1	6 500	1 800	0
传媒伦理与法制研究所	5	5	0	1 190	320	0
邓小平理论研究所	7	2	2	360	80	0
法学研究所	5	4	1	354	125	0
高等教育学研究所	14	10	3	2 200	560	0
公民道德建设研究基地	10	7	2	1 800	670	0
古典文献研究所	6	5	1	780	150	0
国际法研究所	15	11	3	2 500	890	0
汉文佛经语言研究所	7	7	0	125	280	0

续表

学校及机构名称	R&D 活动人员(人)			R&D 经费支出(百元)	仪器设备原价(百元)	其中:进口(百元)
	合计	其中:博士毕业	硕士毕业			
湖南方言研究所	10	8	0	1 300	420	0
湖南省传媒发展研究基地	8	7	0	1 500	460	0
道德文化研究中心	13	10	2	4 000	680	0
体育社会科学重点研究中心	20	8	10	2 500	680	0
湖湘文化研究基地	15	11	3	1 350	350	0
环境与资源法研究所	4	3	1	800	260	0
会展与休闲文化研究中心	14	8	4	1 200	380	0
基础教育课程研究中心	8	4	4	2 000	560	0
教育学研究所	6	4	2	500	80	0
经济法研究所	10	3	6	600	120	0
科学社会主义研究所	15	12	1	1 200	450	0
课程与教学改革研究基地	20	12	5	1 600	350	0
课程与教学论研究所	8	6	1	800	250	0
旅游研究所	13	7	5	1 500	320	0
旅游与休闲研究基地	8	2	1	1 500	280	0
民法研究所	10	5	4	800	120	0
人口研究所	5	2	1	400	80	0
社会学研究所	6	3	1	600	150	0
诗话研究中心	3	1	0	300	80	0
史学研究所	26	18	2	2 000	560	0
外国哲学研究所	5	5	0	800	280	0
文化与传播研究所	5	4	1	1 000	320	0
文学研究所	5	3	1	600	158	0
县域发展研究中心	18	10	5	1 600	450	0
消费经济研究所	15	13	1	1 200	350	0
心理学研究所	12	10	2	1 500	374	0
刑法研究所	7	5	2	600	150	0
哲学研究所	4	2	1	500	60	0
政府管理法制研究所	10	3	5	800	120	0
中共党史研究所	10	7	0	800	220	0
中国传播与现代化研究中心	11	6	4	1 600	350	0
中国近现代史研究所	14	9	3	1 200	260	0
中国生态文明发展战略研究中心	10	3	4	1 600	450	0

续表

学校及机构名称	R&D活动人员(人)			R&D经费支出(百元)	仪器设备原价(百元)	其中:进口(百元)
	合计	其中:博士毕业	其中:硕士毕业			
中国文学研究所	20	15	4	2 000	450	0
中国现代文学研究中心	20	16	1	1 800	400	0
中外文化传播研究基地	14	6	4	2 000	350	0
湖南理工学院	36	16	15	4 600	1 300	0
公共艺术教育研究基地	15	5	8	3 000	200	0
中国当代学术史研究基地	11	6	2	1 000	600	0
中国文学批评学研究中心	10	5	5	600	500	0
衡阳师范学院	48	15	28	10 800	17 700	0
湖南省船山学研究基地	15	6	9	2 300	300	0
湖南省环境教育研究中心	18	5	8	2 500	500	0
湖南省人居环境学研究基地	15	4	11	6 000	16 900	0
邵阳学院	159	18	107	11 570	26 390	9 200
湖南省民营经济研究基地	20	3	14	7 500	4 200	1 500
湖南省全民健身服务体系建设研究基地	15	2	10	600	3 400	1 200
龙狮文化研究所	12	1	6	120	2 100	600
民营经济研究所	13	2	7	150	1 600	500
区域经济研究中心	20	3	15	1 200	3 200	1 650
社会哲学与人本工程研究所	14	0	10	110	600	0
魏源研究所	12	2	8	150	1 300	0
魏源与湘西南文史研究基地	20	4	14	1 300	2 750	600
湘西南民间美术研究所	10	0	7	210	1 580	0
湘西南民族民间音乐研究所	9	0	6	110	2 450	1 500
英语语言文学研究所	14	1	10	120	3 210	1 650
怀化学院	99	29	52	3 090	1 142	0
法律研究所	12	5	7	100	0	0
湖南民族民间非物质文化研究基地	15	6	9	1 000	342	0
湖南省少数民族传统体育训练基地	13	1	8	800	500	0
旅游研究所	10	2	5	300	100	0
民族传统体育研究所	10	1	6	200	100	0
民族民间音乐研究所	10	0	6	200	100	0
民族文化研究所	6	2	2	150	0	0
人文教育研究所	8	2	4	120	0	0

续表

学校及机构名称	R&D活动人员(人)			R&D经费支出(百元)	仪器设备原价(百元)	其中:进口(百元)
	合计	其中:博士毕业	其中:硕士毕业			
湘西经济发展研究所	6	4	2	100	0	0
中华传统文学研究所	9	6	3	120	0	0
湖南文理学院	65	5	34	2 720	925	0
产业经济研究所	6	2	4	100	200	0
城市文化研究所	4	0	4	300	100	0
高校德育研究所	6	0	3	180	60	0
古籍整理研究所	6	1	4	230	75	0
环洞庭湖社会发展研究基地	5	1	2	240	60	0
环洞庭湖社会发展研究所	5	0	3	170	60	0
经济法学研究所	6	0	3	200	60	0
美术研究所	6	0	2	190	50	0
文艺鉴赏美学研究所	6	1	3	400	100	0
细菌战罪行研究所	5	0	2	180	60	0
英语语言文学研究所	5	0	2	300	50	0
中国常德诗墙文化研究所	5	0	2	230	50	0
湖南科技学院	53	11	33	600	0	0
教育科学研究所	11	2	8	100	0	0
柳宗元研究所	7	2	4	100	0	0
女书暨瑶文化研究所	12	2	8	100	0	0
舜文化研究所	8	1	5	100	0	0
新农村建设研究所	5	2	2	100	0	0
濂溪研究所	10	2	6	100	0	0
湖南人文科技学院	14	3	5	1 103	61	0
曾国藩研究基地	14	3	5	1 103	61	0
南华大学	105	31	36	20 700	35 900	0
船山学研究所	7	3	1	800	5 000	0
发展战略与区域经济研究所	9	5	2	2 800	2 300	0
国家贸易研究室	6	1	2	800	1 200	0
核能经济与管理研究中心	8	4	1	3 000	3 200	0
衡湘文化研究所	15	4	9	800	500	0
会计研究所	7	2	2	1 000	900	0
企业经济与管理研究所	6	2	1	800	1 000	0
人权与公法理论研究所	5	0	3	1 200	300	0

续表

学校及机构名称	R&D 活动人员(人)			R&D 经费支出(百元)	仪器设备原价(百元)	其中:进口(百元)
	合计	其中:				
		博士毕业	硕士毕业			
人文社科研究所	5	2	1	1 000	2 100	0
人因研究所	7	3	2	2 400	8 700	0
审计与内部控制研究所	6	2	2	800	1 200	0
信息管理研究中心	7	1	3	1 200	3 500	0
英语语言文化研究所	6	1	2	1 100	2 100	0
应急管理研究所	5	1	2	1 300	2 700	0
应用语言研究所	4	0	2	900	700	0
政策法规研究室	2	0	1	800	500	0
中山大学	250	225	21	62 812	47 653.05	26 326.06
城市社会研究中心	24	22	1	1 500	500	0
法学理论与法律实践研究中心	22	20	1	1 500	170	0
港澳珠江三角洲研究中心	14	9	5	37 000	21 853.49	10 345.61
华南农村研究中心	8	7	1	500	0	0
金融工程与风险管理研究中心	15	15	0	3 412	2 294	0
经济研究所	16	14	2	1 500	1 000	800
历史人类学研究中心	27	26	1	2 300	2 242.65	0
廉政与治理研究中心	16	14	2	1 200	500	0
逻辑与认知研究所	16	13	2	3 600	11 567.74	10 976.55
马克思主义哲学与中国现代化研究所	10	9	1	1 500	789.89	0
现代会计与财务研究中心	25	25	0	1 500	742	442
行政管理研究中心	34	29	4	5 800	4 793.28	3 761.9
中国非物质文化遗产研究中心	23	22	1	1 500	1 200	0
暨南大学	201	151	38	122 626.21	51 129	0
产业经济研究院	13	11	2	16 971.37	5 829	0
东南亚研究所	26	16	8	4 736.24	4 939	0
古籍研究所	18	13	3	3 506.43	3 412	0
广东产业发展与粤港澳台区域合作研究中心	15	12	3	27 720.11	1 183	0
海外华文文学与华语传媒研究中心	21	16	3	10 051.71	1 500	0
汉语方言研究中心	12	8	3	1 657.24	3 107	0
华侨华人研究院	16	10	4	2 822.1	7 434	0
金融研究所	14	13	0	7 990.39	8 825	0
企业发展研究所	12	10	2	15 916.62	8 911	0

续表

学校及机构名称	R&D 活动人员(人)			R&D 经费支出(百元)	仪器设备原价(百元)	
	合计	其中:博士毕业	硕士毕业			其中:进口(百元)
特区港澳经济研究所	14	6	6	14 615	1 189	0
应急管理研究中心	22	19	3	10 387.4	300	0
知识产权与法治研究中心	18	17	1	6 251.6	4 500	0
汕头大学	37	28	8	17 523.09	1 789.7	0
潮汕文化研究中心	1	1	0	507	72.3	0
地方政府发展研究所	8	8	0	612	232	0
妇女研究中心	5	2	3	704	114	0
高等教育研究所	5	4	1	820	90	0
国际研究中心	4	4	0	10 000	310	0
海外华文文学研究中心	3	2	1	1 800	520	0
基督教研究中心	3	2	1	1 788.39	199.3	0
台湾研究所	5	3	2	1 026.3	164.5	0
新国学研究中心	3	2	0	265.4	87.6	0
华南理工大学	154	99	53	216 449.52	19 178.48	0
广东地方法制研究中心	38	30	8	12 372.53	1 500	0
广东省体育产业发展研究基地	3	3	0	4 424.62	540	0
广东省中小企业研究咨询中心	10	7	3	6 505.31	200	0
广州国际旅游研究中心	5	1	4	4 784.11	480	0
技术创新评估研究中心	5	2	2	14 211.23	229.35	0
建筑历史文化研究中心	14	4	10	79 391.21	15 000	0
金融工程研究中心	15	8	7	30 000	0	0
南方传媒研究所	8	2	6	2 241.96	99.43	0
品牌传播研究所	8	5	3	3 619.17	77.73	0
新型工业化发展研究院	20	17	2	36 721.33	722.49	0
政府决策与绩效评价研究所	20	15	5	12 415.69	103.42	0
中国企业战略管理研究中心	8	5	3	9 762.36	226.06	0
华南农业大学	170	122	48	71 050.09	74 400	10 600
地方法制研究中心	20	5	15	6 000	3 000	500
广东农村经济研究中心	32	28	4	20 000	15 000	50
广东农村政策研究中心	4	3	1	3 000	5 400	0
广东农业企业发展研究中心	34	26	8	15 000	13 000	5 000
经济发展研究所	32	28	4	12 000	10 000	2 000
科技管理与规划研究所	11	2	9	2 050.09	15 000	50

续表

学校及机构名称	R&D 活动人员(人)			R&D 经费支出(百元)	仪器设备原价(百元)	
	合计	其中:				其中:进口(百元)
		博士毕业	硕士毕业			
农业历史遗传研究室	19	14	5	3 000	5 000	0
人力资源与战略发展研究中心	18	16	2	10 000	8 000	3 000
广东海洋大学	27	13	11	2 300	1 200	0
海洋经济与管理研究中心	27	13	11	2 300	1 200	0
华南师范大学	113	79	32	82 842	178 600	60 300
城市休闲与旅游规划研究中心	12	0	12	4 400	0	0
华南市场经济研究中心	12	10	2	13 800	18 000	2 300
经济行为与制度研究中心	9	8	1	600	0	0
劳动法和社会保障法研究所	9	3	6	800	0	0
现代教育研究与开发中心	26	23	3	21 600	15 600	0
心理应用研究中心	20	17	2	36 800	145 000	58 000
信息传播与文化创意研究中心	25	18	6	4 842	0	0
韶关学院	5	1	4	3 000	1 000	0
韶文化研究院	5	1	4	3 000	1 000	0
韩山师范学院	11	3	7	250	2 400	0
潮学研究院	11	3	7	250	2 400	0
湛江师范学院	39	22	10	4 319	7 044	1 735
教育研究院	15	8	4	863	2 150	652
雷阳文化研究所	7	3	2	1 572	1 182	418
历史哲学研究所	6	4	2	695	830	215
美国过程研究中心湛江师范学院过程教育研究分部	7	6	1	822	1 950	450
人文社会科学研究中心	4	1	1	367	932	0
肇庆学院	3	1	2	275	260	0
广东省砚文化研究所	3	1	2	275	260	0
嘉应学院	8	1	4	930	1 850	0
客家研究院	8	1	4	930	1 850	0
广州美术学院	21	4	11	3 489.92	60 451	50 000
广东省创意产业研发中心	2	1	1	384	384	0
美术研究所	6	0	1	419.45	0	0
数字化影像创意产学研结合示范基地	6	0	6	2 673.97	60 067	50 000
艺术学研究所	7	3	3	12.5	0	0
星海音乐学院	12	1	6	4 335.32	2 305	0

续表

学校及机构名称	R&D 活动人员(人)			R&D 经费支出(百元)	仪器设备原价(百元)	
	合计	其中:				其中:进口(百元)
		博士毕业	硕士毕业			
岭南音乐文化研究中心	12	1	6	4 335.32	2 305	0
广东技术师范学院	15	8	7	750	650	200
民族研究所	15	8	7	750	650	200
海南大学	35	19	7	2 085	0	0
社会科学研究中心	8	4	2	515	0	0
海南省历史文化研究基地	15	10	2	480	0	0
热带农业发展研究所	12	5	3	1 090	0	0
深圳大学	66	32	31	50 500	1 700	0
传媒与文化发展研究中心	14	8	6	8 500	600	0
当代中国政治研究所	13	6	7	7 600	0	0
港澳基本法研究中心	8	2	5	6 200	800	0
高等教育研究所	7	4	3	7 800	0	0
深圳现代艺术与设计研究中心	11	5	5	5 300	0	0
文化产业研究院	5	3	2	2 500	300	0
中国经济特区研究中心	8	4	3	12 600	0	0
广东商学院	25	11	5	9 739.16	5 743.53	0
法治与经济发展研究所	8	8	0	1 500	2 003.7	0
国民经济研究中心	4	1	2	2 000.01	171.49	0
流通经济研究所	4	0	1	2 600	2 219.25	0
旅游管理与规划所	2	0	0	2 659.15	966.5	0
民营经济研究所	4	0	1	680	200.29	0
县域经济研究所	3	2	1	300	182.3	0
广西大学	25	17	6	300	0	0
马克思主义经济学研究中心	25	17	6	300	0	0
广西工学院	28	3	19	1 890	11 393	0
高等教育研究所	10	0	6	24.5	4 788	0
经济研究中心	8	2	4	1 075	4 963	0
中国西部经济社会发展研究中心	10	1	9	790.5	1 642	0
桂林电子科技大学	41	18	20	2 852.76	1 995.2	0
广西信息产业发展研究基地	11	5	6	90.35	986.1	0
软科学研究院	30	13	14	2 762.41	1 009.1	0
桂林工学院	17	7	10	1 200	400	0
桂林桂工景观工程研究院	3	2	1	400	400	0

续表

学校及机构名称	R&D 活动人员(人)			R&D 经费支出(百元)	仪器设备原价(百元)	
	合计	其中:				其中:进口(百元)
		博士毕业	硕士毕业			
民族文化研究所	4	1	3	300	0	0
艺术设计研究所	5	2	3	300	0	0
应用经济研究所	5	2	3	200	0	0
广西中医学院	2	0	2	21	120	0
民族医药研究与发展中心	2	0	2	21	120	0
广西师范大学	281	159	90	66 499.21	46 379.42	0
产业经济与人才发展战略研究所	4	2	1	472.36	760.56	0
成人教育研究所	7	1	3	350.55	856.86	0
法制与社会发展研究所	18	9	9	1 072.6	950	0
古籍整理研究所	8	8	0	635	1 235	0
广西地方民族史研究	7	7	0	288	565	0
广西文化产业研究基地	25	16	9	1 370	3 211	0
国家体育总局体育文化发展中心研究基地	11	2	5	535.2	875	0
教育部高校辅导员培训和研修基地	9	3	6	656	1 885	0
教育部基础教育课程研究中心	15	3	7	12 055	3 526.5	0
教育科学研究所	19	13	4	15 258	4 502	0
经济研究所	20	14	5	9 559	2 925	0
旅游研究所	12	7	4	10 586	923	0
马克思主义研究所	13	9	4	1 350	410	0
民族音乐舞蹈研究所	12	0	5	950	2 725.5	0
女性发展研究所	15	13	1	1 205	953	0
外国语言文学研究所	23	6	13	412	1 650	0
西南城市与区域发展研究中心	29	19	9	8 552.7	16 250	0
中国诗学研究中心	16	12	2	412	485	0
中国语言文学研究所	9	8	1	453.8	486	0
壮学研究所	9	7	2	326	1 205	0
广西师范学院	66	13	32	5 700	960	0
高等教育研究所	6	2	2	300	60	0
广西马克思主义理论研究和建设工程研究基地	22	2	10	4 000	600	0
教师教育研究所	8	4	2	400	100	0
马克思主义哲学研究中心	20	3	12	600	100	0

续表

学校及机构名称	R&D活动人员(人)			R&D经费支出(百元)	仪器设备原价(百元)	其中:进口(百元)
	合计	其中:博士毕业	硕士毕业			
心理健康教育咨询中心	10	2	6	400	100	0
河池学院	24	0	8	25	800	0
桂西北少数民族非物质文化资源研究基地	24	0	8	25	800	0
广西民族大学	235	81	117	10 115	1 730	560
北部湾区域经济合作研究所	12	8	4	100	0	0
高教研究室	10	2	8	150	50	0
公共管理研究所	10	2	4	450	130	0
华南与东南亚民族研究基地	14	8	6	860	320	0
马克思主义理论研究和建设工程研究基地	50	23	27	150	0	0
民族传统体育研究所	8	1	1	105	50	0
民族学人类学研究所	46	16	25	5 600	780	560
民族研究中心	5	2	3	90	0	0
民族音乐表演研究所	6	0	2	250	0	0
民族音乐创作研究所	5	0	1	300	0	0
生态审美与民族文艺学研究基地	15	8	7	100	0	0
瑶学研究中心	4	0	4	330	120	0
语言文化研究中心	10	2	5	450	100	0
中国—东盟研究中心	18	3	6	560	180	0
中国—东盟经贸合作研究所	12	4	8	120	0	0
壮学研究中心	10	2	6	500	0	0
四川大学	137	59	59	50 244	9 022	0
道教与宗教文化研究所	32	16	16	3 230	300	0
古籍整理研究所	16	1	5	2 014	500	0
南亚研究所	21	14	5	30 000	2 600	0
人口研究所	5	1	2	1 000	200	0
中国藏学研究所	20	5	12	6 000	4 000	0
中国俗文化研究所	43	22	19	8 000	1 422	0
重庆大学	235	155	56	85 349	185 600	0
工商管理与经济发展研究中心	48	37	9	31 502	92 800	0
教育部战略研究基地:区域经济与科教战略研究中心	28	9	15	1 560	2 300	0

续表

学校及机构名称	R&D 活动人员(人)			R&D 经费支出(百元)	仪器设备原价(百元)	其中:进口(百元)
	合计	其中:				
		博士毕业	硕士毕业			
人口、资源与环境经济学、管理学	40	25	9	9 200	20 000	0
西部环境与资源法制建设研究中心	13	8	3	1 200	1 500	0
现代物流重庆市市级重点实验室	45	33	6	15 687	21 500	0
语言认知及语言应用研究基地	15	11	3	1 200	2 500	0
中国欠发达地区经济发展研究创新基地	46	32	11	25 000	45 000	0
电子科技大学	48	8	25	29 258	33 460	0
公共管理研究所	14	3	6	23 620	16 780	0
管理科学与工程研究中心	12	2	6	3 024	8 860	0
体育科学研究所	4	0	0	128	1 400	0
先进管理技术与电子商务研究所	18	3	13	2 486	6 420	0
西南石油大学	5	3	2	1 240	200	0
四川石油天然气发展研究中心	5	3	2	1 240	200	0
成都理工大学	153	16	107	11 456	3 250	250
财务经济与金融工程研究所	13	5	8	1 200	300	0
广告文化研究所	8	1	6	40	0	0
心理学研究所	10	2	8	6	110	0
职业经理研究所	13	1	11	500	500	250
电视科教纪录片研究所	11	0	10	150	0	0
法学研究所	23	2	17	120	0	0
旅游市场与管理研究所	10	2	8	120	0	0
旅游与城镇规划研究所	26	1	5	8 900	1 000	0
四川矿产资源研究中心	29	2	25	320	1 340	0
应用社会学研究所	10	0	9	100	0	0
重庆邮电大学	76	6	33	7 694	6 200	0
巴文化研究所	8	1	3	410	180	0
司法鉴定中心	9	2	2	1 746	260	0
外国语言文化研究所	8	0	1	351	200	0
网络社会发展研究中心	33	3	23	2 796	4 100	0
信息产业发展研究中心	10	0	3	2 160	1 200	0
应用语言学研究所	8	0	1	231	260	0
重庆交通大学	56	15	35	6 720	2 653	0
西部交通与经济社会发展研究中心	56	15	35	6 720	2 653	0

续表

学校及机构名称	R&D 活动人员(人)			R&D 经费支出(百元)	仪器设备原价(百元)	其中:进口(百元)
	合计	其中:博士毕业	其中:硕士毕业			
西南科技大学	60	1	26	2 089	4 200	0
法学研究所	8	0	3	430	330	0
高教研究所	6	0	2	70	450	0
企业管理与发展研究所	6	0	2	250	750	0
区域经济研究所	5	0	3	340	412	0
四川犯罪防控研究中心	12	0	7	360	820	0
四川外国语言文学研究中心	8	0	3	275	460	0
四川循环经济研究中心	15	1	6	364	978	0
成都信息工程学院	7	2	3	4 650	0	0
统计信息技术与数据挖掘实验室	7	2	3	4 650	0	0
四川理工学院	74	12	31	4 880	159 423	69 920
川酒发展研究中心	23	6	14	615	157 500	69 920
中国盐文化研究中心	51	6	17	4 265	1 923	0
西华大学	43	4	34	4 770	2 985. 6	0
地方文化资源保护与开发研究中心	22	4	17	1 320	1 470	0
高等教育研究所	5	0	5	600	1 500	0
区域社会经济研究所	16	0	12	2 850	15. 6	0
西昌学院	4	2	1	320	910	0
彝族文化研究中心	4	2	1	320	910	0
重庆医科大学	36	4	32	1 300	1 250	50
医学与社会发展研究中心	36	4	32	1 300	1 250	50
泸州医学院	22	0	16	100	0	0
四川省医事卫生法治研究中心	22	0	16	100	0	0
成都中医药大学	22	4	8	1 530	490	0
高教研究与评价中心	10	1	4	730	290	0
中医药文化中心、古籍文献研究所	12	3	4	800	200	0
西南大学	207	137	62	52 211. 15	127 996. 89	36 541
高等教育研究所	7	4	2	3 525. 52	922	208
汉语言文献研究所	18	12	6	3 416. 22	4 621	1 059
建筑艺术研究所	3	0	2	2 101	859. 25	265
教育科学研究所	23	18	5	3 427. 12	14 196. 94	347
科学教育研究中心	16	11	5	6 728. 25	5 735	1 382
历史地理研究所	7	5	2	1 836. 24	4 632	2 425

续表

学校及机构名称	R&D 活动人员(人)			R&D 经费支出(百元)	仪器设备原价(百元)	其中:进口(百元)
	合计	其中:博士毕业	硕士毕业			
逻辑与智能研究中心	9	5	4	2 679.12	6 238	2 416
马克思主义理论研究中心	18	14	4	3 896.36	6 825	1 262
农村经济与管理研究中心	9	5	4	4 612.28	6 882	2 643
农业教育发展研究中心	12	8	4	1 265.32	2 823	1 102
三峡库区经济社会发展研究中心	9	6	3	1 346.33	1 102	354
外国语言研究所	7	5	2	980.75	725	102
西南基础教育研究中心	11	5	3	4 231.22	6 825	2 316
西南民族教育与心理研究中心	11	8	2	3 267.22	38 882	15 527
西亚研究所	5	4	1	672.33	1 731	201
心理健康教育研究中心	9	6	2	2 658.12	4 832.5	1 628
心理学与社会管理研究中心	13	10	3	3 216.22	16 210	2 580
哲学研究所	6	4	2	1 026.32	1 832	562
中国诗学研究中心	14	7	6	1 325.21	2 123.2	162
四川师范大学	43	9	31	6 100	0	0
巴蜀文化研究中心	12	2	9	5 000	0	0
古代文学研究所	8	2	6	300	0	0
汉语研究所	8	2	6	300	0	0
教育科学研究所	15	3	10	500	0	0
重庆师范大学	163	44	70	13 077	16 180	8 686
三峡文化与社会发展研究院	25	4	13	1 945	3 820	2 120
统筹城乡经济系统分析与仿真研究基地	19	10	6	1 250	1 540	860
文物保护技术重点实验室	9	4	3	860	1 540	1 220
重庆高校特殊儿童心理诊断与教育技术重点实验室	18	5	10	2 832	7 012	3 526
重庆抗战文史研究基地	35	10	12	2 860	568	0
重庆市课程与教学研究基地	37	6	15	2 050	1 050	620
重庆市小学教师教育研究基地	20	5	11	1 280	650	340
西华师范大学	60	18	26	3 400	2 010	0
巴蜀文化研究所	5	2	1	350	200	0
高等教育研究所	5	2	1	200	100	0
公共行政与政府法制研究所	5	1	2	200	150	0
古籍整理研究所	5	1	2	300	150	0

续表

学校及机构名称	R&D 活动人员(人)			R&D 经费支出(百元)	仪器设备原价(百元)	
	合计	其中:				其中:进口(百元)
		博士毕业	硕士毕业			
经济与管理研究所	5	2	2	250	130	0
马列主义研究所	5	1	2	200	130	0
民间美术与文化研究所	5	0	2	250	150	0
四川省大学生思想政治教育研究中心	5	2	3	500	350	0
四川省教育发展研究中心	5	2	2	300	150	0
西部区域文化研究中心	5	2	3	300	210	0
现代化研究所	5	1	3	300	160	0
政治学研究所	5	2	3	250	130	0
绵阳师范学院	6	0	3	2 450	247	0
李白文化研究中心	4	0	2	970	112	0
四川民间文化研究中心	2	0	1	1 480	135	0
内江师范学院	29	2	9	1 850	780	0
四川张大千研究中心	29	2	9	1 850	780	0
宜宾学院	56	5	27	725	2 829	0
大众文化研究所	7	2	2	247	130	0
典籍文化研究所	7	1	3	135	13	0
高教研究所	5	0	2	21	132	0
公共政策研究所	6	0	5	56	10	0
基础教育研究中心	6	0	0	67	10	0
民营经济研究所	16	0	12	45	500	0
四川省思想家研究中心	9	2	3	154	2 034	0
重庆文理学院	19	2	16	36 900	670	0
品牌科学研究所	11	0	11	15 800	250	0
重庆市非物质文化遗产研究基地	8	2	5	21 100	420	0
重庆三峡学院	25	6	7	7 359	3 200	0
三峡库区与可持续发展研究中心	25	6	7	7 359	3 200	0
四川文理学院	3	1	1	0	200	0
四川革命老区发展研究中心	3	1	1	0	200	0
阿坝师范高等专科学校	4	0	1	300	0	0
藏羌民族研究所	4	0	1	300	0	0
长江师范学院	6	1	5	520	0	0
乌江流域社会经济文化研究中心	6	1	5	520	0	0
乐山师范学院	137	13	89	4 335	1 300	0

续表

学校及机构名称	R&D 活动人员(人)			R&D 经费支出(百元)	仪器设备原价(百元)	其中:进口(百元)
	合计	其中:				
		博士毕业	硕士毕业			
峨眉武术文化研究所	8	0	5	180	80	0
非物质文化遗产与文化产业研究中心	24	3	16	360	100	0
郭沫若研究中心	5	1	3	620	115	0
教育教学改革与发展研究中心	16	3	9	310	125	0
乐山师范学院社区发展中心	21	3	8	420	105	0
少数民族与地方音乐舞蹈文化研究中心	7	0	3	105	85	0
思想政治教育研究中心	18	0	15	370	135	0
四川旅游发展研究中心	7	1	5	1 640	460	0
外语教师教育与发展研究中心	31	2	25	330	95	0
四川外语学院	28	20	7	3 580	7 557	1 856
国别经济与国际商务研究中心	10	7	3	1 020	1 725	207
外国语文研究中心	11	8	2	1 380	3 761	1 136
中外文化比较研究中心	7	5	2	1 180	2 071	513
西南财经大学	29	23	6	4 358	317	0
宏观经济研究中心	8	5	3	1 320	19	0
中国金融研究中心	14	11	3	1 258	189	0
中国西部经济研究中心	7	7	0	1 780	109	0
西南政法大学	132	67	58	62 800	11 400	0
毒品犯罪与对策研究中心	19	7	11	7 800	1 600	0
市场交易法律制度研究基地	37	20	15	12 500	2 800	0
诉讼法与司法改革研究中心	27	15	10	21 200	3 100	0
西南民族法文化研究中心	21	11	9	7 800	1 200	0
中国农村经济法制创新研究中心	28	14	13	13 500	2 700	0
四川美术学院	16	0	6	1 450	1 840	0
重庆当代视觉艺术研究基地	16	0	6	1 450	1 840	0
西南民族大学	70	23	40	8 810	4 620	0
四川羌学研究中心	8	3	3	1 500	1 020	0
西南民族研究院	57	18	35	6 510	3 500	0
西南民族研究中心	5	2	2	800	100	0
贵州大学	74	22	18	5 000	1 500	0
喀斯特地区发展战略研究中心	22	9	2	1 000	300	0
马克思主义经济学发展与应用研究中心	20	5	4	1 000	300	0

续表

学校及机构名称	R&D活动人员(人) 合计	其中:博士毕业	其中:硕士毕业	R&D经费支出(百元)	仪器设备原价(百元)	其中:进口(百元)
人口、社会、法制研究中心	10	2	3	1 000	300	0
西南山地生态经济发展研究中心	12	3	5	1 000	300	0
中华传统文化和贵州地域文化研究中心	10	3	4	1 000	300	0
遵义医学院	17	5	8	1 250	120	0
贵州省高校人文医学研究中心	17	5	8	1 250	120	0
贵州师范大学	96	37	54	2 300	1 018	0
贵州文化与自然遗产保护研究中心	12	2	5	500	168	0
喀斯特生态文明研究中心	20	5	15	800	500	0
马克思主义理论与思想政治教育研究中心	22	13	9	500	200	0
文学教育与文化传播研究中心	42	17	25	500	150	0
遵义师范学院	17	0	7	305	80	0
遵义文化研究中心	17	0	7	305	80	0
毕节学院	5	1	3	50	0	0
毕节试验区研究院	5	1	3	50	0	0
彝学研究院	0	0	0	0	0	0
凯里学院	4	1	2	690	200	100
贵州原生态民族文化研究中心	4	1	2	690	200	100
黔南民族师范学院	38	3	6	300	200	0
地方民族文化与教育研究中心	33	3	5	200	100	0
民族研究所	5	0	1	100	100	0
贵州财经学院	50	31	17	2 115.56	239	0
贵州省经济系统仿真实验室	13	8	5	15.56	239	0
教育经济研究所	3	2	1	50	0	0
经济史研究所	5	3	1	500	0	0
经济研究所	4	3	1	50	0	0
欠发达地区经济发展研究所	15	10	5	500	0	0
西部现代化研究所	4	2	1	500	0	0
西南地区经济发展研究院	6	3	3	500	0	0
贵州民族学院	25	9	9	8 900	3 450	0
法制与民族地区发展研究中心	9	3	4	3 000	1 000	0
民族文化生态文化研究中心	7	3	3	2 900	1 500	0

续表

学校及机构名称	R&D 活动人员(人)			R&D 经费支出(百元)	仪器设备原价(百元)	其中:进口(百元)
	合计	其中:博士毕业	硕士毕业			
世居民族研究中心	9	3	2	3 000	950	0
云南大学	16	5	11	260	0	0
发展研究院	4	1	3	90	0	0
国际关系研究院	6	2	4	80	0	0
民族研究院	6	2	4	90	0	0
昆明理工大学	13	8	5	6 000	8 000	0
云南现代化管理与新型工业化研究基地	13	8	5	6 000	8 000	0
云南农业大学	26	5	21	61	0	0
科学技术史研究所	8	1	7	16	0	0
农村发展研究所	11	3	8	13	0	0
农村发展政策研究中心	4	1	3	21	0	0
农业教育研究所	3	0	3	11	0	0
西南林学院	5	2	3	1 000	500	0
云南森林资产管理及林权制度研究基地	5	2	3	1 000	500	0
大理学院	7	2	2	3 910	2 324	980
民族文化研究所	7	2	2	3 910	2 324	980
云南师范大学	7	5	2	1 500	500	0
云南教育发展和西南联大研究基地	7	5	2	1 500	500	0
云南财经大学	34	1	25	15 119	7 699	0
财政税收研究所	3	0	3	6 100	1 093	0
公共政策研究中心	6	1	5	6 200	990	0
经济研究院	11	0	10	120	2 807	0
经济制度与经济政策研究所	3	0	1	110	144	0
区域发展研究所	7	0	6	2 069	1 345	0
社会与经济行为研究中心	4	0	0	520	1 320	0
云南艺术学院	4	0	1	356	0	0
民族艺术研究所	4	0	1	356	0	0
云南民族大学	34	12	11	340	3 200	0
民族研究所	34	12	11	340	3 200	0
西藏民族学院	15	0	14	780	0	0
民族研究所	15	0	14	780	0	0

续表

学校及机构名称	R&D 活动人员(人)			R&D 经费支出(百元)	仪器设备原价(百元)	其中:进口(百元)
	合计	其中:博士毕业	其中:硕士毕业			
西北大学	71	48	22	24 400	16 700	0
汉唐文化与陕西文学发展研究中心	27	17	10	12 000	8 900	0
市场经济与企业制度研究中心	10	8	2	3 000	1 800	0
文化遗址与考古学研究中心	7	4	3	3 000	2 400	0
西北历史研究所	6	3	3	1 100	700	0
中东研究所	10	8	2	1 200	800	0
中国思想文化研究所	8	7	1	1 600	900	0
中国西部经济发展研究中心	3	1	1	2 500	1 200	0
西安交通大学	164	70	73	54 380	7 073	0
地方社会经济与发展研究所	3	1	1	3 000	310	0
高教研究所	5	3	2	2 500	240	0
金禾研究中心	6	4	2	1 000	140	0
金融发展研究所	10	8	1	1 600	150	0
人口与经济研究所	9	6	3	7 220	680	0
陕西经济研究中心	7	4	3	500	120	0
陕西省高校德育研究中心	20	6	11	500	110	0
社会医学与卫生事业管理研究所	6	0	6	8 000	673	0
实证社会科学研究所	8	5	3	900	140	0
统计咨询研究中心	15	8	7	1 500	300	0
公共管理与复杂性科学研究中心	7	5	2	4 000	570	0
社会保障统计与精算研究中心	11	2	5	5 000	580	0
社会调查研究中心	7	3	2	900	180	0
文化创意产业研究中心	8	1	3	2 100	450	0
形·容艺术研究所	10	0	5	2 100	440	0
知识产权研究中心	8	2	6	500	140	0
新闻与传播研究所	7	3	3	7 060	680	0
信息安全法学研究所	9	2	7	3 200	660	0
中国管理问题研究中心	8	7	1	2 800	510	0
西安理工大学	20	4	13	6 452	778	176
城市经济发展战略研究所	5	1	3	530	168	45
城市经济与管理研究中心	6	1	5	596	152	35
陕西省大学生人文素质教育研究中心	9	2	5	5 326	458	96
西安科技大学	24	7	15	4 500	2 800	0

续表

学校及机构名称	R&D 活动人员(人)			R&D 经费支出(百元)	仪器设备原价(百元)	
	合计	其中:				其中:进口(百元)
		博士毕业	硕士毕业			
陕西高校哲学社会科学重点研究基地——能源经济与管理研究中心	24	7	15	4 500	2 800	0
西安石油大学	25	0	20	12 309	949	0
油气资源经济管理研究中心	25	0	20	12 309	949	0
长安大学	87	38	37	30 734. 48	7 290. 54	0
长安文化产业研究中心	28	16	12	3 000	200	0
交通投融资研究所	6	3	1	2 500	600	0
交通运输发展研究所	6	3	3	8 000	600	0
区域与城市运输经济研究所	12	7	4	9 368. 73	583	0
物流与供应链研究所	9	4	5	2 365. 75	4 107. 54	0
综合运输经济管理研究中心	26	5	12	5 500	1 200	0
西北农林科技大学	0	0	0	0	5 054. 1	0
农业经济研究所	0	0	0	0	5 054. 1	0
陕西中医学院	10	3	6	1 250	0	0
中医药文化传承与发展研究中心	10	3	6	1 250	0	0
陕西师范大学	128	32	68	13 310. 7	16 292	0
农村发展研究中心	4	2	2	1 184. 5	292	0
体育人文社会科学研究中心	36	1	12	760	400	0
西北历史环境与经济社会发展研究中心	36	4	31	3 902	7 500	0
宗教研究中心	3	3	0	1 845	1 000	0
西北国土资源研究中心	34	9	21	600	200	0
西北民族研究中心	15	13	2	5 019. 2	6 900	0
延安大学	17	5	7	2 700	1 017	0
陕北历史文化研究中心	7	3	2	1 500	950	0
邓小平理论研究所	5	1	3	200	17	0
中共党史与延安学研究中心	5	1	2	1 000	50	0
陕西理工学院	35	4	10	3 280	3 890	0
汉水文化研究中心	35	4	10	3 280	3 890	0
宝鸡文理学院	36	4	13	1 480	2 000	0
城乡经济研究所	8	1	2	230	500	0
关陇方言与民俗研究中心	7	0	4	560	600	0
教育科学研究所	8	0	3	220	200	0

续表

学校及机构名称	R&D 活动人员(人)			R&D 经费支出(百元)	仪器设备原价(百元)	其中:进口(百元)
	合计	其中:博士毕业	硕士毕业			
周秦伦理文化与现代道德价值研究中心	5	1	2	260	600	0
周秦文化研究所	8	2	2	210	100	0
咸阳师范学院	8	3	3	7 000	2 000	0
咸阳发展研究院	8	3	3	7 000	2 000	0
渭南师范学院	19	1	2	756	164	0
城市与区域发展研究中心	2	0	0	45	0	0
教育科学研究所	4	1	2	85	0	0
秦东历史文化研究所	4	0	0	145	52	0
陕西地方艺术研究所	1	0	0	64	0	0
史记研究所	5	0	0	358	112	0
外国语言文化研究所	3	0	0	59	0	0
西安外国语大学	38	20	17	5 059.38	3 117.4	0
欧美语言文学研究中心	14	7	6	368.2	102	0
人文地理研究所	9	3	6	4 433.1	2 835.4	0
外国语言学及应用语言学	15	10	5	258.08	180	0
西北政法大学	17	5	11	4 500	1 370	500
法学研究所	10	3	7	2 000	500	200
高教研究所	6	2	3	2 000	670	300
马列主义研究所	1	0	1	500	200	0
西安体育学院	70	22	41	2 500	0	0
国家体育总局人文社科研究基地	46	16	24	2 000	0	0
陕西省高校体育法学研究中心	24	6	17	500	0	0
兰州大学	94	28	32	56 029	22 860	0
藏缅—阿尔泰民族非物质文化遗产研究所	5	1	0	112	600	0
德育研究所	8	2	5	1 200	420	0
敦煌学研究所	11	4	3	7 500	4 200	0
翻译研究所	3	0	2	320	200	0
高等教育研究所	7	0	3	520	240	0
古籍整理研究所	7	1	2	1 230	600	0
社会与经济发展研究评价中心	5	0	3	7 020	800	0
社区与生物多样性保护研究中心	6	1	2	4 633	600	0

续表

学校及机构名称	R&D 活动人员(人)			R&D 经费支出(百元)	仪器设备原价(百元)	其中:进口(百元)
	合计	其中:博士毕业	其中:硕士毕业			
文物鉴定与修复中心	4	1	1	320	200	0
西北民族体育文化研究所	4	1	0	260	300	0
西北人口研究所	6	3	2	2 340	1 000	0
西北少数民族研究中心	12	10	1	15 210	9 000	0
西部基础教育研究与培训中心	3	0	2	1 212	200	0
伊斯兰文化研究所	5	2	2	2 032	200	0
中国地方政府绩效评价中心	8	2	4	12 120	4 300	0
兰州理工大学	17	0	11	5 941	0	0
甘肃省工业经济发展研究院	12	0	8	5 520	0	0
国家体育总局体育文化发展中心体育文化研究基地	5	0	3	421	0	0
兰州交通大学	55	7	33	5 319	2 631	0
比较文学研究所	5	2	3	465	180	0
房地产研究所	7	1	3	2 100	180	0
高等教育研究所	4	0	1	155	285	0
经济管理研究所	16	0	8	790	100	0
社会发展研究所	4	0	3	410	400	0
西北交通经济研究中心	13	4	9	1 379	1 256	0
英美文字与翻译研究所	6	0	6	20	230	0
西北师范大学	44	20	24	15 545	4 313	0
敦煌学研究所	2	0	2	260	100	0
甘肃教育发展研究院	4	2	2	300	180	0
甘肃省先秦文学与文化研究中心	3	2	1	350	200	0
高等教育研究所	1	0	1	900	300	0
古籍整理研究所	3	0	3	1 310	160	0
教育部西北师范大学基础教育课程研究中心	4	2	2	1 896	360	0
诗赋研究所	3	1	2	933	230	0
西北边疆历史地理研究中心	5	2	3	190	160	0
西北民族地区社会发展与地方治理研究中心	4	2	2	150	190	0
西北少数民族教育发展研究中心	10	6	4	8 896	2 133	0
西部教师教育研究中心	5	3	2	360	300	0

续表

学校及机构名称	R&D 活动人员(人)			R&D 经费支出(百元)	仪器设备原价(百元)	其中:进口(百元)
	合计	其中:博士毕业	硕士毕业			
陇东学院	20	2	9	542	0	0
教育科学研究所	7	0	3	176	0	0
陇东历史文化研究中心	7	2	4	217	0	0
区域经济研究所	6	0	2	149	0	0
天水师范学院	34	6	13	72	32	0
伏羲文化研究院	9	1	0	8	5	0
陇右文化研究中心	16	4	9	47	23	0
体育科学研究所	9	1	4	17	4	0
河西学院	3	2	1	150	100	0
河西史地文化研究中心	3	2	1	150	100	0
兰州商学院	17	3	12	690	400	0
法学研究所	5	1	4	100	40	0
甘肃经济发展数量分析研究中心	3	1	2	180	100	0
甘肃商务发展研究中心	4	0	2	240	150	0
经济研究所	5	1	4	170	110	0
西北民族大学	12	4	7	2 100	610	0
格萨尔研究院	8	2	5	1 000	200	0
海外民族文献研究所	2	1	1	600	230	0
伊斯兰文化研究所	2	1	1	500	180	0
青海大学	16	1	15	200	0	0
青藏高原可持续发展与企业战略研究所	16	1	15	200	0	0
青海师范大学	38	4	17	1 600	370	0
高原体育研究所	12	0	4	500	120	0
教师教育理论与实践研究所	11	1	5	500	140	0
青藏高原文化研究所	15	3	8	600	110	0
青海民族学院	64	7	57	19 640	0	0
藏学研究中心	23	3	20	5 860	0	0
格萨尔研究中心	2	0	2	2 080	0	0
民族研究所	21	3	18	5 620	0	0
青海省法学研究所	10	0	10	3 910	0	0
青海省非物质文化遗产研究所	8	1	7	2 170	0	0
宁夏大学	34	10	14	10 235	170	0

续表

学校及机构名称	R&D 活动人员(人) 合计	其中:博士毕业	其中:硕士毕业	R&D 经费支出(百元)	仪器设备原价(百元)	其中:进口(百元)
宁夏大学回族研究院	12	3	9	2 964	20	0
宁夏大学西部发展研究中心	7	1	3	4 525	50	0
宁夏大学西夏学研究中心	15	6	2	2 746	100	0
新疆大学	0	0	0	0	0	0
经济研究所	0	0	0	0	0	0
人口研究所	0	0	0	0	0	0
西北少数民族研究中心	0	0	0	0	0	0
塔里木大学	0	0	0	0	0	0
塔里木大学非传统安全与边疆民族发展研究中心	0	0	0	0	0	0
西域文化研究所	0	0	0	0	0	0
石河子大学	15	10	2	13 000	9 000	0
石河子大学经济研究院	8	5	1	8 000	5 000	0
新疆屯垦与文化研究院	7	5	1	5 000	4 000	0
伊犁师范学院	39	1	18	750	0	0
阿依特斯研究中心	2	0	0	0	0	0
哈萨克文化研究所	10	1	1	300	0	0
教育科学研究所	7	0	3	100	0	0
伊犁学研究中心	11	0	7	250	0	0
中亚研究所	9	0	7	100	0	0
新疆艺术学院	3	1	1	0	0	0
丝绸之路文化艺术研究所	3	1	1	0	0	0
河北科技师范学院	13	0	8	320	2 300	0
农村职业教育研究所	13	0	8	320	2 300	0
徐州建筑职业技术学院	5	0	4	1 690	358	0
中国思想文化研究所	5	0	4	1 690	358	0
上海工程技术大学	17	6	10	5 280	1 950	0
经济研究所	4	2	2	1 400	150	0
上海工程技术大学会展艺术与技术创新中心	6	2	4	3 000	1 500	0
上海社会保障问题研究中心	7	2	4	880	300	0
浙江万里学院	75	39	30	2 093.8	880	0
创意设计产业与城市发展研究中心	9	4	5	540.8	120	0

续表

学校及机构名称	R&D 活动人员(人) 合计	其中:博士毕业	其中:硕士毕业	R&D 经费支出(百元)	仪器设备原价(百元)	其中:进口(百元)
临港现代服务与创意文化研究中心	36	21	10	1 050	160	0
民营经济研究中心	10	5	5	400	360	0
甬商研究基地	20	9	10	103	240	0
安徽科技学院	38	7	31	3 600	1 200	0
安徽省大学生创业教育研究中心	13	2	11	900	300	0
明文化研究所	7	1	6	700	200	0
农村经济发展研究所	10	2	8	1 100	400	0
现代企业管理研究所	8	2	6	900	300	0
萍乡高等专科学校	4	0	4	40	20	0
文廷式研究所	2	0	2	20	10	0
心理技术应用研究所	2	0	2	20	10	0
平顶山学院	28	2	13	530	38	0
伏牛山文化圈研究中心	14	2	5	20	5	0
三苏文化研究所	7	0	2	500	30	0
陶瓷研究所	7	0	6	10	3	0
吉林华桥外国语学院	4	0	2	81	314	0
民办高等教育研究所	2	0	1	26	181	0
中西文化研究中心	2	0	1	55	133	0
贵阳学院	12	1	3	1 000	400	100
阳明学与地方文化研究中心	12	1	3	1 000	400	100
新疆农业职业技术学院	2	0	0	80	0	0
新疆职业院校思想政治教育研究中心	2	0	0	80	0	0
中国伦理学会德育专业委员会高职教育研究部	0	0	0	0	0	0
中国伦理学会德育专业委员会新疆职业院校研究中心	0	0	0	0	0	0
昌吉学院	15	3	10	1 260	0	0
昌吉学院公共经济研究所	4	1	3	40	0	0
昌吉学院西域文化研究所	3	1	2	560	0	0
女性文学研究所	3	1	2	100	0	0
西域体育研究所	5	0	3	560	0	0
上海立信会计学院	57	37	11	4 519	45 605	0
开放经济与贸易研究中心	10	8	2	1 532	15 967	0

续表

学校及机构名称	R&D活动人员(人)			R&D经费支出(百元)	仪器设备原价(百元)	其中:进口(百元)
	合计	其中:				
		博士毕业	硕士毕业			
立信会计研究院	31	21	6	2 987	21 677	0
中国立信风险管理研究院	16	8	3	0	7 961	0
苏州职业大学	7	2	3	1 200	1 000	0
吴文化研究所	7	2	3	1 200	1 000	0
宁波工程学院	36	15	11	8 540	1 360	0
管理工程研究所	9	5	2	2 380	250	0
国际港口与物流研究中心	7	2	4	2 050	380	0
宁波市港城关系研究基地	12	3	3	2 360	380	0
宁波市港口城市发展与环境研究中心	8	5	2	1 750	350	0
厦门理工学院	124	26	74	2 520.68	550.41	0
720品牌研究所	10	0	6	2	0	0
创新工程师培训基地暨技术创新公共服务平台	16	3	6	416.74	278.28	0
大学英语研究中心	8	2	5	36.02	0	0
电子商务研究中心	12	4	7	1 584.11	165.67	0
科学技术与社会研究中心	8	3	4	145.45	49.4	0
闽台金融发展研究所	10	3	6	24.26	8.7	0
日本语言文化研究中心	15	1	11	109.28	4.66	0
社会体育研究所	11	0	9	26.04	0	0
文化产业研究所	8	1	6	2	0	0
信用研究所	8	4	4	8	3	0
英汉语比较与翻译研究中心	9	2	6	74.4	0	0
知识管理研究所	9	3	4	92.38	40.7	0
青岛大学	3	2	0	800	600	0
东亚文学与文化研究中心	1	0	0	300	200	0
青岛研究发展中心	2	2	0	500	400	0
烟台大学	52	23	29	4 528	510	0
东亚研究所	4	3	1	50	100	0
翻译研究中心	6	2	4	500	0	0
韩国学研究中心	8	2	6	400	0	0
民族研究所	9	5	4	1 000	0	0
山东省知识产权研究院	4	2	2	100	50	0
外国语言文化研究所	6	1	5	28	0	0

续表

学校及机构名称	R&D 活动人员(人)			R&D 经费支出(百元)	仪器设备原价(百元)	其中:进口(百元)
	合计	其中:				
		博士毕业	硕士毕业			
应用法学研究中心	8	5	3	2 000	360	0
中国学术研究所	7	3	4	450	0	0
潍坊学院	86	23	46	13 530	3 150	0
WTO 法研究所	8	1	7	1 880	500	0
比较文学与世界文学研究所	12	3	6	450	400	0
山东半岛经济与社会发展研究院	22	8	10	7 450	500	0
山东省民俗文化产业开发研究基地	17	5	8	820	450	0
潍坊旅游经济研究所	11	2	6	600	300	0
文化史研究所	10	3	5	1 300	500	0
英美文学研究所	6	1	4	1 030	500	0
江汉大学	8	1	5	670	800	0
高等教育研究所	8	1	5	670	800	0
三峡大学	74	33	24	68 790	5 104	0
长江三峡发展研究中心	43	19	15	38 200	2 200	0
高等教育研究所	6	4	2	160	18	0
湖北省非物质文化遗产保护基地	8	5	2	2 360	248	0
三峡文化与经济社会发展研究中心	12	2	3	270	18	0
水库移民研究中心	5	3	2	27 800	2 620	0
长沙学院	0	0	0	0	0	0
长沙市文化研究基地	0	0	0	0	0	0
长沙文化研究所	0	0	0	0	0	0
长沙学院应用法学(法律事务)研究所	0	0	0	0	0	0
翻译文化研究所	0	0	0	0	0	0
高等教育研究所	0	0	0	0	0	0
国学与思想政治教育研究所	0	0	0	0	0	0
物业管理研究所	0	0	0	0	0	0
学习型社会研究基地	0	0	0	0	0	0
循环经济与复杂性管理研究所	0	0	0	0	0	0
艺术设计研究所	0	0	0	0	0	0
广州大学	14	6	8	2 865	6 601	1 830
发展与教育心理学研究基地	2	1	1	321	973	296
高等教育研究所	1	0	1	253	533	135
广州发展研究院	4	2	2	544	1 379	332

续表

学校及机构名称	R&D 活动人员(人)			R&D 经费支出(百元)	仪器设备原价(百元)	其中:进口(百元)
	合计	其中:				
		博士毕业	硕士毕业			
广州人文历史研究基地	1	0	1	160	559	131
广州市“十三行”重点研究基地	1	0	1	356	664	220
广州市岭南艺术重点研究基地	0	0	0	0	0	0
廉政研究中心	1	0	1	223	899	168
人权中心	3	2	1	653	1 050	358
俗文化研究中心	1	1	0	355	544	190
琼州学院	6	2	1	350	0	0
海南省民族研究基地	6	2	1	350	0	0
中国人民武装警察部队学院	122	15	57	532	56 750	8 500
警卫学术中心	38	0	15	250	10 000	500
科研部	49	13	26	145	45 370	8 000
维和专业委员会	30	1	12	70	80	0
消防软科学中心	5	1	4	67	1 300	0
深圳职业技术学院	28	11	14	7 433.3	3 879.5	0
经济与社会发展研究中心	6	3	2	6 888.3	1 080.5	0
人文社会科学研究室	9	2	6	308	908	0
台湾研究室	4	3	1	128.5	360	0
职业技术教育研究所	9	3	5	108.5	1 531	0
成都电子机械高等专科学校	4	0	3	300	100	0
四川性社会学与性教育研究中心	4	0	3	300	100	0
扬州大学	29	14	6	2 160	1 800	0
邓小平理论研究中心	4	3	1	200	300	0
淮扬文化研究中心	15	2	4	500	800	0
苏中发展研究院	5	5	0	900	300	0
中国近代史研究中心	5	4	1	560	400	0
北京信息科技大学	30	19	11	29 845	9 654	0
北京市哲学社会科学知识管理研究基地	30	19	11	29 845	9 654	0
河北体育学院	28	6	14	1 120	1 505	0
高等教育研究中心	4	0	2	220	105	0
河北民间武术文化研究中心	5	0	4	270	300	0
体育教育训练学研究中心	8	2	3	200	450	0
体育人文社会学研究中心	5	1	3	200	150	0

续表

学校及机构名称	R&D 活动人员(人)			R&D 经费支出(百元)	仪器设备原价(百元)	
	合计	其中:				其中:进口(百元)
		博士毕业	硕士毕业			
运动人体科学研究中心	6	3	2	230	500	0
大连大学	74	33	18	7 446	5 084	0
电子商务物流研究中心	3	2	1	3 992	320	0
东北史研究中心	7	2	1	316	350	0
高教研究所	7	2	1	163	1 060	0
日本语言文化研究中心	27	7	10	65	2 144	0
体育研究所	14	6	3	953	430	0
艺术研究院	1	1	0	790	220	0
语言文学研究所	4	3	1	343	260	0
中国古代社会与思想文化研究中心	11	10	1	824	300	0
南京审计学院	55	24	21	4 350. 13	4 392. 39	0
分工超边际所	1	1	0	302. 2	569. 72	0
高等教育研究所	3	1	1	45	445	0
公共管理与绩效评估研究院	3	2	1	744. 83	518. 18	0
国民经济研究所	2	0	1	268. 69	150. 15	0
货币研究所	1	1	0	80	1 480. 31	0
金融风险管理研究中心	1	0	1	50	50	0
现代审计发展研究中心	21	13	4	391. 96	170. 42	0
中国内部审计发展研究中心	23	6	13	2 467. 45	1 008. 61	0
福建商业高等专科学校	3	1	1	230	60	0
闽商文化研究室	3	1	1	230	60	0
江西科技师范学院	7	2	5	120	6 320	0
“八一”精神研究中心	2	1	1	25	0	0
江西艺海设计研究所	0	0	0	35	5 800	0
客家音乐艺术中心	0	0	0	25	0	0
职教所	5	1	4	35	520	0
南昌工程学院	36	14	22	1 100	9 500	1 250
马克思主义社会发展理论研究所	16	6	10	1 000	5 000	600
水文化研究中心	20	8	12	100	4 500	650
湖南工程学院	31	1	12	1 300	0	0
物流研究所	12	1	5	1 300	0	0
应用翻译研究所	19	0	7	0	0	0
五邑大学	22	10	9	8 000	3 370	1 060

续表

学校及机构名称	R&D 活动人员(人)			R&D 经费支出(百元)	仪器设备原价(百元)	
	合计	其中:				其中:进口(百元)
		博士毕业	硕士毕业			
广东侨乡文化研究中心	13	6	6	6 200	2 500	600
企业管理研究中心	9	4	3	1 800	870	460
玉溪师范学院	4	1	3	150	25	0
民族文化与社会发展研究所	4	1	3	150	25	0
楚雄师范学院	5	1	3	2 180	500	0
地方民族文化研究所	5	1	3	2 180	500	0
昆明学院	16	3	9	2 780	0	0
昆明科学发展研究院	5	2	2	1 538	0	0
旅游研究所	11	1	7	1 242	0	0
榆林学院	0	0	0	3 000	3 150	0
陕北生态文化研究中心	0	0	0	1 000	650	0
陕北文化研究中心	0	0	0	2 000	2 500	0
安康学院	6	0	4	300	200	0
陕南民间文化研究中心	6	0	4	300	200	0
甘肃政法学院	39	2	24	1 109	922	0
甘肃政法学院法学研究所	3	0	3	140	80	0
甘肃政法学院经济法学研究中心	5	0	4	90	130	0
甘肃政法学院民商法学研究中心	5	0	4	160	132	0
甘肃政法学院司法鉴定研究所	7	1	3	160	215	0
甘肃政法学院诉讼法学研究中心	5	0	4	79	62	0
甘肃政法学院宪法学和行政法学研究中心	5	1	3	140	53	0
甘肃政法学院刑法学研究中心	4	0	1	120	115	0
甘肃政法学院政治学研究所	5	0	2	220	135	0
北方民族大学	6	3	2	5 853	32 920	7 000
北方语言研究院	3	1	1	1 264	2 650	1 000
社会学与民族学研究所	3	2	1	4 589	30 270	6 000
中国石油大学	16	4	12	800	1 200	500
中国能源战略研究中心	16	4	12	800	1 200	500
北京联合大学	52	11	8	5 974	22 275	0
北京市政治文明建设研究中心	7	4	3	3 500	18 400	0
北京学研究基地	45	7	5	2 474	3 875	0
北京城市学院	13	5	6	1 100	100	0

续表

学校及机构名称	R&D活动人员(人)			R&D经费支出(百元)	仪器设备原价(百元)	
	合计	其中:				其中:进口(百元)
		博士毕业	硕士毕业			
东亚研究所	5	2	1	1 100	100	0
教育发展研究所	8	3	5	0	0	0
河北金融学院	9	4	4	0	0	0
河北省科技金融重点实验室	6	3	3	0	0	0
金融研究所	3	1	1	0	0	0
南京晓庄学院	5	0	2	120	200	0
心理健康研究所	5	0	2	120	200	0
江苏技术师范学院	15	2	7	560	800	0
江苏省职业技术教育研究中心	15	2	7	560	800	0
浙江财经学院	52	29	22	15 220	2 655	0
爱尔兰研究所	3	1	2	150	100	0
财经科学研究所	5	2	3	380	200	0
产业经济与政府管制研究所	2	1	1	120	100	0
城乡规划与环境管理研究所	3	1	2	530	200	0
经济与社会发展研究院	4	2	1	380	200	0
企业内部控制规范应用研究所	5	3	2	60	130	0
社会经济综合指数与综合评价研究中心	2	1	1	380	225	0
政府管制与公共政策研究中心	28	18	10	13 220	1 500	0
浙江警察学院	14	4	5	2 491	210	0
公共理论研究中心	9	3	2	2 419	90	0
警务科技中心	5	1	3	72	120	0
莆田学院	8	2	6	230	43 510	0
妈祖文化研究中心	8	2	6	230	43 510	0
江西公安专科学校	129	5	29	5 710	0	0
计算机犯罪侦查研究中心	12	0	6	50	0	0
江西经济犯罪侦查研究中心	5	0	0	35	0	0
警察法研究所	3	0	0	20	0	0
科学配置警力研究中心	10	0	0	50	0	0
群体性事件研究中心	8	0	0	50	0	0
物证鉴定所	3	0	0	5	0	0
鄱阳湖生态经济区安全研究中心	88	5	23	5 500	0	0
湖南城市学院	52	7	44	0	0	0

续表

学校及机构名称	R&D 活动人员(人)			R&D 经费支出(百元)	仪器设备原价(百元)	其中:进口(百元)
	合计	其中:博士毕业	硕士毕业			
湖南城市化战略研究基地	26	3	23	0	0	0
湖南省城市经济研究基地	26	4	21	0	0	0
湖南工学院	6	3	3	900	600	0
大学生发展研究中心	2	1	1	300	200	0
衡阳经济发展研究中心	2	1	1	300	200	0
旅游规划与设计研究所	2	1	1	300	200	0
湖南财经高等专科学校	38	8	27	5 985.7	3 687.85	0
湖南财政与会计研究基地	22	8	14	4 989	3 566.9	0
体育经济与产业研究所	16	0	13	996.7	120.95	0
湖南工业大学	0	0	0	0	0	0
包装经济研究所	0	0	0	0	0	0
包装设计理论与应用研究基地	0	0	0	0	0	0
高等教育研究所	0	0	0	0	0	0
湖南省包装经济研究基地	0	0	0	0	0	0
湖南省包装设计艺术研究基地	0	0	0	0	0	0
湖南省产品包装创新工业设计中心	0	0	0	0	0	0
湖南省体育文化研究基地	0	0	0	0	0	0
湖南省职教学科研究基地	0	0	0	0	0	0
湖南女子职业大学	0	0	0	0	0	0
高等教育学科(女性教育)基地	0	0	0	0	0	0
湖南省公民礼仪素质研究基地	0	0	0	0	0	0
女性教育研究中心	0	0	0	0	0	0
女性经济研究所	0	0	0	0	0	0
女性人类学研究所	0	0	0	0	0	0
女性体育研究所	0	0	0	0	0	0
女性政治与人才学研究所	0	0	0	0	0	0
全国妇联、中国妇女研究会妇女性别研究与培训湖南女子大学基地	0	0	0	0	0	0
生活科学教育与管理研究所	0	0	0	0	0	0
广东金融学院	39	26	11	3 260	847	0
保险研究所	4	2	2	450	190	0
广州区域金融政策重点研究基地	15	10	5	450	190	0
国际经济与贸易研究所	3	1	1	243	75	0

续表

学校及机构名称	R&D活动人员(人)			R&D经费支出(百元)	仪器设备原价(百元)	其中:进口(百元)
	合计	其中:博士毕业	硕士毕业			
华南金融研究所	7	5	2	1 080	170	0
劳动经济与人力资源研究所	4	3	1	510	87	0
应用心理学研究所	2	2	0	220	83	0
知识产权研究所	4	3	0	307	52	0
西安财经学院	24	9	8	3 250	6 050	0
陕西省统计研究中心	7	2	3	100	600	0
西安统计研究院	6	3	2	800	50	0
现代企业管理研究中心	11	4	3	2 350	5 400	0
合作民族师范高等专科学校	2	0	2	300	0	0
藏文化研究中心	2	0	2	300	0	0
钦州学院	34	4	30	800	500	0
北部湾人文研究中心	34	4	30	800	500	0
中国青年政治学院	2	1	1	37.49	560	0
青年发展研究院	2	1	1	37.49	560	0
北京青年政治学院	28	8	12	2 077.8	3 776.19	0
北京东方道德研究所	6	2	1	617.38	1 438.56	0
北京青年政治学院社区发展研究所	15	3	9	486.3	515	0
北京青少年研究所	4	2	1	903.59	1 510.63	0
北京职业教育与人文北京研究中心	3	1	1	70.53	312	0
上海金融学院	11	6	4	1 275	400	0
国际金融研究院	11	6	4	1 275	400	0
宁波大学	397	180	139	78 652.95	28 075.42	0
法治与和谐社会建设研究中心	9	5	3	10 110.31	1 200	0
国际经济研究中心	8	4	2	917.94	960	0
经济发展研究中心	9	4	1	2 839.86	1 600	0
宁波帮研究中心	13	4	4	2 407.09	120	0
宁波市地方政府治理研究基地	17	6	9	1 537.81	2 400	0
宁波市基础教育改革研究基地	37	18	12	1 382.81	2 600	0
宁波市区域经济研究基地	15	10	3	1 997.35	2 460	0
宁波市人口与社会发展研究中心	4	2	1	3 349.86	114.42	0
宁波市人民政府发展研究中心决策科学研究所	24	6	11	1 699.33	1 000	0
宁波市人民政府发展研究中心区域经济所	16	5	7	18 013.54	3 000	0

续表

学校及机构名称	R&D活动人员(人)			R&D经费支出(百元)	仪器设备原价(百元)	其中:进口(百元)
	合计	其中:博士毕业	硕士毕业			
宁波市浙东文化研究基地	29	16	10	3 825.97	620	0
区域高等教育研究中心	14	4	5	947.51	180	0
体育经济研究中心	21	9	6	5 061.12	2 041	0
外国语言文化与宁波国际化发展战略研究中心	22	10	6	7 089.07	630	0
现代高端服务业发展研究中心	30	9	18	1 329.44	1 564	0
现代管理研究中心	9	4	2	2 880.01	1 200	0
现代国际贸易战略研究中心	11	4	3	4 433.01	3 275	0
心理学研究中心	11	3	5	916.43	188	0
浙东文化研究中心	23	13	5	21.35	120	0
浙东文化与宁波文化大市建设研究中心	35	22	11	2 984.31	480	0
浙东中小企业研究基地	10	4	5	572	1 300	0
浙江省海洋文化与经济研究中心	30	18	10	4 336.83	1 023	0
浙江传媒学院	5	3	2	1 250	163	0
浙江省传播与文化产业研究中心	5	3	2	1 250	163	0
武汉商业服务学院	4	1	3	0	0	0
商业文化研究所	4	1	3	0	0	0
茂名学院	21	3	10	1 741	0	0
南方诗歌研究所	3	0	1	178	0	0
粤西经济发展研究所	7	1	6	852	0	0
冼夫人文化研究中心	11	2	3	711	0	0
海南师范大学	69	12	37	830	100	0
海南当代文学研究所	16	4	10	100	0	0
海南省基础教育课程与教学研究基地	8	1	4	10	0	0
海南省南海区域文化研究基地	7	1	4	200	0	0
海南省中国特色社会主义理论体系研究中心	8	2	4	180	0	0
金融研究中心	10	0	5	80	0	0
媒介发展研究中心	8	1	5	90	0	0
民族民间音乐研究所	7	0	3	80	100	0
中国散文研究中心	5	3	2	90	0	0
重庆工学院	41	16	23	15 200	17 362	4 522
财会研究与开发中心	12	4	8	5 978	4 905	2 850
劳动经济与人力资源研究中心	12	4	7	1 178	4 980	1 672

续表

学校及机构名称	R&D 活动人员(人) 合计	其中:博士毕业	其中:硕士毕业	R&D 经费支出(百元)	仪器设备原价(百元)	其中:进口(百元)
企业管理研究所	5	2	3	2 536	3 178	0
新视野管理咨询与企业诊断研究中心	5	3	2	5 437	2 786	0
英语测试研究所	3	1	2	36	463	0
重庆市金融衍生品创新与应用中心	4	2	1	35	1 050	0
康定民族师范高等专科学校	5	0	0	0	2 000	0
藏研室	5	0	0	0	2 000	0
山东工商学院	8	6	2	200	0	0
半岛经济研究中心	5	4	1	100	0	0
煤炭经济研究中心	3	2	1	100	0	0
长春大学	0	0	0	0	0	0
长春大学特殊教育研究中心	0	0	0	0	0	0
邓小平理论与“三个代表”重要思想研究所	0	0	0	0	0	0
企业信息化研究所	0	0	0	0	0	0
萨满文化研究中心	0	0	0	0	0	0
语言文字研究所	0	0	0	0	0	0
中外语言比较研究所	0	0	0	0	0	0
重庆工商大学	216	101	71	79 630	21 200	0
巴渝文化研究所	14	0	10	3 000	1 000	0
产业经济研究院	36	21	9	8 000	2 000	0
长江上游经济研究中心	38	22	15	50 000	8 000	0
大学生发展研究中心	5	2	2	30	400	0
法学研究所	14	6	5	1 800	300	0
技术经济与管理研究中心	8	3	2	800	500	0
金融研究所	6	2	2	1 000	400	0
廉政研究中心	18	7	3	3 000	1 500	0
企业管理研究中心	38	18	14	5 000	2 000	0
区域经济研究院	16	7	5	4 000	3 500	0
商务策划研究所	15	8	3	2 000	1 000	0
现代会计研究所	8	5	1	1 000	600	0
黑龙江工程学院	75	6	53	560	10 200	0
黑龙江省漆画创作基地	6	0	6	90	200	0
经济管理研究所	10	3	7	300	0	0
人文社会科学实训中心	21	1	19	30	0	0
体育实训基地	15	0	5	70	0	0

续表

学校及机构名称	R&D 活动人员(人) 合计	其中:博士毕业	其中:硕士毕业	R&D 经费支出(百元)	仪器设备原价(百元)	其中:进口(百元)
艺术设计创作中心	9	0	6	10	10 000	0
语言实验中心	14	2	10	60	0	0
东莞理工学院	2	1	1	0	0	0
东莞经济法律研究咨询中心	0	0	0	0	0	0
东莞社会发展研究院	2	1	1	0	0	0
东莞生命教育研究中心	0	0	0	0	0	0
东莞文化发展研究中心	0	0	0	0	0	0
山东财政学院	63	10	25	5 100	1 025	20
财政研究所	3	1	0	100	0	0
公共管理研究所	3	0	3	300	100	0
管理科学与工程研究所	5	4	1	500	0	0
国际贸易研究所	3	2	1	400	25	20
会计研究所	4	3	0	400	0	0
金融研究所	6	0	5	400	0	0
理论经济研究所	4	0	1	400	100	0
企业管理研究所	12	0	0	1 000	500	0
山东省公共财政制度与社会保障制度研究基地	10	0	9	1 000	200	0
上海合作组织研究所	3	0	0	100	0	0
资源经济与战略研究中心	10	0	5	500	100	0
河北经贸大学	17	8	4	13 669	3 300	0
经济研究所	17	8	4	13 669	3 300	0
上海政法学院	5	2	1	1 102.5	1 268.6	0
司法研究所	5	2	1	1 102.5	1 268.6	0
贺州学院	14	3	5	500	220	0
广西东部族群文化研究基地	14	3	5	500	220	0
浙江树人学院	152	21	94	15 801.78	1 336.7	0
茶文化研究中心	6	1	4	952.68	181	0
地域文化与古籍整理研究所	15	4	6	161.8	36	0
东亚研究所	17	3	10	121.2	32	0
翻译研究所	7	0	3	178	43	0
国际贸易研究所	19	1	14	277	68	0
会展经济研究所	7	0	5	144.7	39.7	0
旅游与休闲研究所	10	2	8	785.3	126	0
民办高等教育研究所	14	3	9	561.2	105	0

续表

学校及机构名称	R&D 活动人员(人) 合计	其中:博士毕业	硕士毕业	R&D 经费支出(百元)	仪器设备原价(百元)	其中:进口(百元)
民营中小企业研究所	11	2	9	1 921	156	0
社会工作与社会建设研究所	11	2	9	711.6	20	0
设计艺术与墙文化传播研究所	9	1	1	6 714.1	380	0
学生体质健康指导研究中心	14	0	6	1 804.1	80	0
中国服务经济研究中心	12	2	10	1 469.1	70	0
广东工业大学	12	4	6	5 780	4 200	0
工业企业管理创新研究中心	12	4	6	5 780	4 200	0
广东外语外贸大学	43	35	8	30 000	6 800	2 200
词典学中心	8	3	5	3 000	1 500	800
翻译学研究中心	4	3	1	4 000	800	100
广州国际商贸研究中心	6	5	1	2 000	500	100
国际经济贸易研究中心	6	5	1	6 000	1 000	200
外国文学文化中心	3	3	0	5 000	1 000	200
外国语言学及应用语言学研究中心	15	15	0	6 000	1 000	300
粤商研究中心	1	1	0	4 000	1 000	500
佛山科学技术学院	209	52	104	21 984	7 924	0
动漫研究中心	26	4	11	1 200	859	0
法治与社会发展研究中心	45	10	18	2 953	23	0
佛山市青少年发展研究中心	29	4	17	692	327	0
佛山文化研究中心	43	12	23	2 794	1 245	0
佛山武术文化研究中心	6	1	3	2 109	1 231	0
高等教育研究所	3	1	1	90	20	0
广东省广府文化研究基地	43	14	25	5 000	257	0
酒文化研究中心	7	4	1	916	120	0
企业发展研究中心	7	2	5	6 230	3 842	0
重庆电力高等专科学校	3	0	0	400	940	0
高等教育研究室	3	0	0	400	940	0
大连民族学院	67	25	42	840	3 150	0
东北少数民族研究院	21	10	11	320	1 000	0
国际语言文化研究中心	13	5	8	220	650	0
民族地区可持续发展研究中心	33	10	23	300	1 500	0
湖南第一师范学院	18	1	9	0	0	0
德育基地	7	0	5	0	0	0
基础教育基地	5	1	1	0	0	0
教育信息技术基地	6	0	3	0	0	0

续表

学校及机构名称	R&D 活动人员(人)			R&D 经费支出(百元)	仪器设备原价(百元)	其中:进口(百元)
	合计	其中:博士毕业	硕士毕业			
上海第二工业大学	6	0	3	124.6	700	0
高等教育研究所	6	0	3	124.6	700	0
安徽商贸职业技术学院	16	1	9	160	0	0
安徽商贸职业技术学院财贸经济研究所	16	1	9	160	0	0
南京森林公安高等专科学校	4	0	2	4 000	1 000	0
国家林业局职业教育研究中心	4	0	2	4 000	1 000	0
湖南大众传媒职业技术学院	30	4	26	0	200	200
传媒管理研究所	6	1	5	0	200	200
传媒教育与职业研究所	4	0	4	0	0	0
传媒艺术研究所	3	1	2	0	0	0
动漫游戏研究所	1	0	1	0	0	0
网络传播与舆情研究所	4	1	3	0	0	0
现代传播研究所	5	0	5	0	0	0
现代远程教育研究所	7	1	6	0	0	0
湖南涉外经济学院	21	12	9	0	0	0
底盘电子研究所	8	8	0	0	0	0
国际经济研究中心	4	1	3	0	0	0
计算机应用研究所	3	1	2	0	0	0
民办高等教育研究所	2	1	1	0	0	0
英语教育研究所	4	1	3	0	0	0
海口经济学院	3	1	0	270	0	0
经济研究所	1	1	0	30	0	0
旅游商品研究基地	1	0	0	80	0	0
旅游研究所	1	0	0	160	0	0
山东女子学院	0	0	0	0	0	0
妇女研究所	0	0	0	0	0	0
先进性别文化研究基地	0	0	0	0	0	0
湖南交通职业技术学院	3	0	3	0	0	0
高职教育研究所	3	0	3	0	0	0
广东科学技术职业学院	6	1	1	2 900	240	0
广东省人才研究所	6	1	1	2 900	240	0
保险职业学院	0	0	0	0	0	0
保险高等职业教育研究所	0	0	0	0	0	0
保险培训研究所	0	0	0	0	0	0

续表

学校及机构名称	R&D 活动人员(人)			R&D 经费支出(百元)	仪器设备原价(百元)	
	合计	其中:				其中:进口(百元)
		博士毕业	硕士毕业			
现代保险研究所	0	0	0	0	0	0
湖南对外经济贸易职业学院	0	0	0	0	0	0
服务贸易研究中心	0	0	0	0	0	0
高职教育研究中心	0	0	0	0	0	0
长沙商贸旅游职业技术学院	3	0	3	1 146	0	0
高职教育研究室	3	0	3	1 146	0	0
浙江越秀外国语学院	17	1	10	57	920	0
澳大利亚研究所	1	0	1	10	50	0
大学英语教学研究中心	1	0	1	10	60	0
大禹文化研究所	3	1	2	10	60	0
高教研究所	3	0	1	10	50	0
韩国文化研究所	2	0	1	6	500	0
跨文化比较研究所	2	0	1	5	50	0
区域经济研究所	1	0	1	2	50	0
商务日语研究所	1	0	1	2	50	0
双语教育发展研究所	3	0	1	2	50	0
北京吉利大学	8	5	0	0	0	0
北京吉利大学动画与游戏研究院	4	1	0	0	0	0
教育研究所	0	0	0	0	0	0
汽车物流与供应链研究院	4	4	0	0	0	0
吉林工业职业技术学院	2	0	0	9	0	0
高职教育研究室	2	0	0	9	0	0
亳州师范高等专科学校	5	2	2	163	0	0
亳文化研究中心	5	2	2	163	0	0
焦作师范高等专科学校	61	3	25	80	0	0
比较文学研究所	5	0	2	25	0	0
心理研究所	26	1	12	20	0	0
覃怀文化研究所	30	2	11	35	0	0
山东胜利职业学院	1	0	0	1 000	0	0
黄河文化研究所	1	0	0	500	0	0
胜利油田反邪教理论研究所	0	0	0	500	0	0
成都医学院	16	3	8	250	6 100	770
四川应用心理学研究中心	16	3	8	250	6 100	770
黑河学院	19	0	10	60	680	0
俄罗斯研究所	6	0	3	20	230	0

续表

学校及机构名称	R&D 活动人员(人)			R&D 经费支出(百元)	仪器设备原价(百元)	其中:进口(百元)
	合计	其中:博士毕业	硕士毕业			
黑龙江流域历史与文化研究所	8	0	3	20	200	0
中国比较教育研究所	5	0	4	20	250	0
衡阳财经工业职业技术学院	0	0	0	0	0	0
旅游文化与中小企业管理研究所	0	0	0	0	0	0
绿色经济与现代会计研究所	0	0	0	0	0	0
安徽财贸职业学院	17	1	16	406	510	0
电子商务应用研究所	4	1	3	100	150	0
和信会计应用研究所	5	0	5	103	120	0
胡雪岩研究所	4	0	4	99	110	0
现代物流研究所	4	0	4	104	130	0
湖南工艺美术职业学院	0	0	0	0	0	0
环境艺术设计研究所	0	0	0	0	0	0
湘绣研发中心	0	0	0	0	0	0
合肥师范学院	18	5	13	85	85	0
安徽省教师教育研究所	4	1	3	20	20	0
翻译研究所	2	1	1	5	5	0
古籍研究所	1	1	0	10	10	0
徽派版画艺术研究所	3	0	3	15	15	0
教育科学研究所	3	0	3	10	10	0
马克思主义中国化研究所	3	1	2	10	10	0
中国画艺术研究所	1	0	1	5	5	0
中国诗学研究所	1	1	0	10	10	0
河海大学文天学院	12	3	5	500	150	0
文天人力资源研究院	12	3	5	500	150	0
山东青年政治学院	0	0	0	0	0	0
服装研究所	0	0	0	0	0	0
旅游管理研究所	0	0	0	0	0	0
企业咨询服务中心	0	0	0	0	0	0
青少年研究所	0	0	0	0	0	0
文化传播研修中心	0	0	0	0	0	0
舞蹈研究所	0	0	0	0	0	0
艺术设计工作室	0	0	0	0	0	0

2. 全国高等学校人文、社会科学研究与发展研究机构情况表

	编号	机构数	R&D 活动人员(人) 合计	其中:博士毕业	其中:硕士毕业	R&D 经费支出(百元)	仪器设备原价(百元)	其中:进口(百元)
合计	0	2 823	33 447	14 050	14 209	8 173 993.78	7 177 221.25	2 140 183.49
管理学	1	399	5 647	2 596	2 315	1 421 875.29	1 151 150.75	63 610.3
马克思主义	2	91	1 177	516	464	81 719.1	65 509.53	4 489.9
哲学	3	78	987	520	335	171 611.22	113 527.89	4 097
逻辑学	4	7	106	33	70	6 391.12	17 813.74	13 392.55
宗教学	5	22	240	117	98	32 884.08	14 708.07	300
语言学	6	162	1 744	663	844	336 866	276 953.14	86 534.2
中国文学	7	170	1 800	719	794	202 177.88	83 021.97	3 777
外国文学	8	34	259	110	103	28 359.89	18 274.9	3 221
艺术学	9	165	1 502	342	737	1 094 789.5	1 493 560.14	645 302.15
历史学	10	203	2 400	1 026	902	419 543.9	246 534.23	26 708.6
考古学	11	10	127	67	43	28 665.8	43 225.7	13 920
经济学	12	544	6 351	3 080	2 523	1 859 824.12	1 082 330.08	134 767.44
政治学	13	83	1 044	405	494	260 809.17	97 699.35	11 108
法学	14	173	2 184	912	896	352 902.68	233 109.97	65 611.8
社会学	15	169	1 824	704	810	425 213.2	196 273.46	17 047.35
民族学	16	72	919	346	421	114 659.2	111 312.5	10 960
新闻与传播学	17	65	735	336	299	252 666.62	136 623.95	23 053.85
图书、文献与情报学	18	21	324	120	167	30 327.9	22 250.9	5 019.9
教育学	19	226	2 103	863	874	386 566.1	454 520.51	95 433.45
统计学	20	17	144	79	47	44 286.86	8 523.77	0
心理学	21	30	704	223	430	377 581.17	623 271.1	391 523
体育学	22	82	1 126	273	543	244 272.98	687 025.6	520 306

3. 各省、市、自治区高等学校人文、社会科学研究与发展研究机构情况表

	编号	机构数	R&D活动人员(人) 合计	其中：博士毕业	其中：硕士毕业	R&D经费支出(百元)	仪器设备原价(百元)	其中:进口(百元)
合计	0	2 823	33 447	14 050	14 209	8 173 993.78	7 177 221.25	2 140 183.49
北京市	1	220	3 530	2 111	1 106	2 520 196.02	2 917 907.09	1 229 671.68
天津市	2	72	1 409	546	806	311 258.6	438 738.71	179 983.66
河北省	3	43	683	140	355	52 061	83 853.47	8 500
山西省	4	30	272	126	88	50 853.57	164 887.61	34 760.39
内蒙古自治区	5	26	278	119	114	26 441.15	34 472	0
辽宁省	6	84	1 217	578	509	132 964	312 232.5	157 636
吉林省	7	104	1 147	564	485	95 940.81	56 941.83	4 554
黑龙江省	8	69	883	354	431	70 172	80 935	580
上海市	9	162	2 338	1 344	681	944 186.8	391 655.46	45 200
江苏省	10	168	1 827	853	728	507 421.75	423 747.39	64 392
浙江省	11	308	3 670	1 320	1 597	515 358.02	213 905.55	28 748.7
安徽省	12	55	524	174	283	95 955.9	26 079.8	78
福建省	13	120	1 021	370	412	174 311.78	102 046.97	4 929.9
江西省	14	49	496	154	160	84 606	40 200	4 470
山东省	15	125	1 279	470	541	97 708.35	81 387	4 141
河南省	16	108	996	234	426	80 661	31 348	3 941
湖北省	17	120	2 433	952	1 278	373 588.58	202 616.91	48 950
湖南省	18	378	2 823	1 026	1 407	314 187.6	195 782.55	33 385.1
广东省	19	137	1 553	950	470	737 154.61	491 215.26	154 251.06
广西壮族自治区	20	55	767	305	339	89 902.97	64 497.62	560
海南省	21	15	113	34	45	3 535	100	0
重庆市	22	73	1 259	574	481	374 190.15	404 048.89	51 655
四川省	23	84	1 037	208	556	143 415	234 443.6	70 940
贵州省	24	27	338	110	127	21 910.56	7 207	200
云南省	25	23	171	45	96	33 656	22 748	980
西藏自治区	26	1	15	0	14	780	0	0
陕西省	27	75	799	275	370	181 161.56	79 895.04	676
甘肃省	28	58	337	74	168	87 797	31 868	0
青海省	29	9	118	12	89	21 440	370	0
宁夏回族自治区	30	5	40	13	16	16 088	33 090	7 000
新疆维吾尔自治区	31	20	74	15	31	15 090	9 000	0

4. 各省、市、自治区所属高等学校人文、社会科学研究与发展研究机构情况表

	编号	机构数	R&D 活动人员(人) 合计	其中:博士毕业	其中:硕士毕业	R&D 经费支出(百元)	仪器设备原价(百元)	其中:进口(百元)
合计	0	1 886	20 856	6 992	9 740	3 021 969.29	4 003 558.43	1 243 219.79
北京市	1	46	712	302	279	192 637.4	1 355 469.22	532 876.04
天津市	2	48	1 079	245	778	60 096.6	277 322.71	179 983.66
河北省	3	39	561	125	298	51 529	27 103.47	0
山西省	4	30	272	126	88	50 853.57	164 887.61	34 760.39
内蒙古自治区	5	26	278	119	114	26 441.15	34 472	0
辽宁省	6	72	1 027	475	439	114 436.24	305 382.5	157 636
吉林省	7	65	497	145	289	46 380	42 355	2 050
黑龙江省	8	61	625	261	306	50 229	30 723	470
上海市	9	52	771	274	334	247 868.44	186 516.27	13 500
江苏省	10	77	833	400	312	143 535.75	166 036.39	48 035
浙江省	11	230	2 694	886	1 169	361 658.02	150 565.55	9 278.7
安徽省	12	52	499	161	274	85 255.9	22 779.8	78
福建省	13	74	691	155	325	41 794.48	59 798.01	219.9
江西省	14	49	496	154	160	84 606	40 200	4 470
山东省	15	116	1 162	396	514	94 988.35	81 387	4 141
河南省	16	108	996	234	426	80 661	31 348	3 941
湖北省	17	43	630	211	277	124 420	46 162	2 000
湖南省	18	247	2 234	763	1 135	232 982.6	173 642.55	33 385.1
广东省	19	100	948	475	358	335 266.88	373 254.73	127 925
广西壮族自治区	20	55	767	305	339	89 902.97	64 497.62	560
海南省	21	15	113	34	45	3 535	100	0
重庆市	22	47	817	282	363	236 630	90 452	15 114
四川省	23	68	753	95	426	50 745	187 024.6	70 940
贵州省	24	27	338	110	127	21 910.56	7 207	200
云南省	25	23	171	45	96	33 656	22 748	980
西藏自治区	26	1	15	0	14	780	0	0
陕西省	27	43	420	135	192	82 736.38	44 185.4	676
甘肃省	28	40	231	42	129	29 668	8 398	0
青海省	29	9	118	12	89	21 440	370	0
宁夏回族自治区	30	3	34	10	14	10 235	170	0
新疆维吾尔自治区	31	20	74	15	31	15 090	9 000	0

5. 国务院各部委所属高等学校人文、社会科学研究与发展研究机构情况表

	编号	机构数	R&D 活动人员(人) 合计	其中:博士毕业	其中:硕士毕业	R&D 经费支出(百元)	仪器设备原价(百元)	其中:进口(百元)
合计	0	937	12 591	7 058	4 469	5 152 024. 5	3 173 662. 8	896 963. 7
外交部	1	1	19	0	9	3 850	0	0
工信部	2	18	261	146	108	59 388	42 681	6 724
国家民族事务委员会	3	26	455	185	258	46 940	55 355. 5	11 620
公安部	4	4	122	15	57	532	56 750	8 500
交通部	5	2	53	20	16	10 822. 5	700	0
教育部	6	849	11 239	6 448	3 873	4 880 367. 3	2 939 967. 3	869 009. 7
海关总署	7	5	59	21	20	1 900	6 000	0
中国民用航空总局	8	1	29	10	19	8 000	5 000	0
国家林业局	9	1	4	0	2	4 000	1 000	0
国务院侨务办公室	10	21	291	178	86	134 266. 21	53 149	110
国家体育总局	11	7	44	26	18	921	12 000	1 000
中国科学院	12	1	13	8	2	1 000	500	0
共青团中央	13	1	2	1	1	37. 49	560	0

6. 本科院校人文、社会科学研究与发展研究机构情况表

	编号	机构数	R&D 活动人员(人) 合计	其中:博士毕业	其中:硕士毕业	R&D 经费支出(百元)	仪器设备原价(百元)	其中:进口(百元)
合计	0	2 746	33 022	13 997	14 018	8 138 362. 98	7 159 349. 71	2 139 983. 49
管理学	1	391	5 610	2 590	2 296	1 418 608. 29	1 150 660. 75	63 610. 3
马克思主义	2	86	1 170	516	460	79 449. 1	65 151. 53	4 489. 9
哲学	3	75	972	516	328	170 685. 84	111 181. 33	4 097
逻辑学	4	7	106	33	70	6 391. 12	17 813. 74	13 392. 55
宗教学	5	22	240	117	98	32 884. 08	14 708. 07	300
语言学	6	162	1 744	663	844	336 866	276 953. 14	86 534. 2
中国文学	7	169	1 799	719	794	201 677. 88	83 021. 97	3 777
外国文学	8	33	254	110	101	28 334. 89	18 274. 9	3 221
艺术学	9	160	1 494	340	734	1 094 789. 5	1 493 560. 14	645 302. 15
历史学	10	199	2 358	1 021	885	418 058. 9	245 464. 23	26 708. 6
考古学	11	10	127	67	43	28 665. 8	43 225. 7	13 920
经济学	12	534	6 295	3 064	2 487	1 846 721. 62	1 077 051. 73	134 767. 44
政治学	13	82	1 044	405	494	260 809. 17	97 699. 35	11 108
法学	14	166	2 055	907	867	347 192. 68	233 109. 97	65 611. 8
社会学	15	159	1 791	697	790	423 241. 31	193 937. 83	17 047. 35

续表

	编号	机构数	R&D活动人员(人) 合计	其中:博士毕业	其中:硕士毕业	R&D经费支出(百元)	仪器设备原价(百元)	其中:进口(百元)
民族学	16	69	908	346	418	114 059.2	109 312.5	10 960
新闻与传播学	17	61	713	333	280	252 666.62	136 423.95	22 853.85
图书、文献与情报学	18	21	324	120	167	30 327.9	22 250.9	5 019.9
教育学	19	214	2 072	859	856	380 832.07	450 737.51	95 433.45
统计学	20	17	144	79	47	44 286.86	8 523.77	0
心理学	21	27	676	222	416	377 541.17	623 261.1	391 523
体育学	22	82	1 126	273	543	244 272.98	687 025.6	520 306

7. 专科院校人文、社会科学研究与发展研究机构情况表

	编号	机构数	R&D活动人员(人) 合计	其中:博士毕业	其中:硕士毕业	R&D经费支出(百元)	仪器设备原价(百元)	其中:进口(百元)
合计	0	77	425	53	191	35 630.8	17 871.54	200
管理学	1	8	37	6	19	3 267	490	0
马克思主义	2	5	7	0	4	2 270	358	0
哲学	3	3	15	4	7	925.38	2 346.56	0
逻辑学	4	0	0	0	0	0	0	0
宗教学	5	0	0	0	0	0	0	0
语言学	6	0	0	0	0	0	0	0
中国文学	7	1	1	0	0	500	0	0
外国文学	8	1	5	0	2	25	0	0
艺术学	9	5	8	2	3	0	0	0
历史学	10	4	42	5	17	1 485	1 070	0
考古学	11	0	0	0	0	0	0	0
经济学	12	10	56	16	36	13 102.5	5 278.35	0
政治学	13	1	0	0	0	0	0	0
法学	14	7	129	5	29	5 710	0	0
社会学	15	10	33	7	20	1 971.89	2 335.63	0
民族学	16	3	11	0	3	600	2 000	0
新闻与传播学	17	4	22	3	19	0	200	200
图书、文献与情报学	18	0	0	0	0	0	0	0
教育学	19	12	31	4	18	5 734.03	3 783	0
统计学	20	0	0	0	0	0	0	0
心理学	21	3	28	1	14	40	10	0
体育学	22	0	0	0	0	0	0	0

8. 教育部直属院校人文、社会科学研究与发展研究机构情况表

	编号	机构数	R&D活动人员（人） 合计	其中：博士毕业	其中：硕士毕业	R&D经费支出（百元）	仪器设备原价（百元）	其中：进口（百元）
合计	0	849	11 239	6 448	3 873	4 880 367.29	2 939 967.32	869 009.7
管理学	1	148	2 262	1 219	894	741 477.12	472 731.73	29 684.3
马克思主义	2	27	346	201	97	35 069.02	41 015.89	3 062
哲学	3	31	477	311	137	102 312.72	46 467.03	2 682
逻辑学	4	2	25	18	6	6 279.12	17 805.74	13 392.55
宗教学	5	11	133	74	54	24 643.69	11 885.27	300
语言学	6	58	672	332	278	218 144.44	144 455	49 854.2
中国文学	7	24	307	182	105	51 722.99	22 279.03	162
外国文学	8	7	64	41	18	9 256.15	4 576.6	937
艺术学	9	23	254	103	124	957 560.77	492 031.16	235 069
历史学	10	69	952	500	321	245 763.46	148 904.15	20 936
考古学	11	6	85	53	26	22 265.8	39 185.7	12 700
经济学	12	185	2 434	1 496	766	1 039 177.85	468 129.91	29 637.24
政治学	13	33	349	197	119	199 846.69	49 090.05	9 800
法学	14	56	776	468	258	136 280.78	159 931.09	60 769.8
社会学	15	47	486	285	151	235 304.99	77 012.49	14 971.61
民族学	16	8	90	62	19	30 132.2	23 482	0
新闻与传播学	17	31	373	215	147	207 870.13	59 319.16	2 000
图书、文献与情报学	18	9	216	86	123	20 450	12 820	4 800
教育学	19	47	629	428	153	223 161.42	172 921.05	49 044
统计学	20	10	69	47	15	32 557.99	6 321.77	0
心理学	21	6	128	100	20	327 250.34	459 992.5	327 708
体育学	22	11	112	30	42	13 839.62	9 610	1 500

9. 教育部直属综合大学人文、社会科学研究与发展研究机构情况表

	编号	机构数	R&D 活动人员(人) 合计	其中:博士毕业	其中:硕士毕业	R&D 经费支出(百元)	仪器设备原价(百元)	其中:进口(百元)
合计	0	516	6 545	3 692	2 332	1 753 200	988 524.04	156 486.06
管理学	1	83	1 257	607	564	315 029.78	225 180.05	19 383.9
马克思主义	2	17	230	144	69	24 793.36	17 528.89	3 062
哲学	3	18	274	166	94	63 342.24	28 322.03	2 682
逻辑学	4	2	25	18	6	6 279.12	17 805.74	13 392.55
宗教学	5	9	118	62	53	20 998.69	10 285.27	300
语言学	6	37	360	181	146	146 734.22	33 572	10 154
中国文学	7	15	217	119	86	34 196.51	9 239.03	162
外国文学	8	5	44	30	13	8 930.75	3 225	902
艺术学	9	13	110	56	40	65 361	8 234.25	2 815
历史学	10	45	637	343	182	99 893.47	78 386.15	12 536
考古学	11	5	71	46	22	18 685.8	19 185.7	7 700
经济学	12	113	1 409	901	404	459 225.3	293 145.93	22 405
政治学	13	17	177	98	72	140 247	21 682.1	6 550
法学	14	36	501	293	186	54 807.98	20 875.8	7 870
社会学	15	35	296	169	87	120 446.33	48 325.49	14 519.61
民族学	16	6	68	42	17	23 613	15 782	0
新闻与传播学	17	13	170	104	59	35 700	25 389	1 800
图书、文献与情报学	18	6	183	66	114	12 800	4 400	2 000
教育学	19	25	283	180	86	67 078.1	80 125.34	22 544
统计学	20	9	63	42	14	23 927.99	4 821.77	0
心理学	21	2	22	16	5	5 874.34	21 042.5	4 208
体育学	22	5	30	9	13	5 235	1 970	1 500

10. 教育部直属工科院校人文、社会科学研究与发展研究机构情况表

	编号	机构数	R&D 活动人员(人) 合计	其中：博士毕业	其中：硕士毕业	R&D 经费支出(百元)	仪器设备原价(百元)	其中:进口(百元)
合计	0	148	2 253	1 162	866	1 859 649.1	988 813.55	256 175.19
管理学	1	49	769	453	262	363 104.86	198 132.82	10 050
马克思主义	2	5	66	26	20	4 365.66	21 987	0
哲学	3	6	102	65	28	10 206.72	9 133	0
逻辑学	4	0	0	0	0	0	0	0
宗教学	5	0	0	0	0	0	0	0
语言学	6	3	97	12	80	1 703	4 981	1 900
中国文学	7	1	8	1	4	50	200	0
外国文学	8	1	9	5	4	200	0	0
艺术学	9	2	85	24	52	826 992.84	477 500	230 854
历史学	10	6	88	30	51	94 321.99	35 018	0
考古学	11	1	14	7	4	3 580	20 000	5 000
经济学	12	36	512	265	208	298 355.4	139 123.74	6 561.19
政治学	13	7	86	43	29	26 445.69	5 875.42	1 100
法学	14	8	125	70	33	21 842.53	8 686.5	110
社会学	15	6	71	42	26	16 608.66	8 487	0
民族学	16	0	0	0	0	0	0	0
新闻与传播学	17	6	82	54	24	155 612.13	17 427.16	0
图书、文献与情报学	18	2	19	9	7	2 050	5 220	0
教育学	19	5	86	46	19	28 164.98	31 001.91	600
统计学	20	0	0	0	0	0	0	0
心理学	21	0	0	0	0	0	0	0
体育学	22	4	34	10	15	6 044.62	6 040	0

11. 教育部直属师范院校人文、社会科学研究与发展研究机构情况表

	编号	机构数	R&D活动人员(人) 合计	其中:博士毕业	其中:硕士毕业	R&D经费支出(百元)	仪器设备原价(百元)	其中:进口(百元)
合计	0	97	1 481	1 012	359	854 777.64	643 499.16	367 302
管理学	1	7	130	92	31	25 478.43	6 636.46	150
马克思主义	2	4	44	27	6	4 450	1 000	0
哲学	3	6	95	75	14	27 563.76	8 412	0
逻辑学	4	0	0	0	0	0	0	0
宗教学	5	2	15	12	1	3 645	1 600	0
语言学	6	6	64	48	13	35 088.09	16 869.9	2 100
中国文学	7	5	66	50	11	15 368.48	6 520	0
外国文学	8	0	0	0	0	0	0	0
艺术学	9	3	37	11	26	4 800	2 600	1 400
历史学	10	18	227	127	88	51 548	35 500	8 400
考古学	11	0	0	0	0	0	0	0
经济学	12	11	155	108	43	85 572.34	13 577	500
政治学	13	5	49	40	2	23 300	13 650	2 100
法学	14	1	42	31	6	18 000	5 000	0
社会学	15	6	119	74	38	98 250	20 200	452
民族学	16	2	22	20	2	6 519.2	7 700	0
新闻与传播学	17	0	0	0	0	0	0	0
图书、文献与情报学	18	1	14	11	2	5 600	3 200	2 800
教育学	19	14	248	191	47	125 658.34	60 483.8	25 900
统计学	20	0	0	0	0	0	0	0
心理学	21	4	106	84	15	321 376	438 950	323 500
体育学	22	2	48	11	14	2 560	1 600	0

12. 教育部直属语言院校人文、社会科学研究与发展研究机构情况表

	编号	机构数	R&D活动人员(人) 合计	其中:博士毕业	其中:硕士毕业	R&D经费支出(百元)	仪器设备原价(百元)	其中:进口(百元)
合计	0	32	334	181	124	50 271.73	120 242.1	36 085.6
管理学	1	1	9	5	3	281.2	1 309.4	100.4
马克思主义	2	0	0	0	0	0	0	0
哲学	3	0	0	0	0	0	0	0
逻辑学	4	0	0	0	0	0	0	0
宗教学	5	0	0	0	0	0	0	0
语言学	6	11	139	81	37	24 619.13	87 832.1	35 700.2
中国文学	7	3	16	12	4	2 108	6 320	0
外国文学	8	1	11	6	1	125.4	1 351.6	35
艺术学	9	0	0	0	0	0	0	0
历史学	10	0	0	0	0	0	0	0
考古学	11	0	0	0	0	0	0	0
经济学	12	0	0	0	0	0	0	0
政治学	13	2	30	12	15	5 580	6 436	50
法学	14	0	0	0	0	0	0	0
社会学	15	0	0	0	0	0	0	0
民族学	16	0	0	0	0	0	0	0
新闻与传播学	17	12	121	57	64	16 558	16 503	200
图书、文献与情报学	18	0	0	0	0	0	0	0
教育学	19	2	8	8	0	1 000	490	0
统计学	20	0	0	0	0	0	0	0
心理学	21	0	0	0	0	0	0	0
体育学	22	0	0	0	0	0	0	0

13. 教育部直属财经院校人文、社会科学研究与发展研究机构情况表

	编号	机构数	R&D 活动人员（人）合计	其中：博士毕业	其中：硕士毕业	R&D 经费支出（百元）	仪器设备原价（百元）	其中：进口（百元）
合计	0	40	507	320	158	263 123.66	71 696.24	171.05
管理学	1	8	97	62	34	37 582.85	41 473	0
马克思主义	2	1	6	4	2	1 460	500	0
哲学	3	1	6	5	1	1 200	600	0
逻辑学	4	0	0	0	0	0	0	0
宗教学	5	0	0	0	0	0	0	0
语言学	6	1	12	10	2	10 000	1 200	0
中国文学	7	0	0	0	0	0	0	0
外国文学	8	0	0	0	0	0	0	0
艺术学	9	0	0	0	0	0	0	0
历史学	10	0	0	0	0	0	0	0
考古学	11	0	0	0	0	0	0	0
经济学	12	24	353	221	107	194 024.81	22 283.24	171.05
政治学	13	1	6	3	1	3 960	520	0
法学	14	2	17	7	9	5 006	2 800	0
社会学	15	0	0	0	0	0	0	0
民族学	16	0	0	0	0	0	0	0
新闻与传播学	17	0	0	0	0	0	0	0
图书、文献与情报学	18	0	0	0	0	0	0	0
教育学	19	1	4	3	1	1 260	820	0
统计学	20	1	6	5	1	8 630	1 500	0
心理学	21	0	0	0	0	0	0	0
体育学	22	0	0	0	0	0	0	0

14. 教育部直属政法院校人文、社会科学研究与发展研究机构情况表

	编号	机构数	R&D 活动人员(人)			R&D 经费支出(百元)	仪器设备原价(百元)	其中:进口(百元)
			合计	其中:博士毕业	硕士毕业			
合计	0	11	97	69	28	38 938.27	123 495.32	52 789.8
管理学	1	0	0	0	0	0	0	0
马克思主义	2	0	0	0	0	0	0	0
哲学	3	0	0	0	0	0	0	0
逻辑学	4	0	0	0	0	0	0	0
宗教学	5	0	0	0	0	0	0	0
语言学	6	0	0	0	0	0	0	0
中国文学	7	0	0	0	0	0	0	0
外国文学	8	0	0	0	0	0	0	0
艺术学	9	0	0	0	0	0	0	0
历史学	10	0	0	0	0	0	0	0
考古学	11	0	0	0	0	0	0	0
经济学	12	1	5	1	4	2 000	0	0
政治学	13	1	1	1	0	314	926.53	0
法学	14	9	91	67	24	36 624.27	122 568.79	52 789.8
社会学	15	0	0	0	0	0	0	0
民族学	16	0	0	0	0	0	0	0
新闻与传播学	17	0	0	0	0	0	0	0
图书、文献与情报学	18	0	0	0	0	0	0	0
教育学	19	0	0	0	0	0	0	0
统计学	20	0	0	0	0	0	0	0
心理学	21	0	0	0	0	0	0	0
体育学	22	0	0	0	0	0	0	0

15. 教育部直属艺术院校人文、社会科学研究与发展研究机构情况表

	编号	机构数	R&D 活动人员(人)			R&D 经费支出(百元)	仪器设备原价(百元)	其中:进口(百元)
			合计	其中:博士毕业	其中:硕士毕业			
合计	0	5	22	12	6	60 406.93	3 696.91	0
管理学	1	0	0	0	0	0	0	0
马克思主义	2	0	0	0	0	0	0	0
哲学	3	0	0	0	0	0	0	0
逻辑学	4	0	0	0	0	0	0	0
宗教学	5	0	0	0	0	0	0	0
语言学	6	0	0	0	0	0	0	0
中国文学	7	0	0	0	0	0	0	0
外国文学	8	0	0	0	0	0	0	0
艺术学	9	5	22	12	6	60 406.93	3 696.91	0
历史学	10	0	0	0	0	0	0	0
考古学	11	0	0	0	0	0	0	0
经济学	12	0	0	0	0	0	0	0
政治学	13	0	0	0	0	0	0	0
法学	14	0	0	0	0	0	0	0
社会学	15	0	0	0	0	0	0	0
民族学	16	0	0	0	0	0	0	0
新闻与传播学	17	0	0	0	0	0	0	0
图书、文献与情报学	18	0	0	0	0	0	0	0
教育学	19	0	0	0	0	0	0	0
统计学	20	0	0	0	0	0	0	0
心理学	21	0	0	0	0	0	0	0
体育学	22	0	0	0	0	0	0	0

16. 其他部委院校人文、社会科学研究与发展研究机构情况表

	编号	机构数	R&D活动人员(人) 合计	其中:博士毕业	其中:硕士毕业	R&D经费支出(百元)	仪器设备原价(百元)	其中:进口(百元)
合计	0	88	1 352	610	596	271 657.2	233 695.5	27 954
管理学	1	20	358	176	140	85 040.02	107 918	15 121
马克思主义	2	1	5	3	2	200	180	0
哲学	3	0	0	0	0	0	0	0
逻辑学	4	0	0	0	0	0	0	0
宗教学	5	2	28	9	15	335	425	0
语言学	6	6	66	28	35	10 484.24	9 542	2 500
中国文学	7	3	34	17	11	13 186.71	1 765	0
外国文学	8	0	0	0	0	0	0	0
艺术学	9	4	26	13	10	2 710	505	0
历史学	10	4	44	26	13	7 928.53	11 276	0
考古学	11	0	0	0	0	0	0	0
经济学	12	14	210	84	93	81 656.87	28 626	0
政治学	13	3	75	17	29	8 656.24	5 019	0
法学	14	5	76	52	19	17 194.1	6 150	0
社会学	15	1	2	1	1	37.49	560	0
民族学	16	13	316	129	177	33 593	45 695.5	9 120
新闻与传播学	17	1	13	8	2	1 000	500	0
图书、文献与情报学	18	0	0	0	0	0	0	0
教育学	19	3	17	6	8	7 714	3 334	213
统计学	20	0	0	0	0	0	0	0
心理学	21	1	38	15	23	1 000	200	0
体育学	22	7	44	26	18	921	12 000	1 000

17. 地方院校人文、社会科学研究与发展研究机构情况表

	编号	机构数	R&D活动人员(人) 合计	其中:博士毕业	其中:硕士毕业	R&D经费支出(百元)	仪器设备原价(百元)	其中:进口(百元)
合计	0	1 886	20 856	6 992	9 740	3 021 969.3	4 003 558.4	1 243 219.8
管理学	1	231	3 027	1 201	1 281	595 358.15	570 501.02	18 805
马克思主义	2	63	826	312	365	46 450.08	24 313.64	1 427.9
哲学	3	47	510	209	198	69 298.5	67 060.86	1 415
逻辑学	4	5	81	15	64	112	8	0
宗教学	5	9	79	34	29	7 905.39	2 397.8	0
语言学	6	98	1 006	303	531	108 237.32	122 956.14	34 180
中国文学	7	143	1 459	520	678	137 268.18	58 977.94	3 615
外国文学	8	27	195	69	85	19 103.74	13 698.3	2 284
艺术学	9	138	1 222	226	603	134 518.73	1 001 024	410 233.15
历史学	10	130	1 404	500	568	165 851.91	86 354.08	5 772.6
考古学	11	4	42	14	17	6 400	4 040	1 220
经济学	12	345	3 707	1 500	1 664	738 989.4	585 574.17	105 130.2
政治学	13	47	620	191	346	52 306.24	43 590.3	1 308
法学	14	112	1 332	392	619	199 427.8	67 028.88	4 842
社会学	15	121	1 336	418	658	189 870.72	118 700.97	2 075.74
民族学	16	51	513	155	225	50 934	42 135	1 840
新闻与传播学	17	33	349	113	150	43 796.49	76 804.79	21 053.85
图书、文献与情报学	18	12	108	34	44	9 877.9	9 430.9	219.9
教育学	19	176	1 457	429	713	155 690.68	278 265.46	46 176.45
统计学	20	7	75	32	32	11 728.87	2 202	0
心理学	21	23	538	108	387	49 330.83	163 078.6	63 815
体育学	22	64	970	217	483	229 512.36	665 415.6	517 806

18. 综合院校人文、社会科学研究与发展研究机构情况表

	编号	机构数	R&D 活动人员(人) 合计	其中: 博士毕业	硕士毕业	R&D 经费支出(百元)	仪器设备原价(百元)	其中:进口(百元)
合计	0	1 092	12 603	5 859	4 896	2 756 297.4	1 585 114.3	196 072.16
管理学	1	146	1 968	825	917	474 241.91	319 385.75	24 633.9
马克思主义	2	32	457	259	148	40 321.36	25 472.49	3 765.1
哲学	3	37	483	263	171	98 166.14	78 761.03	2 947
逻辑学	4	4	36	27	8	6 279.12	17 805.74	13 392.55
宗教学	5	14	140	74	59	24 232.08	11 329.57	300
语言学	6	67	661	305	271	196 311.53	74 545.5	12 814
中国文学	7	74	792	326	325	102 928.93	38 887.23	2 448
外国文学	8	13	105	50	40	14 285.15	8 196.4	1 337
艺术学	9	36	301	101	120	84 743.35	14 530.61	4 327
历史学	10	104	1 248	607	396	186 799.41	125 873.62	14 071
考古学	11	7	89	51	28	22 225.8	21 685.7	7 700
经济学	12	221	2 565	1 315	916	730 765.06	389 456.91	30 988
政治学	13	38	407	178	175	179 547.98	60 586.4	7 858
法学	14	68	858	427	337	117 782.89	40 658.8	11 152
社会学	15	70	739	328	266	219 746.97	115 276.34	14 519.61
民族学	16	26	238	113	78	46 992	45 166	980
新闻与传播学	17	27	311	142	106	50 828.31	29 943	2 575
图书、文献与情报学	18	9	211	79	121	14 420	4 600	2 000
教育学	19	59	611	271	240	88 804.02	99 819.34	24 099
统计学	20	9	63	42	14	23 927.99	4 821.77	0
心理学	21	9	54	23	21	10 405.67	23 122.1	4 727
体育学	22	22	266	53	139	22 541.72	35 190	9 438

19. 理工农医院校人文、社会科学研究与发展研究机构情况表

	编号	机构数	R&D 活动人员(人) 合计	其中:博士毕业	其中:硕士毕业	R&D 经费支出(百元)	仪器设备原价(百元)	其中:进口(百元)
合计	0	611	7 835	2 938	3 633	2 675 832.5	1 739 277.4	408 876.97
管理学	1	174	2 567	1 245	1 013	763 609.72	437 536.12	30 226
马克思主义	2	24	290	63	144	18 532.86	29 195.4	696
哲学	3	16	255	113	93	24 766.94	17 116.3	1 150
逻辑学	4	2	67	6	61	100	0	0
宗教学	5	0	0	0	0	0	0	0
语言学	6	24	311	35	217	10 134.05	8 174.66	1 900
中国文学	7	11	108	47	44	7 097.7	2 146.6	0
外国文学	8	4	25	5	11	765.8	217.4	0
艺术学	9	34	337	71	174	859 258.79	555 433.17	258 689.03
历史学	10	17	224	74	95	107 379.67	44 779.6	0
考古学	11	1	14	7	4	3 580	20 000	5 000
经济学	12	138	1 833	722	896	488 243.15	401 146.81	85 212.19
政治学	13	12	149	55	69	27 887.19	6 345.42	1 100
法学	14	31	373	125	179	60 982.23	27 143.8	1 470
社会学	15	42	501	153	274	64 844.96	30 265.9	50
民族学	16	4	14	2	8	731	300	0
新闻与传播学	17	14	175	80	71	165 591.12	85 144.16	20 000.85
图书、文献与情报学	18	7	54	14	23	8 099.9	12 885.9	219.9
教育学	19	38	282	79	129	43 162.38	45 452.91	813
统计学	20	2	25	10	11	8 553.48	569	0
心理学	21	3	64	20	39	1 256	6 410	770
体育学	22	13	167	12	78	11 255.56	9 014.2	1 580

20. 师范院校人文、社会科学研究与发展研究机构情况表

	编号	机构数	R&D 活动人员(人)			R&D 经费支出(百元)	仪器设备原价(百元)	其中:进口(百元)
			合计	其中:博士毕业	其中:硕士毕业			
合计	0	628	7 659	3 039	3 415	1 471 471.9	1 440 826.1	544 609.45
管理学	1	23	337	176	117	59 760.79	30 646.02	150
马克思主义	2	30	361	160	137	20 235.86	9 812.64	28.8
哲学	3	20	229	136	66	46 323.76	14 292	0
逻辑学	4	1	3	0	1	12	8	0
宗教学	5	6	68	29	21	7 895	3 060	0
语言学	6	35	442	173	213	66 530.14	93 790.38	32 420
中国文学	7	75	808	318	368	78 029.48	31 209.8	1 329
外国文学	8	3	27	11	10	2 365	1 028	0
艺术学	9	39	407	71	232	31 402.03	60 216.9	15 160.66
历史学	10	77	898	329	401	122 449.8	74 456.92	12 637.6
考古学	11	2	24	9	11	2 860	1 540	1 220
经济学	12	50	566	305	200	168 242.88	120 534.25	17 369.2
政治学	13	23	376	148	208	36 280	21 170	2 100
法学	14	21	260	117	92	32 042.6	10 525	0
社会学	15	44	528	198	246	131 470.74	41 790.19	2 477.74
民族学	16	17	178	49	63	13 310.2	13 275	300
新闻与传播学	17	11	123	54	56	18 439.19	4 870.79	278
图书、文献与情报学	18	5	59	27	23	7 808	4 765	2 800
教育学	19	109	1 141	489	474	244 358.17	304 525.26	70 221.45
统计学	20	0	0	0	0	0	0	0
心理学	21	16	584	178	370	365 699.5	593 656	386 026
体育学	22	21	240	62	106	15 956.8	5 653.9	91

21. 语言院校人文、社会科学研究与发展研究机构情况表

	编号	机构数	R&D 活动人员(人) 合计	其中:博士毕业	其中:硕士毕业	R&D 经费支出(百元)	仪器设备原价(百元)	其中:进口(百元)
合计	0	94	677	302	266	103 700.8	164 198.2	40 141.6
管理学	1	3	50	9	6	1 797.2	18 931.57	100.4
马克思主义	2	0	0	0	0	0	0	0
哲学	3	3	10	3	4	634.38	1 438.56	0
逻辑学	4	0	0	0	0	0	0	0
宗教学	5	0	0	0	0	0	0	0
语言学	6	29	233	122	80	41 418.78	92 424.1	36 900.2
中国文学	7	6	38	17	18	3 081.77	9 778.34	0
外国文学	8	13	95	40	39	9 513.15	8 354.6	1 884
艺术学	9	0	0	0	0	0	0	0
历史学	10	0	0	0	0	0	0	0
考古学	11	0	0	0	0	0	0	0
经济学	12	7	27	20	7	13 044	4 275	1 007
政治学	13	4	49	12	24	9 430	6 436	50
法学	14	0	0	0	0	0	0	0
社会学	15	7	28	8	16	5 822.99	4 861.03	0
民族学	16	0	0	0	0	0	0	0
新闻与传播学	17	13	126	60	66	17 808	16 666	200
图书、文献与情报学	18	0	0	0	0	0	0	0
教育学	19	8	21	11	6	1 150.53	1 033	0
统计学	20	0	0	0	0	0	0	0
心理学	21	1	0	0	0	0	0	0
体育学	22	0	0	0	0	0	0	0

22. 财经院校人文、社会科学研究与发展研究机构情况表

	编号	机构数	R&D 活动人员(人)			R&D 经费支出(百元)	仪器设备原价(百元)	其中:进口(百元)
			合计	其中:博士毕业	其中:硕士毕业			
合计	0	217	2 291	1 171	824	642 905.27	479 403.97	191.05
管理学	1	47	600	320	204	120 793.67	287 521.29	0
马克思主义	2	2	13	8	5	1 779.02	649	0
哲学	3	2	10	5	1	1 720	1 920	0
逻辑学	4	0	0	0	0	0	0	0
宗教学	5	1	12	6	6	557	118.5	0
语言学	6	3	48	13	33	13 734.5	1 618.5	0
中国文学	7	1	14	0	10	3 000	1 000	0
外国文学	8	1	7	4	3	1 430.79	478.5	0
艺术学	9	1	21	1	6	1 609.61	1 588	0
历史学	10	3	20	13	4	1 315.02	994.09	0
考古学	11	0	0	0	0	0	0	0
经济学	12	123	1 294	693	463	456 849.03	165 217.11	191.05
政治学	13	3	27	10	4	7 060	2 020	0
法学	14	11	123	47	49	15 220.19	7 877.98	0
社会学	15	5	26	16	7	3 290.05	3 520	0
民族学	16	0	0	0	0	0	0	0
新闻与传播学	17	0	0	0	0	0	0	0
图书、文献与情报学	18	0	0	0	0	0	0	0
教育学	19	7	18	6	7	2 521	1 665	0
统计学	20	6	56	27	22	11 805.39	3 133	0
心理学	21	1	2	2	0	220	83	0
体育学	22	0	0	0	0	0	0	0

23. 政法院校人文、社会科学研究与发展研究机构情况表

	编号	机构数	R&D 活动人员(人)			R&D 经费支出(百元)	仪器设备原价(百元)	其中:进口(百元)
			合计	其中:博士毕业	其中:硕士毕业			
合计	0	50	691	208	294	129 368.26	205 995.92	61 789.8
管理学	1	3	92	14	45	462	56 670	8 500
马克思主义	2	1	1	0	1	500	200	0
哲学	3	0	0	0	0	0	0	0
逻辑学	4	0	0	0	0	0	0	0
宗教学	5	0	0	0	0	0	0	0
语言学	6	0	0	0	0	0	0	0
中国文学	7	0	0	0	0	0	0	0
外国文学	8	0	0	0	0	0	0	0
艺术学	9	0	0	0	0	0	0	0
历史学	10	0	0	0	0	0	0	0
考古学	11	0	0	0	0	0	0	0
经济学	12	1	5	1	4	2 000	0	0
政治学	13	3	36	2	14	604	1 141.53	0
法学	14	39	545	188	224	119 764.77	145 754.39	52 989.8
社会学	15	1	2	1	1	37.49	560	0
民族学	16	0	0	0	0	0	0	0
新闻与传播学	17	0	0	0	0	0	0	0
图书、文献与情报学	18	0	0	0	0	0	0	0
教育学	19	2	10	2	5	6 000	1 670	300
统计学	20	0	0	0	0	0	0	0
心理学	21	0	0	0	0	0	0	0
体育学	22	0	0	0	0	0	0	0

24. 艺术院校人文、社会科学研究与发展研究机构情况表

	编号	机构数	R&D 活动人员(人) 合计	其中:博士毕业	其中:硕士毕业	R&D 经费支出(百元)	仪器设备原价(百元)	其中:进口(百元)
合计	0	51	405	89	190	113 045. 72	861 436. 46	367 125. 46
管理学	1	0	0	0	0	0	0	0
马克思主义	2	0	0	0	0	0	0	0
哲学	3	0	0	0	0	0	0	0
逻辑学	4	0	0	0	0	0	0	0
宗教学	5	0	0	0	0	0	0	0
语言学	6	0	0	0	0	0	0	0
中国文学	7	0	0	0	0	0	0	0
外国文学	8	0	0	0	0	0	0	0
艺术学	9	50	402	88	189	113 045. 72	861 436. 46	367 125. 46
历史学	10	0	0	0	0	0	0	0
考古学	11	0	0	0	0	0	0	0
经济学	12	0	0	0	0	0	0	0
政治学	13	0	0	0	0	0	0	0
法学	14	0	0	0	0	0	0	0
社会学	15	0	0	0	0	0	0	0
民族学	16	1	3	1	1	0	0	0
新闻与传播学	17	0	0	0	0	0	0	0
图书、文献与情报学	18	0	0	0	0	0	0	0
教育学	19	0	0	0	0	0	0	0
统计学	20	0	0	0	0	0	0	0
心理学	21	0	0	0	0	0	0	0
体育学	22	0	0	0	0	0	0	0

25. 民族院校人文、社会科学研究与发展研究机构情况表

	编号	机构数	R&D 活动人员(人)			R&D 经费支出(百元)	仪器设备原价(百元)	
			合计	其中:				其中:进口(百元)
				博士毕业	硕士毕业			
合计	0	54	837	299	470	86 738	63 746.5	12 180
管理学	1	3	33	7	13	1 210	460	0
马克思主义	2	2	55	26	29	350	180	0
哲学	3	0	0	0	0	0	0	0
逻辑学	4	0	0	0	0	0	0	0
宗教学	5	1	20	8	12	200	200	0
语言学	6	4	49	15	30	8 737	6 400	2 500
中国文学	7	3	40	11	29	8 040	0	0
外国文学	8	0	0	0	0	0	0	0
艺术学	9	5	34	10	16	4 730	355	0
历史学	10	2	10	3	6	1 600	430	0
考古学	11	0	0	0	0	0	0	0
经济学	12	4	61	24	37	680	1 700	0
政治学	13	0	0	0	0	0	0	0
法学	14	3	25	8	15	7 110	1 150	0
社会学	15	0	0	0	0	0	0	0
民族学	16	24	486	181	271	53 626	52 571.5	9 680
新闻与传播学	17	0	0	0	0	0	0	0
图书、文献与情报学	18	0	0	0	0	0	0	0
教育学	19	2	16	5	11	350	250	0
统计学	20	0	0	0	0	0	0	0
心理学	21	0	0	0	0	0	0	0
体育学	22	1	8	1	1	105	50	0

26. 体育院校人文、社会科学研究与发展研究机构情况表

	编号	机构数	R&D 活动人员(人)			R&D 经费支出(百元)	仪器设备原价(百元)	其中:进口(百元)
			合计	其中:博士毕业	其中:硕士毕业			
合计	0	26	449	145	221	194 633.9	637 222.5	509 197
管理学	1	0	0	0	0	0	0	0
马克思主义	2	0	0	0	0	0	0	0
哲学	3	0	0	0	0	0	0	0
逻辑学	4	0	0	0	0	0	0	0
宗教学	5	0	0	0	0	0	0	0
语言学	6	0	0	0	0	0	0	0
中国文学	7	0	0	0	0	0	0	0
外国文学	8	0	0	0	0	0	0	0
艺术学	9	0	0	0	0	0	0	0
历史学	10	0	0	0	0	0	0	0
考古学	11	0	0	0	0	0	0	0
经济学	12	0	0	0	0	0	0	0
政治学	13	0	0	0	0	0	0	0
法学	14	0	0	0	0	0	0	0
社会学	15	0	0	0	0	0	0	0
民族学	16	0	0	0	0	0	0	0
新闻与传播学	17	0	0	0	0	0	0	0
图书、文献与情报学	18	0	0	0	0	0	0	0
教育学	19	1	4	0	2	220	105	0
统计学	20	0	0	0	0	0	0	0
心理学	21	0	0	0	0	0	0	0
体育学	22	25	445	145	219	194 413.9	637 117.5	509 197

六、社科研究与发展课题

1. 各类高等学校人文、社会科学研究与发展课题情况表

		课题数	当年投入人数(人年)	其中:研究生	当年拨入经费(百元)	当年支出经费(百元)
	合计	226 226	68 240.5	8 243.4	45 498 539.88	36 601 929.63
按学校隶属关系划分	教育部直属院校	63 126	16 949.1	4 503	23 788 408.4	18 588 100.12
	其他部委院校	7 674	2 523.4	403.8	2 313 121.06	1 943 694.16
	地方院校	155 426	48 768	3 336.6	19 397 010.42	16 070 135.35
按学校规格划分	本科院校	215 995	64 684.2	8 242.7	45 069 579.9	36 256 032.62
	专科院校	10 231	3 556.3	0.7	428 959.98	345 897.01
按学校类型划分	综合大学	75 087	21 146.7	3 089.5	18 957 853.82	14 514 887.5
	理工农医院校	58 218	18 200.9	2 580.1	12 769 223.06	10 754 021.51
	高等师范院校	46 605	14 454.8	1 375.9	6 160 203.19	5 193 201.41
	语言院校	5 554	1 975	180.9	690 894.28	566 273.44
	财经院校	24 158	7 627	567.8	3 909 881.72	3 138 501.85
	政法院校	6 534	1 834.3	141.7	753 039.8	555 337.13
	体育院校	2 823	984.1	111.4	619 137.33	605 992.51
	艺术院校	3 979	1 059.5	88.4	1 040 808.27	786 085.8
	民族院校	3 268	958.2	107.7	597 498.41	487 628.48

2. 各省、市、自治区高等学校人文、社会科学研究与发展课题情况表

	课题数	当年投入人数（人年）	其中：研究生	当年拨入经费（百元）	当年支出经费（百元）
合计	226 226	68 240.5	8 243.4	45 498 539.88	36 601 929.63
北京市	22 632	7 421.3	1 662.1	10 491 033.81	8 152 640.35
天津市	6 413	2 250.4	548.1	1 177 205.87	865 037.79
河北省	6 618	2 118.5	110	354 298.88	311 345.52
山西省	2 968	1 604.4	273.8	399 278.57	426 618.4
内蒙古自治区	1 773	622.5	17.6	269 522	142 244.68
辽宁省	8 218	3 113.7	277.9	874 606.16	742 313.53
吉林省	5 419	2 737.7	287.7	864 437.62	887 342.24
黑龙江省	3 657	1 896	70.6	313 561.9	272 470.28
上海市	14 991	4 159.8	822.6	3 724 989.54	3 095 187.12
江苏省	13 721	3 718.9	839.4	2 936 922.52	2 437 549.95
浙江省	19 019	4 357.7	367.1	4 481 250.7	2 580 316.71
安徽省	7 750	2 302.2	146.3	681 114.79	560 227.44
福建省	7 163	1 434	92.4	1 242 916.79	989 776.37
江西省	6 451	1 097.2	2.4	509 162.58	383 842.38
山东省	10 349	3 423.5	142.1	1 135 776.53	1 065 706.06
河南省	7 999	2 247.7	22.8	543 963.59	420 863.27
湖北省	11 781	3 591.3	596.1	3 305 342.83	2 842 489.13
湖南省	12 022	3 577.5	346.9	1 343 844.2	1 093 749.31
广东省	14 305	4 057.7	456	3 722 999.58	3 597 969.4
广西壮族自治区	4 926	1 941.1	182.8	768 316.25	622 110.43
海南省	912	238.1	4.2	48 512.5	39 393.25
重庆市	6 172	2 234	214	1 295 297.17	1 130 869.07
四川省	10 758	2 631.7	239.2	2 002 432.45	1 495 533.83
贵州省	2 823	594.9	1.8	413 083.48	301 315.3
云南省	4 590	1 306.9	62.9	526 368.03	419 683.86
西藏自治区	245	28.3	0	24 610	8 761.9
陕西省	7 243	1 666.6	223	1 262 281.54	1 128 674.04
甘肃省	2 669	778.2	166.7	444 212.1	357 407.84
青海省	271	227	42.3	62 581.4	52 505.7
宁夏回族自治区	728	216.1	12.1	73 816	68 907.45
新疆维吾尔自治区	1 640	645.6	12.5	204 800.5	109 077.03

3. 各省、市、自治区所属高等学校人文、社会科学研究与发展课题情况表

	课题数	当年投入人数（人年）	其中：研究生	当年拨入经费（百元）	当年支出经费（百元）
合计	155 426	48 768	3 336.6	19 397 010.42	16 070 135.35
北京市	5 116	2 156.3	311.2	1 069 474.32	867 555.12
天津市	3 793	1 147.5	97.4	417 095.47	385 838.71
河北省	6 509	2 046.2	110	346 223.88	301 819.52
山西省	2 968	1 604.4	273.8	399 278.57	426 618.4
内蒙古自治区	1 773	622.5	17.6	269 522	142 244.68
辽宁省	6 518	2 521.1	142	560 295.39	436 257.3
吉林省	3 063	1 879.8	65.1	220 088.04	195 870.68
黑龙江省	3 093	1 764.7	57.4	222 380.9	190 946.63
上海市	5 967	1 528.3	165.3	1 320 498.14	1 182 340.59
江苏省	9 092	2 393	317.9	1 137 905.76	924 886.99
浙江省	14 650	4 061.9	288	2 821 927.29	2 443 983.91
安徽省	7 195	2 184.5	90	529 718.79	420 179.44
福建省	4 142	1 014.1	20.1	280 784.38	223 871.64
江西省	6 451	1 097.2	2.4	509 162.58	383 842.38
山东省	8 072	3 230.4	139.6	784 132.09	668 766.5
河南省	7 986	2 215.7	22.8	542 463.59	419 713.27
湖北省	5 017	1 545.6	51.1	786 681.95	732 738.23
湖南省	10 255	2 931.8	286.1	982 281.81	790 458.72
广东省	9 841	3 029	225.3	1 852 536.34	1 476 051.08
广西壮族自治区	4 926	1 941.1	182.8	768 316.25	622 110.43
海南省	912	238.1	4.2	48 512.5	39 393.25
重庆市	3 763	1 383.6	106.3	623 010.51	509 347.77
四川省	7 000	1 729.5	89.2	698 262.45	544 478.38
贵州省	2 823	594.9	1.8	413 083.48	301 315.3
云南省	4 590	1 306.9	62.9	526 368.03	419 683.86
西藏自治区	245	28.3	0	24 610	8 761.9
陕西省	5 192	1 051.2	77.7	724 454.91	617 882.5
甘肃省	2 048	494.9	61.7	195 969.1	181 459.94
青海省	271	227	42.3	62 581.4	52 505.7
宁夏回族自治区	515	152.9	12.1	54 590	50 135.5
新疆维吾尔自治区	1 640	645.6	12.5	204 800.5	109 077.03

4. 国务院各部委所属高等学校人文、社会科学研究与发展课题情况表

	课题数	当年投入人数（人年）	其中：研究生	当年拨入经费（百元）	当年支出经费（百元）
合计	70 800	19 472.5	4 906.8	26 101 529.46	20 531 794.28
外交部	80	45.5	2	65 718	61 687
工信部	1 339	561	206.1	626 954.6	511 401.94
国家民族事务委员会	1 982	617.3	35.2	443 323.01	370 916.25
公安部	656	208.8	0.3	37 361.65	52 496.17
交通部	226	33	1.7	95 309.97	86 268.97
教育部	63 126	16 949.1	4 503	23 788 408.4	18 588 100.12
海关总署	116	42.4	0.1	11 383.5	4 885.71
中国民用航空总局	234	71.5	16.2	125 387.4	77 272.6
国家林业局	80	19.3	0	1 750	2 524.45
国务院侨务办公室	1 808	533.4	83.5	371 385.9	288 934.42
国家体育总局	169	91.5	5.8	292 724	286 908
中国科学院	66	54.7	36.3	51 238	41 893
中华全国总工会	334	72.8	0	56 988	56 988
共青团中央	406	91.1	16.5	112 298.44	79 892.34
中华全国妇女联合会	178	81.1	0.1	21 298.59	21 625.31

5. 全国高等学校人文、社会科学研究课题来源情况表

		课题						
		合计	国家社科基金项目	国家社科基金单列学科项目	教育部人文、社科研究项目	高校古籍整理研究项目	国家自然科学基金项目	中央其他部门社科专门项目
	编号	L01	L02	L03	L04	L05	L06	L07
课题数(项)	1	226 226	9 332	730	15 331	618	1 801	8 442
当年投入人数(人年)	2	68 240.5	4 255	384.6	5 766.6	164.5	767.1	2 834.4
其中:研究生(人年)	3	8 243.4	783.2	76.2	1 133.8	30	259.7	565.2
当年拨入经费(百元)	4	45 498 540	3 035 746.5	206 868.07	3 504 868.2	67 835	1 367 924.8	3 509 673.6
其中:当年立项项目拨入经费(百元)	5	36 007 945	2 480 189.9	165 809.31	2 681 654.2	34 081	959 761.01	2 628 991.4
当年支出经费(百元)	6	36 601 930	2 097 404	159 292.82	2 627 274.6	53 220.71	872 000.6	2 888 394.3
当年新开课题数(项)	7	84 742	2 595	254	5 467	101	682	2 658
当年新开课题批准经费(百元)	8	52 649 211	3 674 172.1	273 447	4 819 870.5	41 955	1 537 038.7	3 365 101.7
当年完成课题数(项)	9	49 781	1 064	45	1 301	83	189	1 562

来 源

省、市、自治区社科基金项目	省教育厅社科项目	地、市厅、局等政府部门项目	国际合作研究项目	与港、澳、台合作研究项目	企事业单位委托项目	学校社科项目	外资项目	其他项目
L08	L09	L10	L11	L12	L13	L14	L15	L16
36 015	31 852	24 522	885	279	37 120	53 346	672	5 281
11 361.8	11 064	7 448.1	221.3	75.5	8 722.6	13 648.1	182.4	1 344.5
1 195.9	755.6	899.1	61.4	24.4	1 624.3	705.1	37.2	92.3
2 040 909.7	1 762 054.8	5 285 075.6	817 680.41	293 486.58	19 539 907	2 715 969.5	376 701.1	973 838.53
1 522 203.6	1 469 468.6	4 384 848.6	387 349.37	142 038.38	15 974 287	2 284 832	279 263.77	613 167.01
2 017 349.7	1 464 709.7	4 193 665.3	929 970.06	235 893.08	15 546 029	2 389 622.8	280 632.02	846 470.56
10 240	12 154	11 546	266	71	17 669	18 907	191	1 941
3 179 826.8	1 917 663.3	6 248 383	570 806.75	192 390.77	21 723 216	3 132 811.7	359 198.77	1 613 329
7 722	6 203	6 753	222	84	11 057	12 094	146	1 256

6. 全国高等学校人文、社会科学研究课题情况表

学科门类	总数					基础研究				
	课题数	当年投入人数（人年）	其中：研究生	当年拨入经费（百元）	当年支出经费（百元）	课题数	当年投入人数（人年）	其中：研究生	当年拨入经费（百元）	当年支出经费（百元）
	L01	L02	L03	L04	L05	L06	L07	L08	L09	L10
合计	226 226	68 240.5	8 244	45 498 539	36 601 929	119 275	35 778.7	3 620	16 045 576	12 994 865
管理学	42 405	12 410.7	2 068	13 043 848	10 586 820	13 855	4 108.5	569	3 018 612	2 487 571
马克思主义	6 145	2 037.2	215	579 592	450 916	4 355	1 475.4	155	424 252	336 897
哲学	3 941	1 259.7	187	809 042	788 817	3 245	1 041.8	158	622 201	657 389
逻辑学	156	47.7	9	33 754	14 546	129	40.2	8	32 042	13 303
宗教学	712	218.1	28	229 499	202 711	585	176.8	26	204 514	186 811
语言学	14 494	4 882.6	351	1 403 060	1 034 450	10 133	3 311.9	233	692 317	551 841
中国文学	9 634	2 911.6	262	1 098 357	755 772	8 500	2 568.7	233	964 732	644 934
外国文学	3 487	1 094.8	75	302 895	338 382	2 890	914	67	235 540	298 408
艺术学	15 615	4 582.8	341	4 572 137	3 709 594	9 216	2 674	152	860 903	586 997
历史学	6 889	2 061.4	275	1 172 529	1 096 030	5 994	1 798.1	238	962 356	900 060
考古学	640	205.5	59	541 776	410 224	419	108.9	21	209 143	162 264
经济学	37 148	10 950.4	1 709	9 115 626	7 171 522	13 547	3 917.2	528	2 485 581	1 998 559
政治学	6 277	1 926.5	204	1 196 977	1 007 866	4 128	1 248.8	120	650 076	494 559
法学	14 876	4 098.3	486	2 138 925	1 674 621	8 229	2 120.2	214	935 559	745 710
社会学	12 855	3 654.3	453	2 522 379	1 985 076	6 400	1 804.5	190	1 049 302	775 208
民族学	1 647	549.6	57	390 489	278 125	1 202	409.7	45	228 973	151 215
新闻与传播学	4 920	1 411.2	172	846 430	621 416	2 300	639	60	242 476	180 120
图书、文献与情报学	4 073	1 382.6	165	712 763	479 772	2 174	712	69	267 079	188 205
教育学	26 390	8 004.4	692	3 051 370	2 456 259	14 767	4 372.9	336	1 311 143	1 079 947
统计学	1 580	459.4	67	349 603	285 664	494	147.3	20	124 884	105 762
心理学	3 274	1 003.8	138	471 032	380 491	1 764	542.6	83	182 304	149 271
体育学	9 068	3 087.9	231	916 456	872 855	4 949	1 646.2	95	341 587	299 834

7. 全国高等学校人文、社会科学研究课题情况表(续表)

学科门类	应用研究					试验发展				
	课题数	当年投入人数（人年）	其中：研究生	当年拨入经费（百元）	当年支出经费（百元）	课题数	当年投入人数（人年）	其中：研究生	当年拨入经费（百元）	当年支出经费（百元）
	L11	L12	L13	L14	L15	L16	L17	L18	L19	L20
合计	103 863	31 559.9	4 517	28 466 091	22 962 186	3 088	901.9	101	986 869	644 884
管理学	27 739	8 107.6	1 474	9 747 913	7 944 802	811	194.6	25	277 322	154 447
马克思主义	1 753	553.7	58	152 342	110 835	37	8.1	1	2 998	3 185
哲学	677	210.6	28	186 296	130 845	19	7.3	0	545	583
逻辑学	24	7.1	0	1 642	1 203	3	0.4	0	70	40
宗教学	123	41.1	2	24 985	15 729	4	0.2	0	0	172
语言学	4 258	1 534.5	113	618 536	431 536	103	36.2	5	92 207	51 074
中国文学	1 112	336	28	132 380	109 707	22	6.9	0	1 245	1 131
外国文学	588	178.5	8	67 214	39 944	9	2.3	0	140	30
艺术学	6 203	1 824.8	180	3 648 707	3 069 837	196	84	9	62 527	52 760
历史学	869	253.4	35	206 583	192 259	26	9.9	2	3 590	3 711
考古学	212	96	38	329 326	245 705	9	0.6	0	3 308	2 255
经济学	23 032	6 892	1 166	6 417 227	5 033 455	569	141.2	16	212 818	139 508
政治学	2 081	657	82	528 912	501 876	68	20.7	2	17 989	11 431
法学	6 438	1 926.4	263	1 143 224	897 221	209	51.7	9	60 142	31 690
社会学	6 229	1 789.1	259	1 413 294	1 160 703	226	60.7	4	59 783	49 166
民族学	431	134.4	12	155 805	124 997	14	5.5	0	5 710	1 914
新闻与传播学	2 559	755.8	109	597 807	435 321	61	16.4	3	6 147	5 975
图书、文献与情报学	1 836	646.8	89	409 042	262 835	63	23.8	6	36 641	28 732
教育学	11 304	3 526.5	347	1 657 476	1 320 788	319	105	8	82 751	55 524
统计学	1 049	298.1	46	218 049	176 670	37	14	1	6 670	3 232
心理学	1 414	436.6	51	273 906	218 853	96	24.6	4	14 822	12 368
体育学	3 932	1 353.9	129	535 425	537 065	187	87.8	6	39 444	35 956

8. 本科院校人文、社会科学研究课题情况表

学科门类	总数					基础研究				
	课题数	当年投入人数（人年）	其中：研究生	当年拨入经费（百元）	当年支出经费（百元）	课题数	当年投入人数（人年）	其中：研究生	当年拨入经费（百元）	当年支出经费（百元）
	L01	L02	L03	L04	L05	L06	L07	L08	L09	L10
合计	215 995	64 684.2	8 242	45 069 581	36 256 032	114 882	34 308.7	3 619	15 901 120	12 880 140
管理学	40 932	11 870.9	2 068	12 958 204	10 507 922	13 285	3 931.2	569	2 998 444	2 470 855
马克思主义	5 861	1 932.1	215	570 191	441 986	4 232	1 421.2	155	420 973	332 542
哲学	3 891	1 240.9	187	807 641	787 669	3 213	1 028.9	158	621 398	656 556
逻辑学	154	47.3	9	33 684	14 476	128	39.8	8	31 972	13 233
宗教学	695	209.4	28	228 499	201 625	572	174.4	26	203 814	186 235
语言学	13 815	4 643.8	350	1 382 628	1 019 226	9 761	3 182.3	232	679 782	542 936
中国文学	9 335	2 809.1	262	1 091 430	750 493	8 280	2 484.6	233	958 724	640 646
外国文学	3 414	1 070.4	75	300 825	337 034	2 838	896.4	67	233 845	297 381
艺术学	15 099	4 411.9	341	4 532 988	3 683 855	8 977	2 599	152	851 152	580 555
历史学	6 776	2 028.9	275	1 168 748	1 090 151	5 914	1 774.1	238	959 970	895 826
考古学	635	204.3	59	538 736	407 799	416	108.1	21	209 143	162 240
经济学	35 824	10 531.6	1 709	9 038 574	7 109 424	13 084	3 780.8	528	2 466 913	1 982 607
政治学	6 040	1 839.2	204	1 190 952	1 002 176	3 996	1 200.6	120	646 176	490 890
法学	14 242	3 914.1	486	2 119 668	1 660 955	7 962	2 051.8	214	925 625	741 103
社会学	12 389	3 502.6	453	2 499 967	1 967 634	6 183	1 739.8	190	1 043 226	770 864
民族学	1 598	529.6	57	388 009	276 158	1 157	390.4	45	226 793	149 260
新闻与传播学	4 786	1 378	172	839 161	616 252	2 269	630.4	60	240 905	179 643
图书、文献与情报学	3 939	1 335.3	165	709 440	476 973	2 113	690.8	69	266 098	187 023
教育学	23 295	6 887.8	692	2 956 684	2 383 398	13 615	3 959.9	336	1 277 056	1 052 245
统计学	1 546	451.3	67	347 131	284 262	484	143.7	20	123 297	105 020
心理学	3 067	908.6	137	463 795	375 352	1 668	508.4	83	179 925	147 116
体育学	8 662	2 937.1	231	902 626	861 212	4 735	1 572.1	95	335 889	295 364

9. 本科院校人文、社会科学研究课题情况表(续表)

学科门类	应用研究					试验发展				
	课题数	当年投入人数(人年)	其中:研究生	当年拨入经费(百元)	当年支出经费(百元)	课题数	当年投入人数(人年)	其中:研究生	当年拨入经费(百元)	当年支出经费(百元)
	L11	L12	L13	L14	L15	L16	L17	L18	L19	L20
合计	98 111	29 515.2	4 517	28 184 299	22 732 822	3 002	860.3	101	984 159	643 074
管理学	26 848	7 750.3	1 474	9 683 428	7 883 379	799	189.4	25	276 332	153 687
马克思主义	1 593	503.6	58	146 240	106 280	36	7.3	1	2 978	3 165
哲学	659	204.7	28	185 698	130 530	19	7.3	0	545	583
逻辑学	23	7.1	0	1 642	1 203	3	0.4	0	70	40
宗教学	119	34.8	2	24 685	15 218	4	0.2	0	0	172
语言学	3 953	1 426.4	113	610 720	425 222	101	35.1	5	92 127	51 068
中国文学	1 033	317.6	28	131 460	108 716	22	6.9	0	1 245	1 131
外国文学	567	171.7	8	66 839	39 623	9	2.3	0	140	30
艺术学	5 932	1 732.6	180	3 619 449	3 050 620	190	80.3	9	62 387	52 680
历史学	836	244.9	35	205 188	190 615	26	9.9	2	3 590	3 711
考古学	211	95.8	38	326 326	243 333	8	0.4	0	3 268	2 225
经济学	22 184	6 617.8	1 166	6 358 965	4 987 337	556	133	16	212 696	139 480
政治学	1 979	618.8	82	526 967	499 976	65	19.8	2	17 809	11 310
法学	6 074	1 810.9	263	1 134 001	888 228	206	51.4	9	60 042	31 624
社会学	5 990	1 705.6	259	1 397 088	1 147 729	216	57.2	4	59 653	49 041
民族学	427	133.7	12	155 505	124 985	14	5.5	0	5 710	1 914
新闻与传播学	2 457	731.8	109	592 369	430 811	60	15.8	3	5 887	5 799
图书、文献与情报学	1 764	620.8	89	406 720	261 238	62	23.7	6	36 621	28 712
教育学	9 383	2 837.3	347	1 597 055	1 275 787	297	90.6	8	82 573	55 367
统计学	1 026	293.6	46	217 164	176 011	36	14	1	6 670	3 232
心理学	1 307	377.3	51	269 437	216 054	92	22.9	4	14 432	12 182
体育学	3 746	1 278.1	129	527 353	529 927	181	86.9	6	39 384	35 921

10. 专科院校人文、社会科学研究课题情况表

学科门类	总数					基础研究				
	课题数	当年投入人数（人年）	其中：研究生	当年拨入经费（百元）	当年支出经费（百元）	课题数	当年投入人数（人年）	其中：研究生	当年拨入经费（百元）	当年支出经费（百元）
	L01	L02	L03	L04	L05	L06	L07	L08	L09	L10
合计	10 231	3 556.3	0	428 962	345 895	4 393	1 470	0	144 458	114 724
管理学	1 473	539.8	0	85 644	78 899	570	177.3	0	20 169	16 716
马克思主义	284	105.1	0	9 401	8 930	123	54.2	0	3 279	4 355
哲学	50	18.8	0	1 401	1 148	32	12.9	0	803	833
逻辑学	2	0.4	0	70	70	1	0.4	0	70	70
宗教学	17	8.7	0	1 000	1 086	13	2.4	0	700	576
语言学	679	238.8	0	20 432	15 224	372	129.6	0	12 536	8 905
中国文学	299	102.5	0	6 928	5 278	220	84.1	0	6 008	4 287
外国文学	73	24.4	0	2 070	1 348	52	17.6	0	1 695	1 027
艺术学	516	170.9	0	39 149	25 739	239	75	0	9 751	6 442
历史学	113	32.5	0	3 781	5 879	80	24	0	2 386	4 234
考古学	5	1.2	0	3 040	2 425	3	0.8	0	0	24
经济学	1 324	418.8	0	77 052	62 097	463	136.4	0	18 668	15 952
政治学	237	87.3	0	6 025	5 690	132	48.2	0	3 900	3 669
法学	634	184.2	0	19 257	13 666	267	68.4	0	9 934	4 607
社会学	466	151.7	0	22 412	17 443	217	64.7	0	6 076	4 344
民族学	49	20	0	2 480	1 967	45	19.3	0	2 180	1 955
新闻与传播学	134	33.2	0	7 269	5 163	31	8.6	0	1 571	477
图书、文献与情报学	134	47.3	0	3 323	2 799	61	21.2	0	981	1 182
教育学	3 095	1 116.6	0	94 687	72 860	1 152	413	0	34 087	27 702
统计学	34	8.1	0	2 472	1 401	10	3.6	0	1 587	742
心理学	207	95.2	0	7 238	5 140	96	34.2	0	2 379	2 155
体育学	406	150.8	0	13 831	11 643	214	74.1	0	5 698	4 470

11. 专科院校人文、社会科学研究课题情况表(续表)

学科门类	应用研究					试验发展				
	课题数	当年投入人数（人年）	其中：研究生	当年拨入经费（百元）	当年支出经费（百元）	课题数	当年投入人数（人年）	其中：研究生	当年拨入经费（百元）	当年支出经费（百元）
	L11	L12	L13	L14	L15	L16	L17	L18	L19	L20
合计	5 752	2 044.7	0	281 793	229 363	86	41.6	0	2 710	1 809
管理学	891	357.3	0	64 486	61 423	12	5.2	0	990	760
马克思主义	160	50.1	0	6 102	4 555	1	0.8	0	20	20
哲学	18	5.9	0	598	315	0	0	0	0	0
逻辑学	1	0	0	0	0	0	0	0	0	0
宗教学	4	6.3	0	300	510	0	0	0	0	0
语言学	305	108.1	0	7 816	6 314	2	1.1	0	80	6
中国文学	79	18.4	0	920	991	0	0	0	0	0
外国文学	21	6.8	0	375	321	0	0	0	0	0
艺术学	271	92.2	0	29 258	19 217	6	3.7	0	140	80
历史学	33	8.5	0	1 395	1 645	0	0	0	0	0
考古学	1	0.2	0	3 000	2 371	1	0.2	0	40	30
经济学	848	274.2	0	58 262	46 118	13	8.2	0	122	28
政治学	102	38.2	0	1 945	1 900	3	0.9	0	180	121
法学	364	115.5	0	9 223	8 994	3	0.3	0	100	66
社会学	239	83.5	0	16 206	12 973	10	3.5	0	130	125
民族学	4	0.7	0	300	12	0	0	0	0	0
新闻与传播学	102	24	0	5 438	4 510	1	0.6	0	260	176
图书、文献与情报学	72	26	0	2 322	1 597	1	0.1	0	20	20
教育学	1 921	689.2	0	60 421	45 001	22	14.4	0	178	157
统计学	23	4.5	0	885	659	1	0	0	0	0
心理学	107	59.3	0	4 469	2 799	4	1.7	0	390	185
体育学	186	75.8	0	8 072	7 138	6	0.9	0	60	35

12. 教育部直属院校人文、社会科学研究课题情况表(一)

学科门类	总数					基础研究				
	课题数	当年投入人数（人年）	其中：研究生	当年拨入经费（百元）	当年支出经费（百元）	课题数	当年投入人数（人年）	其中：研究生	当年拨入经费（百元）	当年支出经费（百元）
	L01	L02	L03	L04	L05	L06	L07	L08	L09	L10
合计	63 126	16 949.1	4 504	23 788 408	18 588 100	28 420	7 805.8	1 794	7 799 469	6 352 269
管理学	15 263	3 904.7	1 244	7 738 873	6 066 937	4 055	1 110.5	324	1 679 911	1 360 111
马克思主义	1 354	428.7	87	229 460	174 646	955	316.8	69	164 451	129 594
哲学	1 635	481.2	104	378 851	445 398	1 346	405.2	89	274 670	371 787
逻辑学	78	23.7	8	28 320	9 769	70	22.2	7	27 220	9 280
宗教学	297	85.2	19	172 767	161 726	241	71.6	18	160 903	153 763
语言学	3 007	961	167	540 255	344 473	2 017	658.2	117	217 569	164 356
中国文学	2 038	523.4	117	428 916	219 996	1 754	449	102	366 733	176 005
外国文学	858	258.1	38	103 123	191 019	685	215.7	35	84 215	178 982
艺术学	2 362	685.7	140	1 665 451	1 291 913	923	271.7	37	250 473	172 707
历史学	2 323	654.5	151	651 588	659 375	2 012	571.1	131	536 921	539 838
考古学	345	103	35	318 732	248 019	206	42.8	9	118 917	82 884
经济学	12 298	3 232.4	1 036	5 147 970	3 834 364	3 951	1 045.1	300	1 412 271	1 073 387
政治学	2 081	582.2	131	775 458	656 517	1 289	348.9	70	390 978	288 924
法学	4 778	1 218.8	300	1 157 985	840 670	2 331	560	119	439 274	349 266
社会学	4 040	896.3	246	1 483 868	1 171 344	1 674	352.6	81	572 125	419 471
民族学	185	61.1	24	43 318	35 421	129	44.4	19	25 845	15 461
新闻与传播学	2 086	536.4	104	552 239	373 445	720	186.3	31	120 598	85 261
图书、文献与情报学	1 055	405	124	387 550	279 747	508	192.7	52	132 315	100 718
教育学	4 979	1 310.5	310	1 506 023	1 185 781	2 637	672.8	137	612 619	514 623
统计学	454	111	30	133 123	100 881	151	34.9	7	71 653	53 997
心理学	731	200.7	53	224 668	170 660	374	112.9	29	96 386	72 456
体育学	879	285.5	36	119 870	125 999	392	120.4	11	43 422	39 398

13. 教育部直属院校人文、社会科学研究课题情况表(一)(续表)

学科门类	应用研究					试验发展				
	课题数	当年投入人数(人年)	其中:研究生	当年拨入经费(百元)	当年支出经费(百元)	课题数	当年投入人数(人年)	其中:研究生	当年拨入经费(百元)	当年支出经费(百元)
	L11	L12	L13	L14	L15	L16	L17	L18	L19	L20
合计	33 522	8 889.4	2 647	15 477 079	11 947 162	1 184	253.9	59	511 861	288 670
管理学	10 787	2 721.9	905	5 856 358	4 612 117	421	72.3	15	202 604	94 709
马克思主义	391	110.3	17	64 821	43 654	8	1.6	1	188	1 399
哲学	276	71.9	14	103 876	73 205	13	4.1	0	305	407
逻辑学	8	1.5	0	1 100	489	0	0	0	0	0
宗教学	53	13.4	1	11 864	7 791	3	0.2	0	0	172
语言学	958	297.5	49	321 404	179 960	32	5.3	1	1 283	157
中国文学	282	73.7	15	62 133	43 986	2	0.7	0	50	4
外国文学	167	40.5	2	18 808	12 006	6	1.9	0	100	30
艺术学	1 411	402.7	100	1 403 871	1 109 064	28	11.3	3	11 107	10 143
历史学	305	81.8	20	113 567	119 397	6	1.6	1	1 100	140
考古学	134	59.9	26	199 365	164 328	5	0.3	0	450	807
经济学	8 135	2 149.1	726	3 598 135	2 683 569	212	38.2	9	137 563	77 407
政治学	766	229.3	59	378 262	363 890	26	4	1	6 219	3 703
法学	2 312	625.1	173	683 238	477 109	135	33.7	8	35 472	14 295
社会学	2 302	531.3	164	873 718	719 001	64	12.4	2	38 026	32 872
民族学	56	16.7	5	17 473	19 960	0	0	0	0	0
新闻与传播学	1 328	340.7	70	429 900	286 162	38	9.4	3	1 741	2 022
图书、文献与情报学	528	200.1	66	239 632	168 905	19	12.2	6	15 603	10 125
教育学	2 248	616.2	168	843 994	639 959	94	21.5	6	49 409	31 199
统计学	294	72.6	22	60 351	46 169	9	3.5	1	1 120	715
心理学	326	81.6	22	119 951	91 253	31	6.2	1	8 331	6 952
体育学	455	151.6	23	75 258	85 188	32	13.5	1	1 190	1 412

14. 教育部直属院校人文、社会科学研究课题情况表(二)

	总数				基础研究			
	课题数	当年投入人数（人年）	当年拨入经费（百元）	当年支出经费（百元）	课题数	当年投入人数（人年）	当年拨入经费（百元）	当年支出经费（百元）
合计	53 498	16 692	19 549 746	16 301 138	24 352	7 651.1	5 620 176	4 339 562
北京大学	1 283	765	1 024 018	778 858	592	249.3	133 464	120 791
中国人民大学	1 703	436.7	947 664	683 082	672	168.1	405 940	255 229
清华大学	1 372	435.2	1 811 732	1 393 116	649	226.2	402 986	261 376
北京交通大学	687	93	444 359	293 688	205	28.8	66 739	34 535
北京科技大学	175	68.9	84 393	67 774	48	27	13 015	9 054
北京化工大学	65	34.1	12 896	14 818	38	21.1	6 230	5 425
北京邮电大学	189	91.4	66 164	16 182	79	7.9	15 820	1 866
中国农业大学	589	293.6	276 630	236 113	219	125.1	74 585	59 529
北京林业大学	227	100.2	88 983	83 857	175	63.8	73 563	56 658
北京中医药大学	17	6.6	3 300	1 063	10	4.1	0	133
北京师范大学	1 864	226.7	634 434	589 588	1 361	157.8	249 449	229 319
北京外国语大学	297	56.5	14 973	13 342	273	50.8	13 112	11 036
北京语言大学	315	170.5	42 850	33 754	293	153.5	42 100	28 182
中国传媒大学	979	187.2	128 647	88 635	122	19.9	8 824	4 456
中央财经大学	862	94.3	270 166	203 520	90	14.6	23 585	12 687
对外经济贸易大学	280	229.7	106 185	30 423	88	63.9	39 332	6 516
国际关系学院	73	31.9	9 553	3 364	68	31.4	8 388	2 864
中央音乐学院	52	22.9	12 580	10 404	52	22.9	12 580	10 404
中央美术学院	123	38	217 087	202 396	88	27.7	5 350	2 060
中央戏剧学院	38	21	11 154	9 572	29	19	8 260	6 700
中国政法大学	931	378.8	279 731	135 932	297	99.2	128 536	54 314
华北电力大学	144	70.6	37 130	49 378	80	34.1	3 150	8 826
南开大学	2 183	1 049.9	537 159	342 186	1 645	777.6	426 330	243 936
天津大学	110	80.9	22 562	22 062	76	55.8	11 226	10 726
大连理工大学	527	342.1	91 732	75 016	348	219.7	53 782	44 381
东北大学	310	84.4	77 296	57 235	191	63.5	45 459	31 028
吉林大学	1 241	512.2	191 125	202 945	584	245.7	67 787	93 205
东北师范大学	966	340.7	226 792	210 460	721	261.9	131 785	122 896
东北林业大学	147	71.6	7 940	8 066	75	40.6	2 230	3 235

应用研究				试验发展			
课题数	当年投入人数（人年）	当年拨入经费（百元）	当年支出经费（百元）	课题数	当年投入人数（人年）	当年拨入经费（百元）	当年支出经费（百元）
28 164	8 706.2	13 470 477	11 551 745	982	334.7	459 096	409 826
682	509.7	886 894	656 159	9	6	3 660	1 908
978	255.6	509 971	427 853	53	13	31 754	0
684	188.1	1 388 175	1 116 294	39	20.9	20 570	15 446
473	63.4	377 220	255 701	9	0.8	400	3 452
127	41.9	71 378	58 720	0	0	0	0
27	13	6 666	9 393	0	0	0	0
110	83.5	50 344	14 317	0	0	0	0
363	165.3	201 895	176 030	7	3.2	150	553
52	36.4	15 420	27 199	0	0	0	0
7	2.5	3 300	930	0	0	0	0
451	63.6	360 144	333 806	52	5.3	24 841	26 463
24	5.7	1 861	2 306	0	0	0	0
22	17	750	5 572	0	0	0	0
851	165.3	119 329	83 660	6	2	494	518
768	79.7	246 263	190 214	4	0	318	619
160	145.4	65 303	23 211	32	20.4	1 550	696
5	0.5	1 165	500	0	0	0	0
0	0	0	0	0	0	0	0
35	10.3	211 737	200 336	0	0	0	0
9	2	2 894	2 872	0	0	0	0
542	236.7	122 481	66 174	92	42.9	28 715	15 444
64	36.5	33 980	40 552	0	0	0	0
535	270.6	105 629	96 350	3	1.7	5 200	1 900
30	22.5	11 222	11 222	4	2.6	114	114
175	121.9	37 716	30 400	4	0.5	234	234
119	20.9	31 837	26 207	0	0	0	0
646	251.3	113 588	105 546	11	15.2	9 750	4 194
152	51.7	72 356	67 934	93	27.1	22 650	19 629
69	29.9	5 680	4 801	3	1.1	30	30

	总数				基础研究			
	课题数	当年投入人数（人年）	当年拨入经费（百元）	当年支出经费（百元）	课题数	当年投入人数（人年）	当年拨入经费（百元）	当年支出经费（百元）
复旦大学	2 366	648.3	367 617	167 613	1 550	430.9	188 979	108 742
同济大学	614	216	161 870	154 860	252	82.1	30 030	32 620
上海交通大学	798	190.2	351 133	353 814	238	46	50 055	52 696
华东理工大学	344	53.3	79 880	65 856	42	9	7 180	4 219
东华大学	182	160	134 750	78 406	9	8.1	4 265	1 966
华东师范大学	2 083	745.8	543 307	661 291	791	319	155 127	154 766
上海外国语大学	168	134.3	10 929	25 472	164	130	7 469	20 271
上海财经大学	952	254.4	264 740	190 931	382	33.4	55 801	41 506
南京大学	1 010	336.5	492 024	369 560	562	198.4	244 350	150 110
东南大学	259	85.2	95 175	120 774	105	30.5	13 435	26 546
中国矿业大学	281	99.7	105 312	109 388	58	3.6	200	963
河海大学	501	81.2	262 778	258 182	65	12.8	15 074	14 989
江南大学	489	141.9	129 435	115 532	99	22.9	9 482	5 475
南京农业大学	491	276.4	177 190	178 818	52	32.4	2 491	5 215
中国药科大学	64	18.8	6 067	6 990	19	4.9	1 090	380
浙江大学	3 699	366	1 403 797	1 925 047	1 314	146.8	287 546	326 078
合肥工业大学	122	34	28 930	26 037	12	2	440	396
厦门大学	2 310	496.8	800 463	755 905	1 393	308.1	194 626	146 130
山东大学	1 526	139.1	236 967	305 448	1 020	109.1	74 417	176 693
中国海洋大学	314	10.4	8 406	6 981	198	6.4	4 496	3 151
中国石油大学(华东)	60	37.5	41 627	40 559	12	6.8	2 130	2 992
武汉大学	2 075	682.1	639 309	605 106	1 376	524.1	284 497	259 565
华中科技大学	601	186.7	285 822	230 969	93	35.6	24 397	20 708
中国地质大学	555	64.6	102 208	85 850	17	3	3 720	740
武汉理工大学	296	102.7	87 582	69 320	60	40.3	23 805	18 822
华中农业大学	404	79.2	132 294	123 900	97	20.6	1 990	2 093
华中师范大学	623	467.3	599 955	526 482	433	273.4	328 102	276 461
中南财经政法大学	911	207.4	215 659	41 777	84	12.2	12 385	2 165
湖南大学	983	477.1	176 629	130 939	793	377.5	125 151	93 382
中南大学	473	185.9	195 033	151 641	69	42.5	35 270	29 068

续表

应用研究				试验发展			
课题数	当年投入人数（人年）	当年拨入经费（百元）	当年支出经费（百元）	课题数	当年投入人数（人年）	当年拨入经费（百元）	当年支出经费（百元）
809	215	178 038	58 567	7	2.4	600	303
354	128.5	123 760	115 570	8	5.4	8 080	6 670
519	138.5	295 033	295 478	41	5.7	6 046	5 640
301	44.1	71 200	61 637	1	0.2	1 500	0
173	151.9	130 485	76 440	0	0	0	0
1 247	416.5	377 945	483 718	45	10.3	10 235	22 807
4	4.3	3 460	5 201	0	0	0	0
570	221	208 939	149 425	0	0	0	0
448	138.1	247 674	219 450	0	0	0	0
151	52.8	81 390	91 211	3	1.9	350	3 017
223	96.1	105 112	108 425	0	0	0	0
436	68.4	247 704	243 193	0	0	0	0
390	119	119 953	110 057	0	0	0	0
439	244	174 699	173 603	0	0	0	0
45	13.9	4 977	6 610	0	0	0	0
2 343	215.7	1 089 435	1 551 910	42	3.5	26 816	47 059
107	30	27 090	24 381	3	2	1 400	1 260
902	181.1	591 794	595 735	15	7.6	14 043	14 040
506	30	162 550	128 755	0	0	0	0
112	3.6	3 810	3 730	4	0.4	100	100
47	29.8	39 197	37 552	1	0.9	300	15
529	129.8	230 022	228 012	170	28.2	124 790	117 529
451	134.1	254 701	201 386	57	17	6 725	8 875
492	52.8	84 788	73 380	46	8.8	13 700	11 730
236	62.4	63 777	50 498	0	0	0	0
306	58.4	130 104	121 648	1	0.2	200	159
176	175.5	224 563	200 532	14	18.4	47 290	49 489
810	187.7	194 382	37 242	17	7.5	8 892	2 370
190	99.6	51 478	37 557	0	0	0	0
404	143.4	159 763	122 573	0	0	0	0

	总数				基础研究			
	课题数	当年投入人数（人年）	当年拨入经费（百元）	当年支出经费（百元）	课题数	当年投入人数（人年）	当年拨入经费（百元）	当年支出经费（百元）
中山大学	1 619	893.8	958 268	553 782	472	131.6	81 449	70 173
华南理工大学	1 188	141.5	396 696	287 098	417	49.7	47 481	78 296
四川大学	1 827	380.4	592 145	385 403	392	87.2	118 117	58 250
重庆大学	517	322.3	301 347	242 012	99	87.4	62 110	46 043
西南交通大学	243	85.1	142 192	109 222	90	26.9	16 055	12 208
电子科技大学	143	42.5	79 300	74 799	49	12.7	12 715	11 869
西南大学	1 437	529.4	293 749	243 626	899	346.8	145 949	93 576
西南财经大学	612	278.8	111 780	41 924	95	56.5	13 506	2 509
西安交通大学	610	156.2	207 458	227 344	133	31.9	30 190	32 135
西安电子科技大学	49	34.4	8 580	4 621	21	14.5	2 230	993
长安大学	224	32	48 639	31 129	56	5.1	1 792	742
西北农林科技大学	66	8.3	17 060	16 162	37	4.6	12 720	12 808
陕西师范大学	607	177.5	213 974	93 888	418	105.9	191 279	85 831
兰州大学	837	152.9	184 742	111 026	604	106	180 558	93 657
中国矿业大学（北京）	50	29.6	24 070	17 273	8	4	3 090	1 506
中国石油大学	66	56.8	73 338	56 618	26	21.1	34 828	26 758
中国地质大学（北京）	100	57.1	80 285	64 934	9	5.8	4 500	1 933

续表

应用研究				试验发展			
课题数	当年投入人数（人年）	当年拨入经费（百元）	当年支出经费（百元）	课题数	当年投入人数（人年）	当年拨入经费（百元）	当年支出经费（百元）
1 135	756.8	870 229	480 456	12	5.4	6 590	3 154
768	91.6	349 215	208 558	3	0.2	0	244
1 435	293.2	474 028	327 153	0	0	0	0
374	200	212 238	174 331	44	34.9	26 999	21 638
153	58.2	126 137	97 014	0	0	0	0
94	29.8	66 585	62 930	0	0	0	0
527	178.8	145 250	149 334	11	3.8	2 550	716
517	222.3	98 274	39 415	0	0	0	0
471	121	175 968	193 638	6	3.3	1 300	1 570
28	19.9	6 350	3 628	0	0	0	0
166	26.4	46 737	30 211	2	0.5	110	176
29	3.7	4 340	3 354	0	0	0	0
182	69.5	22 646	7 992	7	2.1	50	65
233	46.9	4 184	17 368	0	0	0	0
42	25.6	20 980	15 767	0	0	0	0
39	34.3	38 510	29 860	1	1.4	0	0
91	51.3	75 785	63 001	0	0	0	0

15. 教育部直属综合大学人文、社会科学研究课题情况表

学科门类	总数					基础研究				
	课题数	当年投入人数（人年）	其中：研究生	当年拨入经费（百元）	当年支出经费（百元）	课题数	当年投入人数（人年）	其中：研究生	当年拨入经费（百元）	当年支出经费（百元）
	L01	L02	L03	L04	L05	L06	L07	L08	L09	L10
合计	34 148	8 588.5	2 210	13 225 466	9 780 800	17 304	4 435.4	1 048	4 638 880	3 615 304
管理学	7 599	1 682.1	472	4 370 962	3 027 647	2 200	545.8	153	904 284	641 495
马克思主义	683	222.3	50	126 631	79 696	500	165.5	43	78 881	49 754
哲学	1 033	283.8	48	241 670	313 519	849	237.4	43	164 027	265 270
逻辑学	57	17.5	6	11 770	5 471	51	17.1	6	11 170	5 471
宗教学	239	64.5	16	164 547	151 516	195	54	15	156 173	144 999
语言学	1 646	412.5	69	357 958	188 874	1 183	298.7	54	125 375	64 555
中国文学	1 499	338	78	349 346	141 476	1 297	293.9	72	299 121	112 000
外国文学	573	154.7	20	64 975	157 434	428	123.4	19	53 326	148 295
艺术学	970	286.5	56	460 651	389 636	451	137.9	22	110 429	78 482
历史学	1 651	467.2	118	432 094	420 971	1 451	413.9	106	358 132	364 121
考古学	309	94.1	34	276 367	222 557	178	34.9	8	78 492	58 176
经济学	7 086	1 852.1	591	3 336 632	2 392 087	2 824	712.5	198	994 889	726 469
政治学	1 321	372.4	87	527 218	438 530	819	211.8	47	295 193	201 833
法学	2 595	600.5	150	634 663	460 496	1 486	333.9	85	271 140	210 555
社会学	2 335	486.5	117	746 914	583 532	1 072	199.8	30	331 867	223 642
民族学	145	50.7	24	39 058	24 972	99	36.4	18	22 545	11 940
新闻与传播学	950	234.9	42	281 030	159 609	473	114.2	19	87 985	57 535
图书、文献与情报学	777	290.8	99	310 271	203 475	398	147.4	44	109 075	75 822
教育学	1 887	468.8	103	320 605	279 014	960	240.5	48	95 592	104 096
统计学	181	41.8	6	79 285	58 108	101	24.5	5	62 733	47 234
心理学	233	58	12	30 113	21 327	112	37.7	9	6 197	6 823
体育学	379	108.8	12	62 706	60 853	177	54.2	4	22 254	16 737

16. 教育部直属综合大学人文、社会科学研究课题情况表(续表)

学科门类	应用研究					试验发展				
	课题数	当年投入人数(人年)	其中:研究生	当年拨入经费(百元)	当年支出经费(百元)	课题数	当年投入人数(人年)	其中:研究生	当年拨入经费(百元)	当年支出经费(百元)
	L11	L12	L13	L14	L15	L16	L17	L18	L19	L20
合计	16 233	4 077.7	1 140	8 313 461	6 061 070	611	75.4	24	273 126	104 433
管理学	5 120	1 111.1	316	3 323 881	2 340 854	279	25.2	4	142 797	45 299
马克思主义	181	56.2	7	47 750	28 858	2	0.6	1	0	1 085
哲学	182	46.3	5	77 593	48 249	2	0.1	0	50	0
逻辑学	6	0.4	0	600	0	0	0	0	0	0
宗教学	43	10.5	1	8 374	6 517	1	0	0	0	0
语言学	440	112.1	15	231 459	124 298	23	1.7	0	1 125	20
中国文学	201	44	6	50 175	29 476	1	0.1	0	50	0
外国文学	142	30.6	1	11 548	9 140	3	0.7	0	100	0
艺术学	511	146.1	33	343 622	306 310	8	2.5	1	6 600	4 844
历史学	197	52.7	12	72 962	56 750	3	0.6	1	1 000	100
考古学	130	59.2	26	197 875	164 232	1	0	0	0	150
经济学	4 136	1 121.8	387	2 239 717	1 620 831	126	17.8	5	102 026	44 787
政治学	489	158.9	38	230 175	236 043	13	1.7	1	1 850	655
法学	1 084	264.3	64	360 673	247 072	25	2.3	1	2 851	2 869
社会学	1 230	284.4	86	410 688	358 037	33	2.3	1	4 359	1 853
民族学	46	14.3	5	16 513	13 033	0	0	0	0	0
新闻与传播学	466	119.9	23	192 885	102 053	11	0.8	0	160	21
图书、文献与情报学	363	133.9	49	200 652	127 074	16	9.5	6	543	579
教育学	889	224.9	54	218 568	173 866	38	3.4	2	6 445	1 053
统计学	79	17.2	2	16 453	10 875	1	0.1	0	100	0
心理学	109	19.2	3	21 096	13 614	12	1.1	0	2 820	890
体育学	189	49.7	7	40 202	43 888	13	4.9	1	250	228

17. 教育部直属工科院校人文、社会科学研究课题情况表

学科门类	总数					基础研究				
	课题数	当年投入人数（人年）	其中：研究生	当年拨入经费（百元）	当年支出经费（百元）	课题数	当年投入人数（人年）	其中：研究生	当年拨入经费（百元）	当年支出经费（百元）
	L01	L02	L03	L04	L05	L06	L07	L08	L09	L10
合计	14 040	4 028	1 332	6 279 338	5 271 509	4 774	1 371.9	382	1 495 408	1 216 179
管理学	5 457	1 613.3	614	2 672 437	2 430 663	1 410	417.7	140	613 163	521 877
马克思主义	406	106.6	25	48 469	40 061	253	68.3	17	35 489	28 635
哲学	327	110.6	37	93 091	83 246	267	94.8	33	71 055	63 069
逻辑学	7	4	1	2 150	1 472	6	3.2	1	1 650	983
宗教学	19	4.6	0	2 060	2 298	13	3	0	970	1 370
语言学	614	192.3	41	49 441	41 425	329	98.1	23	24 240	21 819
中国文学	89	28.4	7	12 913	9 919	77	24.7	6	10 115	7 803
外国文学	104	32.6	8	11 466	9 433	87	26.3	7	8 066	7 334
艺术学	643	168.5	47	982 082	712 205	111	25.5	3	66 350	36 184
历史学	185	53.6	10	80 785	94 081	117	40.1	6	50 065	39 790
考古学	16	2.9	0	39 185	20 966	15	2.8	0	38 185	20 869
经济学	2 367	718.3	288	1 058 979	823 274	589	182.8	68	264 054	203 538
政治学	377	89.5	24	119 356	93 981	225	57.2	13	27 695	19 251
法学	756	183.6	39	165 115	164 462	387	89.2	16	77 000	79 282
社会学	1 019	255.4	75	394 045	313 469	318	85.9	23	105 817	83 006
民族学	6	1.1	0	0	5 172	4	0.7	0	0	0
新闻与传播学	329	83.1	32	144 842	108 147	98	25.1	6	15 945	10 819
图书、文献与情报学	147	57.6	13	36 923	39 137	48	16.6	2	9 685	9 673
教育学	789	220.4	51	296 183	220 264	281	77.5	11	59 582	46 920
统计学	51	11.6	3	12 884	10 941	23	3.6	1	4 850	4 462
心理学	113	33.1	9	29 226	17 424	50	16.6	5	5 847	4 556
体育学	219	56.9	8	27 706	29 469	66	12.2	1	5 585	4 939

18. 教育部直属工科院校人文、社会科学研究课题情况表(续表)

学科门类	应用研究					试验发展				
	课题数	当年投入人数(人年)	其中:研究生	当年拨入经费(百元)	当年支出经费(百元)	课题数	当年投入人数(人年)	其中:研究生	当年拨入经费(百元)	当年支出经费(百元)
	L11	L12	L13	L14	L15	L16	L17	L18	L19	L20
合计	9 054	2 588.2	933	4 711 821	3 993 983	212	67.9	13	72 109	61 346
管理学	3 946	1 166.5	468	2 022 012	1 874 010	101	29.1	6	37 262	34 776
马克思主义	151	37.8	8	12 930	11 406	2	0.5	0	50	20
哲学	55	13.9	4	22 036	20 117	5	1.9	0	0	60
逻辑学	1	0.8	0	500	489	0	0	0	0	0
宗教学	6	1.6	0	1 090	928	0	0	0	0	0
语言学	283	93.8	17	25 128	19 540	2	0.4	0	74	66
中国文学	12	3.7	0	2 798	2 116	0	0	0	0	0
外国文学	17	6.3	1	3 400	2 098	0	0	0	0	0
艺术学	525	139.7	43	913 382	673 271	7	3.3	0	2 350	2 750
历史学	65	12.5	4	30 620	54 251	3	1	0	100	40
考古学	1	0.1	0	1 000	96	0	0	0	0	0
经济学	1 747	527.7	219	775 928	603 987	31	7.8	2	18 997	15 750
政治学	150	31.9	11	91 501	74 361	2	0.4	0	160	370
法学	361	91.3	22	87 685	85 050	8	3.1	1	430	130
社会学	687	165.3	52	282 632	227 588	14	4.2	1	5 596	2 874
民族学	2	0.4	0	0	5 172	0	0	0	0	0
新闻与传播学	214	51.7	23	127 397	95 676	17	6.3	2	1 500	1 652
图书、文献与情报学	98	39	10	27 218	29 452	1	2	0	20	12
教育学	494	137.4	38	231 070	170 498	14	5.5	1	5 530	2 846
统计学	28	8	2	8 034	6 479	0	0	0	0	0
心理学	60	15.7	4	23 339	12 868	3	0.8	0	40	0
体育学	151	43.1	7	22 121	24 530	2	1.6	0	0	0

19. 教育部直属师范院校人文、社会科学研究课题情况表

学科门类	总数					基础研究				
	课题数	当年投入人数（人年）	其中：研究生	当年拨入经费（百元）	当年支出经费（百元）	课题数	当年投入人数（人年）	其中：研究生	当年拨入经费（百元）	当年支出经费（百元）
	L01	L02	L03	L04	L05	L06	L07	L08	L09	L10
合计	6 807	2 046.4	514	2 536 718	2 332 470	4 333	1 292.9	282	1 403 995	1 310 748
管理学	480	152.8	38	203 764	265 958	221	73.8	18	121 202	163 715
马克思主义	155	63.9	6	42 386	46 296	137	58.9	6	41 201	44 839
哲学	212	67.1	16	36 294	44 483	191	60.7	13	34 039	40 479
逻辑学	5	1.2	0	1 100	824	5	1.2	0	1 100	824
宗教学	25	10.7	3	5 960	7 016	21	9.9	2	3 560	6 776
语言学	224	104.7	20	61 154	60 748	185	94.4	17	51 326	51 658
中国文学	330	118.1	28	51 658	61 563	290	101.7	22	50 158	51 417
外国文学	67	29.8	8	17 113	16 441	63	28.3	8	14 153	16 041
艺术学	237	62.7	12	101 940	108 297	128	31.8	6	44 961	38 374
历史学	424	112.6	20	132 384	141 166	398	102.2	17	123 949	133 371
考古学	20	6	2	3 180	4 496	13	5.1	1	2 240	3 839
经济学	839	241.5	78	260 376	270 243	319	89.6	27	101 973	91 432
政治学	253	70.6	11	112 855	112 867	185	53.8	5	67 315	65 692
法学	182	51.1	5	54 900	44 564	136	39.5	2	36 805	30 343
社会学	541	126.5	49	328 028	262 704	259	62.6	27	132 595	110 321
民族学	29	8.1	1	4 100	4 769	25	6.9	1	3 300	3 485
新闻与传播学	123	41.3	10	20 304	19 194	56	19.9	5	8 959	9 353
图书、文献与情报学	95	44.9	12	33 989	31 521	54	26.5	6	13 241	14 957
教育学	1 959	524.7	151	861 070	655 835	1 293	316.3	76	450 778	354 296
统计学	25	5.8	2	14 395	10 773	12	3.1	1	1 630	1 646
心理学	350	97.1	26	163 276	129 960	205	56.3	15	83 978	60 748
体育学	232	105.2	16	26 492	32 752	137	50.4	7	15 532	17 142

20. 教育部直属师范院校人文、社会科学研究课题情况表(续表)

学科门类	应用研究					试验发展				
	课题数	当年投入人数（人年）	其中：研究生	当年拨入经费（百元）	当年支出经费（百元）	课题数	当年投入人数（人年）	其中：研究生	当年拨入经费（百元）	当年支出经费（百元）
	L11	L12	L13	L14	L15	L16	L17	L18	L19	L20
合计	2 299	704	224	1 021 227	922 274	175	49.5	6	111 494	99 448
管理学	248	74.3	19	77 139	96 796	11	4.7	1	5 423	5 448
马克思主义	14	4.5	0	1 080	1 346	4	0.5	0	105	111
哲学	19	6	3	2 000	3 658	2	0.4	0	255	347
逻辑学	0	0	0	0	0	0	0	0	0	0
宗教学	3	0.7	0	2 400	68	1	0.1	0	0	172
语言学	37	10	3	9 744	9 018	2	0.3	0	84	71
中国文学	39	15.8	6	1 500	10 141	1	0.6	0	0	4
外国文学	3	1.4	0	2 960	370	1	0.1	0	0	30
艺术学	96	25.4	6	54 823	67 374	13	5.5	1	2 157	2 549
历史学	26	10.4	3	8 435	7 795	0	0	0	0	0
考古学	3	0.6	0	490	0	4	0.3	0	450	657
经济学	479	143.7	51	144 662	163 043	41	8.2	0	13 740	15 768
政治学	66	16.5	5	43 531	45 163	2	0.3	0	2 009	2 012
法学	44	11.2	3	17 780	13 793	2	0.4	0	315	428
社会学	269	59.4	22	167 362	124 239	13	4.5	0	28 070	28 144
民族学	4	1.2	0	800	1 284	0	0	0	0	0
新闻与传播学	63	20.5	5	11 264	9 738	4	0.9	0	81	103
图书、文献与情报学	39	17.7	6	5 708	7 030	2	0.7	0	15 040	9 534
教育学	628	198.2	72	373 738	275 195	38	10.2	3	36 554	26 344
统计学	12	2.2	1	11 965	8 647	1	0.5	0	800	480
心理学	129	36.5	10	73 826	63 150	16	4.3	1	5 471	6 062
体育学	78	47.8	9	10 020	14 426	17	7	0	940	1 184

21. 教育部直属语言院校人文、社会科学研究课题情况表

学科门类	总数					基础研究				
	课题数	当年投入人数（人年）	其中：研究生	当年拨入经费（百元）	当年支出经费（百元）	课题数	当年投入人数（人年）	其中：研究生	当年拨入经费（百元）	当年支出经费（百元）
	L01	L02	L03	L04	L05	L06	L07	L08	L09	L10
合计	2 002	708.6	71	223 430	182 481	849	351.7	25	42 267	56 191
管理学	171	55.9	4	16 416	16 003	97	33.5	2	7 806	10 239
马克思主义	11	4.8	0	80	390	5	2.4	0	80	262
哲学	8	1.6	0	59	79	7	1.5	0	59	79
逻辑学	0	0	0	0	0	0	0	0	0	0
宗教学	10	4.1	0	0	308	9	3.5	0	0	30
语言学	403	213.9	25	24 395	26 512	282	153.3	18	10 218	17 449
中国文学	89	28.8	2	13 039	4 152	73	24.4	2	6 379	3 834
外国文学	97	32.1	1	7 956	6 307	95	31.3	1	7 856	6 307
艺术学	264	94.1	18	43 715	26 239	43	18.3	1	130	1 025
历史学	16	4.8	0	1 005	672	15	3.7	0	1 005	672
考古学	0	0	0	0	0	0	0	0	0	0
经济学	59	16.5	1	4 607	4 319	30	8.2	0	2 152	2 496
政治学	36	13.2	0	3 854	900	25	9.2	0	274	543
法学	39	13.1	0	1 685	1 157	19	5.6	0	835	850
社会学	10	1.7	0	209	239	4	0.6	0	129	236
民族学	1	0.4	0	0	36	1	0.4	0	0	36
新闻与传播学	621	161.8	19	96 687	80 014	68	21.9	0	4 369	5 071
图书、文献与情报学	12	4.6	0	414	591	6	1	0	314	211
教育学	136	50.4	1	9 185	13 751	63	30.6	1	587	6 698
统计学	2	0.8	0	0	137	0	0	0	0	0
心理学	4	1.3	0	24	122	3	0.4	0	24	122
体育学	13	4.7	0	100	553	4	1.9	0	50	31

22. 教育部直属语言院校人文、社会科学研究课题情况表(续表)

学科门类	应用研究					试验发展				
	课题数	当年投入人数(人年)	其中:研究生	当年拨入经费(百元)	当年支出经费(百元)	课题数	当年投入人数(人年)	其中:研究生	当年拨入经费(百元)	当年支出经费(百元)
	L11	L12	L13	L14	L15	L16	L17	L18	L19	L20
合计	1 147	355.1	47	181 161	125 665	6	1.8	0	0	625
管理学	74	22.4	1	8 609	5 764	0	0	0	0	0
马克思主义	6	2.4	0	0	128	0	0	0	0	0
哲学	1	0.1	0	0	0	0	0	0	0	0
逻辑学	0	0	0	0	0	0	0	0	0	0
宗教学	1	0.6	0	0	278	0	0	0	0	0
语言学	121	60.6	8	14 177	9 063	0	0	0	0	0
中国文学	16	4.4	0	6 660	318	0	0	0	0	0
外国文学	2	0.8	0	100	0	0	0	0	0	0
艺术学	221	75.8	18	43 585	25 215	0	0	0	0	0
历史学	1	1.1	0	0	0	0	0	0	0	0
考古学	0	0	0	0	0	0	0	0	0	0
经济学	29	8.3	1	2 455	1 823	0	0	0	0	0
政治学	11	4	0	3 580	357	0	0	0	0	0
法学	20	7.5	0	850	307	0	0	0	0	0
社会学	6	1.1	0	80	3	0	0	0	0	0
民族学	0	0	0	0	0	0	0	0	0	0
新闻与传播学	548	138.8	19	92 318	74 698	5	1.1	0	0	245
图书、文献与情报学	6	3.6	0	100	380	0	0	0	0	0
教育学	72	19.1	0	8 597	6 672	1	0.7	0	0	380
统计学	2	0.8	0	0	137	0	0	0	0	0
心理学	1	0.9	0	0	0	0	0	0	0	0
体育学	9	2.8	0	50	522	0	0	0	0	0

23. 教育部直属财经院校人文、社会科学研究课题情况表

学科门类	总数 课题数	总数 当年投入人数（人年）	其中：研究生	当年拨入经费（百元）	当年支出经费（百元）	基础研究 课题数	基础研究 当年投入人数（人年）	其中：研究生	当年拨入经费（百元）	当年支出经费（百元）
	L01	L02	L03	L04	L05	L06	L07	L08	L09	L10
合计	4 682	1 130.6	262	1 191 674	832 957	537	156.5	24	124 954	94 398
管理学	1 475	376.2	106	458 122	319 431	105	31.3	8	26 055	20 549
马克思主义	76	22.7	5	9 965	6 839	41	14.4	2	7 650	5 034
哲学	29	9.1	2	7 060	1 721	17	6.3	0	5 060	1 365
逻辑学	8	0.9	0	13 100	1 951	7	0.6	0	13 100	1 951
宗教学	2	0.7	0	200	495	2	0.7	0	200	495
语言学	96	29.6	8	42 933	25 173	31	10.4	3	6 111	8 498
中国文学	21	8.4	3	560	2 128	8	2.7	0	560	591
外国文学	15	8.5	1	1 514	1 395	10	6	1	714	997
艺术学	11	2.1	0	5 538	2 264	4	0.9	0	690	1 130
历史学	21	7.2	2	3 360	844	15	5.1	1	2 410	772
考古学	0	0	0	0	0	0	0	0	0	0
经济学	1 886	385	72	471 563	332 208	171	45.7	6	40 553	40 480
政治学	35	10.8	1	1 575	2 322	6	2.2	1	300	199
法学	424	137.4	34	109 396	78 486	62	19.4	2	14 650	7 209
社会学	113	20.8	3	12 356	9 621	12	2.3	0	1 450	1 531
民族学	4	0.8	0	160	472	0	0	0	0	0
新闻与传播学	34	8.9	1	5 124	2 768	12	2.1	0	1 850	977
图书、文献与情报学	20	4.8	0	5 774	4 779	0	0	0	0	0
教育学	170	36.6	4	12 660	15 454	15	2.6	0	1 160	1 536
统计学	193	49.4	18	26 559	20 922	14	3.1	0	2 440	656
心理学	16	1.8	1	1 290	1 432	0	0	0	0	0
体育学	33	8.9	1	2 865	2 252	5	0.7	0	1	428

24. 教育部直属财经院校人文、社会科学研究课题情况表(续表)

学科门类	应用研究					试验发展				
	课题数	当年投入人数（人年）	其中：研究生	当年拨入经费（百元）	当年支出经费（百元）	课题数	当年投入人数（人年）	其中：研究生	当年拨入经费（百元）	当年支出经费（百元）
	L11	L12	L13	L14	L15	L16	L17	L18	L19	L20
合计	4 080	948.7	229	1 045 448	727 753	65	25.4	6	21 272	10 807
管理学	1 343	332.8	94	415 744	290 027	27	12.1	4	16 322	8 855
马克思主义	35	8.3	2	2 315	1 806	0	0	0	0	0
哲学	12	2.8	1	2 000	356	0	0	0	0	0
逻辑学	1	0.3	0	0	0	0	0	0	0	0
宗教学	0	0	0	0	0	0	0	0	0	0
语言学	60	16.3	4	36 822	16 675	5	2.9	1	0	0
中国文学	13	5.7	2	0	1 538	0	0	0	0	0
外国文学	3	1.4	0	800	398	2	1.1	0	0	0
艺术学	7	1.2	0	4 848	1 134	0	0	0	0	0
历史学	6	2.1	1	950	71	0	0	0	0	0
考古学	0	0	0	0	0	0	0	0	0	0
经济学	1 703	335.1	65	429 711	291 278	12	4.2	1	1 300	450
政治学	29	8.6	1	1 275	2 123	0	0	0	0	0
法学	352	115.3	32	91 896	70 579	10	2.7	0	2 850	698
社会学	100	18	3	10 906	8 090	1	0.5	0	0	0
民族学	4	0.8	0	160	472	0	0	0	0	0
新闻与传播学	22	6.8	1	3 274	1 791	0	0	0	0	0
图书、文献与情报学	20	4.8	0	5 774	4 779	0	0	0	0	0
教育学	153	34	4	10 920	13 350	2	0	0	580	569
统计学	173	44.4	17	23 899	20 031	6	1.9	0	220	235
心理学	16	1.8	1	1 290	1 432	0	0	0	0	0
体育学	28	8.2	1	2 864	1 823	0	0	0	0	0

25. 教育部直属政法院校人文、社会科学研究课题情况表

学科门类	总数					基础研究				
	课题数	当年投入人数（人年）	其中：研究生	当年拨入经费（百元）	当年支出经费（百元）	课题数	当年投入人数（人年）	其中：研究生	当年拨入经费（百元）	当年支出经费（百元）
	L01	L02	L03	L04	L05	L06	L07	L08	L09	L10
合计	1 212	374.1	111	260 060	134 573	438	138.9	26	65 851	41 830
管理学	81	24.4	9	17 173	7 235	22	8.4	2	7 400	2 236
马克思主义	22	7	1	1 729	1 231	18	5.9	1	950	938
哲学	26	9	2	677	2 349	15	4.5	0	430	1 525
逻辑学	1	0.1	0	200	51	1	0.1	0	200	51
宗教学	2	0.6	0	0	93	1	0.5	0	0	93
语言学	24	8	4	4 375	1 742	7	3.3	2	300	376
中国文学	10	1.7	0	1 400	758	9	1.6	0	400	361
外国文学	2	0.4	0	100	8	2	0.4	0	100	8
艺术学	3	0.3	0	0	97	2	0.2	0	0	27
历史学	26	9.1	1	1 960	1 641	16	6.1	1	1 360	1 111
考古学	0	0	0	0	0	0	0	0	0	0
经济学	61	19	5	15 812	12 231	18	6.3	1	8 650	8 972
政治学	59	25.7	8	10 600	7 917	29	14.7	4	200	1 406
法学	782	233.1	73	192 225	91 505	241	72.4	15	38 844	21 027
社会学	22	5.4	2	2 317	1 780	9	1.4	0	267	736
民族学	0	0	0	0	0	0	0	0	0	0
新闻与传播学	29	6.4	0	4 252	3 712	13	3.1	0	1 490	1 506
图书、文献与情报学	4	2.3	0	180	245	2	1.2	0	0	55
教育学	38	9.6	1	6 320	1 463	25	5.3	0	4 920	1 076
统计学	2	1.6	0	0	0	1	0.6	0	0	0
心理学	15	9.4	5	740	395	4	1.9	0	340	206
体育学	3	1	0	0	120	3	1	0	0	120

26. 教育部直属政法院校人文、社会科学研究课题情况表(续表)

学科门类	应用研究					试验发展				
	课题数	当年投入人数（人年）	其中：研究生	当年拨入经费（百元）	当年支出经费（百元）	课题数	当年投入人数（人年）	其中：研究生	当年拨入经费（百元）	当年支出经费（百元）
	L11	L12	L13	L14	L15	L16	L17	L18	L19	L20
合计	659	201.3	77	160 350	80 729	115	33.9	6	33 860	12 012
管理学	56	14.8	7	8 973	4 667	3	1.2	0	800	332
马克思主义	4	1.1	0	746	110	0	0	0	33	183
哲学	7	2.8	2	247	825	4	1.7	0	0	0
逻辑学	0	0	0	0	0	0	0	0	0	0
宗教学	0	0	0	0	0	1	0.1	0	0	0
语言学	17	4.7	2	4 075	1 365	0	0	0	0	0
中国文学	1	0.1	0	1 000	397	0	0	0	0	0
外国文学	0	0	0	0	0	0	0	0	0	0
艺术学	1	0.1	0	0	70	0	0	0	0	0
历史学	10	3	0	600	530	0	0	0	0	0
考古学	0	0	0	0	0	0	0	0	0	0
经济学	41	12.5	4	5 662	2 607	2	0.2	0	1 500	652
政治学	21	9.4	4	8 200	5 844	9	1.6	0	2 200	666
法学	451	135.5	51	124 355	60 307	90	25.2	6	29 027	10 170
社会学	10	3.1	2	2 050	1 044	3	0.9	0	0	0
民族学	0	0	0	0	0	0	0	0	0	0
新闻与传播学	15	3	0	2 762	2 206	1	0.3	0	0	0
图书、文献与情报学	2	1.1	0	180	190	0	0	0	0	0
教育学	12	2.6	0	1 100	378	1	1.7	0	300	9
统计学	0	0	0	0	0	1	1	0	0	0
心理学	11	7.5	5	400	189	0	0	0	0	0
体育学	0	0	0	0	0	0	0	0	0	0

27. 教育部直属艺术院校人文、社会科学研究课题情况表

学科门类	总数					基础研究				
	课题数	当年投入人数（人年）	其中：研究生	当年拨入经费（百元）	当年支出经费（百元）	课题数	当年投入人数（人年）	其中：研究生	当年拨入经费（百元）	当年支出经费（百元）
	L01	L02	L03	L04	L05	L06	L07	L08	L09	L10
合计	235	72.9	7	71 725	53 308	185	58.5	6	28 114	17 618
管理学	0	0	0	0	0	0	0	0	0	0
马克思主义	1	1.4	0	200	132	1	1.4	0	200	132
哲学	0	0	0	0	0	0	0	0	0	0
逻辑学	0	0	0	0	0	0	0	0	0	0
宗教学	0	0	0	0	0	0	0	0	0	0
语言学	0	0	0	0	0	0	0	0	0	0
中国文学	0	0	0	0	0	0	0	0	0	0
外国文学	0	0	0	0	0	0	0	0	0	0
艺术学	234	71.5	7	71 525	53 176	184	57.1	6	27 914	17 486
历史学	0	0	0	0	0	0	0	0	0	0
考古学	0	0	0	0	0	0	0	0	0	0
经济学	0	0	0	0	0	0	0	0	0	0
政治学	0	0	0	0	0	0	0	0	0	0
法学	0	0	0	0	0	0	0	0	0	0
社会学	0	0	0	0	0	0	0	0	0	0
民族学	0	0	0	0	0	0	0	0	0	0
新闻与传播学	0	0	0	0	0	0	0	0	0	0
图书、文献与情报学	0	0	0	0	0	0	0	0	0	0
教育学	0	0	0	0	0	0	0	0	0	0
统计学	0	0	0	0	0	0	0	0	0	0
心理学	0	0	0	0	0	0	0	0	0	0
体育学	0	0	0	0	0	0	0	0	0	0

28. 教育部直属艺术院校人文、社会科学研究课题情况表(续表)

学科门类	应用研究 课题数	当年投入人数(人年)	其中:研究生	当年拨入经费(百元)	当年支出经费(百元)	试验发展 课题数	当年投入人数(人年)	其中:研究生	当年拨入经费(百元)	当年支出经费(百元)
	L11	L12	L13	L14	L15	L16	L17	L18	L19	L20
合计	50	14.4	1	43 612	35 690	0	0	0	0	0
管理学	0	0	0	0	0	0	0	0	0	0
马克思主义	0	0	0	0	0	0	0	0	0	0
哲学	0	0	0	0	0	0	0	0	0	0
逻辑学	0	0	0	0	0	0	0	0	0	0
宗教学	0	0	0	0	0	0	0	0	0	0
语言学	0	0	0	0	0	0	0	0	0	0
中国文学	0	0	0	0	0	0	0	0	0	0
外国文学	0	0	0	0	0	0	0	0	0	0
艺术学	50	14.4	1	43 612	35 690	0	0	0	0	0
历史学	0	0	0	0	0	0	0	0	0	0
考古学	0	0	0	0	0	0	0	0	0	0
经济学	0	0	0	0	0	0	0	0	0	0
政治学	0	0	0	0	0	0	0	0	0	0
法学	0	0	0	0	0	0	0	0	0	0
社会学	0	0	0	0	0	0	0	0	0	0
民族学	0	0	0	0	0	0	0	0	0	0
新闻与传播学	0	0	0	0	0	0	0	0	0	0
图书、文献与情报学	0	0	0	0	0	0	0	0	0	0
教育学	0	0	0	0	0	0	0	0	0	0
统计学	0	0	0	0	0	0	0	0	0	0
心理学	0	0	0	0	0	0	0	0	0	0
体育学	0	0	0	0	0	0	0	0	0	0

29. 其他部委院校人文、社会科学研究课题情况表

学科门类	总数					基础研究				
	课题数	当年投入人数（人年）	其中：研究生	当年拨入经费（百元）	当年支出经费（百元）	课题数	当年投入人数（人年）	其中：研究生	当年拨入经费（百元）	当年支出经费（百元）
	L01	L02	L03	L04	L05	L06	L07	L08	L09	L10
合计	7 674	2 523.4	404	2 313 121	1 943 694	4 356	1 315.5	173	890 673	728 504
管理学	1 608	532.2	120	726 075	622 099	644	214	48	174 521	152 385
马克思主义	206	64.5	14	16 395	10 980	173	43.3	7	12 615	8 585
哲学	107	39.7	12	143 193	122 231	91	28.9	8	142 245	121 618
逻辑学	2	0.8	0	30	30	1	0	0	0	0
宗教学	69	19.1	2	13 198	9 727	53	14.5	1	8 713	6 349
语言学	512	173.5	28	72 395	63 335	342	92	5	32 430	29 452
中国文学	277	84.2	4	36 799	30 949	245	71.4	4	31 617	27 415
外国文学	92	30.5	2	13 632	13 087	69	26.1	2	5 992	5 504
艺术学	213	75.5	14	33 361	32 504	134	42.1	6	10 884	9 141
历史学	214	76.8	12	60 066	40 367	184	67.6	9	54 751	36 560
考古学	41	24.2	14	34 941	27 989	22	11.6	6	18 090	14 555
经济学	994	296	46	276 996	214 170	479	137	17	70 066	67 532
政治学	281	107	8	88 280	73 479	185	66.5	4	52 295	42 085
法学	1 023	304.2	35	97 133	96 827	715	185.4	17	62 908	43 279
社会学	505	141.4	18	121 744	91 163	292	72.3	12	47 709	38 825
民族学	322	109.3	9	121 424	103 509	211	73.2	7	46 803	38 819
新闻与传播学	194	66.7	14	49 183	42 507	91	31	7	11 848	10 809
图书、文献与情报学	103	48.6	10	25 284	24 263	36	7.3	0	3 372	3 735
教育学	532	159.2	25	193 058	130 994	252	65	10	67 690	37 821
统计学	57	18.5	6	9 618	8 785	21	5	2	704	2 287
心理学	63	19.3	3	5 576	5 286	23	6.9	0	2 075	2 277
体育学	259	132.2	8	174 740	179 413	93	54.4	1	33 345	29 471

30. 其他部委院校人文、社会科学研究课题情况表(续表)

学科门类	应用研究					试验发展				
	课题数	当年投入人数(人年)	其中:研究生	当年拨入经费(百元)	当年支出经费(百元)	课题数	当年投入人数(人年)	其中:研究生	当年拨入经费(百元)	当年支出经费(百元)
	L11	L12	L13	L14	L15	L16	L17	L18	L19	L20
合计	3 262	1 170.4	223	1 379 502	1 178 727	56	37.5	7	42 944	36 462
管理学	960	311	70	546 424	464 762	4	7.2	3	5 130	4 952
马克思主义	33	21.2	7	3 780	2 395	0	0	0	0	0
哲学	14	10.4	3	948	612	2	0.4	0	0	0
逻辑学	1	0.8	0	30	30	0	0	0	0	0
宗教学	16	4.6	0	4 485	3 379	0	0	0	0	0
语言学	167	77.8	21	36 464	30 514	3	3.7	2	3 500	3 369
中国文学	32	12.8	1	5 182	3 533	0	0	0	0	0
外国文学	23	4.4	0	7 639	7 584	0	0	0	0	0
艺术学	76	30.7	7	20 477	22 158	3	2.7	1	2 000	1 205
历史学	29	7.2	2	5 196	3 687	1	2	1	120	120
考古学	19	12.6	9	16 851	13 434	0	0	0	0	0
经济学	509	157.1	29	203 109	145 075	6	1.9	0	3 820	1 563
政治学	92	39.5	4	35 100	30 933	4	1	0	885	461
法学	305	117.2	18	33 616	53 445	3	1.6	0	610	103
社会学	210	68.3	7	71 778	50 846	3	0.8	0	2 257	1 493
民族学	110	35	2	74 321	64 470	1	1.1	0	300	220
新闻与传播学	102	35.2	7	37 035	31 693	1	0.5	0	300	5
图书、文献与情报学	65	40.8	10	7 912	6 478	2	0.5	0	14 000	14 050
教育学	276	91.6	14	125 278	93 132	4	2.6	0	90	40
统计学	35	13	3	8 914	6 480	1	0.5	0	0	18
心理学	38	12	3	3 001	2 508	2	0.4	0	500	500
体育学	150	67.2	6	131 962	141 579	16	10.6	0	9 432	8 363

31. 地方院校人文、社会科学研究课题情况表

学科门类	总数					基础研究				
	课题数	当年投入人数（人年）	其中：研究生	当年拨入经费（百元）	当年支出经费（百元）	课题数	当年投入人数（人年）	其中：研究生	当年拨入经费（百元）	当年支出经费（百元）
	L01	L02	L03	L04	L05	L06	L07	L08	L09	L10
合计	155 426	48 768	3 335	19 397 009	16 070 137	86 499	26 657.4	1 652	7 355 437	5 914 091
管理学	25 534	7 973.8	704	4 578 900	3 897 785	9 156	2 784	197	1 164 180	975 076
马克思主义	4 585	1 544	113	333 737	265 289	3 227	1 115.3	80	247 186	198 718
哲学	2 199	738.8	71	286 998	221 188	1 808	607.7	61	205 286	163 984
逻辑学	76	23.2	1	5 404	4 748	58	18	1	4 822	4 023
宗教学	346	113.8	8	43 534	31 258	291	90.7	7	34 898	26 699
语言学	10 975	3 748.1	156	790 410	626 642	7 774	2 561.7	111	442 318	358 033
中国文学	7 319	2 304	141	632 642	504 827	6 501	2 048.3	128	566 382	441 513
外国文学	2 537	806.2	35	186 140	134 276	2 136	672.2	30	145 333	113 923
艺术学	13 040	3 821.6	187	2 873 324	2 385 177	8 159	2 360.2	109	599 546	405 149
历史学	4 352	1 330.1	112	460 874	396 288	3 798	1 159.4	98	370 684	323 662
考古学	254	78.3	9	188 103	134 216	191	54.5	6	72 135	64 825
经济学	23 856	7 422	628	3 690 661	3 122 988	9 117	2 735.1	210	1 003 244	857 640
政治学	3 915	1 237.3	65	333 239	277 870	2 654	833.4	46	206 804	163 550
法学	9 075	2 575.3	151	883 807	737 124	5 183	1 374.8	77	433 377	353 164
社会学	8 310	2 616.6	188	916 766	722 570	4 434	1 379.6	98	429 469	316 912
民族学	1 140	379.2	24	225 747	139 196	862	292.1	19	156 326	96 935
新闻与传播学	2 640	808.1	54	245 008	205 464	1 489	421.7	22	110 030	84 050
图书、文献与情报学	2 915	929	31	299 928	175 761	1 630	512	17	131 392	83 752
教育学	20 879	6 534.7	356	1 352 290	1 139 484	11 878	3 635.1	189	630 834	527 502
统计学	1 069	329.9	32	206 862	175 998	322	107.4	11	52 528	49 478
心理学	2 480	783.8	82	240 788	204 545	1 367	422.8	53	83 843	74 538
体育学	7 930	2 670.2	187	621 847	567 443	4 464	1 471.4	82	264 820	230 965

32. 地方院校人文、社会科学研究课题情况表(续表)

学科门类	应用研究					试验发展				
	课题数	当年投入人数（人年）	其中：研究生	当年拨入经费（百元）	当年支出经费（百元）	课题数	当年投入人数（人年）	其中：研究生	当年拨入经费（百元）	当年支出经费（百元）
	L11	L12	L13	L14	L15	L16	L17	L18	L19	L20
合计	67 079	21 500.1	1 648	11 609 513	9 836 296	1 848	610.5	38	432 063	319 747
管理学	15 992	5 074.7	499	3 345 132	2 867 923	386	115.1	8	69 588	54 786
马克思主义	1 329	422.2	33	83 741	64 786	29	6.5	1	2 810	1 786
哲学	387	128.3	11	81 472	57 029	4	2.8	0	240	176
逻辑学	15	4.8	0	512	684	3	0.4	0	70	40
宗教学	54	23.1	1	8 636	4 559	1	0	0	0	0
语言学	3 133	1 159.2	44	260 668	221 061	68	27.2	2	87 424	47 547
中国文学	798	249.5	13	65 065	62 188	20	6.2	0	1 195	1 126
外国文学	398	133.6	5	40 767	20 354	3	0.4	0	40	0
艺术学	4 716	1 391.4	74	2 224 358	1 938 615	165	70	5	49 420	41 412
历史学	535	164.4	14	87 820	69 175	19	6.3	1	2 370	3 451
考古学	59	23.5	3	113 110	67 942	4	0.3	0	2 858	1 448
经济学	14 388	4 585.8	411	2 615 983	2 204 812	351	101.1	7	71 434	60 537
政治学	1 223	388.2	18	115 551	107 053	38	15.7	0	10 885	7 267
法学	3 821	1 184.1	73	426 370	366 668	71	16.4	1	24 060	17 292
社会学	3 717	1 189.5	88	467 798	390 856	159	47.5	2	19 500	14 801
民族学	265	82.7	4	64 012	40 567	13	4.4	0	5 410	1 694
新闻与传播学	1 129	379.9	32	130 872	117 465	22	6.5	0	4 106	3 948
图书、文献与情报学	1 243	405.9	14	161 498	87 452	42	11.1	1	7 038	4 557
教育学	8 780	2 818.7	165	688 205	587 697	221	80.9	2	33 252	24 285
统计学	720	212.5	20	148 784	124 022	27	10	0	5 550	2 498
心理学	1 050	343	26	150 954	125 091	63	18	3	5 991	4 916
体育学	3 327	1 135.1	100	328 205	310 297	139	63.7	5	28 822	26 180

33. 综合院校人文、社会科学研究课题情况表

学科门类	总数					基础研究				
	课题数	当年投入人数（人年）	其中：研究生	当年拨入经费（百元）	当年支出经费（百元）	课题数	当年投入人数（人年）	其中：研究生	当年拨入经费（百元）	当年支出经费（百元）
	L01	L02	L03	L04	L05	L06	L07	L08	L09	L10
合计	75 087	21 146.7	3 091	18 957 852	14 514 888	41 903	11 887.1	1 532	7 121 187	5 635 983
管理学	13 412	3 454.6	652	5 488 608	3 993 373	4 559	1 233.1	214	1 182 637	874 234
马克思主义	1 932	622	78	221 022	163 747	1 412	464.8	62	144 219	112 063
哲学	1 890	561	74	363 636	423 180	1 581	472.9	64	266 076	356 045
逻辑学	82	26.8	7	14 390	7 694	73	24.8	7	13 680	7 534
宗教学	381	108.2	19	183 669	163 395	321	93	18	172 145	155 182
语言学	4 791	1 527.3	115	687 176	442 361	3 470	1 081.1	85	301 347	207 934
中国文学	4 092	1 168.1	130	626 921	368 383	3 589	1 031.7	121	541 622	299 110
外国文学	1 383	403.5	33	140 106	211 097	1 115	330.3	30	111 189	193 239
艺术学	3 558	1 165.7	90	986 500	853 085	2 001	655.7	41	249 613	186 568
历史学	3 343	1 013.3	169	657 730	610 985	2 923	884.8	150	534 663	514 307
考古学	467	137	38	436 060	340 002	298	65.4	11	142 517	118 810
经济学	13 605	3 661.3	760	4 544 383	3 389 147	5 700	1 477.7	268	1 344 923	1 021 170
政治学	2 565	742.2	105	665 131	552 201	1 676	457.1	58	375 394	270 298
法学	5 057	1 279.3	208	947 348	711 579	3 099	755.9	123	453 625	351 202
社会学	4 671	1 101.9	154	1 060 468	830 775	2 441	564.8	50	466 849	327 324
民族学	684	217.6	30	172 191	97 816	492	160.9	24	115 387	58 317
新闻与传播学	1 828	492.5	66	396 863	259 088	932	239.8	31	135 556	95 946
图书、文献与情报学	1 621	583.3	111	389 630	268 462	884	310.1	50	147 045	105 920
教育学	6 678	1 881.3	167	627 033	532 298	3 678	1 031.9	83	258 334	239 522
统计学	323	87.5	13	102 233	76 836	147	39.1	7	67 130	51 271
心理学	817	266	22	91 003	71 012	443	138.7	17	31 417	31 754
体育学	1 907	646.3	50	155 751	148 372	1 069	373.5	18	65 819	58 233

34. 综合院校人文、社会科学研究课题情况表(续表)

学科门类	应用研究					试验发展				
	课题数	当年投入人数（人年）	其中：研究生	当年拨入经费（百元）	当年支出经费（百元）	课题数	当年投入人数（人年）	其中：研究生	当年拨入经费（百元）	当年支出经费（百元）
	L11	L12	L13	L14	L15	L16	L17	L18	L19	L20
合计	32 090	9 034.8	1 526	11 343 679	8 626 937	1 094	224.8	30	492 987	251 967
管理学	8 486	2 171.4	432	4 134 683	3 051 279	367	50.1	5	171 287	67 860
马克思主义	516	156	14	76 323	50 495	4	1.2	1	480	1 189
哲学	306	87.9	9	97 510	67 135	3	0.2	0	50	0
逻辑学	9	2	0	710	160	0	0	0	0	0
宗教学	59	15.2	1	11 524	8 213	1	0	0	0	0
语言学	1 273	433.2	30	301 051	189 636	48	13	0	84 778	44 791
中国文学	498	135.1	9	84 949	68 873	5	1.3	0	350	400
外国文学	264	72.4	3	28 777	17 858	4	0.8	0	140	0
艺术学	1 515	499	48	714 866	649 530	42	11	2	22 022	16 986
历史学	408	123.2	18	120 018	94 954	12	5.3	2	3 050	1 724
考古学	167	71.5	26	293 543	220 942	2	0.1	0	0	250
经济学	7 662	2 132.9	485	3 057 626	2 293 022	243	50.7	7	141 834	74 955
政治学	868	280.5	46	282 427	277 605	21	4.6	1	7 310	4 298
法学	1 919	517.4	83	480 802	350 526	39	6	1	12 921	9 851
社会学	2 144	522.2	103	578 489	493 820	86	14.9	1	15 129	9 631
民族学	184	54.2	6	52 355	38 838	8	2.5	0	4 450	662
新闻与传播学	873	247.7	35	258 147	160 028	23	5	0	3 160	3 113
图书、文献与情报学	708	258.8	55	239 852	161 137	29	14.4	6	2 733	1 405
教育学	2 912	827.3	82	355 385	285 675	88	22.1	2	13 313	7 101
统计学	173	48.1	6	34 984	25 550	3	0.3	0	120	16
心理学	355	124.4	5	54 976	37 269	19	2.9	0	4 610	1 988
体育学	791	254.4	30	84 682	84 392	47	18.4	2	5 250	5 747

35. 理工农医院校人文、社会科学研究课题情况表

学科门类	总数					基础研究				
	课题数	当年投入人数（人年）	其中：研究生	当年拨入经费（百元）	当年支出经费（百元）	课题数	当年投入人数（人年）	其中：研究生	当年拨入经费（百元）	当年支出经费（百元）
	L01	L02	L03	L04	L05	L06	L07	L08	L09	L10
合计	58 218	18 200.9	2 577	12 769 222	10 754 020	24 565	7 579.4	869	3 341 426	2 738 306
管理学	16 598	5 188.9	1 076	5 177 537	4 569 396	5 198	1 574	279	1 256 575	1 081 546
马克思主义	2 079	671.2	82	151 160	120 426	1 281	418.9	52	99 232	76 725
哲学	842	314.5	60	181 170	134 757	626	241.3	50	107 821	85 119
逻辑学	15	6.6	1	2 470	2 235	11	4.2	1	1 650	1 427
宗教学	59	19	1	6 325	6 143	38	9.6	0	3 955	3 817
语言学	3 888	1 318.3	102	230 371	192 175	2 336	733.5	50	114 276	94 004
中国文学	982	291.4	15	65 588	52 107	775	225.6	14	51 330	39 361
外国文学	623	194.7	13	42 415	33 473	473	151.5	10	28 697	22 616
艺术学	3 977	1 137	98	1 943 864	1 607 913	1 218	377.2	20	160 457	97 992
历史学	589	171.6	21	123 835	130 050	391	123.3	14	80 358	66 337
考古学	62	27.4	14	79 589	48 231	34	12	5	55 005	31 324
经济学	9 234	2 961.5	534	2 151 007	1 740 303	3 181	996.1	153	571 104	462 592
政治学	1 327	417.6	45	190 947	153 534	759	243.5	28	72 159	53 662
法学	2 900	840.2	100	366 383	345 938	1 577	430	42	174 526	157 502
社会学	3 901	1 215.8	164	708 132	570 370	1 711	538	70	225 454	187 694
民族学	110	39.9	1	12 353	17 790	77	28.2	1	8 608	8 188
新闻与传播学	947	277.8	48	205 336	160 382	394	121.7	13	38 266	28 582
图书、文献与情报学	1 218	412.5	32	176 742	105 052	528	177.8	8	44 549	36 242
教育学	6 051	1 818.5	117	664 045	532 177	2 645	762.7	34	149 711	128 877
统计学	263	80.9	12	79 911	63 432	102	32.9	6	33 069	26 035
心理学	804	240.8	24	88 972	63 240	378	117.1	13	25 964	17 352
体育学	1 749	554.8	17	121 070	104 896	832	260.3	6	38 660	31 312

36. 理工农医院校人文、社会科学研究课题情况表(续表)

学科门类	应用研究					试验发展				
	课题数	当年投入人数(人年)	其中:研究生	当年拨入经费(百元)	当年支出经费(百元)	课题数	当年投入人数(人年)	其中:研究生	当年拨入经费(百元)	当年支出经费(百元)
	L11	L12	L13	L14	L15	L16	L17	L18	L19	L20
合计	32 680	10 328.4	1 675	9 239 835	7 854 922	973	293.1	35	187 964	160 792
管理学	11 086	3 519.6	783	3 850 099	3 426 109	314	95.3	13	70 862	61 741
马克思主义	772	247.3	30	50 198	42 459	26	5	1	1 730	1 242
哲学	208	69.6	11	73 149	49 412	8	3.6	0	200	226
逻辑学	4	2.4	0	820	809	0	0	0	0	0
宗教学	20	9.4	1	2 370	2 325	1	0	0	0	0
语言学	1 534	576.7	49	111 877	94 092	18	8.1	3	4 219	4 079
中国文学	201	64.6	2	14 208	12 433	6	1.2	0	50	314
外国文学	150	43.2	3	13 718	10 858	0	0	0	0	0
艺术学	2 681	727	73	1 751 451	1 481 743	78	32.8	5	31 956	28 178
历史学	190	44.7	6	43 237	63 473	8	3.6	1	240	240
考古学	26	15.2	9	24 526	16 859	2	0.2	0	58	48
经济学	5 880	1 924.9	377	1 544 604	1 246 511	173	40.5	4	35 299	31 199
政治学	545	166.8	17	116 098	97 628	23	7.3	0	2 690	2 244
法学	1 291	400.7	56	187 047	184 936	32	9.5	2	4 810	3 501
社会学	2 103	649.2	92	471 122	374 270	87	28.6	2	11 556	8 406
民族学	31	11.4	0	3 745	9 552	2	0.3	0	0	50
新闻与传播学	528	148.1	33	164 494	129 437	25	8	2	2 576	2 362
图书、文献与情报学	673	229.5	24	131 003	67 947	17	5.2	0	1 190	863
教育学	3 314	1 030.1	82	497 733	389 633	92	25.7	2	16 602	13 667
统计学	153	44.5	6	45 363	36 833	8	3.5	0	1 480	564
心理学	402	119.3	10	62 658	45 507	24	4.4	0	350	380
体育学	888	284.2	11	80 315	72 096	29	10.3	0	2 096	1 488

37. 师范院校人文、社会科学研究课题情况表

学科门类	总数：课题数	总数：当年投入人数（人年）	总数：其中：研究生	总数：当年拨入经费（百元）	总数：当年支出经费（百元）	基础研究：课题数	基础研究：当年投入人数（人年）	基础研究：其中：研究生	基础研究：当年拨入经费（百元）	基础研究：当年支出经费（百元）
	L01	L02	L03	L04	L05	L06	L07	L08	L09	L10
合计	46 605	14 454.8	1 375	6 160 202	5 193 203	33 672	10 385	831	3 413 352	2 907 635
管理学	3 383	993.3	78	515 033	531 872	1 829	553.8	39	221 291	248 488
马克思主义	1 351	494.2	38	153 320	125 904	1 154	425.1	32	140 677	118 628
哲学	914	282.4	45	106 948	98 504	818	251.9	40	99 186	88 633
逻辑学	29	8.9	1	3 192	2 121	28	8.9	1	3 192	2 121
宗教学	160	56.3	7	25 256	20 891	143	50.4	7	19 121	19 987
语言学	3 407	1 139.1	62	246 197	206 792	2 872	957.1	54	182 667	158 838
中国文学	3 716	1 170.8	92	341 784	280 539	3 467	1 085.3	79	325 695	263 576
外国文学	937	309.7	16	59 668	51 641	858	275.9	15	54 713	49 304
艺术学	3 686	1 084.8	54	499 959	385 098	2 828	844.7	34	152 924	119 199
历史学	2 653	768.3	78	336 636	311 381	2 435	699.6	68	302 863	283 424
考古学	85	32.9	6	18 309	16 724	68	26.3	4	8 402	9 231
经济学	4 641	1 335	173	788 270	727 488	2 226	640.7	62	282 398	259 552
政治学	1 558	487.3	35	210 177	189 666	1 227	383.1	23	140 662	121 234
法学	1 670	477.9	33	136 461	111 322	1 224	345.6	15	87 457	72 726
社会学	2 461	787.1	89	542 150	406 019	1 498	478.5	46	268 909	192 480
民族学	332	126	6	42 380	30 832	283	105.4	6	25 790	23 778
新闻与传播学	824	257.2	27	79 219	58 417	565	160.9	12	43 188	34 221
图书、文献与情报学	824	255.6	18	99 245	60 118	575	171.4	10	66 557	36 205
教育学	10 218	3 141	377	1 532 532	1 213 204	7 055	2 109.2	202	780 902	633 596
统计学	94	33.7	4	20 361	16 671	48	17.6	2	4 667	4 303
心理学	1 338	405.5	85	264 987	226 463	825	252.9	52	116 584	93 501
体育学	2 324	807.8	51	138 118	121 536	1 646	540.7	28	85 507	74 610

38. 师范院校人文、社会科学研究课题情况表(续表)

学科门类	应用研究					试验发展				
	课题数	当年投入人数（人年）	其中：研究生	当年拨入经费（百元）	当年支出经费（百元）	课题数	当年投入人数（人年）	其中：研究生	当年拨入经费（百元）	当年支出经费（百元）
	L11	L12	L13	L14	L15	L16	L17	L18	L19	L20
合计	12 434	3 909.8	533	2 598 796	2 159 078	499	160	11	148 054	126 491
管理学	1 515	429.6	38	287 006	275 971	39	9.9	1	6 736	7 413
马克思主义	191	67.4	6	12 517	7 125	6	1.7	0	125	151
哲学	93	29.1	4	7 467	9 514	3	1.4	0	295	357
逻辑学	1	0	0	0	0	0	0	0	0	0
宗教学	16	5.8	0	6 135	732	1	0.1	0	0	172
语言学	513	173.9	8	63 335	47 852	22	8.1	1	194	102
中国文学	241	82.1	14	15 584	16 804	8	3.4	0	505	160
外国文学	77	33.6	1	4 955	2 307	2	0.2	0	0	30
艺术学	805	216.5	18	340 874	260 014	53	23.6	1	6 161	5 884
历史学	212	67.7	10	33 473	26 210	6	1	0	300	1 747
考古学	12	6.3	2	9 457	6 836	5	0.3	0	450	657
经济学	2 325	674.2	111	479 937	442 556	90	20.1	0	25 935	25 380
政治学	321	98.8	11	67 337	66 336	10	5.4	0	2 179	2 096
法学	434	130.5	18	47 110	37 287	12	1.8	0	1 895	1 308
社会学	935	300.2	42	243 121	184 604	28	8.4	0	30 120	28 935
民族学	48	20.1	0	15 630	6 642	1	0.5	0	960	412
新闻与传播学	254	95.2	15	35 950	24 093	5	1.1	0	81	103
图书、文献与情报学	238	82	8	17 518	14 290	11	2.2	0	15 170	9 624
教育学	3 055	996.4	171	704 544	548 202	108	35.4	4	47 086	31 406
统计学	45	15.6	2	14 894	11 888	1	0.5	0	800	480
心理学	468	137.8	30	141 191	125 221	45	14.8	4	7 212	7 741
体育学	635	247	24	50 761	44 594	43	20.1	0	1 850	2 333

39. 语言院校人文、社会科学研究课题情况表

学科门类	总数 课题数	当年投入人数（人年）	其中：研究生	当年拨入经费（百元）	当年支出经费（百元）	基础研究 课题数	当年投入人数（人年）	其中：研究生	当年拨入经费（百元）	当年支出经费（百元）
	L01	L02	L03	L04	L05	L06	L07	L08	L09	L10
合计	5 554	1 975	181	690 893	566 274	2 778	1 041.5	78	224 866	203 799
管理学	768	250.5	23	105 173	75 162	295	97.7	5	28 034	24 832
马克思主义	86	24	0	5 453	3 471	57	16.4	0	4 308	2 538
哲学	42	17.3	0	1 909	2 833	34	15.3	0	1 209	1 439
逻辑学	4	1.2	0	60	30	1	0.4	0	30	0
宗教学	15	10	0	300	1 263	12	5.6	0	50	500
语言学	1 144	471.6	49	110 150	93 682	799	320.4	32	52 012	51 655
中国文学	264	95.1	11	20 635	13 926	223	83.5	11	12 062	10 930
外国文学	348	116	9	36 106	24 146	302	103.7	8	28 236	20 624
艺术学	394	138.6	18	52 911	33 267	113	49.1	1	5 776	5 362
历史学	30	9.8	0	1 447	1 134	27	7.7	0	1 447	1 104
考古学	0	0	0	0	0	0	0	0	0	0
经济学	425	150.6	26	82 551	71 610	161	52.9	8	19 039	18 636
政治学	119	54.5	5	55 049	49 148	66	29.9	2	27 224	24 829
法学	160	55.4	4	23 350	23 087	69	24.5	2	5 570	4 426
社会学	184	54	4	16 782	19 722	70	15.8	1	1 569	2 233
民族学	5	1.9	0	350	374	5	1.9	0	350	374
新闻与传播学	820	229.1	22	107 812	97 597	157	44.7	1	7 589	8 839
图书、文献与情报学	59	26.7	1	7 758	4 658	25	6.8	0	620	511
教育学	566	226.4	5	46 526	40 666	308	144.8	4	25 004	21 631
统计学	19	10.3	4	4 160	2 860	8	5.4	3	920	808
心理学	56	16.3	0	11 571	6 262	21	4.5	0	3 529	2 209
体育学	46	15.7	0	840	1 376	25	10.5	0	288	319

40. 语言院校人文、社会科学研究课题情况表(续表)

学科门类	应用研究					试验发展				
	课题数	当年投入人数(人年)	其中:研究生	当年拨入经费(百元)	当年支出经费(百元)	课题数	当年投入人数(人年)	其中:研究生	当年拨入经费(百元)	当年支出经费(百元)
	L11	L12	L13	L14	L15	L16	L17	L18	L19	L20
合计	2 751	920.2	100	458 102	356 990	25	13.3	3	7 926	5 483
管理学	470	150.7	17	77 110	50 230	3	2.1	1	30	100
马克思主义	29	7.6	0	1 145	933	0	0	0	0	0
哲学	8	2	0	700	1 394	0	0	0	0	0
逻辑学	3	0.8	0	30	30	0	0	0	0	0
宗教学	3	4.4	0	250	763	0	0	0	0	0
语言学	341	149.8	17	55 302	39 970	4	1.4	0	2 836	2 056
中国文学	41	11.6	0	8 573	2 996	0	0	0	0	0
外国文学	45	12.1	1	7 870	3 522	1	0.2	0	0	0
艺术学	280	89.2	18	47 135	27 905	1	0.3	0	0	0
历史学	3	2.1	0	0	30	0	0	0	0	0
考古学	0	0	0	0	0	0	0	0	0	0
经济学	261	94.6	16	63 512	52 804	3	3.1	2	0	170
政治学	53	24.6	2	27 825	24 319	0	0	0	0	0
法学	90	30.8	2	17 680	18 612	1	0.1	0	100	50
社会学	113	38	2	15 113	17 428	1	0.2	0	100	60
民族学	0	0	0	0	0	0	0	0	0	0
新闻与传播学	657	183.2	21	99 923	88 363	6	1.2	0	300	395
图书、文献与情报学	34	19.9	0	7 138	4 147	0	0	0	0	0
教育学	254	78.1	2	17 312	16 541	4	3.5	0	4 210	2 494
统计学	11	4.9	2	3 240	2 052	0	0	0	0	0
心理学	34	10.6	0	7 692	3 894	1	1.2	0	350	158
体育学	21	5.2	0	552	1 057	0	0	0	0	0

41. 财经院校人文、社会科学研究课题情况表

学科门类	总数					基础研究				
	课题数	当年投入人数（人年）	其中：研究生	当年拨入经费（百元）	当年支出经费（百元）	课题数	当年投入人数（人年）	其中：研究生	当年拨入经费（百元）	当年支出经费（百元）
	L01	L02	L03	L04	L05	L06	L07	L08	L09	L10
合计	24 158	7 627	568	3 909 881	3 138 504	6 443	2 215.6	81	725 953	592 450
管理学	7 077	2 199.9	219	1 599 003	1 281 301	1 457	517.1	22	265 107	210 799
马克思主义	466	159.5	12	36 316	27 552	262	91.7	4	25 990	18 569
哲学	121	46.4	4	18 549	8 523	76	29.7	3	11 514	6 124
逻辑学	17	3	0	13 390	2 380	10	1.7	0	13 240	2 171
宗教学	10	3	0	221	828	5	2	0	200	780
语言学	785	281	12	85 725	63 567	340	125.8	6	19 448	19 314
中国文学	253	87.5	5	10 853	11 799	166	61.3	2	8 765	8 374
外国文学	117	47.5	1	14 355	9 259	76	32.8	1	6 990	7 679
艺术学	330	105.4	0	47 488	43 624	138	45.7	0	4 986	6 246
历史学	108	43.7	2	19 656	15 142	82	36.5	1	14 156	10 963
考古学	4	1.3	0	2 840	1 321	1	0.1	0	0	4
经济学	8 532	2 647.3	203	1 444 562	1 156 519	1 916	652.1	30	226 952	198 137
政治学	302	85.1	2	29 927	25 250	130	42.5	1	9 663	4 300
法学	1 465	444.7	44	230 056	187 046	466	141.1	5	50 832	37 082
社会学	945	303.5	11	77 556	64 144	257	93.8	1	17 483	13 662
民族学	37	11.4	0	7 105	4 349	6	2.6	0	1 680	2 031
新闻与传播学	222	83.3	8	24 801	13 409	94	35.3	2	7 683	4 716
图书、文献与情报学	173	56.3	2	15 710	17 436	55	18.5	0	2 249	3 383
教育学	1 930	654	8	72 475	65 433	571	185.7	1	16 132	11 744
统计学	837	235.6	33	141 393	124 447	172	47.3	2	18 315	22 186
心理学	96	24.7	1	5 588	5 313	36	10.9	0	749	791
体育学	331	102.9	1	12 312	9 862	127	41.4	0	3 819	3 395

42. 财经院校人文、社会科学研究课题情况表(续表)

学科门类	应用研究					试验发展				
	课题数	当年投入人数(人年)	其中:研究生	当年拨入经费(百元)	当年支出经费(百元)	课题数	当年投入人数(人年)	其中:研究生	当年拨入经费(百元)	当年支出经费(百元)
	L11	L12	L13	L14	L15	L16	L17	L18	L19	L20
合计	17 474	5 305.1	476	3 128 685	2 510 309	241	106.3	9	55 243	35 746
管理学	5 542	1 649.4	192	1 307 169	1 054 165	78	33.4	5	26 727	16 336
马克思主义	203	67.6	7	9 696	8 563	1	0.2	0	630	420
哲学	45	16.7	2	7 035	2 399	0	0	0	0	0
逻辑学	4	0.9	0	80	169	3	0.4	0	70	40
宗教学	5	1	0	21	48	0	0	0	0	0
语言学	434	149.6	5	66 097	44 208	11	5.6	1	180	45
中国文学	85	25.5	2	1 788	3 175	2	0.7	0	300	250
外国文学	39	13.6	0	7 365	1 580	2	1.1	0	0	0
艺术学	185	57.7	0	41 464	36 517	7	2	0	1 038	862
历史学	26	7.2	1	5 500	4 179	0	0	0	0	0
考古学	3	1.2	0	40	17	0	0	0	2 800	1 300
经济学	6 558	1 968.6	170	1 209 360	951 232	58	26.6	2	8 250	7 151
政治学	169	42.2	1	17 064	18 836	3	0.4	0	3 200	2 114
法学	986	300	38	176 374	149 265	13	3.6	0	2 850	698
社会学	677	204.5	11	59 873	50 282	11	5.2	0	200	200
民族学	29	7.7	0	5 425	1 748	2	1.1	0	0	570
新闻与传播学	128	48	6	17 118	8 693	0	0	0	0	0
图书、文献与情报学	115	36.4	2	9 913	11 263	3	1.4	0	3 548	2 790
教育学	1 338	453.7	7	55 163	52 883	21	14.6	0	1 180	807
统计学	643	180.1	30	118 808	100 108	22	8.2	1	4 270	2 153
心理学	60	13.8	1	4 839	4 522	0	0	0	0	0
体育学	200	59.7	1	8 493	6 457	4	1.8	0	0	10

43. 政法院校人文、社会科学研究课题情况表

学科门类	总数					基础研究				
	课题数	当年投入人数（人年）	其中：研究生	当年拨入经费（百元）	当年支出经费（百元）	课题数	当年投入人数（人年）	其中：研究生	当年拨入经费（百元）	当年支出经费（百元）
	L01	L02	L03	L04	L05	L06	L07	L08	L09	L10
合计	6 534	1 834.3	140	753 039	555 336	3 271	829.5	46	334 633	249 026
管理学	679	193	10	79 659	65 342	258	67.2	2	31 957	19 207
马克思主义	119	33.3	4	5 392	4 311	95	28.5	4	4 013	3 788
哲学	87	27.8	3	2 175	4 398	69	21.1	1	1 840	3 533
逻辑学	6	1.2	0	252	86	3	0.2	0	250	51
宗教学	13	4.3	0	1 050	298	11	4	0	1 050	229
语言学	166	57.5	4	6 709	5 782	97	34.8	2	2 255	3 697
中国文学	77	20.5	0	4 980	3 637	63	15.8	0	3 890	2 996
外国文学	14	4.2	0	205	205	9	1.4	0	150	150
艺术学	38	5.4	0	1 900	2 233	29	4.2	0	1 035	1 242
历史学	50	15.6	2	4 462	4 483	37	11.2	1	3 862	3 945
考古学	0	0	0	0	0	0	0	0	0	0
经济学	287	78.3	6	34 829	32 338	128	35.7	2	14 195	15 897
政治学	282	103.4	9	33 608	29 687	175	66	5	14 605	13 768
法学	3 382	930	88	406 816	272 861	1 650	390.7	23	149 706	112 477
社会学	358	80.7	7	57 348	48 847	196	35.9	4	34 947	29 739
民族学	5	2.9	0	900	367	3	1.7	0	300	137
新闻与传播学	134	33.3	1	17 943	16 602	76	19.7	1	4 118	3 560
图书、文献与情报学	64	20.7	0	16 776	16 197	31	9.8	0	1 495	795
教育学	529	148	1	66 641	36 385	241	53	1	61 141	29 560
统计学	35	8.9	0	1 114	1 050	13	3.9	0	384	800
心理学	88	31.7	5	3 280	3 191	26	9.7	0	1 610	1 529
体育学	121	33.6	0	7 000	7 036	61	15	0	1 830	1 926

44. 政法院校人文、社会科学研究课题情况表(续表)

学科门类	应用研究					试验发展				
	课题数	当年投入人数（人年）	其中：研究生	当年拨入经费（百元）	当年支出经费（百元）	课题数	当年投入人数（人年）	其中：研究生	当年拨入经费（百元）	当年支出经费（百元）
	L11	L12	L13	L14	L15	L16	L17	L18	L19	L20
合计	3 097	956.7	87	358 245	271 565	166	48.1	7	60 162	34 746
管理学	412	123	8	46 203	45 183	9	2.8	0	1 500	952
马克思主义	24	4.8	0	1 346	340	0	0	0	33	183
哲学	13	4.6	2	335	865	5	2.1	0	0	0
逻辑学	3	1	0	2	35	0	0	0	0	0
宗教学	1	0.2	0	0	69	1	0.1	0	0	0
语言学	69	22.7	2	4 454	2 085	0	0	0	0	0
中国文学	14	4.7	0	1 090	641	0	0	0	0	0
外国文学	5	2.8	0	55	55	0	0	0	0	0
艺术学	9	1.2	0	865	991	0	0	0	0	0
历史学	13	4.4	0	600	538	0	0	0	0	0
考古学	0	0	0	0	0	0	0	0	0	0
经济学	157	42.4	4	19 134	15 789	2	0.2	0	1 500	652
政治学	97	35	4	16 418	15 253	10	2.4	0	2 585	666
法学	1 623	510	59	219 753	144 241	109	29.3	6	37 357	16 143
社会学	150	41.9	3	19 924	17 375	12	2.9	1	2 477	1 733
民族学	1	0.1	0	300	10	1	1.1	0	300	220
新闻与传播学	57	13.3	0	13 825	13 042	1	0.3	0	0	0
图书、文献与情报学	30	10.3	0	1 281	1 352	3	0.6	0	14 000	14 050
教育学	282	91.3	0	5 140	6 777	6	3.7	0	360	49
统计学	19	3.5	0	730	232	3	1.5	0	0	18
心理学	60	21.9	5	1 620	1 611	2	0.1	0	50	50
体育学	58	17.6	0	5 170	5 081	2	1	0	0	30

45. 艺术院校人文、社会科学研究课题情况表

学科门类	总数					基础研究				
	课题数	当年投入人数（人年）	其中：研究生	当年拨入经费（百元）	当年支出经费（百元）	课题数	当年投入人数（人年）	其中：研究生	当年拨入经费（百元）	当年支出经费（百元）
	L01	L02	L03	L04	L05	L06	L07	L08	L09	L10
合计	3 979	1 059.5	90	1 040 809	786 086	3 142	780.3	64	294 734	176 628
管理学	108	31.2	3	3 665	2 525	67	16.9	1	2 220	1 634
马克思主义	34	13.8	0	1 130	792	34	13.8	0	1 130	792
哲学	6	0.7	0	120	36	4	0.5	0	120	0
逻辑学	2	0	0	0	0	2	0	0	0	0
宗教学	0	0	0	0	0	0	0	0	0	0
语言学	32	8.2	1	1 240	346	20	4.8	1	1 000	119
中国文学	26	5.4	1	420	770	18	3.3	1	370	449
外国文学	1	0	0	0	0	1	0	0	0	0
艺术学	3 452	899.1	74	1 017 748	765 988	2 772	670.6	53	277 373	163 866
历史学	9	2.6	0	25	38	9	2.6	0	25	38
考古学	11	1.1	0	200	240	11	1.1	0	200	240
经济学	7	2.3	1	1 610	1 580	4	0.8	0	110	80
政治学	12	2.6	0	355	253	8	1.6	0	330	148
法学	6	2.6	0	240	793	4	2.4	0	240	712
社会学	23	7.1	1	1 555	558	21	7	1	1 555	558
民族学	8	4.6	1	495	507	6	4.2	1	375	507
新闻与传播学	25	5.5	0	605	1 298	18	4.1	0	395	1 134
图书、文献与情报学	36	8.3	0	2 203	1 580	24	5.5	0	1 373	641
教育学	139	49.1	6	8 038	7 687	92	30.6	4	7 228	5 222
统计学	0	0	0	0	0	0	0	0	0	0
心理学	15	4.1	1	580	747	8	3	1	160	224
体育学	27	11.2	1	580	348	19	7.5	1	530	264

46. 艺术院校人文、社会科学研究课题情况表(续表)

学科门类	应用研究					试验发展				
	课题数	当年投入人数(人年)	其中：研究生	当年拨入经费(百元)	当年支出经费(百元)	课题数	当年投入人数(人年)	其中：研究生	当年拨入经费(百元)	当年支出经费(百元)
	L11	L12	L13	L14	L15	L16	L17	L18	L19	L20
合计	819	262	26	744 700	608 576	18	17.2	1	1 375	882
管理学	41	14.3	2	1 445	891	0	0	0	0	0
马克思主义	0	0	0	0	0	0	0	0	0	0
哲学	2	0.2	0	0	36	0	0	0	0	0
逻辑学	0	0	0	0	0	0	0	0	0	0
宗教学	0	0	0	0	0	0	0	0	0	0
语言学	12	3.4	0	240	227	0	0	0	0	0
中国文学	8	2.1	0	50	322	0	0	0	0	0
外国文学	0	0	0	0	0	0	0	0	0	0
艺术学	665	214.2	21	739 025	601 271	15	14.3	1	1 350	850
历史学	0	0	0	0	0	0	0	0	0	0
考古学	0	0	0	0	0	0	0	0	0	0
经济学	3	1.5	1	1 500	1 500	0	0	0	0	0
政治学	3	0.4	0	0	93	1	0.6	0	25	12
法学	2	0.2	0	0	81	0	0	0	0	0
社会学	2	0.1	0	0	0	0	0	0	0	0
民族学	2	0.4	0	120	0	0	0	0	0	0
新闻与传播学	7	1.4	0	210	165	0	0	0	0	0
图书、文献与情报学	12	2.8	0	830	939	0	0	0	0	0
教育学	47	18.5	2	810	2 464	0	0	0	0	0
统计学	0	0	0	0	0	0	0	0	0	0
心理学	7	1.1	0	420	523	0	0	0	0	0
体育学	6	1.4	0	50	64	2	2.3	0	0	20

47. 民族院校人文、社会科学研究课题情况表

学科门类	总数					基础研究				
	课题数	当年投入人数（人年）	其中：研究生	当年拨入经费（百元）	当年支出经费（百元）	课题数	当年投入人数（人年）	其中：研究生	当年拨入经费（百元）	当年支出经费（百元）
	L01	L02	L03	L04	L05	L06	L07	L08	L09	L10
合计	3 268	958.2	106	597 499	487 628	2 188	634.1	80	324 324	256 651
管理学	331	81.7	7	74 506	65 624	163	37	6	30 666	25 339
马克思主义	43	10.4	1	5 085	3 939	37	9.4	1	4 267	3 427
哲学	35	9	0	2 313	2 474	33	8.5	0	2 213	2 384
逻辑学	1	0	0	0	0	1	0	0	0	0
宗教学	74	17.3	2	12 678	9 895	55	12.2	1	7 993	6 316
语言学	243	66.6	4	27 345	22 041	176	46.9	3	19 292	16 121
中国文学	218	71.5	8	27 167	24 584	193	60.9	7	20 988	20 113
外国文学	64	19.2	3	10 040	8 560	56	18.4	3	5 566	4 797
艺术学	172	44.1	5	21 078	17 713	115	26.6	3	8 709	6 522
历史学	105	36	3	28 737	22 773	89	32.3	3	24 981	19 943
考古学	11	5.8	1	4 778	3 706	7	4	1	3 018	2 656
经济学	402	112	6	68 244	52 321	223	60.1	4	26 690	22 280
政治学	112	33.8	3	11 783	8 126	87	25.1	3	10 040	6 321
法学	229	66.4	9	28 120	21 950	135	29.6	3	13 463	9 583
社会学	283	95.8	24	56 852	43 238	184	63.2	18	32 026	20 785
民族学	466	145.3	18	154 714	126 091	330	104.8	13	76 483	57 884
新闻与传播学	87	19.7	0	13 238	8 976	49	8.9	0	5 300	2 986
图书、文献与情报学	55	15	0	4 559	5 626	38	10.4	0	3 072	3 997
教育学	205	56.9	10	27 061	22 288	136	37.7	9	12 232	9 211
统计学	3	1	0	130	68	1	0.3	0	100	60
心理学	24	4.3	0	1 970	1 684	15	3.6	0	1 740	1 457
体育学	105	46.4	2	17 101	15 951	65	34.2	2	15 485	14 469

48. 民族院校人文、社会科学研究课题情况表(续表)

学科门类	应用研究					试验发展				
	课题数	当年投入人数（人年）	其中：研究生	当年拨入经费（百元）	当年支出经费（百元）	课题数	当年投入人数（人年）	其中：研究生	当年拨入经费（百元）	当年支出经费（百元）
	L11	L12	L13	L14	L15	L16	L17	L18	L19	L20
合计	1 073	320.5	27	272 466	230 539	7	3.6	0	710	440
管理学	167	43.7	1	43 661	40 239	1	1	0	180	45
马克思主义	6	1	0	818	512	0	0	0	0	0
哲学	2	0.5	0	100	90	0	0	0	0	0
逻辑学	0	0	0	0	0	0	0	0	0	0
宗教学	19	5.1	0	4 685	3 579	0	0	0	0	0
语言学	67	19.7	2	8 053	5 920	0	0	0	0	0
中国文学	24	10.3	1	6 139	4 463	1	0.3	0	40	8
外国文学	8	0.8	0	4 474	3 764	0	0	0	0	0
艺术学	57	17.5	2	12 369	11 191	0	0	0	0	0
历史学	16	3.7	0	3 756	2 830	0	0	0	0	0
考古学	4	1.8	0	1 760	1 050	0	0	0	0	0
经济学	179	51.9	2	41 553	30 041	0	0	0	0	0
政治学	25	8.7	0	1 743	1 806	0	0	0	0	0
法学	92	36.2	7	14 457	12 238	2	0.6	0	200	129
社会学	98	32.1	5	24 627	22 253	1	0.5	0	200	200
民族学	136	40.5	5	78 231	68 207	0	0	0	0	0
新闻与传播学	38	10.8	0	7 938	5 990	0	0	0	0	0
图书、文献与情报学	17	4.6	0	1 488	1 630	0	0	0	0	0
教育学	69	19.2	2	14 829	13 077	0	0	0	0	0
统计学	2	0.7	0	30	8	0	0	0	0	0
心理学	8	0.6	0	180	177	1	0.1	0	50	50
体育学	39	11.1	0	1 575	1 474	1	1.1	0	40	8

49. 体育院校人文、社会科学研究课题情况表

学科门类	总数					基础研究				
	课题数	当年投入人数（人年）	其中：研究生	当年拨入经费（百元）	当年支出经费（百元）	课题数	当年投入人数（人年）	其中：研究生	当年拨入经费（百元）	当年支出经费（百元）
	L01	L02	L03	L04	L05	L06	L07	L08	L09	L10
合计	2 823	984.1	111	619 137	605 993	1 313	426.2	42	265 102	234 398
管理学	49	17.6	1	663	2 226	29	11.7	1	126	1 492
马克思主义	35	8.8	0	716	775	23	6.8	0	416	368
哲学	4	0.6	0	132 222	114 112	4	0.6	0	132 222	114 112
逻辑学	0	0	0	0	0	0	0	0	0	0
宗教学	0	0	0	0	0	0	0	0	0	0
语言学	38	13	0	8 147	7 705	23	7.5	0	20	159
中国文学	6	1.3	0	10	25	6	1.3	0	10	25
外国文学	0	0	0	0	0	0	0	0	0	0
艺术学	8	2.7	0	688	674	2	0.2	0	30	0
历史学	2	0.5	0	0	45	1	0.1	0	0	0
考古学	0	0	0	0	0	0	0	0	0	0
经济学	15	2.1	0	170	216	8	1.1	0	170	216
政治学	0	0	0	0	0	0	0	0	0	0
法学	7	1.8	0	150	45	5	0.4	0	140	0
社会学	29	8.4	0	1 535	1 405	22	7.5	0	510	735
民族学	0	0	0	0	0	0	0	0	0	0
新闻与传播学	33	12.8	0	613	5 646	15	3.9	0	380	135
图书、文献与情报学	23	4.2	0	140	642	14	1.7	0	120	512
教育学	74	29.2	0	7 020	6 120	41	17.3	0	460	585
统计学	6	1.5	0	300	300	3	0.8	0	300	300
心理学	36	10.4	1	3 080	2 580	12	2.2	0	550	453
体育学	2 458	869.2	109	463 683	463 477	1 105	363.1	41	129 648	115 306

50. 体育院校人文、社会科学研究课题情况表(续表)

学科门类	应用研究					试验发展				
	课题数	当年投入人数(人年)	其中:研究生	当年拨入经费(百元)	当年支出经费(百元)	课题数	当年投入人数(人年)	其中:研究生	当年拨入经费(百元)	当年支出经费(百元)
	L11	L12	L13	L14	L15	L16	L17	L18	L19	L20
合计	1 445	522.4	64	321 587	343 264	65	35.5	4	32 448	28 332
管理学	20	5.9	0	537	734	0	0	0	0	0
马克思主义	12	2	0	300	407	0	0	0	0	0
哲学	0	0	0	0	0	0	0	0	0	0
逻辑学	0	0	0	0	0	0	0	0	0	0
宗教学	0	0	0	0	0	0	0	0	0	0
语言学	15	5.5	0	8 127	7 546	0	0	0	0	0
中国文学	0	0	0	0	0	0	0	0	0	0
外国文学	0	0	0	0	0	0	0	0	0	0
艺术学	6	2.5	0	658	674	0	0	0	0	0
历史学	1	0.4	0	0	45	0	0	0	0	0
考古学	0	0	0	0	0	0	0	0	0	0
经济学	7	1	0	0	0	0	0	0	0	0
政治学	0	0	0	0	0	0	0	0	0	0
法学	1	0.6	0	0	35	1	0.8	0	10	10
社会学	7	0.9	0	1 025	670	0	0	0	0	0
民族学	0	0	0	0	0	0	0	0	0	0
新闻与传播学	17	8.1	0	203	5 510	1	0.8	0	30	2
图书、文献与情报学	9	2.5	0	20	130	0	0	0	0	0
教育学	33	11.9	0	6 560	5 534	0	0	0	0	0
统计学	3	0.7	0	0	0	0	0	0	0	0
心理学	20	7.1	0	330	128	4	1.1	0	2 200	2 000
体育学	1 294	473.3	64	303 827	321 851	59	32.8	4	30 208	26 320

1. 各类高等学校人文、社会科学学术交流情况表(一)

		国内学术会议			国际学术会议			国内受聘讲学		国外受聘讲学	
		参加人次	其中:赴境外人次	提交论文(篇)	参加人次	其中:赴境外人次	提交论文(篇)	派出人次	来校人次	派出人次	来校人次
	合计	102 302	6 146	53 350	36 289	9 296	20 320	16 060	23 519	3 459	8 556
按学校隶属关系划分	教育部直属院校	34 696	1 778	17 805	19 019	5 307	9 953	5 940	5 622	1 520	4 111
	其他部委院校	2 642	394	1 796	1 622	341	1 003	474	970	135	387
	地方院校	64 964	3 974	33 749	15 648	3 648	9 364	9 646	16 927	1 804	4 058
按学校规格划分	本科院校	98 325	5 975	51 927	36 000	9 159	20 236	15 441	22 674	3 452	8 529
	专科院校	3 977	171	1 423	289	137	84	619	845	7	27
按学校类型划分	综合大学	35 823	2 095	18 616	16 055	4 175	8 649	5 810	7 546	1 414	3 290
	理工农医院校	22 314	1 824	11 683	7 427	2 076	4 966	3 057	4 980	670	1 948
	高等师范院校	17 244	1 226	9 472	4 588	1 158	2 445	3 245	5 103	577	1 145
	语言院校	2 235	46	1 284	967	291	617	469	473	137	276
	财经院校	10 883	434	5 841	3 062	574	1 956	1 632	2 936	223	591
	政法院校	4 914	210	2 530	1 375	348	509	579	744	118	298
	体育院校	1 245	169	1 358	751	275	652	290	340	97	164
	艺术院校	6 253	103	1 611	1 810	317	330	669	797	200	689
	民族院校	1 391	39	955	254	82	196	309	600	23	155

国内社科考察		国外社科考察		国内进修学习		国外进修学习		国内合作研究		国外合作研究	
派出人次	来校人次	派出人次	来校人次	派出人次	来校人次	派出人次	来校人次	派出人次	来校人次	派出人次	来校人次
24 991	24 991	7 842	9 866	19 400	22 790	5 856	5 428	7 724	6 763	2 510	2 757
6 907	8 265	3 466	3 859	3 079	4 718	2 234	2 444	2 347	2 638	1 446	1 448
1 039	645	307	457	478	346	158	190	324	269	118	384
17 045	15 993	4 069	5 550	15 843	17 726	3 464	2 794	5 053	3 856	946	925
23 234	23 639	7 685	9 710	16 930	16 069	5 515	5 382	7 360	6 498	2 495	2 749
1 757	1 264	157	156	2 470	6 721	341	46	364	265	15	8
8 274	8 712	3 016	3 354	6 011	4 861	1 929	2 005	2 990	2 208	1 109	966
5 900	5 391	1 565	1 873	5 365	2 624	1 410	573	1 923	1 868	693	847
4 968	4 833	1 145	1 729	4 007	8 338	1 317	1 168	1 321	1 301	358	563
930	1 123	256	429	456	343	237	76	152	68	76	30
2 410	2 470	724	820	2 032	1 010	434	359	790	877	143	154
658	849	293	520	439	3 770	153	333	123	129	33	53
355	376	266	313	202	784	93	150	158	169	64	39
778	831	542	774	595	686	236	673	176	77	14	34
718	318	35	54	293	374	47	91	91	66	20	71

2. 各类高等学校人文、社会科学学术交流情况表(二)

		港澳台学术会议			港澳台受聘讲学	
		参加人次	其中:赴境外人次	提交论文(篇)	派出人次	来校人次
	合计	7 055	1 970	2 793	1 365	1 954
按学校隶属关系划分	教育部直属院校	4 377	1 205	1 473	650	1 009
	其他部委院校	75	48	43	55	52
	地方院校	2 603	717	1 277	660	893
按学校规格划分	本科院校	6 803	1 933	2 744	1 353	1 934
	专科院校	252	37	49	12	20
按学校类型划分	综合大学	3 892	981	1 286	637	875
	理工农医院校	841	214	436	228	396
	高等师范院校	1 152	396	425	241	279
	语言院校	166	63	110	25	29
	财经院校	423	124	200	95	191
	政法院校	196	102	122	43	81
	体育院校	71	57	124	45	52
	艺术院校	270	23	52	46	37
	民族院校	44	10	38	5	14

港澳台社科考察		港澳台进修学习		港澳台合作研究	
派出人次	来校人次	派出人次	来校人次	派出人次	来校人次
2 910	4 382	1 370	1 079	762	813
1 252	2 135	492	492	442	502
126	34	45	14	15	33
1 532	2 213	833	573	305	278
2 754	3 768	1 234	882	753	810
156	614	136	197	9	3
1 225	2 885	515	661	387	455
551	574	217	105	106	101
550	580	387	159	149	133
79	18	99	31	5	2
242	174	50	36	89	76
73	48	69	22	5	7
77	11	12	15	12	21
101	83	13	48	8	10
12	9	8	2	1	8

3. 各省、市、自治区高等学校人文、社会科学学术交流情况表(一)

	国内学术会议			国际学术会议			国内受聘讲学		国外受聘讲学	
	参加人次	其中:赴境外人次	提交论文(篇)	参加人次	其中:赴境外人次	提交论文(篇)	派出人次	来校人次	派出人次	来校人次
合计	102 302	6 146	53 350	36 289	9 296	20 320	16 060	23 519	3 459	8 556
北京市	19 240	678	7 752	10 043	2 583	3 583	2 363	2 121	719	1 774
天津市	2 844	124	1 745	955	328	727	315	420	139	219
河北省	1 194	82	834	278	53	207	233	502	54	94
山西省	693	22	386	52	15	32	99	528	10	40
内蒙古自治区	503	0	363	255	43	151	66	100	24	33
辽宁省	2 856	147	1 440	915	147	1 050	270	540	60	135
吉林省	3 044	12	1 536	1 898	236	1 117	732	641	42	260
黑龙江省	1 728	125	893	285	64	177	296	514	30	66
上海市	5 849	355	2 895	3 386	1 227	1 810	1 667	1 490	415	1 187
江苏省	6 810	712	4 751	1 539	661	1 003	887	2 014	252	640
浙江省	4 600	52	1 963	2 829	632	1 914	651	1 299	236	551
安徽省	2 639	659	1 222	341	188	173	538	993	75	145
福建省	3 314	115	2 184	1 095	224	1 630	562	691	62	251
江西省	2 784	807	1 953	648	55	552	500	747	91	116
山东省	4 827	9	2 823	1 618	323	1 059	738	1 067	153	241
河南省	3 791	327	2 943	729	217	536	627	938	164	236
湖北省	5 775	274	3 278	2 233	415	1 293	900	1 708	188	549
湖南省	5 332	107	2 620	973	226	383	704	1 020	145	431
广东省	5 845	289	3 020	1 688	547	800	1 118	1 400	201	512
广西壮族自治区	1 632	55	1 091	218	56	153	303	576	30	63
海南省	189	1	67	83	32	29	53	195	1	7
重庆市	4 769	3	2 569	1 228	329	619	659	966	107	190
四川省	6 200	458	1 713	1 756	261	579	801	1 349	95	402
贵州省	858	41	454	37	7	26	73	144	3	7
云南省	1 742	548	750	566	162	351	200	425	29	40
西藏自治区	80	0	50	2	0	2	4	30	0	4
陕西省	2 042	113	1 402	317	151	252	416	641	81	234
甘肃省	512	0	357	125	58	52	148	210	44	99
青海省	209	7	35	57	17	16	28	52	0	12
宁夏回族自治区	81	0	58	86	15	15	14	105	0	12
新疆维吾尔自治区	320	24	203	54	24	29	95	93	9	6

国内社科考察		国外社科考察		国内进修学习		国外进修学习		国内合作研究		国外合作研究	
派出人次	来校人次	派出人次	来校人次	派出人次	来校人次	派出人次	来校人次	派出人次	来校人次	派出人次	来校人次
24 991	24 903	7 842	9 866	19 400	22 790	5 856	5 428	7 724	6 763	2 510	2 757
4 116	4 444	1 777	1 952	1 706	1 814	836	1 078	1 246	1 293	635	797
352	377	284	356	235	311	113	82	162	144	80	67
494	487	123	108	450	378	115	165	173	127	32	83
169	222	8	28	153	65	85	12	81	51	7	11
131	64	22	22	87	2	42	2	44	38	30	32
399	323	152	240	418	232	186	63	100	131	18	35
815	711	197	155	670	856	438	555	192	218	71	218
424	315	60	37	554	226	143	49	231	155	20	25
1 694	2 310	1 051	1 627	695	820	738	701	470	829	441	395
1 338	1 925	465	367	1 060	1 354	242	349	486	347	128	132
1 190	1 510	562	933	774	313	296	161	329	309	134	107
699	612	188	179	863	284	232	51	284	187	63	65
893	876	154	165	803	341	80	74	424	248	60	46
449	518	74	232	992	1 292	107	97	276	239	36	34
980	954	311	327	976	458	205	122	369	315	97	84
1 101	738	286	321	887	5 916	204	82	480	321	59	45
1 778	1 872	416	435	1 189	2 854	398	713	313	246	118	107
1 842	1 174	253	384	1 597	1 217	271	220	441	344	75	86
1 378	1 250	363	380	1 059	529	293	147	390	214	133	65
837	909	168	523	675	353	190	262	190	214	30	69
35	40	69	2	293	16	21	4	25	15	4	3
640	515	147	251	461	650	98	70	172	117	25	10
1 284	713	328	94	782	464	154	114	432	260	100	49
170	137	16	9	275	426	16	6	5	1	0	0
419	480	86	250	446	102	145	70	114	189	27	38
10	5	0	0	6	230	1	0	6	3	0	0
643	849	175	364	342	1 075	141	66	115	102	56	46
325	295	72	124	208	70	61	111	91	61	29	108
96	30	2	0	135	53	0	0	15	11	0	0
42	19	8	0	62	5	3	0	22	11	0	0
248	229	25	1	547	84	2	2	46	23	2	0

4. 各省、市、自治区高等学校人文、社会科学学术交流情况表(二)

	港澳台学术会议			港澳台受聘讲学	
	参加人次	其中:赴境外人次	提交论文(篇)	派出人次	来校人次
合计	7 055	1 970	2 793	1 365	1 954
北京市	1 526	495	448	235	331
天津市	67	23	47	15	16
河北省	86	3	51	29	34
山西省	9	5	9	9	1
内蒙古自治区	2	0	2	1	3
辽宁省	44	23	16	15	14
吉林省	39	21	28	5	25
黑龙江省	14	8	6	5	5
上海市	696	333	503	186	308
江苏省	379	93	159	93	171
浙江省	331	85	145	59	74
安徽省	58	36	39	43	48
福建省	327	94	263	97	185
江西省	30	2	7	1	3
山东省	223	85	182	115	73
河南省	56	17	27	8	16
湖北省	668	130	268	125	156
湖南省	188	77	48	30	43
广东省	330	133	170	151	167
广西壮族自治区	3	1	3	0	3
海南省	24	13	1	0	4
重庆市	114	46	106	43	76
四川省	1 500	156	122	32	82
贵州省	0	0	0	0	0
云南省	143	50	54	16	18
西藏自治区	25	0	24	0	0
陕西省	100	26	54	50	90
甘肃省	60	11	6	0	8
青海省	8	0	0	0	0
宁夏回族自治区	0	0	0	0	0
新疆维吾尔自治区	5	4	5	2	0

港澳台社科考察		港澳台进修学习		港澳台合作研究	
派出人次	来校人次	派出人次	来校人次	派出人次	来校人次
2 910	4 382	1 370	1 079	762	813
606	582	136	130	80	101
38	32	5	6	20	13
21	20	12	8	11	8
0	0	3	8	0	0
0	1	0	0	0	0
27	10	6	0	1	2
53	36	33	25	6	24
9	6	10	1	2	9
285	360	176	202	219	252
119	173	176	74	20	36
156	319	45	11	31	50
64	70	46	29	27	21
280	568	85	65	47	43
1	0	2	0	0	0
147	104	84	54	61	59
32	41	20	8	14	12
206	225	120	56	62	45
94	161	108	25	16	7
353	1 036	121	282	67	58
37	117	0	0	15	5
34	2	3	0	0	0
69	47	24	25	10	10
108	93	81	25	23	18
0	0	0	0	2	0
45	60	14	10	11	6
0	0	0	0	0	0
42	73	60	35	17	26
80	244	0	0	0	8
0	0	0	0	0	0
0	0	0	0	0	0
4	2	0	0	0	0

5. 各省、市、自治区所属高等学校人文、社会科学学术交流情况表(一)

	国内学术会议			国际学术会议			国内受聘讲学		国外受聘讲学	
	参加人次	其中:赴境外人次	提交论文(篇)	参加人次	其中:赴境外人次	提交论文(篇)	派出人次	来校人次	派出人次	来校人次
合计	0	64 964	3 974	33 749	15 648	3 648	9 364	9 646	16 927	1 804
北京市	6 594	178	2 023	2 077	338	775	465	548	85	189
天津市	1 853	86	1 274	615	273	500	133	214	67	122
河北省	1 171	82	819	265	46	202	216	482	54	88
山西省	693	22	386	52	15	32	99	528	10	40
内蒙古自治区	503	0	363	255	43	151	66	100	24	33
辽宁省	2 559	130	1 142	609	100	557	224	471	43	105
吉林省	2 080	12	578	813	80	463	218	256	19	50
黑龙江省	1 525	84	786	193	49	107	267	469	29	65
上海市	2 037	146	1 157	1 476	278	826	244	463	120	282
江苏省	3 713	160	2 504	724	274	596	609	1 511	188	456
浙江省	3 615	52	1 642	1 545	220	933	536	1 145	174	397
安徽省	2 450	657	1 204	336	188	173	538	978	71	144
福建省	2 770	87	1 497	295	113	199	344	578	27	142
江西省	2 784	807	1 953	648	55	552	500	747	91	116
山东省	2 988	9	1 701	620	193	428	663	985	111	200
河南省	3 773	327	2 928	729	217	536	619	922	164	236
湖北省	2 123	99	1 234	370	69	215	326	868	46	160
湖南省	4 515	93	2 130	611	138	228	597	956	97	347
广东省	4 416	146	1 988	827	292	452	848	1 103	129	289
广西壮族自治区	1 632	55	1 091	218	56	153	303	576	30	63
海南省	189	1	67	83	32	29	53	195	1	7
重庆市	4 306	3	2 136	1 096	257	503	490	712	85	141
四川省	2 050	9	802	206	40	157	493	689	21	176
贵州省	858	41	454	37	7	26	73	144	3	7
云南省	1 742	548	750	566	162	351	200	425	29	40
西藏自治区	80	0	50	2	0	2	4	30	0	4
陕西省	1 099	109	687	140	33	131	288	482	41	104
甘肃省	292	0	155	49	27	27	105	175	36	25
青海省	209	7	35	57	17	16	28	52	0	12
宁夏回族自治区	25	0	10	80	12	15	2	30	0	12
新疆维吾尔自治区	320	24	203	54	24	29	95	93	9	6

国内社科考察		国外社科考察		国内进修学习		国外进修学习		国内合作研究		国外合作研究	
派出人次	来校人次	派出人次	来校人次	派出人次	来校人次	派出人次	来校人次	派出人次	来校人次	派出人次	来校人次
4 058	17 045	15 993	4 069	5 550	15 843	17 726	3 464	2 794	5 053	3 856	946
1 420	1 061	236	291	766	176	155	88	340	227	53	58
213	225	180	274	162	147	69	67	79	75	50	36
455	416	103	73	413	243	113	100	150	107	29	70
169	222	8	28	153	65	85	12	81	51	7	11
131	64	22	22	87	2	42	2	44	38	30	32
294	266	114	143	396	148	156	63	76	95	17	35
328	236	61	58	304	187	80	30	121	107	24	14
383	271	57	37	525	180	140	49	209	124	20	25
541	594	321	483	173	249	208	242	110	126	23	21
921	1 374	374	276	813	944	142	286	329	251	64	59
989	1 356	328	813	733	268	261	101	278	249	59	57
693	612	188	179	856	279	230	51	279	186	61	64
687	710	87	73	755	245	44	22	146	119	32	24
449	518	74	232	992	1 292	107	97	276	239	36	34
922	870	263	274	919	402	171	97	276	211	71	69
1 086	731	286	321	878	5 916	204	82	471	315	59	45
989	1 031	189	147	749	2 379	204	501	159	105	43	18
1 426	780	162	204	1 367	873	215	164	407	297	48	58
1 227	1 022	270	286	977	489	227	143	296	142	74	30
837	909	168	523	675	353	190	262	190	214	30	69
35	40	69	2	293	16	21	4	25	15	4	3
403	408	111	227	379	593	74	53	87	60	11	5
793	464	124	38	593	352	45	58	285	174	8	2
170	137	16	9	275	426	16	6	5	1	0	0
419	480	86	250	446	102	145	70	114	189	27	38
10	5	0	0	6	230	1	0	6	3	0	0
405	751	112	266	273	977	65	55	48	40	41	32
264	162	25	20	176	51	49	87	83	51	23	16
96	30	2	0	135	53	0	0	15	11	0	0
42	19	8	0	27	5	3	0	22	11	0	0
248	229	25	1	547	84	2	2	46	23	2	0

6. 各省、市、自治区所属高等学校人文、社会科学学术交流情况表(二)

	港澳台学术会议			港澳台受聘讲学	
	参加人次	其中:赴境外人次	提交论文(篇)	派出人次	来校人次
合计	2 603	717	1 277	660	893
北京市	389	49	63	21	39
天津市	2	0	2	0	6
河北省	86	3	51	29	34
山西省	9	5	9	9	1
内蒙古自治区	2	0	2	1	3
辽宁省	32	14	15	15	14
吉林省	1	1	0	0	0
黑龙江省	14	8	6	5	5
上海市	225	87	215	46	62
江苏省	149	27	83	57	112
浙江省	156	85	61	37	39
安徽省	55	36	39	42	46
福建省	172	37	141	67	127
江西省	30	2	7	1	3
山东省	161	47	92	84	50
河南省	56	17	27	8	16
湖北省	304	20	102	28	30
湖南省	86	32	26	22	21
广东省	262	94	132	104	138
广西壮族自治区	3	1	3	0	3
海南省	24	13	1	0	4
重庆市	82	35	86	26	62
四川省	37	35	12	5	4
贵州省	0	0	0	0	0
云南省	143	50	54	16	18
西藏自治区	25	0	24	0	0
陕西省	84	14	19	35	56
甘肃省	1	1	0	0	0
青海省	8	0	0	0	0
宁夏回族自治区	0	0	0	0	0
新疆维吾尔自治区	5	4	5	2	0

港澳台社科考察		港澳台进修学习		港澳台合作研究	
派出人次	来校人次	派出人次	来校人次	派出人次	来校人次
1 532	2 213	833	573	305	278
138	91	19	7	17	10
11	0	0	0	1	0
21	20	12	8	11	8
0	0	3	8	0	0
0	1	0	0	0	0
27	10	6	0	1	2
0	0	0	0	0	0
6	6	10	1	2	9
57	51	19	45	8	10
82	104	154	46	3	3
124	222	27	3	17	35
64	70	46	29	27	21
202	176	74	31	39	30
1	0	2	0	0	0
147	104	71	46	51	52
32	41	20	8	14	12
37	42	46	6	3	2
74	20	108	9	7	6
291	984	85	279	52	33
37	117	0	0	15	5
34	2	3	0	0	0
51	35	21	21	7	8
15	9	40	0	2	0
0	0	0	0	2	0
45	60	14	10	11	6
0	0	0	0	0	0
28	46	53	16	15	26
4	0	0	0	0	0
0	0	0	0	0	0
0	0	0	0	0	0
4	2	0	0	0	0

7. 国务院各部委所属高等学校人文、社会科学学术交流情况表(一)

	国内学术会议			国际学术会议			国内受聘讲学		国外受聘讲学	
	参加人次	其中:赴境外人次	提交论文(篇)	参加人次	其中:赴境外人次	提交论文(篇)	派出人次	来校人次	派出人次	来校人次
合计	37 338	2 172	19 601	20 483	5 633	10 621	6 414	6 592	1 655	4 498
外交部	72	0	20	98	41	40	12	4	14	5
工信部	553	41	525	660	54	241	32	219	5	39
国家民族事务委员会	789	0	589	189	39	153	197	344	16	130
公安部	127	86	97	27	21	7	38	49	6	19
教育部	34 696	1 778	17 805	19 019	5 307	9 953	5 940	5 622	1 520	4 111
海关总署	12	0	6	7	1	8	0	0	0	0
中国民用航空总局	110	30	87	13	1	13	25	29	3	5
国家林业局	8	0	8	3	0	3	10	11	0	0
国务院侨务办公室	425	113	253	192	49	145	106	88	17	76
国家体育总局	365	124	188	199	113	45	46	131	68	106
中国科学院	19	0	0	5	0	0	0	15	4	1
共青团中央	27	0	20	10	6	8	8	80	2	6
中华全国妇女联合会	135	0	3	61	1	5	0	0	0	0

国内社科考察		国外社科考察		国内进修学习		国外进修学习		国内合作研究		国外合作研究	
派出人次	来校人次	派出人次	来校人次	派出人次	来校人次	派出人次	来校人次	派出人次	来校人次	派出人次	来校人次
7 946	8 910	3 741	4 279	3 557	5 064	2 376	2 634	2 671	2 907	1 564	1 832
1	2	1	3	0	0	3	0	0	0	0	0
106	121	28	22	75	68	7	0	79	61	50	262
600	201	15	32	149	21	18	27	64	36	8	66
93	111	48	131	69	171	10	67	35	32	5	18
6 907	8 265	3 466	3 859	3 079	4 718	2 234	2 444	2 347	2 638	1 446	1 448
0	0	0	0	1	0	0	0	0	0	0	0
19	35	4	1	28	10	1	0	23	15	0	0
21	11	0	0	25	0	0	0	0	0	0	0
16	12	23	21	54	36	36	19	15	1	8	2
171	132	151	189	74	35	62	75	105	123	45	35
0	0	0	0	1	5	2	0	3	1	2	1
12	20	5	21	2	0	3	2	0	0	0	0
0	0	0	0	0	0	0	0	0	0	0	0

8. 国务院各部委所属高等学校人文、社会科学学术交流情况表(二)

	港澳台学术会议			港澳台受聘讲学	
	参加人次	其中:赴境外人次	提交论文(篇)	派出人次	来校人次
合计	4 452	1 253	1 516	705	1 061
外交部	1	1	0	0	0
工信部	14	7	10	0	1
国家民族事务委员会	15	7	11	4	11
教育部	4 377	1 205	1 473	650	1 009
国务院侨务办公室	24	16	21	24	17
国家体育总局	0	0	0	26	19
中国科学院	3	0	0	1	2
中华全国总工会	17	17	0	0	0
共青团中央	0	0	0	0	2
中华全国妇女联合会	1	0	1	0	0

港澳台社科考察		港澳台进修学习		港澳台合作研究	
派出人次	来校人次	派出人次	来校人次	派出人次	来校人次
1 378	2 160	537	506	457	535
0	0	0	0	0	0
14	0	0	0	0	0
11	3	8	0	0	8
1 252	2 135	492	492	442	502
21	8	29	0	3	4
72	7	8	14	12	21
0	0	0	0	0	0
0	0	0	0	0	0
8	7	0	0	0	0
0	0	0	0	0	0

9. 全国高等学校人文、社会科学学术交流情况表

学术交流类别		校办学术会议		学术会议			受聘讲学		社科考察		进修学习		合作研究		
		本校独办数	与外单位合办数	参加人次	其中:赴境外人次	提交论文(篇)	派出人次	来校人次	派出人次	来校人次	派出人次	来校人次	派出人次	来校人次	课题数(项)
	编号	L01	L02	L03	L04	L05	L06	L07	L08	L09	L10	L11	L12	L13	L14
合计	1	5 800	3 005	145 646	17 412	76 463	20 884	34 029	35 743	39 151	26 626	29 297	10 996	6 327	6 646
国际学术交流	2	980	793	36 289	9 296	20 320	3 459	8 556	7 842	9 866	5 856	5 428	2 510	2 757	1 111
国内学术交流	3	4 565	1 993	102 302	6 146	53 350	16 060	23 519	24 991	24 903	19 400	22 790	7 724	2 757	5 239
与港澳台地区学术交流	4	255	219	7 055	1 970	2 793	1 365	1 954	2 910	4 382	1 370	1 079	762	813	296

10. 本科院校人文、社会科学学术交流情况表

学术交流类别		校办学术会议		学术会议			受聘讲学		社科考察		进修学习		合作研究		
		本校独办数	与外单位合办数	参加人次	其中:赴境外人次	提交论文(篇)	派出人次	来校人次	派出人次	来校人次	派出人次	来校人次	派出人次	来校人次	课题数(项)
	编号	L01	L02	L03	L04	L05	L06	L07	L08	L09	L10	L11	L12	L13	L14
合计	1	5 615	2 934	141 128	17 067	74 907	20 246	33 137	33 673	37 117	23 679	22 333	10 608	10 057	6 498
国际学术交流	2	964	785	36 000	9 159	20 236	3 452	8 529	7 685	9 710	5 515	5 382	2 495	2 749	1 107
国内学术交流	3	4 407	1 937	98 325	5 975	51 927	15 441	22 674	23 234	23 639	16 930	16 069	7 360	6 498	5 098
与港澳台地区学术交流	4	244	212	6 803	1 933	2 744	1 353	1 934	2 754	3 768	1 234	882	753	810	293

11. 专科院校人文、社会科学学术交流情况表

学术交流类别		校办学术会议		学术会议			受聘讲学		社科考察		进修学习		合作研究		
		本校独办数	与外单位合办数	参加人次	其中：赴境外人次	提交论文（篇）	派出人次	来校人次	派出人次	来校人次	派出人次	来校人次	派出人次	来校人次	课题数（项）
	编号	L01	L02	L03	L04	L05	L06	L07	L08	L09	L10	L11	L12	L13	L14
合计	1	185	71	4 518	345	1 556	638	892	2 070	2 034	2 947	6 964	388	276	148
国际学术交流	2	16	8	289	137	84	7	27	157	156	341	46	15	8	4
国内学术交流	3	158	56	3 977	171	1 423	619	845	1 757	1 264	2 470	6 721	364	265	141
与港澳台地区学术交流	4	11	7	252	37	49	12	20	156	614	136	197	9	3	3

12. 教育部直属院校人文、社会科学学术交流情况表（一）

学术交流类别		校办学术会议		学术会议			受聘讲学		社科考察		进修学习		合作研究		
		本校独办数	与外单位合办数	参加人次	其中：赴境外人次	提交论文（篇）	派出人次	来校人次	派出人次	来校人次	派出人次	来校人次	派出人次	来校人次	课题数（项）
	编号	L01	L02	L03	L04	L05	L06	L07	L08	L09	L10	L11	L12	L13	L14
合计	1	1 739	1 272	58 092	8 290	29 231	8 110	10 742	11 625	14 259	5 805	7 654	4 235	4 588	3 082
国际学术交流	2	450	439	19 019	5 307	9 953	1 520	4 111	3 466	3 859	2 234	2 444	1 446	1 448	622
国内学术交流	3	1 154	704	34 696	1 778	17 805	5 940	5 622	6 907	8 265	3 079	4 718	2 347	2 638	2 296
与港澳台地区学术交流	4	135	129	4 377	1 205	1 473	650	1 009	1 252	2 135	492	492	442	502	164

13. 教育部直属院校人文、社会科学学术交流情况表(二)

	国内学术会议			国际学术会议			国内受聘讲学		国外受聘讲学	
	参加人次	其中:赴境外人次	提交论文(篇)	参加人次	其中:赴境外人次	提交论文(篇)	派出人次	来校人次	派出人次	来校人次
合计	34 696	1 778	17 805	19 019	5 307	9 953	5 940	5 622	1 520	4 111
北京大学	1 732	179	1 287	1 098	294	458	236	97	123	113
中国人民大学	3 546	0	958	1 754	564	451	357	157	54	203
清华大学	890	0	487	780	160	297	303	196	190	408
北京交通大学	400	0	330	80	0	60	40	105	0	0
北京科技大学	91	0	55	26	20	7	1	6	4	16
北京化工大学	35	0	23	28	0	15	0	0	0	1
北京邮电大学	0	0	0	366	236	34	0	0	0	0
中国农业大学	0	0	0	179	37	33	0	0	0	116
北京林业大学	121	0	78	123	13	67	12	3	0	12
北京中医药大学	0	0	0	5	0	3	0	0	0	1
北京师范大学	1 806	0	280	598	227	227	180	118	65	140
北京外国语大学	184	6	94	139	52	101	74	74	23	20
北京语言大学	84	0	33	123	27	60	53	72	12	55
中国传媒大学	543	19	470	116	95	132	144	89	10	47
中央财经大学	522	26	224	213	48	210	58	39	1	34
对外经济贸易大学	447	1	177	247	52	137	12	134	11	67
国际关系学院	55	0	34	49	10	37	13	14	4	18
中央音乐学院	150	0	78	201	76	5	55	100	7	50
中央美术学院	54	0	27	64	14	37	70	25	16	23
中央戏剧学院	300	50	35	600	30	20	20	10	4	17
中国政法大学	245	0	103	146	72	85	102	28	17	50
华北电力大学	52	20	22	17	8	12	8	21	0	6
南开大学	865	38	418	312	49	209	155	157	59	72
天津大学	120	0	50	15	5	5	20	32	10	20
大连理工大学	119	1	216	45	7	41	18	38	6	9
东北大学	132	0	50	83	23	90	10	8	3	6
吉林大学	802	0	652	355	122	231	186	238	20	54
东北师范大学	162	0	306	730	34	423	328	147	3	156
东北林业大学	147	0	92	2	1	2	7	37	1	0
复旦大学	560	0	275	263	186	230	514	340	42	230
同济大学	196	0	148	227	120	173	50	60	24	68
上海交通大学	345	0	106	328	328	132	45	106	98	95
华东理工大学	118	0	73	45	9	23	11	44	16	37
东华大学	161	0	145	63	63	91	45	99	16	105
华东师范大学	1 786	209	640	802	227	232	503	170	53	244
上海外国语大学	188	0	145	15	15	15	25	19	6	24
上海财经大学	446	0	200	160	0	80	230	189	40	102
南京大学	646	54	239	278	228	58	92	38	26	6

国内社科考察		国外社科考察		国内进修学习		国外进修学习		国内合作研究		国外合作研究	
派出人次	来校人次	派出人次	来校人次	派出人次	来校人次	派出人次	来校人次	派出人次	来校人次	派出人次	来校人次
6 907	8 265	3 466	3 859	3 079	4 718	2 234	2 444	2 347	2 638	1 446	1 448
383	761	91	112	49	166	62	287	124	147	71	72
214	156	401	298	54	102	104	153	98	47	58	67
414	468	363	458	70	108	111	70	145	416	217	142
25	350	6	0	35	431	0	0	83	72	0	0
25	0	0	0	3	0	14	1	0	0	0	0
4	0	1	0	12	0	0	5	0	0	0	1
0	0	12	0	0	0	22	0	0	0	14	30
0	0	18	4	0	0	9	0	0	0	8	10
22	2	10	11	9	4	1	6	1	4	2	6
0	0	0	0	0	0	2	0	0	0	0	0
240	87	123	49	67	114	45	35	123	96	57	57
50	221	20	32	11	16	17	4	4	3	3	5
2	0	7	11	6	6	13	0	1	0	4	0
181	608	85	253	31	45	27	16	24	10	8	5
40	34	6	0	38	11	34	17	50	29	0	5
18	12	17	34	39	1	31	0	9	0	16	0
56	60	18	40	23	280	10	146	11	30	10	20
46	104	11	29	0	45	17	13	8	2	4	0
34	19	18	9	8	11	4	13	19	4	2	3
200	160	32	49	280	160	1	113	0	0	0	0
27	40	79	13	20	2	54	8	5	9	10	6
23	5	2	0	16	7	5	0	13	7	3	5
102	97	75	51	37	154	33	5	78	64	30	31
33	50	25	30	30	10	10	10	5	5	0	0
62	11	3	2	7	80	7	0	13	25	0	0
4	8	10	4	13	1	18	0	6	7	1	0
75	36	20	21	156	156	56	63	45	35	17	18
412	439	116	76	210	513	302	462	26	76	30	186
33	39	0	0	21	46	0	0	22	31	0	0
316	345	303	335	355	234	232	115	127	209	231	110
44	67	28	54	28	29	58	30	45	43	30	22
20	49	70	55	29	15	55	35	6	1	35	6
0	0	15	30	4	1	15	1	3	8	0	0
328	370	60	344	0	0	15	1	38	48	34	45
237	254	112	203	43	144	65	65	69	86	50	111
8	8	57	0	9	48	40	32	4	8	2	0
200	623	85	123	53	100	50	180	68	300	36	80
70	28	9	8	22	6	10	14	28	22	6	9

	国内学术会议			国际学术会议			国内受聘讲学		国外受聘讲学	
	参加人次	其中:赴境外人次	提交论文(篇)	参加人次	其中:赴境外人次	提交论文(篇)	派出人次	来校人次	派出人次	来校人次
东南大学	431	256	123	231	95	89	24	39	15	21
中国矿业大学	268	0	315	35	0	32	13	47	2	35
河海大学	143	10	140	13	13	13	23	15	4	2
江南大学	155	2	179	90	4	76	82	128	4	63
南京农业大学	1 371	230	1 165	138	25	115	28	12	13	42
中国药科大学	38	0	13	4	4	2	1	3	0	2
浙江大学	985	0	321	1 284	412	981	115	154	62	154
合肥工业大学	170	2	18	0	0	0	0	0	0	0
厦门大学	544	28	687	771	106	1 402	206	103	35	67
山东大学	1 520	0	920	960	128	536	68	70	42	39
中国海洋大学	240	0	110	30	0	70	0	0	0	0
中国石油大学(华东)	79	0	92	8	2	25	7	12	0	2
武汉大学	1 037	4	1 036	586	155	371	296	237	58	209
华中科技大学	1 045	15	265	483	15	99	55	175	25	73
中国地质大学	163	105	56	118	45	102	45	52	11	17
武汉理工大学	104	0	123	231	19	285	3	24	2	22
华中农业大学	180	0	128	8	6	7	20	13	0	0
华中师范大学	367	17	115	62	26	58	79	109	22	37
中南财经政法大学	569	34	137	299	76	81	68	118	23	31
湖南大学	600	0	401	360	86	146	95	23	46	72
中南大学	217	14	89	2	2	9	12	41	2	12
中山大学	579	0	553	457	106	98	115	127	34	115
华南理工大学	325	0	146	241	105	134	43	80	21	74
四川大学	3 047	394	360	1 236	165	156	123	293	67	188
重庆大学	45	0	31	11	5	7	41	38	11	11
西南交通大学	431	0	152	36	14	14	18	26	3	5
电子科技大学	38	0	50	122	28	160	8	16	4	9
西南大学	418	0	402	121	67	109	128	216	11	38
西南财经大学	320	55	180	150	12	90	90	240	0	20
西安交通大学	4	4	132	59	59	46	58	60	25	67
西安电子科技大学	8	0	5	16	1	18	1	0	1	0
长安大学	109	0	92	13	7	6	20	0	0	3
西北农林科技大学	29	0	18	18	0	2	0	14	0	19
陕西师范大学	753	0	420	59	39	37	49	85	10	22
兰州大学	220	0	202	66	21	18	27	35	2	8
中国矿业大学(北京)	9	5	9	5	2	5	2	7	1	3
中国石油大学	30	0	25	1	0	1	0	0	0	0
中国地质大学(北京)	55	0	45	20	5	30	0	0	0	4

续表

国内社科考察		国外社科考察		国内进修学习		国外进修学习		国内合作研究		国外合作研究	
派出人次	来校人次	派出人次	来校人次	派出人次	来校人次	派出人次	来校人次	派出人次	来校人次	派出人次	来校人次
46	270	4	2	56	272	32	2	17	13	13	9
110	30	10	10	38	15	12	3	25	15	10	21
33	29	7	5	3	2	5	2	9	0	6	3
87	88	12	27	34	81	31	32	47	35	6	14
33	91	42	15	43	23	5	10	31	11	15	17
17	4	4	3	9	0	5	0	0	0	1	0
201	154	234	120	41	45	35	60	51	60	75	50
6	0	0	0	6	0	0	0	2	0	0	0
206	166	67	92	15	84	24	34	278	129	21	21
32	27	48	50	32	26	33	25	23	22	26	15
5	35	0	0	20	30	0	0	35	63	0	0
21	22	0	3	5	0	1	0	35	19	0	0
338	185	62	125	40	66	42	68	67	58	24	43
94	21	11	8	20	4	16	2	6	6	10	7
30	4	15	18	15	12	6	5	13	8	4	2
20	0	7	0	19	0	3	0	4	3	9	4
20	12	6	8	32	2	10	5	0	0	3	0
165	514	79	46	214	342	91	113	39	43	14	26
89	64	47	83	47	46	26	19	23	21	11	7
400	389	90	180	214	342	44	52	30	42	26	18
16	5	1	0	16	2	12	4	4	5	1	10
41	70	39	32	26	1	23	2	24	38	50	26
79	116	31	41	15	5	19	1	35	18	8	8
321	110	165	41	95	79	78	52	76	46	74	40
12	15	4	6	14	2	2	2	10	11	2	3
2	15	1	9	21	4	6	2	4	1	1	0
12	14	6	6	12	13	4	2	3	4	0	0
225	92	32	18	68	55	22	15	75	46	12	2
6	50	32	0	3	2	15	0	5	5	17	7
111	30	30	54	32	77	30	10	31	26	3	3
12	0	0	0	8	0	1	0	0	0	0	0
30	20	7	5	12	3	2	1	10	3	0	0
5	4	0	0	7	0	7	0	17	10	8	5
80	44	24	39	10	18	34	0	9	23	4	6
41	58	32	72	32	19	6	14	8	10	1	26
8	0	9	0	7	0	0	0	0	0	2	2
5	6	0	0	10	0	0	0	0	0	0	0
0	0	0	3	0	0	3	7	0	0	0	1

14. 教育部直属院校人文、社会科学学术交流情况表(三)

	港澳台学术会议			港澳台受聘讲学	
	参加人次	其中:赴境外人次	提交论文(篇)	派出人次	来校人次
合计	4 377	1 205	1 473	650	1 009
北京大学	126	55	60	28	11
中国人民大学	298	185	87	51	124
清华大学	92	0	28	46	36
北京交通大学	30	0	30	5	15
北京科技大学	17	0	0	0	1
北京化工大学	0	0	0	0	0
北京邮电大学	1	1	1	0	0
中国农业大学	1	0	0	0	0
北京林业大学	12	12	10	2	1
北京中医药大学	0	0	0	0	0
北京师范大学	267	88	38	12	23
北京外国语大学	12	12	12	5	0
北京语言大学	11	10	1	7	8
中国传媒大学	86	16	63	7	4
中央财经大学	9	5	6	0	9
对外经济贸易大学	68	4	14	2	20
国际关系学院	0	0	0	0	3
中央音乐学院	20	0	1	9	4
中央美术学院	7	3	5	4	0
中央戏剧学院	5	0	0	0	1
中国政法大学	40	31	17	9	7
华北电力大学	5	2	2	0	2
南开大学	65	23	45	15	10
天津大学	0	0	0	0	0
大连理工大学	0	0	0	0	0
东北大学	12	9	1	0	0
吉林大学	16	0	10	2	9
东北师范大学	22	20	18	3	16
东北林业大学	0	0	0	0	0
复旦大学	129	98	110	9	41
同济大学	26	18	15	18	22
上海交通大学	120	0	30	43	38
华东理工大学	5	0	2	2	1
东华大学	5	0	9	1	8
华东师范大学	83	57	69	35	46
上海外国语大学	23	23	23	2	0
上海财经大学	80	50	30	30	90
南京大学	183	35	47	20	22

港澳台社科考察		港澳台进修学习		港澳台合作研究	
派出人次	来校人次	派出人次	来校人次	派出人次	来校人次
1 252	2 135	492	492	442	502
35	41	4	3	16	35
124	128	23	45	12	21
83	113	30	15	5	2
8	20	7	22	8	7
0	0	0	0	0	1
0	0	0	0	0	0
0	50	0	0	0	0
0	0	0	0	0	0
3	4	0	0	0	1
0	0	0	0	0	0
60	7	10	2	3	2
2	0	1	0	0	0
0	0	0	0	0	0
8	3	2	3	2	0
0	67	1	0	0	0
11	0	5	0	0	0
4	0	0	0	0	0
12	15	3	4	1	1
4	3	1	0	2	0
0	25	0	15	0	0
32	1	19	0	2	0
0	0	0	0	0	0
27	23	5	6	19	13
0	0	0	0	0	0
0	0	0	0	0	0
0	0	0	0	0	0
6	15	5	4	0	0
47	21	28	21	6	24
0	0	0	0	0	0
90	141	115	100	128	163
22	28	8	5	7	11
23	26	15	18	8	3
4	7	2	0	0	0
24	15	0	0	0	0
35	57	9	2	18	5
5	0	3	22	0	0
25	35	5	10	50	60
10	16	4	12	12	5

	港澳台学术会议			港澳台受聘讲学	
	参加人次	其中:赴境外人次	提交论文(篇)	派出人次	来校人次
东南大学	12	9	6	4	3
中国矿业大学	0	0	0	1	2
河海大学	3	3	3	5	3
江南大学	9	9	8	3	21
南京农业大学	14	6	8	2	8
中国药科大学	1	1	0	1	0
浙江大学	175	0	84	22	35
合肥工业大学	0	0	0	0	0
厦门大学	155	57	122	30	58
山东大学	62	38	90	31	23
中国海洋大学	0	0	0	0	0
中国石油大学(华东)	0	0	0	0	0
武汉大学	187	60	97	38	51
华中科技大学	22	9	8	5	17
中国地质大学	3	2	3	0	3
武汉理工大学	9	0	0	1	0
华中农业大学	50	15	21	10	18
华中师范大学	58	9	17	14	16
中南财经政法大学	35	15	20	29	21
湖南大学	100	43	22	6	21
中南大学	2	2	0	2	1
中山大学	13	13	11	20	6
华南理工大学	31	10	6	3	6
四川大学	1 394	109	56	23	63
重庆大学	9	0	5	6	5
西南交通大学	2	0	2	1	3
电子科技大学	0	0	0	0	0
西南大学	23	11	15	11	9
西南财经大学	64	12	50	0	10
西安交通大学	6	6	31	9	28
西安电子科技大学	0	0	0	0	0
长安大学	6	2	1	0	0
西北农林科技大学	0	0	0	0	1
陕西师范大学	4	4	3	6	5
兰州大学	52	3	0	0	0
中国矿业大学(北京)	0	0	0	0	0
中国石油大学	0	0	0	0	0
中国地质大学(北京)	0	0	0	0	0

续表

港澳台社科考察		港澳台进修学习		港澳台合作研究	
派出人次	来校人次	派出人次	来校人次	派出人次	来校人次
2	13	2	0	0	0
2	0	0	0	0	0
6	2	11	0	0	0
7	35	5	16	5	26
1	3	0	0	0	2
0	0	0	0	0	0
32	97	18	8	14	15
0	0	0	0	0	0
78	392	11	34	8	13
0	0	13	8	10	7
0	0	0	0	0	0
0	0	0	0	0	0
32	57	9	7	15	16
3	9	3	0	2	7
5	16	0	0	0	0
0	0	0	0	1	0
8	6	8	0	0	0
84	72	37	33	12	11
37	23	17	10	29	9
20	141	0	16	9	1
0	0	0	0	0	0
39	18	6	3	9	21
2	26	1	0	3	0
70	74	32	23	19	17
3	4	1	0	0	1
1	3	0	0	2	1
5	4	3	2	0	0
15	8	2	4	3	1
6	0	1	0	0	0
8	7	7	17	0	0
0	0	0	0	0	0
0	3	0	0	0	0
0	0	0	0	0	0
6	17	0	2	2	0
76	244	0	0	0	0
0	0	0	0	0	0
0	0	0	0	0	0
0	0	0	0	0	0

15. 教育部直属综合大学人文、社会科学学术交流情况表

学术交流类别		校办学术会议		学术会议			受聘讲学		社科考察		进修学习		合作研究		
		本校独办数	与外单位合办数	参加人次	其中:赴境外人次	提交论文(篇)	派出人次	来校人次	派出人次	来校人次	派出人次	来校人次	派出人次	来校人次	课题数(项)
	编号	L01	L02	L03	L04	L05	L06	L07	L08	L09	L10	L11	L12	L13	L14
合计	1	823	759	32 326	4 911	16 300	4 184	5 113	5 748	6 345	2 680	3 382	2 351	2 080	1 550
国际学术交流	2	225	258	10 652	3 182	5 883	836	1 837	1 789	1 699	966	1 044	782	593	397
国内学术交流	3	522	414	18 538	973	9 481	2 975	2 697	3 262	3 166	1 437	2 014	1 282	1 129	1 047
与港澳台地区学术交流	4	76	87	3 136	756	936	373	579	697	1 480	277	324	287	358	106

16. 教育部直属工科院校人文、社会科学学术交流情况表

学术交流类别		校办学术会议		学术会议			受聘讲学		社科考察		进修学习		合作研究		
		本校独办数	与外单位合办数	参加人次	其中:赴境外人次	提交论文(篇)	派出人次	来校人次	派出人次	来校人次	派出人次	来校人次	派出人次	来校人次	课题数(项)
	编号	L01	L02	L03	L04	L05	L06	L07	L08	L09	L10	L11	L12	L13	L14
合计	1	442	257	11 118	1 471	6 779	1 272	2 409	2 440	3 138	995	1 008	982	1 127	706
国际学术交流	2	102	90	3 594	993	2 003	357	1 117	709	1 071	392	164	386	331	81
国内学术交流	3	315	153	7 177	388	4 626	812	1 145	1 554	1 758	530	800	568	764	613
与港澳台地区学术交流	4	25	14	347	90	150	103	147	177	309	73	44	28	32	12

17. 教育部直属师范院校人文、社会科学学术交流情况表

学术交流类别		校办学术会议		学术会议			受聘讲学		社科考察		进修学习		合作研究		
		本校独办数	与外单位合办数	参加人次	其中:赴境外人次	提交论文(篇)	派出人次	来校人次	派出人次	来校人次	派出人次	来校人次	派出人次	来校人次	课题数(项)
	编号	L01	L02	L03	L04	L05	L06	L07	L08	L09	L10	L11	L12	L13	L14
合计	1	244	138	7 559	957	2 883	1 362	1 334	1 820	1 925	1 165	1 866	462	752	365
国际学术交流	2	70	47	2 251	553	977	153	599	454	413	537	675	155	386	84
国内学术交流	3	147	70	4 874	226	1 761	1 139	629	1 134	1 338	544	1 131	266	324	260
与港澳台地区学术交流	4	27	21	434	178	145	70	106	232	174	84	60	41	42	21

18. 教育部直属语言院校人文、社会科学学术交流情况表

学术交流类别		校办学术会议		学术会议			受聘讲学		社科考察		进修学习		合作研究		
		本校独办数	与外单位合办数	参加人次	其中:赴境外人次	提交论文(篇)	派出人次	来校人次	派出人次	来校人次	派出人次	来校人次	派出人次	来校人次	课题数(项)
	编号	L01	L02	L03	L04	L05	L06	L07	L08	L09	L10	L11	L12	L13	L14
合计	1	32	23	1 524	275	1 149	368	412	425	1 136	160	192	52	31	54
国际学术交流	2	9	11	393	189	308	51	146	169	296	97	52	17	10	11
国内学术交流	3	20	11	999	25	742	296	254	241	837	57	115	33	21	41
与港澳台地区学术交流	4	3	1	132	61	99	21	12	15	3	6	25	2	0	2

19. 教育部直属财经院校人文、社会科学学术交流情况表

学术交流类别	编号	校办学术会议		学术会议			受聘讲学		社科考察		进修学习		合作研究		
		本校独办数	与外单位合办数	参加人次	其中：赴境外人次	提交论文(篇)	派出人次	来校人次	派出人次	来校人次	派出人次	来校人次	派出人次	来校人次	课题数(项)
	编号	L01	L02	L03	L04	L05	L06	L07	L08	L09	L10	L11	L12	L13	L14
合计	1	146	72	3 629	390	1 636	594	1 124	619	1 148	365	396	314	523	356
国际学术交流	2	27	26	1 069	188	598	75	254	187	240	156	216	80	99	32
国内学术交流	3	117	41	2 304	116	918	458	720	353	783	180	160	155	355	306
与港澳台地区学术交流	4	2	5	256	86	120	61	150	79	125	29	20	79	69	18

20. 教育部直属政法院校人文、社会科学学术交流情况表

学术交流类别	编号	校办学术会议		学术会议			受聘讲学		社科考察		进修学习		合作研究		
		本校独办数	与外单位合办数	参加人次	其中：赴境外人次	提交论文(篇)	派出人次	来校人次	派出人次	来校人次	派出人次	来校人次	派出人次	来校人次	课题数(项)
	编号	L01	L02	L03	L04	L05	L06	L07	L08	L09	L10	L11	L12	L13	L14
合计	1	24	14	535	113	276	145	120	216	154	126	436	38	65	30
国际学术交流	2	7	6	195	82	122	21	68	97	53	64	154	20	26	12
国内学术交流	3	16	8	300	0	137	115	42	83	100	43	282	16	39	16
与港澳台地区学术交流	4	1	0	40	31	17	9	10	36	1	19	0	2	0	2

21. 教育部直属艺术院校人文、社会科学学术交流情况表

学术交流类别		校办学术会议		学术会议			受聘讲学		社科考察		进修学习		合作研究		
		本校独办数	与外单位合办数	参加人次	其中：赴境外人次	提交论文（篇）	派出人次	来校人次	派出人次	来校人次	派出人次	来校人次	派出人次	来校人次	课题数（项）
	编号	L01	L02	L03	L04	L05	L06	L07	L08	L09	L10	L11	L12	L13	L14
合计	1	28	9	1 401	173	208	185	230	357	413	314	374	36	10	21
国际学术交流	2	10	1	865	120	62	27	90	61	87	22	139	6	3	5
国内学术交流	3	17	7	504	50	140	145	135	280	283	288	216	27	6	13
与港澳台地区学术交流	4	1	1	32	3	6	13	5	16	43	4	19	3	1	3

22. 其他部委院校人文、社会科学学术交流情况表

学术交流类别		校办学术会议		学术会议			受聘讲学		社科考察		进修学习		合作研究		
		本校独办数	与外单位合办数	参加人次	其中：赴境外人次	提交论文（篇）	派出人次	来校人次	派出人次	来校人次	派出人次	来校人次	派出人次	来校人次	课题数（项）
	编号	L01	L02	L03	L04	L05	L06	L07	L08	L09	L10	L11	L12	L13	L14
合计	1	161	87	4 339	783	2 842	664	1 409	1 472	1 136	681	550	457	686	189
国际学术交流	2	29	14	1 622	341	1 003	135	387	307	457	158	190	118	384	67
国内学术交流	3	131	69	2 642	394	1 796	474	970	1 039	645	478	346	324	269	114
与港澳台地区学术交流	4	1	4	75	48	43	55	52	126	34	45	14	15	33	8

23. 地方院校人文、社会科学学术交流情况表

学术交流类别	编号	校办学术会议		学术会议			受聘讲学		社科考察		进修学习		合作研究		
		本校独办数	与外单位合办数	参加人次	其中：赴境外人次	提交论文（篇）	派出人次	来校人次	派出人次	来校人次	派出人次	来校人次	派出人次	来校人次	课题数（项）
		L01	L02	L03	L04	L05	L06	L07	L08	L09	L10	L11	L12	L13	L14
合计	1	3 900	1 646	83 215	8 339	44 390	12 110	21 878	22 646	23 756	20 140	21 093	6 304	5 059	3 375
国际学术交流	2	501	340	15 648	3 648	9 364	1 804	4 058	4 069	5 550	3 464	2 794	946	925	422
国内学术交流	3	3 280	1 220	64 964	3 974	33 749	9 646	16 927	17 045	15 993	15 843	17 726	5 053	3 856	2 829
与港澳台地区学术交流	4	119	86	2 603	717	1 277	660	893	1 532	2 213	833	573	305	278	124

24. 综合院校人文、社会科学学术交流情况表

学术交流类别	编号	校办学术会议		学术会议			受聘讲学		社科考察		进修学习		合作研究		
		本校独办数	与外单位合办数	参加人次	其中：赴境外人次	提交论文（篇）	派出人次	来校人次	派出人次	来校人次	派出人次	来校人次	派出人次	来校人次	课题数（项）
		L01	L02	L03	L04	L05	L06	L07	L08	L09	L10	L11	L12	L13	L14
合计	1	1 874	1 290	55 770	7 251	28 551	7 861	11 711	12 515	14 951	8 455	7 527	4 486	3 629	2 707
国际学术交流	2	400	362	16 055	4 175	8 649	1 414	3 290	3 016	3 354	1 929	2 005	1 109	966	575
国内学术交流	3	1 361	812	35 823	2 095	18 616	5 810	7 546	8 274	8 712	6 011	4 861	2 990	2 208	1 991
与港澳台地区学术交流	4	113	116	3 892	981	1 286	637	875	1 225	2 885	515	661	387	455	141

25. 理工农医院校人文、社会科学学术交流情况表

学术交流类别		校办学术会议		学术会议			受聘讲学		社科考察		进修学习		合作研究		
		本校独办数	与外单位合办数	参加人次	其中:赴境外人次	提交论文(篇)	派出人次	来校人次	派出人次	来校人次	派出人次	来校人次	派出人次	来校人次	课题数(项)
	编号	L01	L02	L03	L04	L05	L06	L07	L08	L09	L10	L11	L12	L13	L14
合计	1	1 498	626	30 582	4 114	17 085	3 955	7 324	8 016	7 838	6 992	3 302	2 722	2 816	1 679
国际学术交流	2	202	143	7 427	2 076	4 966	670	1 948	1 565	1 873	1 410	573	693	847	220
国内学术交流	3	1 243	453	22 314	1 824	11 683	3 057	4 980	5 900	5 391	5 365	2 624	1 923	1 868	1 415
与港澳台地区学术交流	4	53	30	841	214	436	228	396	551	574	217	105	106	101	44

26. 师范院校人文、社会科学学术交流情况表

学术交流类别		校办学术会议		学术会议			受聘讲学		社科考察		进修学习		合作研究		
		本校独办数	与外单位合办数	参加人次	其中:赴境外人次	提交论文(篇)	派出人次	来校人次	派出人次	来校人次	派出人次	来校人次	派出人次	来校人次	课题数(项)
	编号	L01	L02	L03	L04	L05	L06	L07	L08	L09	L10	L11	L12	L13	L14
合计	1	1 128	520	22 984	2 780	12 342	4 063	6 527	6 663	7 142	5 711	9 665	1 828	1 997	1 052
国际学术交流	2	174	108	4 588	1 158	2 445	577	1 145	1 145	1 729	1 317	1 168	358	563	146
国内学术交流	3	889	361	17 244	1 226	9 472	3 245	5 103	4 968	4 833	4 007	8 338	1 321	1 301	834
与港澳台地区学术交流	4	65	51	1 152	396	425	241	279	550	580	387	159	149	133	72

27. 语言院校人文、社会科学学术交流情况表

学术交流类别	编号	校办学术会议		学术会议			受聘讲学		社科考察		进修学习		合作研究		
		本校独办数	与外单位合办数	参加人次	其中：赴境外人次	提交论文（篇）	派出人次	来校人次	派出人次	来校人次	派出人次	来校人次	派出人次	来校人次	课题数（项）
		L01	L02	L03	L04	L05	L06	L07	L08	L09	L10	L11	L12	L13	L14
合计	1	100	52	3 368	400	2 011	631	778	1 265	1 570	792	450	233	100	102
国际学术交流	2	28	25	967	291	617	137	276	256	429	237	76	76	30	19
国内学术交流	3	66	26	2 235	46	1 284	469	473	930	1 123	456	343	152	68	80
与港澳台地区学术交流	4	6	1	166	63	110	25	29	79	18	99	31	5	2	3

28. 财经院校人文、社会科学学术交流情况表

学术交流类别	编号	校办学术会议		学术会议			受聘讲学		社科考察		进修学习		合作研究		
		本校独办数	与外单位合办数	参加人次	其中：赴境外人次	提交论文（篇）	派出人次	来校人次	派出人次	来校人次	派出人次	来校人次	派出人次	来校人次	课题数（项）
		L01	L02	L03	L04	L05	L06	L07	L08	L09	L10	L11	L12	L13	L14
合计	1	731	246	14 368	1 132	7 997	1 950	3 718	3 376	3 464	2 516	1 405	1 022	1 107	768
国际学术交流	2	72	63	3 062	574	1 956	223	591	724	820	434	359	143	154	57
国内学术交流	3	656	176	10 883	434	5 841	1 632	2 936	2 410	2 470	2 032	1 010	790	877	690
与港澳台地区学术交流	4	3	7	423	124	200	95	191	242	174	50	36	89	76	21

29. 政法院校人文、社会科学学术交流情况表

学术交流类别		校办学术会议		学术会议			受聘讲学		社科考察		进修学习		合作研究		
		本校独办数	与外单位合办数	参加人次	其中:赴境外人次	提交论文(篇)	派出人次	来校人次	派出人次	来校人次	派出人次	来校人次	派出人次	来校人次	课题数(项)
	编号	L01	L02	L03	L04	L05	L06	L07	L08	L09	L10	L11	L12	L13	L14
合计	1	115	87	6 485	660	3 161	740	1 123	1 024	1 417	661	4 125	161	189	102
国际学术交流	2	25	28	1 375	348	509	118	298	293	520	153	333	33	53	20
国内学术交流	3	83	50	4 914	210	2 530	579	744	658	849	439	3 770	123	129	79
与港澳台地区学术交流	4	7	9	196	102	122	43	81	73	48	69	22	5	7	3

30. 艺术院校人文、社会科学学术交流情况表

学术交流类别		校办学术会议		学术会议			受聘讲学		社科考察		进修学习		合作研究		
		本校独办数	与外单位合办数	参加人次	其中:赴境外人次	提交论文(篇)	派出人次	来校人次	派出人次	来校人次	派出人次	来校人次	派出人次	来校人次	课题数(项)
	编号	L01	L02	L03	L04	L05	L06	L07	L08	L09	L10	L11	L12	L13	L14
合计	1	242	136	8 333	443	1 993	915	1 523	1 421	1 688	844	1 407	198	121	68
国际学术交流	2	67	60	1 810	317	330	200	689	542	774	236	673	14	34	12
国内学术交流	3	171	72	6 253	103	1 611	669	797	778	831	595	686	176	77	51
与港澳台地区学术交流	4	4	4	270	23	52	46	37	101	83	13	48	8	10	5

31. 民族院校人文、社会科学学术交流情况表

学术交流类别		校办学术会议		学术会议			受聘讲学		社科考察		进修学习		合作研究		
		本校独办数	与外单位合办数	参加人次	其中:赴境外人次	提交论文(篇)	派出人次	来校人次	派出人次	来校人次	派出人次	来校人次	派出人次	来校人次	课题数(项)
	编号	L01	L02	L03	L04	L05	L06	L07	L08	L09	L10	L11	L12	L13	L14
合计	1	66	37	1 689	131	1 189	337	769	765	381	348	467	112	145	98
国际学术交流	2	4	3	254	82	196	23	155	35	54	47	91	20	71	46
国内学术交流	3	61	33	1 391	39	955	309	600	718	318	293	374	91	66	48
与港澳台地区学术交流	4	1	1	44	10	38	5	14	12	9	8	2	1	8	4

32. 体育院校人文、社会科学学术交流情况表

学术交流类别		校办学术会议		学术会议			受聘讲学		社科考察		进修学习		合作研究		
		本校独办数	与外单位合办数	参加人次	其中:赴境外人次	提交论文(篇)	派出人次	来校人次	派出人次	来校人次	派出人次	来校人次	派出人次	来校人次	课题数(项)
	编号	L01	L02	L03	L04	L05	L06	L07	L08	L09	L10	L11	L12	L13	L14
合计	1	46	11	2 067	501	2 134	432	556	698	700	307	949	234	229	70
国际学术交流	2	8	1	751	275	652	97	164	266	313	93	150	64	39	16
国内学术交流	3	35	10	1 245	169	1 358	290	340	355	376	202	784	158	169	51
与港澳台地区学术交流	4	3	0	71	57	124	45	52	77	11	12	15	12	21	3

八、社科研究与发展成果

1. 各类高等学校人文、社会科学研究与发展成果情况表

		出版专著（部）	发表论文（篇）				研究与咨询报告	
			合计	国内学术刊物	国外学术刊物	港澳台刊物	合计	其中：被采纳数
	合计	11 124	318 038	310 183	7 082	773	6 464	3 545
按学校隶属关系划分	教育部直属院校	4 031	73 253	69 684	3 244	325	2 314	1 708
	其他部委院校	474	12 504	11 969	456	79	139	72
	地方院校	6 619	232 281	228 530	3 382	369	4 011	1 765
按学校规格划分	本科院校	10 892	296 261	288 556	6 959	746	6 096	3 386
	专科院校	232	21 777	21 627	123	27	368	159
按学校类型划分	综合大学	3 991	97 956	94 901	2 719	336	2 408	1 526
	理工农医院校	1 908	81 256	79 018	2 131	107	1 457	828
	高等师范院校	2 505	70 859	69 987	727	145	1 018	548
	语言院校	392	9 791	9 408	336	47	171	83
	财经院校	1 223	34 267	33 426	785	56	1 045	440
	政法院校	409	10 583	10 353	189	41	148	32
	体育院校	98	3 628	3 491	117	20	76	6
	艺术院校	286	4 468	4 434	25	9	55	49
	民族院校	312	5 230	5 165	53	12	86	33

2. 各省、市、自治区高等学校人文、社会科学研究与发展成果情况表

	出版专著（部）	发表论文（篇）				研究与咨询报告	
		合计	国内学术刊物	国外学术刊物	港澳台刊物	合计	其中：被采纳数
合计	11 124	318 038	310 183	7 082	773	6 464	3 545
北京市	1 832	34 157	32 217	1 738	202	473	248
天津市	274	6 806	6 649	149	8	190	164
河北省	188	8 526	8 450	61	15	116	86
山西省	130	3 420	3 398	18	4	48	40
内蒙古自治区	131	2 902	2 855	43	4	10	9
辽宁省	384	12 181	11 842	332	7	466	66
吉林省	210	8 833	8 599	227	7	133	74
黑龙江省	209	8 471	8 348	122	1	40	14
上海市	1 006	20 455	19 533	827	95	434	388
江苏省	615	21 562	21 120	376	66	306	203
浙江省	700	14 340	13 821	498	21	598	242
安徽省	236	9 340	9 262	70	8	70	30

续表

	出版专著(部)	发表论文(篇)				研究与咨询报告	
		合计	国内学术刊物	国外学术刊物	港澳台刊物	合计	其中:被采纳数
福建省	253	7 590	7 189	366	35	169	141
江西省	207	7 072	6 915	147	10	22	18
山东省	621	15 185	14 853	307	25	315	146
河南省	401	15 444	15 206	229	9	662	350
湖北省	787	18 178	17 865	268	45	513	495
湖南省	506	18 235	17 966	255	14	222	75
广东省	605	17 872	17 354	395	123	393	245
广西壮族自治区	147	7 028	6 993	28	7	67	55
海南省	89	1 786	1 771	9	6	12	10
重庆市	313	9 549	9 408	131	10	564	181
四川省	415	11 861	11 686	161	14	242	140
贵州省	108	5 014	5 000	13	1	82	48
云南省	248	8 053	7 995	52	6	60	0
西藏自治区	7	337	336	0	1	0	0
陕西省	266	12 128	11 947	167	14	135	25
甘肃省	132	6 148	6 089	52	7	38	15
青海省	20	706	706	0	0	0	0
宁夏回族自治区	41	1 594	1 575	19	0	71	26
新疆维吾尔自治区	43	3 265	3 235	22	8	13	11

3. 各省、市、自治区所属高等学校人文、社会科学研究与发展成果情况表

	出版专著(部)	发表论文(篇)				研究与咨询报告	
		合计	国内学术刊物	国外学术刊物	港澳台刊物	合计	其中:被采纳数
合计	6 619	232 281	228 530	3 382	369	4 011	1 765
北京市	448	8 855	8 587	229	39	80	11
天津市	122	4 126	4 037	85	4	41	37
河北省	183	8 136	8 064	58	14	104	76
山西省	130	3 420	3 398	18	4	48	40
内蒙古自治区	131	2 902	2 855	43	4	10	9
辽宁省	337	10 053	9 783	264	6	457	65
吉林省	90	4 982	4 788	189	5	77	18
黑龙江省	189	7 778	7 667	110	1	40	14
上海市	365	8 998	8 792	172	34	29	23
江苏省	361	14 589	14 400	156	33	205	147
浙江省	556	12 311	11 938	352	21	446	214
安徽省	216	9 069	8 995	66	8	70	30
福建省	107	5 146	5 040	86	20	23	15

续表

	出版专著（部）	发表论文（篇）				研究与咨询报告	
		合计	国内学术刊物	国外学术刊物	港澳台刊物	合计	其中：被采纳数
江西省	207	7 072	6 915	147	10	22	18
山东省	473	13 258	12 968	271	19	300	140
河南省	392	15 239	15 027	203	9	659	350
湖北省	193	11 070	10 933	114	23	21	18
湖南省	408	15 548	15 354	183	11	216	70
广东省	335	13 974	13 671	246	57	276	148
广西壮族自治区	147	7 028	6 993	28	7	67	55
海南省	89	1 786	1 771	9	6	12	10
重庆市	209	7 504	7 435	67	2	460	129
四川省	219	8 194	8 129	57	8	113	53
贵州省	108	5 014	5 000	13	1	82	48
云南省	248	8 053	7 995	52	6	60	0
西藏自治区	7	337	336	0	1	0	0
陕西省	175	9 354	9 243	104	7	32	3
甘肃省	86	3 696	3 664	31	1	29	9
青海省	20	706	706	0	0	0	0
宁夏回族自治区	25	818	811	7	0	19	4
新疆维吾尔自治区	43	3 265	3 235	22	8	13	11

4. 国务院各部委所属高等学校人文、社会科学研究与发展成果情况表

	出版专著（部）	发表论文（篇）				研究与咨询报告	
		合计	国内学术刊物	国外学术刊物	港澳台刊物	合计	其中：被采纳数
合计	4 505	85 757	81 653	3 700	404	2 453	1 780
外交部	27	223	210	13	0	0	0
工信部	70	3 073	2 846	224	3	23	17
国家民族事务委员会	174	2 903	2 855	40	8	78	33
公安部	27	1 243	1 185	54	4	15	10
交通部	5	785	785	0	0	1	1
教育部	4 031	73 253	69 684	3 244	325	2 314	1 708
海关总署	4	160	160	0	0	1	1
中国民用航空总局	6	356	353	3	0	5	5
国家林业局	1	174	171	2	1	0	0
国务院侨务办公室	63	1 977	1 862	67	48	8	4
国家体育总局	18	409	376	25	8	3	0
中国科学院	4	85	81	4	0	0	0
中华全国总工会	25	380	367	13	0	0	0
共青团中央	42	464	460	2	2	4	0
中华全国妇女联合会	8	272	258	9	5	1	1

5. 全国高等学校人文、社会科学研究与发展成果情况表

学科门类	编号	出版著作(部) 合计	专著	被译成外文	编著教材	工具书参考书	古籍整理(部)	译著(部)	发表译文(篇)
		L01	L02	L03	L04	L05	L06	L07	L08
合计	0	26 230	11 124	434	13 966	1 140	265	2 186	2 137
管理学	1	3 691	1 414	59	2 187	90	10	183	400
马克思主义	2	559	310	4	228	21	2	17	41
哲学	3	588	404	21	176	8	17	136	98
逻辑学	4	35	19	0	16	0	0	0	2
宗教学	5	96	57	4	34	5	10	18	10
语言学	6	3 580	692	90	2 421	467	10	416	265
中国文学	7	1 740	1 044	29	658	38	94	80	55
外国文学	8	686	268	22	354	64	3	416	165
艺术学	9	2 738	1 066	37	1 582	90	4	136	111
历史学	10	1 193	861	25	318	14	72	103	63
考古学	11	55	40	0	11	4	0	8	8
经济学	12	3 025	1 445	29	1 511	69	4	163	263
政治学	13	596	356	16	234	6	1	57	50
法学	14	2 291	1 041	27	1 168	82	16	97	165
社会学	15	760	373	23	372	15	0	69	68
民族学	16	152	110	4	39	3	3	8	10
新闻与传播学	17	562	307	6	234	21	2	36	86
图书、文献与情报学	18	314	121	5	167	26	11	11	29
教育学	19	1 895	671	18	1 149	75	2	123	146
统计学	20	145	42	1	103	0	0	5	11
心理学	21	435	141	4	285	9	1	50	20
体育学	22	1 094	342	10	719	33	3	54	71

电子出版物(件)	发表论文(篇)				获奖成果数(项)				研究与咨询报告	
	合计	国内学术刊物	国外学术刊物	港澳台刊物	合计	国家级奖	部级奖	省级奖	合计	其中:被采纳数
L09	L10	L11	L12	L13	L14	L15	L16	L17	L18	L19
640	318 038	310 183	7 082	773	3 312	0	249	3 062	6 464	3 545
85	47 447	45 025	2 359	63	513	0	28	485	1 690	994
7	9 915	9 802	102	11	110	0	1	109	136	46
6	7 777	7 641	115	21	118	0	1	117	34	17
0	359	338	20	1	3	0	0	3	2	2
0	913	858	22	33	14	0	3	11	5	1
28	29 057	28 291	676	90	175	0	7	168	223	112
6	20 676	20 430	156	90	271	0	2	269	107	53
2	8 062	7 829	212	21	48	0	0	48	23	9
427	26 982	26 735	197	50	86	0	4	82	297	174
2	10 530	10 294	159	77	180	0	6	174	68	33
0	675	636	32	7	6	0	0	6	13	13
12	39 453	38 169	1 229	55	660	0	64	595	1 641	937
1	8 587	8 448	108	31	123	0	2	121	210	147
8	20 676	20 274	323	79	277	0	38	239	395	211
8	9 121	8 932	167	22	140	0	19	121	394	194
3	1 840	1 810	22	8	105	0	44	61	54	14
2	8 372	8 204	153	15	51	0	2	49	167	127
5	11 079	10 956	115	8	35	0	2	33	89	65
21	33 017	32 692	277	48	275	0	6	269	499	223
1	1 694	1 541	146	7	36	0	16	20	101	40
6	4 554	4 344	204	6	34	0	0	34	93	48
10	17 252	16 934	288	30	52	0	4	48	223	85

6. 全国高等学校人文、社会科学研究与发展成果情况表(续表)

课题来源	编号	出版著作(部) 合计	专著	被译成外文	编著教材	工具书参考书	古籍整理(部)
		L01	L02	L03	L04	L05	L06
合计	0	11 315	6 166	238	4 785	364	140
国家社会科学规划、基金项目	1	1 011	767	20	229	15	17
教育部人文社会科学研究项目	2	104	71	7	31	2	1
高校古籍整理研究项目	3	1 246	771	28	447	28	8
中央其他部门社科专项项目	4	56	41	1	15	0	51
省、市、自治区社科项目	5	180	140	8	39	1	0
国际合作项目	6	704	376	11	292	36	3
与港、澳、台合作研究项目	7	1 628	1 033	44	570	25	9
企事业单位委托项目	8	1 180	602	24	538	40	5
学校和基地研究社科项目	9	841	488	14	315	38	3
外资项目	10	70	27	8	39	4	5
其他项目	11	31	14	2	16	1	1

译著(部)	发表译文(篇)	电子出版物(件)	发表论文(篇)				研究与咨询报告	
			合计	国内学术刊物	国外学术刊物	港澳台刊物	合计	其中:被采纳数
L07	L08	L09	L10	L11	L12	L13	L14	L15
642	731	231	132 486	128 883	3 316	287	5 518	3 108
44	47	4	10 561	10 198	330	33	229	123
9	6	0	873	835	37	1	16	11
66	113	6	10 862	10 500	335	27	168	114
2	1	0	291	280	8	3	4	4
6	27	2	3 641	3 269	367	5	38	29
34	34	9	4 797	4 648	135	14	315	214
51	64	27	18 126	17 630	461	35	906	473
57	66	1	20 031	19 782	226	23	431	150
20	51	19	10 393	10 153	213	27	1 197	590
10	8	0	527	384	136	7	43	22
6	3	0	178	152	14	12	4	3

7. 本科院校人文、社会科学研究与发展成果情况表

学科门类		出版著作（部）					古籍整理（部）	译著（部）	发表译文（篇）
		合计	专著	被译成外文	编著教材	工具书参考书			
	编号	L01	L02	L03	L04	L05	L06	L07	L08
合计	0	24 494	10 892	429	12 515	1 087	261	2 142	2 052
管理学	1	3 381	1 394	58	1 908	79	10	179	389
马克思主义	2	535	302	4	212	21	2	17	41
哲学	3	581	401	21	172	8	17	136	97
逻辑学	4	30	18	0	12	0	0	0	2
宗教学	5	95	57	4	33	5	10	18	10
语言学	6	3 352	676	90	2 226	450	10	399	256
中国文学	7	1 653	1 004	29	613	36	91	77	51
外国文学	8	666	266	22	338	62	3	408	163
艺术学	9	2 603	1 046	36	1 470	87	4	135	107
历史学	10	1 186	857	24	315	14	71	103	63
考古学	11	55	40	0	11	4	0	8	8
经济学	12	2 704	1 421	28	1 220	63	4	156	251
政治学	13	574	354	16	214	6	1	56	50
法学	14	2 213	1 025	26	1 108	80	16	97	162
社会学	15	728	370	23	343	15	0	69	64
民族学	16	144	104	4	37	3	3	8	9
新闻与传播学	17	550	304	6	225	21	2	36	72
图书、文献与情报学	18	300	117	5	160	23	11	11	28
教育学	19	1 601	627	18	901	73	2	120	131
统计学	20	134	42	1	92	0	0	5	11
心理学	21	400	137	4	255	8	1	50	19
体育学	22	1 009	330	10	650	29	3	54	68

电子出版物(件)	发表论文(篇)				获奖成果数(项)				研究与咨询报告	
	合计	国内学术刊物	国外学术刊物	港澳台刊物	合计	国家级奖	部级奖	省级奖	合计	其中:被采纳数
L09	L10	L11	L12	L13	L14	L15	L16	L17	L18	L19
634	296 261	288 556	6 959	746	3 292	0	246	3 045	6 096	3 386
85	44 776	42 398	2 318	60	511	0	28	483	1 594	936
7	9 355	9 247	97	11	110	0	1	109	125	44
5	7 583	7 447	115	21	118	0	1	117	32	16
0	284	263	20	1	3	0	0	3	1	1
0	891	836	22	33	14	0	3	11	5	1
27	26 956	26 209	659	88	175	0	7	168	222	111
6	19 456	19 213	155	88	271	0	2	269	105	53
2	7 711	7 479	211	21	48	0	0	48	21	9
427	25 268	25 031	190	47	85	0	3	82	284	168
2	10 253	10 018	159	76	180	0	6	174	68	33
0	666	627	32	7	6	0	0	6	13	13
12	36 768	35 501	1 216	51	657	0	64	592	1 586	895
1	8 187	8 049	107	31	122	0	2	120	203	143
7	19 483	19 089	318	76	275	0	38	237	383	208
7	8 485	8 300	163	22	139	0	18	121	348	189
3	1 744	1 714	22	8	104	0	43	61	52	12
2	8 161	7 995	152	14	51	0	2	49	166	127
5	10 370	10 250	112	8	34	0	2	32	85	61
20	27 877	27 568	267	42	269	0	6	263	402	197
1	1 625	1 472	146	7	36	0	16	20	96	40
6	4 249	4 044	200	5	33	0	0	33	88	47
9	16 113	15 806	278	29	51	0	4	47	217	82

8. 专科院校人文、社会科学研究与发展成果情况表

学科门类	编号	出版著作(部) 合计	专著	被译成外文	编著教材	工具书参考书	古籍整理(部)	译著(部)	发表译文(篇)
		L01	L02	L03	L04	L05	L06	L07	L08
合计	0	1 736	232	5	1 451	53	4	44	85
管理学	1	310	20	1	279	11	0	4	11
马克思主义	2	24	8	0	16	0	0	0	0
哲学	3	7	3	0	4	0	0	0	1
逻辑学	4	5	1	0	4	0	0	0	0
宗教学	5	1	0	0	1	0	0	0	0
语言学	6	228	16	0	195	17	0	17	9
中国文学	7	87	40	0	45	2	3	3	4
外国文学	8	20	2	0	16	2	0	8	2
艺术学	9	135	20	1	112	3	0	1	4
历史学	10	7	4	1	3	0	1	0	0
考古学	11	0	0	0	0	0	0	0	0
经济学	12	321	24	1	291	6	0	7	12
政治学	13	22	2	0	20	0	0	1	0
法学	14	78	16	1	60	2	0	0	3
社会学	15	32	3	0	29	0	0	0	4
民族学	16	8	6	0	2	0	0	0	1
新闻与传播学	17	12	3	0	9	0	0	0	14
图书、文献与情报学	18	14	4	0	7	3	0	0	1
教育学	19	294	44	0	248	2	0	3	15
统计学	20	11	0	0	11	0	0	0	0
心理学	21	35	4	0	30	1	0	0	1
体育学	22	85	12	0	69	4	0	0	3

电子出版物(件)	发表论文(篇)				获奖成果数(项)				研究与咨询报告	
	合计	国内学术刊物	国外学术刊物	港澳台刊物	合计	国家级奖	部级奖	省级奖	合计	其中:被采纳数
L09	L10	L11	L12	L13	L14	L15	L16	L17	L18	L19
6	21 777	21 627	123	27	20	0	3	17	368	159
0	2 671	2 627	41	3	2	0	0	2	96	58
0	560	555	5	0	0	0	0	0	11	2
1	194	194	0	0	0	0	0	0	2	1
0	75	75	0	0	0	0	0	0	1	1
0	22	22	0	0	0	0	0	0	0	0
1	2 101	2 082	17	2	0	0	0	0	1	1
0	1 220	1 217	1	2	0	0	0	0	2	0
0	351	350	1	0	0	0	0	0	2	0
0	1 714	1 704	7	3	1	0	1	0	13	6
0	277	276	0	1	0	0	0	0	0	0
0	9	9	0	0	0	0	0	0	0	0
0	2 685	2 668	13	4	3	0	0	3	55	42
0	400	399	1	0	1	0	0	1	7	4
1	1 193	1 185	5	3	2	0	0	2	12	3
1	636	632	4	0	1	0	1	0	46	5
0	96	96	0	0	1	0	1	0	2	2
0	211	209	1	1	0	0	0	0	1	0
0	709	706	3	0	1	0	0	1	4	4
1	5 140	5 124	10	6	6	0	0	6	97	26
0	69	69	0	0	0	0	0	0	5	0
0	305	300	4	1	1	0	0	1	5	1
1	1 139	1 128	10	1	1	0	0	1	6	3

9. 教育部直属院校人文、社会科学研究与发展成果情况表

学科门类	编号	出版著作(部) 合计	专著	被译成外文	编著教材	工具书参考书	古籍整理(部)	译著(部)	发表译文(篇)
		L01	L02	L03	L04	L05	L06	L07	L08
合计	0	8 383	4 031	182	3 950	402	119	943	802
管理学	1	1 054	527	29	507	20	1	80	99
马克思主义	2	215	125	2	81	9	0	6	17
哲学	3	311	205	11	106	0	12	95	70
逻辑学	4	17	12	0	5	0	0	0	1
宗教学	5	55	29	2	22	4	6	16	8
语言学	6	1 310	217	19	875	218	6	96	94
中国文学	7	475	265	12	190	20	50	27	13
外国文学	8	223	90	11	110	23	1	175	70
艺术学	9	556	277	8	265	14	0	48	28
历史学	10	529	385	15	140	4	28	58	45
考古学	11	40	27	0	9	4	0	5	5
经济学	12	927	530	15	370	27	0	81	91
政治学	13	216	150	13	63	3	0	29	19
法学	14	976	498	14	462	16	2	57	88
社会学	15	284	146	10	135	3	0	38	25
民族学	16	34	25	0	9	0	1	5	4
新闻与传播学	17	256	133	4	118	5	2	16	41
图书、文献与情报学	18	128	57	2	60	11	8	2	5
教育学	19	434	208	9	217	9	1	67	51
统计学	20	32	9	0	23	0	0	1	4
心理学	21	164	67	4	94	3	1	39	8
体育学	22	147	49	2	89	9	0	2	16

电子出版物(件)	发表论文(篇)				获奖成果数(项)				研究与咨询报告	
	合计	国内学术刊物	国外学术刊物	港澳台刊物	合计	国家级奖	部级奖	省级奖	合计	其中:被采纳数
L09	L10	L11	L12	L13	L14	L15	L16	L17	L18	L19
180	73 253	69 684	3 244	325	891	0	77	813	2 314	1 708
56	12 970	11 941	1 005	24	135	0	5	130	699	462
4	2 470	2 427	39	4	30	0	0	30	33	19
4	3 494	3 387	92	15	43	0	0	43	15	11
0	69	62	6	1	1	0	0	1	0	0
0	419	375	17	27	7	0	0	7	1	1
10	5 066	4 773	251	42	31	0	1	30	70	39
3	4 318	4 217	63	38	62	0	0	62	19	16
0	1 601	1 494	100	7	14	0	0	14	1	0
72	3 753	3 671	68	14	10	0	0	10	63	49
0	3 717	3 579	109	29	40	0	0	40	30	25
0	393	359	28	6	3	0	0	3	12	12
6	10 562	9 907	641	14	229	0	32	196	577	445
1	2 373	2 284	77	12	50	0	1	49	119	110
6	6 060	5 829	186	45	87	0	21	66	160	124
3	2 167	2 067	88	12	44	0	9	35	144	115
0	286	276	6	4	7	0	2	5	6	4
0	3 262	3 133	121	8	18	0	0	18	134	114
4	2 277	2 209	64	4	9	0	0	9	46	39
5	4 962	4 867	81	14	45	0	1	44	128	85
0	285	215	69	1	13	0	5	8	13	8
6	1 139	1 027	110	2	10	0	0	10	33	21
0	1 610	1 585	23	2	3	0	0	3	11	9

10. 教育部直属综合大学人文、社会科学研究与发展成果情况表

学科门类		出版著作(部)					古籍整理(部)	译著(部)	发表译文(篇)
		合计	专著	被译成外文	编著教材	工具书参考书			
	编号	L01	L02	L03	L04	L05	L06	L07	L08
合计	0	3 844	2 047	116	1 669	128	75	427	412
管理学	1	445	241	18	200	4	0	46	66
马克思主义	2	108	69	0	34	5	0	4	9
哲学	3	212	149	9	63	0	10	53	42
逻辑学	4	12	10	0	2	0	0	0	1
宗教学	5	42	24	1	18	0	6	12	6
语言学	6	465	88	8	316	61	5	22	23
中国文学	7	288	153	7	120	15	21	14	6
外国文学	8	92	40	7	47	5	1	86	35
艺术学	9	172	84	4	82	6	0	16	9
历史学	10	315	237	12	76	2	25	34	25
考古学	11	29	17	0	9	3	0	5	4
经济学	12	445	281	10	158	6	0	47	66
政治学	13	116	81	13	35	0	0	12	15
法学	14	513	271	8	241	1	0	21	35
社会学	15	135	59	6	75	1	0	19	14
民族学	16	21	17	0	4	0	1	4	4
新闻与传播学	17	123	68	2	52	3	2	6	19
图书、文献与情报学	18	88	47	1	31	10	3	1	3
教育学	19	116	69	5	46	1	1	15	11
统计学	20	19	2	0	17	0	0	0	4
心理学	21	50	23	4	24	3	0	9	4
体育学	22	38	17	1	19	2	0	1	11

电子出版物(件)	发表论文(篇)				获奖成果数(项)				研究与咨询报告	
	合计	国内学术刊物	国外学术刊物	港澳台刊物	合计	国家级奖	部级奖	省级奖	合计	其中:被采纳数
L09	L10	L11	L12	L13	L14	L15	L16	L17	L18	L19
29	37 389	35 315	1 886	188	533	0	53	479	1 413	1 080
5	6 519	5 953	555	11	81	0	3	78	423	291
0	1 223	1 210	11	2	8	0	0	8	7	5
0	2 286	2 194	81	11	28	0	0	28	7	7
0	43	37	5	1	1	0	0	1	0	0
0	344	309	16	19	5	0	0	5	1	1
1	1 838	1 692	125	21	16	0	1	15	55	31
1	2 603	2 526	46	31	43	0	0	43	16	15
0	735	673	58	4	8	0	0	8	1	0
17	1 364	1 335	23	6	2	0	0	2	15	7
0	2 350	2 249	79	22	29	0	0	29	16	14
0	372	339	27	6	3	0	0	3	12	12
2	6 130	5 730	393	7	143	0	25	117	405	324
1	1 329	1 279	47	3	33	0	1	32	56	53
0	3 354	3 220	113	21	60	0	13	47	110	100
0	1 186	1 120	59	7	25	0	3	22	90	73
0	193	188	2	3	5	0	2	3	5	3
0	1 664	1 584	74	6	15	0	0	15	79	69
1	1 473	1 416	56	1	7	0	0	7	42	37
0	1 353	1 319	30	4	10	0	0	10	58	28
0	156	133	23	0	7	0	5	2	2	2
1	452	396	55	1	3	0	0	3	9	5
0	422	413	8	1	1	0	0	1	4	3

11. 教育部直属工科院校人文、社会科学研究与发展成果情况表

学科门类		出版著作(部)					古籍整理(部)	译著(部)	发表译文(篇)
		合计	专著	被译成外文	编著教材	工具书参考书			
	编号	L01	L02	L03	L04	L05	L06	L07	L08
合计	0	1 369	622	32	711	36	0	143	104
管理学	1	300	147	8	147	6	0	13	10
马克思主义	2	54	27	0	25	2	0	1	1
哲学	3	49	30	0	19	0	0	25	8
逻辑学	4	1	0	0	1	0	0	0	0
宗教学	5	3	0	0	3	0	0	1	0
语言学	6	226	32	3	182	12	0	30	56
中国文学	7	43	31	5	12	0	0	7	0
外国文学	8	27	10	3	17	0	0	11	9
艺术学	9	144	61	0	78	5	0	9	3
历史学	10	43	35	2	8	0	0	8	1
考古学	11	8	8	0	0	0	0	0	1
经济学	12	116	63	2	51	2	0	7	4
政治学	13	23	14	0	8	1	0	5	0
法学	14	138	62	1	72	4	0	13	7
社会学	15	54	42	3	12	0	0	5	1
民族学	16	2	1	0	1	0	0	0	0
新闻与传播学	17	32	20	1	12	0	0	3	0
图书、文献与情报学	18	12	3	1	8	1	0	0	0
教育学	19	32	15	2	15	2	0	2	3
统计学	20	6	2	0	4	0	0	0	0
心理学	21	12	6	0	6	0	0	3	0
体育学	22	44	13	1	30	1	0	0	0

电子出版物(件)	发表论文(篇)				获奖成果数(项)				研究与咨询报告	
	合计	国内学术刊物	国外学术刊物	港澳台刊物	合计	国家级奖	部级奖	省级奖	合计	其中:被采纳数
L09	L10	L11	L12	L13	L14	L15	L16	L17	L18	L19
98	14 343	13 790	515	38	90	0	4	86	354	196
36	4 346	4 067	273	6	30	0	0	30	162	81
1	665	661	4	0	6	0	0	6	9	1
4	607	602	5	0	8	0	0	8	4	0
0	3	3	0	0	0	0	0	0	0	0
0	20	19	1	0	1	0	0	1	0	0
2	1 452	1 405	40	7	3	0	0	3	7	3
0	346	342	4	0	3	0	0	3	1	0
0	321	312	9	0	0	0	0	0	0	0
52	724	698	25	1	1	0	0	1	12	7
0	303	293	7	3	2	0	0	2	6	4
0	11	10	1	0	0	0	0	0	0	0
2	1 566	1 497	69	0	14	0	2	12	38	17
0	377	362	10	5	7	0	0	7	26	21
0	951	930	11	10	3	0	1	2	15	8
1	523	508	13	2	6	0	0	6	19	10
0	6	6	0	0	0	0	0	0	0	0
0	409	395	14	0	0	0	0	0	31	26
0	463	458	5	0	0	0	0	0	2	0
0	566	553	11	2	4	0	1	3	12	11
0	16	15	1	0	0	0	0	0	2	2
0	92	83	8	1	1	0	0	1	4	2
0	576	571	4	1	1	0	0	1	4	3

12. 教育部直属师范院校人文、社会科学研究与发展成果情况表

学科门类		出版著作(部)					古籍整理(部)	译著(部)	发表译文(篇)
		合计	专著	被译成外文	编著教材	工具书参考书			
	编号	L01	L02	L03	L04	L05	L06	L07	L08
合计	0	1 443	691	12	706	46	42	159	127
管理学	1	77	36	0	41	0	1	6	9
马克思主义	2	39	20	2	19	0	0	0	5
哲学	3	28	19	1	9	0	2	14	17
逻辑学	4	3	2	0	1	0	0	0	0
宗教学	5	7	2	0	1	4	0	0	1
语言学	6	175	40	2	116	19	1	10	3
中国文学	7	111	63	0	43	5	29	4	7
外国文学	8	42	14	0	27	1	0	19	4
艺术学	9	86	45	0	39	2	0	5	5
历史学	10	146	101	1	43	2	3	10	15
考古学	11	2	1	0	0	1	0	0	0
经济学	12	86	57	1	27	2	0	2	5
政治学	13	36	29	0	7	0	0	5	2
法学	14	86	44	2	39	3	0	6	0
社会学	15	63	27	1	36	0	0	3	5
民族学	16	11	7	0	4	0	0	1	0
新闻与传播学	17	13	6	0	7	0	0	0	7
图书、文献与情报学	18	26	6	0	20	0	5	1	1
教育学	19	270	120	2	144	6	0	45	35
统计学	20	2	2	0	0	0	0	0	0
心理学	21	95	34	0	61	0	1	27	4
体育学	22	39	16	0	22	1	0	1	2

电子出版物(件)	发表论文(篇)				获奖成果数(项)				研究与咨询报告	
	合计	国内学术刊物	国外学术刊物	港澳台刊物	合计	国家级奖	部级奖	省级奖	合计	其中:被采纳数
L09	L10	L11	L12	L13	L14	L15	L16	L17	L18	L19
35	11 521	11 273	210	38	152	0	8	144	317	280
15	620	591	28	1	13	0	0	13	67	60
0	402	399	2	1	10	0	0	10	7	5
0	462	453	5	4	7	0	0	7	4	4
0	12	12	0	0	0	0	0	0	0	0
0	44	37	0	7	1	0	0	1	0	0
2	758	732	22	4	7	0	0	7	3	1
2	1 035	1 022	9	4	14	0	0	14	2	1
0	222	216	6	0	3	0	0	3	0	0
0	864	861	3	0	1	0	0	1	28	28
0	958	940	15	3	9	0	0	9	8	7
0	4	4	0	0	0	0	0	0	0	0
0	767	759	8	0	20	0	4	16	53	44
0	361	355	5	1	8	0	0	8	35	34
1	455	449	6	0	8	0	2	6	4	4
2	315	305	8	2	8	0	2	6	30	30
0	75	70	4	1	2	0	0	2	1	1
0	278	275	1	2	0	0	0	0	0	0
3	261	257	2	2	2	0	0	2	2	2
5	2 709	2 670	33	6	31	0	0	31	54	44
0	7	4	3	0	1	0	0	1	1	1
5	565	521	44	0	6	0	0	6	18	14
0	347	341	6	0	1	0	0	1	0	0

13. 教育部直属语言院校人文、社会科学研究与发展成果情况表

学科门类		出版著作（部）					古籍整理（部）	译著（部）	发表译文（篇）
		合计	专著	被译成外文	编著教材	工具书参考书			
	编号	L01	L02	L03	L04	L05	L06	L07	L08
合计	0	652	185	6	335	132	0	107	68
管理学	1	28	10	0	18	0	0	7	5
马克思主义	2	1	0	0	1	0	0	0	2
哲学	3	9	3	1	6	0	0	3	1
逻辑学	4	0	0	0	0	0	0	0	0
宗教学	5	3	3	1	0	0	0	3	1
语言学	6	348	42	3	196	110	0	19	10
中国文学	7	19	11	0	8	0	0	2	0
外国文学	8	51	20	0	15	16	0	35	19
艺术学	9	43	28	1	14	1	0	8	7
历史学	10	11	3	0	8	0	0	6	2
考古学	11	0	0	0	0	0	0	0	0
经济学	12	14	8	0	4	2	0	4	1
政治学	13	20	14	0	6	0	0	3	0
法学	14	6	3	0	3	0	0	1	1
社会学	15	13	5	0	6	2	0	8	3
民族学	16	0	0	0	0	0	0	0	0
新闻与传播学	17	77	34	0	42	1	0	5	14
图书、文献与情报学	18	0	0	0	0	0	0	0	0
教育学	19	6	1	0	5	0	0	3	2
统计学	20	0	0	0	0	0	0	0	0
心理学	21	1	0	0	1	0	0	0	0
体育学	22	2	0	0	2	0	0	0	0

电子出版物(件)	发表论文(篇)				获奖成果数(项)				研究与咨询报告	
	合计	国内学术刊物	国外学术刊物	港澳台刊物	合计	国家级奖	部级奖	省级奖	合计	其中:被采纳数
L09	L10	L11	L12	L13	L14	L15	L16	L17	L18	L19
2	3 682	3 501	158	23	19	0	1	18	51	50
0	195	178	16	1	1	0	0	1	9	9
0	35	35	0	0	0	0	0	0	0	0
0	29	28	1	0	0	0	0	0	0	0
0	0	0	0	0	0	0	0	0	0	0
0	8	7	0	1	0	0	0	0	0	0
2	819	765	48	6	5	0	0	5	3	3
0	228	222	3	3	2	0	0	2	0	0
0	245	221	23	1	2	0	0	2	0	0
0	443	436	7	0	2	0	0	2	8	7
0	52	46	5	1	0	0	0	0	0	0
0	1	1	0	0	0	0	0	0	0	0
0	251	244	2	5	0	0	0	0	10	10
0	137	126	10	1	2	0	0	2	0	0
0	77	74	1	2	1	0	0	1	0	0
0	66	60	5	1	1	0	1	0	0	0
0	9	9	0	0	0	0	0	0	0	0
0	739	709	30	0	3	0	0	3	19	19
0	38	38	0	0	0	0	0	0	0	0
0	196	188	7	1	0	0	0	0	0	0
0	6	6	0	0	0	0	0	0	0	0
0	8	8	0	0	0	0	0	0	0	0
0	100	100	0	0	0	0	0	0	2	2

14. 教育部直属财经院校人文、社会科学研究与发展成果情况表

学科门类		出版著作(部)					古籍整理(部)	译著(部)	发表译文(篇)
		合计	专著	被译成外文	编著教材	工具书参考书			
	编号	L01	L02	L03	L04	L05	L06	L07	L08
合计	0	732	324	10	359	49	0	65	37
管理学	1	200	90	3	100	10	0	7	7
马克思主义	2	10	8	0	2	0	0	1	0
哲学	3	7	2	0	5	0	0	0	1
逻辑学	4	0	0	0	0	0	0	0	0
宗教学	5	0	0	0	0	0	0	0	0
语言学	6	80	15	3	50	15	0	14	2
中国文学	7	12	6	0	6	0	0	0	0
外国文学	8	8	4	1	3	1	0	11	2
艺术学	9	2	1	0	1	0	0	1	0
历史学	10	8	6	0	2	0	0	0	0
考古学	11	1	1	0	0	0	0	0	0
经济学	12	263	119	2	129	15	0	21	13
政治学	13	14	7	0	5	2	0	1	1
法学	14	67	41	0	25	1	0	2	8
社会学	15	15	11	0	4	0	0	2	2
民族学	16	0	0	0	0	0	0	0	0
新闻与传播学	17	8	3	1	5	0	0	2	1
图书、文献与情报学	18	1	0	0	1	0	0	0	0
教育学	19	9	3	0	6	0	0	2	0
统计学	20	5	3	0	2	0	0	1	0
心理学	21	4	2	0	2	0	0	0	0
体育学	22	18	2	0	11	5	0	0	0

电子出版物(件)	发表论文(篇)				获奖成果数(项)				研究与咨询报告	
	合计	国内学术刊物	国外学术刊物	港澳台刊物	合计	国家级奖	部级奖	省级奖	合计	其中:被采纳数
L09	L10	L11	L12	L13	L14	L15	L16	L17	L18	L19
10	4 583	4 173	393	17	84	0	7	77	170	97
0	1 224	1 093	126	5	10	0	2	8	37	21
0	111	89	21	1	6	0	0	6	10	8
0	69	69	0	0	0	0	0	0	0	0
0	6	5	1	0	0	0	0	0	0	0
0	1	1	0	0	0	0	0	0	0	0
3	180	162	14	4	0	0	0	0	0	0
0	71	70	1	0	0	0	0	0	0	0
0	54	51	2	1	1	0	0	1	0	0
0	19	18	0	1	0	0	0	0	0	0
0	37	36	1	0	0	0	0	0	0	0
0	0	0	0	0	0	0	0	0	0	0
2	1 771	1 605	166	0	52	0	1	51	70	50
0	84	80	4	0	0	0	0	0	2	2
5	406	394	10	2	6	0	1	5	26	8
0	57	56	1	0	4	0	3	1	5	2
0	2	2	0	0	0	0	0	0	0	0
0	107	106	1	0	0	0	0	0	5	0
0	28	26	1	1	0	0	0	0	0	0
0	108	107	0	1	0	0	0	0	4	2
0	100	57	42	1	5	0	0	5	8	3
0	14	12	2	0	0	0	0	0	2	0
0	134	134	0	0	0	0	0	0	1	1

15. 教育部直属政法院校人文、社会科学研究与发展成果情况表

学科门类		出版著作(部)					古籍整理(部)	译著(部)	发表译文(篇)
		合计	专著	被译成外文	编著教材	工具书参考书			
	编号	L01	L02	L03	L04	L05	L06	L07	L08
合计	0	231	103	3	117	11	2	33	50
管理学	1	4	3	0	1	0	0	1	2
马克思主义	2	3	1	0	0	2	0	0	0
哲学	3	6	2	0	4	0	0	0	1
逻辑学	4	1	0	0	1	0	0	0	0
宗教学	5	0	0	0	0	0	0	0	0
语言学	6	16	0	0	15	1	0	0	0
中国文学	7	2	1	0	1	0	0	0	0
外国文学	8	3	2	0	1	0	0	13	1
艺术学	9	0	0	0	0	0	0	1	0
历史学	10	6	3	0	3	0	0	0	2
考古学	11	0	0	0	0	0	0	0	0
经济学	12	3	2	0	1	0	0	0	2
政治学	13	6	4	0	2	0	0	3	1
法学	14	166	77	3	82	7	2	14	37
社会学	15	4	2	0	2	0	0	1	0
民族学	16	0	0	0	0	0	0	0	0
新闻与传播学	17	3	2	0	0	1	0	0	0
图书、文献与情报学	18	1	1	0	0	0	0	0	1
教育学	19	1	0	0	1	0	0	0	0
统计学	20	0	0	0	0	0	0	0	0
心理学	21	2	2	0	0	0	0	0	0
体育学	22	4	1	0	3	0	0	0	3

电子出版物(件)	发表论文(篇)				获奖成果数(项)				研究与咨询报告	
	合计	国内学术刊物	国外学术刊物	港澳台刊物	合计	国家级奖	部级奖	省级奖	合计	其中:被采纳数
L09	L10	L11	L12	L13	L14	L15	L16	L17	L18	L19
3	1 400	1 312	72	16	9	0	4	5	9	5
0	66	59	7	0	0	0	0	0	1	0
3	34	33	1	0	0	0	0	0	0	0
0	41	41	0	0	0	0	0	0	0	0
0	5	5	0	0	0	0	0	0	0	0
0	2	2	0	0	0	0	0	0	0	0
0	18	16	2	0	0	0	0	0	2	1
0	35	35	0	0	0	0	0	0	0	0
0	24	21	2	1	0	0	0	0	0	0
0	9	8	0	1	0	0	0	0	0	0
0	17	15	2	0	0	0	0	0	0	0
0	5	5	0	0	0	0	0	0	0	0
0	77	72	3	2	0	0	0	0	1	0
0	84	81	1	2	0	0	0	0	0	0
0	817	762	45	10	9	0	4	5	5	4
0	20	18	2	0	0	0	0	0	0	0
0	1	1	0	0	0	0	0	0	0	0
0	65	64	1	0	0	0	0	0	0	0
0	13	13	0	0	0	0	0	0	0	0
0	30	30	0	0	0	0	0	0	0	0
0	0	0	0	0	0	0	0	0	0	0
0	8	7	1	0	0	0	0	0	0	0
0	29	24	5	0	0	0	0	0	0	0

16. 教育部直属艺术院校人文、社会科学研究与发展成果情况表

学科门类		出版著作(部)					古籍整理(部)	译著(部)	发表译文(篇)
		合计	专著	被译成外文	编著教材	工具书参考书			
	编号	L01	L02	L03	L04	L05	L06	L07	L08
合计	0	112	59	3	53	0	0	9	4
管理学	1	0	0	0	0	0	0	0	0
马克思主义	2	0	0	0	0	0	0	0	0
哲学	3	0	0	0	0	0	0	0	0
逻辑学	4	0	0	0	0	0	0	0	0
宗教学	5	0	0	0	0	0	0	0	0
语言学	6	0	0	0	0	0	0	1	0
中国文学	7	0	0	0	0	0	0	0	0
外国文学	8	0	0	0	0	0	0	0	0
艺术学	9	109	58	3	51	0	0	8	4
历史学	10	0	0	0	0	0	0	0	0
考古学	11	0	0	0	0	0	0	0	0
经济学	12	0	0	0	0	0	0	0	0
政治学	13	1	1	0	0	0	0	0	0
法学	14	0	0	0	0	0	0	0	0
社会学	15	0	0	0	0	0	0	0	0
民族学	16	0	0	0	0	0	0	0	0
新闻与传播学	17	0	0	0	0	0	0	0	0
图书、文献与情报学	18	0	0	0	0	0	0	0	0
教育学	19	0	0	0	0	0	0	0	0
统计学	20	0	0	0	0	0	0	0	0
心理学	21	0	0	0	0	0	0	0	0
体育学	22	2	0	0	2	0	0	0	0

电子出版物(件)	发表论文(篇)				获奖成果数(项)				研究与咨询报告	
	合计	国内学术刊物	国外学术刊物	港澳台刊物	合计	国家级奖	部级奖	省级奖	合计	其中:被采纳数
L09	L10	L11	L12	L13	L14	L15	L16	L17	L18	L19
3	335	320	10	5	4	0	0	4	0	0
0	0	0	0	0	0	0	0	0	0	0
0	0	0	0	0	0	0	0	0	0	0
0	0	0	0	0	0	0	0	0	0	0
0	0	0	0	0	0	0	0	0	0	0
0	0	0	0	0	0	0	0	0	0	0
0	1	1	0	0	0	0	0	0	0	0
0	0	0	0	0	0	0	0	0	0	0
0	0	0	0	0	0	0	0	0	0	0
3	330	315	10	5	4	0	0	4	0	0
0	0	0	0	0	0	0	0	0	0	0
0	0	0	0	0	0	0	0	0	0	0
0	0	0	0	0	0	0	0	0	0	0
0	1	1	0	0	0	0	0	0	0	0
0	0	0	0	0	0	0	0	0	0	0
0	0	0	0	0	0	0	0	0	0	0
0	0	0	0	0	0	0	0	0	0	0
0	0	0	0	0	0	0	0	0	0	0
0	1	1	0	0	0	0	0	0	0	0
0	0	0	0	0	0	0	0	0	0	0
0	0	0	0	0	0	0	0	0	0	0
0	0	0	0	0	0	0	0	0	0	0
0	2	2	0	0	0	0	0	0	0	0

17. 其他部委院校人文、社会科学研究与发展成果情况表

学科门类		出版著作(部)					古籍整理(部)	译著(部)	发表译文(篇)
		合计	专著	被译成外文	编著教材	工具书参考书			
	编号	L01	L02	L03	L04	L05	L06	L07	L08
合计	0	1 439	474	22	845	120	0	134	133
管理学	1	239	81	5	139	19	0	14	15
马克思主义	2	26	11	0	12	3	0	0	0
哲学	3	20	11	3	8	1	0	3	1
逻辑学	4	0	0	0	0	0	0	0	0
宗教学	5	7	4	0	3	0	0	0	1
语言学	6	265	26	3	205	34	0	19	47
中国文学	7	68	34	1	33	1	0	5	2
外国文学	8	41	10	0	21	10	0	25	18
艺术学	9	42	14	0	27	1	0	0	1
历史学	10	53	30	0	20	3	0	1	2
考古学	11	2	2	0	0	0	0	0	2
经济学	12	179	71	1	99	9	0	4	6
政治学	13	38	23	1	15	0	0	2	8
法学	14	229	57	5	139	33	0	10	14
社会学	15	35	17	0	16	2	0	13	4
民族学	16	27	20	1	7	0	0	2	0
新闻与传播学	17	42	29	0	13	0	0	6	4
图书、文献与情报学	18	10	2	0	8	0	0	2	1
教育学	19	33	9	0	22	2	0	2	6
统计学	20	1	1	0	0	0	0	0	0
心理学	21	6	1	0	4	1	0	2	1
体育学	22	76	21	2	54	1	0	24	0

电子出版物(件)	发表论文(篇)				获奖成果数(项)				研究与咨询报告	
	合计	国内学术刊物	国外学术刊物	港澳台刊物	合计	国家级奖	部级奖	省级奖	合计	其中:被采纳数
L09	L10	L11	L12	L13	L14	L15	L16	L17	L18	L19
15	12 504	11 969	456	79	137	0	79	58	139	72
3	2 648	2 455	190	3	32	0	9	23	22	16
0	597	552	44	1	1	0	0	1	10	2
0	184	184	0	0	1	0	0	1	0	0
0	40	28	12	0	0	0	0	0	0	0
0	78	77	0	1	3	0	3	0	0	0
6	988	950	24	14	12	0	3	9	3	1
0	506	495	6	5	2	0	1	1	0	0
0	293	281	9	3	0	0	0	0	0	0
4	446	445	1	0	2	0	1	1	3	2
0	316	296	3	17	3	0	2	1	1	1
0	37	33	3	1	0	0	0	0	0	0
0	1 386	1 333	46	7	18	0	15	3	44	28
0	341	327	9	5	1	0	0	1	0	0
0	1 632	1 602	24	6	14	0	2	12	7	6
0	453	434	15	4	5	0	4	1	14	4
1	234	231	2	1	30	0	28	2	19	7
1	414	402	11	1	2	0	2	0	1	0
0	329	327	1	1	1	0	1	0	3	2
0	690	680	7	3	4	0	4	0	5	2
0	89	80	9	0	0	0	0	0	4	1
0	79	75	4	0	0	0	0	0	0	0
0	724	682	36	6	6	0	4	2	3	0

18. 地方院校人文、社会科学研究与发展成果情况表

学科门类	编号	出版著作(部) 合计	专著	被译成外文	编著教材	工具书参考书	古籍整理(部)	译著(部)	发表译文(篇)
		L01	L02	L03	L04	L05	L06	L07	L08
合计	0	16 408	6 619	230	9 171	618	146	1 109	1 202
管理学	1	2 398	806	25	1 541	51	9	89	286
马克思主义	2	318	174	2	135	9	2	11	24
哲学	3	257	188	7	62	7	5	38	27
逻辑学	4	18	7	0	11	0	0	0	1
宗教学	5	34	24	2	9	1	4	2	1
语言学	6	2 005	449	68	1 341	215	4	301	124
中国文学	7	1 197	745	16	435	17	44	48	40
外国文学	8	422	168	11	223	31	2	216	77
艺术学	9	2 140	775	29	1 290	75	4	88	82
历史学	10	611	446	10	158	7	44	44	16
考古学	11	13	11	0	2	0	0	3	1
经济学	12	1 919	844	13	1 042	33	4	78	166
政治学	13	342	183	2	156	3	1	26	23
法学	14	1 086	486	8	567	33	14	30	63
社会学	15	441	210	13	221	10	0	18	39
民族学	16	91	65	3	23	3	2	1	6
新闻与传播学	17	264	145	2	103	16	0	14	41
图书、文献与情报学	18	176	62	3	99	15	3	7	23
教育学	19	1 428	454	9	910	64	1	54	89
统计学	20	112	32	1	80	0	0	4	7
心理学	21	265	73	0	187	5	0	9	11
体育学	22	871	272	6	576	23	3	28	55

电子出版物(件)	发表论文(篇)				获奖成果数(项)				研究与咨询报告	
	合计	国内学术刊物	国外学术刊物	港澳台刊物	合计	国家级奖	部级奖	省级奖	合计	其中:被采纳数
L09	L10	L11	L12	L13	L14	L15	L16	L17	L18	L19
445	232 281	228 530	3 382	369	2 284	0	93	2 191	4 011	1 765
26	31 829	30 629	1 164	36	346	0	14	332	969	516
3	6 848	6 823	19	6	79	0	1	78	93	25
2	4 099	4 070	23	6	74	0	1	73	19	6
0	250	248	2	0	2	0	0	2	2	2
0	416	406	5	5	4	0	0	4	4	0
12	23 003	22 568	401	34	132	0	3	129	150	72
3	15 852	15 718	87	47	207	0	1	206	88	37
2	6 168	6 054	103	11	34	0	0	34	22	9
351	22 783	22 619	128	36	74	0	3	71	231	123
2	6 497	6 419	47	31	137	0	4	133	37	7
0	245	244	1	0	3	0	0	3	1	1
6	27 505	26 929	542	34	413	0	17	396	1 020	464
0	5 873	5 837	22	14	72	0	1	71	91	37
2	12 984	12 843	113	28	176	0	15	161	228	81
5	6 501	6 431	64	6	91	0	6	85	236	75
2	1 320	1 303	14	3	68	0	14	54	29	3
1	4 696	4 669	21	6	31	0	0	31	32	13
1	8 473	8 420	50	3	25	0	1	24	40	24
16	27 365	27 145	189	31	226	0	1	225	366	136
1	1 320	1 246	68	6	23	0	11	12	84	31
0	3 336	3 242	90	4	24	0	0	24	60	27
10	14 918	14 667	229	22	43	0	0	43	209	76

19. 综合院校人文、社会科学研究与发展成果情况表

学科门类		出版著作(部)					古籍整理(部)	译著(部)	发表译文(篇)
		合计	专著	被译成外文	编著教材	工具书参考书			
	编号	L01	L02	L03	L04	L05	L06	L07	L08
合计	0	7 851	3 991	207	3 634	226	144	667	573
管理学	1	898	415	26	471	12	9	59	95
马克思主义	2	202	122	0	70	10	2	5	15
哲学	3	300	212	10	87	1	13	61	45
逻辑学	4	20	13	0	7	0	0	0	1
宗教学	5	58	35	1	23	0	6	12	7
语言学	6	913	255	39	565	93	7	97	39
中国文学	7	738	454	18	259	25	36	26	19
外国文学	8	166	76	9	74	16	2	105	44
艺术学	9	580	245	13	324	11	1	33	17
历史学	10	575	422	17	149	4	52	48	28
考古学	11	36	23	0	10	3	0	6	4
经济学	12	885	487	15	387	11	2	63	79
政治学	13	238	153	15	85	0	0	20	20
法学	14	758	395	12	360	3	4	36	44
社会学	15	243	112	11	128	3	0	22	20
民族学	16	53	39	1	12	2	1	5	7
新闻与传播学	17	233	141	2	88	4	2	10	21
图书、文献与情报学	18	139	69	2	56	14	4	3	8
教育学	19	450	167	7	278	5	1	28	27
统计学	20	37	7	0	30	0	0	0	4
心理学	21	101	38	4	60	3	0	11	7
体育学	22	228	111	5	111	6	2	17	22

电子出版物(件)	发表论文(篇)				获奖成果数(项)				研究与咨询报告	
	合计	国内学术刊物	国外学术刊物	港澳台刊物	合计	国家级奖	部级奖	省级奖	合计	其中:被采纳数
L09	L10	L11	L12	L13	L14	L15	L16	L17	L18	L19
85	97 956	94 901	2 719	336	1 312	0	74	1 237	2 408	1 526
9	12 953	12 106	821	26	167	0	8	159	676	439
2	3 112	3 093	14	5	33	0	0	33	49	17
0	3 690	3 587	89	14	61	0	0	61	21	10
0	122	115	6	1	3	0	0	3	1	1
0	524	488	17	19	5	0	0	5	1	1
2	8 024	7 779	207	38	78	0	1	77	94	48
4	8 103	7 977	77	49	121	0	0	121	43	22
0	2 616	2 501	108	7	23	0	0	23	4	1
56	6 946	6 879	45	22	29	0	1	28	39	16
0	4 832	4 693	95	44	102	0	2	100	36	15
0	490	457	27	6	5	0	0	5	13	13
2	12 550	11 977	554	19	259	0	28	230	619	445
1	3 313	3 241	59	13	62	0	1	61	85	66
0	6 313	6 145	143	25	124	0	16	108	144	116
2	2 826	2 742	76	8	60	0	6	54	134	94
2	806	789	13	4	34	0	5	29	26	3
0	3 159	3 065	85	9	29	0	0	29	91	76
1	4 116	4 044	70	2	16	0	0	16	59	49
0	7 931	7 854	59	18	69	0	0	69	157	43
0	332	302	30	0	8	0	6	2	35	7
1	1 338	1 269	68	1	11	0	0	11	28	14
3	3 860	3 798	56	6	13	0	0	13	53	30

20. 理工农医院校人文、社会科学研究与发展成果情况表

学科门类	编号	出版著作(部) 合计	专著	被译成外文	编著教材	工具书参考书	古籍整理(部)	译著(部)	发表译文(篇)
		L01	L02	L03	L04	L05	L06	L07	L08
合计	0	5 689	1 908	82	3 475	306	7	426	365
管理学	1	1 137	425	18	673	39	0	40	76
马克思主义	2	150	76	2	68	6	0	5	6
哲学	3	113	73	4	38	2	0	29	18
逻辑学	4	4	1	0	3	0	0	0	0
宗教学	5	4	0	0	3	1	0	1	0
语言学	6	1 062	109	13	836	117	0	134	88
中国文学	7	180	109	5	67	4	4	16	7
外国文学	8	101	38	6	51	12	0	73	25
艺术学	9	683	235	6	417	31	2	24	26
历史学	10	102	75	3	27	0	0	17	3
考古学	11	9	9	0	0	0	0	1	1
经济学	12	627	244	4	372	11	0	21	15
政治学	13	107	52	0	53	2	0	10	1
法学	14	449	163	6	252	34	1	21	11
社会学	15	187	96	5	90	1	0	10	11
民族学	16	3	2	0	1	0	0	0	1
新闻与传播学	17	91	43	1	33	15	0	6	15
图书、文献与情报学	18	76	13	2	57	6	0	2	9
教育学	19	276	79	5	190	7	0	8	29
统计学	20	34	7	1	27	0	0	3	1
心理学	21	79	17	0	58	4	0	4	5
体育学	22	215	42	1	159	14	0	1	17

电子出版物(件)	发表论文(篇)				获奖成果数(项)				研究与咨询报告	
	合计	国内学术刊物	国外学术刊物	港澳台刊物	合计	国家级奖	部级奖	省级奖	合计	其中:被采纳数
L09	L10	L11	L12	L13	L14	L15	L16	L17	L18	L19
184	81 256	79 018	2 131	107	541	0	20	521	1 457	828
58	18 106	17 007	1 084	15	179	0	4	175	521	306
1	3 305	3 249	54	2	26	0	0	26	28	9
5	1 773	1 760	11	2	27	0	0	27	8	2
0	74	68	6	0	0	0	0	0	1	1
0	73	69	3	1	1	0	0	1	4	0
9	9 167	8 974	179	14	25	0	2	23	69	44
0	2 472	2 441	21	10	7	0	0	7	24	10
0	1 813	1 777	35	1	2	0	0	2	6	4
98	6 589	6 496	86	7	8	0	0	8	70	34
0	964	952	8	4	11	0	2	9	12	6
0	71	67	4	0	0	0	0	0	0	0
6	9 956	9 616	332	8	106	0	7	99	264	135
0	1 575	1 549	19	7	10	0	0	10	51	29
0	3 836	3 788	35	13	42	0	3	39	78	48
3	2 940	2 892	46	2	41	0	0	41	83	45
0	105	104	1	0	5	0	0	5	3	1
1	1 574	1 547	26	1	2	0	0	2	35	28
1	3 403	3 374	29	0	3	0	0	3	17	9
2	7 680	7 599	69	12	37	0	2	35	118	78
0	422	408	13	1	2	0	0	2	4	4
0	861	838	22	1	2	0	0	2	16	9
0	4 497	4 443	48	6	5	0	0	5	45	26

21. 师范院校人文、社会科学研究与发展成果情况表

学科门类	编号	出版著作（部）合计	专著	被译成外文	编著教材	工具书参考书	古籍整理（部）	译著（部）	发表译文（篇）
		L01	L02	L03	L04	L05	L06	L07	L08
合计	0	5 291	2 505	64	2 613	173	90	426	358
管理学	1	280	109	2	167	4	1	16	23
马克思主义	2	147	79	2	66	2	0	6	10
哲学	3	117	86	4	28	3	4	27	25
逻辑学	4	5	4	0	1	0	0	0	1
宗教学	5	19	10	2	5	4	4	1	1
语言学	6	585	177	18	341	67	2	56	25
中国文学	7	632	384	4	242	6	50	27	23
外国文学	8	234	83	3	141	10	0	83	30
艺术学	9	583	220	8	335	28	1	22	22
历史学	10	414	298	2	110	6	17	25	26
考古学	11	7	5	0	1	1	0	0	1
经济学	12	247	149	3	94	4	0	11	23
政治学	13	136	84	0	50	2	0	15	13
法学	14	231	108	3	120	3	0	11	16
社会学	15	162	81	4	78	3	0	7	12
民族学	16	33	22	1	11	0	1	1	0
新闻与传播学	17	65	40	0	25	0	0	4	10
图书、文献与情报学	18	77	34	1	40	3	7	5	8
教育学	19	867	375	6	468	24	1	68	70
统计学	20	8	4	0	4	0	0	0	0
心理学	21	203	75	0	128	0	1	32	5
体育学	22	239	78	1	158	3	1	9	14

电子出版物(件)	发表论文(篇)				获奖成果数(项)				研究与咨询报告	
	合计	国内学术刊物	国外学术刊物	港澳台刊物	合计	国家级奖	部级奖	省级奖	合计	其中:被采纳数
L09	L10	L11	L12	L13	L14	L15	L16	L17	L18	L19
281	70 859	69 987	727	145	772	0	13	759	1 018	548
17	4 119	4 011	103	5	48	0	3	45	137	83
1	2 138	2 131	5	2	31	0	0	31	17	8
1	1 654	1 637	12	5	22	0	0	22	5	5
0	84	84	0	0	0	0	0	0	0	0
0	170	158	2	10	4	0	0	4	0	0
8	6 671	6 559	100	12	60	0	0	60	32	14
2	8 029	7 967	42	20	125	0	0	125	34	19
1	2 179	2 155	19	5	13	0	0	13	6	4
214	7 423	7 386	28	9	27	0	0	27	121	71
2	4 068	4 018	26	24	61	0	0	61	18	12
0	83	82	1	0	1	0	0	1	0	0
1	4 725	4 657	58	10	63	0	4	59	204	95
0	2 377	2 363	8	6	37	0	0	37	54	49
1	2 490	2 472	14	4	35	0	2	33	23	11
3	1 722	1 700	17	5	20	0	2	18	83	45
0	470	464	4	2	16	0	2	14	5	4
1	1 460	1 453	5	2	11	0	0	11	4	2
3	2 350	2 336	10	4	9	0	0	9	8	4
17	12 347	12 218	115	14	156	0	0	156	155	79
0	94	91	3	0	1	0	0	1	2	2
5	1 906	1 806	99	1	19	0	0	19	44	24
4	4 300	4 239	56	5	13	0	0	13	66	17

22. 语言院校人文、社会科学研究与发展成果情况表

学科门类		出版著作(部)					古籍整理(部)	译著(部)	发表译文(篇)
		合计	专著	被译成外文	编著教材	工具书参考书			
	编号	L01	L02	L03	L04	L05	L06	L07	L08
合计	0	1 366	392	26	769	205	1	246	205
管理学	1	135	48	2	86	1	0	17	15
马克思主义	2	7	3	0	4	0	0	0	2
哲学	3	13	6	1	7	0	0	11	4
逻辑学	4	1	0	0	1	0	0	0	0
宗教学	5	3	3	1	0	0	0	4	1
语言学	6	547	81	11	327	139	0	52	32
中国文学	7	33	21	1	12	0	0	4	4
外国文学	8	108	42	2	45	21	0	81	42
艺术学	9	70	36	3	32	2	0	8	11
历史学	10	20	7	1	12	1	1	8	2
考古学	11	0	0	0	0	0	0	1	0
经济学	12	76	34	0	38	4	0	13	43
政治学	13	42	22	0	20	0	0	5	8
法学	14	34	12	0	20	2	0	2	8
社会学	15	30	14	1	13	3	0	16	8
民族学	16	0	0	0	0	0	0	0	0
新闻与传播学	17	98	42	2	55	1	0	9	15
图书、文献与情报学	18	3	1	0	2	0	0	0	0
教育学	19	125	12	0	82	31	0	14	9
统计学	20	1	0	0	1	0	0	0	0
心理学	21	6	2	0	4	0	0	1	1
体育学	22	14	6	1	8	0	0	0	0

电子出版物(件)	发表论文(篇)				获奖成果数(项)				研究与咨询报告	
	合计	国内学术刊物	国外学术刊物	港澳台刊物	合计	国家级奖	部级奖	省级奖	合计	其中:被采纳数
L09	L10	L11	L12	L13	L14	L15	L16	L17	L18	L19
5	9 791	9 408	336	47	30	0	2	28	171	83
0	1 050	999	49	2	4	0	1	3	32	23
0	151	150	0	1	0	0	0	0	2	0
0	137	135	2	0	0	0	0	0	0	0
0	24	17	7	0	0	0	0	0	0	0
0	12	11	0	1	0	0	0	0	0	0
3	2 143	2 000	126	17	5	0	0	5	12	4
0	530	519	7	4	2	0	0	2	0	0
1	641	597	39	5	8	0	0	8	4	0
1	674	665	9	0	2	0	0	2	8	7
0	92	84	5	3	0	0	0	0	1	0
0	5	5	0	0	0	0	0	0	0	0
0	855	844	6	5	1	0	0	1	26	15
0	265	252	12	1	3	0	0	3	0	0
0	256	249	3	4	1	0	0	1	0	0
0	273	264	7	2	1	0	1	0	38	0
0	11	11	0	0	0	0	0	0	0	0
0	1 028	997	31	0	3	0	0	3	20	19
0	172	170	2	0	0	0	0	0	2	0
0	1 070	1 050	18	2	0	0	0	0	23	13
0	61	50	11	0	0	0	0	0	0	0
0	100	98	2	0	0	0	0	0	1	0
0	241	241	0	0	0	0	0	0	2	2

23. 财经院校人文、社会科学研究与发展成果情况表

学科门类		出版著作(部)					古籍整理(部)	译著(部)	发表译文(篇)
		合计	专著	被译成外文	编著教材	工具书参考书			
	编号	L01	L02	L03	L04	L05	L06	L07	L08
合计	0	3 423	1 223	27	2 052	148	4	246	394
管理学	1	1 093	346	9	717	30	0	45	172
马克思主义	2	26	16	0	10	0	0	1	8
哲学	3	22	13	0	8	1	0	6	4
逻辑学	4	1	0	0	1	0	0	0	0
宗教学	5	0	0	0	0	0	0	0	0
语言学	6	302	34	5	235	33	0	57	31
中国文学	7	62	28	0	32	2	2	3	0
外国文学	8	49	18	2	26	5	0	49	11
艺术学	9	87	31	0	55	1	0	6	9
历史学	10	37	30	2	4	3	2	4	0
考古学	11	2	2	0	0	0	0	0	0
经济学	12	1 076	462	6	576	38	0	54	97
政治学	13	32	17	0	13	2	0	3	3
法学	14	258	113	0	130	15	0	3	20
社会学	15	67	35	2	28	4	0	6	10
民族学	16	6	3	0	3	0	0	0	2
新闻与传播学	17	34	14	1	20	0	0	2	7
图书、文献与情报学	18	10	2	0	6	2	0	0	1
教育学	19	117	19	0	95	3	0	3	6
统计学	20	52	24	0	28	0	0	2	6
心理学	21	20	5	0	13	2	0	2	2
体育学	22	70	11	0	52	7	0	0	5

电子出版物(件)	发表论文(篇)				获奖成果数(项)				研究与咨询报告	
	合计	国内学术刊物	国外学术刊物	港澳台刊物	合计	国家级奖	部级奖	省级奖	合计	其中:被采纳数
L09	L10	L11	L12	L13	L14	L15	L16	L17	L18	L19
16	34 267	33 426	785	56	421	0	31	390	1 045	440
1	9 654	9 378	263	13	99	0	4	95	298	132
0	743	719	23	1	16	0	0	16	21	10
0	318	317	1	0	4	0	0	4	0	0
0	16	15	1	0	0	0	0	0	0	0
0	15	15	0	0	0	0	0	0	0	0
5	1 982	1 928	49	5	1	0	0	1	13	1
0	735	732	1	2	5	0	0	5	5	2
0	528	525	2	1	2	0	0	2	3	0
0	919	913	3	3	0	0	0	0	6	0
0	321	298	22	1	1	0	0	1	1	0
0	11	11	0	0	0	0	0	0	0	0
3	10 375	10 109	256	10	205	0	7	198	485	225
0	373	366	6	1	3	0	1	2	4	2
6	2 041	2 006	27	8	35	0	3	32	55	21
0	659	653	5	1	10	0	6	4	37	7
0	37	36	0	1	2	0	0	2	0	0
0	547	545	2	0	3	0	0	3	8	1
0	546	542	3	1	2	0	0	2	1	1
0	2 643	2 632	10	1	6	0	0	6	42	9
1	709	621	82	6	25	0	10	15	57	27
0	143	141	2	0	2	0	0	2	3	1
0	952	924	27	1	0	0	0	0	6	1

24. 政法院校人文、社会科学研究与发展成果情况表

学科门类	编号	出版著作(部) 合计	专著	被译成外文	编著教材	工具书参考书	古籍整理(部)	译著(部)	发表译文(篇)
		L01	L02	L03	L04	L05	L06	L07	L08
合计	0	994	409	9	530	55	18	63	168
管理学	1	77	22	1	51	4	0	1	12
马克思主义	2	17	10	0	4	3	0	0	0
哲学	3	14	9	0	4	1	0	1	2
逻辑学	4	4	1	0	3	0	0	0	0
宗教学	5	1	1	0	0	0	0	0	0
语言学	6	84	7	1	63	14	1	4	34
中国文学	7	23	13	0	9	1	2	1	0
外国文学	8	7	6	0	1	0	1	19	10
艺术学	9	9	3	0	5	1	0	1	0
历史学	10	24	13	0	11	0	0	1	4
考古学	11	0	0	0	0	0	0	0	0
经济学	12	33	21	0	11	1	2	1	5
政治学	13	27	19	1	8	0	1	4	5
法学	14	539	234	6	280	25	11	24	65
社会学	15	38	17	0	20	1	0	6	3
民族学	16	0	0	0	0	0	0	0	0
新闻与传播学	17	27	15	0	11	1	0	0	17
图书、文献与情报学	18	2	1	0	1	0	0	0	2
教育学	19	29	10	0	17	2	0	0	4
统计学	20	0	0	0	0	0	0	0	0
心理学	21	10	3	0	7	0	0	0	0
体育学	22	29	4	0	24	1	0	0	5

电子出版物(件)	发表论文(篇)				获奖成果数(项)				研究与咨询报告	
	合计	国内学术刊物	国外学术刊物	港澳台刊物	合计	国家级奖	部级奖	省级奖	合计	其中:被采纳数
L09	L10	L11	L12	L13	L14	L15	L16	L17	L18	L19
6	10 583	10 353	189	41	43	0	9	34	148	32
0	919	887	32	0	1	0	0	1	15	10
3	216	210	6	0	1	0	0	1	0	0
0	140	140	0	0	1	0	0	1	0	0
0	37	37	0	0	0	0	0	0	0	0
0	14	14	0	0	0	0	0	0	0	0
0	427	418	7	2	0	0	0	0	3	1
0	252	250	1	1	0	0	0	0	0	0
0	74	71	2	1	0	0	0	0	0	0
0	96	95	0	1	0	0	0	0	0	0
0	67	65	2	0	0	0	0	0	0	0
0	7	6	0	1	0	0	0	0	0	0
0	466	460	3	3	2	0	0	2	6	0
0	511	504	4	3	4	0	0	4	16	1
1	5 325	5 205	95	25	31	0	9	22	92	14
0	364	351	12	1	2	0	0	2	7	3
0	13	13	0	0	0	0	0	0	0	0
0	280	276	3	1	0	0	0	0	0	0
0	206	204	1	1	0	0	0	0	2	2
1	641	637	4	0	0	0	0	0	1	0
0	18	17	1	0	0	0	0	0	3	0
0	111	106	4	1	0	0	0	0	0	0
1	399	387	12	0	1	0	0	1	3	1

25. 艺术院校人文、社会科学研究与发展成果情况表

学科门类	编号	出版著作（部） 合计	专著	被译成外文	编著教材	工具书参考书	古籍整理（部）	译著（部）	发表译文（篇）
		L01	L02	L03	L04	L05	L06	L07	L08
合计	0	754	286	6	450	18	0	47	29
管理学	1	7	4	0	3	0	0	1	0
马克思主义	2	1	1	0	0	0	0	0	0
哲学	3	2	0	0	2	0	0	0	0
逻辑学	4	0	0	0	0	0	0	0	0
宗教学	5	0	0	0	0	0	0	0	0
语言学	6	9	0	0	8	1	0	3	1
中国文学	7	10	2	0	8	0	0	0	0
外国文学	8	1	0	0	1	0	0	0	1
艺术学	9	686	269	6	401	16	0	42	26
历史学	10	4	2	0	2	0	0	0	0
考古学	11	0	0	0	0	0	0	0	0
经济学	12	0	0	0	0	0	0	0	0
政治学	13	2	2	0	0	0	0	0	0
法学	14	1	0	0	1	0	0	0	0
社会学	15	10	2	0	8	0	0	0	0
民族学	16	2	1	0	0	1	0	0	0
新闻与传播学	17	1	1	0	0	0	0	1	0
图书、文献与情报学	18	1	1	0	0	0	0	0	1
教育学	19	6	0	0	6	0	0	0	0
统计学	20	0	0	0	0	0	0	0	0
心理学	21	5	0	0	5	0	0	0	0
体育学	22	6	1	0	5	0	0	0	0

电子出版物(件)	发表论文(篇)				获奖成果数(项)				研究与咨询报告	
	合计	国内学术刊物	国外学术刊物	港澳台刊物	合计	国家级奖	部级奖	省级奖	合计	其中:被采纳数
L09	L10	L11	L12	L13	L14	L15	L16	L17	L18	L19
51	4 468	4 434	25	9	20	0	2	18	55	49
0	48	48	0	0	0	0	0	0	0	0
0	44	44	0	0	1	0	0	1	0	0
0	8	8	0	0	0	0	0	0	0	0
0	1	1	0	0	0	0	0	0	0	0
0	1	1	0	0	0	0	0	0	0	0
0	57	57	0	0	0	0	0	0	0	0
0	86	86	0	0	0	0	0	0	0	0
0	4	4	0	0	0	0	0	0	0	0
51	3 871	3 838	25	8	19	0	2	17	52	46
0	23	23	0	0	0	0	0	0	0	0
0	3	3	0	0	0	0	0	0	0	0
0	6	6	0	0	0	0	0	0	0	0
0	23	23	0	0	0	0	0	0	0	0
0	9	9	0	0	0	0	0	0	0	0
0	35	34	0	1	0	0	0	0	0	0
0	7	7	0	0	0	0	0	0	0	0
0	20	20	0	0	0	0	0	0	1	1
0	55	55	0	0	0	0	0	0	0	0
0	106	106	0	0	0	0	0	0	0	0
0	4	4	0	0	0	0	0	0	0	0
0	8	8	0	0	0	0	0	0	0	0
0	49	49	0	0	0	0	0	0	2	2

26. 民族院校人文、社会科学研究与发展成果情况表

学科门类		出版著作(部)					古籍整理(部)	译著(部)	发表译文(篇)
		合计	专著	被译成外文	编著教材	工具书参考书			
	编号	L01	L02	L03	L04	L05	L06	L07	L08
合计	0	522	312	10	206	4	1	20	27
管理学	1	61	44	1	17	0	0	3	1
马克思主义	2	6	2	0	4	0	0	0	0
哲学	3	7	5	2	2	0	0	0	0
逻辑学	4	0	0	0	0	0	0	0	0
宗教学	5	11	8	0	3	0	0	0	1
语言学	6	65	27	2	36	2	0	6	15
中国文学	7	61	33	1	28	0	0	2	1
外国文学	8	18	5	0	13	0	0	6	2
艺术学	9	39	26	1	13	0	0	0	0
历史学	10	15	12	0	3	0	0	0	0
考古学	11	1	1	0	0	0	0	0	2
经济学	12	79	46	1	33	0	0	0	1
政治学	13	12	7	0	5	0	0	0	0
法学	14	21	16	0	5	0	0	0	1
社会学	15	23	16	0	7	0	0	1	2
民族学	16	55	43	2	12	0	1	2	0
新闻与传播学	17	6	6	0	0	0	0	0	1
图书、文献与情报学	18	6	0	0	5	1	0	0	0
教育学	19	15	9	0	6	0	0	0	0
统计学	20	5	0	0	5	0	0	0	0
心理学	21	2	0	0	2	0	0	0	0
体育学	22	14	6	0	7	1	0	0	0

电子出版物(件)	发表论文(篇)				获奖成果数(项)				研究与咨询报告	
	合计	国内学术刊物	国外学术刊物	港澳台刊物	合计	国家级奖	部级奖	省级奖	合计	其中:被采纳数
L09	L10	L11	L12	L13	L14	L15	L16	L17	L18	L19
8	5 230	5 165	53	12	152	0	96	56	86	33
0	485	484	0	1	14	0	8	6	4	1
0	125	125	0	0	2	0	1	1	11	2
0	53	53	0	0	3	0	1	2	0	0
0	1	1	0	0	0	0	0	0	0	0
0	104	102	0	2	4	0	3	1	0	0
1	494	485	7	2	6	0	4	2	0	0
0	417	408	5	4	11	0	2	9	0	0
0	205	197	7	1	0	0	0	0	0	0
4	426	425	1	0	1	0	1	0	1	0
0	152	151	1	0	5	0	2	3	0	0
0	5	5	0	0	0	0	0	0	0	0
0	491	474	17	0	24	0	18	6	35	22
0	147	147	0	0	4	0	0	4	0	0
0	396	390	6	0	9	0	5	4	2	1
0	264	260	3	1	5	0	4	1	10	0
1	391	386	4	1	48	0	37	11	20	6
0	192	191	1	0	2	0	2	0	0	0
0	185	185	0	0	5	0	2	3	0	0
1	457	456	1	0	7	0	4	3	3	1
0	16	16	0	0	0	0	0	0	0	0
0	20	20	0	0	0	0	0	0	0	0
1	204	204	0	0	2	0	2	0	0	0

27. 体育院校人文、社会科学研究与发展成果情况表

学科门类		出版著作(部)					古籍整理(部)	译著(部)	发表译文(篇)
		合计	专著	被译成外文	编著教材	工具书参考书			
	编号	L01	L02	L03	L04	L05	L06	L07	L08
合计	0	340	98	3	237	5	0	45	18
管理学	1	3	1	0	2	0	0	1	6
马克思主义	2	3	1	0	2	0	0	0	0
哲学	3	0	0	0	0	0	0	1	0
逻辑学	4	0	0	0	0	0	0	0	0
宗教学	5	0	0	0	0	0	0	0	0
语言学	6	13	2	1	10	1	0	7	0
中国文学	7	1	0	0	1	0	0	1	1
外国文学	8	2	0	0	2	0	0	0	0
艺术学	9	1	1	0	0	0	0	0	0
历史学	10	2	2	0	0	0	0	0	0
考古学	11	0	0	0	0	0	0	0	0
经济学	12	2	2	0	0	0	0	0	0
政治学	13	0	0	0	0	0	0	0	0
法学	14	0	0	0	0	0	0	0	0
社会学	15	0	0	0	0	0	0	1	2
民族学	16	0	0	0	0	0	0	0	0
新闻与传播学	17	7	5	0	2	0	0	4	0
图书、文献与情报学	18	0	0	0	0	0	0	1	0
教育学	19	10	0	0	7	3	0	2	1
统计学	20	8	0	0	8	0	0	0	0
心理学	21	9	1	0	8	0	0	0	0
体育学	22	279	83	2	195	1	0	27	8

电子出版物(件)	发表论文(篇)				获奖成果数(项)				研究与咨询报告	
	合计	国内学术刊物	国外学术刊物	港澳台刊物	合计	国家级奖	部级奖	省级奖	合计	其中:被采纳数
L09	L10	L11	L12	L13	L14	L15	L16	L17	L18	L19
4	3 628	3 491	117	20	21	0	2	19	76	6
0	113	105	7	1	1	0	0	1	7	0
0	81	81	0	0	0	0	0	0	8	0
0	4	4	0	0	0	0	0	0	0	0
0	0	0	0	0	0	0	0	0	0	0
0	0	0	0	0	0	0	0	0	0	0
0	92	91	1	0	0	0	0	0	0	0
0	52	50	2	0	0	0	0	0	1	0
0	2	2	0	0	0	0	0	0	0	0
3	38	38	0	0	0	0	0	0	0	0
0	11	10	0	1	0	0	0	0	0	0
0	0	0	0	0	0	0	0	0	0	0
0	29	26	3	0	0	0	0	0	2	0
0	3	3	0	0	0	0	0	0	0	0
0	10	10	0	0	0	0	0	0	1	0
0	38	36	1	1	1	0	0	1	2	0
0	0	0	0	0	0	0	0	0	0	0
0	112	110	0	2	1	0	0	1	8	0
0	46	46	0	0	0	0	0	0	0	0
0	142	140	1	1	0	0	0	0	0	0
0	38	32	6	0	0	0	0	0	0	0
0	67	58	7	2	0	0	0	0	1	0
1	2 750	2 649	89	12	18	0	2	16	46	6

28. 各类高等学校人文、社会科学研究与发展成果获奖情况表

单位:项

		合计	国家级奖	部级奖	省级奖
	合计	3 312	0	250	3 062
按学校隶属关系划分	教育部直属院校	891	0	77	813
	其他部委院校	137	0	79	58
	地方院校	2 284	0	94	2 191
按学校规格划分	本科院校	3 292	0	247	3 045
	专科院校	20	0	3	17
按学校类型划分	综合大学	1 312	0	75	1 237
	理工农医院校	541	0	20	521
	高等师范院校	772	0	13	759
	语言院校	30	0	2	28
	财经院校	421	0	31	390
	政法院校	43	0	9	34
	体育院校	21	0	2	19
	艺术院校	20	0	2	18
	民族院校	152	0	96	56

29. 各省、市、自治区高等学校人文、社会科学研究与发展成果获奖情况表

单位:项

	合计	国家级奖	部级奖	省级奖
合计	3 312	0	250	3 062
北京市	215	0	46	170
天津市	178	0	6	172
河北省	177	0	0	177
山西省	159	0	0	159
内蒙古自治区	226	0	0	226
辽宁省	205	0	16	189
吉林省	218	0	1	217
黑龙江省	340	0	1	339
上海市	351	0	13	338
江苏省	7	0	7	0
浙江省	11	0	11	0
安徽省	5	0	4	1
福建省	14	0	14	0
江西省	0	0	0	0
山东省	203	0	5	198
河南省	138	0	10	128
湖北省	40	0	35	5
湖南省	102	0	3	98
广东省	19	0	18	1
广西壮族自治区	282	0	11	271
海南省	0	0	0	0
重庆市	35	0	2	33
四川省	221	0	21	200
贵州省	32	0	1	31
云南省	104	0	9	95
西藏自治区	1	0	1	0
陕西省	5	0	5	0
甘肃省	1	0	0	1
青海省	3	0	3	0
宁夏回族自治区	19	0	7	12
新疆维吾尔自治区	1	0	0	1

30. 各省、市、自治区所属高等学校人文、社会科学研究与发展成果获奖情况表

单位:项

	合计	国家级奖	部级奖	省级奖
合计	2 284	0	93	2 191
北京市	38	0	5	33
天津市	94	0	0	94
河北省	177	0	0	177
山西省	159	0	0	159
内蒙古自治区	226	0	0	226
辽宁省	161	0	0	161
吉林省	84	0	0	84
黑龙江省	300	0	0	300
上海市	92	0	9	83
江苏省	4	0	4	0
浙江省	8	0	8	0
安徽省	5	0	4	1
福建省	4	0	4	0
江西省	0	0	0	0
山东省	165	0	5	160
河南省	138	0	10	128
湖北省	7	0	6	1
湖南省	80	0	3	77
广东省	3	0	2	1
广西壮族自治区	282	0	11	271
海南省	0	0	0	0
重庆市	16	0	2	14
四川省	83	0	1	82
贵州省	32	0	1	31
云南省	104	0	9	95
西藏自治区	1	0	1	0
陕西省	5	0	5	0
甘肃省	0	0	0	0
青海省	3	0	3	0
宁夏回族自治区	12	0	0	12
新疆维吾尔自治区	1	0	0	1

31. 国务院各部委所属高等学校人文、社会科学研究与发展成果获奖情况表

单位:项

	合计	国家级奖	部级奖	省级奖
合计	1 028	0	157	871
外交部	1	0	0	1
工信部	40	0	1	39
国家民族事务委员会	73	0	69	5
公安部	2	0	1	1
交通部	9	0	0	9
教育部	891	0	77	813
中国民用航空总局	1	0	0	1
国务院侨务办公室	6	0	6	0
国家体育总局	4	0	2	2
中华全国妇女联合会	1	0	1	0

32. 教育部直属院校人文、社会科学研究与发展成果获奖情况表

单位:项

	合计	国家级奖	部级奖	省级奖
合计	891	0	78	813
北京大学	32	0	5	27
中国人民大学	30	0	0	30
清华大学	9	0	1	8
北京交通大学	2	0	0	2
北京科技大学	1	0	0	1
北京化工大学	0	0	0	0
北京邮电大学	2	0	0	2
中国农业大学	2	0	0	2
北京林业大学	1	0	0	1
北京中医药大学	0	0	0	0
北京师范大学	31	0	5	26
北京外国语大学	3	0	0	3
北京语言大学	4	0	0	4
中国传媒大学	5	0	1	4
中央财经大学	6	0	2	4
对外经济贸易大学	10	0	2	8

续表

	合计	国家级奖	部级奖	省级奖
国际关系学院	1	0	0	1
中央音乐学院	1	0	0	1
中央美术学院	0	0	0	0
中央戏剧学院	3	0	0	3
中国政法大学	8	0	4	4
华北电力大学	2	0	0	2
南开大学	69	0	5	64
天津大学	14	0	1	13
大连理工大学	8	0	0	8
东北大学	7	0	0	7
吉林大学	77	0	1	76
东北师范大学	57	0	0	57
东北林业大学	0	0	0	0
复旦大学	104	0	1	103
同济大学	7	0	0	7
上海交通大学	35	0	0	35
华东理工大学	3	0	0	3
东华大学	0	0	0	0
华东师范大学	60	0	3	57
上海外国语大学	7	0	0	7
上海财经大学	43	0	0	43
南京大学	3	0	3	0
东南大学	0	0	0	0
中国矿业大学	0	0	0	0
河海大学	0	0	0	0
江南大学	0	0	0	0
南京农业大学	0	0	0	0
中国药科大学	0	0	0	0
浙江大学	3	0	3	0
合肥工业大学	0	0	0	0
厦门大学	10	0	10	0
山东大学	30	0	0	30

续表

	合计	国家级奖	部级奖	省级奖
中国海洋大学	4	0	0	4
中国石油大学(华东)	4	0	0	4
武汉大学	14	0	14	0
华中科技大学	0	0	0	0
中国地质大学	0	0	0	0
武汉理工大学	0	0	0	0
华中农业大学	0	0	0	0
华中师范大学	4	0	0	4
中南财经政法大学	1	0	1	0
湖南大学	21	0	1	20
中南大学	1	0	0	1
中山大学	10	0	10	0
华南理工大学	0	0	0	0
四川大学	71	0	1	70
重庆大学	11	0	0	11
西南交通大学	15	0	0	15
电子科技大学	11	0	0	11
西南大学	8	0	0	8
西南财经大学	24	0	2	22
西安交通大学	0	0	0	0
西安电子科技大学	0	0	0	0
长安大学	0	0	0	0
西北农林科技大学	0	0	0	0
陕西师范大学	0	0	0	0
兰州大学	0	0	0	0
中国矿业大学(北京)	0	0	0	0
中国石油大学	2	0	2	0
中国地质大学(北京)	0	0	0	0

郑重声明